PENGUIN
History *of* Britain Vol.9

企鹅英国史卷九

希望与荣耀

1900—2000年的

不列颠

(第二版)

HOPE AND GLORY

BRITAIN 1900—2000,

SECOND EDITION

PETER CLARKE

[英] 彼得·克拉克 ♦ 著　　王鸽　马升慧 ♦ 译　　刘科 ♦ 校译

上海社会科学院出版社
SHANGHAI ACADEMY OF SOCIAL SCIENCES PRESS

图书在版编目(CIP)数据

企鹅英国史. 卷九，希望与荣耀 ：1900—2000年的不列颠 / （英）彼得·克拉克（Peter Clarke）著 ；王鸽，马升慧译 .— 2版 .— 上海 ：上海社会科学院出版社，2024

书名原文 ：HOPE AND GLORY ：BRITAIN 1900-2000 Second Edition

ISBN 978-7-5520-4300-6

Ⅰ.①企… Ⅱ.①彼… ②王… ③马… Ⅲ.①英国—历史—1900-2000 Ⅳ.①K561.0

中国国家版本馆CIP数据核字（2024）第011420号

上海市版权局著作权合同登记号：09-2023-0284

希望与荣耀 ：1900—2000年的不列颠（第二版）

Hope and Glory: Britain 1900-2000, Second Edition

著　　者：［英］彼得·克拉克（Peter Clarke）
译　　者：王　鸽　马升慧
校　　译：刘　科
策 划 人：唐云松　熊文霞
责任编辑：范冰玥
特约编辑：薛　瑶
封面设计：别境Lab
出版发行：上海社会科学院出版社
上海顺昌路622号　邮编200025
电话总机021-63315947　销售热线021-53063735
https://cbs.sass.org.cn　E-mail: sassp@sassp.cn
印　　刷：上海盛通时代印刷有限公司
开　　本：890毫米×1240毫米　1/32
印　　张：19.875
字　　数：478千
版　　次：2024年5月第1版　2024年5月第1次印刷

ISBN 978-7-5520-4300-6/K · 715　定价：108.00元

致谢

一如既往，我深深地感谢剑桥圣约翰学院的院长和研究员们，他们为我提供了良好条件，使我能够在全日制高校对聘任要求日益提高的前提下，仍有精力进行研究。这本书的大部分内容是在不列颠哥伦比亚省——鲍文岛研究中心（Bowen Island Research Centre）写下的，在这本书的致谢中我尤其要感谢中心的主任。本书全部内容经由以下人员审读：我的总编大卫·坎纳丁，还有斯特凡·科利尼（Stefan Collini）、尤恩·格林（Ewen Green）、约翰·汤普森（John Thompson）和玛丽亚·蒂皮特（Maria Tippett）。本书部分内容由吉利恩·萨瑟兰（Gillian Sutherland）和西蒙·斯瑞特（Simon Szreter）审读。他们都提出了有益的建议，使书稿质量得以进一步提高。我还要感谢彼得·卡森（Peter Carson）领导的企鹅出版社中所有帮助过我的人。但是本书中可能还存在某些错误，还请热心的读者和评论家不吝指正。

彼得·克拉克，1996 年

第二版对所发现的问题进行了更正。新内容，尤其是第十二章，是在我担任剑桥大学三一学院院长期间所著，我感谢同事们的对此事的宽容。更具体地说，我要感谢那些为我审查文本的人：我的总编大卫·坎纳丁、我在企鹅出版社的编辑西蒙·温德尔（Simon Winder）、我忠实的评论家斯特凡·科利尼和约翰·汤普森，以及文化历史学家玛丽亚·蒂皮特，她贡献良多，我对她的感谢之情远非文字所能表达。

彼得·克拉克

2004 年 1 月

英制单位与公制单位转换表

1 英尺 =0.3048 米（30.48 厘米）

1 码（=3 英尺）=0.9144 米

1 英里（=1760 码）=1.609 千米

1 平方英里（=640 英亩）=259 公顷

1 英担（cwt）=50.8 千克

1（英）吨（=20 英担）=1.016 吨

1 加仑 =4.546 升

目 录

序言

观史，尤其是国家历史，一般是为了寻求灵感，寻求鼓励。毫无疑问，莎士比亚（Shakespeare）写下了他的“历史剧”，通过这些“历史剧”建立起了“英国”作为“君王岛”的形象；而弥尔顿（Milton）引入了关于上帝与“其英国子民”之间特别关系的伟大观念。这些短语新出炉的时候光鲜精致，流传于后世却成为陈腔滥调。然而，在 1940 年，这种史诗式的语言找到了共鸣。温斯顿·丘吉尔（Winston Churchill）利用“大英帝国和英联邦”这一恰到好处的观念，高呼“大英帝国和英联邦”既团结一致，又各自独立，既能够自救，又能在危难时刻拯救世界。丘吉尔的礼物就是将这“最荣光的时刻”写进了历史，尽管这最荣光的时刻事实上正在一分一秒地流逝。丘吉尔出身贵族，母亲是美国人，几乎算不得典型的英国公民。可以说，左翼作家乔治·奥威尔（George Orwell）[①]也不是典型的英国公民，他在 1940 年出于本能做出的反应，使当

① 1940年初，奥威尔的内兄劳伦斯·布莱尔在敦刻尔克撤退中死于法国，此事对奥威尔的妻子艾琳造成了巨大打击。当年6月，医务委员会称奥威尔不适合服任何兵役，但很快他就找机会加入了英国国民军。——编者注

时的人们坚定地将他与丘吉尔归为一类。奥威尔有一个著名的比喻，他将自己的国家比作一个“有着错误掌权者的大家庭”，然而，这一比喻的立足点也是其联系纽带，即“家庭共同的语言和记忆”。

对“我们的岛国故事”进行民族主义解读的困难之一在于它提出了这样一个问题：是什么或者谁构成了这个国家。在1900年，英国基本由北大西洋的两大岛屿构成。在大不列颠岛，英格兰占据了该岛超过一半的土地面积，威尔士和苏格兰占据了该岛剩余的部分。另一个岛被萧伯纳称为“英国佬的另一个岛”，这个岛上大部分人是天主教徒，他们集中在南部各郡，且对自己的爱尔兰民族身份有强烈的认同感，而新教徒主要集中在北部各郡，他们是大不列颠与爱尔兰联合王国的捍卫者，这两个群体之间形成了明显的政治裂痕。英国那时就已经不是一个团结的王国了，后来裂痕变得更为明显，特别是在南爱尔兰独立为共和国时。爱尔兰共和国以北的北爱尔兰仍属于联合王国，两者边界一直存有争议。20世纪的历史清楚地表明，分裂不是解决爱尔兰问题一劳永逸的好办法，更不是上天的安排；此外，威尔士和苏格兰表现出来的民族身份感——一个更多是文化上的，一个更多是政治上的——反映出他们非常想尝试在全世界重申或改革多元民族主义。

英国历史上处理民族主义的方法基本上就是忽视民族主义。丘吉尔和奥威尔不自觉地遵从了使用已久的惯例，悄悄地将英国人都硬拉到英格兰历史的盛会中，拽上几个穿格子呢的苏格兰人跑龙套，拉上几个凯尔特人看热闹，还认为凯尔特人说到“大黄”这种植物时就一定会咕哝威尔士语。“企鹅英国史”代替了“鹈鹕英国史”，就是时代变迁的标志。这并不是说我们充分关注了20世纪前二十多年爱尔兰作为联合王国一部分这一阶段的历史，不是说我们充分关注了 20 世纪后七十多年的北爱尔兰，也不是说我们充分关注了整个 20 世纪的苏格兰和威尔士。但是我们绝没有忽视这些王国的存在；虽然我们不能全面探索“英国问题”的各个维度，但我们承认“不列颠人”（Britons）这个词是有问题的。无论如何，“英格兰的”（English）和“不列颠的”（British），“英格兰”（England）和“不列颠”（Britain）已经不能用作同义词了。

写史常常是为了颂扬现在，或为现今的一些观点辩护，将过去写成一个关于通过艰苦奋斗取得进步，并且最终必然取得令人满意成果的故事。“辉格党”对英国历史的阐述呈现了多种形式，不过，他们使用的这些形式都是因为深信现在是值得颂扬的。我们认为自己享受进步的恩赐，是进步的继承人，根据前辈们在预测与促成“我们”的价值和成就中所做贡献的大小，满怀信心地为他们贴上标签。那些在这场测试中不达标的人会遭遇［用爱德华·帕尔默·汤普森（E.P.Thompson）著名的话说就是］“后代子孙的不屑一顾”。现今，如果历史学家们不警惕这些居高临下的辉格主义观点(至少是在互相阅读作品时)，他们将一无是处。然而，英国历史不再受炫耀其辉煌的写作方式所累的主要原因，当然不仅仅是在研究方法上获得了什么启示，还因为在 20 世纪末，英国历史学家们没有信心能找出更多值得颂扬的事情了。

相反，20 世纪的英国史似乎要成为一部衰落史，这集中到了这个问题上：到底是哪里出错了？这样看待历史是可以理解的，但也是目光短浅的。因为呈现这种视角的历史现在经常被认为是过时的——在这种历史中，国际竞争，不管是军事竞争、政治竞争，还是经济竞争，都被当作囊括一切的主题。塞勒（Sellar）和叶特曼（Yeatman）曾戏仿学校教科书，写了一部叫作《1066 和一切》

（*1066 and All That*）的英国史，恰好总结了这种观点——一旦英国不再是世界第一大国，历史就画上了句号。现今，我们更愿意把这看作一个分号；在此之后，我们可以用旁观者的心态冷静分析这种衰落。研究1900—1990年的英国史几乎不能忽视这些视角。

1900年，英国可以说是世界上国力最强的国家，尽管当时美国已经掌握了更多的资源，并且能在发生严重冲突时调用这些资源，德国也准备扩展其在欧洲的军事优势，在海上树立优势地位。皇家海军使英国可以利用其作为一个岛国的天然战略优势。长期的海上霸权与世界各地的一系列关键基地，使大英帝国得以建立和维持。英国拿下了世界的大片土地，从加拿大的北极地区，到非洲的热带地区，从西印度群岛和印度专门种植园艺作物的地区，到澳大利亚和新西兰气候温和的草原，从加拿大大草原，到南非金矿——世界各地的农产品被端上了英国人的餐桌，世界上的财富被装进了英国人的口袋。这不是一个封闭的贸易保护主义系统，而是一个基于自由市场的世界网络，其中的多边贸易专门由伦敦金融城管理，也只接受伦敦金融城的管理。海军、帝国和金本位紧密联系，互相支持，很快成为英国国力和优势的三大标志和三大支柱。

毫不意外，三大支柱一起摇动了，就像它们曾一同挺立一样。第一次世界大战将三大支柱悉数摇动，尽管后来，每一方面都得到了一定的修复；1931年的危机惊天动地，三大支柱的脆弱同时暴露了出来。第二次世界大战后迎来了空中力量时代，海上力量被超越了；英联邦仅仅是帝国的幽灵；英镑区是曾经由伦敦掌握的国际金本位体系的缩小版。认识到这些新的现实使人十分痛苦。如果人们不再认为1990年的英国在经济和政治方面仍然是第一大国，那么对其历史认知则会不一样。

历史究竟研究什么呢？如果它不是在一件一件地研究发生在过去的事情，那当然就是在研究超越已有认知范畴的人类体验。过去十年兴起的“新历史”填补了许多之前的盲点。社会历史受到了更多的关注：妇女与儿童、家庭与生育、性关系与性别差异、休闲与购物、运动与娱乐、媒体与流行文化等领域都开始被认真研究。在一定程度上，这代表了社会历史的转向，从研究以生产方式为中心的劳动力历史，转向研究更关注消费形式的文化历史。学科交叉也更加深入，不同种类的历史过去各自封闭的领域界限被打破。20 世纪英国政治经济研究就是这样的跨学科研究，它赋予经济问题一种政治维度，将观点置于整个历史背景中。

这本书不是典型的新历史，但关注着新历史。反过来说，这本书为 20 世纪的英国史提供了新视角。

与今日的英国相比，在 1900 年，大多数人的寿命更短，活得也不会更好。肺结核、白喉、猩红热、流感和肺炎这样的疾病像杀手一样令人恐惧。许多人经常忍饥挨饿，特别是有一大家子人要照顾的妇女们。已婚妇女可能会怀孕多达十次，流产、死胎、死婴都是很常见的。要用一个劳力“一周差不多一英镑”(就像俗话所讲的）的工钱去养活更多个人，这种事情想想都可能是噩梦；后来还发生了通货膨胀，为了应对通货膨胀，即使将周薪翻倍，哪怕翻 40 倍，都很难改变这种状况。当时的避孕措施很原始，即使在婚内，大家也都心照不宣地压抑两性行为（当时，同性恋行为也因被判定为违法而遭到压制)。女性没有完全的公民权，这反映了她们在社会和经济上的从属地位；大多数妇女最终成了全职家庭主妇，在没有电器，没有现代清洁剂，没有整套后来发明的便利品的情况下，在家里干着令人筋疲力尽的体力活。童工仍然很常见；绝大多数孩子刚到十几岁就结束学业，去从事长时间的工作。许多男性一直担心失去工作，因为那时候没有失业津贴，也没有疾病补助来帮他们渡过难关；人们都能得到充分的医疗保障是半个世纪后的事情了。

研究20世纪的英国历史的视角不止一个。我们所需要的是能够清楚解释改变英国的政治经济变革，并能够拼接起生活在这一史无前例的变革年代的人们的各种经历的历史性叙述。这个故事不能简单地讲成一个关于衰落的故事。在20世纪，尽管世界领导国的桂冠传到了别的国家手中，英国仍然有属于它的荣耀时刻，并非所有的荣耀时刻都为虚幻；英国人怀抱着希望，但并非所有希望都属于误导，指点历史的后人应对此予以理解，而不是忽视。

第一章

别动人民的口粮，1900—1908 年

贸易之国

《圣经》有言，面包是生命的支柱。在 20 世纪初期，英国人民见证了这句话一点也不假。对许多工人阶级家庭来说，面包是主食，在每一餐中都十分重要，有时候配上一点黄油——当时人造黄油是更便宜的代替品——或者配一点工厂生产的果酱。除土豆外，新鲜的水果和蔬菜在许多城市都很稀缺。旧英格兰的烤牛肉成了令人垂涎的爱国情感寄托，而不再是经常出现在人民大众餐桌上的一顿饭。

不过，在 1900 年，英国人民的平均生活水平之高史无前例。在 19 世纪第 3 个 25 年，工资增幅超过了物价涨幅，这一时期在传统上被称为伟大的维多利亚时代繁荣期（Victorian boom）。不得不承认的是，与历史学家们以前设想的相比，平均工资的提升并不如预期，虽然后来人们依靠平均工资的提升改善了家庭的营养水平，但那是很久以后的事了。在 19 世纪 80 年代，人们开始议论大萧条（Great Depression），大萧条主要指的是价格和利润的下降。大萧条给工业发展中迫在眉睫的问题蒙上了一层阴影，但对大多数拿工

资的工人来说，当时工资数额整体保持稳定，生活成本却下降了。因此相当于实际工资在缓缓提升——在新世纪，这一过程并没有因物价的稳定而被抑制。农业的衰退是切实存在的，因为每 6 英亩土地中就有大约 1 英亩不再适合耕种了。小麦种植面积的下降最为急剧。1882 年是小麦种植面积超过 300 万英亩的最后一年；20 年后，小麦种植面积几乎只剩下一半。英国农民传统上生产的食物价格下降了，尤其是谷物（小麦、大麦、燕麦和其他谷物)，农业因此深受其害。不过，这对饮食以谷物为主的消费者来说倒是一件好事。当时面包很便宜，而工资稳中有升。对大多数人来说，19 世纪最后 25 年带来的是生活水平的不断提升：它开启的不是大萧条，而是大改善。

大改善是在人口剧增的情况下实现的。整个 19 世纪，英格兰与威尔士的人口都呈跳跃式增长。在 1801 年第一次人口普查时，其人口已接近 900 万了，后来人口持续增长，年增长率远超 1%，一直到 1881 年，人口达 2 600 万之多。后来，增长率稍有下降，不过仍然保持在每年（刚刚）超过 1% 的速度，直到 1991 年，人口普查显示人口为 3 600 万。苏格兰人口大约是英格兰和威尔士人口的 1/8；苏格兰人口的增长与英格兰和威尔士相似，只是增长曲线略平缓，1911 年达到了 480 万。就这样，19 世纪大不列颠的人口几乎增长了 3 倍。

在爱尔兰，情况截然相反。1845 年爱尔兰人口达到顶峰 830 万。在 19 世纪 40 年代后期，爱尔兰闹饥荒，简直如同世界末日一般。到 1901 年，爱尔兰人口只剩不到 450 万。

人口急剧减少并不是因为受到了饥荒的直接影响：更重要的是，饥荒间接导致人口出生率下降——虽然它是一个不那么重要的原因，但其导致的结果要比其他原因更加显而易见——而且，饥荒也间接导致了长达一个世纪的人口离散。起初，爱尔兰移民主要去往大不列颠岛；这些移民经常是季节性的，或者至少是暂时性的。但在饥荒后的十年中，出现了一股超过 100 万人口的永久性移民浪潮，这些移民主要去了美国。在 19 世纪 80 年代，爱尔兰迁往美国的移民仍每年超过 6 万，不过再过 30 年，这个数字就缩小至不到一半了。从第一代移民到达之后的很多年，美国的爱尔兰人因家庭血脉和民族忠诚而与乡土相连，这导致了美元流动。爱尔兰裔美国亲戚汇来的钱款在爱尔兰经济建设中发挥了重要作用。另外，民族主义政治在巴涅尔（Parnell）[①] 的领导下开启了新征程，从那时起，政治行动就使爱尔兰处于争取自治的骚动中。这表明 20 世纪早期的英国政治受到了与海外朋友和亲属的情感联系的重要影响。这种情况既出现在爱尔兰，也出现在更广泛的全部大英帝国领地层面。

在英国，在 20 世纪初，要养活的人口是 100 年前的 4 倍，人们应当怎么做呢？这个问题是 19 世纪政治经济学的核心。爱尔兰的可怕案例显示了风险之高。因为人口繁殖速度超过了当地食物供应增长的速度，农业资源丰富的岛国没能养活所有人。众所周知，经济学家马尔萨斯（Malthus）曾警示过，食物生产呈算数级数增长，而人类繁殖呈几何级数增长，两者之间的裂口会越来越大；在 19 世纪 40 年代，爱尔兰似乎已经陷入了马尔萨斯陷阱。而在联合王国的其他地方，人口增长的几何图角度同样陡峭，但却为何没有遭受相同的命运呢？

---

① 查尔斯·斯图尔特·巴涅尔，19世纪后期爱尔兰民族主义领袖，自治运动领导人，英国议会议员。——译者注

政治学和经济学一起给出了答案。在1846年爱尔兰饥荒时期，《谷物法》（Corn Laws）被废除，从而开放了英国市场，因此小麦以广大消费者能够负担得起的价格被进口（不过这基本没能解决爱尔兰眼前的危机）。因为英国国内小麦需求依然强劲，英国的小麦生产得到了支撑，直到30年后蒸汽运输带来运输价格革命时才受到影响。[①]《谷物法》的废除产生了长期的影响，进口量先是迅速增加，后来急剧飙升。1846年是小麦进口量低于1 000万英担（cwt）的最后一年；在1875年，这个数字达到了5 000万英担；到1910年，小麦进口已超过1亿英担。英国小麦产量此时只够养活1/4的英国人了。英国饮食基本成分的进口量增加了10倍，这种增加标志着自由贸易的胜利。但故事才讲了一半。

使北美大草原成为英国农场真正竞争对手的是英国的蒸汽技术，包括陆地上和海洋上的蒸汽技术。英国资本主义帮助建设了美国铁路——在19世纪80年代后期，铁路材料出口每年超过100万吨——与此同时，英国海运事业也发挥了关键作用。尽管直到1903年，在英国注册的传统船只数量才被蒸汽船的数量超越——2种船的数量都刚刚超过1万——但在吨位数方面，蒸汽船已经占了20年上风。到1895年，超过1 000万毛吨的蒸汽船被登记；到1914年，这个数字几乎翻了一番。当时全球大约一半的商船都悬挂着英国国旗。

---

① 1877年，英国小麦价格仍然高达1夸脱56先令9便士（2.84英镑），这与《谷物法》有效的最后几年大致相同。但是在随后的15年里，运输费用下降了40%，并且其后约10年内价格进一步下滑。1894年，1夸脱小麦价格降到了23先令（1.15英镑）以下，直到第一次世界大战之前，30先令（1.50英镑）的价格算是高价了。——原注

取消关税的主要目的是通过国际劳务分工实现生产最大化，从而以最便宜的价格和最高效的办法使生产出来的商品交易实现最大化。出于自然或人为的原因，不同的国家拥有各自的资源或技能专长。自由贸易通过扩大国家之间的贸易量发挥了作用。1910 年英国的对外贸易量，包括进口量和出口量，比 19 世纪中叶高出 6 倍多（人均数额也高出 3 倍多）。20 世纪初各类进口产品占比相当稳定。食品、饮料和烟草占进口数额的将近一半；原材料占比多达 1/3；剩下的 1/4 是工业品进口。此外，工业品带来了 2/3 的英国出口收入。

此时英国的情况生动示范了自由贸易理论中高度发达的劳动分工。按照古典经济学的原理，英国已经不再大规模种植粮食，而是集中力量生产工业品，用以交换便宜的粮食，这些粮食在海外种植，那里有更适宜的环境。事实上，英国的贸易还要更加专业化，因为 3 个主要项目主导了出口账户。毫不奇怪，其中一个项目包含了所有由钢铁制成的货物——主要是通过铁路运载的货物，它们占国内出口的 10%以上。煤炭也是如此；到 1910 年，英国有 100 万名煤矿工人。然而，最杰出的出口业是棉纺织业；在第一次世界大战之前，单棉纺织业就占据国内出口总值的 1/4。

出口贸易主要依赖于一个行业，而这个行业与众不同地集中在英格兰的兰开夏郡（Lancashire），并且依赖于一个海外市场——印度。19 世纪后期形成了国际劳务分工，外国粮食对英国市场的进口渗透势不可当，而英国的棉纺织业出口尚可能与之抗衡。《谷物法》废除时，棉布出口量为 10 亿码，这个数字在十年内翻了一番——到 1880 年又翻了一番。英国棉布出口量持续攀升，到 1890 年超过了 50 亿码，到 1905 年超过了 60 亿码，在 1913 年格外繁荣，达到了 70 亿码。由于英国所有棉纺织品的国内市场总量仅有 10 亿码，每 8 家兰开夏郡棉纺织厂就有 7 家完全依赖出口市场。

纺织业对对外贸易的依赖可以用另一种方式来衡量。在繁荣时期，纺织品原材料主要是原棉，原棉进口占英国进口总量的 20%以上；1907 年和 1913 年都耗费了 1.3 亿—1.5 亿英镑。在这些年里，纺织品出口额为 1.8 亿—2 亿英镑。这两组数字之间的差额大致能够表明兰开夏郡的价值增值——由于在将原棉转化为棉制品的过程中英国人民也要穿衣服，实际价值增值还要更高。这种粗略简便的计算表明，英国棉花贸易的利润应由两个大得多的数字相减得出，并且这利润每年至少是 5 000 万英镑。①

英国人认为英国注定要维持其作为世界工厂的地位，棉花贸易兴盛的传奇作为曼彻斯特神话的一部分，更坚定了英国人的这种看法。然而，还有另外一种观点，让英国人不再扬扬得意，而是看清处境的危险。在 19 世纪后期，兰开夏郡越来越多地集中生产便宜的棉制品，这些棉制品支数（纱线细度）更粗，以供印度的大众消费。需要细支的更富有、更精致的市场已经遇到其他工业国家生产商的竞争，特别是欧洲生产商的竞争。从这个意义上说，兰开夏郡被迫专注于生产粗支棉制品，实属不幸；生产粗支棉制品的过程

① 其中一部分利润进入了兰开夏郡资本家的口袋，但大部分利润都用于支付工人的周薪。1907年，棉花工业的全职男工超过20万人，全职女工超过35万人。如果这些男人平均每周工资2英镑——赚得比一架走锭纺纱机还要少，不过比大多数纺纱工多——女性约每周1英镑，那么总计支出约每周75万英镑或每年4 000万英镑。这样的工资率清楚地表明棉花贸易是如何直接养活50多万名工人的劳动力队伍的——总共可能是几百万家庭成员。这样，任何对兰开夏郡区域经济的间接影响都不被允许出现，兰开夏郡的人口在第一次世界大战前夕已接近500万。——原注

中价值增值更少，利润率更低。这让棉花贸易对任何价格增长都非常敏感。

尽管其他工业国家崛起，但英国继续主导着世界贸易。英国与德国、美国不同，德国和美国的农业生产在很大程度上自给自足，工业品的国内市场受到保护，而英国要依赖粮食进口和工业品出口。在世界工业品出口中，英国19世纪晚期占比超过40%，在爱德华七世时代降至30%左右。在全球总量不断增加的情况下，这一比例仍然非常高。而且，伦敦是国际金融网络的中心，而世界贸易通过国际金融网络进行。黄金是国际结算的最终媒介，但在第一次世界大战之前，就像大家所说的那样，英镑如同黄金一样可靠。

通过金本位制，英格兰银行（Bank of England）保证通货与一定重量的黄金之间的兑换。这样，英镑与其他使用金本位制的通货之间的兑换值就确定了。在1914年之前的40年里，1英镑的价值总是超过25法国法郎，超过20德国马克，以及等于——一个将成为标志的兑换价值——4.86美元。实际上，是英镑主导着国际汇兑平价。进口和出口价格以英镑为单位；结算通过英国银行进行；保险和其他金融服务通过基于伦敦金融城的网络提供。当然，这些服务不亚于商品出口，正在被出售给外国人——这是英国的无形出口。这些收入确实在英国与世界其他国家的国际收支平衡中发挥了重要作用。

事实是，英国习惯性地在有形贸易方面出现赤字。在20世纪末21世纪初，英国的进口值经常超过出口值远不止1亿英镑。之后差距有所减小，到1913年（这一年出口格外繁盛），赤字为8 200万英镑。国际收支仍然为赤字——当时没有人对此担心分毫。

借由后来的统计数据，我们不难看出其原因，尽管这原因是

“隐形的”。光是伦敦金融城的收入就足以填补第一次世界大战前几年的收支缺口。即使在1900—1902年这样的上涨年份，服务带来的净收入只能抵消可见赤字的不到一半，海外财产产生的其他无形收入仍然使总体收支平衡产生了小小的盈余。正是英国海外投资收入的不断增加，缓冲了困难年份的国际收支不平衡情况。在富裕的年头里，由于没有要求用这些海外投资收入来为进口提供资金，就有了更多的资本用于出口。因此，英国拥有的海外资本不仅产生了资产收入，还通过自筹资金的方式积累了越来越多的财富。正如亚瑟·克里斯托弗·本森（A. C. Benson）在给爱德华七世的颂词中所言，这是“希望与荣耀之地”，这是上帝成就的伟业——这里十分富有，并将坚而益强。

同样，当一首更早的爱国歌曲要求不列颠尼亚[①]统治海洋时，它是在赞同一些冷静的商业建议。英国的航运公司主导了很多国际航线，包括客货运输。使用英镑结算的运费在向内和向外的航程上都积累起来，这也是无形出口收入的来源，这使得出口更加有利可图，并能抵销出口成本，使国际收支达到平衡。商船的战略任务是从海外将大量的粮食运到英国。保护商船的任务就落到了皇家海军（Royal Navy）身上——这是对全球贸易航线网络进行保护的终极灵活反应。按照维多利亚公共开支的节俭标准，防御的花销并不少。像陆军一样，海军在19世纪90年代后期耗去了近1/5的预算。但是，当时一些人争论说，如果把这看作每年为对外贸易缴纳的2 000万英镑保险费的话，相对于总值超过这个数目40倍的对外贸易来说，这2.5%的保费似乎太低了。不过，在20世纪，保费上涨了。

① 不列颠尼亚，即Britannia，不列颠岛的古罗马名字。——译者注

帝国主义

尽管维多利亚时代的激进人士喜欢将自由贸易说成上帝的外交，通过商业利益的联系编织一个和平的世界，现实却更为严峻。历史学家们已经发现了自由贸易中的帝国主义，它依赖的不是合并，而是具有经济优势的非正式帝国。非正式的帝国主义基于这样一种计算：那就是让英方付出最少的努力——使用足够的力量来保护一个开放的市场，在这个市场中，合同可以有效执行。有了这些条件，崇尚竞争的资本主义企业就能蓬勃发展。一旦这些条件建立起来，就轮到英国商人上场了，在利用已有条件方面，英国商人在整个 19 世纪都做得很好。英国所要求的仅仅是一个公平的赛场来进行一场体育竞赛，这个赛场不偏向任何一方；但因为比赛规则由英国制定，它的训练时间又比其他任何国家都长，因此一开始英国就成了夺冠的热门国家。

然而，其他竞争对手不愿意看到最佳人选胜出，尤其是法国和德国，它们在国内市场上越来越强调贸易保护，威胁要建立自己的贸易保护主义帝国，在这样的帝国中，英国企业家自然会处于不利地位。从这个意义上说，19 世纪后期英国参与非洲争夺战是一种防御性的举措，在很大程度上，英国占有了新殖民地，先发制人；此举旨在保护英国企业家免受贸易保护主义的侵害，并从战略上优先保护苏伊士运河以东的老牌英帝国。

没有必要假设英国选择帝国主义是出于无奈，英国在整个 19 世纪平均每年扩张 10 万平方英里，这个事实本身就说明了一切。但是，新获得的领地，尤其是 19 世纪最后 20 年夺得的非洲殖民地，并没有为英国带来很大的经济收益。与西欧和北美的富裕市场相比，非洲贸易对宗主国经济并不太重要，后来也一直如此。当然，非洲贸易对参与其中的英国公司来说是非常重要的，它们自然地组成了针对政府的施压集团，旨在通过争取英国政府的援助和引导公众舆论来提升自己的利益。但总体来说，这些方法并没有产生非常显著的结果。

明显的例外是南非。1899—1902 年的布尔战争（Boer War）是英国最后一次帝国主义冒险，也是一次最大的帝国主义冒险，至少从其抱负看是这样。其理由有 3 个，分别以不同的方式吸引着 3 个不同的选区。战略方面的考虑是最传统的理由。具体来讲，好望角守护着通往印度的海洋线路，对保护英国现有的开普（Cape）和纳塔尔（Natal）殖民地至关重要；此外，此时安顿在两个布尔共和国的荷兰裔殖民者们的主张，对英国的最高权威而言是不可容忍的威胁。虽然这些想法可能看起来颇为偏执，但仍符合首相索尔兹伯里（Salisbury）侯爵在其漫长的外交部任职期间所支持的大英帝国治国标准。索尔兹伯里带着贵族的蔑视领导了这场战争，这场战争困扰他的是，帝国主义的理由中渗入了两个新成分：富豪统治和民主。

金钱总是会发出声音，但在布尔战争期间，它的声音特别刺耳。事实是，早先一代布尔人是牧民，他们信奉一种独特的宗教极端主义，为了远离英国人，他们长途跋涉，进入了荒芜的南非草原，他们无意中发现了世界上含金量最丰富的金矿。在 19 世纪 90 年代，被发现的金矿的规模越来越大，当时也正需要更多的黄金来推动世界贸易，因此黄金的价值不断创下新高；布尔人自己似乎无能为力的事情，英国企业却十分有动力为他们效劳：抢夺兰德的矿山。这种海外投资机会正是英国市场所喜欢的，英国市场源源不断的资金促使英国公司争夺战利品，而一夜暴富的南非百万富翁则挤进了伦敦的客厅。实现这个黄金帝国计划只有一个障碍，即所谓的德兰士瓦（Transvaal）独立共和国及其盟友奥兰治自由邦（Orange Free State）的顽固蒙昧主义。难怪伦敦金融城表现得如此没有耐心，也难怪激进的批评者们讽刺投机的帝国主义。

但是帝国主义的一切注定被民主收编。帝国主义要是受到欢迎就不合理了。像索尔兹伯里这样的政治家回忆起格莱斯顿（Gladstone）[①]的中洛锡安郡（Midlothian）竞选运动时仍然不寒而栗，这些运动以自由党1880年在反帝国主义言论浪潮中获胜达到顶点。迪斯雷利［Disraeli，被封为比肯斯菲尔德伯爵（Earl of Beaconsfield）］对“英属印度”这个概念十分热衷——在他的推动下，维多利亚成为印度女皇——这并未受到大众欢迎。格莱斯顿曾承诺“脱离比肯斯菲尔德主义”，尽管实际上他的政府无意中卷入了侵占埃及一事。帝国主义政治化和重新定向发生在1895—1903年约瑟夫·张伯伦（Joseph Chamberlain）担任殖民地大臣（Colonial Secretary）时期。

张伯伦曾经是一位激进派人士，他与格莱斯顿在爱尔兰自治问题上分道扬镳，此时他在索尔兹伯里的统一党内阁中，与保守党的大臣们关系密切。这样，他的许多早期国内改革方案将不得不用帝国主义的方法实施，或至少表面上看起来像是帝国主义方案。他很乐意这样做，因为无论如何，他此时对大英帝国充满着热情，而保守党同样如此。

---

① 即威廉·尤尔特·格莱斯顿，英国自由党政治家。在长达60多年的职业生涯中，他担任英国首相长达12年（在1868—1894年多次担任）。——编者注

不过，张伯伦心心念念的帝国与迪斯雷利热衷建立的帝国不同，张伯伦想要建立的帝国并不以英属印度为中心。在帝国建设方面，张伯伦与保守党派的帝国主义者们，比如寇松勋爵（Lord Curzon）有很大不同；1899—1905年，寇松勋爵登上了权力和名望的巅峰，担任印度总督。宣扬印度不仅仅是寇松的工作：他终身都致力于维护英属印度。“只要我们统治印度，我们就是世界上最强大的力量，”他坚持说，“如果我们失去了它，我们就会立即降成一个三等国家。”寇松为人飞扬跋扈，这使他的履职轻松愉快。1903年，他组织了印度皇帝加冕的盛大觐见仪式，爱德华七世既是国王又是皇帝，其至高无上的地位得到了凸显，寇松本人作为总督也出色地呈现了这种权威。然而，拨开浮华，印度被视为皇室宝石，其实是出于精明实际的商业原因。在土地面积和人口数量方面，它使其他英国领地相形见绌，轻松让大英帝国与俄罗斯和美国成为世界联盟。在贸易方面，正是印度为英国平衡了账目，棉花出口的稳定利润弥补了其他市场的长期赤字。最重要的是，在军事和财政资源方面，印度陆军自筹经费，为英国提供了大量陆上部队供其差遣。鲁德亚德·吉卜林（Rudyard Kipling）经常尖锐地指出，帝国主人随心所欲，经常征召这支部队去做见不得人的事。

相比之下，张伯伦的帝国热情一直是在白人聚居地扩张。加拿大很早就变成了英属自治领（Dominion），后来澳大利亚和新西兰的殖民地也在1907年正式获得类似地位。张伯伦完全赞成自治，他将自治领看作供英国海洋帝国调动的附属地；反过来看，这种理念意味着张伯伦更强调海军力量，而印度主义者则更关注备足军事力量以应对俄罗斯可能的算计。如果英国母国与其稳固的海外“子嗣”之间保持联系，那么英国移民可以看作新的帝国人力战略部署：既可以缓解国内资源压力，同时又能摇着英国国旗占领新领土。此时德国和美国崛起，人口大增，而英国处于劣势，情势棘手，通过移民的方式或许可以改变这种劣势。张伯伦开始酝酿一种可以“召唤新世界，召唤殖民地力量，恢复旧世界平衡”的方法。

在 19 世纪 80 年代，离开大不列颠岛的净移民人数每年约为 10 万。据英国统计，一半以上的人移民去了美国；据美国统计，这个数字甚至更大。到 19 世纪 90 年代后期，离开大不列颠岛的净移民人数已经减少到每年 2 万人左右，而当时的爱尔兰虽然人口基数小得多，但其移民人数基本是这个数字的 2 倍。早期的数据夸大了前往加拿大的移民数目——其中很多是经由加拿大间接移民去美国的——在 19 世纪 80 年代这个数字是否曾超过 1 万也值得怀疑。前往澳大利亚的移民数量更少，虽然其数量在 19 世纪 80 年代激增；而前往南非的移民数量在 1895 年达到峰值 1.2 万，1899 年南非战争（第二次布尔战争）爆发后，该数字则变成了负数。显而易见，接连不断的淘金热带来的诱惑是这些数字多次波动的原因，这种繁荣与萧条的周期引导着怀抱希望的环球旅行者们从一个黄金乐土赶往下一个。

能够在熟悉的祖国国旗下富饶的新土地上安居，工人阶级选民当然会欢迎帝国提供的这种机会。政府只需要摇旗呐喊做足宣传。张伯伦政治生涯最后 10 年主要的使命就是使帝国主义受到欢迎，南非成了他伟大蓝图的一部分。南非提供的机会金光灿灿，不列颠民族去往那里可以使财富成倍增值。张伯伦说要把南非变成白人的国家——这种主张对大众是很有吸引力的，在 1990 年大选中统一党取胜似乎就证明了这一点。

南非战争结束时，出现了一小段英国人前往南非的移民潮，1902—1903 年总共有 5 万多人移民到了南非。但是给白人劳工准备的岗位却并非都像宣传得那样好。米尔纳（Milner）担任英国高级专员期间，提出与中国劳工签订契约，雇用他们在金矿工作，这被认为是推动经济发展的最快办法。但这激起了自由党的强烈谴责，他们抨击说这是“在实行奴隶制”，中国劳工在英国整体劳工中产生的经济收益更大，因为大家认为提倡使用中国劳工，就是企图减少工会的地方税，破坏工会的条件。没人希望自己奋力战斗却让南非成为黄种人的国度，这被张伯伦的对手们利用，表面上他们仁义高尚，实际上内里是丑陋的种族主义者。无论如何，帝国在南非没能实现曾经构想的绚丽美梦。

真正的日常工作机会在帝国的其他领地（如澳大利亚与新西兰）是有的，加拿大格外多。实际上，奔赴殖民地的移民可以期待的是，在一个欠发达的国家，虽生活艰辛但生活方式健康，食物、土地和工作都比英国更为丰富。在爱德华时代，移民大幅增加。在 1903—1909 年的 7 年间，100 多万名移民离开了英国，在接下来的 4 年里又有 100 万名移民离开。这些数字完全可与 19 世纪 80 年代初的高峰年份匹敌；但与此同时发生了两次历史性变化。在 19 世纪 80 年代，每年移民总数的一半以上来自爱尔兰；1910 年以后，将近 90%的移民来自大不列颠岛。他们的目的地也变了：美国仍然吸引了大部分爱尔兰人，但英格兰、威尔士和苏格兰移民此时选择了帝国其他地区。

英国迁往澳大利亚和新西兰的移民在 10 年间迅速增加，1901—1903 年的 3 年间总计 1.5 万人，但在 1911—1913 年的 3 年间总计超过 20 万人。美国的数据可能不准确，因为一些通过加拿大迁往美国的英国移民可能没有包含其中；但即便如此，20 世纪初以加拿大为移民目的地的英国公民超过了 100 万人，这个数字仍然令人震惊，其中一半发生在 1910—1913 年的 4 年中。

帝国移民潮迸发的原因并非显而易见，不过无论是在推动移民潮，还是拉动移民潮方面，经济动机都显得越来越重要。这当然促进了帝国的发展。加拿大政府此时有意加强针对潜在移民的宣传。它的宣传口号是“只有农民需要申请”，然而英国农场已发生过大规模迁出潮，故新一代英国移民主要是城市工人。由于大草原开放了，一些英国移民不得已退而求其次，成为农民。1901—1911 年迁往加拿大的所有移民中，有 30%去了西部省份萨斯喀彻温省（Saskatchewan）和阿尔伯塔省（Alberta），这两个省的人口在 10 年间增长了 3 倍，到 1911 年，这两个省的英裔人口比例比安大略省（Ontario）要高（尽管从绝对值计算，英裔移民人口仍然主要在东部）。美国将美国农民推向了北方，从加拿大到美国的人口流失终于逆转了。

尽管单纯认为是帝国主义热情推动了英国移民迁往帝国的其他领土的想法太过天真，但在将其中一些人重新拉回来这方面，情感纽带显然发挥了一定作用——这一切都发生得太快了。150 万人规模的来自自治领的军队将在第一次世界大战中服役。造化弄人，他们中有许多人刚刚才经历赌命一般的航行，移民到帝国的某个角落，但没过多久又踏上生死难卜的旅程乘船返回故国。鉴于己方战争的胜算较小，大英帝国的贡献被证明是至关重要的。

在全球范围内，平衡土地与人、资本与劳动力之间的关系需要经历一个复杂的过程。白人移民开疆拓土尚未受到规则的限制，在英国，没有法令或关税限制经济发挥作用。因此，皇家粮仓通过商业的方式大规模建立，前景广阔，可行性更高。1903 年，英国从加拿大进口的小麦首次超过了 1 000 万英担，到 1914 年达到了 3 000 万英担。这表明帝国利益重心发生了转移——在世纪之交从前一代的英属印度转移到南非的金矿区，接下来转移到了加拿大的麦田和澳大利亚与新西兰的新牧场。

乔的战争①

张伯伦在南非的外交使帝国主义有了明显的民主转向；布尔战争就是这种外交的延续，只是使用的手段不同。这些都对民主选举很有吸引力。当然，政府宣称的开战缘由不是赤裸裸的经济条款。“我们不是在找金矿。”索尔兹伯里曾一字一顿地说过。相反，占据新闻头条的是“外国人”（Uitlanders）——约翰内斯堡（Johannesburg）的英国移民——的怨诉；其中最重要的是，德兰士瓦要求外国侨民居住更长时间才能取得投票权。这多么不民主！可以肯定的是，竞选演讲中的论据暴露了许多矛盾，并不是所有论据都支持统一党。那些自由党人士沉浸在格莱斯顿传统之中，内心开始偏向布尔人，自由党认为布尔人是一个弱小的民族，理应追求自由；但自由党也像他们的对手统一党一样，全然无视这样的要求，即南非可以被合理地认为是一个黑人国家。

① 乔（Joe）是约瑟夫（Joseph）的昵称。乔的战争即指约瑟夫·张伯伦任殖民地大臣期间爆发的第二次布尔战争。——编者注

1900 年的大选被称为“卡其”大选（“khaki”election）[1]。不可否认，“乔的战争”使其他事项都无足轻重。投票时战争似乎刚好即将获得胜利，张伯伦拉票时毫不遮掩他的咄咄逼人。他给一位支持者发过一封电报说：“输给政府的每一个席位都是为布尔人争取的席位。”这句话引起了争议，即使后来把句子里的“为布尔人争取的”（gained）换成了“出售给布尔人的”（sold），争议也没能减少。后来的选举结果是统一党赢得了威斯敏斯特的 100 多个席位，稳占多数，这或许并不奇怪。但对于当时的人们来说，这似乎更令人吃惊，因为按照人们的期待，胜利的钟摆会偏离执政党，自从引入房主选举权后，每次选举都这样。30 多年来，索尔兹伯里是第一位在大选中连任的首相，并且依然获得大多数选票，这预示着什么呢，这位老人很是好奇和困惑。

索尔兹伯里怀疑这场胜利有人为的成分，他也许是对的，他在适当的时机看到了问题的本质。尽管非自动当选的反对党统一党的候选人平均得票数只比非自动当选的自由党候选人高 4%，但这个数字具有误导性。这真的是 19 世纪最后一场大选，因为超过 1/3 的议员无竞争自动当选；其中不少于 163 名统一党议员自动当选（相比之下，只有 22 名自由党议员自动当选），这一事实表明，统一党的胜利早已成定局。选举进行时，英国民众认为战争必胜，不过很快，大家发现抱有这种必胜的信念在当时似乎有点儿轻率，因为布尔人开展了长期的游击行动，这无疑嘲讽了聒噪的帝国主义侵略者的自命不凡。热诚又善于内省的帝国主义者鲁德亚德·吉卜林不失时机地发表了评论，他将问题归咎于思想褊

① 利用紧张局势而得到多数人投票的选举。——译者注

狭的英国人自己：

> 这是我们的错，是我们的重大过错，绝不是上天的裁决。在那个九乘七的岛上，我们按照我们的想象建立起了军队。

对于张伯伦来说，南非混乱的战争旷日持久，但殖民地的忠诚却给人一种极大的安慰。被派去南非草原与英军一起战斗的澳大利亚和新西兰的士兵，以及加拿大的志愿者们，通常更有战斗力。吉卜林认为“我们吸取了无尽的教训：它将给我们带来无尽的好处”，他这样想是正确的吗？他的偶像张伯伦思考着要在殖民地宣扬什么样的规矩。这显示了英国国力的极限在何处，说明英国需要在比国土地图更大的范围内工作——帝国展现出来的高度忠诚，需要用实实在在增强制度化的自我利益来巩固。在1902—1903年的冬天，张伯伦离开了大不列颠几个月，对英国殖民地和附属的南非共和国进行战后巡视，在这期间，他完成了伟大的构想：基于关税的帝国特惠制，这并非巧合。

从根本上来讲，张伯伦这位前激进派现在仍然很激进：他相信在大众伟业背后煽动大众舆论能够帮他实现政治目标。他不是一位出色的演说家，但他将自己变成了舞台上坚定有力的发言人，向人们展示了强有力的形象。他有两个著名的小道具——戴在右眼上的单片眼镜和插在扣眼里的兰花，这使他成了漫画家们的理想目标。弗朗西斯·卡罗瑟斯·古尔德（F. Carruthers Gould）是最有才华的漫画家之一，他的漫画在自由党刊物上广为流传，他把张伯伦画成了讽刺漫画，“乔”的形象是独一无二的。张伯伦的财政政策可能遭到了讽刺，但在这个过程中，他的实力并没有减弱——效果恰恰相反。张伯伦信奉“肆无忌惮的宣传”，以传达他的信息。他一生都在使用这种方法，此时他已经太老了，不可能改变了（1903年他67岁）。这与传统的保守主义风格截然不同；传统保守主义依靠社会保守主义力量——土地、财产和既有体系，特别是英国国教（Church of England）——为贵族统治阶层争取优待与支持。张伯伦几乎没有时间做这些事情。在社会背景方面，他是一位来自伯明翰的白手起家的商人，他的名字就包含着对地产绅士的谴责的意思；而他的宗教归属（如果不再是他的信仰的话）是一神论和异教教派。

张伯伦虽然准备与保守党合作，但与他们理念不同。他们的领导，第三代索尔兹伯里侯爵罗伯特·赫瑟·加斯科涅·塞西尔（Robert Arthur Gascoigne Cecil）跟他不在同一个世界。在1902年爱德华国王加冕印度皇帝时举行的王室会议上，张伯伦更愿意与殖民地首相们交谈。具有讽刺意味的是，在会议期间，张伯伦遭遇了一次车祸，这场事故使他有一段时间卧床不起。在他失去行动能力时，维多利亚时代伟大的幸存者索尔兹伯里悄然离世。接任他的仍然是其家族成员：亚瑟·贝尔福（Arthur Balfour），亚瑟·贝尔福的母亲姓塞西尔，他接任舅舅成为政府首脑，不过这个政府里有太多索尔兹伯里的亲戚了，懂行的人把这个政府叫作“塞西尔公馆”。亚瑟·贝尔福是在伊顿公学和剑桥大学三一学院接受的教育，他的教育经历就是为他到政府任职做准备的。虽然他比张伯伦年轻十几岁，但他担任大臣的经历更长，可追溯到19世纪70年代。他有一种深藏不露的优雅，这掩盖了他智力上的敏锐和政治上的冷酷无情。

奇妙的是，张伯伦与索尔兹伯里之间有一种相互尊重的关系：但他与贝尔福之间的这种尊重就没那么明显了。他们的合作并不顺畅，开局不利。有两个插曲伤了张伯伦的自尊。张伯伦管理自由党统一派，支持政府，但他的管理人地位遭到了《教育法案》（Education Bill）的挑战，这个法案是在索尔兹伯里执政的最后一段日子里推出的，贝尔福坚持推行这一法案。该法案的行政原理十分可靠。根据1902年的《教育法》（Education Act），在英格兰和苏格兰，学校不再在当地临时选举校董事会，为初等教育负责的变成了郡议会。此外，郡议会后来将成为当地所有学校的地方管理机构：不仅是教育14岁及以下年龄的孩子的初等教育学校，还包括为初等教育之后继续上学的孩子准备的中等教育学校。这是英国第一次搭建机会之梯，尽管这梯子很窄，但可以帮助接受公立学校教育的孩子获得可与那些私立学校学生相匹敌的学术资格。私立学校中最著名的是“公学”①，公学由上层阶级和脑力工作者阶层资助。

此外，所有教育水平达标的初等学校都可以从“地方税”中得到资助，“地方税”通过地方财产税的方式征收。这就是政治欺诈，因为这样一来教会控制的学校就可以得到帮助了。这意味着在某些地区，特别是设立了天主教学校的有爱尔兰社区的大城市，“罗马教派获得了地方税的支持”。当时更重要的是，英国国教教会的数千所小学也必须得到当地郡议会的帮助。大多数自由党人士对此十分反感。他们中的许多人从原则上反对资助任何类型的宗教活动，并且他们（如张伯伦在19世纪70年代所做的那样）为非教会公共教育而竞选。

---

① 英国为贵族和资产阶级子女特别开设的独立中等学校。以培养升入著名大学的毕业生，造就未来担任国家事务领导工作的政治活动家为办学的主要目标。办学经费主要来自捐款和其他进款，不依靠国家和地方政府拨款。与公立学校（State School）有区别。——译者注

正是不信奉国教的新教徒们——卫理公会派教徒、浸礼会教徒，尤其是公理会信徒（Congregationalists）——对1902年法案的反对最为激烈；有些人甚至通过拒缴地方税费的方法来消极抵抗。从历史上看，异教在信仰宗教的国家挑战了人们一致遵从的观念。“这具质疑的尸体已被埋葬，但日后它的幽灵游荡在英格兰教会的特权中挥之不去，仍然需要驱魔。”自1870年以来，不信奉国教的新教徒们就忍受着国家为建立（不是运营）教会学校而拨款一事，他们更支持董事会负责制的学校（公费运营），因为那里没有专门的宗教教学。贝尔福的《教育法》搅扰了这个隐而不发的问题，重燃了国教教会与其他教派之间的敌意，早先维多利亚时代的党派政治就与这种教派敌对有很大关系。

对于张伯伦而言，他不可能对这种教派敌对漠不关心，不管他将自己的信仰隐藏得多好。1886年以来，他领导的自由党统一派能够与保守党合作，并从1895年起与他们一起执政，唯一的办法就是避免提及这些敏感问题，并在这些问题被提出时尽快把话题转到爱尔兰和帝国问题上。一些一贯支持张伯伦的人仍然是忠诚的非国教徒；但张伯伦知道，在英国，从上到下，反对《教育法》的骚动正在唤起这些人被压抑的对自由党的归属感。殖民地大臣并没有当众一败涂地，但大家都知道他的处境，他决定在南非的阳光下度过1902—1903年的冬天，这让他没有必要过多在这里纠缠。

张伯伦一回到英国就再次遭到贝尔福政府的侮辱。1903年4月的预算案取消了对所有进口谷物征收的谷物税；这个税额非常微不足道，每吨只有5先令（25便士），因此它对国内生产的保护微乎其微。那么，为什么现在开始在乎这件事？很明显，因为根据帝国会议上听到的诉求，张伯伦已经透露出为殖民地小麦提供优于外国小麦的特惠政策的想法。如果最小额度的谷物税被豁免——但只对殖民地进口谷物豁免——这将是一种反对帝国特惠制的表态，而英国消费者几乎感受不到任何成本。财政大臣查尔斯·里奇（Charles Ritchie）此时通过完全取消税收将帝国特惠制的开口合上。张伯伦对决定本身感到愤怒，对同事的不予支持感到愤慨。

如果里奇和贝尔福真的以为张伯伦会如此轻易受挫，他们就太不了解这个男人了。1903 年 5 月，张伯伦在他热爱的伯明翰市的市政厅举行了一场会议，座无虚席，在那里，他发起了关税改革运动。从某种意义上说，他的提议并无新意。他以前就曾多次暗示想用特惠关税制将帝国捆绑在一起。问题是，对加拿大来说有价值的特惠政策只有一个，那就是给予谷物进口特惠；而从澳大利亚和新西兰进口的食品，主要是冷冻肉类和奶制品，面临的竞争较少。因此，张伯伦政纲的要点是对外国的谷物重新征收关税。

在会议中他没有道歉，那不是他的作风。张伯伦在伯明翰发表演讲之前，统一党就已经手头拮据了。后来受到指责的时候，他断然否认关税改革是政府出现困境的直接原因，更不认为它是真正的根源，他认为问题在于《教育法案》。张伯伦的计策是希望看到党派内外对《教育法案》的批评比对他自己的批评更甚。他提出要意志坚定地开展好这场改革运动，以避免英国的衰落。对支持张伯伦的年轻而热心的人，比如里奥·埃默里（Leo Amery）来说，这一刻如同路德将他的《九十五条论纲》张贴在维滕贝格（Wittenberg）教堂大门上一样，将带来英国爱德华时代的政治巨变。

财政辩论在一定程度上是利益集团的冲突。最古老的贸易保护主义利益当然在于农业（因此在 1846 年前《谷物法》实行了很长时间），但帝国特惠制对贸易的保护还不够；对于已经被加拿大小麦进口击溃的英国农民来说，帝国特惠制几乎毫无用处，可以推测，加拿大小麦会继续涌入市场。相比之下，商业和金融利益往往是世界性的。经销商和交易商、托运人和保险公司、贴现行和金融服务银行：如果有人在自由贸易中获益的话，那就是这些人了。自由贸易与金本位一起，建立了一个国际自由市场的框架，货物、劳动力和资本在其中流通，伦敦金融城做好了准备，并且有能力从这些利润丰厚的流动中抽取一定比例的收益。

张伯伦向生产商——比如在伯明翰半径 30 英里的范围内经营的金属贸易商——提供了一个生意人会喜欢的政策，这些生产商在国内市场感受到了外国产品竞争的威胁。相反，在曼彻斯特半径 30 英里的范围内，棉花贸易几乎没有受益，而且在很大程度上会因为这个提案而受损，因为这个提案会推高英国的生产成本。这就是出口行业面临的问题。补偿工人增高的食品费用，成本就会增加，如果将这些增加的成本转嫁到出口价格上，英国就会失去海外市场，这是老板们最头痛的问题。换一种方式说，在国内生活成本上升的情况下，如果劳动力成本保持稳定，实际工资就会降低，而这正是工薪阶层所担忧的问题。

这是一个有着强烈道德色彩的经济论证。关税改革者很快发现，前半个世纪的自由贸易正统观念已深深扎根。这是在维多利亚时代中期英国建立的“财政宪法”的一部分，这个财政宪法主要是经过格莱斯顿 1853 年和 19 世纪 60 年代早期的巨额预算案建立的。依靠所得税来增加财政收入，政府可以取消为了满足激进派“早餐桌自由”要求的进口关税，所得税使较富裕的阶层承担直接税收的负担。然而，格莱斯顿主义的财政简约原则有意限制这一负担的轻重。根据大众意见，国家的作用被弱化到最小：

工人阶级摆脱了不必要的干涉，中产阶级免于不必要的开支。格莱斯顿主义在意识形态方面的胜利，是为了使这些观念看起来公平，进而使这些观念流行起来。

自由贸易的优点在于它不为任何人提供内幕特权：没有特权阶级，也就没有特别的利益。而张伯伦似乎牺牲了整个社会的利益，打开了为争取某一群体的利益而竞争的大门，因此他在道义上遭到了谴责。长期以来，人们认为张伯伦通过发展党派积极分子的“机器”或“决策机构”，导致英国政治美国化，这使得大家更加相信，张伯伦通过关税是想在英国开启像美国 19 世纪末那样臭名昭著的政治腐败。

张伯伦十分清楚地认识到，要让关税改革受到欢迎，他将经历艰苦的斗争。引出这个财政问题后，直觉告诉他应该找出对食物征税的一个无法拒绝的好处，强势坚持自己的主张。税收，就其本质而言，可以提高财政收入；新增税收将带来新的财政收入；有了新的财政收入，就能够有新的财政支出。社会改革和关税改革也许可以结合起来，为工人阶级的选民带来福利收益，以弥补任何微小的经济损失。

费边主义社会活动家萧伯纳（Bernard Shaw）以典型的挑衅方式阐明了这种逻辑，他认为相比 19 世纪的自由主义正统观点，帝国主义和社会改革对国家的作用要强得多；因此，在普遍反对格莱斯顿主义的基础上，国家社会主义者不应该与帝国主义者和保护主义者争吵。就张伯伦而言，他不太认真地考虑引入国家资助的老年养老金计划有一段时间了，但他没有采取任何实际行动。张伯伦在下议院遭到过一位自由党普通议员［戴维·劳合·乔治（David Lloyd George）］的嘲弄，他此时在言语间暗示，只要实施他提议的关税政策，财政收入就会增加，就能负担得起养老金了。

不知何故，在 1903 年夏天，张伯伦没有实施这个宏伟的计划。相反，他陷入了贝尔福内阁的战术内讧中，于是他改变了战略方向。首相不堪其累，又深谙处世之道，他几乎没有对帝国特惠制(或者其他任何事情）表现出任何热情。他曾经说过，自己和张伯伦的区别在于年纪的大小——但年轻了 12 岁的贝尔福补充说："我是老年人。"贝尔福善于怀疑，头脑机敏，他明白保卫旧的自由贸易或"岛国自由贸易"的教条毫无用处；贝尔福喜欢用"岛国自由贸易"这个说法。原则上，怀疑主义使他最多愿意为了对其他国家收取关税进行反击而支持本国收取关税。出于机敏的个性，他宣称如果这个战略成功地全面降低了关税，那么报复主义下的自由贸易将比教条主义下的自由贸易更自由。

张伯伦对这样的说法完全不信服，他认为这只是一些无聊的干扰，并没有放在心上。不过，他的确试图安抚内阁中的自由贸易商，特别是德文希尔公爵（Duke of Devonshire)，德文希尔是自由党统一派的名义领袖。德文希尔和张伯伦都反对殖民地自治，因此有了共同的立场。20 年前，他们在格莱斯顿的内阁中任职时经常产生分歧；现在，贝尔福的内阁分裂严重，因为旧辉格派的老旧财政保守主义和张伯伦急切的经济激进主义难以相容。德文希尔和他的追随者们反对征收食品税。张伯伦试图抚慰他们，声称他的计划无须提高普通家庭的食品税。

事实上，茶叶和糖类这些种植园作物已经要向财政交税了，它们没有国内竞品，对这些作物收税不是一种贸易保护主义，因此根据自由贸易的原则，这些关税被允许征收。张伯伦抓住这一点做出了一个十分聪明的举动——可以说是聪明过头了。他承诺取消茶叶税和糖税，用来抵消他将要推行的小麦关税的额外费用，根据设想，这样就能一分不差地平衡工薪阶层的家庭预算——但财政部就不能多收钱来发放养老金了。张伯伦承诺的社会改革就像从财政的帽子里变出兔子来一样，让人觉得不真实，张伯伦后来就只剩一顶空帽子了。这个花招甚至都没有给德文希尔留下深刻的印象，他仍然像以前一样反对关税改革。

政府的分裂在1903年秋天趋于白热化。张伯伦辞去殖民地大臣的职务，以便在国内自由地为了实现他的政策从事改革运动。贝尔福抓住机会避开了里奇和其他正统自由交易者，但在这样的操作中也在无意中失去了德文希尔的支持。年轻的奥斯丁·张伯伦（Austen Chamberlain）被任命为财政大臣，以安抚他的父亲和关税改革者。

多年来的派系之争使自由党实力大减，此时这种纷争又使统一党不得安宁。满怀热情的张伯伦派想要就帝国特惠制、食品税和其他种种放手一搏。剩下的反对征收食品税的成员又分成两部分；一些人走到对面，加入了自由党，比如年轻的温斯顿·丘吉尔（Winston Churchill），他是棉花城镇奥尔德姆（Oldham）的议员；其他人越来越茫然，指望德文希尔公爵来领导他们。与此同时，贝尔福派则比较中立，一些人倾向于关税改革，一些人则倾向于自由贸易，其中大部分是典型的保守派人士，他们准备接受任何可以使党内团结的方案。贝尔福的很多观点很有见地，但他的支持者们大多不能理解。下议院反对党反复质疑贝尔福，贝尔福无可奈何，只好使用了许多孤注一掷的权宜之策来保持党派表面的团结，有一次他为了躲避关于自由贸易问题的投票，带领他的支持者离开了会议厅。

张伯伦将他反对自由贸易的方案带到国内。他成立了关税改革同盟（Tariff Reform League），为反对自由贸易不断地做宣传。关税改革同盟资金充足，组织得当，使竞选方法提升到一个新的专业水平，关税改革同盟还准备利用留声机和动态影像等新技术传达信息。真正引人瞩目的还是张伯伦本人，他做了一系列令人信服的演讲，阐述反对自由贸易的方案。有一位专家顾问告诉他，他引用的一些统计数据不准确，他只是回答说："这些数据我以前用过。"他把战火引到敌人身上，在主张自由贸易的兰开夏郡的多个大型会议上毫无惧色。他指出，英国制造业的基础正在遭受侵蚀，一个接一个的行业正在走下坡路。"棉花会走下坡路。"他警告道。他不认为一个伟大国家的商业可以依赖于生产"果酱和咸菜"或"娃娃眼"的制造业。于是，英国社会开始就制造业基础在英国经济中的重要性展开争论，经久不息。虽然张伯伦此时靠资产收入生活，但他仍然是工业生产者的代言人，他鄙视历史学家口中的伦敦金融城的"绅士资本主义"，鄙视"绅士资本主义"所坚持的世界性的自由市场逻辑。

通往 1906 年之路

1886 年的自治危机导致自由党分裂，并且在国内的支持率大幅下降。在后来的 20 年中，统一党成为议会中最大的党派，除了 1892—1895 年，统一党一直连续执政；1892—1895 年执政的是少数派自由党政府，自由党依靠爱尔兰自治党的支持上台组阁。布尔战争使自由党派的处境更为艰难，那时他们的新任领导人是亨利·坎贝尔–班纳曼爵士（Sir Henry Campbell-Bannerman），他在反战的“亲布尔派”与“自由派帝国主义者”的中间路线上摇摆不定。这两个标签都值得玩味。“亲布尔派”最初是侵略派对政府批评人士的嘲讽，但政府批评人士予以反击，居然就采用了这个称呼——而“自由派帝国主义者”也一样不是字面上的那么回事。事实上，自由党依然困难重重。索尔兹伯里退休时，还能回想起保守党多么出人意料地顺利经受了民主到来的考验。索尔兹伯里的成就是利用自治达成他的终生政治目的：团结有产阶级形成强大的抵抗力量。

然而，政府支持的阶级基础面临着一个尴尬的问题——工人如何参与？劳工们组织起来形成一个党派并不是一个新想法。从某种意义上说，自 1867 年《第二次改革法案》（Second Reform Act）颁布，城市工人有了选举权（英国议会议员选举区引入房主选举权）以来，许多人就预期会出现劳工党。但是实际实现的只是与当地自由党组织达成非正式约定，管理一定数量的工会候选人。他们被称为自由党 - 工党人（Lib-Labs），最初大部分是行业工会的代表。当然，在这个过程中，自由党没有变成有组织的劳工机构，更没有成为社会主义机构，这是格莱斯顿式民粹主义的一个成就。工会联盟（Trades Union Congress，TUC）在劳工立法方面采用了游说的方法，取得了相当大的成功。到 1900 年，共有 1 300 多个工会，总计有 200 万名成员。其中 60% 的成员属于 100 个年收入 200 万英镑的大工会。

1884—1885 年的《第三次改革法案》（The Third Reform Act）将房主选举权扩大到郡县地区，向另一群人——矿工打开了进入议会成为自由党 - 工党议员的大门。在大多数煤矿，不信仰国教的政治文化（通常是卫理公会）盛行，自由党组织基本上成了矿工联合会分会（工会分支）的附属。在房主选举权制度下，实现劳动代表并不困难，只要满足两个条件即可：一是一个工会在给定的选区内做得了主，二是几乎所有的成员都信奉同一个党派（现实中，是自由党）的政治理念。然而，第一个条件只有矿工和棉花工人满足；第二个条件只有矿工满足——在兰开夏煤田，连矿工都不能满足第二个条件。原因是兰开夏郡有足够的保守派劳工阻止自由党 - 工党系统的扩展，以自由党 - 工党系统作为主要渠道使劳工进入议会显然没有未来。

然而，随着 20 世纪的到来，工会认清他们真正需要的是议会中的直接代表。法院做出了一系列不利于工会的判决，工会意识到他们的法律地位受到了威胁，并认为在议会中拥有直接代表是保护他们利益的唯一方式。1893 年，他们已建立了一个名为独立工党（Independent Labour Party）的机构，这个机构的名称展现了他们的目的。这是社会主义者的邀请，他们中最著名的是凯尔・哈迪（Keir Hardie），他们邀请工会成员加入他们的政党。但这个宏伟的计划失败了，独立工党也在选举中失败了。

在 1900 年成立的劳工代表委员会（Labour Representation Committee，简称“劳委会”）用另一种方式解决了这个问题——通过工会联盟邀请社会主义组织加入自己的政党。除了分支集中在约克郡和兰开夏郡的独立工党，费边社（Fabians）也加入了，费边社是一个大都会集体主义者的小型智库，萧伯纳出版了关于西德尼・韦伯（Sidney Webb）和比阿特丽斯・韦伯（Beatrice Webb）的重要研究成果后，费边社因其展示出的才华受到了格外多的关注。和所有欧洲国家一样，英国也有一个马克思主义组织，尽管是一个小组织：社会民主联盟（Social Democratic Federation）。社会民主联盟在观点上是世俗主义的，在信奉无神论的伦敦十分引人瞩目，从风格和教义两个方面，它都有别于独立工党粗野的非国教政治文化。社会民主联盟几乎立即退出了劳委会，因为它认为这不是社会主义政党。

劳委会使一些下属工会团结在一起，此时恰巧法院做出了进一步的裁决，使得其下属工会的数量得以增加，最著名的是1901—1902 年的塔夫谷铁路公司诉铁路从业者协会案（Taff Vale cases）。这些判决的累积效应是破坏了和平纠察的合法性，并使工会向因贸易纠纷而遭受损失的雇主支付赔偿金。大家相信格莱斯顿和迪斯雷利已经给予工业行为以法律保护，一代工会成员已经在这种信念下成长起来了。现在他们发现了塔夫谷陷阱：如果他们罢工失败，他们就输了；但如果他们罢工赢了，然后被成功起诉，他们仍然输了。

劳委会成立后，自由党与劳工党之间的关系发展到了一个新的层面。关键的一步是自由党党魁赫伯特·格莱斯顿（Herbert Gladstone）① 和拉姆齐·麦克唐纳（Ramsay MacDonald）达成的协议，最初就是格莱斯顿的父亲将有组织的劳工置于自由党的保护伞之下，而麦克唐纳是一位有才能的社会主义宣传家，最近被任命为劳委会秘书。格莱斯顿－麦克唐纳协定在英格兰和威尔士为工党候选人指定了 40 个选区。格莱斯顿不能绝对保证自由党候选人会为支持工党而退出，而麦克唐纳也不能确保阻止劳工党或社会主义候选人在别处冒出来。这个协议也没有公布。尽管如此，它还是为第一次世界大战之前的选举政治制定了基本规则：它是自由党－工党人

① 威廉·格莱斯顿之子。——编者注

模式被荒废之后，自由党和劳工党之间合作的新模式，被同时代人称为进步联盟（Progressive Alliance）。

自由党与劳工之间的意识形态关系密切，真正使进步联盟发挥了效力。多年来，自由党领导层就叫嚣着鼓励工人阶级候选人，但没有什么效果。现在他们获得了大约 40 个劳工代表的名额，这些劳工代表主要由坚定而明智的工会官员组成，他们由工会联盟控制下的一个符合规范的国家组织承认和资助，他们都决心为劳动立法争取公平的解决方案，但同时，他们几乎都是有着强烈自由主义观点的人。社会帝国主义的费边逻辑并没有影响劳工党政治家们，他们有时可能把自己称为社会主义者，但他们沉浸在格莱斯顿传统中。他们反对乔的战争，后来证明他们也完全不接受乔的诱惑。如果在这一点上想要明确一下的话，立即就可以验证：工党几乎全部一致地团结起来，保卫所有自由党事业中最伟大的事业——自由贸易。

捍卫自由贸易的需求在这 20 年来第一次使旧自由党联盟重新走到了一起。自由党领袖们排练好他们的台词，把旧时信仰的赞美诗书页上的浮尘吹掉，他们相信，如果这些对科布登（Cobden）① 足够有效，那么对他们来说已经足够了。坎贝尔－班纳曼是一个体态肥胖、生活舒适的“吃息族”，他喜欢外国温泉，不在欧洲大陆时就喜欢读法国小说。他喜欢德国莱茵河地区的白葡萄酒和苏打水，尽管这种生活方式明确表明他没有理由反对全球性的自由贸易，但他仍然倾向于把演讲的苦差事留给其他人。

① 理查德·科布登，英国政治家，被称为“自由贸易的使徒”，是英国自由贸易政策的主要推动者。他领导一群商人成立了反谷物法联盟（1839年），最终成功促使国会在1846年废除《谷物法》。详见“企鹅英国史”第八卷《全盛时代》。——编者注

自由贸易运动的真正领袖是赫伯特·亨利·阿斯奎斯（H. H. Asquith），这使他表面上成了坎贝尔–班纳曼的继承人。阿斯奎斯出生于约克郡，年轻时大家以他的名字赫伯特称呼他，他是一位白手起家的高级律师，天生聪颖，他在牛津大学贝利奥尔学院（Balliol College）获得了古典文学奖学金，毕业后头脑更加敏捷，为人更加严谨。作为内政大臣，他是格莱斯顿最后一届内阁中最年轻、最聪明的成员，他结婚时那位“伟岸的老人”还做了他的主宾；阿斯奎斯娶了一位能言善道的女继承人玛戈·坦南特（Margot Tennant，他的第一任妻子去世了，子女们尚年幼）。和他的第二任妻子在一起后，他的中间名（亨利）被认为更合适经常使用，而玛戈惊人的影响力并不局限在她举办的时尚派对中。

张伯伦走到哪，阿斯奎斯就跟到哪，在全国介绍自由贸易，毫不留情，沉着冷静。在布尔战争期间，他和他的两个同事，R.B. 霍尔丹（R. B. Haldane）和爱德华·格雷爵士（Sir Edward Grey）被称为自由派帝国主义者，生活在前首相罗斯伯里勋爵（Lord Rosebery）的阴影中。此时情况变了。罗斯伯里完全脱离了自由党的轨道；阿斯奎斯则以自己的形象出现，他捍卫自由贸易，成功赢得了党内支持。事实上，自由派帝国主义者并不想在国内政策和对外政策上比格莱斯顿议程更进一步。阿斯奎斯的本能使他成为中间派，就像坎贝尔–班纳曼一样；战争快结束的时候，阿斯奎斯才开始谴责政府使用“野蛮手段”，亲布尔派将坎贝尔–班纳曼塑造成一位英雄。神奇的是，在自由贸易的魔杖下，仇恨和相互猜疑消失了。在听完阿斯奎斯的观点之后，坎贝尔–班纳曼沉思道：“这些家伙怎么可能出错？”

正如丘吉尔后来所说的那样，张伯伦“掌控大气候”的能力在 1903—1906 年产生了最为戏剧性——或最为反常——的效果。统一党阴云密布，他们在一系列议员补选中轰然失败，并且发现自己在大选的洪流中被淹没了。这在一定程度上是因为时机不对。在张伯伦开始宣扬国运不济后的 4 年里，英国的出口增长了 50%。失业率在 1904 年达到 6%的高峰后急剧下降。张伯伦的口号是“关税改革意味着人们都能工作”，暗示实行保护主义有好处，但到此时，他还没有什么可以撕咬攻击的对象。相反，简单的民粹主义旧自由贸易口号——“别碰人民的口粮”或“你的口粮要更贵了”大行其道。在不计其数的自由主义讲台上，自由贸易给住在村舍的下层穷人带来的“大面包”，被拿来与吝啬的关税改革者所给的“小面包”做比较。自由党人为了危言耸听，将大块的面包烤好，向容易轻信的听众展示两者的不同，自由贸易的面包肥美养人，适合英国餐桌，贸易保护主义的面包小且难吃，外国人吃的就是这种。互惠互利的帝国特惠关税真正的难题却很少被讨论——保护主义大行其道的殖民地向其他非帝国地区的进口产品增加关税的同时，却允许英国货物自由进入。

贝尔福在 1905 年 12 月使用了他最后的战术，他没有解散议会，而是辞职了。这样一来，自由党政府就只能在大选前而不是大选后组成，贝尔福希望这可以给自由党制造麻烦，暴露出他们内部的分裂。但实际效果正好相反。阿斯奎斯、格雷和霍尔丹备了好一个计划即“维吕加合谋”（Relugas compact），要迫使坎贝尔 – 班纳曼升到上议院去调养身体，由他们来掌管新政府。他们没有设想在即将举行的万众瞩目的大选期间进行政治暗杀，也没有想到坎贝尔 – 班纳曼十分坚决地接受了国王的委任，组建自己的政府，也没有料到阿斯奎斯会受命管理财政部，格雷管理外交部，霍尔丹管理陆军部（War Office），不管怎样他们将实际上管理政府。简而言之，内阁组建使自由党团结在一起，坎贝尔–班纳曼终于决定在1906年1月举行大选，延续一贯的政治主张，向人们呼吁维持自由贸易。

当时当然还有其他问题。就像他们在过去20年里每一场选举中所做的那样，统一党宣称，联合王国此时危机重重。但这次连德文希尔公爵都不感到害怕，他承认是坎贝尔–班纳曼在爱尔兰问题上的"循序渐进"政策使得《爱尔兰自治法案》(Home Rule Act)不会出现在下次议会会议上。几乎可以肯定，许多统一党的自由贸易派人士想要给自由党投票。他们中的一些不信奉国教的人确实给自由党投票了，他们仍然为《教育法》而气愤难平。这个问题搅动了历史悠久的自由党选民阵营，使激进分子义愤填膺。

中国劳工问题也起到了类似的作用，触动了人们的内心，但中国劳工问题的真正影响在于它向新的进步联盟选区传达了特定的信息。对于工团主义盛行的城区和工业区，中国劳工就成了一部活教材，让人们认清统一党政府如何对待劳工。大多数统一党候选人没有注意到这个更高层面的象征意义，他们强烈认为突出这个问题无非是自由党的骗人招数。就社会改革特殊措施而言，自由党的规划几乎不能给劳动阶级的选民带来任何好处，因此中国劳工问题确实填补了一个真空区。

在第一次世界大战之前，投票需要进行好几周，一般都是大城市和市镇先投票，然后是郡区。这使得1906年的投票结果有了额外的戏剧性：第一天，进步联盟在兰开夏郡获得了令人震惊的支持率，从而占据了绝对优势，而过去一代人的时间这里都是由统一党主导的。贝尔福本人在曼彻斯特也未被选上。这不仅仅是棉花在为自由贸易辩护。自由党在整个英国取得了巨大的胜利，甚至在英国小郡和设有大教堂的城镇也是如此。此外，30 名劳工党员返回了议会。来自苏格兰的两名位劳工党议员都击败了自由党的对手；但在英格兰和威尔士，劳工党获得的胜利几乎都是通过与选区的进步联盟成员合作获得的，这种合作使自由党和劳工党在议会上的代表率都得以最大化。

在英国，投票中统一党得票率平均降幅超过了 10%。在英格兰，只有 4 名统一党议员自动当选，而自由党有 15 名议员——与 1900 年相比有很大差异。事实上，爱尔兰自治党的 83 名议员中有 74 名没有参加选举就自动当选。新议会干净利落地扭转了旧议会的比例，自由党以 402 名议员超过统一党的 400 名议员，成为最大党派。只有爱尔兰代表基本上不受影响：南方 82 名自治党成员，北方 15 名统一党成员（加上 3 名自由党成员和 1 名无党派人士）。此外，1 名爱尔兰自治党当选为利物浦苏格兰选区议员，一直到 1929 年，每次选举中都是这样。1900 年，议院内有 402 名统一党议员，而此时统一党议员减少到 157 名——只有 130 名来自大不列颠岛的 560 个选区。1900 年，有 184 名自由党议员，而 1906 年变成 400 名。这还不是新政府的全部力量，因为劳工党（1906 年后开始使用“工党”一名，之前称“劳工党”，即劳委会）的 30 票一定会投给他们，而爱尔兰自治党几乎不可能支持统一党。

反对党席位上的真正分歧不在自由党统一派和保守党（他们将在 1912 年正式出现）之间，而在于张伯伦派和其他人之间。尽管关税改革已经失败，但它对统一党的控制加强了，张伯伦此时似乎想掌控统一党。当然，党内的分歧对张伯伦的计划没有什么好处，那些想与帝国特惠制划清界限的候选人仍然被视为保护主义者。但张伯伦本人没有多少时间利用他的机会。1906 年夏天，他中风了。情况很严重，但他的家人尽可能对此事保密；贝尔福只能用放大镜看报纸照片来推测张伯伦的情况。拖着病躯的张伯伦在伯明翰的别墅里居住到 1914 年，在随后的政治事态发展过程中，他通过电报断断续续地进行干预，他当初按下了这些事情的启动键，却不再能对事态进行主导、指引或是决定。

通向比亚里茨之路

一个自由党议员占大多数的政府是很新奇的。维多利亚女王在她执政的最后 15 年内都没有容忍一个这样的政府存在。爱德华七世在政治上不像他的母亲那样有偏见，但他被迪斯雷利迷住，成了一个激烈的反格莱斯顿主义者。国王与坎贝尔 – 班纳曼都是老头子了，他们两个都懒惰肥胖，在玛丽亚温泉市（Marienbad）接受治疗时，他们相处融洽。“和平使者爱德华”的政治影响力在当时被高估了，虽然他在欧洲其他地方的叔伯们自然希望与他保持良好的关系，沙皇尼古拉和德皇威廉二世都是这样——但这一切都是家庭关系。他同意了统一党政府在 1904 年与法国签订的友好协约。但是，这种事谁会不同意呢？

英国突然显得孤独无助，为了改善国际地位，英国分步采取了几项外交政策，其中之一便是签订协约。张伯伦可能说英国人享受“光荣孤立，被亲属包围和支持”，但布尔战争使人们认清这样一个现实：英国在扩张帝国范围上已经耗费大量力气，它需要避免与其他大国发生冲突。索尔兹伯里之后，担任英国外交大臣的是兰斯当侯爵（Marquis of Lansdowne），他从 1900 年直至统一党政府垮台前一直担任此职；兰斯当侯爵具有辉格党灵活应变的本能，以便在不利的变化发生时将这种本能作为生存的代价和手段。他明白，德国不再愿意屈从于英国的海军和帝国霸权，就像在俾斯麦时代那样；德国正在建设一支新的海军，德皇对德国在非洲热带地区常年曝晒的贫瘠土地不满意，他贪婪地注视着从中国到撒哈拉沙漠的前景光明的领土。在理想情况下，兰斯当本来希望与德国达成一项协约，以去除潜在冲突的根源；但由于德国要求英国承诺支持德国反对法俄同盟，兰斯当被迫重新考虑。

事实是，英国仍然没有兴趣进入欧洲列强的联盟体系。相反，事实证明，解决西半球突出的困难比较容易，方法基本上是接受皇家海军不再能与美国舰队匹敌的事实（特别是在巴拿马运河建成后）。同样，1902 年，兰斯当与日本缔结了一项条约，限制英国在远东的海军力量；日本是第一个以工业和军事强国身份大展拳脚的亚洲国家。就这样，英国以如此方式避开了与美国和日本的战争，而英国的重要利益并未受损——尽管如果日本和俄罗斯之间发生战争（在不久后的 1904 年就发生了），英法两个友邦之间将出现矛盾，很可能将敌对情绪带到整个欧洲。这正是英国希望避免的，法国也是如此；这促使两国订立协约。两国订立协约的目标很坚定，那就是主要通过清除外部殖民竞争恢复和谐关系；它几乎算不上是联盟，更不是对抗德国的联盟。如果远东的战争以日本的胜利告终，那么 1907 年与俄罗斯签署类似的解决方案就可能实现（当时的外交大臣是自由党人格雷）。就这样，在这个互相交换的过程中，这两名辉格党人——一个此时是统一党人，一个仍然是自由党人——似乎通过谈判在欧洲实现了一种和平，这对于英国这种已然满足的国家而言是十分合适的——这也是兰斯当所寻求的目标，在1916—1917年，他的情况已经远没有那么乐观了。

爱德华时代虽然短暂，却有国王设置的（有些人说是降下来的）独特声调。当人们回顾维多利亚时代时，会发现那个时代充满了体面和礼仪：非常沉闷，并且众所周知不崇尚娱乐。老女王的死亡似乎解除了一种精神负担。爱德华不是叛逆的人，但也不是完全可敬的人。他有情人，他缓和了法庭的恶劣苛刻，并且使法庭不那么排他。他与出身并不干净的富豪们开怀畅谈，毫不警惕，默默接受他们的热情。在他的赞助下，“上层百万富翁”们确立了富人炫耀性消费的新标准。在松鸡生活的荒野，在一批助猎手的帮助下，射击派对一天能猎到数千只猎物：这让人联想到堑壕的大屠杀。一道一道的大餐被呈上，供客人挑选，并配上最好的葡萄酒。香槟受到了推崇；在一些圈子里，每顿饭都会有香槟（喝香槟是温斯顿·丘吉尔一生的习惯）。

从来没有出现过这么多的百万富翁。这些富翁通常在金融业而不是在工业上赚钱；即使他们在北方生活过，他们也倾向于在南方终老，花钱使自己（或使他们的孩子们）进入地主阶层。这是英国精英流动的旧模式，每一代贵族阶层都因为新贵而更新。然而，在爱德华时代，旧贵族感受到了前所未有的威胁。在社会上，富豪的粗俗使旧贵族觉得自己受到了冒犯。在经济上，30年的农业衰退已经给他们造成了损失；对于那些一直认为自己富有（并且按照富有的方式生活）的地主而言，他们的土地价值更低了，租金更低了，收入更少了。在政治上，地产绅士们突然发现“塞西尔公馆”已经歇业，而且“伦敦最好的俱乐部”（下议院）已被一群激进分子占领。

按照议会辞令所言，上议院确实是“另一个地方”。1893 年，上议院以 10∶1 的多数票否决了第二个自治法案，从那时以来，上议院的政治平衡就没有改变过。事实上，尽管格莱斯顿大声谴责这种稳定性的一边倒，但上议院并没有受到什么影响，这表明了两件事：尽管 19 世纪后期大家都认为代议制政府非常成功，但实际上上议院从本质上来讲就是一个世袭的参议院。统一党在议会两院人数比自由党多的 20 年间，他们之间的潜在矛盾被掩盖了，但并未被消除。自治法案惨败的第二个原因是它的爱尔兰性质。大不列颠的大多数代表并不赞成自治法案；下议院之所以会通过《爱尔兰自治法案》，主要是靠爱尔兰自治党的投票。虽然这完全符合程序，但也意味着因为这个提案本质上不受欢迎，所以呼吁选民反上议院之道而为之注定会失败。总而言之，这个问题不是宪法问题，而是政治问题。

没有人比贝尔福更清楚地认识到这一点。1906 年，他在一次匆忙的补选中回到了威斯敏斯特，他发现自己要面对自《大改革法案》（Great Reform Act）以来下议院数量最多的多数票。当他试图运用自己典型的狡猾辩论计谋时，坎贝尔 – 班纳曼只是评论说“别说这些蠢话了”，就赢得了满堂喝彩，轻松将他抛到一旁。迪斯雷利说过一句格言，“能赢得议会多数人支持的辩论就是最好的辩论”，虽然残酷但事实证明确实如此。贝尔福意识到，他也掌握着一种辩论技巧，能使他成为现代反对党最有力的领袖。统一党同僚由兰斯当侯爵率领。兰斯当和贝尔福尔采用了一个非常简单的原则：占上议院内部大多数的保守党人应该用于保护保守党的利益。因此，受欢迎的法案，不管保守党认为条款的指导思想被如何误导，都会被通过。相比之下，只对自由党派有吸引力的法案，会被精确瞄准并被阻止，尽管这些法案是该党在 1906 年大选中获胜的原因之一。

上议院并没有阻碍 1906 年的《劳资争端法案》（Trade Disputes Act）。这是对塔夫谷案难题的回应，偿还了政府对工党的荣誉债。一些政府法律官员经过一番摸索，试图为工会界定一个合理而又不失诚实的法律地位，很明显，许多自由党议员觉得自己也已经同意，简单地接受工会联盟的解决方案是最简单的办法。该法案恢复了最初在 19 世纪 70 年代颁布的异常条款，该条款赋予工会独特的法律豁免权，使他们免于因贸易纠纷而被起诉，从而对工会进行保护。这个法律解决方案标示了英国劳动立法研究能够控制的范围，因为在 20 世纪的大部分时间里，该法案都有效。在政治上，它显示了有组织的劳工的力量。

政府对其支持者的其他债务不那么容易偿还。像往常一样，呼吁戒酒的人群一直处于自由党的阵营中，就像酿酒的人和酒馆老板们站在保守党一方一样。统一党政府的《许可证法》（Licensing Act，1904 年）被认为对“这个行业”的既得利益群体过于宽松，并且对压制《烈酒许可证》几乎毫无作用，《烈酒许可证》在许多城市地区数量之多令人震惊。1908 年自由党适时通过了自己的法案，但该法案被上议院驳回。自由党的宣传指出，有相当数量的保守党人士与酿造业有利益牵扯。诚然，在获封爵位的英国工业家中，“酿酒商”所占比例最高，因为酿造业是英国历史最悠久的大型工业。“这个行业”是保守党资金的重要来源，这也是事实。但实际上，许可证的数量正在减少，禁酒令不再能赢得大量支持（在威尔士北部以外），而自由党当然不打算通过饮酒这个问题赢得选举，饮酒问题的热度在迅速退去。

政府试图修改贝尔福《教育法》的努力也遭受了相似的命运。《教育法》对英国国教的温柔照顾，激怒了许多自由党人士，但重返学校董事会的想法绝不会成功，政府只是希望各方能体面地妥协，使大家的荣誉都得以保全。贝尔福决心让自由党的这个法案被否决。1906 年的第一次努力［比勒尔（Birrell）法案］旨在安抚非英国国教信仰者，同时也为天主教学校开一个法律上的口子。上议院暗使手段，把这个法案搞残，而不是直接杀死它。这个法案在上院议员的流程圈套中蹒跚前行，最后由政府解除了它的苦难。1908 年的第二次尝试［麦克纳（McKenna）法案］修改了自由党的提案，以便从侧面保护非英国国教教会的成员，并获得英国国教主教席上的无党派议员的同意，大多数主教都在上议院。保守党不想让主教们不开心，单纯只是不想让法案通过；他们最终成功地阻止了法案的通过，因为在普通民众层面，这个法案既不受国教徒欢迎，也不被非国教徒喜欢。

自由党取得最伟大的胜利后，没过几年，当初带领他们取胜的澎湃热情就消散了。事实是，政府无力反击针对它的手段，因为它没有可以吸引大众的策略。自由党政府活在过去，摆弄着针对学校和酒吧的措施，这些措施与 1906 年投票支持自由党的大部分人似乎不再有什么关系。1906 年的胜利本质上是消极的，人们后面才慢慢看清这一本质，因为自由党主要的竞选纲领（自由贸易）并没有提上日程并采取行动。

有一件事很明显。指望坎贝尔 – 班纳曼领导政府是没有用的。他在自由党中深受喜爱，现在我们很难理解他受喜爱的原因；保守党也不太恨他，这个原因更容易理解些——他既没有给别人恨他的理由，也没有给别人怕他的理由。当初，他的妻子得了绝症，因此他坚定地想要入主唐宁街 10 号，但也正因如此，他在那里的日子毫无干劲；他心脏病不止一次发作；他于 1908 年 4 月提交辞呈时，已经奄奄一息。宪法规定的细节都得以遵守——仅仅如此。国王在国外接受治疗，不能为这件事回家，所以阿斯奎斯不得不自己去往法国，在酒店里亲吻君主的手。“和平使者爱德华”在比亚里茨任命了他的最后的一任首相，还有什么地方比比亚里茨更合适呢？

第二章

拭目以待，1908—1916年

福利

比较1900年的英国，基本上每个生活在1980年的英国人都可能更长寿一些。在1900年，到45岁的时候，男性的死亡率是1980年的6倍。女性的数据比男性高出10倍——这不是因为女性比男性更脆弱，而是因为女性原有的优势要在20世纪才会逐步显露。死亡当然与年龄有关；从这个意义上说，当时老年会提前10年或20年到来。①1980年，只有到65岁后，女性再多活1年的概率才会低于99%，而在1900年，女性早在45岁生日时就有了这样的预期。

像往常一样，平均寿命最显著的变化与那些年纪非常小，而非年纪非常大的人有关。在1980年的英格兰和威尔士，12个月龄以下的婴儿中每千名有12名死亡，而在1900年则为163名——放在现在，这种死亡率只与第三世界有关。因此，在一个有6个孩子

---

① 1980年，55—64岁男性的死亡率低于1900年45—54岁男性的死亡率——死亡推迟了10年。1980年，55—64岁的女性的死亡率基本与1900年35—44岁的女性的死亡率相同——死亡推迟了20年。——原注

的家庭中——在体力劳动者中仍然很不少见——很可能会有 1 名婴儿死亡。其他孩子也很可能无法长大成人。5—35 岁的年轻人面临着死亡的风险，而 20 世纪后期的人们只有到了中年才会面临这样的风险。难怪爱德华时代及维多利亚时代的小说中都有悲惨的临终场景，男女老少都被死神掳走，离开悲伤的亲人——年轻人的死亡率在第一次世界大战中达到了可怕的顶峰。

英文版《公祷书》（*Book of Common Prayer*）宣称，在生活的迷雾中，我们同样置身死亡，这毫不夸张。死亡是生活的现实，维多利亚时代的人们用各种方式应对。对于某些人来说，这是一种超脱物质世界的宗教经历，特别是全家人都因信仰救赎而团结在临终时的卧榻旁时。基督教承诺人死后还有另一种生活，这应该为许多被死亡的暴虐早早拆散的家庭带来了安慰，这很自然；但同样可以理解的是，约瑟夫·张伯伦在两次丧偶后，失去了基督教信仰，就像戴维·劳合·乔治一样，他一直难以放下失去他最喜爱的女儿一事。信徒们和非信徒们都一样，精心安排的哀悼仪式是他们寄托丧亲之痛的实用方式。委婉用语也对减弱这种打击略有帮助；据说死者是“过世了”或“被叫走了”，甚至是“被征召去服务于更伟大的事业了”，1912 年去世的救世军创始人威廉·布斯（William Booth）将军的墓碑上就是这样写的。

1900 年的英国人不仅寿命短，身高也比现在的英国人矮。当然，这两个事实是相互关联的，因为身高明显是营养标准的一个长期指标，而营养标准转而会影响预期寿命。在 19 世纪末，英国成年人的平均身高大约为 5 英尺 7 英寸（约 1.7 米），而苏格兰人的身高可能高 1 英寸。一个人长到 6 英尺的话非常不同寻常，以至于“身高 6 英尺的人”（six-footer）成了卓越的标志，后来 1.8 米的个头没什么稀奇了，但这个词还是在英语中存在了很长时间。大约从 1870 年开始，各个年龄段的孩子们都变得更高了，而且长得更快了。在 19 世纪 30 年代之前，变化的速度并不显著，大概是 1 个世纪增高 1 英寸；但接下来的半个世纪，这个速度翻了两番，直到 20 世纪 70 年代英国人的身高达到了基因的顶峰。19 世纪 70 年代的成年男性平均身高是 1.76 米，英格兰人比苏格兰人略高。自从 20 世纪生长速度开始加快以来，十几岁的男孩身高增长最快，尤其是工薪阶层的孩子们。身高和体重的差异与社会阶层明显相关。伊顿公学和其他公立学校的男孩们来自高收入阶层，丰衣足食，在 19 世纪末已经与现在一样高了。同样，1900 年，牛津大学和剑桥大学的学生与工人阶级的年轻人在肌肉方面比在头脑方面有更明显的区别。相比之下，在兰开夏郡，因为童工问题和在后人看来很贫乏的食物供给的双重影响下，棉花从业者身高的发展受到了阻碍。

贫穷几乎不是一个新问题。在 19 世纪初，人们会说这是“英格兰的状况”；到 19 世纪末则称之为“社会问题”。伦敦贫民窟令人震惊的拥挤问题在 19 世纪 80 年代一直搅动人心；查尔斯・布思（Charles Booth）及其助手团队令人震撼的调查结果在整个 19 世纪 80 年代一直在不断出版，卷数颇多、卷本颇厚。这代人之后，这样的项目将由拥有学术资格的社会学家进行，由研究委员会或基金会提供资金：不再由一个利物浦船主付款，这个船主最初想要证明社会主义宣传是危言耸听的，在这个过程中他发明了他的方法论。布思将他的调查小组留下的印象精确地绘成地图，一条街一条街地画。西博姆・朗特里（Seebohm Rowntree）的著作《贫穷：城市生活研究》（*Poverty: a Study of Town Life*，1901 年）有所不同，他一家一家地调查，深入问题内部。

朗特里是又一位富有的业余爱好者，他的家族是贵格会信徒，是约克著名的可可和巧克力制造商。他的作品也具有独特的印记，他的做法用以后的标准看，是对他调查的工人阶级家庭隐私的严重侵犯。他利用他的关系从家族公司或其他雇主那里了解到约克每个家庭的收入。然后，他利用当时的营养研究来确定多少食物是维持生存所必需的，并且算出当时这些食物要花费多少钱。把这两组信息放在一起是朗特里的成就。他一下子就可以知道有多少家庭的收入根本不足以维持生计（“初级贫困”），有多少家庭虽然拥有维持生计的收入，却因不明智的支出而陷入相同的状况（“次级贫困”）。

从长远来看，根据“贫困线”这个概念，确保每个家庭获得保证生存的收入，即可解决贫困问题，方法简单聪明。很快，朗特里的这本书对公众产生了巨大的影响，那时候公众还是习惯地认为贫民窟的惨状只会出现在伦敦。与传统认识相反，在像约克这样的城市里，也有10%的人口急需食物，30%的人口在一定程度上处于贫困状态。约克是一个体面的自治市，很幸运地拥有一些慈善的贵格会雇主。这样的贫困应该归咎于朗特里这样的人，或是他们的员工们，还是资本主义制度，或是自由贸易呢？对于这个问题，保守党们、温和的社会活动家们、社会主义者和关税改革人士们自然有不同看法，接下来的几年，他们都选择性地摘取朗特里的调查结果放在各自的平台上加以宣传，支持自己的观点。

朗特里本人，就像他的贵格会背景给人的期待一样，是一位热诚的自由党派人士。他的家族资助了一份周刊，即《国家报》（*Nation*），这份周刊刚成立不久，代表自由党与历史悠久的《旁观者》（*Spectator*）进行竞争［《旁观者》此时是编辑约翰·圣洛·斯特雷奇（John St Loe Strachey）的喉舌，支持的是统一党自由贸易的观点]。吉百利（Cadbury）家族也属于贵格会成员，资助了《每日新闻》(*Daily News*)，它为自由党人的“可可新闻”在大众市场和高雅市场上争取到了支持。西博姆·朗特里与《国家报》撰稿团队十分亲密，这个团队才华横溢，由编辑亨利·威廉·马辛厄姆（H. W. Massingham）招募而来：最著名的是经济学家约翰·阿金森·霍布森（J. A. Hobson）和社会哲学家伦纳德·特里劳尼·霍布豪斯（L. T. Hobhouse)。他们的朋友社会历史学家芭芭拉·哈蒙德（Barbara Hammond）将他们称为“两个霍布”，此二人是社会改革中新自由主义的主要知识分子发言人，而此时新自由主义即将得到承认。

霍布森和霍布豪斯都受到费边社的影响。费边社是 19 世纪 90 年代年轻的集体主义者们学到本领的地方。得益于西德尼·韦伯和比阿特丽斯·韦伯，他们学到了如何进行艰苦的社会求索；萧伯纳十分仰慕西德尼·韦伯和比阿特丽斯·韦伯的研究成果，而萧伯纳的完美呈现使得这些年轻的集体主义者们一样为这些研究倾倒。格雷厄姆·沃拉斯（Graham Wallas）是另一位费边社领袖：他是一位政治行为学学者，其著作《政治中的人性》(*Human Nature in Politics*，1908 年）指出，社会心理学对于民主过程的塑造十分重要，但其重要性没有得到普遍承认。霍布森和霍布豪斯对沃拉斯更加亲近了；但相反，沃拉斯后来在 1904 年（因为自由贸易问题）与韦伯夫妇的更是萧伯纳的费边主义决裂，选择支持新自由主义。

促成费边主义与新自由主义分裂的本质问题是张伯伦派 – 萧伯纳派帝国主义的逻辑，它支持国内国外的大国概念。霍布森的著作《帝国主义》(*Imperialism*，1902 年）将帝国主义确定为一种阻碍社会改革的经济和政治力量，而不是一种反对格莱斯顿主义的意识形态。帝国主义是寄生财阀通过追求冒险——当然尤其是在南非的冒险——以分散民众关注的手段，这使既得利益者有利可图，但对整个国家来说是坏事。霍布森敦促道，只要在国内重新分配财富，人民群众的购买力就能撑起繁荣的经济所需的所有市场。

这种经济思想传统为大众所熟知的是“消费不足”，当时它被正统的学术经济学家视为异端。尽管霍布森在经济观点中大体上是消费不足主义者，但并不是所有的新自由主义者都如此。由英国专业经济学家泰斗阿尔弗雷德·马歇尔（Alfred Marshall）建立的新古典主义分析法，支持自由党在阿斯奎斯和劳合·乔治领导下采用的一切举措。剑桥政治经济学教授马歇尔团结了学术经济学家反对关税改革，不仅如此，他的继任者亚瑟·塞西尔·庇古（A. C. Pigou）创造了“福利经济学”一词，来讨论使干预主义改革合理化的分配公正原则。新自由主义在经济学中并不一定是消费不足主义，就像它在哲学中不一定是理想主义一样。[①] 将新自由主义者们团结在一起的是一种更直接的政治情感。

霍布豪斯陈述的方式是，19 世纪自由主义的任务是实现政治民主；在 20 世纪，自由主义的任务将是实现社会民主。因此，这里面有“社会主义”的意义，这是自由主义者们可以接受的；当然，作为社会财富分配不均特例的劳工，应该是自由主义联盟的一部分。在论证自由主义和社会民主相兼容时，自由主义本质上是市

① 到1906年，黑格尔学派哲学家托马斯·希尔·格林（T.H.Green）已去世25年（实为24年），其遗作在理解爱德华自由党的观点方面被使用得过于随意。显然不是所有的新自由主义者都是哲学家，他们更不是强烈的新黑格尔主义者；而格林的道德再生政治并没有预想像福利国家这样的东西。——译者注

场自由发挥学说这个观念被抛弃了。也许自由主义者们在历史上对抗贵族国家时，被认为使用的是放任政策；但是现代自由主义者们没有理由害怕民主国家，或者反对其良性的集体主义潜力。当新自由主义者们向前迈进时，情况就是这样。同样，以国家主义、官僚主义或不民主的方式追求本应令人向往的集体主义被认为是非自由主义的——这是新自由主义者们的自由主义基石。难怪他们不断将论点的重心从一个转移到另一个。

新自由主义者们跟自由党政府要求的是一个双重目标。他们中的大多数人反对布尔战争；他们想要从张伯伦主义中解脱出来。所有这些都让他们成为坎贝尔－班纳曼的游击队员，因为他们相信自由主义在他坎贝尔－班纳曼的手中是安全的；他们仍然相信，阿斯奎斯仍然坚持着他的自由派帝国主义。激进主义的表达已经不再提起。但也有一种新兴的政治语言谈到“左翼”和“福利”。关于新自由主义者们目标的这个新的方面，1908 年以前的法律典籍上几乎没有体现。无论政府有什么其他缺陷，相比它解决社会改革问题时的几乎遭遇完败，那些缺陷都不值得一提。正如 H.G. 威尔斯（H. G. Wells）在他的《新马基雅弗利》（*The New Machiauelti*，1911 年）中所说的，自由主义者们反对什么是非常清楚的。“麻烦在于弄明白他们到底支持什么！”

流行文化

1906 年，萧伯纳 50 岁，威尔斯 40 岁。他们是爱德华时代文学生活的主导人物。与他们年代相近的吉卜林发出的声音似乎已经属于上一个时代了，也就是高奏凯歌的帝国主义时代——应该记住，在布尔战争爆发之前，他就已经因为这声音中的傲慢而受到了惩罚，这种惩罚仿佛带有某种预见性。他的诗《衰退》（*Recessional*，1897 年）是维多利亚的钻石禧年的写照；而在 20 世纪，他的情绪确实比较低落，就好像他已经早早退休了，像他自己的一个英属印度部下一样，在苏塞克斯（Sussex）照料他的花园。他的国际声誉得到了 1907 年诺贝尔文学奖的肯定，而萧伯纳必须等到 1925 年。40 岁的吉卜林是一头被冲到海滩上的伟大的维多利亚时代的鲸鱼。

相比之下，萧伯纳和威尔斯能够成名，则是通过教导和宣扬充满自我意识的后维多利亚时代的观点。凯恩斯比威尔斯还年轻近 20 岁，他后来称他们为他那一代的“高高在上的老学究”：萧伯纳是神学大师，威尔斯因为他对科学的偏好，是“臭气”大师。

萧伯纳的世俗主义道德观援引了达尔文、尼采、塞缪尔・巴特勒（Samuel Butler）的思想，最重要的是深受易卜生的影响，他渴望将他们的思想精华转移到英国舞台上。事实证明，这个野心最初很难实现，不仅仅是出于艺术原因。长期以来，法律一直规定所有公开表演必须由张伯伦爵士颁发许可证，萧伯纳的计划也因此受到限制。事实上，《华伦夫人的职业》（*Mrs. Warren's Prolession*，1893 年）等待了 30 年才等到张伯伦勋爵禁令的解除，它讲述的是世界上有比卖淫更不道德的收入。萧伯纳的许多戏剧最初都是在舞台协会（Stage Society）名义上的私人表演中亮相的。在其他煽动性的戏剧中，比如讲述一小笔不错的投资可能建立在肮脏基础上的《鳏夫的房产》（*Widowers' Houses*，1892 年），萧伯纳成功地将争论戏剧化，即使他的角色有时仅仅是他挞伐某一问题的工具而已。

他的《萧伯纳戏剧集》(*Plays, Pleasant and Unpleasant*, 1898 年)提供了完整的文本，包含了序言和舞台指导，可以像小说一样阅读，并且完全不受张伯伦勋爵的妨碍。

通过把资产阶级的道德内在展示出来，萧伯纳可能试图揭露资本主义的腐败，但他冷静的费边风格和放弃情绪都倾向于抨击道德层面，这意味着他严重冒犯了传统自由主义。在《巴巴拉少校》(*Major Barbara*, 1905 年)中，每一群行善的人都被讽刺了：布里托马特女士（Lady Britomart）代表的上层阶级激进派专业人士表里不一；阿道弗斯（Adolphus）在学术上毫无建树，因此而沉陷痛苦；还有救世军在贫民窟的社会工作出发点虽好，却是权宜之计，只能由巴巴拉少校本人继续执行。相比之下，真正的英雄是国际军火商安德谢夫（Undershaft），戏剧展示的他不是激进邪恶的“死亡商人”，而是向工人提供生活工资的供应商，要是没有安德谢夫的话，这些工人就要被判定犯有终极罪恶：贫穷。难怪萧伯纳的观众在他们的座位上扭动不安，他们因为怀有温柔的良知来观看这些关注社会问题的戏剧，却又因为同样的良知而受到嘲讽。

此外，萧伯纳还有一个窍门可确保观众会回来观看他更多的戏剧：他的天才不仅在于语言，他还有很多想法，他的剧中有很多悖论，使人应接不暇，为他的戏剧装点了诸多饱含智慧的讽刺。感到震惊，受到侮辱，听到责骂，通常未被说服——他的观众可能会有这些体会，但不会感到无聊。作为一名爱尔兰流亡者，他站在一个矛盾的立场上，这让他华而不实的言论和骇人的观点变得可以原谅，让他得以名正言顺地开玩笑。作为“GBS”[①]，他和

① GBS，代表George Bernard Shaw，萧伯纳名字的首字母缩写。——译者注

“C-B”[①] 或 “LG”[②] 这样的政治人物一样，是一个公众人物，在他自己的（漫长的）一生中，拥有与他们一样多的报纸档案和传记。独特的八字胡须，瘦削的身材和闪烁的眼睛很容易辨认。“GBS”是一幅行走的、会说话的讽刺画，呈现了粗食粝食的费边主义生活方式：他为自己设计了纯羊毛灯笼裤套装作为清洁服；他坚持素食主义，但不是因为对动物的喜爱，而是因为对吞噬死尸的厌恶；他主张禁酒主义，不是对饮酒阶层的责备，而是因为他像个火星人一样对饮酒习惯不理解。

威尔斯更能适应英国的社会结构。出身于算不上受过良好教育的下层中产阶级，他没能进入当时仍然排外的老牌大学，这是没有悬念的，就像托马斯·哈代（Thomas Hardy）小说《无名的裘德》(*Jude The Obscure*，1895 年）中的同名主人公裘德一样。与裘德不同的是，威尔斯愉快地进入了位于南肯辛顿的科学师范学院（Normal School of Science）[③] 学习，科学师范学院在科学教师的培养方面处于领先地位。威尔斯赞颂专业精神和管理思维的兴起，这种思潮是专业技术的胜利，后来演化为技术专家治国论，该理论最具代表性的说法就是科学能够让社会释放出新的潜力。20 世纪初，社会普遍承认，在重视科学教育方面，英国落后于德国和美国。诚然，此时科学已经在大学里立稳了脚跟，参加剑桥自然科学优等生考试（Natural Sciences Tripos）的人数量激增就是很好的证明，尽管原来基数很低；伦敦大学和较晚成立的各城市大学颁发的生物医学

---

① C-B，Campbell-Bannerman，坎贝尔-班纳曼。——译者注

② LG，Lloyd George，劳合·乔治。——译者注

③ 英国皇家科学院的前身。——译者注

(BSc) 学位数目迅速增加也是一个证明。公众认识到英国的失败在于未能协调学术专长与工业需求（新化学技术是德国优势的实际教训），1908 年（实为 1907 年）帝国理工学院（Imperial College）的建立就是为了补救这方面的失败。“现在我们的公众心态中有一条鸿沟。”威尔斯后来 1917 年告诉英国科学协会（British Science Guild），意思是说，在英国，普通人和科学专家几乎不沟通。他发誓，即便不能消除这条鸿沟，也要缩小它。

威尔斯的小说有他自身复杂的性格特点。他早期最畅销的科幻小说以一种近乎超现实的方式打开了一扇从已知到未知的窗户，比如《时间机器》(*Time Machine*，1895 年）和《隐身人》(*Invisible Man*，1897 年)。《爱情和鲁雅轩》(*Love and Mr. Lewisham*，1900 年）和《波利先生的故事》(*The History of Mr. Polly*，1910 年）则唤起了对破败的郊区这种英格兰未知之地的渴望——这种渴望一度受到阻碍。

威尔斯也开发了一种精密地（有时就是模仿）反映成功的爱德华时代作家的文体。通常情况下，一位容貌出众的年轻女子爱上一个年龄大她一倍的男人，丑闻威胁着他们，要把他们吞噬。她是一位有着自己职业生涯的“新女性”，他对她在社会和政治问题上的先进观点进行鼓励，他自己有点儿理想主义，阅历丰富，不固守传统，这些特点混合在一起，对女性来说显然颇具吸引力——显然违背了作者勾画一幅完美自画像的初衷。这些小说震撼人心，作者又使用了自传式的指称，更加令人震惊，这激怒了威尔斯的评论家们。根据《旁观者》的描述，《安・维罗尼卡》(*Ann Veronica*，1909 年）把圣洛・斯特雷奇气到中风，观众们对这部著作的反应只能这样描述。《新马基雅弗利》包含着韦伯夫妇的肖像，分别是奥斯卡（Oscar）和艾尔迪拉·贝利（Altiora Bailey），这两个人物热衷于官僚主义改革，这种官僚主义会用绿色的遮阳伞代替树木——这幅肖像线条清晰，很不友好。然而，威尔斯的不善机变却成就了纯粹的艺术，并且使得《新马基雅弗利》可与任何英语政治小说匹敌，他深挖真正意义上的重要问题来使故事充满活力，而不仅是使用威斯敏斯特宫作为背景。

写作使萧伯纳和威尔斯声名显赫，也使他们十分富有。狄更斯培养了一群喜欢阅读文学质量受到普遍认可的作品的读者，这样的读者现在仍然颇具规模。当然，还有些畅销书作家，他们的作品在今天鲜有人读。西拉斯·霍金（Silas Hocking）的小说充满了高尚的宗教信仰，他曾经有自己的读者群；玛丽·科雷利（Marie Corelli），本名是玛丽·麦凯（Mary Mackay），她的浪漫小说有着明显的轻松感；埃莉诺·格林（Elinor Glyn）触碰了公众品位的边界，尤其是因为她被指责为色情作品的《三个星期》（*Three Weeks*，1907 年）。

明显为了娱乐目的而作的“恐怖小说”或“惊悚小说”出自多位作家之手。在《沙岸之谜》（*The Riddle of the Sands*，1903 年）中，厄斯金·奇尔德斯（Erskine Childers）开发了间谍主题，并加入了在船上胡闹的刺激情节——都是典型的英国特色，唯一“不英国”的是奇尔德斯自己后来成了爱尔兰民族独立主义者；他是爱尔兰共和军（Irish Republican Army，IRA）的一名成员，后来在 1922 年的军事法庭审判后被枪杀。统一党政治家、历史学家兼出版商约翰·巴肯（John Buchan）写了《三十九级台阶》（*The Thirty-Nine Steps*，1915 年）和《绿斗篷》（*Greenmantle*，1916 年），那是在第一次世界大战早期，他想象着间谍活动和政治阴谋，游走在真实与虚幻的边缘。1920 年，从皇家工兵部队（Royal Engineers）退役后，中校西里尔·麦克尔（Cyril McNeile）穿上自己的斗篷化装成“萨珀”（Sapper）[①]，向大众介绍了“斗牛犬德拉蒙德”（Bull Dog Drummond）。德拉蒙德是上流社会一个喜欢暴力的警员，带有法西斯主义的影子，在后来的一连串电影镜头中，这个角色看起来很英俊。这些书没有很高的文学格调，但是它们与其他后来在批评作品变迁中经受住考验的大量小说，一起进入了 20 世纪头 25 年的畅销书排行榜。

特罗洛普（Trollope）[②] 毫不羞耻地追求成功，他说他每年产出大量文字是出于功利目的，在这方面，阿诺德·贝内特（Arnold Bennett）与特罗洛普一脉相承。与特罗洛普一样，贝内特发现他的名声会因此受损，特别是当他成为弗吉尼亚·伍尔夫（Virginia Woolf）的首要鄙视对象时；在 20 年代，伍尔夫的鄙视越来越有影响力。可能到那时贝内特的鼎盛时期已经过去，但是他在出版《五镇的安娜》（*Anna of the Five Towns*，1902 年）、《老妇人的故事》（*The Old Wives' Tale*，1908 年）和《克莱汉格》（*Clayhanger*，1910 年）的那些年不能说完全没有艺术成就，而且这些作品利润丰厚。约翰·高尔斯华绥（John Galsworthy）忍受了圈内批评家们的这种傲慢，他们看不起他的“福尔赛世家”（Forsyte Saga）系列作品，鄙视他在 1929 获得的功绩勋章（Order of Merit）和 1932 年获得的诺贝尔奖；然而，三部曲《有产业的人》（*The Man of*

---

① 西里尔·麦克尔（Cyril McNeile）的笔名。——译者注

② 安东尼·特罗洛普，英国维多利亚时代最为出色的长篇小说家之一。——译者注

Property，1906 年)、《骑虎》(*In Chancery*，1920 年）和《出租》（*To Let*，1921 年）现在仍然向后世民众展示着爱德华时代英格兰的社会规范。爱德华·摩根·福斯特（E. M. Forster）的风尚喜剧（comedies of manners）更加细腻，等待多年才得到认可——不仅有《莫里斯》(*Maurice*，于 1971 年作者去世后出版)，它因为描写同性恋主题而被锁在抽屉里 50 年，甚至还有《霍华德庄园》(*Howards End*，1910 年)，它描写施莱格尔姐妹（Schlegels）的审美观与威尔科斯（Wilcoxes）世俗的“电报和愤怒”之间的文化冲突。还有一些杰出的文学老将，像（波兰裔）移民约瑟夫·康拉德(Joseph Conrad）和（美国裔）移民亨利·詹姆斯（Henry James)，最重要的是还有广受赞誉的托马斯·哈代，他在 1910 年获得功绩勋章。

世纪之交真正流行的艺术形式是歌舞杂耍剧场（music hall)。它最初以酒吧为基础，提供各种“小节目”；喜剧和流行歌曲在情绪上走钢丝，钢丝下面涌动的是尖锐和愤世嫉俗的社会评论。当阿尔伯特·舍瓦利耶（Albert Chevalier）为 40 年婚姻生活伤感时，《我的老妪》[*My Old Dutch*，同韵俚语：荷兰屋（Dutch House）/配偶（spouse）][①]在收容老年乞丐的济贫院的背景下演出。平时平淡无奇的副歌——“此时我们已经在一起四十年 / 一天也不觉得它多”——因为暗示了男性和女性进入济贫院时要走两侧不同的入口

① 音乐厅中表演的一首乐曲，歌曲中唱到贫穷与性别隔离问题。唱歌前，舍瓦利耶会打扮成年老的伦敦人，与他的老伴一起走向济贫院。按照性别隔离的规定，守门人会将两人分开，舍瓦利耶会痛苦地反抗：“你们不可以这样对我们，我们在一起已经40年了！”守门人和女人退场，开始唱歌。——译者注

而带有了苦涩的味道。

歌舞杂耍剧场里面，友情散发着啤酒味，大量的平民男女前来观赏，而各种新的豪华剧场进入了高端市场，有了职员和潇洒的公子哥们作为观众，他们看着合唱团的女孩子们时有一种围观下层民众的心态。在布尔战争时期，歌舞杂耍剧场被看作侵略主义的源头，但它本质上是放大人群面对认可或嘲笑的目标时的内心反应，两种反应都熙攘吵闹。关于时事问题的指称很快就流行起来；警句标语通过隐藏的网络在全国传播，这个网络的中心是星期天下午的克鲁枢纽（Crewe Junction），那时候流动艺术家们转车赶往下个星期约定表演的地方。克鲁郡就是查理·卓别林（Charlie Chaplin）崭露头角的“艰苦学校”，后来的卓别林放弃它去了加利福尼亚（California），在那里他把一些旧的表演录制成了影片。“欢乐的首相”乔治·罗比（George Robey）继续在台上表演，他的技巧，正如劳合·乔治所意识到的那样，展示了舞台和讲台之间的亲密关系。1919 年，歌舞杂耍剧场的巨星之一、舞台表演家苏格兰人哈里·兰黛（Harry Lauder）被授予爵位，歌舞杂耍剧场开始受到尊重。

在 19 世纪后期，宗教和娱乐经常一起出现。在英国大部分乡村地区，情况仍然是这样，许多社交活动以教堂或小礼拜堂为基础：女孩友谊社或男孩俱乐部，合唱团或业余戏剧团体。合唱一直是英国音乐的强项；北部乡镇回响着亨德尔（Handel）的《弥赛亚》(*Messiah*)，这也反映了流行文化仍被宗教信仰浸润。在世俗作品中，吉尔伯特（Gilbert）和沙利文（Sullivan）的萨伏依歌剧形成了业余曲目的中流砥柱。这一切都出自参与和自助的积极传统，既是关于工匠准则的常见主题，也是关于中产阶级自我完善的常见主题。1909 年，罗伯特·巴登 – 鲍威尔（Robert Baden-Powell）中将开始了童子军运动（Scout movement），它能蓬勃发展，并不是因为它温和地展示了帝国主义的美好前景，而是因为它是参与户外冒险的通行证，在那里，烟熏食物和潮湿的帆布可以使大家很好地逃离穷街陋巷。

城市地区的体育俱乐部通常是在宗教机构赞助下创建的，后来著名的足球队的起源之处可能出乎 20 世纪中期球迷的意料。当然，大多数俱乐部一直是不折不扣的业余俱乐部，他们的球员即使不会经常在周日出现去做礼拜，也会在周六去圣斯威森教堂（St Swithin's）。他们把注意力和忠心从教会的宗教生活转到了他们赞助的世俗活动上，这种转移可能产生了稀释宗教竞争的作用。然而，大城市职业足球的崛起可能加深和激化附属于（本土）新教和（爱尔兰）天主教社区的球队之间的分歧的矛盾：在格拉斯哥（Glasgow），是流浪者（Rangers）对阵凯尔特人（Celtic）；在默西塞德郡（Merseyside），是埃弗顿（Everton）对阵利物浦（Liverpool）。

英式足球在 19 世纪末已经成为全民比赛，尤其是在工业为主的苏格兰和兰开夏郡，在那里，职业联赛俱乐部为周六中午完工的工人提供了感同身受的参与机会，他们下班正好赶上大赛。职业足球运动员在两个意义上是工人阶级的英雄。他们被球迷看作神，却被雇主视为工人，直到 1961 年，他们都是工资奴隶，因为固定费率合同，他们不能享受他们的才华带来的财务收益。相互竞争的香烟品牌，每包香烟都会附上“烟画”（cigarette cards），上面画着足球队员的形象，他们的明星地位因此得到肯定。足球的崛起也因为其与工人阶级赌博的关系而更加迅猛，赌球的几乎不比赌马的少，不过每周的足球彩池（football pools）建立起来后会比赌马更合法一些。英国国家彩票的代理人在餐桌上填写足彩券，这提供了一种相对体面的寻找刺激的方式，而街头角落偷偷摸摸的赌彩经纪人证明，很长时间以来工人阶级赌博仍然被判定为违法（虽然这毫无效果）。

1911 年，几乎每个人口超过 5 万的英国城镇都有一个足球联赛俱乐部。大球队代表着巨大的资金，联赛的组成描画出该国的经济历史。1888 年，北部的大都市都在联赛的 12 个创始成员中占有一席之地：伯明翰由阿斯顿维拉（Aston Villa）俱乐部代表，默西塞德郡由埃弗顿（Everton）俱乐部代表——这两个俱乐部的球队在一个多世纪后仍然在参加英超联赛。5 年之后，又有两个俱乐部成立，但 28 个联赛俱乐部中仍然没有一个在伯明翰以南；尽管专业足球此时正在向南蔓延。位于伦敦东南部的伍尔维奇阿森纳（Woolwich Arsenal）在波尔战争后繁荣逐渐消退，突然失去了与其同名的球队的联系，该球队转移到现在位于伊斯灵顿（Islington）的海布里球场；但阿森纳仍然是“枪手”（Gunners），就像他们北伦敦的对手托特纳姆热刺足球俱乐部（Tottenham Hotspur）一样，他们是“马刺队”（Spurs）。同样，谢菲尔德星期三足球俱乐部（Sheffield Wednesday）的名称也是为了纪念每周中间提前下班日的固定赛事，这让工人们能好好休息一个下午。这些大城市的俱乐部即使有时候离开了它们创建的地方，也都存活了下来。但在 20 世纪初，拥有世界最大纺织厂的北方棉花小镇格洛索普（Glossop），仍然有可能在甲级联赛里享受它的荣耀时刻。到 20 世纪末，占据英格兰足球联赛上游的是更繁荣的南部，像超级联赛中的温布尔登（Wimbledon）、南安普敦（Southampton）、伊普斯威奇（Ipswich）和诺里奇（Norwich）等俱乐部，甲级联赛和次级联赛中的卢顿（Luton）、斯温顿（Swindon）、牛津（Oxford）、彼得伯勒（Peterborough）、布莱顿（Brighton）、剑桥（Cambridge）和伯恩茅斯（Bournemouth）等俱乐部。

在威尔士，橄榄球获得了工人阶级的追捧，在英格兰和苏格兰，其被设定为非职业比赛，这就使得一部分社会群体难以参加。的确，正是业余身份的问题促使橄榄球联盟（Rugby League）建立起来，代表职业标准，主要分布在兰开夏郡和约克郡的煤田。相比之下，橄榄球联合会（Rugby Union）在大多数公立学校都有组织，而苏格兰的“老男孩队”（Old Boys）或“前学生队”（Former Pupils）是其中的主力军。然而，在南威尔士，“football”（橄榄球）这个词意味着橄榄球联合会标准和业余的身份等，来自谷地的煤矿工人英雄队伍肩负着国家荣誉。在1900—1912年的国际锦标赛中，威尔士战胜英格兰、爱尔兰和苏格兰赢得“三冠王”不下6次；1905年，威尔士十五人队（Welsh XV）从新西兰开始巡回赛，一直到击败全黑队（All Blacks），大获全胜，这成就将成为传奇。

与两种橄榄球标准都不同，英格兰［以及南威尔士的部分地区，但只有少数盎格鲁－苏格兰人（Anglo-Scots）和盎格鲁－爱尔兰人（Anglo-Irish）］的所有社会阶层都参加和关注了板球比赛。自从1873年郡锦标赛开始以来，最娴熟的板球运动被认定为“甲级板球赛”（first-class cricket），一直是上流社会坚持参加的像赛马一样的观赏性运动。到1969年，这项运动的管理机构一直是玛丽勒本板球俱乐部（Marylebone Cricket Club，MCC）——名义上是私人的，对社会群体是有选择的——在伦敦北部现在的罗德板球场（Lord's cricket ground）建立，有一个多世纪了。板球解决专业性问题的办法是在一级板球中区分开业余的绅士们和郡俱乐部雇用的运动员们。在英国社会阶层的微观世界里，他们每天都以同一支队伍队员的身份上阵，不过要从罗德板球场的不同的门走进去，另一个区别是，在记分卡上只有绅士们在姓氏之前有写姓名首字母。1883—1910 年，霍克勋爵（Lord Hawke，第七代男爵）是约克郡十一人队（Yorkshire XI）的队长，8 次带领他的地区参加郡级锦标赛。他还将玛丽勒本板球俱乐部的各支队伍带到国外去，宣传板球文化，但对美国、加拿大或南美的体育文化可能并没有产生多少长久影响。但人口稀少的澳大利亚很快就证明，它能够在国家队的决赛中与这个老牌国家一较高下，而且每个系列赛的获奖者都获得了(英国板球的）纯粹名义上的奖杯"灰烬杯"（Ashes)。霍克看到他所访问过的其他国家获得国际决赛资格很高兴，如印度，西印度群岛和南非等——最终成为英联邦统一更加持久的遗产，比张伯伦在这方面的任何成就都更为长久。

在英格兰，板球作为国赛的地位在文化层面是安全的。乡村队伍在散文和诗歌中被神化，人们在乡村的绿地上打板球，最好有一些古树穿过三柱门排列，铁匠担任快速投球手，乡绅的儿子担任时尚的击球手。像《彼得潘》(*Peter Pan*）的作者詹姆斯·马修·巴里（J.M.Barrie）这样的文学人物也热衷于这项比赛，许多热情的读者也十分热衷于这项运动，他们发现板球运动隐喻了英国生活中所有最好的东西。把某个事情说成是"不板球的"（not cricket）①，就是做出了一种道德判断。

有个笑话讲到，对一些人来说，体育不是生死攸关的问题：它比这还要重要。当体育被当作宗教时，这个评论可能在一定程度

---

① 意思为"不公平，不光明正大"（英国口语）。——译者注

上是正确的，它也具有讽刺意味。运动能够捕捉到大众的想象力，为一场史诗般竞赛的结果注入一种共同奋斗的感觉，提供一种强有力的叙述线索——即使繁忙的人们只能在报纸最后一版捕捉到相关故事或获知国家队决赛最新成绩——这不仅仅是一件小事。在20世纪，英国组织的大众体育可能已经填补了有组织的大众基督教腾出的一些精神空间。

财政危机

阿斯奎斯在1908年毫不费力地登上首相职位，并立即干得像模像样。他的实力在于商业交易的执行能力强，他擅长在回忆格莱斯顿的报纸上抛头露面，能够熟练地管理不同个性的人以推动讨论达成一致。他会明显地不作为，等待时机，直到他发现一个转机，然后敏锐地抓住这个转机。那个变得臭名昭著的口号——“拭目以待”——最初是在爱尔兰危机期间喊出的，背后带有威胁和拖延的意味。他理智地主导着他的内阁，这意味着在战争到来之前，哪怕最有力量和最自信的那名中尉都要按照他的要求尊重他——毋庸置疑，他们之间的关系跟劳合·乔治和温斯顿·丘吉尔一样。阿斯奎斯立即将二人提拔到关键职位，这使得他向内阁注入了坎贝尔-班纳曼的内阁所缺乏的活力。格雷担任外交大臣，霍尔丹担任陆军大臣（Minister of War），二人一直离首相更近，他们一起决定防务和外交政策；但此时的主动权在于国内政治。

阿斯奎斯选择劳合·乔治担任他的财政大臣，完全明白这种任命并不意味着风平浪静。和他本人一样，劳合·乔治是靠自己的努力获得成功的律师；但劳合・乔治是一位威尔士的乡村律师，他自己喜欢这么称呼自己，而不是牛津大学出身的出庭大律师。劳合・乔治出身于讲威尔士语的、不信奉国教的卡那封郡（Caernarvonshire），这一背景使他的激进主义具有了一种狂热的民粹主义意味，特别是在他针对英国地主的时候；但这个“村舍出身的男人”在拉纳斯蒂姆杜伊（Llanystumdwy）最好的住宅里娇生惯养，代表公众表达历史不公平，他并不是个人困苦的受害者。他的民族是一个遭受英格兰压迫的小民族，他们理所应当地努力摆脱这种压迫——他们所受的压迫几乎不比布尔人少，他也自然而然地支持了布尔人的事业。通过亲布尔（pro-Boer）网络，他扩大了自己的政治基础，与新自由主义者们建立了持久的纽带关系，如领先的反战报纸《曼彻斯特卫报》（*Manchester Guardian*）的权威编辑 C. P. 斯科特（C. P. Scott）。斯科特是改革论政治的伟大赞助人，他在自由党与工党之间斡旋，后来一生都致力于“挽救劳合・乔治的灵魂”。

劳合・乔治在担任大臣期间表现得十分出色，仿佛是拥有绿手指的杰出园艺家，能够凭借直觉让花园变得生机勃勃，为什么会这样他自己也几乎不能理解，更不用说预见了。他床上的座右铭是：“矿中的路鸷鸟不得知道，鹰眼也未见过。”（《圣经》约伯记 28:7）。跟随贸易委员会（Board of Trade）主席实习的经历证实了他拥有担任大臣的才干，表明他不仅仅是一名激进主义演说家。他比其他任何人都更重视在爱德华时代的政治生活中为新自由主义带来实惠；但在 1908 年，他阅读朗特里和霍布豪斯作品的时间，不比他在 1909 年实际上阅读《〈济贫法〉皇家专门调查委员会报告》（*Reports of the Royal Commission on the Poor Law*）的时间多，当时他很愉快地开始在演讲中引用这些报告。劳合·乔治与朗特里和霍布豪斯或其他阅读过两人作品的人谈话，他在半小时内获得的信息比他在阅读中收获的要多；他明显没能掌握好大臣文件匣中文件的内容，这让同事们十分恼怒，同样让同事恼怒的还有他作为通信人疏忽大意到了明目张胆的地步，尽管如此，他的方法有着无可辩驳的优点，虽然有时需要做出巨大补救。

在阿斯奎斯的领导下，财政部已经采取了一些重要措施，探索传统自由贸易财政的边界。1907 年的预算案减免了劳动收入（earned incomes）所得税，从而更多地将负担转移到投资收入上来。这对关税改革者来说是令人沮丧的，这阻碍了他们通过采用渐进式的直接税收政策转而更多地依赖间接税的战略。而且，阿斯奎斯的王牌是养老制度（old-age pensions）。

根据维多利亚时代的《济贫法》，将来住在济贫院是可怕的，震慑到了救济对象，这就促使人们自强自立。其原则是，在正常条件下，工人可以避免步入老年后陷入贫穷，方法就是未雨绸缪、勤奋和节俭。因此，如果一个人能清醒地认识到人终会老去，于是勤勉地谋生，并且勤勉地存起足够的资财以备将来使用，那么便可以因自己的美德而获得奖赏。这是对许多自由党人极具吸引力的一个方案；他们绝不会任性地把它扔掉去支持集体主义的信条。养老问题之所以被重提，是因为现有安排在实践中明显问题重重。随着平均寿命的延长，更多的人活到了他们从未预见到的年龄，无法通过自我努力来养活自己，他们勤奋储备的物资很容易耗尽。此外，工人阶级的收入能让工人们存储足够的资财度过老年，这个想法本身就是不现实的。另外，通过互助会，许多受人尊敬的工匠已经逐渐获得养老金权利，但互助会此时陷入了尴尬境地，因为一方面关于平均寿命的精算假设已经确定了工匠的贡献水平，另一方面老年受益人给工匠带来的负担越来越重，而根据泛黄的平均寿命表，这些受益人多年前就“应该”离世了。

1908 年《养老金法》(Old Age Pensions Act）提供的补贴用后来的标准看是微不足道的。每周的养老金为 5 先令——只有体力劳动者工资的 1/4——而且只有到 70 岁以后才能领到这笔养老金。一种对申请人的经济状况的调查显示，每周收入超过 10 先令的受益人所得的补助逐渐减少；已婚夫妇以较低的联合费率得到支付，从而进一步限制了财政部的成本。另外，最初，任何接受贫民救济的人都没有资格领取养老金。这是一条令人不满的规定，因为乞丐明显是最需要帮助的一群老人，但是区分应得的和不应得的穷人的想法很难实现。即使有这样的限制，由于该计划是非缴费型的，据估计，其负担是每年 600 万英镑（结果低估了 50%）。其政治影响是巨大的：因为张伯伦多年来一直半遮半掩地承诺发放养老金，政治影响就更大了。自由党人士自鸣得意地声称，他们没有承诺过养老制度，他们只是实施了养老制度——并且是在不放弃自由贸易的情况下这样做了。

劳合・乔治延续了养老金制度，他还特别要为养老金制度的承诺提供财政支持。事实证明，政府低估了养老金制度的成本；政府的后座议员们坚持取消把乞丐排除在外的规定，这加强了该方案的一致性，同时增加了费用。不仅如此：此时进一步的社会立法措施正在制定，《济贫法》皇家专门调查委员会即将形成报告。还有更糟的事情，特别是对一个以“和平、紧缩和改革”这样的旧自由主义口号当选的政府来说，那就是海军预算。

以上是爱德华财政危机的原因。无畏舰的出现，使自由党政府缩减国防开支以资助社会改革的愿景在水中破灭了：无畏舰是一种最先进的战舰，因其强大的火力、坚固的装甲，特别是其巨大的开支而理所当然地驰名内外。这个级别的第一艘战舰已于 1906 年下水，皇家海军借此对德国拥有了明显的技术优势——暂时是这样。因为，一旦德国人决定要通过类似的项目参与竞争，就像他们在 1908 年所做的一样，那么只有无畏级战舰才能在北海控制权大角逐中发挥作用。因此，德国可能会跳过英国战舰领先世界的旧时代，一跃成为世界第一。或者说，海军联盟（Navy League）在他们危言耸听的宣传中毫不遮掩地表示，他们的宣传通过保守党媒体放大，目的就是促进无畏级战舰的建设。“我们想要 8 艘”是他们的呼喊；6 艘是海军部（Admiralty）的要求；4 艘是由劳合・乔治和丘吉尔领导的内阁中“经济学学者们”的坚持。1909 年，在持久的争辩后，内阁同意了阿斯奎斯斡旋后的妥协方案：立即建 4 艘无畏舰，如果以后出现新的需要，就再建 4 艘。

格雷的外交政策并不敌视德国，并且不止一次企图化解海军竞赛。但是，由于英国本质上处于防御性地位，它必然要面对威廉皇帝统治下的德意志帝国不断提升的力量所带来的持续挑战，此时德意志充满活力的经济催动着强大的民族主义野心。1900 年，德国占据世界制造业产量的 13%，英国则接近 19%，但到了 1913 年，德国占据了 15%，英国的份额却下降到了 14% 以下。尽管 2 个经济体的制造业产量都超过法国的 2 倍，但 3 个经济体的总体规模此时仅略高于新巨头美国的规模，美国迅速逼近全球制造业产量的 1/3。事后看来，这些统计数据表明，相对的力量下降也许是不可避免的，但是在那些生来就不这么认为的英国人中，这种统计数字激起了恐慌。周期性的反德国恐慌并没有促使自由党政府与法国完全结盟，更不用说与沙皇俄国结盟了；一直到 1912 年，英国持续向德国表示友好。但 1909 年的危机非常严重，因为德国被认为在挑战皇家海军的地位；皇家海军守卫着海上航线，帝国安全和自由贸易的政治经济都依赖于此。

因此，决定提供经费与德国展开海军竞赛的是自由党政府，与此同时社会改革新项目的账单也来了。关税改革者们不断申明，现存的税收无法满足这些要求了，而他们自己“扩大税收基础”的提议已经准备就绪。劳合・乔治即将在他明显不成功的演讲中给出答复——他似乎很难理解他自己的一些建议——在这次演讲中他介绍了 1909 年预算案。

他所谓的人民预算案（People's Budget）发现，政府所需的大量新的财政收入来自直接税的大幅增加，尤其是提高高收入群体的累进所得税，而且特别对非常富有的人征收补充的“附加税”。打击酒水贸易的措施悄悄实施了起来，评估联合王国所有不动产的活动也开始了，为征收土地税做好了准备。这些引发了一个庞大而笨重的财政议案的提出，可以说这“触及”了自由党无法在上议院通过为预算案服务的社会立法，虽然按照惯例预算案只归下议院管。该预算案的本质是纯粹的新自由主义：通过累进税和社会改革将财富在富人和穷人之间重新分配，这种方式在格莱斯顿看来是令人震惊的。但是，劳合・乔治在政治上的狡猾之处在于，通过对酒水贸易征税，通过向地产利益集团挤眉弄眼，以及通过游说自由贸易的纯粹与纯洁，他将旧自由主义的感伤归结于其命运。此外，自由党的财政政策虽然打击了那些极为富有的人，但对于那些每年靠劳动收入就获得多达 1 000 英镑的纳税人来说，这种财政不能说不友好。

自1906年以来，补选一直对当时的政府不利，我们现在称之为“中期忧郁”（mid-term blues），但当时的人们（以及一些后来的历史学家们）对政治趋势做了更加笼统的判断。短暂的经济衰退意味着1908—1909年的失业率是1906—1907年的2倍，这正好给了关税改革者们所需要的缺口。一系列的统一党补选胜利帮助消除了1906年选举结果的负面影响。由于经济衰退，现在更加强调通过对制成品征收一般关税而非通过帝国特惠制来保护国内产业。这两条放在台面上的准则，再加上旧时贝尔福最喜欢的报复性关税，由第四条准则联结在一起，那便是税收，税收将成为最终使该党转向关税改革的决定性论据。针对“人民预算案”，统一党需要指出一条与之不同的税收来源。预算案在支出方面几乎不会受到挑战，因为建设更多的无畏级战舰最初就是统一党的要求，而否决养老金在选举中就相当于自杀。关税改革在国内以这种形式成为保守党对“劳合·乔治财政”的回答。

预算案在恢复自由党的选举运势方面的作用非常明显。如果把社会改革政策比作脊椎动物，预算案就是脊柱，社会改革不局限于养老制度，还进入了丘吉尔所谓的“政治中的人迹罕至之地”。丘吉尔指的是失业问题；作为贸易委员会的新任主席，他将这件事划归自己管。此时问题是摩擦性失业（frictional unemployment），发生在职位空缺与找工作的工人匹配成功之前的间隔期内，他知道如何用“劳工介绍所”解决这个问题，并在1908年引入了这个办法。这个想法是由丘吉尔的顾问之一威廉·贝弗里奇（William Beveridge）提出来的，从那时起，贝弗里奇开始了其在社会管理中影响不凡的职业生涯。这几乎不是社会主义：这是一种通过干预主义的一点润滑作用，使劳动力工作的自由市场变得更加高效的手段，这也提供了进一步实行干预的通行证，这种干预即将实现，那就是失业保险。

出现“失业者”的说法还没超过20年。传统的术语是“身体健全的乞丐”，他们是《济贫法》的当事人，实施《济贫法》是地方政府委员会（Local Government Board）的行政职责，因此，地方政府委员会可能被认为是政府开展社会改革的行动部门。但在约翰·伯恩斯（John Burns）管理地方政府委员会时，《济贫法》不资助失业人员。约翰·伯恩斯是巴特西区（Battersea）耀眼的自由党–工党议员，自1905年起担任地方政府委员会的主席。伯恩斯曾自信地向坎贝尔–班纳曼保证，这一令人瞩目的任命是“你做过的最受欢迎的事情”。伯恩斯一直保留着象征性的阶级身份，他从中崛起，对此大加宣传——并且展示出这个阶层所有的社会保守主义特质，尤其是工匠对不值得资助的穷人的蔑视。

如果这是《济贫法》仍然没有改革的原因之一，另一个原因则是它的潜在改革者们无法就他们的改革建议达成一致。1905年开始工作的皇家专门调查委员会发现，委员会在两个杰出的女性成员间产生了两极分化。海伦·鲍桑葵（Helen Bosanquet）代表的是慈善组织会社（Charity Organization Society）的个人主义伦理，她丈夫伯纳德·鲍桑葵（Bernard Bosanquet）的黑格尔社会哲学又对这一点进行了强化；她在多数派报告中带头，希望保留《济贫法》处理贫困问题的权威，但将其许多职能下放给专门机构。事实上，少数派报告对这些提法大部分是赞同的；但是比阿特丽斯·韦伯（Beatrice Webb）已经决定把报告写成一个条理明晰的案情陈述来结束《济贫法》。失业者将被要求在劳工介绍所登记，允许他们领取失业保险，国家向他们保证最低限度的支持，关键的条件是：他们要服从对他们的改造和再培训。

面对在两份报告之间二选一的局面，政府没有选其中任意一个。丘吉尔没有选择韦伯的自愿失业保险和有条件救济方案，而是选择了一个（在特定行业的）强制保险计划，但本质上是无条件享有失业津贴。劳工介绍所登记处安排了工作意愿测试，这是领取津贴的通行证。这后来成为1911年通过的一部庞大的《国民保险法》（National Insurance Act）的第二部分，它最初涵盖了容易受周期性失业影响的行业中的250万名工人。第一部分是劳合·乔治的责任，这部分是关于疾病问题的——虽然劳合·乔治知道死亡保险总是以人寿保险的名义出售，但他还是采用了健康保险（Health Insurance）这个词。“劳合·乔治方案”（参与者们口头上都这么叫）覆盖了所有在职员工，大约有1 200万人，但没有“温斯顿·丘吉尔方案”那么有创新性（不公平的是，这个叫法并不出名）。丘吉尔的失业保险津贴在德国没有先例可循。

国民保险通过为负担家计的人提供保险（被保险人通常是男性）使他免于因为失业或生病而陷于贫困。医疗救助是辅助性的：从根本上说，这个保险的目的是让他能够得到根据该法案注册获得认可的医生小组的帮助，重新回到工作岗位。事实是，这个计划的资金来自投保的雇员及其雇主的每周缴纳和国家补贴，这就使财政部承担了有限责任。如果这是选择这种方法的财政原理，那么其政治理性也同样具有启发意义。首先，它显示了劳合·乔治的民粹主义情怀。他知道人们对济贫院的厌恶，他推行国民保险的过程不会与《济贫法》机构有任何瓜葛，最多在支付养老金时有所关联，养老金是通过邮局柜台发放的。通过这种方式，自由党应对《济贫法》的方法是忽略它，通过其他方式来应对其传统关注点。其次，韦伯及其支持者没能弄明白的一点是津贴的无条件领取，无条件使得工人们认为他们赢得了权利，这是赢得民众对国家干预的赞同的方法。因此，自由党的集体主义吸引了工党，绕过了社会主义者的反对，这无疑解释了为什么英国的福利国家建立在国民保险基础之上。

没有人民预算案，自由主义者们的福利改革既没有资源也没有政治影响力。1909—1910 年社会改革契合了党派关注重点，“新自由主义”提供了一个解决自由党政府困境的术语，此时，社会改革成了重大政治问题。1909 年 11 月，上议院否决了该预算案，发生了宪法危机，两次大选之后，1911 年《议会法案》(Parliament Act) 通过，该危机才得以解决。这又使人们忽略了一个事实，即从根本上来说它是一场政治冲突，不是通过宪法论战来解决的，而是因为自由主义者们偶然选择了一个成功的政治战略。

上议院大多数是统一党成员，他们拒绝了该预算案，因为他们认为可以侥幸成功——而他们几乎做到了这一点。许多“蛮荒”议员[①]的出现让普通保守党人增多——该预算案以 75∶375 被否决——这一幕太过写意，劳合·乔治对此大加讽刺。他谈到受到“500 个人的管辖，这些人是从失业者中偶然挑选出来的”。但他更贴切的说法是，上议院不是宪法的好看守，而是“贝尔福先生的哈巴狗”。统一党领导人知道，如果该预算案能够满足政府的税收需求，关税改革提案的作用将被大大减弱；上院议员们小心翼翼地宣称，他们的行动只是为了将此事交给人民去考虑。没有人怀疑他们拥有反对该法案的投票权；同样，阿斯奎斯在 1910 年 1 月大选时

---

① 从不或难得参加会议的上议院议员。——译者注

做出回应，也没有人对此感到惊讶。

下议院占多数的自由党派和上议院占多数的保守党派之间的论战，已经排演了至少 20 年。1910 年这场论战变得十分关键，原因在于背后的社会和经济问题利益攸关，这在选举上很有吸引力。社会改革依赖于人民预算案；关税改革则需要否决该预算案。这是该论战的核心，特别是在工业界和工人阶级的席位上。劳合・乔治在 1909 年已经足够引人注目，他对伦敦东部莱姆豪斯（Limehouse）的同僚肆意嘲讽，说他们变成了蛊惑人心的代名词（并且使国王心烦意乱而同意他们的要求）。丘吉尔则带头支持该预算案，兰开夏郡的竞选活动让人想起了格莱斯顿在中洛锡安郡的竞选活动，格莱斯顿强调了他对“基本问题”的观点——“他们是伟大的阶级，他们是重要的经济和社会议题。”这是公爵之孙的强势。

无论是以自由党的平台提出，还是以工党的平台提出，进步联盟的提案都大同小异；虽然与 1906 年相比，出现了更多的三方竞赛，但在当选的 40 名工党议员中，有自由党背景的占绝大多数。1906 年的人数之所以会增加，是因为 1908 年大不列颠矿工联合会（Miners' Federation of Great Britain）终于加入了工党，改变了许多自由党 - 工党议员特有的标签，有些时候他们并不承认这种变化。然而，有一个事件表明，自由党 - 工党不会悄悄地消失。1909 年，一位名叫奥斯本（Osborne）的自由党活动家得到了一项禁令，阻止他的协会——铁路从业者协会（Railway Servants）使用会费支持工党。奥斯本审判后来导致工党出现了暂时性的财务危机，这当然使得采取补救措施变得迫在眉睫。1911 年，政府心甘情愿地采取了一项措施，每年向议员支付 400 英镑的费用。政府比较不情愿的是最终实行了《工会法》（Trade Union Act，1913 年），该法案直接论及了奥斯本审判，因为它规定任何协会都可以建立政治基金，但这些资金实际上只被用来支持工党。

在 1910 年 1 月的大选中，统一党在英格兰的得票数比 1906 年高出 5%，尽管在威尔士和苏格兰仅高出 2%。政府在威斯敏斯特的多数地位被削弱了，因为统一党增加了 100 多个席位，主要在英格兰南部。然而在北部，与苏格兰一样，1906 年的进步联盟增加的席位一般得以保留，这不仅发生在历史上一直不信奉国教的约克郡和东北部地区，在兰开夏郡也是如此；伦敦的工人阶级地区差不多也是这样，在这个地区自由党此时处于一代人的时间以来的最强势地位。新的下议院包含 275 名自由党人和 273 名统一党人，以及跟惯常一样的 80 多名爱尔兰自治党人，理论上这些爱尔兰自治党人可以投票让政府下台。撇开所有来自爱尔兰的 103 名议会议员，大不列颠真正的选区就通过 315 个进步联盟成员和 252 个统一党人的选票进行划分，使政府获得至少 60 席的多数优势。在爱尔兰，自治党对北爱尔兰统一党（Ulster Unionists）也有类似的 60 席优势，这样政府的有效多数就加倍了。1910 年的第二次大选在 12 月举行，尽管到处都有此消彼长的变化，但它几乎没有扰乱以上的议会数据统计结果。很少有人认为新议会的存续时间会比 1910 年 1 月的短，但也没有人预料到它会持续 8 年之久。

爱尔兰

英格兰和威尔士加起来的国土面积大概是爱尔兰或苏格兰的 2 倍。因此，在面积上，大不列颠岛是爱尔兰的 3 倍。但是，19 世纪的人口变化使不列颠群岛内的不平衡日益加剧，联合王国与爱尔兰之间的关系越发不稳定。19 世纪 40 年代中期，爱尔兰的灾难性饥荒之后发生了一些变化，导致第一次世界大战后该岛分裂时，人口几乎减少了一半。与此同时，大不列颠岛的人口迅速增长，1841 年，大不列颠岛的人口几乎是爱尔兰的 2 倍，到 1911 年，几乎是爱尔兰的 10 倍。根据大不列颠王国和爱尔兰王国之间签订的《联合法案》（Act of Union），爱尔兰在威斯敏斯特议会的代表席固定在 103 个——约占下议院的 15%。在 19 世纪初，这意味着，相对于人口而言，爱尔兰的代表人数少了一半。但到 1910 年，爱尔兰的代表人数相对于人口多了一半。

统一党声称自由党政府受制于爱尔兰自治党，这是本末倒置。其领导人约翰·雷德蒙德（John Redmond）被称为“美元独裁者”，因为自治党受到他们移民到美国的支持者的资助。这是非常戏剧性的内容，正适合竞选演说。然而，统一党用严肃的态度看待代表问题，他们用这个观点来证明，他们阻止自由党在大不列颠的选举改革措施是有理有据的。他们进一步辩称，自由党政府在议会中享有爱尔兰议员的支持是不恰当的，这一论点更站不住脚——尤其是结合统一党“联合王国统一不可分割”的观点来看。如果联合王国的原则不是爱尔兰在议会由享有完全投票权的议员代表，那又是什么？此外，并非所有的爱尔兰议会议员都是爱尔兰自治主义者：而英国保守主义这只斗牛犬，很快就会被自己的尾巴北爱尔兰统一党牵制。

爱尔兰自治在 1906 年是不太重要的问题。许多自由党人暗中希望它可以继续待在边上，不要像格莱斯顿的幽灵那样，回来破坏他们期待已久的选举盛宴。但是 1908 年妥协的爱尔兰《议会法案》十分失败；像坎贝尔 – 班纳曼政府提出的其他措施一样，它使朋友感到不安，却没有使敌人得到安抚。因此，设想任何缺少爱尔兰自治内容的东西能起到足够作用是虚妄的。可以肯定的是，连续的土地购买计划创造了一代脑满肠肥的小业主，让大家见识到 20 世纪的爱尔兰是一个农民之国，爱尔兰同胞萧伯纳在《英国佬的另一个岛》(*John Bull's Other Island*，1904 年）中无情地讽刺过这些小业主的自鸣得意。爱尔兰自治党不再表现出极度政治渴望，这种渴望曾折磨着巴涅尔，此时巴涅尔已经去世 20 年了。巴涅尔死后受到虔诚的尊重和纪念，对此詹姆斯·乔伊斯（James Joyce）在他的出色短篇小说《会议室里的常春藤日》(*Ivy Day in the Committee Room*）中进行了明确描述，该小说发表在他的短篇小说集《都柏林人》(*Dubliners*，1914 年）中。

巴涅尔之后的自治党面临的问题与其大陆盟友格莱斯顿之后的自由党面临的问题并没有什么不同。那时大家谈到了“自由主义危机”，因为在历史上形象一直是资产阶级和不信奉国教者的自由党，面临着 20 世纪经济和社会变革的问题，一旦其士气不振，就将面临工人阶级政党的潜在挑战。在阿斯奎斯和劳合·乔治领导下的实践政治中发展起来的新自由主义，大费周章地想要混淆这种恐惧，并且想要给出证据证明“因为人类生命的无限可能性，自由主义亦有无限特征”，J.A. 霍布森在一本关于这个主题的书中这样说。后来的一位历史学家乔治·丹杰菲尔德（George Dangerfield）进一步以“自由英国的离奇死亡”为题进行写作，这一表达几乎像《圣经》箴言一样保留了下来：即使是那些怀疑这个故事真实性的读者也神奇地将它铭记在脑海里。但也许雷德蒙德的政党面临着自身的自由主义危机，预示着爱尔兰自治党的“离奇死亡”。新的文化政治浪潮寻求向新芬党（Sinn Fein，“只有我们自己”）而不是向英国议会寻求救赎，自治党治下的爱尔兰因此受挫。

第三个《自治法案》从头到尾都被构想成一个彻头彻尾的议会程序。该法案的目的是偿还自由党对爱尔兰欠下的历史性债务，自由党没有理由违约。爱尔兰自治在1910年的选举中对自由党起到了阻碍作用，尤其是1910年12月在英格兰西部的选举中，丢掉了之前在1月获得的一些席位，抵消了进步联盟在英格兰工业区获得的一些席位。几乎所有的自由党和工党候选人都承诺爱尔兰自治，这个承诺通常以小字形式印在他们选举演说辞底部。如往常一样，将爱尔兰自治宣传成头条大事的是统一党；因为1910年政治局势的发展，他们在这种场合说这些话看起来更加真实。

1910年1月的选举决定了预算案的命运，但并没有决定上议院的命运。阿斯奎斯并没有从国王那里获得使用王室特权的承诺，只有有了这种王室特权才能对上议院产生威胁，可以创造足够的新议员，在票数上击败老议员，巩固下议院的最高地位。否则，上议院可以简单地拒绝宪法改革提案，就像他们可以简单地拒绝他们不喜欢的任何其他法案一样。这表明阿斯奎斯孤立无援，他的支持者们信心动摇了。但他后来能够漂亮地夺回他的地位。国王爱德华在1910年5月去世了；后来在充满繁文缛节的葬礼过程中，阿斯奎斯努力在各党派之间谈判，达成了各方协商一致的宪法解决方案。

爱尔兰自治是绊脚石。政府不会支持任何妨碍爱尔兰自治的安排，统一党不会支持任何有利于爱尔兰自治的安排。劳合·乔治在幕后做得更多，他想通过一个愿意将社会改革、关税改革和爱尔兰自治纳入建设性的一揽子措施的国家政府，做一个公开的政治交易，以跨越宪法障碍。爱尔兰自治又一次成了贝尔福的症结所在。事实上，贝尔福在 12 月选举中的表现已经证明他愿意为保卫联合王国而不辞辛劳。在第一次投票之前的几天中，他宣誓统一党政府在实行关税改革前会把改革方案交由全民公决，以此进一步强调爱尔兰自治问题，这让忠诚的张伯伦派大为惊骇。

与此同时，阿斯奎斯对新国王乔治五世施加了难以反抗的压力，要求国王册封足够多的贵族以控制上议院，以支持自由党政府。因此 1910 年 12 月，政府在选举中获胜，锁定了政治局面；立法步骤不可避免地随之而来。阿斯奎斯此时手握之牌正合适，他像一个擅长打桥牌的人一样使用策略。1911 年的《议会法案》叫嚣着要改革上议院的构成，但事实上它只是撤销了上议院的立法否决权。从此以后，财政议案只需要下议院批准，而上议院否决的任何其他法案一旦在三次（通常为每年一次）会议上被下议院通过，就会成为法律。

当然，通过《议会法案》本身需要获得上议院的多数支持，这是政府支配不了的，而大多数保守党人都公开表示他们要战斗到底，但是这些“战士们”失去了殉难的机会。主教们在坎特伯雷大主教兰德尔·戴维森（Randall Davidson）的领导下，成为该法案的支持者——这是一个早期迹象，表明在 20 世纪，英国国教不再仅仅是“祈祷中的保守党”。至关重要的是，足够多的保守党贵族为了避免大量自由党贵族得到册封，不再统一行动了，而成为“骑墙派”。这有很大的可能性，因为在自由党党鞭文件的名单中，只有几百个人留了下来，比如伯特兰·罗素、罗伯特·巴登 – 鲍威尔、托马斯·哈代、吉尔伯特·默里（Gilbert Murray）、J.M. 巴里——他们本可以提升任何上议院的水准。

1912 年推出的第三个《自治法案》，有望在 1914 年之前完成《议会法案》规定的程序。格莱斯顿最初的《自治法案》将爱尔兰人排除在威斯敏斯特议会之外（这受到统一党的强烈抗议），第二个《自治法案》将爱尔兰人纳入议会中（再次遭到统一党的强烈反对），与前两个自治法案不同，新的自治法案做出了妥协，即减少了爱尔兰在威斯敏斯特的代表，这正符合统一党的要求。① 不过，他们也不怎么高兴。该提案基本上是一项权力下放的提案，赋予爱尔兰议会极大的对内权威，但把一些权力保留在了威斯敏斯特议会。国防是被保留的权力之一，财政政策是另一项——这是一个棘手的问题，因为让他们自己选的话，大多数爱尔兰自治党人会选择保护这两项权利。第三个自治法案与前面两个最大的区别在于，它将真正成为法律，并在阿尔斯特强制实行。

历史悠久的阿尔斯特省包含北爱尔兰的 9 个郡，容纳了大部分新教徒。天主教徒也很多，因此该省的议会代表基本上在自治党和统一党之间平分。因为尽管明显有一群新教自治党员，如巴涅尔，但冲突基本上是在宗教标签定义下的两个群体之间产生的。地方自治（Home Rule）就是罗马统治（Rome rule），这在爱尔兰的南方各省是一个令人愉快的笑话；对于阿尔斯特的新教奥兰治兄弟会（Orangemen）来说，这却是一场噩梦。他们对自治的敌意，从以前讨论的任何角度来看，都十分确定；早在 1886 年，伦道夫·丘吉尔勋爵（Lord Randolph Churchill）曾经谈论过向格莱斯顿打出“奥兰治

① 1893年《自治法案》欲把威斯敏斯特的爱尔兰议员人数减少到80，但按此时的人口衡量，这仍然是充分的代表。到1912年，严格按照人数基础计算，爱尔兰有权获得64个议席，《自治法案》欲将该数目减少到42席（当然包括阿尔斯特在内）。——原注

牌”。1912 年，英国统一党一如既往地坚定支持阿尔斯特，想要一旦可能就一举摧毁地方自治。但是这一次，从早期开始，就有一个退路：只要阿尔斯特被排除在外，就允许南爱尔兰自治。

如果这意味着牺牲统一党在盎格鲁 – 爱尔兰地主中的传统支持者，比如兰斯当，那么他们自己在上议院的领袖，至少可以通过征地来收买贵族们，而许多贵族已经被收买。但是，北爱尔兰首府贝尔法斯特（Belfast）的平民新教徒们无处可逃，他们也没有钱逃跑。难怪他们中有超过 40 万人像往常一样听从 17 世纪的声音，要签署一个“庄严的契约”，宣布他们不会向都柏林议会屈服。其他人更甚：1912 年 4 月，至少有 8 万名奥兰治兄弟会志愿者在进行训练——除了大不列颠统一党的新领导人，还有谁更适合去向他们敬礼呢？

贝尔福连输 3 场大选，耗尽了关税改革者们的耐心，于是他于 1911 年底辞职，安德鲁・博纳・劳（Andrew Bonar Law）出乎意料地接替了贝尔福。关税改革者们失去了乔，愿意选择张伯伦 – 奥斯丁（Chamberlain-Austen）作为候选人。但另一位候选人，一位可以在乡绅中周旋的更加传统的保守党人，是沃尔特・朗（Walter Long）。为了避免进一步冲突，他们都做了体面的事情，并为了支持劳而退出了。劳是关税改革领袖，是来自格拉斯哥的商人，出生于加拿大，他是一个彻头彻尾的保守党人，也不会假装大度。有一次，有人请求他对“格莱斯顿是一个非常伟大的人”的说法表示赞同，劳只是说：“他是一个非常伟大的骗子。”这与贝尔福有着天壤之别——阿斯奎斯曾讽刺地称之为“新风格”——当然，这正是更换领导人的意义。张伯伦派的误判之处在于，他们没有料到劳一心一意寻求关税改革的热情会被他一心一意反对爱尔兰自治的热情取代。

劳在贝尔法斯特的出现是一个明显的迹象；1912 年，在议院内外他都曾公开宣称“有比议会多数更强大的东西”。他带领统一党致力于支持武装抵抗爱尔兰自治，劳这样做不仅使阿尔斯特成为关键，他还在培育内战的幽灵。这是紧跟宪法危机之后的另一场宪法危机。保守党这个传统的法治维持者居然采取这种办法，也许人们本就不该对此感到震惊。毕竟，在《议会法案》通过之前，保守党从来不需要以这种方式挑战投票箱的结果；他们能够通过上议院挫败对手。有些历史学家曾自满地庆祝英国从贵族政体到民主政府的平稳过渡，他们可能忽略了阿尔斯特危机，阿尔斯特危机是一个揭示真相的时刻，即政治上被弱化的统治阶级在抵抗代议制政府的影响。

当然，这种冲突的一个民主解决办法是举行一次全民公投。在一个根本问题上，特别是具有宪法性质的问题上，有理由要求民众发声。这个提议吸引了统一党成员，他们确信，自由党人在大不列颠进步联盟成员中通过经济和社会问题集合起来的议会多数，掩盖了一个事实，那就是爱尔兰自治不像之前那么受欢迎了。但是公投这个权宜之计在 60 年后才得到尝试。

由于爱尔兰自治与其他党派问题密不可分，所以它是双方都优先考虑的问题。政府悲哀地意识到，在 1911 年之后，新政策的势头下降了不少，而他们过时的旧政策——不仅是爱尔兰自治政策，而且还有相对较小的威尔士政教分离问题——成了业务中心。这正是劳合·乔治在 1913 年发起土地运动的原因，西博姆·朗特里领导的智囊团为土地运动构想新点子，例如，国家干预住房和最低工资等，以强化旧激进派的呼声。“上帝把土地交给人民”，劳合·乔治总是这么说，这本来是为1915年大选构想的自由党主题。相反，在统一党方面，核心阵地从社会改革转移到阿尔斯特，此举大大提高了该党的呼声，中期补选似乎证实了这一点；但他们担心的是关税改革仍然会削弱该党在大选中的吸引力。

因此，无论劳是在为内战，还是仅仅在为大选清理台面，他在1912年最关注的事情都变得清晰起来。他知道，贝尔福在1910年12月承诺要对食品税进行公投，这会毁掉帝国特惠制；在1912年底，他最初是赞同兰斯当宣布该承诺已失效的。然而，劳也知道，兰开夏郡的情绪有多么强烈；他根据在上次选举中竞选曼彻斯特席位时的经验，抓住了这一承诺；后来当地的巨头德比勋爵（Lord Derby）再也无法控制兰开夏郡的保守党了，劳意识到大回转的时刻已经到来。食品税已按照计划取消；至此帝国特惠制被抛弃了，只保留了工业保护制度。到1914年约瑟夫·张伯伦去世时，关税改革已经成为一项幽灵政策了。

统一党此时把所有的筹码都押在了阿尔斯特上。《爱尔兰自治法案》于1912年和1913年在下议院正式通过。在这个晚期阶段，许多人认真地讨论要将阿尔斯特排除在外，或至少是将新教徒占多数的那些阿尔斯特的县城排除在外，如果不能永久排除在外，至少要暂时如此。然而，在贝尔法斯特和北部4个郡县，新教徒显然占多数，但这些新教徒中多数居住的区域并没有被明确地隔离开，因此不容易清楚地区分开来，后来的历史已经充分地证明了这一点。在20世纪末，尚不清楚这种分割是不是真正的解决办法；但可以确定的是，它在1914年并未得到足够的支持。正如劳所预言的那样，通过《爱尔兰自治法案》与实施该法案是不同的。军队的立场很微妙，因为许多军官都有爱尔兰亲戚。1914 年 5 月，库拉夫（Curragh）的一些军官发动了所谓的叛变，这说明政府在这个节点并没有牢牢控制局面。无论如何，混乱的形势要面临混乱的结果。

1914 年夏天的欧洲战争（European War）使任何内战的威胁都显得不值一提。政府终于将《爱尔兰自治法案》写入法典中；但同时规定该法案只能在和平到来一年后实施。雷德蒙德对此并不满意，但他还是表示了支持，因为他支持联合王国的战争努力，而且真的没有什么其他选择。阿尔斯特志愿者们好斗的本能现在也体现在了西部战线上。英国的危机再一次成为爱尔兰的机会——这一次是被遗忘的机会。事实上，到了复活节起义（Easter Rising）之后，爱尔兰事务才重新回到英国报纸的头版。

在 1916 年复活节，头条新闻是都柏林邮政局被新芬党占领一事，这在很大程度上是一个象征性举动。任何叛乱的威胁都迅速被消除，因为都柏林的普遍情绪并不冷漠，他们积极反对新芬党。改变局势的是政府的愚蠢回应。诚然，政府努力谈判以达成和解，劳合・乔治用他的安慰技能哄骗自治党和北爱尔兰统一党差点儿达成协议，要在 26 个县实行地方自治，但不包括阿尔斯特的 6 个县。但这一切都破碎了。最重要的是，在大多数普通自治党成员眼中，起义首领们被执行死刑使他们变成了烈士，而雷德蒙德声称这是德国人的阴谋，使他变成了傀儡。阿斯奎斯和雷德蒙德通过《爱尔兰自治法案》带领他们的国家实现和解的设想最终以血腥收场。

战争的政治

一场幸福无忧的爱德华游园会，一个和平与繁荣的黄金时代，在 1914 年 8 月突然结束了，许多文学作品对这个时代的怀念感动人心，从齐格弗里德·沙逊（Siegfried Sassoon）的《猎狐人回忆录》(*Memoirs of a Fox-Hunting Man*，1928 年）到 L. P. 哈特利（L. P. Hartley）的《幽情密使》(*The Go-Between*，1953 年）都是如此。对于一小群精英来说，在大决战之前无拘无束地享受快乐，并准备好为即将到来的屠杀充实初级军官队伍，正是他们的双重特权。对他们来说，这当然是可以理解的，因为随后的回忆会非常沉重。然而，他们的经历并非故事的全部。

对于大多数人来说，1914 年英国的生活是艰难的。移民数量激增是证据之一。当然，社会改革此时缓解了一些老龄化、疾病和失业带来的恐慌——这是 1914 年花费了 2 亿英镑即 10% 的财政开支逐步得来的收益。19 世纪末期物价下降时，工资的购买力持续上涨；但在 19 世纪 90 年代中期，物价一开始上涨，工资的购买力就开始下降。没有人认为平均实际工资下降了。早期的统计数据显示，平均实际工资在 1914 年与 1895 年完全一样，后来的重新计算表明，工资甚至可能有所提升。这与其他的一些迹象相符，整体上全部人口的营养和物质福利此时都在稳步提高。

然而，20 年间生活成本上涨了 20%，有时生活成本的上升会超过货币工资的年增长速度（特别是在 1905—1907 年），这使得工资谈判频频出现。事实上，1910—1913 年生活成本的急剧增长导致了大量的大规模罢工，这样的规模从 19 世纪 90 年代起已经没再出现过了。1912 年因为罢工损失了 4 000 万个工作日，特别是全国性的煤炭纠纷，这些纠纷最终通过政府干预得以解决——这是那个时代的标志。但这场“劳工骚乱”与阿尔斯特危机不同，“劳工骚乱”到 1914 年就消退了。

在战前的几年，虽然几乎没有看到“自由英国的离奇死亡”，但也并非没有麻烦。出人意料的是 1914 年夏天的麻烦来自赫伯特·乔治·威尔斯的《勃列林先生坚持到底》(*Mr Britling Sees It Through*，1916 年)，主角就代表了那些“极度关心爱尔兰冲突，几乎故意忽视与德国开战的可能性”的人。萨拉热窝突然成了一个在地图上能找到的城市，奥地利弗朗茨·斐迪南大公（Archduke Franz Ferdinand）在那里遇刺身亡，在整个欧洲点燃了一条导火索，到 8 月 1 日，欧洲要求阿斯奎斯内阁做出艰难的决定：是否支持法国（和俄罗斯)，反对同盟国（Central Powers，哈布斯堡家族和德意志帝国)。

联盟将大陆各国拉入了冲突之中，英国尚未选择立场。诚然，英国与法国有过一个协约（《英法协约》)，两国总参谋部也进行过军事对话；两国舰队之间也达成了一个共识。这些只是应急计划。但是，如果协约得不到执行，法国就会变得很脆弱，这制造了一种维护荣誉的义务，外交大臣格雷感到责任重大。格雷在最后的日子里努力争取和平，但他对法国的情感比他愿意承认的要更浓烈；不过后来指责格雷误导他们的那些内阁成员——大法官（Lord Chancellor）洛尔本（Loreburn）谈到自由帝国主义阴谋——肯定是故意装作目光短浅，对他们都知道的事实可能产生的影响视而不见。

事实上，内阁中出现意见变动，并未充分表现在传统分歧中，传统上，“自由帝国主义者”支持强势外交政策，而“激进派”则对此表示反对。劳合·乔治虽然继续试图削减海军预算，但他已经在 1911 年的阿加迪尔危机中（Agadir crisis）——德皇向摩洛哥派遣了一艘炮舰——表现出他已经准备好要面对德国的耀武扬威了。劳合·乔治与格雷商议好，他在伦敦市长官邸的演讲中公开宣布了英国政府的立场。丘吉尔不再是 1908 年的“经济学家”，他此时是一名挥金如土的第一海军大臣（First Lord of the Admiralty），坚定地认为英国舰队应该保持其历史上的霸主地位。劳合·乔治在 1914 年 8 月咨询的老亲布尔派（查尔斯·普雷斯特维奇·斯科特在曼彻斯特跳上火车）无法再指望他们的乔治主持主和派。最后，当英国向德国宣战时，只有两位内阁部长辞职：旧的自由党 – 工党人约翰·伯恩斯（John Burns）和年迈的格莱斯顿传记作家约翰·莫雷（John Morley）。无论其他导致英国干预的因素是什么，几乎所有的自由党人都支持这场战争的原因是德国对比利时的入侵。

劳合·乔治强调塞尔维亚是一个竭力追求自由的小国，他们的追求合理合法，虽然这种强调来得晚了些（他后来发表了一篇演说，讲到世界亏欠了“这些弹丸小国”多少），但是立刻就成为追求自由的小国典范的是比利时。问题的关键在于，代表比利时开战，不会被认为是为了国家利益所做的现实政治[①]主张，无论如何保守党都会支持现实政治，并且会被看作格莱斯顿风格的是非之争。激进派人士随时准备面对社会大众的责骂，这一点从他们的亲布尔立场可以得到证明，而且他们一直被指责是反不列颠的，这

① 现实政治源自19世纪的德国，由俾斯麦提出。现实政治主张，当政者应以国家利益做为从事内政外交的最高考量，而不应该受到当政者的感情、道德伦理观、理想，甚至是意识形态的左右。所有的一切都应为国家利益服务。——译者注

次，他们被说服了，仅此一次，认为他们自己的祖国是正确的一方。后来在1915年写下对格雷外交政策的经典辩护的，是一个牛津大学自由党派希腊语教授吉尔伯特·默里，该辩护可能会使得像伯特兰·罗素这样的反战抗议者生气，却不会打动持怀疑态度的萧伯纳，但它触动了自由党膨胀的自我正义感，正是这种自我正义感一步一步使发动战争与建立和平有了高尚的道德目标。因此，关于爱国牺牲的最激动人心的呼吁，来自劳合·乔治1914年9月在伦敦女王大厅（Queen's Hall）发表的第一场公开战争声明。

尽管工党战前发表了许多关于国际工人阶级要团结一致的言论，但工党运动总体上是支持政府援助比利时的决定的。这并不奇怪，因为格莱斯顿传统是包含自由党和工党在内的改革论意识形态的一部分，所以尽管他们出身几乎相同，但在战争问题上又分道扬镳。从拉姆齐·麦克唐纳的表现来看，他是一个十足的改革派，仅仅几个月前还就是否接受内阁职位进行了辩论，此时却辞去了下议院工党领袖的职务，将与自由党的格雷外交政策评论家们合作成立民主控制联盟（Union of Democratic Control），旨在通过国际合作来获得未来的和平。工联主义者（trade unionist）亚瑟·亨德森（Arthur Henderson）接任麦克唐纳，在战争年代塑造了其政党命运的时候，表现得强大有力、无与伦比。工党对战争的支持在自由党政府下比在保守党政府下来得更心甘情愿。

首相尽可能地保持了他在和平时期使用的方法。他唯一的直接让步是任命一位新的陆军大臣——自从库拉夫惨败以来，他一直担任这个职务——这个人就是相貌威严的基奇纳伯爵（Earl of Kitchener）。基奇纳外表严厉、有权有势、留着髭须，从募兵海报上往外盯着看：手指向潜在的志愿者。由于内阁显然是不适合确定战略的机构，这意味着基奇纳对战局的控制几乎没有受到干涉。一个战争委员会（War Council）成立了，该委员会接管了 1902 年贝尔福设立的帝国防务委员会（Committee of Imperial Defence）的秘书处；事实上，战争委员会不仅继续任用了帝国防务委员会的莫里斯·汉基上校（Colonel Maurice Hankey）作为秘书，还任用了贝尔福为其成员——贝尔福是唯一直接参与战争的统一党成员。

“一切如常”（Business As Usual）这个口号是丘吉尔创造的，但阿斯奎斯实践得最好。阿斯奎斯的战争观是传统的。几个世纪以来，英国在大陆战争中扮演的角色一直是将大部分战斗留给盟友的大规模军队，而自己担任军需官的角色；因此，保存英国的经济和财政资源至关重要。这是一个非常理性的模式，经过两次世界大战，使“民主的兵工厂”大谋其利。但是联合王国还能在多大程度上继续使用这种策略？

与往常不同的是，基奇纳预测这次战争可能会持续多年，需要数百万男性。他的“新军队”补充到缺口中，因为分配给英国的西部战线虽然可能相对法国和英国人口是匹配的，但训练有素的英国远征军（British Expeditionary Force）士兵数量十分有限，这显然超出了他们的能力，即使加上霍尔丹用兼职后备军创建的地方自卫队（Territorial Army）的力量也是如此。志愿者汹涌而入，速度之快令当局震惊。此时的问题是为他们提供训练和供给，而不是找到他们。军队中还加入了帝国的力量。澳大利亚和新西兰都派出了与人口比例相称的军队。尽管魁北克内部出现了分歧，但加拿大也加入了战争；更令人惊讶的是，布尔人领导的南非政府也这样做了，在那里，史末资将军（General Smuts）成了关键人物。

西部战线的惨痛损失——东部战线的损失更大——很快打破了

1914 年 8 月许多对战事的简单假设，令人胆寒。任何一方快速取得突破的前景都十分惨淡。

在这种情况下，战争委员会制订了一个计划，将袭击转移到另一个舞台，让皇家海军上场。海军的防御作用是保护英国的航线，在这方面它总体上是成功的，至少在防御水面攻击方面是成功的。唯一的一次全面海战，是后来 1916 年 5 月在日德兰半岛（Jutland）发生的胜负无定论的遭遇战。德皇宣称他的公海舰队（High Seas Fleet）获得了一场举世皆知的胜利，但事实证明并非如此，因为这支舰队后来再也没有出海。但如果说英国舰队能够确保达成其基本的防御目标，那么皇家海军要获得进攻优势的难度更大。这是注定失败的占领黑海（Black Sea）出海口达达尼尔海峡（Dardanelles）海军行动计划严重失误的地方，这次失误让帝国军队在加利波利（Gallipoli）进行的战斗徒劳无功。英国和澳大利亚军队受到大屠杀式的冲击。因此，丘吉尔寻找替代战略的梦想因妥协、混乱和优柔寡断而陷入困境，这并不是他一个人的责任——但相比起在加利波利殒命的人们来说，他更应该担起这份责任。在政治上，丘吉尔背负了这份责任，并于 1915 年 5 月失去了海军部的职务。

促成政府重建的不仅仅是海军部危机。据媒体指控，在法国的英国军队因为阿斯奎斯而面临炮弹短缺的问题。与在以前的危机中一样，阿斯奎斯表明他仍然是主人，而劳合・乔治仍然是他的主要副官。他们二人一起安排了新的行政机构中的职位，包括统一党的职位。这不能算一次平等的联合；劳只得到了殖民地部门（Colonial Office），自由党继续把持所有的高级职位，包括财政部，交给了雷金纳德・麦克纳。一个大的变化是劳合・乔治调到了新成立的军需部（Ministry of Munitions）。他投身于临时创造一个更好的供给结构，与军备行业打交道，通过归他自己控制的军需工厂大规模扩大国家干预。他成了国家干预的拥护者，极尽所能寻找更多盟友。

新的军需部长甚至说："我们正在与德国、奥地利和饮酒问题作战；而且，据我所知，这些敌人中最致命的是饮酒问题。"当时真正的饮酒问题涉及的不是啤酒，而是烈酒。饮酒高峰是 1900 年，那年英格兰和威尔士消费了 2 500 万加仑[①]的标准浓度酒[②]（每个成年人多于 1 加仑），苏格兰则超过 800 万加仑（每人多于 3 加仑）。到 1913 年，尽管人口略有增加，但对应的饮酒总量分别下降到 1 700 万和 600 万加仑以下。战争短暂地刺激了酒水消费，因为战时工人将薪水挥霍在饮酒上。1915 年，战前受到上议院阻挠的劳合·乔治的戒酒支持者们看到了机会。不仅啤酒被大量地兑水，而且特许烟酒场所的营业时间也受到了管制。例如，在伦敦，酒吧从那时起只从中午 12 点开放至下午 2 点半，从傍晚 6 点半开放至晚上 9 点半。短期目标实现了。在 1918 年，英国消费的烈酒仅为战前水平的 40%，是 1900 年水平的 1/4。而且，这种影响是长期的。尽管战后出现了短暂的增长，但直到 20 世纪 60 年代，酒水消费水平一直保持正常；英国独特的特许经营时间和在下午强制关门的做法，在接下来的 70 年中没有什么变化。

成立联合政府部分是为了压制新闻界对政府的批评。面对将霍尔丹说成亲德分子的奇怪指控，阿斯奎斯开除了霍尔丹，而正是霍尔丹缔造了高效的陆军。阿斯奎斯此举不仅牺牲了一位老朋友，

---

① 体积单位，1英制加仑合4.546 092升。——译者注

② 酒精含量约为50%。——译者注

还牺牲了一段友谊。无论如何，媒体的攻击仍在继续，但是选择性更强。劳合·乔治作为一个自由党人未受攻击：这表明对总体上支持交战措施的统一党人来说，此时他的立场相对更受支持。1915年夏天，首相失去了劳合·乔治的信任。"'拭目以待'，是和平时期的一个很好的箴言，"劳合·乔治私下说道，"但是在战争中，它正在带领我们走向毁灭。"

二人巨大的分歧在于征兵问题。无论如何，许多统一党人士都赞成征兵，征兵与国家经济和关税政策配合是一种国家建设的方式。新军队的需求使许多人发生了转变，他们大声质问为什么英国的人性之花要因为国内的人没能尽到爱国职责而凋谢。实际上，招募到的志愿者并没有明显减少。征兵的真正问题在于——将人力资源优化分配，防止必不可少的平民工人加入军队，保证他们留在工厂和矿山工作。然而，1915—1916年冬天，这个问题没有在情感层面得到处理。相反，阿斯奎斯用尽了各种掩饰策略来满足保守党的要求，同时减轻自由党的愧疚感。他鼓励"兰开夏郡之王"德比勋爵制订一项计划，从表面上保留自愿原则，方法是让男人们宣誓证明自己的服务意愿，同时向已婚男士保证，在所有的单身男士上战场之前，他们中宣誓过的任何人都不会被录用，然后告诉没有宣誓的单身人士说他们"被认为"已经宣誓过了。根据道德标准，德比计划是可笑或卑鄙的。1916年初，征兵终于在大不列颠除爱尔兰之外的地方开始了，这是阿斯奎斯为达成共识所做的最后尝试。

1914年，各党派呼吁选举休战；他们同意在补选中让此时已经持有席位的党派自动当选。但是政治并没有因一些和平时期的争吵被搁置而停止。例如，生产竞争一旦使工会有了全新的影响力，劳工问题就与以往一样关键了。

关键问题在于工会是否允许自己的地位被“稀释”，允许技能较差的工人在没有传统工会通行证的情况下从事一些工作。这些工作被工会称为“保护性的”，而被雇主称为“限制性的”，用以维持工会控制下的“准入式企业”（closed shop）[①]。这正是劳合·乔治1915年初在《财政协议》（Treasury Agreements）中解决的问题，该协议确保工会做出妥协，接受“稀释”，但严格规定妥协的共识基础是限制性实践要在战争结束后恢复。对于工会来说，这是一个相当大的胜利，工会领导人出于爱国精神对国家需求做出回应——但是需要按照他们的条件。

通过这些方式，战争行为变成了政治问题。阿斯奎斯与劳合·乔治之间的工作同盟破裂正是因为这个变幻莫测的问题，而不是因为既有的竞争或意识形态分歧。到1916年底，劳合·乔治准备好了要将战争努力控制在自己的手中——最初并不是为了首相职位，但他陈述了建立一个小型战争委员会的条件，同时说明该委员会不包括阿斯奎斯在内，一旦如此，该委员会将成为对阿斯奎斯位置的嘲讽。1916年12月的危机表明阿斯奎斯地位不太稳固，关于他饮酒的指控此时也尾随着“老斯奎菲”（Old Squiffy）[②]——有一件事情表明他长期执政结束的钟声已经敲响了，那就是他高估了自己的追随者们。当阿斯奎斯回头向劳合·乔治妥协时，他发现自己的位置已经被取代。在过去8年中他们的伙伴关系一直是政府的核心，也是自由党成功的主要原因；未来6年中他们的宿怨将推动自由党走向坟墓的边缘。

---

① （据劳资协议）只雇用某一工会成员的工厂（或商店）。——译者注

② 阿斯奎斯的昵称，squiffy的意思是“微醺的”。——译者注

第三章

“一战”得胜之人，1916—1922 年

西部战线

我们经常说“一战”以将其与“二战”区分开。然而，早在1920 年，从《泰晤士报》(*The Times*）通讯记者查尔斯·科特·雷平顿（Charles à Court Repington）上校写的一本书开始，这个词就首次流行起来。雷平顿用这个词旨在强调战争前所未有的全球维度，这场战争蔓延至非洲，德国在那里建立了殖民地；蔓延到中东地区，那里的奥斯曼帝国（Ottoman Empire）是敌人；蔓延到亚洲，在那里，日本自 1902 年起一直是英国的盟友。然而，不仅战争的起源在欧洲，主要战场也在欧洲。正是在欧洲，来自加拿大、澳大利亚和新西兰自治领的大部分军队投入战斗，最初他们是作为英国远征军的一部分而战，印度陆军（Indian Army）则在中东地区扮演重要角色。

西部战线从奥斯坦德市（Ostend）和敦刻尔克（Dunkirk）之间的比利时海岸开始，蜿蜒穿过佛兰德斯（Flanders）和法国到达瑞士边境，在 1914 年底这个范围就已经确定好了，直到 1918 年几乎没有变化。这个战线非常稳定，以至于伦敦的文具商发现储备显示

西部战线的地图是值得的。堑壕是这场战争的象征：它是军事技术发展的一个阶段，在这个阶段，防御暂时胜于进攻，它增加了反击的机会。甚至获得几百米的土地都要产生欧洲历史上闻所未闻的大规模伤亡（尽管美国内战曾让人们得以对未来做出窥测）。

当时的人们普遍使用的是“伟大战争”（Great War）一词。早期，募兵宣传将立场投射至未来，向妇女们发问：“战争结束后，有人向你的丈夫或你的儿子询问他在伟大战争中做了什么，他是不是要因为你不愿意让他奔赴战场而垂下头呢？”一张经典的海报画的是一位忧伤的父亲正在逗弄他的孩子，孩子童言无忌，问道：“爸爸，你在伟大战争中做了什么？”对未来的投射展示的是一种自觉意义重大的英雄姿态。这是呼吁人们构想一场伟大战争，而不是记录堑壕中的切身体验。

早期和晚期战争诗歌之间有一个明显的对比。鲁珀特·布鲁克（Rupert Brooke）是新一代“乔治王时代风格”（Georgian）诗人之一，在战前并不出名。新国王是一个不折不扣的俗人，但他的名字竟然用来赞颂审美追求，如果说这是一个讽刺的话，那么这还不是布鲁克生命中被施了魔咒似的、在劫难逃的最后一个讽刺。他异常俊美，在剑桥读本科时，让女人们［还有利顿·斯特雷奇（Lytton Strachey）］心醉神迷。布鲁克的政治圈中没有民族主义保守党人士——他和他的剑桥朋友们，比如休·道尔顿（Hugh Dalton），是费边社成员。他发现乔治王时代风格诗歌的高尚措辞与1914年他所热衷的浪漫爱国主义十分契合：

现在，感谢上帝将我们派到这个关键时刻，
他抓紧我们的青春，将我们从睡梦中唤醒。

他在他的战争十四行诗中预言了一位士兵的死亡：

> 如果我死了，请只用这种方式念及我：
> 外国疆土有一个角落，
> 永远都是英国的了。

他不可能知道的是，这个角落在希腊岛，而不是在佛兰德斯。他的死亡原因是蚊子咬伤，而不是德国的刺刀或子弹造成的伤害。但是 1915 年春天他的英国需要一位战争英雄。他的朋友爱德华·马什（Edward Marsh）是温斯顿·丘吉尔的私人秘书，阿斯奎斯的夫人玛戈（Margot）之前不止一次欢迎布鲁克来唐宁街 10 号。在他死后，他的战争十四行诗发表，他因此变成了为战争早期的理想主义和理想化发声的全国知名人物。

劳伦斯·比尼恩（Laurence Binyon）引用颇多的诗《谨献给阵亡将士》（*For the Fallen*）仍然令人难忘：

> 他们永远不会老朽，不像我们留下来的人日渐衰老：
> 他们永远不为耄耋所难，永远不为残年所累。

值得注意的是，这是在战争开始刚刚 7 周后写出来的。很明显，布鲁克并不是第一个战争诗人，但他成了最有名的一个，他并没有直接写西部战线上的早期伤亡。尽管人们认为丢掉英雄气节是不对的，即使是在即将停战时撰写的一些诗歌，也不能说英雄气节丢失了，但壕沟中的肮脏现实也越来越多地渗透到诗歌中——就像在威尔弗雷德·欧文（Wilfred Owen）的诗歌中那样：“……那些依然被掩藏的事实，悲伤战争中萃取的怜悯。”

在未来几年里，在新的军队中坚持下来的战士们产出颇丰，写了大量的战争诗歌。其中一些当时就发表了，如齐格弗里德·沙逊的反战评论《反击》(*Counterattack*，1918 年)。其他一些诗歌，尤其是欧文完整版的、具有争议性的同性恋色情作品，不得不在半个世纪后，等到饱尝丧亲之痛的人们的情绪得到平复，才得以发表。这些作品与埃德蒙·布伦登（Edmund Blunden）和罗伯特·格雷夫斯（Robert Graves）的作品一起，是 1917—1918 年从堑壕中呼喊出的声音；3 名幸存者（欧文在停战一周前被杀）继续在散文中回顾他们的经历。特别值得一提是，格雷夫斯用《向一切告别》(*Good-Bye to All That*，1929 年）站到了 20 世纪 20 年代赫然耸立起的反战文学汹涌浪潮的巅峰。

沙逊的特权背景——猎狐人——在他的作品中得到充分的表达；格雷夫斯在查特豪斯公学（Charterhouse）受到的公立学校教育令他印象深刻，他一直受那里的影响，他在学校里因为中间名是冯·兰克（von Ranke）[①] 而受到欺凌；布伦登是一位获得牛津大学奖学金的男孩；欧文从出身于一个与布伦登的家庭相似的低级中产阶级家庭，错过了上大学的机会。无论如何，他们都是军官和绅士。虽然理想的临时军官应直接来自受到认可的公立学校的预备役军官训练营（Officers' Training Corps)，阶级划分并不是指简单的区分方式，这在西线战场已经融入效力于这条战线的所有下级军官的骨子中，战地诗人也持有同样观点。虽然他们以军官的身份说话，但他们为那些与他们在一起的男人们说话——并且反对几乎所有逃脱了

---

① 这个名字具有典型的德国特征。——编者注

他们独特的、共同的、无法言说的经历的人。

在和平时期，武装军队的总规模约为40万人。到1915年，这个数字达到了250万；到1916年开始征兵时，为350万；在1917—1918年，这个数字稳定在400万—450万。在巅峰时期，这占全部男性劳动力中的1/3。由于从1916年开始征兵，这个数字占适龄（18—41岁）男人的一半。在大不列颠的单身年轻男子中比例就更高了（征兵从未在爱尔兰实施），这些年轻男子后来成为德比勋爵募兵海报道德谴责的真正目标，也是最终募兵的真正目标。（在1918年英军最后一次进攻中，有一半的步兵未满19岁。）这450万人并非都是士兵，并非所有士兵都在佛兰德斯或法国服役；相反，与任何一个时期相比，在此时军队服役且有时要上前线的英国士兵都要更多。因为很大部分的男性生于19世纪的最后10年，无论用什么方式来看，西线战斗都是震撼一生的经历，某种程度上也可以说是最后的经历。

伤亡是可怕的。令人胆寒的是伤亡逐渐累积起来。战争给这脆弱的一代人带来伤亡，或许其最令人瞩目的记录来自一位女性——维拉·布里顿（Vera Brittain），其《青年遗嘱》（*Testament of Youth*，1933年）后来在20世纪70年代通过电视重见天日，影响力并没有减弱。当年她在牛津萨默维尔学院（Somerville College）中断学业，与一位那时在法国服役的本科生订婚，并于1915年成为追军护士（志愿救护支队），从此，她陷入了一场令人厌倦的、疲惫不堪的噩梦，即在无休无止的大屠杀中彻夜清理战场。这与她在巴克斯顿（Buxton）温泉小镇舒适的、无拘无束的成长经历有天壤之别。英国的死亡总数达到了75万，她的兄弟和未婚夫放弃了一切，结果湮灭于这个总数之中。

在两次战争之间，有很多关于年轻人是“迷失的一代”（lost generation）的讨论。在人口统计学上，这并不容易发现，部分原因是这场战争使移民潮发生了变化，造成了少量的净流入；否则的话，在4年内，无论如何，将会失去100万名英国人（包括两种性别都会失去）。无可否认，在1921年的人口普查中，英格兰和威尔士在两次普查之间的人口增长率首次下降到每年1%以下；但这将是20世纪的趋势。战争期间人口仍然在增加，尽管增加的女性是男性的2倍。据统计，战后有超过50万名男性失踪，大不列颠人口中的剩余女性的人数从130万增加到了190万。1921年，在英格兰和威尔士，男女比例是100：110；但在1911年就已经变成100：107了。在苏格兰，这一变化甚至更小：1921年，每100名男性对应108名女性，而在1911年为106名。由于战争的影响，男性是绝对短缺的，这个想法在民间风俗中的表现要比在数据中的表现更明显。在考虑对婚姻前景的影响时，最重要的当然是年轻人之间的平衡。在1911年的大不列颠，20多岁的女性的人数比男性多11%；到1921年，这个值增加到了19%，这十分值得注意。然而，它造成的每个年龄段已婚妇女比例的差异并不十分明显，因为结婚率受到更复杂的各种长期变化的影响，而不仅是适婚年龄男子的短暂匮乏。

影响最深远的不是伤亡对人口学的影响，而是对人的影响。在20世纪初，丧亲是一种比较常见的经历，但是当父母们埋葬儿子时，或者妻子们和爱人们失去正值壮年的年轻男人们时，“常见”并不能成为抚平他们心酸的理由。家里的女性承受着这种特殊的负担，她们害怕看到电报男孩骑着自行车到来——在工人阶级的街道上，电报只会来自陆军部，一定带着坏消息。欧文有一首经典诗歌《徒劳》(*Futility*)：“躯体是否为了这些而长高？”“倒下”的

“同志”——这种庄严的措辞变成了惯例——感受到一种特别的痛苦。“迷失的一代”是一种情绪和心理现实，对幸存的成员产生了终身影响。这一代中后来成名的政客们——最初的奥斯瓦德·莫斯利（Oswald Mosley）和后来的安东尼·艾登（Anthony Eden）、克莱门特·艾德礼（Clement Attlee）、休·道尔顿和哈罗德·麦克米伦（Harold Macmillan）——一直怀着一种对逝去的同龄人的敬重，特别是在索姆河（Somme）和帕斯尚尔（Passchendaele）两次战役中逝去的那些人。

战线上英国负责的部分十分泥泞。是佛兰德斯伊普尔［Ypres，“瓦普斯”（Wipers）①］周围的泥土更糟，还是索姆河谷阿尔伯特［Albert，“伯特”（Bert）］周围的泥土更糟，这是一个争议激烈且最终未被解决的问题。加拿大的约翰·麦克雷（John McRae）写道：“在佛兰德斯战场，罂粟花随风飘扬，穿过一排排十字架。”这首诗成为“一战”中最流行的一首，在作者身后于1915年12月在《笨拙》（*Punch*）杂志上发行。流行歌谣《皮卡第的玫瑰》（*Roses of Picardy*）中赞颂的“皮卡第的玫瑰”也类似地象征着索姆河河谷。嘎吱作响的计分板显示着不断累加的战争死亡人数，在计分板下面，琼·利特伍德（Joan Littlewood）的《多可爱的战争》（*Oh What a Lovely War*，1963年）中的歌谣怀念着先人，并将这种怀疑传递给后人。《漫漫长路到蒂珀雷里》（*It's a Long Way to Tipperary*）中的陈腐歌词，或者那些虚假的欢呼，“把烦心事儿打包，一股脑装进你的旧工具箱吧，笑一笑，笑一笑，笑一笑”，因为背景和感情共鸣而得到升华。从厌世的情绪到愤世嫉俗的粗口，

① 英国人对伊普尔更常用的称呼。——译者注

这些语句准确地映射出传唱他们的军队的严酷命运。谁能知道他们唱歌时怀着怎样复杂的情绪："地狱的钟声丁零零丁零 / 是为你而不是为我。"

后方总部决定在 1916 年夏天对索姆河进行大规模的进攻，法国部队和英国部队在索姆河相会。新的英国总司令道格拉斯 · 黑格爵士（Sir Douglas Haig）策划进行正面攻击，刺穿德国的铁丝网，让他的大规模骑兵穿过，从而取得战争的胜利。凡尔登（Verdun）的血腥和长期的防御降低了法国的参与度，无论如何这对于英国来说很不幸。基奇纳的新军队弥补了这一缺口。德比勋爵想出的"老友营"（pals' battalions）通过当地社区网络建成，他们已经集合起来了，此时在一起服役。利物浦、曼彻斯特，以及最重要的泰恩赛德（Tyneside）等大都市都是最近招募的营兵们的家乡，他们训练不足，颇为相配的是，他们的装备也不足。

在 1916 年 7 月 1 日索姆河战役的第一天，英军的伤亡人数为 6 万，这是两年前前往法国的英国远征军总人数的一半。其中 2.1 万人几乎在一小时内死亡。这是历史上任意一支军队在一天内能够遭受的最惨重的损失。

一旦凡尔登损伤了法国军队的元气，任何进一步攻势的责任将不得不落在前线的英军身上。此时劳合 · 乔治担任首相，他致力于坚持斗争直至"击溃敌人"的政策，因此将对英国义务的限制扔到了一边。黑格此时或多或少得到了他所要求的。这是 1917 年夏季帕斯尚尔战役的逻辑：无边无际的轰炸，目的是切断德国军网，效果是使这个已经很难通行的地带无路可走。泥泞，只有泥泞……

英国士兵逃脱了德国的火力，但在水边又遇到了死神。俄国崩溃意味着德国人能够充分关注西部战线，就这样，英国军队在佛兰德斯完全陷入困境。事后看来，黑格没有意识到英国人可以使用他们研发的坦克作战，来取代堑壕战，这看起来似乎是愚蠢的。没有必要假设会有某种简单方法可以使协约国（Allies）取得胜利，并怀疑英国总参谋部使用的策略。

在湿漉漉的堑壕里似乎也是这样。参谋们戴着红色标志表明身份，他们被在前线服役的士兵们蔑视已经是家常便饭了，军官们和普通人差不多都蔑视他们，因为他们要忍受的条件离那些“庄园将军们”很遥远。沙逊描述过这一切：

> 如果说我凶狠，秃头，呼吸不畅，
> 那是因为我与基地面红耳赤的上校住在一起，
> 让忧郁的英雄们加速排队走向死亡。

政客们也遭到束缚，不过如果要说他们防止流血事件发生是不掺杂私人利益的，那就犯了一个低级错误：威斯敏斯特每个政党的领袖［阿斯奎斯、劳、亨德森（Henderson）、雷德蒙德］都在战争中失去了至少一个儿子，劳失去了两个。鲁德亚德·吉卜林在战争中也失去了一个儿子，但他并不从良心上反对战争，他在他精辟的墓志铭中为他们那一代人尖锐地写道：

> 如果有人问我们为什么死，
> 告诉他们，因为我们的父辈说了谎。

然而，此时战争的面貌与一开始被唤起并且仍然在向家乡焦虑的民众渲染的英雄形象有很大不同，而家乡似乎有数千英里而不是几百英里远。1916 年，格雷夫斯回到祖国接受治疗，他发现英国成了一片陌生的土地："平民们说的是一种外国语言：报纸语言。"然而，当听到劳合·乔治的讲话——"他修辞的力量让我震撼"——他承认他"必须努力斗争以避免像其他劳合·乔治的听众一样丢弃自我"。

对 20 世纪独特审美感受的直接印象影响了这场战争视觉形象的创立。1910 年后印象派已传入伦敦。英国画家珀西·温德姆·刘易斯（Percy Wyndham Lewis）等人开始尝试新的漩涡派（Vorticist）风格，放弃了传统具象派手法中的精确性，转而以直白的方式创作暴力形象——一种战争开始前对西线的预示。他们的杂志名为《爆炸》(*Blast*)。从制度上来说，战争艺术家们之所以有机会，是因为政府资助了一项计划，委任艺术家们到前线工作。

年轻的加拿大百万富翁马克斯·艾特肯（Max Aitken）和他的朋友博纳·劳一样热衷于关税改革，他发现这场战争给他提供了一个独特的机会，可以让他跻身英国政治生活的梯队顶层。劳合·乔治任首相后最先采取的行动之一就是让艾特肯成为贵族，成为比弗布鲁克勋爵（Lord Beaverbrook）。比弗布鲁克自己不是伟大的鉴赏家，他依靠的是专家们的艺术建议；但以这种方式纪念战争的背后动力就来自比弗布鲁克。加拿大战争纪念基金（Canadian War Memorials Fund）成为类似的英国计划的范例［并且在第二次世界大战中，在艺术史学家肯尼思·克拉克（Kenneth Clark）的带领下被复制］。事实上，比弗布鲁克从一开始就既使用了英国画家，也使用了加拿大画家，因此，这些项目在人员和成就上都有重叠。

战争画家与战争诗人一样，他们发现无论是军事上的英勇事迹，还是英国田园的刻板印象，都被自己亲眼看到的证据所挑战和颠覆。一些事实很快就变得显而易见，正如一位画家所说的那样，“古旧的英雄事迹、死亡和代表荣耀的东西已经过时了”。曾经的高级将领肖像或生动有趣的骑兵帆布油画被土地的形象替代。坑坑洼洼的地面散落着白骨和现代战争的各种垃圾，没有什么比这能更好地概括战争。也许对此进行描画得最成功的画家是保罗·纳什（Paul Nash）。在《虚无》（*Void*，1917年）中，纳什放弃了他早期的抒情风格，将观众推向了被炮弹炸掉的树木、维利式信号枪（Very lights）断掉的柄和起伏不定的破碎的地面等景观。

在《炮弹壳》（*A Battery Shelled*，1918年）中，温德姆·刘易斯仿佛站在一定距离之外，将他的机械士兵放到无人地带，他认为这与他自己“抽象视觉”的简朴是一致的。C.R.W. 内文森（C.R.W. Nevinson）从和平时代到战时绘画的过渡也很容易。他的《前进的人们》（*Marching Men*，1916年）中的人物不但穿着制服，而且整齐划一，体现出他们情绪反应的粗暴激烈。威廉·罗伯茨（William Roberts）的《伊普尔第一次德国毒气袭击》（*The First German Gas Attack at Ypres*，1918年）是描绘战斗的罕见尝试。罗伯茨是皇家野战炮兵团（Royal Field Artillery）的前炮手，他在战斗中捕捉到了一个插曲：加拿大人穿过非洲殖民部队的防线，攻占了他们的阵地。一个想象力不太丰富的画家可能会表现加拿大士兵们雄赳赳气昂昂地前进，但罗伯茨选择描绘每个士兵在自我保护和责任之间做出选择的真实时刻。有些士兵在向前迈进；一个士兵似乎正在加入中了毒气而撤退的部队。官方战争画家们的作品在休战之后才得以充分展示，他们的作品有助于开辟一个新的战争视角。这些作品获得了美学上的成功，为现代主义风格的绘画打开了一扇窗户——不过后来这扇窗户再次关闭，甚至一些像内文森那样在战时更乐于尝试的画家也将这扇窗户关了起来。

如果这个项目没能成为对战争的纪念，那是因为公众的纪念活动本能被引向完全不同的形式，人们可以用那种形式体现自己的价值。在 1920 年 11 月 11 日休战两周年之际，国王用一个简单而动人的仪式为白厅的战争纪念碑揭幕，奏响安息号，活动达到高潮。这些安排是在前印度总督寇松勋爵的指导下设计的，借鉴了他组织 1903 年印度皇帝加冕盛大觐见仪式的经验。该纪念碑是由新德里建筑师埃德温·鲁琴斯爵士（Sir Edwin Lutyens）设计的。但是，尽管寇松和鲁琴斯选择了推广英属印度时使用的宏伟风格，但是纪念日的风格简单朴素。这为停战日的年度纪念奠定了基调，人们普遍遵守惯例默哀两分钟，事实证明，这两分钟对幸存者和失去亲人的人来说足够动人了。罂粟花作为纪念象征是英国退伍军人协会（British Legion）挑选的，它虽然小，但足够唤起人们对西线的记忆。

劳合·乔治与战争

劳合·乔治在 1916 年 12 月出任首相，因为大众认为他最有可能为这场似乎无止境的战争带来胜利。这使他得到了保守党各领导人的支持，兰斯当除外，此时兰斯当正在漫不经心地考虑通过谈判获得和平的可能性。内阁的自由党成员跟随阿斯奎斯离开了，最后几乎只剩下一个人；11 年后，格雷离开了外交部。但是，一个具有坚定的改革论观点的副国务大臣——克里斯托弗·艾迪生

（Christopher Addison）医生——有可能从自由党后座议员席获得了足够的支持，从而使新政府成为真正的联合政府。艾迪生接替他上司的职务担任了6个月的军需大臣，直到丘吉尔继任，总体来说，无可否认，这是一个保守党政府，丘吉尔是唯一加入其中的战前自由党内阁前成员。不管怎样，阿瑟·亨德森加入了新的战争内阁，劳合·乔治确实获得了亨德森领导的工党的支持。

下面是劳合·乔治的首次创新。政府的结构围绕着发动战争的必要需求而重建。阿斯奎斯政府的弱点之一是他的内阁既没有准备好，也没有意愿，亦没有能力对战局方向进行有效控制。不仅20几人的内阁在需要迅速决策时显得庞大笨拙：除了每次会议之后首相交给国王一封信，这个内阁对会议决策没有留下任何记录。汉基最初在帝国防务委员会建立了秘书处，并将其调动到战争委员会，当这个秘书处被用来为一个只有5名成员的战争内阁服务时，这一切都改变了。

工党和保守党的领导人肯定要在里面，但是劳合·乔治选择另外两个成员时避开了党派集团，他选择了两个地方总督：寇松和南非高级专员米尔纳。劳作为财政大臣是战争内阁中唯一负有部门职责的成员。这是一个强势大臣们构成的紧密团体，他们每隔一天相聚一次，通过官方内阁会议记录向白厅负责执行的各相关部门清晰地传达决定。劳合·乔治，这个差劲的通信员，就这样从给国王写信的历史上延续多年的首相琐事中解脱了出来。他还确保首相获得更好的服务。他从弗朗西丝·史蒂文森（Frances Stevenson）那里寻求不可或缺的支持，感情上和政治上都是，史蒂文森在1912年成为他的情人。史蒂文森担任他的私人秘书，占据了关键位置。唐宁街10号的后面新建了办公楼，作为私人助理的“花园郊区”

（garden suburb）。菲利普·克尔（Philip Kerr）是从曾在南非为米尔纳服务的工作人员中招募的；而讽刺的是，这个“幼儿园”的成员竟然是前亲布尔派的助手，并没有遭到忽视。

另一项行政改革是建立与军需部——这是法语发音词“部门”（ministry）第一次被使用——平行的其他新部门，这些新部门负责劳工、运输和食物。在这些方面政府进行了一定程度的控制，特别是在推行食品配给制度的时候，但是在实行阿斯奎斯已经准备好的一些措施时进行了更好的公共关系实践。劳合·乔治避开党派政治做了新的任命，起用了几位商人，这种任命有时反映出一种相当惬意的公司风格的发展。航运大臣（Minister of Shipping）是一位船主。同样，劳工大臣（Minister of Labour）是一名工会成员。

到处都洋溢着劳合·乔治指挥战争带来的新活力。他的勇气和活力比他的战略还无须怀疑。这非常有助于让英国的战争机器全力运转——或许这是唯一能够满足贪得无厌的西线需求的方法。但劳合·乔治真的想要那样吗？他从来都不是一个坚定的“西线人”（Westerner），尽管他曾经（正确地）对加利波利持怀疑态度，但他的意识总是寻求迂回的办法来避免正面攻击。帝国总参谋长（Chief of the Imperial General Staff）威廉·罗伯逊爵士（Sir William Robertson）是一个沉默寡言的人。他不会或不能与劳合·乔治就可能做出的选择争辩个清楚，劳合·乔治也本能地不信任他和黑格。

劳合·乔治策划反对罗伯逊和黑格，就像他被指控策划反对阿斯奎斯一样，阿斯奎斯的支持者们因此倾向于与士兵们站在一起。罗伯逊和黑格有战争秘书处和德比勋爵的支持，而黑格与国王有私人交情，他利用了这个关系来保住自己的位置。这种政治军事的堑壕战使劳合·乔治只好选择权宜之计，去支持法国人，而不是他自己的总参谋部；但由于法国将军们，尤其是内维尔(Nivelle)，也没能取得突破，劳合·乔治最终默许了英国再次在佛兰德斯发动袭击的计划——这就是后来的帕斯尚尔战役。帕斯尚尔战役让劳合·乔治的两难困境变得格外清晰，即如何不让黑格在泥地里浪费新兵和财富的情况下，将英国战争机器中所有可能的资源挤出来。

1917 年的危机发生在海上。英国对同盟国（Central Powers）的海上封锁是非常有效的，可能是决定战争最终结果最有效的手段。然而，潜艇使德国能够反击协约国的商船运输，1916 年稳定增加的损失已经威胁到英国继续坚持几个月的能力。1917 年 2 月，德国孤注一掷，提高赌注，采用无限制潜艇战的策略。美国的态度至关重要，1916 年 11 月，伍德罗·威尔逊（Woodrow Wilson）再次当选美国总统，之后他曾寻求尽早结束这场战争，呼吁实现“没有胜利的和平”。然而，早在 1915 年，运载美国公民（以及战争物资）的冠达海运公司（Cunard）的“卢西塔尼亚号”（*Lusitania*）轮船发生沉没，就已经使得美国政府坚决反对此类挑衅行为。1917 年 4 月，当 U 型潜艇政策导致美国船只沉没时，威尔逊宣布对德国开战。

英国的最终收益是巨大的，因为除了军事物资和军队——这些东西不可避免地会到来得较慢——美国接手成为协约国最后的贷款方，这避免了即将发生的战争金融危机。但与此同时，商业航运的直接损失可能是致命的。德国计算着他们是否能在 6 个月内将协约国的航运船只击沉 40%，并按比例减少小麦进口。事实上，他们击沉船只的目标几乎达成了。1917 年，总计吨位超过 600 万吨的船只被击沉，占英国商船队总数的 30%。但是谷物还是运了过来，虽然 1917 年美国小麦收成不足，但将 3/4 的加拿大小麦出口过去，英国的小麦库存实际上有所增加；1917 年 3 月，沉船袭击使小麦供应降低了逾 10%——远低于德国预期。政府立即制定并执行新的优先任务，化险为夷。这个故事展现了劳合・乔治无与伦比的才华，至少在他的《战争回忆录》(*War Memoirs*）中是这样描述的，他跨进了海军部，把护航任务强加给了难以脱身的海军上将们。也许当他到达那里的时候，他正推着一扇已经敞开的大门，但是他对护航队的重视是很有道理的，因为到 1917 年秋天，护航队成功地止住了大出血似的损失，虽然伤口并没有完全愈合。

然而，通过谈判实现和平的方案是具有说服力的，如果美国的战斗地位能施加更多影响力，使得该方案加入协约国可以接受的条款，那么它就更有说服力了。这一政策在 1917 年的政治迷雾中无人问津。在反对党中，很明显，阿斯奎斯并没有发挥多少领导作用。兰斯当只好于 1917 年 11 月做出公开声明，称他在 12 个月前曾私下请求研究和约条款。

工党此时是表示赞同的，自从 1917 年 8 月亨德森从内阁辞职以来，就更是如此。没有人能比亨德森更加忠诚地支持为了民主而进行的战争，此时每个人都宣称这是一场为了民主而进行的战争。但是，当亨德森访问俄国时［沙皇（Tsar）在俄国二月革命中被废黜］，他猜测，协约国中的社会民主力量更加明显地活跃起来的情况只会出现在战争中。因此，亨德森赞成派工党代表参加在斯德哥尔摩（Stockholm）举行的一个德国社会民主党（German Social Democrats）代表会参加的会议。按他自己的说法，当他在战争内阁的同事们讨论他的行为举止是否合适时，他被留在“门垫”上，那之后，他最终在与劳合・乔治激烈的个人交流中辞职。尽管在战争内阁中亨德森由另一位工党大臣G.N.巴恩斯（G.N.Barnes）取代，但与以往相比，他是工党更认可的领袖。“工党和兰斯当”是一个不太可能出现的组合，即便曾经出现过，这个组合在1917年底填补了一个政治真空，因为阿斯奎斯没有提供任何与劳合·乔治联合政府相匹敌的稳定方案。

1918年3月，在鲁登道夫（Ludendorff）的领导下，德国军队重新振作，此时东线已经关闭，他们在西线寻找突破。英国在索姆河上的阵地，以如此高昂的代价维持了如此之久，却在几天之内就瓦解了。劳合·乔治的神经没有断裂。他大步走进陆军部，就像他前一年走进海军部一样；他命令休假的军队返回法国，他要求美国军队参战。绝望的处境体现在4月12日那天黑格的命令里：“我们身处绝境，但坚信我们的事业是正义的，我们每个人必须战斗到底。”如果说这句话在军队中并没有得到很大的尊重，它在国内则得到了广泛的宣传。黑格的话是借用斯科特船长（Captain Scott）6年前对南极生命攸关的探险来暗指当前形势。

在此之后，阿斯奎斯作为反对党的真正领袖，做出了自己的艰难尝试。罗伯逊在德国进攻前就被罢免了；他愤愤不平的副手弗雷德里克·莫里斯爵士（Sir Frederick Maurice）也被解雇了，现在决定公开抗议。劳合·乔治说莫里斯让黑格无军队可用，莫里斯被这个说法激怒了，对首相给出的数字提出质疑。毫无疑问，莫里斯是正确的，劳合·乔治销毁了相关证据。但当阿斯奎斯要求进行辩论时，这个问题以最明显的方式被政治化，演变为对劳合·乔治是否信任的投票。自由党议员中有70多人支持政府，同时，近100人支持阿斯奎斯；剩下的85人没有投票。劳合·乔治在保守党的大力支持下艰难当选。

莫里斯辩论中的投票揭示了在过去 18 个月中自由党出现的两极分化。当年晚些时候举行大选时，几乎每个之前对政府投反对票的自由党议员都被剥夺了联合政府的认可“配给券”，他们大多数失去了席位。这个阿斯奎斯传奇的重点在于它显示了劳合・乔治对他的老同事们进行的报复。事实上，这表明，一旦劳合・乔治选择与保守党联合战斗，他就能够为自己数量有限的支持者们提供高度的保护。当然，当他定量分配他的资助时，莫里斯的辩论向他显示了其过去的忠诚度和未来的效忠可能。联合政府中的自由党得到了劳合・乔治本人和劳的正式支持，但挽救他们的不是“配给券”——因为类似定量供应有了这个称呼——而是保守党没有表示反对。

自由党的分裂是莫里斯辩论的主要结果。劳合・乔治战争领导人的地位更加稳固；他不论发生什么都要继续斗争的决心得到强化。战争在最后阶段的曲折过程使劳合・乔治的领导十分戏剧化，并以前所未有的方式吸引了公众的关注。到 1918 年盛夏，盟军处于防御状态：6 月，德国人站在距离巴黎 100 千米内的马恩河畔。需要记住这一点，才能理解 8 月形势逆转后那种突如其来的解脱感。在俄国于 1917 年失败之后，接下来的会是交战力量中的哪一个呢，这场竞赛十分激烈；实际上顺序是奥匈帝国，然后是德国——法国也筋疲力尽，而 1918 年 11 月 11 日上午 11 点停战谈判所获得的巨大成功出乎意料，令英国感到震惊。

难怪劳合・乔治被誉为“赢得战争的人”。难怪他决定要尽快兑现他的政治筹码。11 月 14 日，他召开了大选。一个月后举行了投票。劳合・乔治在两年前为了战争目的而建立起来的联合政府解决了和平问题。大众对德国自然万分愤慨，普遍要求赔偿；民众也普遍呼吁将德皇送上法庭。但联合政府也有一项国内改革的方案，艾迪生在过去 16 个月中担任重建大臣（Minister of Reconstruction），对此负有特别责任。因此，联合政府的平台公开宣布其热切希望建立“一个适合英雄居住的地方”，这样一来既解决了未来的问题，也解决了过去的问题。选民们的裁决与莫里斯辩论中下议院的裁决非常相似：支持劳合·乔治，尽管他有诸多缺点，但没有更好的替代者。

妇女和劳工

从双重意义上都可以说是妇女和有组织的劳工赢得了这场战争。他们对战争做出的贡献在社会层面或在经济层面都是难以忽视的。他们从战争中获得的收益，特别是在政治上的收益，同样显著——1918 年的《改革法案》几乎一举确立成人普选权，工党迅速成为正式的反对党。这些都是非常重要的发展，尽管它们之间并不完全存在直接的关系。

大多数已婚妇女扮演着妻子和母亲的传统角色，人口普查通常将她们描述为“无工作”，尽管她们在家庭中几乎都承担着无薪工作。当然，有关女性就业和收入的统计数据所隐藏的信息与它所揭示的信息一样多。家庭烘焙与家庭酿酒等活动司空见惯，但没有报酬似乎是顺理成章的事，在这种时代，工作着的忙碌主妇可能会开始为家庭购买面包和啤酒——这样就提高了收入和消费支出的经济指标，与工作或消费数目的真正变化完全不成比例。

已婚妇女经常发现她们的生活主要是生育和抚养孩子。在 20

世纪初，一个从事体力劳动的男性的妻子可能会怀孕 6 次，有 4—5 个婴儿会安全出生。生孩子是需要代价的；与这个世纪后期相比，妇女死于分娩的可能性要大得多。然而，最大的杀手，尤其是对年轻女性来说，是肺结核，这是一种与生活条件恶劣和饮食不良有关的疾病，其发病机制当时尚不十分清楚。获得医疗看护是困难的，医疗保险只为支付保险费的工人提供治疗。实际生活中，这指的是家里的男主人；妻子和孩子们得不到保障，尽管他们的医疗需求通常更大。数量不多却重要的例外应该是产妇津贴和治疗肺结核的疗养院护理。

男性主导的家庭等级制度有一种原始的经济合理性。在 20 世纪早期，许多英国家庭每周买一次肉，通常主要给家里的男性吃，他们是养家糊口的人。“妇女和儿童们最后吃”是工人阶级饮食分配的口号。在工人阶级家庭中长大的女孩们因为这种系统原因而营养不良（这是她们容易患结核病的一个原因），当她们成为母亲后，她们在生活中往往对自己很节制。

因此，剥削在家庭中产生，并在更广泛的社会中形成惯例。即使在每周工资都“被翻出来”放到餐桌上由作为家庭财务主管的主妇来计算的一些地区，一个男人通常也可以拿到零用钱，哪怕只是作为他的啤酒钱。战前人均饮酒量比 20 世纪中叶多，而且饮酒的主要是男性。英国酒吧的热络环境以男性为中心。饮酒是工人阶级奢侈消费的主要方面，喜欢道德说教的自由党人士总是要指出这一点。对于许多家庭的男性来说，啤酒是他们有能力时就享受、拮据时就舍弃的一个奢侈品。正是因为它不是一个固定的花费，不像抵押贷款那样，它可以算是工人阶级预算的内部稳定器。但是，养家糊口的人如果过度沉溺，特别是如果沉溺于喝烈酒，就很容易使家庭的其他成员缺少口粮。营养不良的儿童在酒吧门口等待着他们误入歧途的父亲，这种场景不仅是一种戒酒宣传，还体现了对家庭优先地位的奋力争取。战时和战后酒精消费的下降标志着家庭战胜了酒吧。

当时，家庭围绕着两种性别角色出现两极分化：养家糊口的人，家庭的首领，他们有工作、能赚钱；还有家庭主妇，没工作、不赚钱。

这个地位的划分有一个政治维度。自 1867 年以来的各镇，以及自 1884—1885 年以来的其他地方，议会投票权建立在房主选举权的基础上。还有其他获得投票资格的方式，如通过不动产所有权，这使得 1915 年享有多选区投票权的人数（plural votes）多了约 50 万，这是编制登记簿的最后一年。但另外 625 万个名字作为户主赫然在列。为什么成年人口达到 2000 万，而有投票权的人这么少呢？因为只有家庭中的男性才有资格参加议会投票。妇女被排除在外，即使她们碰巧就是户主也不行；其他成年男性也是如此，特别是生活在父母家中的儿子们。最终的结果是，战前只有 2/3 的成年男子登记投票。

虽然这不是我们现在认为的民主，但当时的人们天真地称赞英国系统为“民主”，尤其是当他们代表英国战斗之时。这种说法并不荒谬。事实是，不管这种民主的其他缺陷是什么，男性选举权并没有对工人阶级产生强烈的偏见，原因很明显，即较富有的家庭的儿子们和其他较贫穷的家庭的儿子们一样被排斥在外。按照传统的工人阶级是体力劳动者的定义，工人阶级占人口的 80%。根据这个定义，在 1915 年，70% 的选民是工人阶级。在城市和工业地区，工人阶级已经在选民中占据了主导地位，尽管工人阶级中的一半可能不在登记册上。而且，房主选举权显然没能阻止工党在威斯敏斯特确立自己的地位。

然而，房主选举权的前提在爱德华时代的英国正受到越来越大的挑战。1906 年，自由党政府曾试图废除多选区投票制度，这次尝试成了被上议院否决的法案之一。然而，真正让选举权成为一个热门话题的是女性的煽动性活动——不仅是那些“争取妇女参政权的妇女”（suffragettes），她们以激进的策略登上了新闻头条，还有为数更多的“妇女参政权论者”（suffragists），她们由米利森特·加勒特·福西特（Millicent Garrett Fawcett）领导的“全国妇女选举权联盟”（National Union of Women's Suffrage Societies）组织在一起。总体来说，改革派对此事是支持的（尽管阿斯奎斯不这样），而保守党敌视（不过贝尔福不敌视）这件事情没能得到解决，因为妇女的要求与选举改革的其他方面交织在一起。保守的妇女参政权论者们更倾向于支持简单地取消性别门槛；改革派对这种极简主义的做法持怀疑态度，因为他们认为多选区投票使选举制度已经十分有倾向性，而简单地取消性别门槛后，女性业主会使该选举制度的倾向性更严重。

1910 年和 1911 年，两项私人议员议案未能通过极简主义的办法达成妥协，1912 年，政府提交了自己的选举改革议案。该议案提出了男女平等的普选方案，如果下议院决定自由投票（free vote）[①]的话，问题的范围就扩大了。出乎意料的是，议长推翻了妇女选举权修正案，导致了整个措施的失败。争取妇女参政权的妇女们指责阿斯奎斯背信弃义；尽管很难说清楚他为什么想要破坏设

① 自由投票指英国议会中不必依从所属政党意愿而自由进行的投票。——译者注

计如此精巧的、旨在使政府摆脱困境的阿斯奎斯派策略。但可以肯定的是，他遇到的困难应该部分归咎于他对妇女事件的价值认识太晚；但是，迟来总比不来要好，在 1914 年，他发出信号，女性选举权将成为下次选举改革尝试的政府政策。

这种僵局被战争爆发打破。妇女社会和政治联盟（Women's Social and Political Union）组织的妇女参政女性运动被取消了。到 1914 年底，该运动的领导人埃米琳·潘克赫斯特（Emmeline Pankhurst）夫人和她最喜爱的女儿克丽斯特贝尔（Christabel），从激进分子（militant）转变为超级爱国者。相比之下，西尔维亚·潘克赫斯特（Sylvia Pankhurst）是坚定的工党成员，她批评战争。由于激进行动（纵火）在为其公开的目标争取支持方面已经变得越来越不利，而政府的反应（使用强制灌食的方法）[①]也引起了她们的厌恶，双方都已准备好休战，以便推动后续的战争。当这个问题被再次讨论时，已经是在战争的环境中，这对女性更有利，除了最顽固的反对者，其他人都被征服了。

新出现的迫切的人力短缺问题有一个明显的答案：女性劳工。军需工厂是年轻单身女性被动员起来参加战争生产的最明显方式。1914 年 7 月，已经有 20 万名妇女从事金属和化学行业；到停战的时候，已经有将近 100 万名了。其中 1/4 直接由军需部雇用；在苏格兰边境的格雷特纳（Gretna），不少于 1.1 万名妇女在国家火药厂工作。此外，随着军队需求的增加，妇女在传统的男性职业中承担

① 争取妇女参政权的妇女们采用在竞选演讲中闹场、搞爆炸、纵火、泼硫酸等方法表达诉求，被抓入监狱就绝食，狱方对她们强制灌食。——译者注

起工作。在有轨电车和铁路上，她们的身影随处可见，通常是检票员或售票员。

妇女响应号召最感人的例子是照顾伤员。维拉·布里顿（Vera Brittain）描述过志愿救护队（Voluntary Aid Detachments，VADs），他们最初是地方自卫队的延伸；志愿救护队在 1914 年有 4 万多名妇女，在 1920 年有 8 万多名妇女。任何军队所要忍受的糟糕条件，她们也要经常经受。弗洛拉·默里（Flora Murray）医生和路易莎·加勒特·安德森（Louisa Garrett Anderson）医生于 1915 年成立了女子医护团（Women's Hospital Corps）；它作为杠杆使女性医生得到更全面的职业认可。到 1921 年，女性医生的数量是 10 年前的 3 倍。陆军妇女辅助队（Women's Army Auxiliary Corps，WAAC）是在 1917 年由陆军委员会（Army Council）正式建立的，有 4 个部门(烹饪、机械、文书和杂项)，由一名女指挥负责；到停战时，它的兵力已达 4 万人，其中 20% 在国外服役。

然而，与大量从事有偿工作的女性相比，这些数字微不足道。1914 年 7 月，有 165 万名妇女从事家政服务，传统上它是女性最大的就业来源，但由于其受限的性质，这个行业却最不受欢迎。当女性能有另一种选择时，基本上她们就去做其他的工作了。到 1918 年，尽管 4 年来雇佣阶级做出了前所未有的牺牲，对此《笨拙》的版面对关于雇佣危机的催人泪下的笑话做了大量描述，但仍有 125 万名家庭佣工。在联合王国中，整体上，妇女的就业人数在战争期间增加了将近 150 万。最重大的变化发生在商业和文员职位上；女性办公室职员的数量几乎增加了一倍。“女士打字机”到来了，而且这个情况会持续很久。1921 年的英国人口普查显示，从事商业、打字或文书工作的女性超过了 100 万人，到 1931 年，这一数字上升到了 135 万。

然而，1921 年女性劳动力的总规模自 1911 年以来几乎没有净变化。尽管战时女性劳动力激增，但仍在 570 万人左右，而男性劳动力约为 1 370 万人。很明显，很多战时的女性受雇都是短暂的现象，尤其是在女性的入侵最令人震惊、最受关注的领域。女性驾驶有轨电车、公共汽车或救护车的照片变得广为人知，不是因为她们是典型代表，而是因为她们十分新奇。1921 年和 1911 年一样，铁路上只雇用了 3 000 名妇女，不到工人总数的 1%。在战争期间，劳动力被女性稀释了，这种情况后来却被有意逆转了，就像《财政协议》所规定的那样。战后的经济衰退也加强了这一进程，他们共同帮助解决了用人问题。1921 年的人口普查显示有 185 万名妇女从事“个人服务”；这一定义比“家庭仆人”的定义更有弹性，这个数字比 1911 年的 213 万减少了。然而到 1931 年，“个人服务”人数又回到了 213 万，与 20 年前弗朗茨·斐迪南大公统治的鼎盛时期的数字一模一样。尽管如此大动干戈，这场战争并没有为女性创造巨大的新机会，创造的只是被媒体拍照的机会。

战时人力短缺也为有组织劳工地位的变化提供了很多解释。在战争开始时，最直接的担忧在于那些因贸易紊乱而失业的工人。救济基金成立了。同样，正如出现移民潮有其经济原因一样，出现应征入伍的大潮亦有其经济原因。对于许多处于失业边缘的人来说，军队意味着工资有保障，饮食更丰富。然而不久后，军事动员背后的逻辑使物质优势偏向于国内的平民工人。一个简单的事实是，战争经济意味着持续的繁荣，伴随着政府支出很高，通货膨胀压力很大，剩余劳动力被吸收进去，这种方式对我们来说似乎更加常见。

战争开始之前，失业率已经远低于 1908—1909 年高峰水平的一半，大约占劳动力的 3%。1915—1918 年，1%的失业率就已经很高了。[①] 劳动力市场紧张，像工程师这样的技术工人更是紧缺，这使得工资提高了。战争增加了对一些产品或服务在国内供应短缺的行业的产品或服务的需求，在下列行业工作工资增长得最多：食品、煤炭、新建筑和交通运输。到 1918 年 7 月，农业工人、煤矿工人、砖瓦工、码头工人和铁路工人的工资在 4 年内都增长了 90%。

相比之下，棉花作业人员的工资增长不到 60%，这反映了战时出口贸易的下降。即使市场仍然存在，运输空间也十分宝贵——对于进口来说更是如此，进口中包括了协约国的战争物资。考虑到价格变化，到 1918 年，进口量已降至 1913 年的 70%；出口量已低于 40%。这是自由贸易者们的噩梦，市场力量和政府干预都鼓励进口替代（import substitution）[②]。

1918 年，英国小麦产量恢复到一代人未曾见过的水平，进口同样是 19 世纪 80 年代以来的最低水平。但是，对本土粮食的需求增加，除了给庄稼人一份体面的收入，不可避免地意味着消费价格上涨，就像航运危机导致运费上涨一样。到 1917 年，普通工薪阶层的食物花费是战前水平的 2 倍，而且还在上升。同样，4 年间人们的总体生活成本也翻了一番。由于工资的普遍上涨幅度略低于这

① 即使按照倾向于夸大整体水平的新的国家保险计划，也是这个数字。这是因为国民保险有意先在特别容易受到周期性失业威胁的行业引入。——原注

② 指用国内产品代替进口产品。——译者注

个水平，能够加班加点完成战争生产目标的工人的生活水平才有真正的提高。

在某些行业，技术工人和劳工之间也存在重要的差异，前者的实际工资水平保持不变，而后者往往在非战时收入更高。例如，在工程领域，1918 年，装配工人的工资比战前高出 75%，与此同时，劳工的工资水平只涨了一倍多，这有充分的理由引起工人们的不满，毕竟，他们对工资级差的看法已根深蒂固。工人们在行业工会中组织起来，以维持严谨的学徒制度，但战争侵蚀了技术工人的传统地位。1916 年，“红色克莱德河岸”（Red clydeside）劳资纠纷[①]的爆发，既有意识形态的原因，也有前述这些因素。

劳动力短缺使工会在谈判中处于有利地位。他们的成员在 1914 年以前就一直在增加；1910 年为 250 万人，3 年后跃升到 400 万人，之后才开始放缓。然而，在后来战争中的几年间，人数持续增长，1917 年为 550 万，1918 年为 650 万，1919—1920 年有一个短暂的高峰，大约为 800 万。他们中的大多数都是男性，尽管战争结束时有 125 万名女性工会成员，这一事实非常重要。以前，妇女只占工会成员的 1/10，几乎全部来自棉花行业；在 1918 年这个比例更接近 1/5。加入工会联盟和工党的人数落后于这些总数；但工党自然选区的规模增加了 1 倍，对工党的信心更是大幅增加，这具有明显的政治意义。威尔逊总统没有忽视这个事实，他在 1917—1918 年非常重视英国工党。

① 20世纪10—30年代的劳资和政治斗争时期，工人开始组织化，发展成为工人政治团体。1919年8月28日，列宁在《给西尔维娅·潘克赫斯特的信》中，即对当时英国格拉斯哥克莱德地区的工人委员会做了肯定性分析。——译者注

正是在这个适当的时机，选举权这个棘手的问题终于得到了解决，其条件对劳工和妇女都极为有利。的确，采取一项能使大家都满意的重大举措是克服困难的唯一办法；正是这场战争使重大举措成为可能。一次下院议长主持的各党派会议形成了提案，提案在1917年这个重建的理想主义火焰烧得最旺的时候敲定成形。使得对男性普选权的要求变得通行无阻的是新陆军创纪录的规模，那些怀疑民主意味着赋予无产阶级选举权的保守派，对士兵就没有这样的顾虑。1918年，工会有530万人；440万人在军队中。所有21岁以上的人都获得了选举权，包括所有的士兵，不管年龄大小。

这使男性选民增加到1 200多万人。如果妇女享有相同的条件，那么当然女性选民会更多。这样的选民数量对下议院来说太多了，难以消化。但是，仍然有很大的空间，可以在避开男性选民被“淹没”的（完全不会出现的）风险的同时，为女性选举权实行一个有力的举措。解决办法是给30岁以上的妇女议会投票权(parliamentary votes)，条件是她们必须是地方政府选举人或地方政府选举人的妻子。从不再设置直接的性别障碍开始，作为房主，一些女性获得地方政府公民权已有多年，而现在其他房主的妻子们与她们站在了一起。

根据1918年的《改革法案》，妇女在幽灵般一直存在的房主选举权中获得了议会投票权。一种解读是1918年后被排除在外的女性和1918年前被排除在外的男性很相似。他们年轻又单身，大部分情况下仍和父母住在一起。简而言之，她们正是那种明显表现出“女人能做到”[①]的女性。军需大臣埃德温·孟塔古（Edwin

① 指那些“一战”期间与男性一样承担工作的女性。——译者注

Montagu）曾委婉地问过下议院："一个女人通过自己的辛勤劳动赢得了她的公民权，而此时想要拒绝给予女性这些权利的男人们在哪里？"结果证明，这句话的逻辑和语法一样有问题，房主选举权现在靠主妇选举权提供支持。

劳合·乔治与和平

可以说，1918 年底，劳合·乔治的地位和声望在英国历史上是无与伦比的。在大选中，他的联合政府大获全胜。在新的议会里，他的联合政府得到了超过 500 名议员的支持——确切的数字很难给出，因为并非所有的议员都收到了"配给券"。至少有 380 名联合政府支持者是保守党成员，这意味着他们单独一个党派就在下议院占有多数席位。当时，他们中的许多人对劳合·乔治都满怀感激之情；相反，阿斯奎斯派自由党认为之前自由党的多数地位落入敌人手中都是劳合·乔治的责任。无论如何，当时的情况是，向保守党的大幅转向即将发生；劳合·乔治在联合政府中与保守党并肩作战，确保了他的一批来自自由党的支持者被拯救；但在这个过程中，他成了保守党的俘虏。

劳合·乔治显而易见的策略是，将联合政府的两翼融合成一个新的中间党（centre party），使自己的地位制度化，在中间党里，他将毫无争议地成为领袖。1920 年初，当他朝这个方向采取行动时，他扫清了最大的障碍，即确保保守党会支持这个想法。但他在一个未曾预料到的障碍上失策了——他自己的支持者们对自由主义的忠诚十分固执。尽管许多自由党商人都认为两党之联合是在保守党中到达最终目的地的桥梁，如化工集团卜内门［Brunner Mond，后属英国化学工业公司（Imperial Chemicals Industries，缩写为 ICI）］的总裁阿尔弗雷德·蒙德爵士（Sir Alfred Mond）等，但劳合·乔治带领下的自由党（如今已拥有自己的组织）仍保留着真正的自由党性质。阿斯奎斯派称他们为“墨黑的自由党人”（Coaly Liberals），但劳合·乔治自由党不像他们所描绘的那样“黑”，正是他们的贡献使得社会改革在联合宣言中占据了重要地位。值得注意的是，国家对住房的责任——劳合·乔治的土地运动未完成的议程——使“为英雄提供住房”的承诺有了支撑。

自由党内部的分裂破坏性如此之强的一个原因是它非常平等。两个派系都声称自己是正统；每个派系都有一个强大的领袖，带着首相的权威；两个派系都不是单纯的、注定会很快消失的残渣。威斯敏斯特内的分歧比国家范围内的分歧更尖锐。在全国范围内，普通自由党成员常常渴望找到一个“无称谓”的自由党候选人来使他们弥合分歧，实现统一。这反映了一个事实，那就是这种政党左右两翼之间的分裂一直都有可能出现，这次分裂并不是从 1916 年开始的那次分裂。以前的激进派人士劳合·乔治现在与保守党合作。阿斯奎斯，昔日的自由派帝国主义者，如今捍卫的是左翼改革派，他们在许多重要事项上与工党关系密切。1918 年的选举结果被联合政府的契约扭曲，夸大了两派之间的差异。劳合·乔治自由党的力量并不像他们的 130 个席位那样夸张，同样，阿斯奎斯派们只有 30 个左右的席位，并没有得到充分的展示。不过，这是一场悲剧：阿斯奎斯失去了从 1886 年起就回报他的东法夫（East Fife）选区，暂时离开了下议院。

工党表现得更好，尽管不如 1917 年预期的那样好。它现在作为一个羽翼丰满的独立政党参与战斗，不再是一个进步联盟中的前进动力组成。自“地垫”事件以来，亨德森一直很好地利用自己的时间，在全国范围内建立了一个工党组织，尽管这个组织是以工会为基础的。1918 年通过了一个新的章程，其中著名的第四条，规定该党必须致力于实现“生产资料的共同所有权”，这使得它立场独特。如今，工党对政策更迫在眉睫的方面有了了解，甚至在外交政策方面也是如此。在外交政策方面，通过民主控制联盟（Union of Democratic Control）招募的前自由党人很有影响力。个人成员可以直接加入工党，而不是通过独立工党之类的附属组织，或者说，最重要的是不通过工会，尽管大工会的团体投票继续控制着工党。令人失望的是，男性公民选举权制度已经实行，在大不列颠有近 400 名候选人，而工党的得票率并没有超过 20% 太多。工党拥有约 60 个席位，相对于 1910 年赢得的 40 个席位而言，这是一个重大但并非激动人心的进步。

1918 年，爱尔兰独树一帜。当然，在北方，有 20 个左右的北爱尔兰统一党人回到了威斯敏斯特。但是在南方，旧的自治党只剩下了 6 个人，72 名新芬党人（包括第一位女性）当选。获胜的新芬党候选人拒绝前往威斯敏斯特，而是在都柏林集会成立了爱尔兰下议院（Dail）。1919 年 1 月，它宣布独立，遵循威尔逊的王国“自决”原则向在巴黎举行的和平会议发出呼吁。

这是劳合・乔治的第一个问题。他从之前一系列英国政治家那里继承了这个问题，他们中的一些人曾试图使这个问题得以改善，但这些人反而使它变得更糟。劳合・乔治曾多次试图就爱尔兰自治问题达成协议：1916 年复活节起义后，他提出将爱尔兰自治与地区划分结合起来，在 1918 年 3 月提出爱尔兰自治以取悦自治党人，同时提出征兵以满足统一党人。他想要捆绑起一个一揽子交易（匆匆忙忙地，在打赢战争之外的闲暇时间里），但这个交易还没捆绑好就已经破裂了。爱尔兰自治制度此时已是一纸空文，而爱尔兰征兵对旧式自治党人来说成了致命的打击。

联合政府的多数党是统一党，面临都柏林议院对其权威的挑战，难以指望它会采取和解的方针；都柏林议院主张建立自己的管理体系。整个 1919 年和 1920 年，情况都不断恶化，爱尔兰共和军在进行游击斗争，不列颠的反应是招募一支同样致命的准军事部队“黑棕部队”（Black and Tans）。真正使不列颠自由党的观点与劳合・乔治疏远的是劳合・乔治政府此时批准的报复政策。劳合・乔治一如既往地试图找到一根胡萝卜，再找到一根棒子。这就是 1920 年的《爱尔兰政府法案》（Government of Ireland Act），该法案规定在北部和南部建立了独立的分权议会，减少了自由党在威斯敏斯特的代表。这适合阿尔斯特的新教徒，并且将决定接下来的 50 年间与北爱尔兰的关系。

当然，这还不足以使爱尔兰议会下议院满意。爱尔兰局势进一步恶化，这促使不列颠方面采取了最后的方案。国王被迫采取了行动；他在贝尔法斯特发出了和平呼吁，促成了 1921 年 7 月的停战；为就爱尔兰问题缔结条约的正式谈判开始了。这使劳合・乔治分别表现出自己身上最好和最坏的一面。他与互不相让的派系讨价还价，在确保这些派系能够谨慎听取的前提下尽可能多地向他们透露信息；他威胁爱尔兰代表团，除非他们签署协议，否则就发动新的战争。对爱尔兰来说，这是一场强制离婚，即将北爱尔兰的 6 个郡与南爱尔兰的 26 个郡分开，而南爱尔兰的 26 个郡组成了爱尔兰自由邦（Irish Free State）。这是一种受宪法保障的合成体，继续编造着谎言：爱尔兰享有一种特殊的自治领地位，同时放弃了自治的实质（在后来的 1937 年主权宣言中也可以看出来）。南方接受这一解决方案的代价是 1922—1923 年发生了严重的分裂内战，但它是爱尔兰正式脱离联合王国的历史标志。

劳合·乔治就这样说服统一党结束了统一。他这样看待他的政府：保守党是一个面团，而他的自由党是酵母，在其中产生了巨大的影响。然而，无论他想要干什么，他的自由党批评者们都质疑他的自由党资质。这一点在解决和平问题上和爱尔兰问题上都很明显。1919 年 1 月，当劳合·乔治去巴黎时，他是“四巨头”之一。威尔逊行使美国的新霸权，如果劳合·乔治没有威尔逊能量大，那么他至少比法国总理克列孟梭（Clemenceau）能量大，比意大利的奥兰多（Orlando）能量大得多。这是首脑会议上的个人外交，非常适合劳合·乔治的风格，他很高兴地在欧洲许多疗养地参加了一系列的战后会议。在这一过程中，他与下议院失去了联系，让他的外交大臣寇松退居次要地位，这样的角色爱德华·格雷爵士不会考虑接受，但后来的外交大臣们对这个角色习以为常。

劳合·乔治本能地争取公正的战后解决方案，而不是报复性惩罚，特别是如果正义与英国利益相符的话。他面临的一个问题是战争债务：英国代表协约国向美国借了巨额债务，协约国此时显然无力支付。而英国人欠美国人的债务差不多与协约国欠美国人的债务一样多，英国人理所当然地认为，若赔款减少，这些债务也要相应地缩减，或者像在携手并进的协约国之间的情况一样，被完全抹掉。然而美国人认为这样不行。

在实践中，劳合·乔治从渴望公正的和平变成追求能长久维持的协议。而且，他并不完全是一个自由的代理人。他发现自己受到三个方面的约束。显然，他受到他自己的联合政府支持者们的束缚。在对这次会议最著名的描述——凯恩斯的《和平的经济后果》(*Economic Consequences of the Peace*，1919 年）中，新下议院［我们现在知道它来自斯坦利·鲍德温（Stanley Baldwin）］被描述为“面无表情的人，他们看起来好像他们在战争中表现得非常好一样”。凯恩斯认为，就是这些影响造成了不公正的和平，向德国强求不成比例的赔偿。他观点的要旨后来不仅在阿斯奎斯自由党中的朋友中广为流传，还在工党和广泛的自由意见人士中口口相传。

不过，书中没有提到的是，劳合·乔治也被自己的言论束缚住了，这种言论风格是自由党人自己培育出来的。“绞死德皇”是人们记住的选举口号；但口号背后的含义是要求用法律和道德的语言审判他，正是这些语言长久以来赋予战争正当的意义，这在巴黎毫无意义。然而，因为德国的战争罪行而向其要求赔款，关于此事的争论后来被证明十分令人恼火。

此时，劳合·乔治发现自己受到了帝国纽带的束缚。事实是帝国在战争中发挥了不可或缺的作用，调动了 300 万人（其中一半在印度军队中)。对于各自治领来说，这是为争取独立的战争，在民族自立的神话中占据中心位置。对于澳大利亚人来说，民族成长的经历来自加利波利，对于加拿大人来说，来自维米岭（Vimy Ridge)：这些是英勇而血腥的战争，其中最重要的收获可能是民族自尊心和自豪感，带着一种悲凉的感觉，那就是他们的部队被迫留下来为英国人火中取栗。为了表示对自治领贡献的认可，一个临时的权宜之计是建立一个帝国战争内阁：在这里南非的史末资扮演着重要角色。然而，1914 年，国王直接代表殖民地宣战了，1919 年——在加拿大的坚持下，尽管美国不愿意——在和平会议上，加拿大、南非、澳大利亚、新西兰和印度都有了单独的代表，尽管他们都在英国代表团中。这本身就是重要的一步，并且在赔偿问题上突然将帝国推到了转折点。

总体来说，英国想要降低对赔偿总额的要求，它意识到德国人的支付能力受到其生产资源的限制（根据凯恩斯辞去财政部代表职务之前的建议）。这种要求的思路是将德国的债务限制在交战国（不包括俄国）遭受的直接损失的范围内。由于西部战线承受了最多打击，这意味着法国将获得最大的赔偿份额，而其他国家，比如澳大利亚，则几乎得不到什么。对于澳大利亚总理、民粹主义工党领袖比利·休斯（Billy Hughes）来说，这是无法容忍的。因此，在休斯的怂恿下，劳合·乔治要求评估间接费用，这使总账单膨胀到一个非常不切实际的数字，但增加了大英帝国的份额。

凯恩斯坚持认为，《凡尔赛和约》（Versailles Treaty）中的赔款是无法收回的，除非不切实际地假设德国会出现经济奇迹，他可能是对的。但是，劳合·乔治在当时争取到了最好的交易，他指望后来这些条款会被修改——事实上真是这样。和平条约的其他条款因为使用了自由国际主义和自决权等高谈阔论，也有同样的缺陷，和平条约的语言是由威尔逊根据格莱斯顿的一份旧草案润饰的，以证明在克列孟梭的犬儒主义和劳合·乔治的机会主义之间达成的妥协是合理的。这就是国际联盟（League of Nations）的命运，人们希望它成为威尔逊新世界秩序的关键。尽管由于未能争取到美国的参与而举步维艰，但联盟承诺调解国际争端，进行制裁而非发动战争，追求集体安全而非大规模的军备。英国的自由舆论把它视为希望的化身，这种希望在从战争到和平的过渡中并非毫发无损。劳合·乔治恰逢其时地被推到失望的民众面前成为替罪羊，但他不是造成失望的唯一因素。

劳合・乔治发现，他的外交手腕像往常一样，在工业战线发挥的程度不亚于在国际事务中的程度。复员并不容易，面对将 400 万名男性重新纳入平民劳动力中的问题，政府建议优先考虑那些有工作等着他们的人，这些人往往最近才入伍。从经济上讲这是合理的，但对那些在堑壕里汗流浃背的军人来说，在情感上是无法忍受的。英国陆军几乎是唯一没有发生过大规模兵变的军队，但现在英国陆军威胁要兵变。丘吉尔在 1916 年有 8 个月西线作战的经验，他介入并出任新的战争大臣（War Secretary），下令长期服役的士兵首先复员，这是一项临时补救措施。另一项措施是在退役军人失业时给他们一笔“失业捐款”，而不是将英雄指定为领救济金度日的人。

这是一个后果严重的决定。在战争期间，失业保险覆盖范围已扩大到新的工人群体，特别是军火工人群体。1920 年，这个重大举措几乎囊括了所有的体力劳动职业，只把那些几乎不会失业的职业（农业、铁路业、家政服务）排除在外。因此，有 1 100 多万名工人被失业保险覆盖，这个方案自 1911 年试验开始以来似乎运转良好。在这些高就业率的年份里，失业保险的资金状况非常稳健，以至于它所依据的精算假设此时都变得宽松了——就在这时，繁荣突然结束了。1921 年，近 17% 的参保工人突然发现自己失业了，并面临着耗尽他们缴款所得的福利金的危险。

面对自 19 世纪 80 年代以来从未见过的失业规模，政府还是没有简单地让《济贫法》承受压力。相反，政府做出临时安排，让工人们继续领取“契约之外的”福利，理论上这由未来而非过去的缴款支付。联合政府承认大规模的失业无法通过《济贫法》解决，因此无意中发明了“失业救济金”（the dole）。

有克伦斯基（Kerensky）[①] 作为先例，或许劳合·乔治谨言慎行并不奇怪。然而，在英国，大体上“布尔什维克主义（Bolshevism）的幽灵”就那么回事：一种幻觉。1920 年成立的大不列颠共产党（Communist Party of Great Britain）规模很小；它从莫斯科接受指令。1919 年，当一面红旗从格拉斯哥市政厅（Glasgow City Chambers）上空飞过时，“红色克莱德河岸”的代表们被逮捕并短暂关押，这些代表包括如詹姆斯·麦克斯顿（James Maxton），还有年轻的伊曼纽尔·欣韦尔（Emanuel Shinwell）。麦克斯顿可以把罗伯斯庇尔（Robespierre）塑造成一个尚可接受的议会人物形象，欣韦尔后来活过了百岁。牛津大学教师 G.D.H. 科尔（G. D. H. Cole）宣传的基尔特社会主义（Guild Socialism）激发了对工团主义（syndicalism）的短暂兴趣，基尔特社会主义者发出“矿山属于矿工们”这样的疾呼。安全部队出于职业兴趣很愿意提供令人毛骨悚然的其他颠覆活动的案例报告。虽然这些活动的意义主要在于夸大红色威胁，追求戏剧效果和政治利益，但劳合·乔治对工业纠纷的态度十分认真。

战前“劳工骚乱”在联合政府的记录中默默无闻。每年都是另一个 1912 年：

> 1919 年 3 500 万天损失于工业纠纷中
>
> 1920 年 2 700 万天

---

① 克伦斯基在1917年出任俄国临时政府总理，他拒绝让俄国退出第一次世界大战，国内经济又陷入困境。十月革命中布尔什维克推翻了他的政府。后流亡巴黎。——译者注

1921 年 8 600 万天

1922 年 2 000 万天

根本原因是物价不稳定。直到战争结束前，工资水平一直紧追物价，因此两者都大致是 1914 年水平的 2 倍。到 1920 年，生活费用又增加了 25%；工资更加不稳定了。此时已经有 800 万名成员的强大工会自然要参与争夺竞争优势，哪怕仅仅是为了减轻其成员对工资落后的担忧。

在 1919 年，所谓的矿工、铁路工人和运输工人“三方联盟”表达了愤怒并采取了一些行动。他们的怨愤带有鲜明的政治色彩，因为在战争期间，政府在很大程度上控制了矿山和铁路，这两个行业正处于衰落的边缘，越来越依赖国家补贴。矿工联盟因为工党而具有强大的政治影响力，因为工党议员有一半都来自煤田，矿工联盟坚持要求国有化。政府成立了一个委员会就这件事做出报告，其主席桑基（Sankey）法官的决定性一票最后支持了公有制。劳合・乔治并没有明确承诺要采取行动，因此当他食言时，矿工们被激怒了；劳合・乔治经常用这种许诺做交易。矿工们因为工资上涨而暂时被收买。1920 年，政府放弃承担对煤矿的直接责任，1921 年 4 月，矿工们毅然抗争时再次寻求“三方联盟”的支持。

这些行动就像索姆河战役一样，他们其中不少人曾经参加过这场战斗。铁路从业者协会的詹姆斯・亨利・托马斯（J. H. Thomas）是一名肥胖的工党议员，他对这种正面进攻毫无兴趣；工会运动的后起之秀欧内斯特・贝文（Ernest Bevin）同样没有雄心要在运输与一般工人联合会（Transport and General Workers’ Union）中扮演黑格的角色。矿工们被困在带刺的铁丝网上，痛苦不堪、鲜血淋淋，但不屈不挠。

关于薪酬的争议因为一些事情而变得复杂。战争结束之后，20世纪的工作形式发生了一次最大的变化。战前40年，平均每周工作56小时；战后，每周工作时间稳定在48小时。这使得“一天8小时”成为正常的预期；每周工作40小时的要求很快就演变为对每周5个工作日的预期。这意味着行业劳动力单位成本不那么乐观。

一直到1920年，政府也可能在经营一种战争经济。政府开支仍然保持在和平时期从未有过的水平。劳合·乔治1914年预算因为逼近2亿英镑而令人震惊；但在1917年，预算超过了20亿英镑。1919年，第一个战后预算中政府开支几乎不比1918年少，超过了25亿英镑。诚然，通货膨胀影响了这些对比结果，因为相关价格水平到1917年翻了一番，并在1920年达到战前水平的3倍。1920年，通货膨胀泡沫被戳破时，政府被迫宣布其优先事项。利率被提高了，支出被削减了，社会改革变成了国家再也负担不起的可有可无的奢侈品。

受到最大损害的是住房计划，它是克里斯托弗·艾迪生在1917—1918年的理想主义情绪中策划的雄心勃勃的重建计划的核心。1919年，他成为卫生大臣（Minister of Health），负责一项住房建设计划的全国推广工作。这项计划是通过地方当局间接实行的，财政部通过津贴的方式给予他们补助。在1920—1921年的经济过热条件下，住房计划使得房屋成为一项非常昂贵的投资，尽管在取消津贴时有大约17万所廉租公房正在建设中。艾迪生被留下来独自面对困境。1921年，他离开了政府，与5年前在他帮助下成为首相的那个人形同陌路。

尽管联合政府的其他自由党大臣，如教育委员会（Board of

Education）的历史学家 H. A. L. 费希尔（H. A. L. Fisher），正在为维护自己的立场而战，但政府的优先事项此时已十分明确。民粹主义的“反浪费”运动已经在 1921 年 6 月带来了几场补选的胜利，面对这种情况，劳合・乔治决定讨好一下选民，任命一个商业人士委员会来报告可能在哪些地方节省预算。该委员会由前联合政府大臣埃里克・格迪斯爵士（Sir Eric Geddes）担任主席，并与财政部密切合作，确定目标。劳合・乔治的直觉是寻找紧缩政策的替代方案，或许是通过干预措施刺激就业；但是，财政部的正统观念占了上风，此外，政府已经发明了“格迪斯之斧”（Geddes Axe），并不得不使用它。该委员会的建议成为 1922 年新一轮削减开支的基础，尽管在海军和教师（他们都逃过了最严格的削减）提出抗议之后，削减开支的规模有所缩小。然而，联合政府越来越发现其重心在一直充当其支柱的保守党中。

如果政府是游离的保守党，那么为什么不在名义和事实上都成为保守党呢？到 1922 年，这个问题在许多后座议员的脑海中浮现出来。在最高层，联合双方团结一致，都对联合政府取得的巨大成就表示赞赏。大法官伯肯黑德勋爵（Lord Birkenhead）就像 F.E. 史密斯（F. E. Smith）那样，一直是一位一针见血的保守党辩论家；现在他是温斯顿・丘吉尔的一个瘾君子战友，无法想象曾经是什么让他们在政治上产生分歧。联合政府散发着任人唯亲的气息，因此有句名言：“劳合・乔治认识我的父亲，我的父亲也认识劳合・乔治。”

这就是为什么劳合・乔治的受勋者的丑闻如此严重。在战前的马可尼（Marconi）事件中，劳合・乔治和其他大臣被指控滥用职权谋取经济利益（他们的事情在法庭上正是得到了弗雷德里克・埃德温・史密斯的辩护），这个事件之后，劳合・乔治的周围就笼罩着一种卑鄙交易的气氛。有一件事在1922年被揭露出来，震惊了所有正派的人士：受勋者名单（Honours List）中包括了那些对政党资金做出了重大贡献的人。然而，每一个政府、格莱斯顿领导下的自由党、索尔兹伯里领导下的保守党，都犯过这样的错误。问题的一个方面是联合政府变得简单粗暴起来，做了一个显示贵族、男爵或骑士身份价格的收费表；另一个方面是劳合·乔治将收益装进了自己的口袋，而保守党的党鞭们认为他们应该分享这些收益。劳合·乔治基金会（Lloyd George Fund）后来为他提供资金，并跟随他共20年。

只有一个已经陷入困境的政府，才会被一个似乎代表其缺陷的次要问题伤害。联合政府依赖伯肯黑德的傲慢说教来自我防护，此时它似乎已经退化成一个由互相欣赏而非其他原则驱动的小集团。大臣们的内部圈子延续了战时内阁的做法；很少有20个内阁成员整齐会面的时候。劳于1921年因为健康问题退出政府，奥斯丁·张伯伦（Austen Chamberlain）继任保守党领袖。但是这位新的领导人是一个真正的联合政府支持者，对保守党没有同样的控制力，当保守党变得像1922年10月那样桀骜不驯时，这位新领导人也没法控制它。

当张伯伦在卡尔顿俱乐部（Carlton Club）召开党会时，他提供了一个反抗而非和解的机会。纽波特补选表明独立的保守党已经战胜了联合政府候选人，在会议召开的时候，这个消息已经印在了庆祝纸带上。前一年被任命为贸易委员会主席的斯坦利·鲍德温第一次以几乎是口头干预的方式吸引了他所属党派的注意。他承认，正如伯肯黑德所言，劳合·乔治是一股“充满活力的力量”，但他只是为了当着联合政府支持者们的面回敬这句话：“充满活力的力量是一件非常可怕的事情；它可能将你压碎，但不一定是对的。”最重要的是，劳已经出现了，现在又发声了，而且在许多方面都得恢复了活力。他的建议是以一个独立政党的身份参加下次选举，这个建议以 2∶1 的多数票被采纳。劳合·乔治于当天下午辞职。

第四章

安全第一，1922—1929 年

交通与通信

英国铁路网是在维多利亚时代建立的。1837 年，全国只有 500 英里的轨道；到 1901 年，铁路网的规模几乎与 1960 年时相同。事实上，它在两次世界大战之间达到了顶峰，线路总长度超过了 2 万英里。整个 20 世纪上半叶，铁路上雇用了 30 多万人。铁路公司是庞大的企业，是英国大企业的先锋，以 1913 年的价格计算，铁路公司的市值超过了 12.5 亿英镑。

尽管 19 世纪被认为是自由放任主义的全盛时期，这些公司还是被认为包含了垄断的成分，因此它们受到了大量的议会法规的约束，比如，必须提供清晨的“工人火车”的规定。一些自由党人（丘吉尔就是其中之一）希望通过将铁路国有化来进一步推动保护公共利益。在第一次世界大战期间，这看起来是可能发生的，因为铁路公司被置于国家控制之下，尽管还是通过既有的经理人管理，这种方法符合劳合·乔治典型的诉诸企业解决方案的倾向。他的政府在战争结束时设立了运输部（Ministry of Transport），这似乎是一种预兆——如果不实行铁路国有化，那么为什么要建立这个部门？

但相反，“取消管制”的呼声占据了上风，旧的公司配置被重新使用（直到下一场战争之后）。

伴随着1921年取消管制，各铁路公司合并成四大公司：南方铁路（Southern Railway）；伦敦及中部地区和苏格兰铁路（London, Midland, & Scottish Railway，缩写为LMS）；伦敦和东北铁路（London and North Eastern Railway，缩写为LNER）；还有大西部铁路（Great Western Railway，缩写为GWR）。它们有独特的徽标和地区依恋，它们激发出了称得上是爱国的忠诚情感，尤其是当人们带着怀旧之情回想蒸汽机的伟大岁月时——英国工业崛起的基础正是蒸汽机。1938年“绿头鸭号”（Mallard）火车的壮观场面让许多人热血沸腾，它涂着伦敦和东北铁路的颜色，创造了蒸汽火车速度每小时126英里的世界纪录。不仅有爱好“猜火车”的小男孩们，还有无数的成年人沿着铁轨站着，只为看一看这巨大的火车在伦敦和爱丁堡之间的东海岸线上加速飞驰而过。然而，随着南方铁路通勤线的电气化，这种对英国机械实力的欢庆已经蒙上了挽歌的色彩。

大不列颠被铁路网连接到了一起。没有哪两个车站相隔超过一天的路程。富人和穷人都乘坐火车；豪华餐车和卧铺车厢，头等车厢和三等车厢（自19世纪以来就没有二等车厢了），为各种收入阶层的人提供着服务。到1901年，每年有超过10亿人次的旅客旅行；到1913年是15亿；1920年的峰值超过了20亿。这代表着大不列颠的每一个男士、女士和婴儿，每10天就有1次火车旅行。显然，铁路网络实际上并不是这么使用的。在两次世界大战期间，大约1/3的旅程是由持季票的人完成的，主要是通勤者，可以推定他们每工作日搭乘2次。但是除去季票持有者，平均还是每12天有1次乘坐。

铁路的大部分收入来自货运。由于货物只能在铁路站点之间运输，这意味着要将货物运到最终目的地还需要巨大的二级配送网络进行短途运输。就这样，马和铁马[①]形成了典型的维多利亚时代合作关系。在1902年的巅峰时期，大不列颠有350万匹马。铁路的到来增加了英国城市中马的数量；相反，后来内燃机的出现预示着它们迟早会共同消逝。西部前线对马匹的大量需求常常被忽视；当运输船在英吉利海峡沉没时，海上全是干草。尽管如此，1902年超过100万的马拉车辆到20世纪20年代末已经下降到了5万辆。在第一次世界大战之前，每年有5亿多吨的货物经由铁路运输。战后的峰值只有这一水平的2/3，在20世纪30年代早期降至一半。铁路运输量下降的一部分原因是经济衰退，但在20世纪30年代中期的复苏过程中，每年的铁路运输量也未能回升至3亿吨以上，这显示了此时机动车辆带来的激烈竞争，因为机动车辆可以在一次旅程内将货物从一户运送到另一户。

然而，铁路在两种专门的货运运输中仍然无可匹敌，这两种货物通过书面文字促进了交流。铁路几乎运输所有的邮件，使邮局能够在全国范围内提供便宜又非常高效的服务。这一成就后来被英国皇家邮政总局（GPO）电影部的纪录片《夜邮》（*Night Mail*，1936年）大加宣扬，这部作品与威斯坦·休·奥登（W. H. Auden）对它的评论一同成了经典，奥登说："这是穿越边境的夜邮 / 带来了支票和汇票。"在战争期间，邮件通常在两天内送到堑壕中的士兵手中。1920年，在英国邮寄的信件、明信片和邮包的总数超过了5 000万——大约每个成年人每周4件。直到20世纪70年代，

① 铁马指火车头。——译者注

每过一个年代，邮件来往量都在增加。此外，与邮车并行的还有报纸列车，它们在夜间运行，这使得英格兰和威尔士的大部分地区能够实现伦敦口报的发行。

正是这种流通网络使英国的全国性报纸获得了其他国家无可匹敌的发行量。苏格兰不仅受到距离的保护，也受到文化民族主义的保护。在爱丁堡印刷的《苏格兰人报》(*Scotsman*) 占据市场顶端，并在整个 20 世纪持续保有其地位。大多数全国性报纸的苏格兰语版本都在格拉斯哥印刷，以便于在克莱德河岸发行，大多数顾客都住在那里。举例来说，《每日纪事报》(*Daily Record*) 是《每日镜报》(*Daily Mirror*) 的一个轻微变形版。不管怎样，大规模发行的报纸都是伦敦的报纸。

在 19 世纪下半叶，随着像联合通讯社（Associated Press）这样的通讯社的发展，地方性出版社成为一支强大的力量。像《曼彻斯特卫报》《约克郡邮报》(*Yorkshire Post*) 和《西部日报》(*Western Daily Post*) 这样的报纸，通常由一位身兼编辑的所有人控制，它们主要依靠的是具有强烈地域认同感的资产阶级读者群。例如，曼彻斯特棉花交易所的商人们和经纪人们依赖《曼彻斯特卫报》，是将其作为广告页面，而不是为了查尔斯・普雷斯特维奇・斯科特宣扬的左翼自由主义政治。到 20 世纪中叶，《曼彻斯特卫报》是实现全国发行的较少报纸之一，就像一家伦敦报纸一样；遵循这一逻辑，它在 1959 年将自己更名为《卫报》(*Guardian*)，并在 1970 年实际迁往伦敦。但是，在伦敦印刷的大规模发行报纸稳定占领着市场。地方性晨报在爱德华时代就面临压力，安全度过第一次世界大战的 40 家地方性晨报经历了激烈程度全面升级的竞争，到 1937 年只剩下 25 家。

1896 年，阿尔弗雷德·哈姆斯沃思（Alfred Harmsworth）的《每日邮报》（*Daily Mail*）第一个表现出成为全国性报纸的可能性；它售价 0.5 便士，依靠广告收入来抵消较低的定价。坦率地说，这是针对下层中产阶级的，特别是针对越来越多的从事文员工作的人的（男女都包括）。哈姆斯沃思在 19 世纪 90 年代靠关注女性兴趣的周报赚到了钱；他坚持要求《每日邮报》开发一个女性版面和一个体育版面。通过 1903 年的《每日镜报》，哈姆斯沃思甚至尝试了一份为女性而写且由女性撰稿的报纸。这份报纸没能繁荣起来，次年又以一种新的形式重新推出，它只有传统大报的一半大小。哈姆斯沃思称其为“小报新闻”（tabloid journalism）。它以新闻摄影见长，利用改进的技术以新的速度和质量产出半色调图片。在这方面，哈姆斯沃思也是革命性的，尽管他的许多点子是剽窃美国的。

一个竞争对手是建立于 1900 年拉尔夫·戴维·布鲁门菲尔德（R. D. Blumenfeld）担任编辑的《每日快报》（*Daily Express*）。该报的惊人创举是将新闻放在头版上，那时候其他报纸都是将头版奉献给分类广告的灰色栏目。此后，通俗报纸开始使用穿越不止一个栏目的“跨栏式标题”（streamers），或将主要新闻以贯穿整页的“通栏式标题”（banner）的方式突出显示，还用多层式标题来吸引读者，使他们对故事感兴趣。哈姆斯沃思在《每日邮报》中反对这种做法，他对大量的广告也表现出了类似的蔑视，但他在自己引发的这场变革中退缩了。图片广告跨越多个栏目，使用粗体字和图片来传达信息。伦敦的塞尔福里奇（Selfridge）百货公司是做整版广告的先驱，使用了素描画做插图。

战争不仅制造了新闻，售出了报纸，还教会了高质量的报纸利用新闻的价值。爱德华时代《泰晤士报》主要的新闻页是对来自世界各地的“最新情报”的没完没了的汇编，标题的排版不会超出一栏，标题中几乎看不出故事的本质，更不用说加上副标题来引领匆忙的读者速览排版密集的信息丛林了。在战争期间，紧急消息才被明确地标示出来，有时会被放在头版（不再是个人广告的常规栏目）。到了20世纪30年代，《泰晤士报》已经准备好接受印刷设计师斯坦利·莫里森（Stanley Morison）的整改了，他创作了泰晤士罗马字体（Times Roman fount），成了经典之作。新闻标题的排版第一次分布在不止一栏中，又过了30年，《泰晤士报》才在头版刊登新闻，是日报中这样做的最后一家。

对于20世纪前25年的英国新闻记者来说，这是一个黄金时代，那时巨头们昂首阔步地走过弗利特街（Fleet Street）[①]，政府对从媒体抛出的每一个字都十分重视——或者，当他们写他们的（丰富的）回忆录时，似乎都是如此认为的。在爱德华时代，一些著名的编辑，如自由党《威斯敏斯特公报》（*Westminster Gazette*）的约翰·阿尔弗雷德·斯潘德（J. A. Spender）和保守党《旁观者》的詹姆斯·路易斯·加尔文（J. L. Garvin），都可以单凭社论的力量建立起自己的声誉，依靠宽容的报社所有者们支持他们塑造国家命运的努力行为。然而，新媒体大亨们厚颜无耻地想要迎合公众。

1905年，阿尔弗雷德·哈姆斯沃思获封贵族，成为诺思克利夫勋爵（Lord Northcliffe）。1908年，他买下了《泰晤士报》，完成了社会地位的跃升。作为新闻界的第一个贵族，诺思克利夫为其他人所效仿，尤其是在他们选择的响亮头衔时：阿尔弗雷德的兄弟哈罗德·哈姆斯沃思（Harold Harmsworth）将《每日邮报》保留

① 英国几家报馆办事处所在地。——译者注

在家族中，他获封罗瑟米尔勋爵（Lord Rothermere）；1916 年买下《每日快报》的马克斯·艾特肯受封比弗布鲁克勋爵；来自奥德姆斯出版社（Odhams Press）的朱利叶斯·索尔特·埃利亚斯（J. S. Elias）获封索斯伍德勋爵（Lord Southwood），该社在 1930 年与工会联盟合作，重新振兴了《每日先驱报》；从 1928 年起，威廉·贝里（William Berry）就是《每日电讯报》（*Daily Telegraph*）的所有者，他获封卡姆罗斯勋爵（Lord Camrose），而早期与他共同创办《星期日泰晤士报》（*Sunday Times*）的兄弟戈默（Gomer）则没过多久就获封凯姆斯利勋爵（Lord Kemsley）。然而，劳合·乔治的朋友，《世界新闻报》（*News of the World*）的乔治·里德尔（George Riddell）不得不接受里德尔勋爵（Lord Riddell）这样一个朴素的头衔。

阿斯奎斯的下台不由分说地被归因于媒体的力量；而诺思克利夫无疑是一个专横跋扈的人物，他决心要让大家感觉到他的影响力。（他越来越狂妄自大，这确实是由疾病引起的，他于 1922 年去世。）的确，劳合·乔治用他的方式培育媒体，这种方式后来才在大臣们中间变得普遍。劳合·乔治的政府是一个联合政府，缺乏公开宣传的政党背景，这个事实使大众更加认为媒体代表民意。比弗布鲁克在联合政府的环境中如鱼得水；马克斯热情地招待劳合·乔治、弗雷德里克·埃德温·史密斯和温斯顿，每当这时，他都喜欢拿起香槟账单，在那个时代，派对似乎已经取代政党成为政治的黏合剂。正如诺思克利夫的《每日邮报》在流行日报中处于领先地位一样，比弗布鲁克的《每日快报》在两次世界大战期间的大规模发行竞赛中一路领先。

第一次世界大战结束时，全国性日报的销售量是 300 万份；

到第二次世界大战时，它们的销量超过了 1 000 万份。20 世纪 30 年代中期，《每日快报》是第一家每天销量超过 200 万份的报纸；《每日邮报》的销量是 150 万份；工会联盟的《每日先驱报》超过 100 万份；而《新闻纪事报》(*News Chronicle*，由两家生存下来的自由党大众日报新近合并而成）略少一些。20 世纪 30 年代初的发行量大战中，多达 5 万名推销员提供不同版本的百科全书和经典小说套装等作为免费赠品，这使得发行量更大了，尽管成本高昂。到 1934 年，英国每 100 个家庭要购买 95 份晨报和 130 份周日报。

报纸的角色受到新媒体崛起的支持和挑战。电影产业有自己的明星体系，它创造了富有人情味的故事的全新领域；报纸宣传有助于电影销售，而推销报纸的一个好办法就是写好莱坞的故事。20 世纪 20 年代，好莱坞提供了在英国放映的 95% 的电影。美国化的文化威胁一直引起英国传统精英的恐惧；当美国化意味着商业化猖獗时，它也引起了反资本主义左翼的怀疑。就这样，双方达成一致，这有助于确保无线电广播将在公共赞助下发展，而不是被留给自由市场。

英国广播公司（British Broadcasting Corporation，BBC）就是这样诞生的。它的基础是邮局承担无线电传输的责任，经过一个过渡期，它终于在 1927 年以公共公司的性质成立。它由政府任命的理事会管理，垄断了公共无线电广播。通过向无线电接收器收取牌照年费，这项服务摆脱了对广告的依赖。事实上，英国广播公司早年严格规定禁止在广播中提及任何品牌。这一安排新闻大亨们很乐意，因为商业广播会威胁到他们的广告收入。广播从一开始就很繁荣。牌照的数量从 1923 年的 12.5 万个增加到 1926 年的近 200 万个，再到 1930 年的 300 万个。

英国广播公司岌岌可危的半自治状态被当时还只有 30 多岁、工作十分努力的干事约翰·里斯（John Reith）转变为一种具有行业道德的独立公共服务。他思想高尚、极端严谨、作风霸道，他倾注毕生精力通过精心规范节目体制来提高公众品位，同时为多样化、娱乐和流行音乐让出了恰好足够的空间，以避免听众集体表示不满。英国广播公司播音员认真的朗读是里斯“改进”蓝图的一部分：有助于建立一种中上层阶级的伦敦口音，作为“标准英语”。只有在地方广播上，其他口音才被认为是可以接受的。

里斯最初强制推行的体系所基于的理念是给公众带来他自己认为对他们有利的东西。由于他自己未能在一所古老的大学里获得一席之地，所以他做了迟来的补偿，但有点儿过头了，他将英国广播公司与牛津大学和剑桥大学的毕业生们捆绑在一起。在听众本该感兴趣的话题上采用学院派的探讨来使他们对相关话题有所了解。音乐就是交响音乐会的现场转播，占据黄金时段，夜复一夜，而流行乐队只有在正常节目结束后，才能被广播。一路走来，他取得了持久的胜利。1927 年，因为英国广播公司的介入，亨利·伍德（Henry Wood）的逍遥音乐会（Promenade Concerts）得到了挽救；得到补贴的毕业舞会成为 20 世纪余下时间夏季广播的一个特色。从伦敦西区（West End）的剧院转播广播剧没有取得良好的效果，因此广播剧需要创新。这促使英国广播公司开发出为了适合广播播出而将戏剧重新演译的录音室表演。

于是，英国广播公司开始迎合少数人的口味，成功来得始料未及。1930 年有 300 万个牌照持有人，1934 年这个数字翻了一倍，到 1939 年翻了两倍——与客户饱和相差不远了。需要将耳机连上矿石收音机的早期“猫须接收器”，提供了一种以强烈的个人主义方式摆弄音乐的传统爱好；但是，20 世纪 30 年代开始销售的电子管收音机，其造型装饰高雅，在家庭客厅中占据了头等重要的地位，让大家共享一种体验。错过一个流行的节目会对个人的社交造成轻微的阻碍，大家都知道的不听广播的人除外。

在里斯的晚年，节目安排做了更灵活的调整，英国广播公司甚至开始使用听众调查来更加了解听众。因此，听众可以随着亨利·霍尔（Henry Hall）和杰克·佩恩（Jack Payne）等音乐家的著名舞蹈乐队踏起脚步。1938 年，阿瑟·阿斯基（Arthur Askey）和理查德·默多克（Richard Murdoch）主演的《瓦格恩乐队》（*Band Waggon*）播出，标志着一个新的广播喜剧演员群体的出现，他们不仅是独角喜剧演员，还开始发展出一种真实情景喜剧（real situation comedy）。特别事件由实况广播报道，板球解说特别成功，将板球比赛娓娓道来，日复一日，有助于口头传播。数百万名从未见过伟大的澳大利亚击球手唐纳德·布莱德曼（Donald Bradman）的人可以听到布莱德曼击垮英格兰的投球手的过程。无线电对板球国际锦标赛的报道发展成了一种小型的艺术形式，以至于它能够经受住后来电视的竞争。从 1931 年起，约翰·斯纳格（John Snagge，受教于温彻斯特公学和牛津大学彭布罗克学院）对牛津剑桥赛艇对抗赛（University Boat Race between Oxford and Cambridge）在英国广播公司的现场直播使听众感同身受，获得了大批的追随者，他是全国性节目中最著名的播音员之一。

早期，新闻播报员被要求穿晚礼服，他们坦率高级的语调可以帮助英国广播公司标榜的权威获得听众的信任。英国广播公司宣称自己公正客观，这几乎没有受到挑战。它没有明显的政治偏见，这只是反映了英国广播公司渴望成为权力集团的一部分。当感知到危机发生时它要代表政府的立场，这责任是在幕后被强加给它的；这样的危机中尤为显著的例子是大罢工（General Strike），当时里斯做了一些典型的整理，使英国广播公司抵挡住了这种危机。在竞选期间，两党被给予了广播时间，他们最初把麦克风误当作公开会议来使用。鲍德温是第一个成功地展示出炉边家庭的温馨氛围的人；他在沟通中具有神奇的亲民才能，非常适合无线电这种媒介。鲍德温的优势和里斯的优势恰好吻合。里斯的平衡行动成功地培养了一种公共广播的理念，并在他离开后依然延续——他在1938年被不失体面地请离了——并成功为英国广播公司在“二战”期间被当作国家机构做好了准备。

右，左，右

1922年10月，劳合·乔治联合政府的下台源于大多数保守党成员一个清醒的决定，这个决定得到了自由党和工党的积极支持，那就是恢复政党体系。这件事确实成功了，但并不是直接成功的。政党制度直到1924年才恢复：恢复的是一个新的政党体系——比旧的更有利于保守党，工党通常是在野党。在接下来的70年里，保守党只有18年未当政。

3次大选在短时间内接连举行（见表1）。1922年，保守党赢得了多数席位，却在1923年再次失去多数地位。第一个工党政府在1924年上台，只执政了几个月，随后的大选使保守党获得了绝对多数。对于自由党来说，这就像是对一位老迈的重量级拳击手的连续猛击：右击使他失去平衡，迷惑性的左击使他获得了更多的惩罚，一记毁灭性的右击让他筋疲力尽。

表1　1922—1924 年 3 次大选情况

大选年份	党派	选票／百万	选票占比	议会议员席位
1922	保守党	5.5	39%	344
	工党	4.2	30%	142
	自由党	4.1	28%	115
1923	保守党	5.5	38%	258
	工党	4.4	31%	191
	自由党	4.3	30%	158
1924	保守党	7.9	48%	419
	工党	5.5	33%	151
	自由党	2.9	18%	40

选举制度本身对这些结果的影响是值得注意的。1922 年保守党的胜利和 1923 年保守党的受挫，这两个结果都以几乎相同的选票比例取得。这是因为选票在他们对手之间的不同分配造成了差异。一方面，1923 年，自由党成功地赢得了一半的农业地区席位，让人想起战前土地运动时期他们在补选中的强劲表现——劳合·乔治将这个信息记在心中，1925 年提出了新的土地提案。[①] 在另一方面，工党不断巩固其代表的英国城市和工业区的地位，在工人阶级

① 超过20%的男性劳动力从事农业的选区有86个。自由党在1923年赢得了其中的43个，但保守党在1924年赢得了74个。——原注

选区取得了一连串的胜利，不但在之前一直取胜的煤田，而且在大多数大城市也是如此。这是阶级政治，但带有一些奇怪的曲折。在两个种族和宗教分歧最大的英国城市中，这种文化政治在格拉斯哥为工党带来了好处，使其能够获得天主教徒的选票，但在新教主导的利物浦对其产生了不好的影响；因此，一群克莱德河岸人，而不是默西塞德人，作为工党议会议员登上了历史舞台。

总体来说，对工党的支持按阶级界限倾斜，这在“简单多数”制度下是一个明显的优势。工党的支持很集中，这使工党以相同份额的全国选票获得了比自由党更多的席位。这并不是说自由党是全国范围内的第三大党，由于选民担心选票被浪费，他们的支持率可能会受到限制：这是他们从 1924 年开始面临的次要障碍。事实是，他们是一种不合时宜的少数派政党，他们的支持者相当均匀地分布在大不列颠各处和社会各阶层中。这在战前是一种优势；但当他们的全国选票跌至临界值以下时，这就成了致命的障碍。大致的逻辑是：到最后，在工人阶级选区中他们能够仅次于工党，在中产阶级选区中仅次于保守党。

在 20 世纪 20 年代的三党体系下，一个支持率能够接近 40% 的政党可能会胜出，而一个支持率卡在 30% 上的政党则会落选。当然，在许多选举制度中，一个拥有 30% 选票的政党的代表权是惊人的。在这个方面，自由党只能怪自己，他们在下议院中占多数长达 12 年，但都没有改革选举制度。他们在这 12 年的尾声颁布了 1918 年《改革法案》，比例代表制最初是包含在这一揽子协议中的，但几乎在最后一刻，它被放弃了。

保守党后座议员对他们在 1922 年推翻联合政府时展示出的力量感到高兴；此后，他们以“1922 年委员会”（the 1922

Committee）[①]的名义将其定期会议制度化。在卡尔顿俱乐部决定以独立身份参与下一次选举之后，劳合·乔治显然不得不离开，但许多保守党人对此表示遗憾。不仅奥斯丁·张伯伦辞去党魁职务（这使得博纳·劳重新拾起他刚刚放下的支配权）；联合政府内阁的一流人才们——曾经荣誉加身却已没落的伯肯黑德，事业经久不衰的贝尔福——也对新政府不屑一顾。凯德尔斯顿的寇松侯爵虽然身份显赫，但仍然留了下来——自从 1827 年坎宁（Canning）离开外交部以来，他一直都是世袭贵族中的最后一个。[②]劳尽最大的可能成立了他自己的内阁。他在阿斯奎斯政府中的职位是财政大臣，他最初试图让自由党人麦克纳回到财政部，接替罗伯特·霍恩爵士（Sir Robert Horne），霍恩也是一位联合政府支持者。只是这个策略失败了，没有经验的鲍德温才被提上来。这次人事更迭清楚地表明，党派和个人忠诚是不断变化的。

保守党几乎无法批判联合政府的任何功过，因为它曾是联合政府的中流砥柱。因此，在 1922 年 11 月的竞选活动中，很多话都没有说出来。保守党失去了 40 个从配给券选举中赢得的席位，但也只是 40 个。这表明他们有或没有劳合·乔治都是有未来的。许多人，

① 然而，它在1923年的最初成员仅限于1922年选出的新议员——正是那些没有出席卡尔顿俱乐部会议的人。直到1925年，会员才囊括了所有保守党后座议员。——原注

② 一个世纪以来，外交大臣爵位低于伯爵是不寻常的，值得注意的例外包括罗素（一个公爵的儿子）、帕默斯顿（Palmerston，一个爱尔兰子爵）和格雷（一个准男爵，是促成《1832年改革法案》通过的格雷伯爵的旁系亲属）。自1924年以后，只有第三代哈利法克斯（Halifax）子爵（1938—1940年）、第十代霍姆（Home）伯爵（1960—1963年和1970—1974年）和第六代卡灵顿（Carrington）男爵（1979—1982年）拥有贵族血统。——原注

尤其是鲍德温，他更倾向于没有劳合·乔治，相应地，他们对这个结果感到安慰。与此相反，奥斯丁·张伯伦忠实地与劳合·乔治同甘共苦，他发现自己又一次参与了比赛，然后又一次输了。

简单地说"自由党"在1922年大选中的表现可能会使人产生误解。劳合·乔治领导的"民族自由党"（National Liberals）无意推辞了联合政府的善意；他们中的许多人至少得到了保守党的沉默支持。劳合·乔治和阿斯奎斯在新议会中各有50—60名追随者。这对仍在舔舐伤口的劳合·乔治来说是一种落魄的表现，但对阿斯奎斯来说是一种令人欣喜的鼓舞，如果与他之前的弱势相比的话；尽管在许多选区，"无称谓的"自由党人是活动家们真正想要争取的。

收获最大的是工党。尽管工党在配给券选举中取得一些胜利是由于联合政府的恩惠，但工党的席位也实实在在增加了多达100个，无论怎样计算，都稳妥地甩开了自由党。

自1918年以来，工党取得了巨大的进步。这不仅是因为工会成员的投票；经济衰退开始后，工会成员为560万人，不可能占到选民总数的27%。这些进步也不仅仅是新议会议员选举权的产物。1919年的地方选举结果显示，工党的号召力越来越大，在房主选举权的基础上有效地争取到了选民的支持。事实是，工党的突破不是由社会因素决定的，而是当时政治的产物。在1920年的斯彭河谷（Spen Valley）补选中，工党在传统的自由党和不信奉国教的新教徒领地上竞选，击败了两大老牌政党，这显示其在国内整合反联合政府力量的能力。如果说工党此时是人民的党，那么它也正在变成一个有钱人的政党——至少在议会的领导阶层中是这样。克莱门特·艾德礼（Clement Attlee）和休·道尔顿等受过教育的专业人士当选工党议会议员，这显示了未来的趋势。

就目前而言，一个纯粹的保守党政府是一个新鲜事物——自1905年（甚至更早，这取决于如何看待自由党统一派）以来第一次出现。一个由16位大臣组成的和平时期内阁恢复了，尽管仍然保留了汉基自1917年以来为战时内阁服务的秘书处；此后，内阁大臣（cabinet secretary）在白厅的权力结构中占据了一个关键位置。政府一开始就出现了不祥的预兆，鲍德温在华盛顿做了一个交易——向美国用分期付款的方式支付战争贷款，而不管英国是否能够收回自己的战争债务。船在南安普敦一靠岸，他就把事情泄露给了媒体，且没有首先征得内阁的同意。他很幸运，内阁中的大多数人都支持他——尽管首相不支持，首相首先通过一封给《泰晤士报》的匿名信发泄自己的感情，抨击他的内阁提出的方案，然后在金融城所提建议的重压下屈服了。这种做事情的方法很奇怪，但劳几乎都没有时间给人留下担任首相的印象。1921年，在医生的命令下，他被迫从联合政府退休。1922年，他获得了一份健康证明书，却在1923年5月发现自己到了癌症晚期。那年晚些时候，他被安葬在威斯敏斯特教堂，阿斯奎斯评论道，一位默默无闻的首相埋葬在了无名将士纪念碑旁。

于是，在领导层出现了一个意想不到的空缺。劳坚持要先选为政党领袖才能接受国王委任他为首相；但此时，换一种方式行事重申了宪法正当性。这也并不像阿斯奎斯接替坎贝尔－班纳曼时那样仅是一种形式。由于张伯伦当时不在政府任职，所以只能在长期担任内阁大臣的寇松和只有几个月财政大臣经验的鲍德温之间做出选择。因此，乔治五世眼下要做一个真正重要的决定。由于劳没有提供任何建议，国王征求了贝尔福的建议。这位老人内心怀有对寇松（“亲爱的乔治”）的怨恨，于是他离开病床去见国王并提供了建议。按贝尔福的意见，贵族是不能被接受成为首相人选的——这一宪法原则可能会让他的舅舅罗伯特感到惊讶，但它确实意味着“亲爱的乔治”没有被选上。

斯坦利·鲍德温将成为英国政府未来15年的关键人物。尽管他的任期有时不稳定，甚至到了1930年都是这样，但他最终确立了对权力的非凡掌控。在他的领导下，保守党成功地过渡为完全民主的选区，曾经保守党在很长时间里都惧怕这件事，并且经受住了一场将全欧洲的政府都拉下台的经济衰退的考验。然而很少有人预测到这样一位保守党后座议员的崛起，他于1908年接替了他父亲在伍斯特郡比尤德利（Bewdley）选区的席位：他的父亲是一个富有的铁器制造商，以传统的家长式管理方式管理工厂，他总有时间与人们聊天，且一直都记得对方的名字——这个方式，斯坦利毫不费力地运用到了下议院的茶室，人们可以在那里找到他，甚至他担任首相时也是这样。工党工会议员的保守派抽烟时，斯坦利与他们交谈。这都是好的政治表象，尤其是鲍德温表达虔诚的基督教信仰，以及自然而然植根于这信仰土壤中的英国爱国主义情绪时——鲍德温巧妙地描绘这一切，有时会让他的听众认为鲁德亚德·吉卜林是他的表兄。

鲍德温就职后关闭了联合主义的大门。他不想和劳合·乔治有任何瓜葛，如果需要的话，他准备给工党一个执政的机会。他也不急于修补与旧联合政府支持者的关系。财政部的人选是卫生大臣内维尔·张伯伦，他在财政部的选择表明了保守党的新领导形式。内维尔·张伯伦是约瑟夫·张伯伦的儿子，奥斯丁同父异母的兄弟，迄今为止，他一直活在奥斯丁的阴影下。内维尔与其父更像，两人都坚定地渴望成功，也都与伯明翰的经济和市民生活保持着密切的联系。他比鲍德温小 2 岁，甚至对威斯敏斯特的精英们来说他更加陌生——1918 年成为议会议员时，张伯伦将近 50 岁——他代表了战后保守党的商业道德。他也看不起劳合・乔治及其联合政府，但他很自然地准备欢迎他浪子般的同父异母兄弟回家——如果可能的话。

鲍德温是英国中部的实业家，长期以来一直是关税改革者，他关注的是国内保护，而不是帝国主义的愿景；但他绝不是空想家。他知道一个在保守党政治中潜伏了 10 年的问题在选举中的危险。在战争期间，自由党财政大臣麦克纳对某些奢侈品征收了关税，理由是"根据价格配给舱位"（而不是保护国内生产商）。但这是一个很微妙的界限，就像劳合・乔治联合政府引入的"保护"（protection）与"保卫"（safeguarding）之间的界限一样。当然，在《凡尔赛条约》签订之后，并没有像许多自由贸易者担心的那样出现大规模的战后经济战争。财政问题不再突出，这也部分归功于劳于 1922 年做出的承诺，他承诺说下届议会不会做出任何改变。那么，鲍德温为什么要再次发出保护的呼声呢？

由于政府被迫举行大选且失利了，而这届政府本来可以坚持数年，鲍德温在当时也因战术失误遭到指责。但是，由于一系列事件使得保守党地位在一年内得到了极大的巩固，鲍德温也被认为具有高超的策略。他自己对此的描述也自相矛盾。尽管事实证明他善于将重要事件转化为有利因素，但并不清楚他是否预见到他在 1923 年 10 月的保守党大会上的声明所带来的后果，他声明说劳的承诺将在议会任期结束时失效。他的理由完全基于失业问题，他提议通过保护国内市场来应对失业问题。毫无疑问，他相信这一点；他知道他的党派会很欢迎这个提议，他也知道，奥斯丁・张伯伦几乎一定会响应关税改革的呼声，因为关税改革阻止了一切来自劳合·乔治的新挑战。一旦妖怪从瓶子里被放出来，选举将会在极短的时间内举行，鲍德温是否也意识到这一点更值得怀疑，但无论如何，他还是去做了。

1923 年的大选几乎恢复了战前的政党制度，它转动了自由贸易的轴心，保守党攻击自由贸易，而自由党和工党保卫它。保守党围绕关税改革重新统一，自由党围绕自由贸易重新团结在一起，蔚为壮观，与之比较，保守党的重新统一不值一提。劳合·乔治和阿斯奎斯出现在同一个讲台上，他们各自的女性支持者们屏住呼吸互相发出嘘声。事实是，尽管发生了那么多事情，当没有外人只剩下他们自己时，这两个人相处得很好，尽管他们狂热的党派追随者们使他们很少有机会独处。自由党成员绞尽脑汁地回忆 1906 年时有什么对他们有利的论点，再把这些观点抛出来。1922 年的自由党民意调查是一个混合体，在许多地方糅合了对联合政府的支持。因此，1923 年的进步是巨大的，显示出一个能够熬过 7 年低潮的政党的惊人韧性。

保守党的“保护”请求被议会断然拒绝了，这种拒绝比在选举计票时的否定更为明确。政府失去了多数席位，工党的席位明显多于自由党。因为鲍德温选择与新的下议院成员会面，而不是立即辞职，因此自由党有了时间进行反思，如果自由党能更好地利用这一点，那将是明智的。阿斯奎斯并不担心这样的工党政府；但是，他天真地认为，工党政府的维系可以通过进步党派之间互惠互利的临时合作来达成，他做首相时这种方法很奏效。因此自由党投票否决了鲍德温政府。阿斯奎斯在事先没有就自由党支持工党的条件达成协议的情况下，就允许工党上台。他展示出了一种善意，并热切地希望能得到回报。

第一届工党政府标志着一个时代的到来。1922 年，拉姆齐·麦克唐纳重返下议院时，以微弱的优势当选领袖，约翰·罗伯特·克莱恩斯（J. R. Clynes）没有当选。克莱恩斯是兰开夏郡的一名工会成员，自配给券选举以来，威斯敏斯特人才匮乏，他是被选来补缺的。麦克唐纳反对战争，由于战后人们日益觉醒，麦克唐纳的立场几乎没有对他形成什么永久性的伤害，不过他在党内的左翼身份得到加强。在意识形态上，他仍然是支持老朋友 J. A. 霍布森（现在是工党支持者）模式的进步主义者，他认为工党比自由党更忠实地代表了进步主义观点。因此，麦克唐纳策略性地决意要取代自由党。

麦克唐纳于 1924 年组建政府是实现这一目标的关键一步。他的对手克莱恩斯被轻而易举地安置在掌玺大臣（Lord Privy Seal）的位置上；亚瑟·亨德森成了内政大臣，詹姆斯·亨利·托马斯成了殖民地大臣。财政大臣是菲利普·斯诺登（Philip Snowden），其能力与首相相当，二人在独立工党中做了 30 年的同事。斯诺登在独立工党内部的演讲中表现出强烈的道德感，这让他成为声望颇隆的社会主义者，但也表明他继承了格莱斯顿的政治遗产，使得他在财政部受到了欢迎。这就是工党的五巨头。由于麦克唐纳有太多的工作要分配，他不得不任命其他人分担他的工作，其中最著名的是前自由党人霍尔丹被任命为大法官。

政府提出的政策自由党几乎没有不同意的。斯诺登的预算无懈可击，其财政政策正统且十分纯粹，它甚至废除了麦克纳要求征收的关税。在下议院，工党依靠自由党的支持，不仅靠他们进行投票，还靠他们获得一些必要的立法能力。例如，成为卫生大臣的约翰·惠特利（John Wheatley）负责政府为数不多的有效措施之一——1924 年的《住房法案》。在联合政府的建设计划失败后，内维尔·张伯伦在 1923 年通过了一项《住房法案》，向私营企业开放了这一领域；惠特利所做的是为建造廉租公房提供国家补贴。尽管他在通过该法案时得到了自由党的巨大的帮助，但这一点并未得到承认。

关键是要证明工党可以组建一个合适的政府。麦克唐纳实现了这个目标。他担任首相兼外交大臣，沉着冷静地扮演着这两个角色；他英俊潇洒，即使是在最豪华的社交圈中，他似乎也能如鱼得水——这一点对他越来越不利。每过一周，工党政府的这个想法似乎都变得不那么令人震惊了，反而将阿斯奎斯请回来的打算会显得更加古怪一些。工党获得了名望，却认为自由党的支持理所当然，这一事实自然对改善两党之间的关系没有帮助，这也是政府垮台的真正原因。政府垮台的时机是 10 月的信任投票，针对政府对一名共产主义者被起诉事件的处置方式——如果自由党和工党之间有协约的话，这本身是一件微不足道的事情。结果却是，自由党投了反对票，将工党政府赶下台，就像他们在 10 个月前投票将保守党政府拉下台一样。

这就是自由党立场的缺陷。他们在 1923 年选举战中是左翼，此时在 1924 年的选举中变成了右翼。竞选活动表明，财政问题已经被遗忘——鲍德温实际上重新启用了“不改变”的承诺——此时的问题转而变成了“社会主义”。社会主义的实际行动所见甚少，但工党政府的存在本身足以刺激保守党的宣传机器。麦克唐纳之前花了很长时间试图使英国与苏联的关系正常化，这为大范围的指控打开了方便之门：在麦克唐纳的帮助和煽动下，这个国家受到了布尔什维克阴谋的摆布。对于那些需要证据的人来说，保守党中央办公室表现得格外出色，他们提供了一封看起来达成妥协的信，签的是共产国际（Communist International）主席季诺维也夫（Zinoviev）的名字；而外交部在麦克唐纳本人竞选时设法公布了文本内容。

现在我们知道季诺维也夫的信是伪造的，但它在选举活动中发挥了作用；这件事也写入了工党传奇，成了一个证明保守党使用肮脏伎俩的例子。然而，就其本身而言，其影响可能是微乎其微的。毕竟，工党的得票数上升了100多万，或者说在投票率本就较高的情况下所得选票增加了3%，工党获得了比1922年更多的席位，并清楚确立了他们作为反对党的地位。1924年的大选之所以如此具有决定性，是因为自由党的遭遇。这是一场比1918年更严重的灾难，自由党的全国得票率下降至远低于20%，这结束了自由党作为主要政党的历史。他们在议会的40个席位将其驱逐到“凯尔特边缘”，虽然自由党在北威尔士和苏格兰高地拥有选区，但他们在英格兰城市的地图上几乎被抹去了。

鲍德温此时却展现出主人的姿态。保守党受益于投票率的增加，额外获得了近250万张选票。保守党总得票数将近800万，与其他政党处于不同的级别，而且离绝对多数选票很近。他们有超过400名议员，保守党回到了索尔兹伯里勋爵的黄金时代。战后联合政府的一个吸睛之处在于，它集合了大量温和观点，共同应对工党的威胁；此时，保守党已经表明，他们可以依靠自己的力量实现这一目标。因此，前联合政府的拥护者们对鲍德温言听计从。他的前任领导人奥斯丁·张伯伦在鲍德温还没有进入下议院之前就在内阁任职，此时在他手下担任外交大臣。伯肯黑德被派往印度事务部（India Office）。年迈的贝尔福准备回来了——他是与迪斯雷利的党派建立联系不可或缺的一环。

然而，新任命中最引人注目的是财政大臣。令人惊讶的是，内维尔·张伯伦不愿回到“可怕的财政部”，而更愿意去卫生部（Ministry of Health）。于是鲍德温转而找了温斯顿·丘吉尔，他当时甚至都不是一个缴纳党费的保守党成员。自联合政府解体以来，丘吉尔一直非常不开心，除了对自由贸易的热爱没有减弱，他显然不再是一个自由党人。在1924年的补选中，他站在了反社会主义的立场上，预见了新的政治形态。之后他又以“宪法论者”的身份在埃平（Epping）获得了一个位置。财政问题不再是政治中的分界线，这是丘吉尔20年后重返保守党的先决条件；同样，鲍德温选择丘吉尔是保守党策略发生新转变的信号，没有什么比这个信号更加清楚。

经济后果

到1924年，英国经济明显不如10年前强劲，一个显著的原因是战争。计算其成本最直接、最可怕的方法是看国家债务总额，1914年，国家债务为6.2亿英镑——按照实际价值，这个负担比起拿破仑战争结束时那个资源更少、人口更少的国家来要小得多。到1920年，公共债务总额接近80亿英镑。通货膨胀使这一债务变得可控了——1920年的物价暂时达到了比战争前高2.5倍的水平。即便如此，债务支出也是20世纪20年代财政预算的沉重负担：年度开支总额8亿英镑中债务支出是3亿英镑。所得税的标准税率被“人民预算案”大胆地从1先令（5%）提到1先令2便士（6%），在1919—1922年达到了6先令（30%），1924年初为5先令（25%）。[①] 在每 100 英镑非劳动性收入或投资收入中，有 25 英镑要变成税，其中 10 英镑要用来还国债。

这些主要是不同群体的英国公民之间的财务调整问题。毕竟，一些公共债务本可以用战争结束时积累的私人资本偿还。鲍德温的钢铁厂从战争合同中获得了盈利，他为了偿还公共债务向财政部捐赠了 12 万英镑——这个姿态高尚但孤独。一些自由党和工党经济学家提出对资本征税，部分是为了社会公正，部分是出于从一个疯狂的旋涡中挣脱出来的简单逻辑。这是一个旋涡，因为在那些不得不为累积的资产缴税的人中，许多人不仅从举债融资的战时支出中获益，此时还以战争债的形式持有那些资产，并为获得的利息缴税——以满足政府的债务支出。钱转了一圈又一圈，不过当然不是每个人都能得到同样的好处。

在总的债务之中有超过 10 亿英镑的外债，主要债主是美国。这些资金必须由英国通过外汇提供，与德国提供赔款的方式一样。解决战争给国家带来的消耗的一种方法是动用国家资本；相应地，在战争期间，英国的外国投资也被削减。海外资产收入就是一个衡量标准。在 20 世纪 20 年代，海外资产收入仍占国民生产总值的 5%——相比之下，60 年后这一比例为 1%——但 5% 也明显低于战前那几年。

因此，英国庞大的对外投资成了一个战争金库，但结果是，英国更有必要通过现时盈余（current earnings）和现时产出（current

① 这些税率不像今天类似的税率那么苛刻，因为劳动所得的税率更低。低收入人群的税率也有分级；所以，在1919年，年收入超过250英镑的收入人群使用的标准税率，只覆盖到125万纳税人，而当时的全部纳税人的人数为350万。——原注

output）在战后的世界中勉强度日。在1920年的通胀峰值之后，商品价格稳定在1914年水平的175%上下。然而，无形收入并没有跟上这种增长；在20世纪20年代早期，从货币角度看，无形收入并没有比战前多。因此，按实际价值计算，来自国外的资产收入和无形的出口这两项如果以不变价格来衡量，它们的价值就会大大减少，而在战前，他们曾经能够很容易地弥补有形贸易的赤字。然而，对外贸易账户的借方数额并未减少。按1913年的价格计算，20世纪20年代进口额与战前基本相同，而按实际价值计算，出口再也没有达到1913年的水平。资产收入和无形出口不足，这意味着国际收支平衡此时一直处于紧张状态。

英国的出口业绩继续依赖原有的主要产品。在1920年这个异常景气的年份，煤炭出口仍占国内出口的9%，仅比1913年下降1%。棉花出口不断突破，占全部出口的30%，比1913年的占比还要高；这一时的盲目乐观催生了新厂的投资热潮，其中一些新厂后来从未投产。煤炭出口已经在下滑，相对量和绝对量都在下降，1925年下降到了出口总量的7%，而出口总量本身也表现不好。棉花的悲惨处境因为战后的过度扩张而加剧，其持续时间更长：1925年下降到出口总量的25%，1929年已经远低于20%了，往后的年份更糟糕。

产生的区域性影响是毁灭性的。在英格兰东北部和南威尔士的出口煤田，以及在兰开夏郡越来越多的地区，许多群体发现自己前途未卜。乔治·奥威尔出版了《通往维冈码头之路》（*The Road to Wigan Pier*，1937年），在这本书中，他描写的是兰开夏郡煤田的一个小镇，那里的年轻人通常都下矿井，年轻的女人则去工厂——当两个行业都萧条起来的时候，小镇遇到了双重灾难。东欧的煤炭市场、亚洲的纺织品市场，正不可避免地被其竞争对手们占有，因为竞争对手们生产这些相当简单的产品的成本更低。当然，真正值得注意的并不是萧条最终发生了，而是它花了这么长时间才发生。

英国的出口价格受到另外3种价格的严重影响：以工资形式存在的劳动力价格；英镑的货币平价；用利率衡量的资金价格。20世纪20年代，这些价格都不正常，导致英国的生产成本水平不再具有竞争力，进而导致失业率升高。如果这些价格都是完全灵活的，英国就可能会适应新的贸易条件，仅出现一些暂时的混乱，而不会产生永久性的损失。市场的信号确实引起了一些资源转移到新技能上，这些新技能将在20世纪中期蓬勃发展——以科学为基础的行业，如电气产品和化学加工，通常是为了满足国内外较富裕消费者需求的行业。这个时代的一个标志是1926年的合并，卜内门公司变成了帝国化学工业公司，这就是美国人所说的“托拉斯”，我们称之为跨国公司，与它比肩的有肥皂公司利华兄弟（Lever Brothers），它在1929年与荷兰合作伙伴联合，成立了联合利华（Unilever）。因此，英国的工业并没有呈现一幅毫无改善的停滞景象；但这一时期的普遍失业显然表明，面对变革的挑战，市场应对严重失败。

最大的变化是劳动力成本。1924年人们的生活成本比1914年高出75%，但工资几乎翻了一番。这意味着，受雇劳工的生活水平至少比战前高出10%。而且，这还是实际收益的保守说法，因为与此同时每周正常的工作时间减少了10小时或者说1/6。当然，对于雇主来说，为50个小时的工作所付的工资明显高于过去为60个小时所付的工资，这确实是一个问题。在理想情况下，生产率的提高会弥补这一差距，但考虑到变化是突然发生的，要实际弥补很困难。国内市场的生产商或许能够转嫁价格上涨的部分影响，但在价格由国际竞争决定的行业，这种方式几乎行不通。劳动力在总成本中占比很高的出口行业，在工资和工时这两个相互关联的问题上反复遇到麻烦，这不足为奇。因此，这一时期发生了巨大的煤炭纠纷。

这些变化影响到了货币。在战争爆发时，金本位制被暂停。英镑的平价不再固定在 4.86 美元；在战争的大部分时间里，它的交易价格为 4.76 美元。英国政府在原则上维持着重返金本位的承诺，并一直希望英镑和美元的汇率能够充分融合在一起，以使这一切变得容易。1920 年的平均汇率低至 3.66 美元；但在 1921 年，它逐渐接近了 4 美元，1922—1924 年大约是 4.40 美元。这比战前的历史性平价整整低了 10%，一些人喜欢说仅低了 10%。在这个较低的平价水平上回归金本位的选择没有被认真考虑。由于回归金本位的目的是恢复信心，回到 1914 年的快乐时光，人们认为，关键问题是英镑应该像俗话所说的那样，“直视美元”。

利率是第三个关键的价格。英格兰银行历来将贴现率设定在维持黄金储备均衡所需的水平。它从以固定价格出售黄金的义务中解放出来后，有了另一种选择，即让汇率承受货币挤兑的压力。这样的过程会导致通货膨胀，这就是为什么金融城对此表示反对。1920—1921 年，为了遏制通胀热潮，银行利率一度高达 7%。这就是后来汇率走强的原因之一，而这又反过来允许银行降低利率。到 1923 年 7 月，银行利率已经连续 12 个月维持在 3%，而后又上升了 1 个百分点。此时，虽然 3% 或 4% 的利率看起来并不高，但我们应该记住通货紧缩的背景。物价在下跌，失业率也至少是战前水平的 2 倍。工业界迫切地需要低息资金来降低成本，使投资再次盈利。问题是，恢复金本位需要长时间的高息资金吗？

这就是丘吉尔在 1924 年末担任财政大臣时所面临的困境。支持金本位的专家建议的占比大到令人害怕。财政部金融管理员（Controller of Finance）奥托·尼迈耶爵士（Sir Otto Niemeyer）用严格的逻辑为财政大臣整理事情的来龙去脉。顾问委员会支持尽早回归金本位，委员会先后由奥斯丁·张伯伦爵士和布拉德伯里勋爵（Lord Bradbury）担任主席；张伯伦本人曾两次担任财政大臣，而布拉德伯里是一位备受尊敬的公职人员，也是前财政部负责人。在布拉德伯里看来，相对于使货币政策免受政治影响的准宪法事件来说，关于英镑兑美元汇率是否被高估的经济争论是次要的。他喜欢说，金本位制的最大优点在于它是“防欺诈的”。

“当局”——财政部和英格兰银行——坚定地站在了一起。银行行长蒙塔古·诺曼（Montagu Norman）是一个神秘的、神经质的人物，他的行动几乎和上帝一样神秘莫测。他谨慎地断言，金本位制是“为一个仍是人间而非神圣的世界而设计的最佳‘统治者’”。这样的言论表明，人们怀疑一定层面上无休止的政治干预会产生负面影响，关于央行角色的持续争论也充分证明这样疑虑的存在；但这种感觉在 20 世纪 20 年代中期加剧了，因为人们普遍对劳合·乔治的骗术感到厌恶，而且对社会主义感到恐惧。在引领观点的圈子里，大家普遍更加担忧政府失灵而不是市场失灵。在不得不做出决定的时候，几乎没有人反对金本位。作为工党的财政部发言人，斯诺登算是支持金本位的，而持怀疑态度的麦克纳，其立场最终并不明朗；麦克纳曾是财政大臣，这届又差点当上，他此时是米特兰银行（Midland Bank）的董事长。从双重意义上，丘吉尔都想要在金本位的事情上被说服：他认真地询问他的专家，而不是不假思索地赞同他们的观点，但是他的理念也是珍视健全的传统稳健财政（sound finance）的自我调节机制的。1925 年，丘吉尔在他的预算演讲中宣布回归金本位时，他只提到了一位著名的批评者提出的意见。

这个人是约翰·梅纳德·凯恩斯（J. M. Keynes），他后来利用他对《凡尔赛条约》的批判所获得的名声积累了财富，他反对金本位制并写了《丘吉尔先生的经济后果》（*The Economic Consequences of Mr Churchill*，1925 年）。他的论点的关键在于，既然英镑估值过高，那么英国的成本就必须通过一种机制来降低，而丘吉尔被权威们误导，并没有正确理解这个问题。要降低成本，只能通过银行利率压缩利润，加剧失业，以此作为进行根本性调整的手段。因此，争论的本质是市场的灵活性。丘吉尔长期以来一直坚信自由贸易，他仍然认为经济体系将会适应他此时强加的 4.86 美元的平价，而金本位制仅仅是将英国束缚在国际竞争的现实中。凯恩斯说，自 1914 年以来，已经发生了太多的变化，这意味着失业不会是一种在调整中出现的暂时性副作用，而是一种不平衡的长期症状。

没有必要苛责金本位制，说它是导致 20 世纪 20 年代后期英国所有经济困难的根本原因；但在美国的经济正处于繁荣期，而英国的复苏仍像以往一样难以捉摸的时候，金本位制并没有为复苏做出任何贡献。银行利率在推出新的平价机制时曾上升到了 5%，后来因为金融城情绪的影响而短暂跌至 4%，但到 1925 年底又回到了 5%，在 20 世纪 20 年代剩下的几年里，银行利率维持在这个数字上下 0.5 个百分点内。英镑是否真的估值过高的证据就在这里；如果它不是估值过高，就不会年复一年地需要高息资金了。

此外，该政策的通货紧缩效应显而易见。1924—1929 年，大宗商品价格下跌了 17%。同一时期，生活成本下降了逾 6%。然而，实际工资几乎没有下降。其中一个含义是良性的：对在职人士而言，与 1914 年比，1924 年的实际工资水平高出了 11%，而 5 年后高出了 18%。另一个含义对英国工业和那些依赖工业生存的人们来说是坏消息。失业的压力并没有把工资降低到金本位所要求的程度，因此英国的成本仍然没有竞争力。据估计，失业率仍然在 7%—8%。有保险的职业失业率较高，因此，当时公布的官方数字显示失业率约为 10%。

因此，失业问题成为这一时期政治的核心问题是有充分理由的。鲍德温曾在 1923 年提出通过关税来解决这个问题。他的新政府基于选举的考虑否决了这种做法，只有恢复麦克纳的税法没有遭到丘吉尔的反对。在其他方面，他的政策受到传统构想中的稳健财政原则的约束：自由贸易、金本位制和预算平衡。考虑到这些假设，以英镑计价的生产成本应降至具有国际竞争力的水平，以使雄心勃勃的英镑与 4.86 美元平价讲得通。但是生产成本并没有降低。财政部私下抱怨英国工人正转而选择失业；工会坚持要维持现有的货币工资水平，这提高了在职人员的实际工资——代价是 100 万人失业。国民保险为失业者们在工作和饥饿之间提供了第三个选择，这也与生产成本降不下来有关系。稳健财政的原则可能一如既往地精妙，此时受到质疑的是它们与现实世界是否匹配。

鲍德温执政

鲍德温为新政府定下了基调。他是一个新的保守党人，寻求建立一个明确反对工党的温和共识，但正式放弃阶级斗争的尖锐措辞。他对这些观点的最著名的表述发表于 1925 年的一次演讲中，当时下议院正在讨论一项普通议员的议案，内容是废除工会的政治征税，从而切断工党的财政生命线。鲍德温以他极其特别的方式终止了这项提案，用一种低调的富有感染力的情绪感动了在场的所有人，他总结道："上帝啊，赐我们的时代以和平吧。"有大量的证据表明他状态好时可以产生何种效果，不过通过印刷品很难再现这样的演讲所产生的共鸣。他的一些演说被收集在英国畅销书《关于英格兰》（*On England*，1926 年）中，他热情称颂道："山梁上走过一队犁地的农夫，自英格兰成为国土以来我们就能看到这种景象，帝国灭亡时，各种活计都停止运转时，这种景象或许还在，这是许多世纪里英格兰的永恒景象。"

永恒吗？鲍德温认为帝国可能会灭亡，这是正确的，尽管他几乎没有预见到帝国将在 40 年之内消亡——几乎没有犁地者幸存下来，帝国的葬礼是由保守党政府主持的。至少从文件上看，帝国在 20 世纪 20 年代达到了巅峰。根据和平条约，几个前德国殖民地被吞并，成立了国际联盟来掩盖战胜国对战利品的瓜分。在西非，英国和法国瓜分了多哥兰（Togoland）和喀麦隆（Cameroons），但这建立在它们得到了国际联盟的国际授权作为托管人的基础上。在东非，英国得到了坦噶尼喀（Tanganyika）［英国甚至一度觊觎阿比西尼亚（Abyssinia）］，而德国的非洲西南部被授权给了南非——在战争期间，南非征服并占领了它。

在和平解决方案中，占有权不可避免地成了一个强有力的主张：它帮助英国建立了对中东大部分地区的委任统治权。在这里，奥斯曼帝国站在德国一方对战争的干预，被英国依照惯例调度的印度军队成功地击退了。的确，英国占领埃及很长时间了；但是停战协定显示，从耶路撒冷、大马士革到巴格达的大片领土是在艾伦比（Allenby）将军的指挥下征服的。麻烦在于，在这一过程中，英国做出了相互矛盾的承诺：它向法国盟友承诺了叙利亚；又向它们的阿拉伯盟友做了基本相同的承诺；最后，1917 年的《贝尔福宣言》（Balfour Declaration）又向新近影响力巨大的犹太复国主义者承诺建立一个犹太民族家园。在巴黎，劳合·乔治尽其所能地摆脱了各种各样的承诺，经过谈判拿到了英国对巴勒斯坦和伊拉克的管理权。民族自决的战争目标似乎预示着帝国主义的终结，但它显然并没有阻止战后大英帝国的扩张，此时大英帝国的版图已经占世界的 1/4 了。

但它的占领并不根深蒂固。英国一直都追求精打细算，依靠虚张声势来支撑它的威望和权力。其新的策略是利用空中力量的新技术来吸纳新的领土，以迄今为止成本效益最高的方式征服部落，这就产生了英国皇家空军（Royal Air Force）。与此同时，在地面上，英国官员不幸地陷入了不断发酵的冲突之中，这种冲突在两次世界大战之间日益加剧（并在“二战”后经常爆发）。因此，作为巴勒斯坦事务高级专员（High Commissioner），客观理性的化身，自由党前大臣赫伯特·塞缪尔爵士（Sir Herbert Samuel），试图在犹太移民（他是犹太人）和愤愤不平的阿拉伯民族主义者们之间斡旋，竭尽全力调和不可调和的矛盾。在印度，1919 年实施的蒙塔古 – 切姆斯福德改革（Montagu-Chelmsford reforms）也试图通过扩大代议制政府来平息日益高涨的民族主义浪潮，同时想要调整帝国控制的范围。

至于各自治领，他们的实际独立将在 1926 年构想得更全面的自治领地位定义中得到承认，1930 年的帝国会议接受了这一定义，并在 1931 年以《威斯敏斯特条例》（Statute of Westminster）的方式实行。由此，王权被承认为“英联邦国家”（British Commonwealth of Nations）自由联合的象征。因此，关于这场伟大战争是使帝国复兴了还是使帝国衰落了的问题，可以通过指出英联邦已经经历了凤凰涅槃般的进化来回避。联邦这个概念很大程度上归功于圆桌小组——成员通常是从米尔纳的南非“幼儿园”中招募而来的，比如菲利普·克尔［洛锡安勋爵（Lord Lothian）］和莱昂内尔·科蒂斯（Lionel Curtis），科蒂斯是《英联邦问题》（*The Problem of the Commonwealth*，1916 年）的作者。在他们的构想中，英联邦是一个值得称赞的国际合作范例，声称与国际联盟有着密切的关系，并得到了与鲍德温此时呼吁的一样的自由主义普世观点的支持。

英国真正关心的问题仍然集中在帝国上，在那里，它忙得不可开交，甚至可能它的胃也被填满了。这一点可以由以下事件表现出来：1921—1922 年的华盛顿会议上，英国不但乐意接受与美国在海军势力上的对等，而且乐意接受美国提出的必须放弃英日同盟（Anglo-Japanese alliance）的条件。丘吉尔在担任财政大臣期间曾明确表示，另一场海军竞赛的资源根本不可能获得，事实上，正是他将“十年规则”（ten-year rule）制度化，这意味着国防计划应假定在这一时间范围内不会发生任何重大战争。因此，英国在欧洲的作用相对减弱。它将自己看作诚实的中间人，维持着国际联盟，而不是像盟友法国一样，要求对德国进行报复。作为外交大臣，奥斯丁·张伯伦获得了很大的自由，他于 1925 年在洛迦诺（Locarno）取得了个人成功。这基本上完成了劳合·乔治开启的任务，即重新接纳德国成为正式伙伴——“没有胜利者，没有被征服者”——并确保德国同意战后解决方案，特别是对边界的互认。

无论是在国外，还是在国内，详细的政策制定都不是鲍德温的专长，在这一点上他也没有比迪斯雷利做得更好。此外，他的同事们看到的他并不总是他的公众形象，他们有时会为他的前后矛盾和明显缺乏战略把握而感到恼怒。在国内政策上，政府极其依赖丘吉尔和内维尔·张伯伦。

内维尔·张伯伦在 1923 年喜欢上了卫生部，并于 1924 年重返卫生部，他在那儿工作了 5 年，回来时他的计划已经准备好了。他已经准备了一系列措施，其中一些是技术性的，利用了他在当地政府的专业知识，这在他的党内是无与伦比的。劳合·乔治曾嘲弄说张伯伦在艰难的年月是伯明翰的好市长，这话有几分道理；但同时，它也暴露了威斯敏斯特清谈会对一位在白厅里充分施展了其行政管理能力的大臣的蔑视态度。张伯伦下定决心，保守党政府应该表现得与任何自由党或工党政府一样，能够通过立法解决社会问题。

张伯伦从阿斯奎斯和劳合·乔治的手中接过养老金的事务。老年男性退出劳动力大军将成为 20 世纪主要的社会和经济变化之一。1881 年，65 岁以上的人有 3/4 仍在工作，而一个世纪后，9/10 65 岁以上的人都退休了。许多人认为这一变化的关键是 1925 年的《遗孀和老年养老金法案》(Widow's and Old Age pension Act)。这是国家保险计划的一项延伸，向被保险人或其遗孀提供缴费型养老金，从此 65 岁而非 70 岁被定为开始领取养老金的年龄。1931 年的人口普查第一次将大部分 65 岁以上的男性记录为退休。然而，尽管养老金水平可能对退休起到了缓冲作用，但并不足以激励退休；直到第二次世界大战后，退休才成为领取养老金的条件。张伯伦的法案确认了养老金的必要性，这虽然有很大的意义，但它是在追随将退休年龄设定在 65 岁这个趋势，并不是引领这个趋势。

对张伯伦来说，最吸引他的是行政管理的稳固和这个计划长期来看的自筹资金性质。激发他的同事丘吉尔想象力的是托利民主（一国保守主义）的发展，正如其父伦道夫·丘吉尔所宣扬的，要将数百万缴费者的利己之心与资本主义制度的福祉联系起来。这需要由财政部提供援助，为过渡期提供资金，并持续到将来缴费能够与支出平衡的时候，因为福利金是要立即支出的。通过这样的跨部门谈判，丘吉尔和张伯伦虽然私下关系并不密切，却建立了良好的工作关系。这一良好的工作关系最好的效果最终体现在 1928 年和 1929 年的《地方政府减税法案》（Derating and Local Government Acts）中。

张伯伦想要的是在所有地方政府进行全面改革，将旧的《济贫法》体系纳入拥有全权的市政委员会的管辖范围。《地方政府减税法案》是对 1902 年《教育法案》的补充，该法案废除了临时学校董事会；此时，特设的济贫法监护人（Poor Law Guardians）的职能同样交由现存市政委员会的专家委员会。这样，该法案就实现了终结《济贫法》的雄心，就像韦伯等人在 20 年前在他们的少数派报告中所宣称的那样。市政委员会将为儿童保育和民众健康提供专门服务。养老院将取代《济贫法》为老年乞丐提供养老保障——尽管由于同样的建筑经常被延续使用，在一代人的时间里老人们仍在谈论去（或不去）“济贫院”。

《济贫法》剩余的责任——对健全的赤贫者或失业者——被交给了新的公共援助委员会（Public Assistance Committees），地方当局要求必须设立这些委员会。这对张伯伦具有政治上的吸引力，他可以把那些顽固不化的失业者清除出去，这些失业者已经耗尽了国家保险计划的所有福利，耗尽了工党控制地区《济贫法》监护人们的救助，这些监护人坚持支付相对较高的救济金，这种被称为“救济过度政策”（Poplarism）的做法在伦敦东区很流行，它不但在一些失业热点地区让一些《济贫法》联盟（Poor Law Unions）破产，而且在领取救济金的人中间形成了对失业救济金的非正式竞争，这些人通常会计算哪一种救济赔偿最高。张伯伦此时能够杜绝“救济过度政策”，这是他清理地方政府的宏伟计划的一部分。

一旦丘吉尔参与进来，这个设计就变得更加宏伟了。在财政上，地方政府长期以来一直依赖中央政府，这一事实给了财政大臣参与的权利。旧的制度是财政部为市政委员会的一些特定职能提供项目拨款（grants-in-aid）——这样花费最多的富裕地区得到的最多，而需求最多的贫困地区得到的最少。为了改变这一点，理性的张伯伦制订了一项计划，对不同地区的需求进行评估，财政部分组拨款。丘吉尔不同意如此简单的公共资金调整方案。他认为，既然必须找到钱的是他，那就要听从他的计划。

丘吉尔这样做的根源在于他在面对持续的失业时感到无能为力。稳健的财政状况使他既不能通过关税，也不能通过低息资金、货币贬值或预算赤字来解决持续的失业问题。因此，他依赖财政措施来激励供应方，试图鼓励企业。在斯诺登 1924 年的政府预算中，所得税从 5 先令（25%）降至 4 先令 6 便士（22.5%）。1926 年，丘吉尔将其进一步降至 4 先令（20%），这一水平一直保持到 1930 年。然而，他与众不同的方案是免除工业的地方税负担。工业被 100% 免除了地方税（“减税”），铁路则免除了 50%。

地方政府财政收入差额由中央政府补上，补上这一差额的方法是重新设计分组拨款安排。这个方法最初由张伯伦提出，本质上是一系列如旋转木马般令人应接不暇的复杂财政举措。此外，那些在旋转木马上失败的人将在秋千上获胜，丘吉尔进一步保证任何地方政府都不会遭受净损失。通常处在保守党地区富裕的地方政府不会为了补贴通常处在工党地区萧条的地方政府而受损。对做出这些安排的政治策略的评价可以与60年后地方政府的类似财政改革——一波三折的人头税试验——对比得出。

由张伯伦发起，在丘吉尔的支持下，政府的大部分社会项目都按照计划进行。但鲍德温对“我们这个时代的和平”的热情被一些事件浇了冷水。尽管保守党决心将国家从煤炭行业的责任中分离出来，但事实证明，要做到这一点并非易事。1925年，回归金本位加剧了出口困境，并促使矿主们削减工资。矿工工会由亚瑟·詹姆斯·库克（A. J. Cook）领导，他毫不妥协，威胁要举行罢工，在这种情况下，政府同意支付补贴，同时向皇家委员会报告。报告的任务交给了刚从耶路撒冷回来的赫伯特·塞缪尔爵士。1926年3月发表的《塞缪尔报告》支持将矿井改造成更大的联合企业，以确保该行业的长期前景，但在短期内，根据报告建议，除了降低工资，别无他法。矿工领袖的激昂回应——“一分钱也不能少，一分钟也不能多”——表明他与塞缪尔考虑的问题不在同一个层面，他们甚至不在同一个世界。

政府摆脱了责任。后座议员们表示了不满，他们认为鲍德温是软弱的，很担心他会妥协。矿工工会战术拙劣，矿主们怒气冲冲，工会联盟心中有鬼——也许还有内阁信念不坚定——此时这些因素共同造成了这场早就被预言的大罢工。它实际上是带有选择性的，而不是发生在所有行业。1926年5月3日，工会联盟带了150

万名骨干工人前来支持矿工，他们主要从事能源和通信行业。目前尚不清楚他们希望实现什么目标，以及如何实现。大罢工通常被认为是一种世界末日的景象，在这种情况下，政府会为有组织的劳工的力量所折服。但是，工会联盟的领导人们，比如它的秘书长沃尔特·西特林（Walter Citrine）和运输与一般工人联合会的欧内斯特·贝文，他们没有任何革命的野心或幻想；他们像工会联盟的许多成员一样，是在对一种忠诚的感情做出反应——他们觉得不能道貌岸然地让矿工陷入失望。相比之下，政府采取了一个简单的、不得已的策略——抵抗。

丘吉尔的好斗本能使他在大罢工期间成为一个突出的人物。他没有坐在唐宁街 11 号，专注于研究下一份财务报告的细则，而是作为报纸编辑度过了眩目的 10 天，每当他构思出一个关于立宪政府遭到威胁的骇人听闻的标题时，他都能占据头版。他的《英国宪报》(*British Gazette*) 基本上是垄断性的，并且毫无顾忌地利用垄断地位发表政府的观点。它的发行量远远超过了工会联盟的《英国工人》(*British Worker*)。真正的竞争来自英国广播公司，丘吉尔也想接手它。相反，里斯拖拖拉拉，鲍德温闪烁其词；最糟糕的是因为担心大主教会不合时宜地谈论“我们这个时代的和平”，于是广播被禁止使用。对许多大学生来说，这次罢工很有趣——这可能是他们一生中仅有的可以驾驶有轨电车的机会，更罕见的是，他们甚至可以加入工人阶级游行的护卫马队。著名的大罢工神话是，罢工者们和警察们踢起了足球——他们确实这么做了，但只是偶然为之，而且从未重复过，就像 1914 年堑壕里的圣诞节休战一样。在问题最突出的工业领域，持续进行的大罢工是一场真正的冲突。

大罢工只持续了 9 天。工会联盟不顾一切地想要取消他们无法获胜的运动，于是采用了塞缪尔提出的一个妥协方案。这样，矿工们又要继续战斗了，他们以坚定的决心继续战斗着，面对的是不可避免的失败。政府一获胜，内阁内部就出现了意想不到的裂痕。此时发声要求宽宏大量的是丘吉尔，他伸出手向被打败的敌人提供了体面的撤退机会；坐观矿工罢工一直到他们因为饥饿而停止的是鲍德温，矿工们的罢工坚持了 6 个月，他们后来接受了矿主的条件。总之，1926 年是英国历史上劳资纠纷最严重的一年。损失的天数比 1912 年、1921 年和 1979 年的总和还要多。但是占罢工总天数 90% 的是矿工罢工，而不是大罢工。

大罢工对每个政党都有影响。从那时起，保守党就情绪高涨，1927 年，鲍德温让他的后座议员们通过了一项他在 1925 年否决过的法案，其中规定，如果工会成员希望缴纳政治税，就必须“订约参与”，而不是像以前那样简单地在他们遭到反对的情况下“订约退出”。相反，劳工运动（Labour Movement）则坚定地选择了节制。贝文成为工会联盟中的主导人物，而议会党团（parliamentary party）试图主张自己的独立性。对于自由党人来说，这次大罢工也是一个转折点，因为这是领导权由阿斯奎斯转移到劳合·乔治的时候。

尽管阿斯奎斯在 1924 年的大选中在佩斯利（Paisley）失败了，但他仍然当上了领袖，部分原因是他的支持者们仍然无法接受劳合·乔治作为领袖，劳合·乔治此时领导着下议院的自由党议员。牛津勋爵阿斯奎斯（他后来成为勋爵）在这个阶段是一个远离大家的人物，已经七十多岁了。当阿斯奎斯的亲信约翰·西蒙爵士（Sir John Simon）公开支持罢工违反宪法的政府方针时，劳合·乔治已经有了足够的资源，并打乱了队伍；此外，甚至连凯恩斯这样对阿斯奎斯怀有个人忠诚的自由党人都被他收为己用了。所以牛津勋爵最终退出了，他于 1928 年去世。党内派系的仇恨愈演愈烈，之后再也没有完全消除。阿斯奎斯的支持者们越来越多地寻求西蒙的领导，他们后来建立起自己的自由党委员会（Liberal Council），作为一个党内之党。劳合·乔治政治基金没有走出财务困境，反而成了新领导人与阿斯奎斯派老守卫们之间的争论焦点，这些人中有赫伯特·格莱斯顿子爵，他重新回来负责政党机构，此时距离他做多数党党鞭的辉煌岁月已经有 20 年了。尽管如此，正如一位阿斯奎斯派党员有风度地承认的那样："当劳合·乔治回到自由党时，创意又回到了自由党。"

劳合·乔治充分利用了自由党剩余的资产。工党可能有工会，保守党可能有钱，但自由党人相信他们仍然在智力上占优势。劳合·乔治资助的自由党暑期学校是招募知识分子的一种途径；他安排的"自由党工业调查"（Liberal Industrial Inquiry）是另一种途径。自由党 1928 年的报告被称为《自由党黄皮书》（Liberal Yellow Book），里面充满了关于英国经济现状，以及如何通过政府的协调和支持来振兴英国经济的想法——或许里面的想法太多了。其中的一些建议在西博姆·朗特里的指导下被写成了一份宣言，该宣言于 1929 年 3 月出版，题为《我们可以征服失业》（*We Can Conquer Unemployment*）。这份宣言以劳合·乔治的一个承诺为基础，即要通过两年的以贷款融资的公共投资计划将失业率降至战前的水平。智力灵感来自凯恩斯，政治领导力来自劳合·乔治。

劳合·乔治的成就是在重重阻碍下抓住了政治主动权，将自由主义政策的日程放到了选举战的核心位置。当然，工党也有关于失业的提案，年轻的奥斯瓦尔德·莫斯利是其中的重要参与者；但事实证明，社会主义者们更善于抨击资本主义制度的弊端，而非解释如何补救这些弊端。同样，也有保守党后座议员希望就失业问题采取行动，比如来自饱受摧残的工业集镇蒂斯河畔斯托克顿（Stockton-on-Tees）的议员哈罗德·麦克米伦。此外，在内阁内部秘密提出了发展计划，该计划可能抢在劳合·乔治前面，尽管这意味着放弃丘吉尔承诺的稳健财政政策。丘吉尔自己对内阁的建议是，一个保守党政府不应该在最后一刻做出这样的180°大转弯。因此，丘吉尔没有与劳合·乔治竞争，而是利用他1929年4月的财政预算演讲宣布了既定的“财政部观点”：通过国家借贷和国家支出，不可能实现失业的净减少。

此时，大选即将举行。保守党政府的政绩，尤其是在失业问题上的政绩，显然是主要问题。鲍德温选择了“安全第一”的口号，这一口号曾被用于道路安全宣传，他希望投射出自己令人安心的形象，以胜过对手疯狂的实验，就像他在1924年成功做到的那样。从那时起，自由党显然已经有了复兴的迹象，尽管复兴的水平还不确定。1929年3月连续两天的补选使自由党从保守党手中赢得了席位，这表明失业提案产生了有利的影响。尽管到5月底的投票日之前，失业提案一直处于竞选活动的中心，但有迹象表明，自由党的势头有些动摇，而且在最后关头，更多的工党力量重新倒向了保守党。

1929年大选是第一次在完全民主的公民权的基础上展开角逐的大选。自1918年以来，男性和女性选举权的不平等一直备受争议。对扩大选民范围的担忧已经在很大程度上平息下来，因为选民人数增加了近200%后没有发生任何重大变化。保守党内政大臣威廉·乔因森·希克斯爵士（Sir William Joynson Hicks）承诺政府要以平等选举权立法，这并没有激起多少水花，而且，因为通过将年龄限制设置在 25 岁来剥夺年轻男性的选举权是不现实的，这意味着将之前以 21 岁的统一年龄引入的年轻单身女性被排除在选举权之外。

没有理由认为这次“女郎投票”伤害了保守党；相反，工党面临着改变其主要吸引男性群体现状的压力。选民人数增加了 30% 以上，达到了近 2 900 万。工党和保守党都获得了超过 800 万张的选票；保守党多获得了 30 万张选票，但工党获得了更多的席位——287 席对 260 席。自由党获得了超过 500 万张选票；他们的得票率为 24%，较 1924 年上升了近 6%，但显然还不足以摆脱第三大党的地位。它只产生了 59 个议员。工党离绝对多数只差 21 个席位。“安全第一”被拒绝了；鲍德温立刻辞职了；工党政府上台，失业问题即使不能解决，也有待解决。

第五章

经济暴风雪，1929—1937 年

建筑

英国人常说，一项好的投资就“像房子一样安全”。19 世纪末，房屋所有权在社会中更加广泛了，既有工人阶级房东，也有工人阶级租客。但在第一次世界大战之前，英国的自住房比例并不高，大约只占全部住所的 10%。在一个物价长期稳定的时代，仅为了对冲通货膨胀而购买房子是不合理的。所有社会阶层的人都满足于租房子。即使是拥有大量土地房产的贵族阶层，也可能因换季需要而租用城镇房屋。工人阶级家庭不认为拥有自己的房子是保持体面的必要部分。工薪阶层家庭，尤其是大城市的工薪阶层家庭，已经习惯了在租来的房子之间“转来转去”，无论是为了找工作，还是为了略显充裕的空间，或者是为了更便宜的租金。相反，房屋所有权散落在全国各处。矿工和农业工人一样，都住在雇主提供的小屋中，这十分典型；但是兰开夏郡和约克郡西区的纺织工人经常买房子。如果在奥尔德姆，两上两下[①]的连栋房屋可能会卖到 150 英

① 指楼下有两间会客室楼上有两间卧室。——译者注

镑，这个价格相当于一流的纺织工人一年的工资。

抵押贷款最初是由资金不足的地产绅士们开发的，目的是以他们已经拥有的不动产为担保筹集资金。到了维多利亚时代末期，这个方法在经济上和社会上都被颠倒过来了，这样一来，资金就可以交给潜在的购房者，然后这些购房者再偿还他们所住房屋的抵押贷款。于是，抵押贷款这种方法能使节俭的工匠们把自己的租金变成资本，而不是让那些爱挥霍的贵族们把固定资产变成现金。一些维多利亚时代的建筑互助协会就像是合作社或互助社，由他们自己的成员经营，通过集中他们的资源来自救；一旦他们都有了自己的住宅，建筑互助协会就会解散。“永久的”建筑互助协会所做的是将这个功能制度化，他们吸收新一代的成员，不仅作为借款人，而且作为储蓄人，这样一来这些互助协会会获得适度但稳定的受益，并伴有良好的住宅房产做保障，它们与国内税收署（Inland Revenue）之间达成了互利的协议，在扣除所得税后支付利息。

不管怎样，英国人还是把大量的钱投到了建筑上。在世纪之交，建筑和工厂占每年新创资本的一半以上。虽然这一比例在爱德华时代略有下降，但战争结束后，这一比例再次超过了一半，且将住房从整体总数中区分出来具备了可能性。在 20 世纪 20 年代，房屋大约在每年形成的全国固定资本中占 1/4，到 30 年代中期，这一比例超过了 1/3。这告诉了我们当时的人们准备投资什么，他们用他们的钱得到了什么。在世纪之交，房屋建筑经历了一次大繁荣——7 年内新建了 100 万套住房——尽管在战争爆发前，每年新建住房的数量已经只剩下 5 万套出头了。战争导致了建筑的大规模缩减。然而，到了 20 世纪 20 年代后几年，每年新增 20 万套的速度都是正常的。

巨大的变化发生在第一次世界大战后，渴望住房所有权逐渐成为中产阶级的常态。在两次世界大战间建造的新房子中，有超过1/3的房子是由业主居住的，到1939年，超过1/4的各种房龄的房子都是由业主居住的：这个数字在接下来的20年中都没有发生实质性变化。建筑互助协会对用户变得更加友好了，适应了需求带来的压力，将正常的贷款期限延长至20年，也让客户更容易就合适的房产交小笔的押金——这些房产通常是新建的房子，满足当前建筑法规的要求。此时，郊区的住房开发项目坚定地瞄准了大量的业主居住市场，而不是租房市场。因此，那些能够买得起房的人被鼓励搬出市中心的旧房子，而这些市中心的房产不可避免地流向了低端市场，而且这些房产越来越多地被视为住房问题的明显迹象，并需要通过贫民窟拆迁来解决。在历史文物保护的浪潮开始之前的半个世纪中，一些早期的雅致民房建筑一直面临着来自慈善拆迁者们的威胁。

在第一次世界大战后，住房问题成了一个热门的政治问题。第一次世界大战使住房供应减少了，而同时，曾被压抑的对体面住房的需求激增，这加剧了住房短缺。劳合·乔治联合政府因其承诺“为英雄们提供住房”而被人们记住，但事实证明，这是一个痛苦的记忆。住房建设对利率变化的敏感性因为业主自住房屋数量的增长而加强。1920—1921年，银行利率升至7%，这意味着战后住房计划的毁灭；20世纪20年代，高息资金继续阻碍着房屋建造。然而，国家此时已经进入了房地产市场。保守党倾向于向私营企业提供补贴，相信一旦市场受到刺激，这些好处就会逐渐惠及穷人；20世纪20年代，根据内维尔·张伯伦推行的法律，大约40万间房屋建成。工党直接补贴市政为工人阶级提供房租，而1924年的《惠特利住宅法》(Wheatley Housing Act) 实施 10 年内就有超过 50 万套的“廉租公房”建成，这些住房通常位于城镇郊区的大型绿地上。到 1939 年，有 10% 的家庭是廉租公房住户。在战争之前地方政府的总资本支出一般为每年 2 000 万—3 000 万英镑，此时通常超过了 1 亿英镑。主要的区别在于住房支出，住房支出占总支出的 1/3 以上（在苏格兰超过了一半）。

对于郡议会来说，资本预算的另一个主要项目是道路。“一战”前地方政府每年对高速公路和桥梁的投资已经达到约 200 万英镑；在 20 世纪 20 年代末则接近 1 000 万英镑。其原因显而易见。1913 年，私家车数量首次超过 10 万辆；1922 年，超过了 30 万辆；1930 年，超过了 100 万辆，还有超过 100 万个摩托车和货车的牌照。1921 年，机动车税每年为财政大臣创收 700 万英镑，到 1939 年变成了 5 倍之多。理论上，这些税收流入（劳合·乔治于 1909 年建立的）道路基金（Road Fund）中，直到 1927 年丘吉尔夺走了该基金以平衡他的预算；实际上负责道路的郡议会却没有权力处理这笔钱，只能协商争取财政拨款。

在许多方面都能感觉到内燃机的影响。“安全第一”的口号被用于减少不断上升的交通事故的活动中，责任确定使侵权法得到了新的重视。越来越多的司机因违反驾驶规则而被定罪——到 1938 年，每年有将近 50 万人被定罪，占所有被定罪人数的 60%。在犯罪统计数量下降到历史低点的时代，这是一个重大的社会变化。在此之前，警察把大部分时间都花在了处理工人阶级制造的小麻烦上——性、饮酒和赌博——一旦能用金钱买到隐私权和自由裁量权，这些行为通常不会受到惩罚。中产阶级有了新汽车，他们第一次发现自己有组织地站在了法律的对立面。

1920 年，新的运输部开始对道路进行分类，并对主要路线进行编号，这些道路就像以伦敦为轮毂的轮辐。通往爱丁堡的大北路（Great North Road）编号 A1，通往多佛（Dover）的老肯特路（Old Kent Road）编号 A2，等等。这在为驾驶员们制作的新地图上看起来还不错。问题在于，这些一等道路中有许多其实是二等的。它们在那些讨厌汽车交通侵扰的村庄里面曲曲折折地蔓延；古桥和城镇中心不可避免地形成了瓶颈路段。吉尔伯特・基思・切斯特顿（G. K. Chesterton）或许赞颂的是“摇摇晃晃的英国醉汉建成了滚滚英伦路”的幻想，但当它被视为现代工业国家基础设施的一部分时，还有待改进。

在希特勒的统治下，德国的应对措施是建立了干线公路网络；在美国，新政（New Deal）的公共工程将通过建造伟大的现代桥梁而变得卓越不凡。对英国来说，这样的计划则太过宏大。敦促这样的计划实施的政治家们，尤其是自由党的劳合・乔治和工党的奥斯瓦尔德・莫斯利，本身就因为拿破仑式的野心而备受怀疑，这惹恼了那些不愿意被任意指挥的公民。同样地，公务员们也倾向于不理会凯恩斯给出的论据，而认为其聪明过头了。

凯恩斯在 1929—1930 年所说的与其他经济学家并没有太大的区别，尽管他说得更响亮、更坚定。正如 100 万名工人失业所显示的那样，问题的关键在于经济失衡了（失调）。失业人数这样多的原因一定是英国的人力成本没有竞争力；如果没有其他方法降低成本，那就意味着工资太高了。几乎所有的经济学家都会同意这个分析；他们的分歧在于如何补救。一些人认为削减工资是唯一的解决办法。然而，大多数人同意凯恩斯的说法，如果降低劳动力成本很容易达成的话，那么这样做确实能解决问题。但在现实世界中，工资没能充分调整到金本位所强加的英镑平价水平，因此必须找到其他的权宜之计。

每个人都能看到工资是“具有黏性的”——它不会调整。但英镑也存在黏性——它无法调整。因此，英国经济被困在这两个不可调整的价格之间。由于总得有东西做出让步，失业率便上升了。这就是凯恩斯告诉麦克米伦金融和产业委员会（Committee on Finance and Industry）的内容，该委员会在 1929 年由工党政府建立。本质上，这些就是他在《货币论》(*Treatise on Money*，1930 年）中所写的内容。他在寻求一种补救办法，即接受金本位作为一种政治既成事实，接受目前的工资水平作为一种经济现实，而不是寻求刺激国内经济以创造就业。凯恩斯自己的偏好是公共投资，这是政府可以控制的。这将有几个目标，其中最直接的是通过公共工程项目提供就业机会。但更广泛的目标是动员目前尚未进入实际生产性投资（“建筑”）的储蓄，从而通过弥补这一缺口来重振经济。[①] 而且，他敦促道，不论其他目标是否能完全实现，这样的计划都将使英国获得一套道路和桥梁形式的现代化基础设施。

历史学家们曾一度认为，这种凯恩斯主义的方案一定会奏效，并将其反对者们描绘得一塌糊涂；但如今，这种一塌糊涂更多地留给了凯恩斯，他被指责理论草率、过于乐观。诚然，应对这个问题时，像财政部的理查德·霍普金斯爵士（Sir Richard Hopkins）一样

① 为了宣称投资与储蓄不一定必须对等，凯恩斯当时是如何定义储蓄和投资的？这是经济学家们争论的一个问题。重要的一点是，正如他告诉麦克米伦金融和产业委员会的那样，投资意味着“砖石和灰泥”；从这个意义上讲，我们可以用这个词来表示对新工厂或基础设施的所有投资。——原注

有能力的公务员们，并不是简单地重复1929年教条主义的“财政部观点”，而是使用了来之不易的行政经验，凯恩斯可以从中学习一些东西（正如他所看到的）。此外，的确，即使是他所倡导的那样大规模的公共工程项目，对失业率的影响也是有限的。但人们应该记住，在1929年，有100万人失业，人们的愿望也很有限。也许这个总数不可能像劳合·乔治承诺的那样减少60万；但据现代估计，工党政府自己的方案（规模只有一半）似乎已经达到了一半的效果。从1929年到1931年夏天的两年中，超过1亿英镑的公共工程计划得以实施。真正的悲剧是，由于世界经济衰退，到那时失业问题已经升级了。

在英国版新政失败后，道路建设继续采用传统方法，不过规模有所增加。1936年，国家承担起了建设“主干道路”的责任，朝着综合交通网络的计划迈进。而且，在经济衰退最严重的时候，地方政府在公路和桥梁上的投资几乎是19世纪20年代的两倍。此外，它们的住房建设预算也得以维持。因此，在某种程度上，建筑业可以依靠公共投资来度过艰难时期。但在没有大型公共工程的情况下，真正拯救建筑业的是私人的、以市场为导向的对建筑的需求。

即使在最糟糕的年份（1930年），房屋建筑数量也没有下降到20万套以下，而在1934—1938年，平均每年为36万套。当然，这些新房子是建在人们想住而且住得起的地方。大伦敦（Greater London）和大伯明翰（Greater Birmingham）的高工资地区出现了不成比例的增长——或者更确切地说，这些地区见证了这些大都市在20世纪中期对新经济和人口格局的适应，把北部老工业区抛在了后面。沿着城镇外的主要道路出现的“带状发展”将成为一个教训，告诉人们有必要进行规划，以防止农村受到侵蚀，但郊区的发展并非完全没有规划。大伦敦的基础设施建设投资巨大。大都会铁路（Metropolitan Railway）带来了“都市郊区”（Metroland）的概念，促进了伦敦西北部郊区的发展。地下铁路网有目的地扩张留下了印记，尤其是在其商业经理弗兰克·皮克（Frank Pick）的影响下，他慷慨地赞助了大量干净简洁的设计，从海报到伦敦交通系统的新车站（包括著名的圆形标志），无所不包。

小说家约翰·博因顿·普里斯特利（J. B. Priestley）在他的《英格兰之旅》(*English Journey*，1933 年）中带着复杂的情感描写的就是这个郊区不断延展的新英格兰，它与正在衰落的北方工业区和历史性的南方乡村这两个老英格兰区域截然不同。它最好的地方在于，它显示了一种新的意识，即现代设计在城市和商业环境中十分重要。这一时期蓬勃发展的“电影宫殿”（picture palaces）普遍都没有重拾传统剧院建筑充斥着镀金和红色长毛绒的洛可可式的奢华；取而代之的是众多的现代建筑，它们与古埃及的模型有一点儿渊源，被用到主街上 100 家卢克索（Luxor）或奥迪恩（Odeon）①上面，这些电影宫殿上演的都是同一部电影。从包豪斯风格（Bauhaus）衍生而来的国际风格的精妙功能，也留下了一个独特的标记，即使这标记只是使用了钢架窗户，再加上可以让其绕角落转动的噱头。镀铬的郊区在伦敦周围延展，其美国化让乔治·奥威尔颇为震惊，在他的小说《上来透口气》(*Coming up for Air*，1938 年）中，他不仅感到心寒，而且怀旧地凝望着绿色的田野。西伦敦外 A40 公路边上的胡佛工厂将奥威尔的意思展示了出来：它适当地代表了这个阶段（1932—1938 年）的工业考古学，它设置在住

① 卢克索和奥迪恩都是埃及城市名。——编者注

宅发展地区，那里住着在这个工厂工作的一些富裕的工人和购买耐用消费品的客户，工厂供应了许多耐用消费品，从熨斗到真空吸尘器都有售卖。

新住宅区，特别是廉租公房，往往按照统一的规划建造，在设计和大规模生产方面都利用了规模经济。著名的建筑师们争相提高声望以抬高佣金，与此同时，比任何著名建筑师都设计了更多实际住宅的是建筑公司莱恩（Laings）的职员戴维·亚当（David Adam）。“股票经纪人的都铎式建筑”（Stockbroker's Tudor）一词成了市场顶端的乡村风格艺术术语，这种风格源自 20 世纪初的花园郊区。但是，它有无限且巧妙的适应能力，能适合各种经济层次。20 世纪 30 年代的郊区提供了体面的家庭住宅，它们带有花园，通常还有车库空间。这种半独立式的住宅象征着在跻身上流社会的抱负与划算的住处之间做一个折中。这些房子的基础设计比奥斯伯特·兰开斯特（Osbert Lancaster）在讽刺“旁路斑驳”（bypass variated）时所提议的风格要好得多；在 20 世纪晚期，被住户们嫌弃的是有 30 年房龄的塔式大楼，而不是有 60 年房龄的半独立式房子。对许多有工作的工人来说，拥有住房的梦想实现了。较小的家庭是一个因素，更高的实际收入也是，但起决定作用的是，在 20 世纪 30 年代，贷款的成本降低了，这就进入了低息资金的时代。这是在英国被迫放弃金本位之后才发生的。

危机

第二届工党政府的命运与英国经济的表现紧密相连，其紧密程度在英国历史上前所未有。1929 年，当工党开始执政时，高失业率已经成为关键问题。在当时，这可以归咎于资本主义制度。但由于政府既没有向社会主义转变的计划，也没有占议会多数的席位，这种说法在很大程度上是不作为的借口；或者也可以归咎于自由贸易。许多保守党人私下里这么说，尽管在公开场合，他们不得不为丘吉尔在财政部的（自由贸易）记录辩护，从而暂时闭口不言；或者可以归咎于回归金本位。但是，即便是其主要批评者凯恩斯也不提倡完全改变 1925 年的痛苦决定，他转而着手寻找应对后果的权宜之计；也许最后失业可能被归咎于经济的衰老僵化。但是，工资黏性的问题，以及已经不符合时代要求的旧行业的结构性失业问题，识别出来容易，补救起来很难。

不管怎样，英国竞争地位的孱弱十分明显。毕竟，世界贸易是活跃的，美国在不断推进。然而，1929 年秋天的华尔街股灾突然结束了美国经济的繁荣，1930 年，世界贸易出现了渐进式的萎缩。麦克唐纳称其为“经济风暴”（economic blizzard）。

这意味着，经济萧条不再是英国特有的问题了，而是世界问题的一部分，它在已经存在的结构性失业之上又带来了周期性失业。这使得通过提高竞争力来找到一个正统的解决方案变得更加困难，因为即使英国的出口以某种方式降低了成本，它们的国外市场现在也是一贫如洗。以前是国内供应缺乏弹性，无法伸展以承受海外客户准备支付的价格。现在是国际需求变得缺乏弹性，无论降价多少，都不可能扩大太多。自由贸易有金本位自我调节机制的支撑，但这些假设突然变得脆弱起来。战前，英国通常很容易就能进行必要的调整；但自 1925 年以来，调整被证明是很难的；到了 1930 年，调整开始变得不可能了。

但是，尽管正统的政策现在看起来很容易出错，但经济风暴也使用非正统政策，或者至少是用一种忽视国际因素的政策来解决失业问题变得更加困难了。经济萧条自然会降低税收收入，同时因为需要发放救济金而增加了政府的负担。对预算赤字，甚至英镑本身的担忧，凸显了信心的重要性。伦敦金融城的反应是完全支持勒紧裤腰带——通常是他人的裤腰带——而不支持进一步增加公共支出。在困难时期，哪里可以找到钱？全部用贷款融资只会让事情变得更糟，无论这些恐惧是否合理，如果政府为了建设道路而寻求一笔 2 亿英镑的资金，这种缺乏信心的表现就可能会损害它的信誉。对英镑的挤兑被视为恐怖之最。此外，公共工程在 1929 年或许能够应对失业率的挑战，当时失业率在 7% 左右；但在 1931 年和 1932 年，平均失业率超过了 15%。

统计数据显示，随着全国各地失业率的上升，大萧条不是局限在老工业密集区。但对当时的人来说，这个问题看起来更可怕，因为此时报纸上定期刊登失业数据，这些“标题”数据只涵盖了有保险的工人，而他们从事的职业特别容易受到周期性波动的影响。20 世纪 20 年代末，公众已经习惯了 10% 的失业率：每年冬天多一点儿，每年夏天少一点儿。在 1930 年，月平均失业率超过了 16%，并在接下来的 3 年里上升到了 20% 以上。这些数据不可避免地引起了人们的担忧——不仅是关于失业者们困境的担忧，还有对养活他们的成本的担忧。

“工作还是维持生活”是工党的口号，这个口号可以追溯到 20 世纪初的《工作权利法案》。在实践中，重点却落在了后者，这反映了这样一个事实：无论政府是否被证明能够掌控根本的经济力量，英国工业地区的工党选区都处于危险之中。1920 年《保险法》

对平均失业率的假设早已失效，然而，救济金得以继续支付，后续政府逐步将救济金扩展到已耗尽受益权的各失业工人群体中，这显示了这个保险原则在政治上的受欢迎程度——或者更确切地说，是公众对《济贫法》的反感程度。1927 年，为了支撑这一制度，保守党接受了一项多党派调查即《布兰斯堡报告》（Blanesburgh Report）的建议，目的是通过引入更务实的精算假设，使津贴的支付有健全的财政基础。与此同时，失业救济金纯粹作为一种过渡性措施，在繁荣回归之前又被延长使用。事后看来，这种做法带来了双倍的麻烦，因为经济并未按照预期复苏，随之而来的是更严重的经济衰退，这嘲讽了一个想法：这个方案现在可以平衡它的预算了；过渡性津贴则进一步使失业救济金制度化。

这是工党政府接手时所面临的糟糕局面。它迅速采取了行动，却让事情变得更糟了，至少对国家保险基金来说是这样。在长期失业工人的数量对失业救济金形成的压力下，该计划的借款限额逐渐放宽，可以申请失业救济金的条件也逐渐放宽。救济金申请人不再有责任提供证据证明自己“确实在找工作”（以及在劳工介绍所注册）。这些变化无疑对推高失业统计数字产生了一些影响，失业统计数字从 1930 年 1 月的 150 万增加到了 7 月的 200 多万，到年底已达 250 万。此外，我们可以推断这些变化也打消了人们找工作的积极性，推高了失业率。同样可以合理推断出的是，曾经因为武断的测试而被剥夺了救济的真实救济金申请人，此时获得了应得的赔偿。没有理由认为，大批民众开始把依靠政府作为首选的生活方式，尽管有证据表明客户们想最大限度地从国民保险和新的公共援助委员会（1929 年《济贫法》被束之高阁时它接手了对剩余失业者的责任）的竞争机构获得支持。事实是，不管这个制度有什么管理上的缺陷，或者它制造了什么微不足道的抑制因素，领取失业救济金的男性数量惊人地增长，都是因为经济衰退本身。[①]

建立在自由贸易基础上的世界工厂，在艰难时期衰落了。在这种背景下，保护主义思想再次出现不足为奇。比弗布鲁克勋爵抓住了机会重新开启帝国特惠制。由于关税改革的言论总是让选民感到不快，这位伟大的新闻记者此时转而开始谈论帝国自由贸易。与《每日快报》一起这样做的还有罗瑟米尔勋爵的《每日邮报》，两家报纸一度伪装为联合帝国党（United Empire Party），但实际上这只是两位新闻大亨的业余爱好。鲍德温看到保守党内部吹起了保护主义之风，他那倔强的同事丘吉尔实际上已经改弦易辙，他有了越来越多的自由可以随风驶船。因此，鲍德温在政策上做出了让步，谈到了保护工业，并将食品税提交全民公投，但他坚持维护自己的领导地位。事实上，他将比弗布鲁克和罗瑟米尔的放肆要求演变成了一个重获党内支持的事件，在与他们的对阵中扭转了局势。1931年3月，在圣乔治威斯敏斯特选区举行的补选中，一位不赞成保护主义的保守党候选人被选上，这让鲍德温得以使出致命一击。鲍德温借用他的表兄吉卜林的话，谴责媒体大亨的目标是“无须负责的

---

① 对女性来说，情况就不那么清楚了。在经济衰退期间，参保男性的数量继续每年增长，从1930年的不到900万增加到了1935年的950万；但参保女性的数目在1931年达到顶峰，为358万，到1935年略有下降，至353万。因此，1930年，妇女占有参保劳动力的1/4，占登记失业人数的25%。但到1932年，登记的失业人员中只有12%是女性。这主要是1931年工党政府在其奄奄一息的几周内通过的《异常法案》（Anomalies Act）的作用，该法案收紧了已婚妇女申领救济金的条件。因此，那些本愿意工作的女性被排除在外。官方数据夸大了男性失业率，同时淡化了女性的失业率。——原注

权力——历代娼妓的特权”。

自由党的支持摇摆不定，但政府至少在对自由贸易的承诺上是坚定的。英国财政大臣菲利普·斯诺登在这方面的信念与他的前任丘吉尔一样坚定。斯诺登赋予财政公正这一公理一种不屈不挠的不从国教者的良知；他决心维护工党在财政责任方面的声誉；他担心的是如何解决失业救济金造成的巨大预算赤字。作为掌玺大臣，詹姆斯·亨利·托马斯主持了一个处理失业问题的部长级委员会，最初虚张声势，后来这个委员会的活动断断续续，这让其中的晚辈莫斯利看出这些老人和旧方法不会有任何结果。

经验丰富的社会主义者乔治·兰斯伯里（George Lansbury）挥霍无度，这一点从他卷入过度救济政策便可见一斑；作为工程专员（Commissioner of Works），他和苏格兰事务大臣托马斯·约翰斯顿（Thomas Johnston）在委员会中与莫斯利一起反对托马斯。论战在1930 年到了紧要关头。莫斯利是一个精力充沛的人物，他焦躁地想解决失业问题，就主张在政府结构上进行一场革命。当围绕城镇修建一条新的旁路的计划形成时，它必须经受财政部对其成本效益的审慎评估，并经历与几个地方政府没完没了的谈判；这些地方政府将负责勘测路线、购置土地和修建道路。莫斯利想创造一条自己的旁路——绕过白厅的交通堵塞。他为内阁起草了一份备忘录，提出了一项国家干预的经济战略，对英国财政部坚持的严格传统不屑一顾。莫斯利的备忘录提议通过提高离校年龄和降低退休年龄来削减劳动力；然后，利用宽松的信贷刺激有关税壁垒保护的经济，并为帝国贸易做特殊的安排。

莫斯利遭到了拒绝，他对此的回应是在 1930 年 5 月辞去了政府职务，并随后积极活动，欲赢得足够的支持来推行他的观点。在

10月的党内会议上，他几乎要在投票中获胜了，但他因为提案得到的支持正在减少，原因是大家对他专横的性格还有疑虑。他在1930年12月发表的宣言吸引了少数工党党员的支持（还获得了一些人暗地里的支持，比如凯恩斯和哈罗德·麦克米伦），但是他继续另组新党（New Party），这在他那些颇受尊敬的支持者们看来是错误的决定——之后他突然陷入法西斯主义更被看作是可恶的行径。他在议会的辉煌生涯已经被毁掉了，他走上了街头（有人说是去贫民窟）参与游行。

然而，自1929年3月劳合·乔治承诺战胜失业问题以来，争论主要集中在公共工程上，莫斯利辞职后，争论主要集中在关税问题上。作为首相，拉姆齐·麦克唐纳成立了经济咨询委员会（Economic Advisory Council）以提供专家建议；其中以凯恩斯为主席的经济学家委员会在1930年秋天发表了一份报告，批准了一系列的权宜之计，其中关税被证明比公共工程更具争议性。这些政策因为莫斯利和比弗布鲁克的支持而受到玷污。虽然麦克唐纳自己也在考虑其他的选择，但他知道任何改变都会使他失去他的财政大臣，他的财政大臣可是自由贸易的支柱。尽管如此，1930—1931年，贸易保护主义思潮相比前面的1/4个世纪取得了更大的进展。这股思潮从本不可能的源头获得支持，这才是意义重大之处。贸易保护主义不仅是一首来自实业家游说团体的熟悉的歌曲，而且是一次越来越洪亮的合唱，参与合唱的有伦敦金融城、学院派经济学家们、工会成员，甚至还有那些对自由贸易的旧呼声已经失去信心的带有偏见的自由党人。

政府踉跄前行。它对支持者们做了一些回馈，例如，1930年的《煤矿法案》(Coal Mines Act)，该法案缩短了工作时间以取悦矿工，反对帮助矿主们的垄断利益联盟。1931 年的《农业营销法案》（Agricultural Marketing Act）也大致可视为带有社团主义色彩。该法案是劳合·乔治的前支持者、前替罪羊克里斯托弗·艾迪生的作品，具有价格操纵权的营销委员会建立在此法案基础之上。工党在伦敦的党魁赫伯特·莫里森（Herbert Morrison）因担任交通部长而闻名，他提议建立伦敦交通局（London Transport），接管首都的巴士、电车和地铁运营。这项措施实际上是在 1933 年由继任的国民政府（National Government）通过的，这一事实一方面表明该措施缺乏明确的思想内容，另一方面也是赫伯特·莫里森的行政理念的体现。

国民政府缺乏的是一种战略。拒绝了莫斯利的提议后，它开始与劳合·乔治对话，劳合·乔治也从来不缺想法。充其量，这只换得自由党承诺支持一项已批准的计划。此时的问题是应对失业，而不是解决它。真正的问题是，到了 1930 年秋天，即使政策协议证实有可能达成，劳合·乔治也无法提供坚实的支持了。约翰·西蒙爵士是阿斯奎斯内阁的幸存者，他既不喜欢劳合·乔治的领导，也不想与工党和解；此时，他拒绝了这两件事情，明确表示不要指望他和他的自由党议员们了。劳合·乔治从国民政府那里得到的是一项选举改革法案，该法案规定了备择性选举制度[①]，本可以在一定程度上有助于巩固自由党在议会中的席位。这是一个强大的诱因，让大多数自由党议员在大部分时间里能保持一致，直到 1931 年夏天该法案被上议院否决。

---

① 备择性选举制度是一种投票制度，选民可在选票上说明对几个候选人的优先选择次序。——译者注

然而，1931 年 2 月发生了议会骚乱，还酝酿着更为严重的矛盾。面对保守党对支出浪费——失业救济金——的抨击，政府接受了自由党的一个补救方法，成立了一个经济报告委员会。这是“格迪斯之斧”的重演。斯诺登被自己的后座议员们激怒了，他希望经济报告委员会能在背后保护自己；事实上，这让他腹背受敌。因为，在保诚保险公司（Prudential Assurance Company）的乔治·梅爵士（Sir George May）的领导下，该委员会以严厉的审计师眼光审视自身的职责。它打开政府的账簿，尖刻地坚持账目应该平衡，就像任何负责任的公司一样。大部分审计人员同意，有一笔钱应该用收入中的钱支付，那就是用来偿还国家债务的偿债基金年度准备金。现代统计数据显示，当时财政收入仍然足够政府支出，就像 1921 年以来的每一年一样。但这是后见之明，且不允许划拨偿债基金，按现代惯例就会将这笔资金看作结余平衡项（residual balancing item），而不是一项有约束力的承诺。即使按照当时的标准，尤其是通过将失业救济的所有支出归类为收入支出，委员会得出的盈亏一览结算线也被夸大了：他们预计预算赤字不少于 1.2 亿英镑。

这是 1931 年 7 月 31 日《梅氏报告》(*May Report*) 发表时震惊世界的恐怖数字。它出现在一个微妙的时刻：两个月来，欧洲各地的银行纷纷倒闭；德国处于金融崩溃的边缘；《梅氏报告》立即将危机引入了伦敦。它要求总共削减 9 600 万英镑，其中 2/3 来自失业救济金。在 8 月举行的一系列会议中，出于无奈，工党内阁多数同意削减开支，尽管幅度没有这么大。麦克唐纳和斯诺登已经得到了与反对党领袖对话的授权，二人向他们做了汇报，不过这个汇报太全面了：不仅就目前达成一致的总额进行了汇报，还说明了他们的进一步目标。这使得对任何更低数额的妥协都变得不可能；然而，内阁也并没有意向同意更高的数字。

这是一场重大的政治危机；如今，它与一场迫使它加快步伐的金融危机交织在一起。英镑压力巨大，英格兰银行需要从纽约贷款。它的代理方摩根大通（J. P. Morgan）报告说，条件将是有要能让反对党满意的一揽子经济方案。由于一切都取决于信心，所以一个没有激发华尔街信心的工党政府无法处于强势地位。这是一个事实，而不是一个“银行家的敲诈”(这是工党传说中流传的版本)。重要的不是精确的经济数字，更不是银行家们所指定的数字：事实上，重要的是任何能让保守党的领导人们满意的“总额”。因为银行家相信经济，知道政府的承受极限，他们不太可能让对手摆脱他们设计的圈套。但是，银行家的本能和保守党的偏见使二者自然而然地凑在了一起。

真正处于两难境地的是麦克唐纳。他的一生都献给了工党建设，他并不是唯一面对如何在经济风暴中建造耶路撒冷这一问题时感到困惑的人。他与斯诺登一样，从不屈从于稳健财政的准则；他听取了经济学家们的意见，让财政部响应凯恩斯；他探索过其他备选方案，尽管都是出于无奈。但在 1931 年 8 月，有什么能替代正统的应急预案呢？工会联盟在最后一刻提出了一个方案，这个方案受到欧内斯特・贝文的影响，他作为麦克米伦委员会的成员被灌输了怀疑金本位的想法。事实是，政府此时不得不面对其放任政策的后果，即通货紧缩。另一个方案是货币贬值，降低与黄金的平价，这个方法并没有被认真考虑，就像 1925 年一样。内阁最终分成了势均力敌的两派。麦克唐纳非常清楚经济发展需要什么，他决心在政治上做正确的事情：拯救国家，挽救他的自尊，并且保住工党作为一个称职的政党的资历。

结果是，当麦克唐纳不得不在 8 月 24 日递交工党政府的辞呈时，他转而接受了国王的委任，组建国民政府。国王的宪法特权对促成这一结果有积极作用，乔治五世对此表示乐意，但是实际做主的是政党领袖们。对于工党来说，麦克唐纳知道他可以指望斯诺登；托马斯和大法官桑基也在新内阁中。对于保守党来说，鲍德温决定接受枢密院议长（Lord President of the Council）一职而不是坚持担任首相，这至关重要；他也接受在新内阁的 10 个成员中只会有 4 个保守党成员。这样，留给自由党的就只有两个席位，赫伯特・塞缪尔爵士是带领自由党度过危机的人，劳合・乔治则由于前列腺手术而无法工作了。(就这样，劳合・乔治错过了最后一次大好机会，这种危机总是正好把他最好的一面显露出来；丘吉尔也被排除在外。)

主动权已经到了保守党手上，但他们很高兴政府有批准令人惶恐的经济提案的资格。斯诺登 9 月的预算提高了税收；一项相关的经济措施提出削减一系列公共开支，并将所有的失业救济金削减 10%（而不是《梅氏报告》中的 20%）。的确，失业者们会比高级法院的法官们有更强烈的感受，军队中的下级也会比他们的长官感受更强烈。事实上，当因弗戈登（Invergordon）海军基地能干的水手们在无线电广播中听到他们的工资名义上的削减高达 25% 时(海军上将削减 7%)，他们以拒绝集结作为报复。新闻又一次传遍了世界——英国舰队叛变了！这产生了两个主要的影响。第一个影响是政府将所有的削减幅度限制在了 10% 以内。尽管这在受影响的人群中不太可能受到欢迎，但应该注意的是，经济衰退的影响之一，是自 1929 年以来人们的生活成本下降了 10%。这或许有助于解释为什么随后公众默许了这一政策。

因弗戈登“兵变”的第二个影响是引发了一场英镑危机。国民政府通过谈判从纽约和巴黎获得的贷款已经面临压力；到了9月中旬，这些贷款因每天都要被新的英镑挤兑而消耗殆尽。这时，英格兰银行终于放弃了金本位制，屈服于残酷的事实。主要为拯救英镑而成立的国民政府，在这场理性的崩塌中幸存了下来。而且，危机的气氛似乎为承诺控制局势的政府赢来了支持。即将到来的大选已经准备好了——这是成立国民政府本应避免的情况。

1931年9月21日，英国放弃了金本位制。就像皇家海军一样，金本位曾是英国卓越的象征；但是，不列颠尼亚再也不能掌控货币投机的浪潮了。突然之间，1英镑兑4.86美元的历史性平价不复存在；到1931年底，它的汇率约为1英镑兑3.40美元。令人欣慰的是，一旦平价找准了自己的水平，英镑就不必再由高息资金来支撑了；到1932年6月，英国已经可以安全地将银行利率降至2%了。这时，信心得以恢复的方式是放弃而不是维持金本位制。偶然间，国民政府找到了工党政府求而无果的东西：一种能让英国经济复苏的政策。

教会与国家

政治的修辞仍然带有浓厚的《圣经》和公祷书的意味。菲利普·斯诺登的职业生涯建立在他“走近耶稣”式的演讲风格上。在劳合·乔治的例子中，这是形式而非实质内容的保留，他不再与非国教牧师持相同信仰之后，仍然是使用他们的技巧的行家。同样，丘吉尔也并非真正信仰教条化的基督教：相反，他对自己和国家的命运持有强烈的宿命感，在这种情况下，英国国教教会公众崇拜中的抑扬措辞或许恰好合适。鲍德温最常被人记住的一句话——“上帝啊，赐我们时代以和平吧。”——这句话不仅说得很恰当，而且表达了一种更深层次、更明确的基督教世界观，这种世界观是他熟悉的乡村意象的基础。工党从 1931 年 8 月起作为在野党经历了 3 位领导人的迅速更替：首先是阿瑟·亨德森，他仍然带着卫理公会非神职传道士的影子；然后是乔治·兰斯伯里，虔诚的英国国教高教会派（Anglican High Churchman）成员；最后是克莱门特·艾德礼，他那含蓄的态度（以及沉默寡言的不可知论态度）很难让人猜出他热诚地信仰一种基督教社会主义伦理，在这种伦理的培育过程中他极大地影响了他最喜爱的兄弟汤姆。

当然，这些人都是维多利亚时代的人，都是格莱斯顿先生在这片土地上高视阔步的时候长大的。他们在那个时代的政治中都有过切身的经历，那时，非国教思想不能被轻易藐视，英国国教徒们反对自由党支持的《威尔士教会法案》（Welsh Church Bill）时，制造了英语中最长的（虽然是最不自然的）一个词：反对政教分离主义（antidisestablish-mentarianism）。即便如此，这些维多利亚时代政治的宗教根基留下的东西，也警告人们不要夸大 20 世纪世俗化的速度和程度。在整个英国，年纪大的人继续以他们长大的那个时代的忠诚于宗教的方式投票，可见早一代的宗教信仰留下了长期的后遗症。

在整个 19 世纪人口增长之快，使得几乎所有形式的有组织的基督教都以其不断增长的人口数量而自豪。这在统计学上可能是幼稚的，但从心理上来说很重要，这使国教徒相信他们并没有在战斗中失败，这也鼓励了那些重视劝说别人改变宗教信仰的教派，使他们相信自己的传播是成功的。这些数字游戏也有直接竞争的一面，而且受到了 1851 年进行的唯一官方宗教普查的推动。普查表明，大约一半到达入教年龄的人实际上加入了教会；而加入教会的人，又一次在国教徒和非国教徒之间被分成了大约五五开，还有一小部分人属于罗马天主教徒。当时人们震惊的是，加入教会的人如此之少，而且有如此多的非国教徒——这可能只是表明，参加基督教会和国教会都被认为是理所当然的。后来的统计数据并没有直接的可比性，但是以人口比例计算的教会成员的人数（一个更严格的门槛）提供了一个衡量每年人口密度的标尺。这是一种穿越时间的考古壕沟，将 1851 年的岩层一分为二，从而得以追踪后续变化的程度。

显而易见的是，有组织的宗教，尤其是英国国教，比文学作品表现的维多利亚时代晚期的信仰危机更加有效地坚守住了阵地。的确，在 19 世纪 80 年代，非国教徒相对于人口的比例不再增长，他们的绝对人数在 20 世纪 10 年代开始波动并有下滑的趋势。但是，在第一次世界大战开始时，英国国教的复活节领餐者的人数占人口的比例（大大增加），就像维多利亚时代开始时一样高。此外，以 15 岁及以上英国人口的比例计算，信仰英国国教的人口密度后来缓慢下降了，从 1910 年的 12% 峰值降至 1940 年的 10%，再到 20 世纪 60 年代的 7% 左右。根据对苏格兰国教会（Church of Scotland）最接近的等效计算，在 20 世纪 30 年代，其人口密度约为 35%，到 60 年代仍超过了 30%。把整个大不列颠的数字加在一起，很明显，非国教徒数量减少的时间最早，遭受的损失最大；到 1966 年，他们的力量几乎只有 1901 年的一半，而国教徒数量减少最快的时间是 1970 年之后。

事实上，在这段时间里，人数唯一获得增长的教派是罗马天主教会。可以说，在 20 世纪，英国失去了其历史性的新教国家地位。除了在北爱尔兰，古老的反教皇问题（比如维多利亚时代关于修道院的众多传说）看起来开始过时了。天主教法国在两次世界大战中是对抗德国的同盟；当英国宣传比利时修女们被（新教）普鲁士士兵侵犯时，人们知道他们应该站在哪一边。像希莱尔·贝洛克（Hilaire Belloc）一样的亲法作家们已经找到了读者，就像在他那令人着迷的《通往罗马的路》（*The Path to Rome*，1902 年）中所表现出来的一样，他们后来大费周章地专门为问题重重的英国历史阅读发声，最重要的是，他们认为改革并不是一代又一代的孩子们被教导而认为的那种好事。吉尔伯特·基思·切斯特顿是贝洛克自爱德华时代以来的宗教教友和战友，与贝洛克有许多相似观点：他是一个高大而耀眼的作家，持有酒馆和农民具有优越性的浪漫看法，与工业资本主义的清教伦理进行对抗。他创造的最令人难忘的小说人物布朗神父，将忏悔式的洞察带入了侦探小说的世界中。

如果说切斯特顿和贝洛克本质上是爱德华时代的风格，那么此时的天主教青年小说家则是用完全不同的风格写作：隐晦、讽刺、自觉现代、轻描淡写、轻率、世俗。伊夫林·沃的第一本畅销书《衰落与瓦解》（*Decline and Fall*，1928 年）就以这样的风格引起了轰动。伊夫林·沃出生于专业人士阶层，后来从牛津大学毕业之后改头换面，皈依了天主教。从《一掬尘土》（*A Handful of Dust*，1934 年）一书中可以看出，他支持英国贵族中那些自宗教改革以来少数一直忠于旧宗教的拒绝服从的人。他文笔娴熟，令人陶醉，展现出了这些人的优雅和坚忍——后来盖伊·克罗奇贝克（Guy Crouchback）在《荣誉之剑》（*Sword of Honour*）三部曲（1962 年）中以一种不屈不挠的姿态表现出来——他们的生活方式一直受到威胁，但也始终保持英国风格。比伊夫林·沃小一岁的格雷厄姆·格林在1926年皈依天主教，很长时间里他都不可避免地被刻板地认为是与伊夫林·沃地位相当的左翼人物。格林等了更长的时间才作为一个重要的小说家被大众认可，显然他对自己像《斯坦布尔列车》(*Stamboul Train*，1932年）那样的惊悚小说或者“娱乐作品”的成功感到尴尬。直到《权力与荣耀》(*The Power and The Glory*，1940年）和《命运的内核》(*The Heart of the Matter*，1948年)，大众读者才被恰当地引领到“格林之国”(Greeneland）中，看到里面令人冒汗的善与恶的折磨和在异乡的天空下持续到深夜的辩论。他对天主教的态度与其说是赞颂，不如说是思考。

沃的小说是一种文学技巧，故意将天主教与其在英国复兴的真正社会根源拉开距离。根据资料，信仰天主教人口的密度从1901年的6%上升到了1966年的9%；出席弥撒的人数增长趋势和这个数据是一致的。此外，这种增长与天主教婚姻比例的上升同步，在英格兰和威尔士，天主教婚姻从4%左右上升至超过10%(在苏格兰从10%升至16%)，不过后来在70年代和80年代下降了。但想确切地了解我们所要统计的数据十分困难。对天主教人口数量的估计，是由对其信徒的虔诚热情不抱幻想的教区牧师真诚地给出的。这样的数目通常是爱尔兰移民对人口影响的结果，有时是一两代人以前的移民。这些移民群体，穿过英格兰和苏格兰的大部分工业区，在教堂周围聚集在一起，将这里当作他们所居住土地上的一个熟悉的避风港，并通过天主教学校传播他们的认同感。这是宗教与当地亚文化重叠的极端例子，亚文化中的人们有自己的生活方式、忠诚和仇恨。在两次世界大战期间，利物浦的政治给人们贴上了新教徒或天主教徒的标签，与此相同的还有种族文化界限划分鲜明的格拉斯哥，只是其标签化程度更低，而这种标签在 20 世纪后期只在贝尔法斯特得以保留。

大多数人在教堂，特别是英国国教教堂举行庆祝仪式。婴儿普遍接受洗礼；到了 20 世纪晚期，官方形式才开始要求用“名字”而不是“洗礼名”。尽管登记之前举行世俗婚礼是可能的，但在欧洲大陆的大部分地区，这并不是必需的；合法的婚礼可以在教堂里举行。1901 年，英格兰和威尔士约 85% 的婚姻是宗教婚姻；事实上，约 2/3 的婚礼仪式是由英国国教主持的。选择在教堂举行婚礼，既是一种教义选择，也是一种审美选择；难怪英国国教仪式中的各种表述是英语语言中最为人熟知的一类词语，也难怪这会对教会有利。即使在 1906 年，不从国教者影响力处于顶峰的时候（他们声称有不少于 180 名议员当选，这是自克伦威尔以来的最好的表现），也只有约 1/8 的婚礼仪式在英格兰和威尔士的小礼拜堂举行。此外，在英格兰和威尔士，英国国教保留了其历史性的国家角色，在 20 世纪 50 年代英格兰举行的每两场婚礼中，就有一场是由国教教堂隆重举行的，到 20 世纪 80 年代仍然有 1/3；同样，在苏格兰，1960 年仍有一半的婚礼是由苏格兰国教会主持的，世俗仪式则只有 1/4；在 20 世纪初，只有 1/20 的婚礼仪式是非宗教的。[①]

在国界南部和北部的两个国教教会有不同的宗教观念，但都是由君主来管理的，没有偏颇，也都不像第一眼看上去那样是过时

① 传统的苏格兰法律允许夫妻在见证人〔如著名的格雷特纳格林（Gretna Green，位于苏格兰和英格边界一侧）的铁匠〕面前宣布结婚。1929年，苏格兰国教教会和联合自由教会（United Free Church）重新合并，这一事实使苏格兰的一系列统计数据变得复杂。——原注

的。此时国教施加的压力水平较低，相比维多利亚时期，非教徒们对它的接受更为平静。在维多利亚时期，反叛的非国教教徒们的愤懑情绪更加强烈。对许多人来说，英国国教教会是一个熟悉的国家机构，它像军队一样划分等级，而且周期性发挥作用；在军队中，没有表达任何其他宗教信仰的新兵在被录用时，其信仰通常被记录为“英国国教”。在第一次世界大战后，维多利亚时代的人们喜欢的那种关于教会与国家的激烈辩论较为罕见。诚然，《祈祷书》的修订在 1927—1928 年引起了轰动。修订版的《祈祷书》与此时许多教区都在使用的层次高得多的宗教仪式保持一致；它是许可性的，不是强制性的；它让使用新奇的气味和钟声的英国国教高教会派合法化。这对议会中一些福音派的瑞普·凡·温克尔（Rip Van Winkle）们[①]来说实在是太过分了，因此他们两次拒绝修订《祈祷书》。随后，修订版《祈祷书》还是出版了，并且在没有法定权力的情况下投入使用。

1936 年的“退位”危机表明，宽容是有限度的。1936 年 1 月，乔治五世去世，前一年他刚刚庆祝了自己登基 25 周年；他不是一个能言善辩的人，但从 1932 年开始，他每年都会广播一条圣诞信息，将自己嗓音粗哑的形象投射到数百万个家庭。国王爱德华八世和他尽职尽责的父亲完全不同。他是一个 41 岁的单身汉，因威尔士亲王（Prince of Wales）的身份受到欢迎，尤其是在他活跃的时髦圈子中受到了一帮女性朋友的欢迎。情节就像是从沃的小说中改编来的一样——到处是开得飞快的汽车、昂贵的鸡尾酒、尖刻而

① 美国作家华盛顿·欧文笔下人物，喝了仙酒之后一觉睡了20年。——译者注

机智的反驳、滥交，这些都不必太在意。麻烦的是爱德华最新的情妇华里丝·辛普森（Wallis Simpson），事实证明，忽略她是很难的：她不仅是国王的忠实伴侣，而且是美国人，她已经离过一次婚，此时在等待第二次离婚，国王告诉首相鲍德温，一旦离婚暂准令生效，他就要娶她。

值得注意的是，英国媒体对这一切进行了彻底的封锁：没有出现国王在地中海游艇上有失体面的照片，没有流言蜚语和猜测，甚至都不如辛普森的离婚听证会受关注。这种耐人寻味的沉默在1936年12月被布拉德福德（Bradford）主教打破了，他只是简单地说国王在他的使命中需要上帝的恩典。主教甚至没有打算丢下第一块石头，却引发了雪崩。作为国王，这种行为合适吗？大多数受人尊敬的人认为不合适；国王的事业由比弗布鲁克、罗瑟米尔、丘吉尔、莫斯利等不值得信赖的人物负责。鲍德温把整件事办得井井有条，坚持说，如果国王不让步，就必须接受大臣的建议选择退位；艾德礼同意了。事件曝光后没过几天，爱德华八世就走了，他的弟弟成了国王乔治六世。

英国国教教会的普通成员尚且不被允许与离异者结婚，其最高领袖自己怎么能这样做呢？但此时国教教会不必面对这个问题了，因为鲍德温迅速解决了危机，幸好如此。它的训诫仍然是结婚仪式的那句：“神所配合的，人不可分开。”虽然19世纪民事离婚已经开始，但在那些日子里，每年只有几百个离婚判决。实际上，这表明它不仅是一项为富人们准备的法律，因为这一过程的成本高得令人望而却步，而且是一项为丈夫们准备的法律，另一项法律是为妻子们准备的，妻子们通奸的行为被认为是更加可耻的。通奸仍然是在离婚诉讼中可以被正常提起的唯一过错，因此，如果一对夫妇决定分开，那么他们首先要犯下通奸过错，或者是制造证明通奸的证据。这样就有了找托词的基础——比较典型的是在布莱顿酒店的卧室里——这种现象非常明显。第一次世界大战后，每年的离婚案越来越多，到 20 世纪 30 年代中期，多达将近 5 000 起。1937 年颁布的《离婚法》(Divorce Act）使法律更加诚实和直接，值得注意的是，它将“遗弃”作为可选的理由。

然而，带来重大变化的是第二次世界大战。它本身就破坏了婚姻，将妻子与军队中的丈夫分开，尤其是那些在海外服役的丈夫。这场战争也使人们关注到，要将可能损害军事效能的婚姻难题解决，这打开了法律援助的道路，在战后，离婚法庭真正变得容易走进了。1947—1948 年，除了有复员生育潮，还有复员离婚潮，当时有超过 10 万人离了婚——这两年的数量比 1900—1939 年的总和还多。但是战争的暂时影响和法律的放宽只能解释这么多，因为之后更深层次的社会变化使离婚率加速增长。

英国国教的主教们（或者更确切地说，他们中被挑选出的一些人）继续坐在上议院，并领取津贴，这使他们能够与剩余的地产绅士们交往。只有到了终身贵族（1958 年开始）时代，主教们才被拖下上议院——与他们的神职人员有了共同的命运，神职人员曾经是有地位的绅士职业，但是到 20 世纪中期变成了一种硬撑面子的社会工作形式。正如战后保守党试图以一种泛基督教的方式来泛化其基督教呼吁一样，英国国教是托利主义支柱的旧观念也正在变得过时；汗涔涔的牧师们因为失业而痛苦，这预示了国教未来的立场。很难说大主教之子威廉·坦普尔（William Temple）是一个不具代表性的人物，20 世纪 20 年代他是曼彻斯特主教，一路晋升，到 20 世纪 30 年代已经成为约克大主教。他成了一个基督教社会主义的主要发言人，而这个基督教社会主义显然处在政治谱系的左翼。后来创立“福利国家”这个词的是坦普尔，在1942年坎特伯雷的主教郊区空空荡荡的时候，丘吉尔觉得无法忽视的也是坦普尔——“六便士市集里仅有的半克朗物品”。

文化与政治

在20世纪的许多人看来，对“布卢姆斯伯里集团”的崇拜之花开得过于繁荣了。事实是，剑桥大学的一群（男性）本科生之间建立起了友谊，在这基础上一群才华横溢各具专长的作家发展得极好——除了画家凡妮莎·贝尔（Vanessa Bell）和邓肯·格兰特（Duncan Grant）的作品不太受欢迎。这里还存在同性恋关系，特别是在利顿·斯特雷奇、邓肯·格兰特和梅纳德·凯恩斯（Maynard Keynes）之间：这显然有助于加强对维多利亚时代晚期传统的反抗，斯特雷奇的传记散文《维多利亚时代名人传》（*Eminent Victorians*，1918年）经过1 000个事实的挖掘使维多利亚晚期传统遭受了精致文学的绞杀。这本书取得了惊人的成功，在其初期为无数“揭穿真相”的传记带来灵感。1912年品德高尚的费边社会主义者伦纳德·伍尔夫（Leonard Woolf）与弗吉尼亚·斯蒂芬（Virginia Stephen）结婚［她妹妹凡妮莎嫁给了艺术评论家克莱夫·贝尔（Clive Bell）］，这就完成了布卢姆斯伯里联结；布卢姆斯伯里联结集中在布卢姆斯伯里这个伦敦的社交边缘地区，在尤斯顿车站（Euston Station）和大英博物馆（British Museum）之间，小镇的房屋位于美丽的广场上，其价格在当时被低估了。在塔维斯托克广场（Tavistock Square）的伍尔夫家的地下室里，一家人经营着霍加斯出版社（Hogarth Press），出版社的建立一方面是为了治疗弗吉尼亚不稳定的精神状态，另一方面是为新的、年轻的——最重要的是现代作家们提供一个出口。

布卢姆斯伯里集团已经以倡导先锋艺术而闻名了：例如，罗杰·弗莱（Roger Fry）组织的伦敦首届后印象派画展，在 1910 年掀起了一股公众狂热。现代主义的根源可能在战前，但它在英国的文化影响是在 20 世纪 20 年代通过明显的代际变化被人们感受到的。举例来说，正是在这个时期，雕塑家雅各布·爱普斯坦（Jacob Epstein）和埃里克·吉尔（Eric Gill）因为他们非写实的（有时是色情的）作品获得公众认可，虽然他们被指责淫秽，并受此困扰——20 世纪 20 年代后期，两人都在伦敦交通局总部得到关键的创作委托，吉尔之后为英国广播公司广播大厦进行了创作。在音乐方面，1920 年，埃尔加（Elgar，在伟大但最初表现欠佳的大提琴协奏曲之后）沉寂了，相反，年轻的威廉·沃尔顿（William Walton）开始与西特韦尔兄妹（Sitwells）合作，创造了《门面》（*Façade*，1923 年），它是 20 年代的典范，它将伊迪丝·西特韦尔（Edith Sitwell）的朗诵和沃尔顿的高度混成曲搭配，且吸收了流行的爵士乐节奏。

现代艺术和现代音乐，如现代建筑和设计一样，如果不国际化，就什么都算不上；在上述领域中，英国以落后而闻名，但在文学领域有所不同。在文学领域，一些表面上的审美判断中渗透着担忧民族遗产受到威胁的爱国意识。爱德华·摩根·福斯特虽然被认为属于布卢姆斯伯里集团，但他以一种既定的英国文学传统工作。在《印度之行》（*A Passage to India*，1924 年）中，他几乎像乔治·艾略特（George Eliot）那样，通过多层面解读英国与英属印度的臣民之间的误解来阐释整个社会的关系。这一成就既扩展了福斯特小说的范围，也彻底论述了他虚构的作品。尽管如此，在1924年，弗吉尼亚·伍尔夫宣称“我们正在英国文学的一个伟大时代的边缘颤抖”。在这里，现代主义如果不能兼容并包，就什么都算不上，现代主义通常是流亡者的文学，这当然也不是巧合。

1908年抵达伦敦的美国诗人埃兹拉·庞德（Ezra Pound）扮演了一个介于企业家和作家之间的非凡角色。他曾为爱尔兰自治党威廉·巴特勒·叶芝（W. B. Yeats）担任过一段时间的秘书，叶芝实际上选择了在伦敦度过他生命的大部分时间。叶芝记录了他许多同胞的困境，并使他们成为20世纪的人们的情感的一部分：“至善者毫无信心，而至恶者躁动不已。”叶芝描述的复活节起义的大体形象——“一种惊人之美诞生了”——成了该起义在创造这个国家的过程中所扮演角色的核心，这个国家让他成为议员来纪念他，并将他推崇为其最杰出的儿子。

自由邦给詹姆斯·乔伊斯的唯一荣誉就是不让他的同胞们阅读他的作品。乔伊斯是一名爱尔兰移民，他的意识流小说《尤利西斯》(*Ulysses*）将其主人公1904年6月16日在都柏林的游历写成了一个现代神话，带有一种模仿式的忠诚——既对直接的经验忠诚，又对充满想象的回忆忠诚——呈现令人震撼的力量。《尤利西斯》的发表颇费周折，庞德对此功不可没，《尤利西斯》也因此成了一本著名的禁书；这本书尺度过大，无法在英国出版（尽管它被提供给了霍加斯出版社），它以1922年巴黎版走私本的形式发行了40年。乔伊斯余生中都在为一个兼顾文字、神话和记忆的进一步实验而努力，这个实验便是《芬尼根的守灵夜》(*Finnegans Wake*，1939年)。

庞德最伟大的文学成就是促成了托马斯·斯特尔那斯·艾略

特（T.S.Eliot）极具影响力的诗集《荒原》(*The Waste Land*）的出版，霍加斯出版社在1923年出版了这本诗集的英文版。艾略特也是一位美国流亡诗人；庞德多年前就发现了他的才华，艾略特善于暗指和提示，庞德的修改将其从拙劣的模仿中拯救了出来。艾略特的诗原来的标题是“他用不同的声音扮演警察”（He Do the Police in Different Voice），这显示了一种现代主义追求，即并不有意识地采用高尚的措辞，而是用通俗的语言叙述，在此基础上提升意境，就像音乐厅那样，它们早就有自己的“印象派风格”了。

> 丽儿的丈夫退伍的时候，我说——
> 我毫不含糊，我自己就对她说，
> 请快些，时间到了。

就像他所欣赏的《尤利西斯》一样，艾略特也用高雅艺术来描绘流行文化的附带现象和工业文明的俗套。“我们不如济慈，”弗吉尼亚·伍尔夫对他说。“不，我们比得上。”艾略特回答。“我们尝试的东西更困难一些。”

后来艾略特皈依了英国国教高教会派，并赞同在20世纪30年代出现的保守社会主义观点，他可能在意识形态上与布卢姆斯伯里集团格格不入；但在美学上，他们立场相同。《荒原》的一个特别之处在于，它包含了文本注释，就像学术著作中的参考文献一样，为其巧妙拼接的文学典故标明了出处。于是他写道：“我没有想到死亡毁灭了这么多。”（参见《地狱》(*Inferno*)，第三首，第57页）艾略特可能只是为了写成一本书，并且为了保护自己免受剽窃的指控，才把这些文本补充出来，但他有可能在笨拙地解释自己的笑话。这些都使得《荒原》在那些通常不太注意诗歌的人中间留下一些恶名。

毫无疑问，现代主义是一场精英运动，培养了一种只有少数自我意识强烈的知识分子才具备的感性。到 20 世纪末，弗吉尼亚·伍尔夫被认为是 20 世纪 20 年代出现的伟大小说家——女权主义的观点增强了这种看法——但在 20 世纪 20 年代，她的追随者相对较少。只有她的历史奇幻小说《奥兰多》（*Orlando*，1928 年）的销量尚可，这本书中对性的模糊描写所带来的兴奋对销量的提升起了促进作用。弗吉尼亚·伍尔夫公开嘲笑阿诺德·贝内特的“唯物主义”小说，与贝内特不同，弗吉尼亚·伍尔夫从自己的脑海中发现自己的原始材料，再用独特的方式很好地捕捉到书页中的话语，缠绕并偶尔解开一束记忆和认知。如果说《达洛维夫人》（*Mrs Dalloway*，1925 年）看起来相对易懂（至少是在《尤利西斯》之后），它讲述了两个人物在完全不同的一天各自经历的事情，那么《到灯塔去》（*To the Lighthouse*，1927 年）的景象则更复杂、更具挑战。书中对作者的父亲莱斯利·斯蒂芬爵士（Sir Leslie Stephen）的描述给熟悉内情的人提供了一些乐趣。在《海浪》（*The Waves*，1931 年）中，多个独白使得多达 6 个角色进行了互动（尽管从任何严格意义上说情节都不是伍尔夫的强项）。

与伍尔夫相比，阿道司·赫胥黎（Aldous Huxley）在当时作为一个有前途的小说家产生了更大的影响。像《滑稽的环舞》（*Antic Hay*，1923 年）和《点对点》（*Point Counter Point*，1928 年）这样的书都采用了 20 世纪 20 年代的风格；就像诺埃尔·科沃德（Noël Coward）的时髦戏剧一样，他们展示的是“绚丽的年轻的东西”，不过这些东西在赫胥黎的书中绚丽得多，带有知识分子的自命不凡，这是他作为一个显赫学术世家的一员所具有的第二天性。在《美丽新世界》(*Brave New World*，1932 年) 中，他继续描绘了一个令人毛骨悚然的后工业时代的未来，在那里，“我们的福特”受到崇拜，因为人工诱发的欲望得到满足，而这种满足本质上是空虚的。他的比喻从新兴的经济趋势中得来——大规模生产、消费主义、通过广告操纵——就像乔治·奥威尔的《动物庄园》(*Animal Farm*，1945 年) 从政治趋势中寻找类比一样。他们描绘的反乌托邦景象是相互对立的，这两部作品都没有在后来的历史中忠实地上演，但可以说赫胥黎的洞见与奥威尔的一样，在今天仍然具有很强的适切性。

戴维·赫伯特·劳伦斯（D. H. Lawrence）与赫胥黎并肩，但并没有像赫胥黎一样后来变得黯然失色，劳伦斯在太阳下获得了一席之地——他健康状况不稳定，只好在南方的天空下浪子式地追求圆满。1930 年，他在法国南部死于肺结核，年仅 45 岁。从《白孔雀》(*The White Peacock*，1911 年) 和《儿子与情人》(*Sons and Lovers*，1913 年) 使他最初获得名声开始不到 20 年里，他已经写过了班贝内特式的英国乡村背景和威尔斯式的关于教育愿望和性觉醒的自传主题，并有了自己的特色。《虹》(*The Rainbow*，1915 年) 暗含着充满激情的性爱，这让劳伦斯第一次与审查制度擦肩而过。[这预告了他之后的一部直率得多的小说《查泰莱夫人的情人》(*Lady Chatterley's Lover*) 将遭受的困难，这部小说到 1960 年才得以在英国出版。]《虹》中充满的，是对陪伴劳伦斯长大的诺丁汉煤田工业现实的一种高度真实的反映。然而，他所提供的并不是带有纲领性的政治道德的工人阶级小说，而是一种劳伦斯式的关乎人类存在的视角，他执着于生活体验的真实性——尤其是感官体验——真实的个人主张与奉献，《恋爱中的女人》（*Women in Love*，1920 年）就是一个尤其显著的例子。

想象凌驾于“现实”之上，这某种程度上解释了为什么伍尔夫发现自己（令她懊恼地）与劳伦斯以及赫胥黎“一起关在笼中”，更不用说不可回避的乔伊斯了，他们都被认为是现代主义作家。但如果说这些人很有可能被刻板地分类，那么伍尔夫自己也在确定分类时给了助力，她曾公开批判贝内特、威尔斯和高尔斯华绥。她开始担心主流的畅销书作家，比如她同时代的作家休·沃波尔（Hugh Walpole）可能会“忽视我，认为我是一个衰老、颓废、无力、柔弱、自负、好斗且自诩趣味高尚的人：就像阿诺德·贝内特曾经说过的那样”。沃波尔的《流氓哈里斯》（*Rogue Herries*，1930 年）展现了其精心创作的历史故事，作为一名杰出的书评人，他的观点十分中肯。约翰·博因顿·普里斯特利是另一位成功的“通俗”作家，因为《好伙伴》（*The Good Companions*，1929 年）中对一个巡回剧团的传奇式流浪的描写而出名；他对自己的家乡约克郡的描写非常有洞见，就像温尼弗雷德·霍尔比（Winifred Holtby）的《南瑞丁》（*South Riding*，1936 年）一样。这些都是著名的、严肃的作家，他们作品在英国各地都被阅读。尽管伍尔夫一生——她在 1941 年自杀了——获得了不少文学上的赞誉，但她的作品的销量在她死后才超过他们。

事实是，文学上的现代主义出现时，欧洲大陆上更为常见的艺术和音乐正在走向抽象化；似乎对于喜爱传统英文小说并受其风格影响的大众读者来说，现代主义风格很陌生。剑桥评论家弗兰克·雷蒙德·利维斯（F. R. Leavis）后来用更复杂的风格写出了《伟大的传统》（*The Great Tradition*，1948 年），其中占有支配性地位的是乔治·艾略特（不是狄更斯）。可以这样说，利维斯本身就站在公共道德家的传统立场中，试图在 20 世纪将英语作为一门大学学科来普及，从而扮演好道德家守护者的角色。他对道德准则带有说教意味的定义充分反映出他自己对底层文化价值观的肯定，而不是浅薄的商业主义或内向的唯美主义。尽管利维斯准备为艾略特和现代主义诗歌辩护，但他鄙视布卢姆斯伯里集团——不过他支持劳伦斯。显然，定义和划分英国作家的不仅仅是“现代主义”。

到了 20 世纪 30 年代中期，把知识分子放在一个或另一个阵营中的，首先是政治。最有力的信号在于许多年轻的艺术家、作家、诗人——还有科学家——都致力于共产主义。其背景是 20 世纪 30 年代早期资本主义的明显崩溃，或者至少是这个时期整个资本主义世界的繁荣崩溃。在国内，国民政府看起来就像一个老头子的骗局，就像是对此时失望的年轻人的进一步背叛。大量的反战文献姗姗来迟，从媒体中涌现出来，证明了大战是应受谴责的屠杀；归来的英雄也被背叛了，被迫领取失业救济金。极左势力并不是资产阶级政治破产的必然受益者，更不会从新的要求行动的呼声中受益，毕竟，奥斯瓦尔德·莫斯利爵士差不多就是这种呼声的化身，他将他的英国法西斯联盟（British Union of Fascists）的目标对准了退役军人。然而，行动通常意味着共产主义。和平主义和马克思主义提供了显而易见的答案。西方国家的大规模失业吸引着那些相信进步的人士把目光投向东方，去看看苏联的伟大实验，该实验声称已经消除了这些罪恶。

约翰·伯登·桑德森·霍尔丹（J. B. S. Haldane）是先参加自由党后来转入工党的政治家理查德·霍尔丹（子爵）的侄子，在第一次世界大战结束时宣称自己是“科学”社会主义者。20 世纪 20

年代，他的职业是剑桥大学的生物化学家，他的主要成就是在孟德尔遗传理论的基础上重建达尔文的自然选择学说。此外，霍尔丹在《可能世界》(*Possible Worlds*，1927 年）等书中展示其普及科学的天赋，这些书为他提供了一个公众平台。然而，在这个时候，他违反了普遍的性习俗——他在一起离婚诉讼中被传讯时剑桥试图将他开除——这比他的政治观点更引人注目。最终将他拉入马克思主义阵营的是西班牙内战，他最初是一名共产主义支持者而不是一名共产党员。霍尔丹并不是极端左翼中唯一杰出的科学家。还有生物学家兰斯洛特·霍格本（Lancelot Hogben)，他是畅销书《大众数学》(*Mathematics for the Million*，1936 年）的作者，还有杰出的物理学家约翰·德斯蒙德·伯纳尔（J. D. Bernal)，他成了终身投身政党路线的共产主义者。

经济衰退不仅让资本主义名誉扫地，还让试图修复资本主义的改良主义者尝试名誉扫地。对西德尼和比阿特丽斯·韦伯这两位老费边主义者来说，他们的逻辑是接受斯大林主义国家官僚控制的指令经济，以此实现他们的毕生计划。他们的巨著《苏维埃共产主义：一个新的文明？》(*Soviet Communism: A New Civilization?*，1935 年）被广泛引用，但并未被广泛阅读；后来这部书以一个截然不同的书名重新出版，书名为《苏维埃共产主义：一个新的文明》(*Soviet Communism: A New Civilization*，1937 年)。他们的朋友萧伯纳已经公开表示对墨索里尼的利落手段的钦佩，他也是斯大林主义的另一个同路人，他从一位尊贵游客的优越位置欣赏斯大林主义。使共产主义十分真实的，与其说是真实的苏维埃看上去美丽，不如说是另一个事实，那就是马克思主义理论始终坚持认为资本主义制度是腐朽的，不论改革与否。因此，改善生活的承诺，即对社会将取得进步的信念，只能通过一种更为激进的策略来兑现——抛弃对私有财产的依附，正如目前的衰退所显示的那样，它是自由主义章程的致命缺陷。这正是年轻诗人斯蒂芬·斯潘德（Stephen Spender）所说的：“我是共产主义者，因为我是自由主义者。”

斯潘德和他的朋友克里斯托弗·伊舍伍德（Christopher Isherwood），更重要的是威斯坦·休·奥登（W. H. Auden），代表了这一代的左翼文学，从某种意义上来说，他们在 20 世纪 30 年代成长起来。奥登早期的作品表现了一种以成功为标准的道德所鼓励的残酷选择，其尖锐的方式后来让他感到羞愧，“历史对于失败者来说，既无济于事，也无可原谅”。在一个两极分化的欧洲，只有共产主义的管束才能给人以有效抵抗日益增长的法西斯主义威胁的希望。那些坚持自己议会自由之美好，而没有看到在他们自己的肮脏游戏里阶级敌人必须被打败而且只能被打败的自由党人，因为“客观上亲法西斯”而被打发走。虽然共产主义决定论表面上是建立在经济基础之上的，但共产主义的诉求有一个心理基础：把一种行动的冲动与选择的必要性捆绑在一起。这帮助创造了一种情绪，1914 年理想主义的年轻共产主义者们像鲁珀特·布鲁克（Rupert Brooke）一样醉心于自己的诗歌，他们在西班牙找到了自己的命运，“那片干旱的广场，那碎片从炎热的 / 非洲被扯下来，被粗暴地与富有创造力的欧洲连接在一起。”

1936 年，佛朗哥（Franco）将军向西班牙共和国人民阵线政府（Popular Front Government）发起了武装挑战，战争爆发，并一直持续到 1939 年西班牙共和国崩溃。一场棘手、混乱的西班牙冲突，伴随着其悠久的历史根源，成为民主与法西斯主义之间标志性的斗争。在英国人看来，因为战争而大量涌现的文学作品让它就像是一场诗人间的战争。他们忽视了从自由立宪派（liberal constitutionalists）到托洛斯基主义者（Trotskyists）的英国左翼向西班牙共和国提供了各种各样的广泛支持，也从很大程度上忽视了，国际纵队（International Brigade）的成员是从格拉斯哥独立工党的失业成员那样的志愿者中招募来的，而不是来自像诗人约翰·康福德（John Cornford）和朱利安·贝尔（Julian Bell，凡妮莎的儿子）那样能言善文、人脉广泛的剑桥大学毕业生。然而，康福德和贝尔的死亡足以证明他们自己的承诺是真实的。这一点在康福德的句子中表达了出来，尽管他预计自己会死去，面对着“通往韦斯卡的最后一英里”，他写道：“万一不幸降临 / 我的力量被埋进浅浅的坟墓里。”

奥登活了下来，成为一位伟大的诗人，在记录“平淡而短暂的小册子和无聊的会面”时，他一直保持低调。他的言辞比他的意识形态更强大（更不用说他将常识应用于政治判断的能力了）。奥登毫发无损地走过了 20 世纪 30 年代，就像一个近视的人得到了一把枪，他对它的毁灭性火力一无所知，而他自己的目标也不确定。他通过邮政局电影团结识了另一位上流社会青年——作曲家本杰明·布里顿（Benjamin Britten），后来电影团由约翰·格里尔逊（John Grierson）领导，进入了全盛期，他们以开明的政治态度制作创新性的纪录片。布里顿和奥登彼此吸引（两人都是同性恋），他们的艺术结晶是两人合作创作的声乐套曲《我们的狩猎祖先》（*Our Hunting Fathers*，1936 年），其中带有反法西斯潜台词的政治意味。奥登以一首名为《1939 年 9 月 1 日》（*1 September 1939*）的诗结束了“不诚实的十年”。这首诗在纽约写成，在那里，布里顿和他的伴侣男高音彼得·皮尔斯（Peter Pears）与奥登短暂相聚。这首诗是用人们熟悉的意识形态语言写成的，但在为这种紧张关系提出个人和艺术上的解决方案时，它表明奥登寻求的是宗教上的而非政治上的万灵药。

乔治·奥威尔曾在独立工党的赞助下在西班牙作战，一件令人印象深刻的事是他因奥登写出“在必要的谋杀中有意识地接受罪恶”，而斥责奥登冷漠无情。奥威尔在《向加泰罗尼亚致敬》（*Homage to Catalonia*，1938 年）中所写的故事，或许是因为战争而出现的最好的一本书，但并不是最容易出版的。其中叙述的关于西班牙的残酷事实会扰乱政治。它不支持含蓄的跨党派路线，就是这条路线将英国支持北爱尔兰共和主义的保守派联盟团结在了一起；它泄露了反法西斯队伍中的内部派系斗争的秘密；这显示了奥威尔能够出言不逊到什么程度，因此，正如他的朋友们不断警告他的那样，这给政治对手们“留了方便”，他们会利用他毫无防备的言辞。这些警告，奥威尔从未学会去留意，有时是以一种令人恼火的自负方式；但他那些短暂的作品比大多数他的批评者的作品要传播得更好。

国民政府

1931 年 10 月，国民政府面临着一场大选，其前景比 8 月成立时好得多。它成功地将从危机中逃跑的责任归咎于工党；工党关于“银行家策划了阴谋导致这场危机”的故事在其支持者们中反响不错，但并没有为他们赢得新的信任或支持。在亨德森的领导下，工党团结一致，反对国民政府及其削减开支的做法，并将麦克唐纳、斯诺登和托马斯驱逐出工党，他们三人“国民工党”的地位完全是自己划定的。这次选举是工党与其他政党的较量，因此，即使与1929 年的投票结果相同，工党也会失去席位。但它的得票数也下降了 6%，至 31%——几乎与 1923 年的情况相同，当时这部分选票为工党赢得了近 200 个席位，工党得以上台。1931 年的情况则大不相同：当选的工党议员只有 50 人，甚至将少数苏格兰工党成员也算在了里面。在煤田之外，工党势力被消灭了。新议会中几乎没有前任大臣；随着麦克唐纳派的叛变，以及一场选举灾难降临到亨德森和赫伯特·莫里森等崛起的人物身上，议会工党转而选择了兰斯伯里为其领袖，当时还名不见经传的艾德礼担任其副手。

国民政府就像 1918 年回归的联合政府一样，它主要由保守党议员组成——554 人中有 470 名保守党人。与联合政府不同的是，它没有劳合·乔治。他此时反对国民政府，称其为欺诈团体，但起初只能依靠来自北威尔士的他自己家族的议员，总共 4 人（尽管其他自由党人将在 12 个月内加入他们）。自由党人已被危机吞噬。约翰·西蒙爵士领导的团体有 35 名议员，他们公开与政府站在一起，自称是民族自由党，并依赖与保守党日益密切的选举合作。西蒙是一个能干而又雄心勃勃之人，他多次复兴了自己内阁大臣的职业生涯，在各大国家部门中前行：麦克唐纳任首相时他任外交大臣，鲍德温时他任内政大臣，内维尔·张伯伦时他任财政大臣，丘吉尔时他任大法官。赫伯特·塞缪尔爵士是一位可敬而十分谨慎的人，他也有相当数量的自由党议员支持，显然是在艰难的环境下努力做正确的事情，就像一个传教士在尝试做一个驯狮者一样。尽管西蒙派被国民政府全盘吞并，但塞缪尔派被吐了出来。

塞缪尔担任内政大臣，斯诺登担任掌玺大臣，这构成了新当选政府的自由贸易核心。在大选中，每个人都试图对关税保持沉默，因为这将迫使自由贸易者们回到工党的怀抱，麦克唐纳只说了“医生的命令”。但此时所有的一切都指向了关税：保守党多数人的偏见和这个国家的贸易保护主义者们的情绪都是这样。1932年2月，新任财政大臣内维尔·张伯伦推行了一项进口关税法案，他声称该法案最终证明了他父亲的清白。该法案对大多数进口产品使用适度的固定税率，而对帝国特惠制的热门问题，它做了和斯诺登在一年前在经济热点问题上所做的相同的事情——他将责任推给了一个小型顾问委员会，该委员会（又一次）由乔治·梅爵士（Sir George May）领导。结果是，对某些制成品征收了更高的关税；张伯伦率领的一个英国代表团被派遣参加渥太华帝国经济会议（Imperial Economic Conference in Ottawa）。

渥太华给关税改革者们和自由贸易者们都带来了双重幻灭。张伯伦发现，协商特惠关税并不能像他一直坚信的那样，会释放帝国的善意和团结。1932年《渥太华协定》（Ottawa Agreements）生效之前，双方进行了激烈的讨价还价；这些协定对英国的主要影响是允许从英联邦进口更多的食品，而不是帮助出口商突破这些自治领坚持的对本国制造业的保护。与20世纪20年代末相比，在20世纪30年代末，英国对自治领的出口下降超过了20%，而来自自治领的进口增加了，它们对英国的贸易顺差增加了一倍。无论谁在渥太华占到了便宜，都不会是英国工业界。但这或许更符合英国的金融利益，因为发言人都来自财政部和英格兰银行。

这场危机标志着英镑区的开端，它是一个建立在大英帝国基础上的国家集团（加拿大除外），但也包括丹麦等严重依赖与英国贸易的国家。当英国放弃金本位时，他们也放弃了金本位；他们用英镑来开展国际贸易。英镑不再自由浮动，而是成为一种管理通货，其汇率（1933 年美元贬值后）一直稳定在接近 5 美元，直到 1939 年。英国从英镑区进口的成本不比 1931 年以前高，因为英镑区的国家都同时在贬值；而不再能够运行金本位的英格兰银行，至少能够管理英镑区，一切都缩减至帝国标准。自治领仍然是英国的忠实顾客，其忠实程度令人惊讶。如果说它们在 20 世纪 30 年代买得更少了，那是因为它们负担不起了，它们受到经济衰退的冲击比英国更严重；新西兰和南非的进口仍有 3/4 来自英国，澳大利亚的进口一半以上来自英国。[①] 他们在伦敦要花费大量英镑，用于支付各种债务和无形的费用：他们只有享有进入日益繁荣的英国消费市场的特权才能够付得起这些费用。英国人吸吮着帝国这颗干瘪的水果来拯救英镑区。

这一切都不等于老乔·张伯伦梦想的“生产者政策”。但如果帝国特惠制没有达到关税改革家们的期望，那么渥太华对于自由贸易者们来说仍然难以接受。几个月来，内阁一直在实施一项“同意有不同意见”的宪法改革，允许斯诺登和塞缪尔反对自己政府的关税提议。1932 年 9 月，在渥太华会议之后，他们辞职了。斯诺登突然将矛头指向了国民政府，用一年前谴责工党的恶毒态度指责它的背叛。从表面上看，这一切都取决于关税这一重大问题，30 年来，它引起了一场又一场的政治危机；然而，各种关税

① 或许，这不是挑起英联邦关系危机的最佳时机；然而，这正是英国板球队在1932—1933年到澳大利亚比赛时所做的。由于没能通过普通的手段抑制住澳大利亚一流击球手唐纳德·布莱德曼（Donald Bradman）的惊人速度，英国快攻选手被要求使用“快速投球战术”（body line）——这种战术让英国成功赢得了“灰烬杯”（在这个例子中命名很恰当）。——原注

得以实施后，它们却显得没有那么重要了，无论是好的方面还是坏的方面。

为经济复苏打开大门的与其说是贸易保护，不如说是低息资金。从 1932 年 6 月到 1951 年 11 月（1939 年战争爆发后的两个月除外），银行利率几乎没有低于过 2%。当然，要衡量实际利率，必须考虑到货币价值的年度变动，这意味着要将衰退导致的价格下降加到银行所报的名义利率中。生活成本继续下降，虽然没有 1929—1931 年那么急剧，但它一直下降到 1933 年的某个时候，而对投资决策至关重要的工业价格在 1932 年已经触底。因此，利率很低，而且很稳定，一旦信心恢复，这便是投资的理想条件。

在恢复信心方面，政府可以发挥很好的作用。它的人事和公开的政策都激发了对工党不满的银行家和实业家的信心。在这个意义上，即使是贸易保护措施也起了作用。财政部能够利用低息资金，将战争债务大规模转换为低利率结构。1929 年，总债务费用占英镑税收的 40% 以上，但到 20 世纪 30 年代中期，这一比例降至不足 1/4，这是另一个衡量维持金本位成本的指标。财政部充分利用了金本位和自由贸易已经消失的情况，但至少通过坚持预算平衡贯彻了稳健货币的原则。张伯伦看起来像铁血大臣，但他只是木板条被涂成了铁的样子，他的措施避免了通货紧缩的恶化。如果不考虑偿债基金，在 1921—1939 年，实际出现预算赤字（尽管是很小的赤字）的唯一一年是 1933 年。这无关紧要，因为这并没有影响信心。

房地产繁荣是国内投资复苏最重要的刺激性因素。新兴产业经常与之相联系，它们实实在在地为国内市场提供耐用消费品，从电熨斗到收音机，这些都使工作和娱乐发生了革命性的变化。例如，1922 年英国有 100 万部电话，到 1938 年有了 300 万部。以科学为基础的工业利用了新技术，通常是电气技术，还有新材料，比如塑料，工业界在营销它们的产品时更加强调造型。在关税壁垒的背后，英国汽车工业成了大生意；与 20 世纪 20 年代相比，汽车进口减少了一半；与此同时，出口翻了一番，最重要的是，公路上的私家车数量也翻了一番。像牛津这样的小镇，莫里斯汽车公司（Morris Motors）的总部，被拉出了中世纪，进入了一个福特主义的勇敢新世界（与之前威廉・莫里斯所希望的相反）。这种转变使伊夫林・沃感到沮丧，他用生动的文笔将其记录在《故园风雨后》（*Brideshead Revisited*，1945 年）中；但是能够在考利（Cowley）新区产买得起房子的汽车工人家庭看法有些不同。1934 年，牛津的失业率为 5%，阿伯蒂莱里（Abertillery）为 50%。

统计数据显示经济复苏的步伐正在加快。1933 年 1 月，官方公布的失业率达到了 23%，此后持续的下降几乎没有中断，在 1937 年夏天曾一度降至 10% 以下。在经济萧条时期，在职人员的现金工资没有物价下降得那么快；结果是，到 1933 年，实际工资比 1929 年高出了 10%（比 1926 年高出了 17%）。可以说，这些收益是以牺牲所有同时失去工作的人的利益为代价换来的。但这一较高的平均实际收入在就业复苏期间维持不变——当工人们从领取失业救济金的队伍中走出来的时候，他们在分享新的繁荣时被插队了。

这为国民政府在大选时提供了一个可用的平台。1935 年 6 月，在麦克唐纳任首相时耐心地担任枢密院议长的鲍德温与他换了位子，使首相之职与政府中保守党占优势的局势保持一致。麦克唐纳甚至在自由贸易者们离开后，还曾试图维护自己的国民信誉，但此时，从各方面来说，他都是一个悲伤而孤独的人物。并不是鲍德温希望采取一种狂热的党派方式，而是因为这是一个国民政府，这个事实（或谎言）让他能够控制自己所在的政党中的顽固分子，且他一直都在与这些顽固分子斗争（最近一次是就印度自治运动问题发生争吵）。在 1935 年 11 月的大选中，鲍德温成功返回了议会，成了 429 名议会议员的领袖，其中 387 名是保守党，33 名是西蒙派的民族自由党人。尽管自 1931 年以来出现了一些下滑，但 1935 年政府赢得了超过 53% 的选票。

此时有了一个合适的在野党，由艾德礼领导，他作为兰斯伯里的副手做得很好，后来得到机会成了他的继任者。工党从政府手中赢得了 100 多个席位，其所获选票反弹至 38%，完全与 1929 年相当。但在双马竞赛中，这还不够好。如果把 1935 年的结果与 1929 年的结果相比较，1931 年危机的净影响就变得明显了；工党的支持率一直保持平稳，保守党的得票率则增加了 10%，这几乎完全来自自由党支持率的降低，自由党最终得票不到 7%，只有 21 名议员。从三党制到两党制的转变，使保守党占据了支配地位，经过了一场世界大战，他们才被驱逐离开。

20 世纪 30 年代中期，工党所做的只是恢复到 1929 年的水平，经济也是如此。1929 年的失业率已经是一个问题了，集中在可怕的问题多发区，甚至在 1937 年，在经济复苏的高峰期，失业仍然是个问题。可以说，在政治上，政府能够安然度过资本主义危机，靠的是富人比穷人多，繁荣的英格兰南部的选票超过了萧条的英国工业地区，但这太简单了。威尔士在席位和选票上显然都是多数反对政府，但在苏格兰，支持政府的票数与英格兰差不了多少。没错，在 20 世纪 30 年代，在失业率最高的选区，工党的支持率保持最佳；但这些地区也是工会势力强大的地区，在这些地区，原有的对工党的忠诚最为根深蒂固。相反，在伦敦这样能以纯粹的经济解读预测对政府的支持情况的地方，莫里森可怕的工党机器正变得越来越强大；工党在 1934 年赢得伦敦郡议会（LCC）后，开始在伦敦东区贫困的核心地区之外获得议会席位，这些地区甚至曾经受住了 1931 年那场混乱的考验。

与一个仍缺乏公信力的反对党相比，保守党向公众——尤其是女性选民——发出的呼吁更有效、更广泛。政府需要注意的不是其失业记录，而是其对待失业人员的方式。削减的福利在 1934 年得以恢复，实际救济金比以往任何时候都要高。但是，激起愤怒的是 1935 年的一项提议，提议要求成立一个新的失业救助委员会（Unemployment Assistance Board），从地方公共援助委员会（旧《济贫法》的残余机构）手中接管长期失业人员，以家庭收入调查为基础给出标准付款额度。这是一个具有典型张伯伦风格的措施，其背后的逻辑是坚信行政改革可以把这个问题从政治中剔除。结果事与愿违，当支付过渡性款项的义务在 1935 年 1 月被移交给新成立的失业救助委员会时，一场规模空前的政治抗议爆发了，抗议不仅发生在议会中，还蔓延到了大街上。在笼罩在希特勒阴影下的欧洲，这是一个强有力的警告。政府退让了，它推迟了改革，以更高的付款额度平息了抗议。

相比之下，解决失业问题的政策并没有如此引人注目。可以肯定的是，劳合·乔治谈论的是英国新政，凯恩斯倡导的是逆周期经济策略，工党开始使用凯恩斯主义的话术，将传统宣言背后的折中意见调动了起来，尤其是在《接下来的五年》（*The Next Five Years*，1935 年）中。然而，财政部谨慎行事，承认其中一些论点的语言力量，但财政部总是受到张伯伦的制约，他公开地以政治方式处理这一问题，例如，他在 1935 年竞选期间宣布了新的筑路计划。凯恩斯承认，当复苏力量已经在制造瓶颈之际，仍然通过普遍的需求刺激来解决失业问题是有难度的。这些地区的结构性失业高峰曾在一段时间内被铺天盖地的经济暴风雪所掩盖，但此时已经显现出来了。

这促成了一项政府的倡议，这项倡议在表面上帮助萧条地区（或者是特殊地区）——尤其是达拉谟（Durham）和南威尔士的破败煤田，泰恩赛德和克莱德河岸的废弃船厂。贾罗（Jarrow）有多达 2/3 的人失业，失业者们于 1936 年集结成一支纪律良好的队伍地向伦敦进发，将失业问题摆在明面上。目前尚不清楚解决方案是通过帮助工人们转移到更繁荣的地区，将工人转移到工作岗位上，还是通过鼓励外来投资将工作岗位交到工人手中。几乎没有采取什么行动，更不用说有什么进展了。兰开夏郡并没有被列为特殊地区，但在维冈，1/3 的工人被登记为失业；即便奥威尔的《通往维冈码头之路》(1937 年）不完全是他所声称的纪实文献，它也是一座合乎时宜的文学纪念碑，纪念了鲍德温热爱的英国的阴暗面。

人们在这一时期所经历的繁荣和贫困带来了截然不同的影响，使他们对这一时期的看法和记忆都涂上了不同的色彩。回顾过去，无论从左翼还是从右翼看，国民政府在国内和国际事务上都受到双重谴责。如果当时这种情绪普遍存在，国民政府不可能获得半数以上的民众选票，而英国则可能更容易受到英国法西斯联盟奉行的极端主义政治的影响。莫斯利模仿墨索里尼穿着黑色衬衫制服，于 1934 年在奥林匹亚竞技场举行了示威游行，一石激起千层浪，颇为引人注目。这个泡沫虽暂时因罗瑟米尔的《每日邮报》的积极宣传而膨胀，但很快就破灭了。英国法西斯联盟仅有的追随群体是利用民粹主义者对伦敦东区长期存在的犹太社区的不满而招募来的；即使在伦敦东区，1936 年重振对英国法西斯联盟支持的努力也适得其反——反法西斯社会活动家们迫使莫斯利取消了黑衫军（Blackshirt）在电缆街（Cable Street）的游行。警察当时无能为力，但这很快就被法律的改变所弥补，法律禁止了政治制服，这有效地削弱了莫斯利的带有表演性质的感染力——最终，这条法律也成了他的黑衫军如此令人难忘的原因。

1936 年 12 月颁布的《公共秩序法》（Public Order Act）是鲍德温在其首相期的最后措施之一，他焦虑的心情因一些令人信服的原因而有所缓解。如果英国法西斯联盟在其鼎盛时期真能拥有其宣称的 4 万名成员，那么这是英国共产党员人数的两倍以上；但是拥有 150 万成员的保守党，显然比两者都拥有更多的无产阶级追随者。鲍德温选择在 1937 年 5 月退休，他在任期最后几个月中看到退位危机被巧妙地化解；在传统的爱国象征符号中，在对社会团结和大众欣喜景象的大力宣传下［这些在加冕日被“大众观察”项目（Mass Observation）的业余人类学家们忠实地记录了下来］，看到了新国王和王后加冕。对于一个保守党领袖来说，留下这样的政治遗产似乎并不是什么坏事。

第六章

罪人，1937—1945 年

绥靖政策

鲍德温继任成为保守党领袖是新闻界巨头和其他各方长期以来一直争论不休的话题，但最迟从 1931 年起，内维尔·张伯伦迟早会接任保守党领袖这一点已经很明显了。竞争对手们来来去去，都是昙花一现。一位有希望领导 1924—1929 年政府的候选人道格拉斯·霍格爵士（Sir Douglas Hogg）转而接受了大法官一职[①]。这样就剩下张伯伦了——当然，除非有人认为丘吉尔应该竞选。毕竟，这两个人一起为第二届鲍德温政府带来了活力，正如丘吉尔和劳合·乔治在阿斯奎斯政府中所做的那样；不过自 1922 年卡尔顿俱乐部会议以来，人人都知道鲍德温认为充满活力可能是件很可怕的事情。然而神奇的是，丘吉尔与他之前的劳合·乔治一样，作为一个有决策力的人居然被一个平庸的阴谋击败。他自己的糟糕决定起

① 正如1928年的黑尔什姆勋爵,一旦麦克唐纳派桑基在1935年卸任，黑尔什姆就会重新担任这个职务。他的儿子为了竞选保守党领导人的位子于1963年放弃了世袭贵族的身份，但之后又成为终身贵族,同时和自己的父亲一样,成为撒切尔的大法官。——原注

了决定作用。

在鲍德温领导的保守党执政时期，有太多针对丘吉尔的攻击：他雄心勃勃、不可信任、冲动鲁莽、爱冒险，因为结交劳合·乔治、伯肯黑德和比弗布鲁克等不值得结交的同事而受到牵连。重新加入基本由贸易保护主义者组成的政党时，他却坚持自由贸易，后来他登上首相之位被视为一次选举灾难。1931 年初丘吉尔从影子内阁[①]退出时，他并不是冷漠地放弃一个一旦抓住，在正常情况下就会助他成功的绝佳机会，但他的超脱态度无疑将他排除在国民政府之外。一旦出局，就被拒之门外了。

导致丘吉尔与保守党领导人决裂的问题，以及 20 世纪 30 年代早期他一直为之努力都是印度问题。他成为保守党顽固派最有力的发言人，保守党见证了各党派前座议员共同阴谋出售英属印度。这是一个合理的指控。保守党政府已经于 1926 年成立负责报告印度政治情况的委员会，由仍是自由党人的约翰·西蒙爵士担任主席，而尚默默无名的克莱门特·艾德礼作为一名工党成员也在委员会中。总督欧文勋爵（Lord Irwin，后来的哈利法克斯）是一位著名的保守党成员和虔诚的高教会派，同时是鲍德温的密友。欧文在 1992 年 10 月做出的声明，在印度人面前用自治领地位吊他们胃口，这不仅得到了工党政府的同意，最初还得到了尚处于在野党的鲍德温的支持，这激怒了许多后座议员。1930 年盖着其主席签章

① 影子内阁指实行多党制的国家中不执政的政党为准备上台执政而设的预备内阁班子，也叫“预备内阁”“在野内阁”。影子内阁往往由下议院中最大的反对党领袖物色下议院中有影响力的同党议员，按内阁形式组建而成。1907年，英国保守党领袖奥斯丁·张伯伦首先使用这一名词，后为一些英联邦国家所采用。——译者注

的《西蒙报告书》(*Simon Report*) 因为保持中立而广为人知，它策略谨慎，提议扩大代议制政府的范围，寻求达成共识，不仅想安抚印度王公们，还欲与甘地在印度国民大会党（Congress Party）中的民族独立主义支持者们达成和解，同时捍卫英国控制印度的基本条件，并让顽固分子们冷静下来。

该报告书之后，麦克唐纳于 1930 年在伦敦召开了一次圆桌会议，这次会议迫使王公们做出让步，但由于国民大会党拒绝参加而没有获得成功。1931 年，麦克唐纳再次尝试。这一次欧文尝试直接和甘地对话：两位圣人巧妙地达成协议。他们的协议确保了国民大会党出席，而甘地自己在伦敦的雨中穿着与众不同的白色长袍和凉鞋，也成了一道令人难忘的风景。但言辞激烈的丘吉尔嘲讽这是种族崇拜。其政治症结在于，虽然麦克唐纳在会议召开之前已经依赖于保守党的支持了，但他的政府不会明显改变其对印度的立场。他们仍然采取绥靖政策，避免引起本可避免的摩擦，从而尽可能地在瞬息万变的世界中挽救局面，因为 1931 年的金融危机使英国也卷入变化大潮，再也不能操控世界了。麦克唐纳和鲍德温一起推进他们的印度政策，在（在第二次圆桌会议后的）1935 年《印度政府法案》(Government of India Act）中明确证明了他们政府的国民属性。

在印度，各土邦不愿加入拟成立的全印联邦（all-India federation)，这在一定程度上削弱了自治法案条款；不过王公们在威斯敏斯特的立场变得清晰起来，使法案看起来不那么激烈，这实际上推进了法案的通过。在整个过程中，丘吉尔领导着 100 名或更多位保守党议员，定期对政府投反对票。争论填满了 4 000 页英国议会议事录。此外，丘吉尔还是右翼印度国防联盟（India Defence League）的主要发言人。尽管他在一些发言中提出警告称如果英国放弃印度则可能导致暴力在社区间蔓延，这可以解读为对1947年独立（和分割）后发生的流血事件的预言，但丘吉尔的观点并非真的具有前瞻性，它只是回顾了“我们永远在那里”的帝国主义假设。他从新闻界巨头停止的地方重新开始，对（如果不是为了）领导权做出了明确的挑战，在1934年10月召开的党派会议上达到高潮，在会议上顽固分子只差少量选票就能获得成功。难怪尽管丘吉尔表示了迟来的和解，鲍德温还是坚决不让这个人进入他的最后一届内阁；也难怪当火炬顺利地传递给张伯伦时，丘吉尔还是被忽略了。

到张伯伦最终接过领导权时，他已经68岁了，领导权已经变味了。他还是热衷于政府事务，不断地敦促他的大臣们，还干涉他们的部门事务。然而，他的所有经验都来自处理复杂的国内政策问题，对此他的掌控无可匹敌。最近有人告诉他：“内维尔，你必须谨记，你对外交事务一无所知。”这个人就是他的兄长，前外交大臣奥斯丁。但入主唐宁街10号的张伯伦深陷一场包罗万象的国际危机，这场危机到1945年才得以解决，张伯伦下台时，危机还在，张伯伦去世时，危机仍然在。这些年英国政治始终围绕着外交政策，外交受重视的程度是20世纪的其他年份无可企及的。如果说张伯伦在其中显得笨拙，也不是他自己想这样的。

但是张伯伦从来不会索要同情，也从来不会承认自己易出错。相反，与鲍德温不同，他努力掌握新资讯，把首相办公室当成外交事务决策的中心。他最喜欢的公务员霍勒斯·威尔逊爵士（Sir Horace Wilson），名义上的政府首席工业顾问，在办公室里坐在首相的旁边，每天与他一起在公园里散步，与其说他是张伯伦的内阁同事，不如说他更像张伯伦的知己。张伯伦不信任职业外交官，自己利用唐宁街新闻办公室，召开有时与外交部唱反调的信息发布会，外国大使们明白他显然是决心昭示谁才是上司。正是这种摩擦，而非尖锐的政策分歧，很快就在外交部引发了一场危机。

1935 年底，鲍德温发现他急需新的外交大臣来取代塞缪尔·霍尔爵士（Sir Samuel Hoare），而这时外表正派、衣着考究的安东尼·艾登还只有 38 岁，刚刚担任国际联盟事务大臣（Minister for League of Nations Affairs），艾登头脑精明，极其擅长遣词造句，是外交官中的翘楚。他清正廉洁，是自由主义压力集团国际联盟工会（League of Nations Union）的红人。国际联盟工会于 1935 年 6 月宣布了其挨家挨户“和平投票”的结果，结果显示公众大力支持国际联盟对侵略者的制裁——甚至支持其采取军事措施。这从原则上来说是好的，但墨索里尼在阿比西尼亚的筹划带来了更实际的考验。霍尔的麻烦是，政府在 11 月当选时宣誓支持国际联盟保护阿比西尼亚的措施，但很快在 12 月被发现正在计划分割阿比西尼亚[《霍尔—赖伐尔协定》（Hoare-Laval plan）①]。霍尔必须离开。艾登炫目的擢升使政府焕然一新，但并没有拯救阿比西尼亚。到 1936 年 6 月，随着国际联盟的公信力荡然无存，张伯伦公然将制裁称为“疯狂的仲夏”。左翼新闻界和国际联盟工会非常愤怒，但他们用呼吁“集体安全”来作为抵抗侵略的手段，在没有英国武装力量支持的情况下，这显得非常空洞。

这些没有一项迎合新任外交大臣的喜好，但他很满意将他的

① 这是英国、法国与意大利在1935年12月8日拟定的协定，英法试图以此结束第二次意大利–埃塞俄比亚战争，不惜出卖埃塞俄比亚的领土利益，以满足意大利法西斯的野心。这显示了当时英法绥靖政策的危害。——译者注

政策实质描述为“整个欧洲的绥靖政策”，他指的是自《凡尔赛条约》签订以来自由党一直支持的观点——通过安抚合理的不满情绪来消除可能引发战争的因素。因此，艾登于 1936 年默许了德国对莱茵兰的重新军事化。诚然，这违反了《凡尔赛条约》，但是现在谁会捍卫它单方面又过时的条款，反对德国完全控制它自己的领土呢？诚然，《凡尔赛条约》是通过武力达成的——本来情况应是希特勒将与会议桌对面带着笑容的艾登握手，艾登拿到希特勒受让的领土控制权，这时谁会想通过战争从希特勒手里夺回它呢？艾登不满的并非这样的绥靖政策，而是一位新首相的到来，这意味着艾登不能再以自己的方式打手中的一副烂牌。由于张伯伦将外交揽在自己手中，艾登觉得受到羞辱。1938 年 2 月，艾登辞职，被一个更为顺从的接班人取代。

任命因安抚甘地而声名远扬的哈利法克斯勋爵标志着绥靖政策进入一个新阶段。但哈利法克斯发现了一个熟悉的对手仍然在与他作对。丘吉尔曾在谈及印度时说过：“我们的力量并没有严重受损”“我们遭受着意志的煎熬。”丘吉尔对欧洲形势的解读与之相似。朝甘地咆哮，对希特勒撕咬！但是，可以说，如果把维护大英帝国冷酷地视为一个困境重重的国家的首要任务，那么就会有不同的要求。因为在这种情况下，合乎逻辑的程序就是与欧洲的独裁者们达成协议，以便让每个统治民族都可以不受质疑地行使各自的霸权，特别是不用面对国际联盟工会不断重复的关于自由和民主的无聊问题，但这不是丘吉尔采取的路线。相反，从 1936 年起，他开始与像反纳粹委员会（Anti-Nazi Council）这样的机构合作，与该委员会中的犹太人、左翼分子和工会支持者们合作，力图有效地团结反抗希特勒德国的力量。

墨索里尼的意大利仍然是一个难题。更加令人费解的是，是应该安抚意大利作为孤立德国的现实策略，还是应该把它作为另一个法西斯独裁政权而反对它，这是左翼意识形态意味更浓的反应。丘吉尔和政府都在这两者之间摇摆不定。

自 1934 年以来，重整军备是丘吉尔的一贯宗旨。起初，和平主义虽然定义不清，但备受推崇，在这种情况下他有可能不会被视为好战的帝国主义者。然而，他对英国和德国的相对空军优势的预估是有充分依据的，这是政府陷于尴尬的原因，支持丘吉尔的公务人员向他泄露了官方机密。鲍德温在下议院一度被迫让步。真相模糊不清。历史学家们通过查阅档案，认为鲍德温的让步本身就是错误的，丘吉尔的数据自始至终都不准确。事实是重整军备项目在鲍德温时代就正式开始了，推进的速度比丘吉尔希望的要慢，但比反对派提倡的要快。1935 年以前，国防开支大约限定在国民生产总值的 2.5%，到 1937 年却增加到了 3.8%。

工党只是分阶段地承认重整军备的现实必要性。1935 年工党会议迈出了一步，当时欧内斯特·贝文谴责温和的和平主义者兰斯伯里，说他“到处兜售自己的良心，要求别人告知自己该怎么做”。贝文有着控制他的工会集团投票的权威，而当时兰斯伯里已经 76 岁了，早已准备好辞职。贝文的令人震惊的言辞预示了其整体上更强硬的态度；他于 1937 年成为工会联盟主席，而道尔顿成了工党主席。他们一起做了许多事情以瓦解任何对重整军备的真正抵抗(不过议会对可恨的张伯伦的支持是另一回事)。

政府对英国处于相对弱势的认知实际上降低了采取丘吉尔所倡导的强硬路线的可能性。张伯伦长期在财政部任职，他敏锐地判断出英国重整军备的真正的经济制约因素，尤其是从传统经济学视角来看。除非拥有有能力生产飞机的工厂，否则简单地加紧订购飞机是行不通的。而且即便有了工厂，这也会将资源调离生产性用途——这是对老派“财政部观点”的反馈（“挤出效应”）。同样，提高税率可能会抑制经济复苏，而战争到来时经济才是英国的真正实力。相反，借贷会引发尴尬的政治问题：为什么为了重整军备就可以使预算失衡，而为了投资公共工程就不行。政府在 1937 年发起国防贷款时受到了工党的抨击。在这个例子中，重整军备在经济复苏步履维艰时增加了需求，有力地刺激了经济。

但是，张伯伦认为国防支出是负担和浪费，不能指望他对此有什么其他看法。而且，在帝国会议上，各自治领明确表示他们跟张伯伦一样，对战争没有什么兴趣，这加重了他的忧郁情绪。毕竟，约 20 年前澳大利亚人被丘吉尔派往加利波利的痛苦记忆还历历在目，为什么他们会愿意再次献祭自己充当炮灰？上次英国在法国和美国的支持下才侥幸战胜德国，没有这两个力量的支持，下一次会是什么结果呢？

国际联盟在日内瓦仍是幽灵般的存在，但在阿比西尼亚事件之后，关于集体安全的讨论就毫无意义了。如果英国和法国要维护《凡尔赛条约》的话，他们就不得不采取行动。但他们对莱茵兰事件并未采取行动，这助长了希特勒的气焰；1938 年 3 月，希特勒把奥地利并入德意志帝国，又一次违反了《凡尔赛条约》，这又是一次不流血的政变，是对西方各国威望和士气的又一次打击。下一个目标是什么？答案明显是捷克斯洛伐克。苏台德地区（Sudetenland）在《凡尔赛条约》签订之后并入了捷克斯洛伐克共和国，希特勒代表苏台德地区的德意志民族提出要求，这成为 1938 年夏天最热门的话题。

张伯伦竭尽全力阻止任性的希特勒，派朗西曼勋爵（Lord Runciman）带领一个英国使团干预德捷边界的谈判，基本为让步做好了准备。朗西曼勋爵的调查结果成了一项英法计划的基础，它沿用霍尔－赖伐尔模式，割让捷克斯洛伐克，把波希米亚中德意志民族占多数的地区割让给希特勒。这难道与自决原则不一致吗？无论如何，英国和法国可以采取什么措施来保卫波希米亚呢？不难发现张伯伦路线的方针依据，富有同情心的报纸，尤其是《泰晤士报》，热衷于这个主题。如果捷克斯洛伐克反抗的话，另一种选择就是进行一场欧洲战争，这需要法国的担保为后盾，而法国又反过来期待英国的支持，就像 1914 年一样。这样，张伯伦就成了关键角色，于是，1938 年 9 月，他主动乘坐飞机前去与希特勒会晤。

在喷气机时代，这一倡议看起来可能再平常不过了。但在当时，一个从未乘坐过飞机的七十岁老头飞往贝希特斯加登（Berchtesgaden），这在当时产生了巨大的影响，甚至对希特勒也是如此。张伯伦手里拄着卷好的雨伞，一直陪同在侧的霍勒斯·威尔逊爵士扶着他。张伯伦现在有点儿力不从心，不仅要开创首脑会议，还要开辟穿梭外交。张伯伦来回飞了两次，向他的伦敦同事们汇报了希特勒的条件，并让达拉第（Daladier）领导的法国政府步调一致，努力说服墨索里尼，恫吓不情愿的捷克人。然而，希特勒还想要求更多，战争似乎迫在眉睫。首相观察到伦敦的军事防御措施——堑壕和防毒面具——在电台上表达了他对开战想法的质疑，他不相信“在遥远的国度我们对其一无所知的人民之间的争吵”会引发战争。更戏剧化的是，张伯伦于 9 月 28 日在下议院发表演讲时，收到了希特勒的消息，邀请他第三次飞往德国——到慕尼黑。

慕尼黑这个名字已然成为绥靖政策负面意义的代名词，这是有原因的。两个穿长筒军靴的独裁者接待了两位西方首相进行了四强谈判（捷克斯洛伐克被排除在外）。条款并不比之前的好；但是张伯伦已经破坏了法国反抗的意愿，现在同意了协议，并将议案交给了捷克人。他们别无选择，只能将苏台德地区割让给德国。这样，张伯伦成功地达成了避免战争的直接目标。因此，正如约翰·西蒙爵士所据理力争的，张伯伦拯救了捷克斯洛伐克；后来的历史学家们引述了一个令人忧伤的事实，1939 年，英国表面上为了波兰人而加入战争，而在第二次世界大战中死去的波兰人远远比在 1938 年遭到背叛的捷克人多。但这并不意味着捷克人没有被出卖。在慕尼黑，主张实施绥靖政策的精彩争论，作为促成相互让步的过程，要求张伯伦做出必要的牺牲，但既不是代表他自己做出牺牲，也不以牺牲他的利益为代价，而是牺牲了捷克人民的利益。

1938 年不会发生战争，那 1939 年呢？张伯伦尽可能从书面承诺中获取安慰，他在赫斯顿机场的飞机跑道上挥舞着书面承诺，许诺说希特勒现在会改过自新。这样，张伯伦打消了自己的疑虑，相信了他想要相信的东西。一些后来的辩护者称张伯伦在慕尼黑是为了争取时间，然而，这只是他们一厢情愿的想法罢了，张伯伦本人并没有那样考虑过。相反，他自以为是地推进自己的策划，寻求在道德上和政治上战胜对手；在短暂的喘息中，他做到了这一点。他承诺的“我们这个时代的和平”使教会领袖们印象深刻，他自己不能辜负这个承诺——或者说希特勒绝不能辜负，否则张伯伦就输了。

使绥靖政策不再可信的是希特勒在慕尼黑之后的行为，那时每一点都对他有利。1938年底，水晶之夜[①]将纳粹政权对犹太人彻头彻尾的非人道行径展示于世人面前，但这还没到最恐怖的程度。接着，1939年3月，希特勒占领了布拉格，标志着他尊重新的（不设防的）捷克边界的承诺变成一纸空文。即使是现在，张伯伦还是在泥潭中越陷越深。但外交部的哈利法克斯证明了他明白甘地和希特勒之间的差别。哈利法克斯看到绥靖政策已岌岌可危，决定不让整个政府与它一起沉没。紧张的局势促使政策发生极大改变。收到波兰愿意反抗的（模棱两可的）信号，也收到德国即将袭击的（误导性）报告，张伯伦受到激励，向波兰保证它能够保持独立。

如果捷克斯洛伐克是一个遥远的国家，那么波兰就更远了；如果英国军队不能保卫波希米亚，那么更不可能保卫格但斯克了；如果民主的捷克共和国有缺陷，那么波兰政权就更值得怀疑了。发生变化的是其环境，在这个环境中，预期的战争看起来也不再是最邪恶的事情了。但是波兰使英国必须面对一个更深层次的问题：苏联呢？左翼一直呼吁与苏联结盟反对法西斯力量。政府有理由怀疑苏联红军是否可以轻而易举地被招募起来维护西方民主；在莫斯科的谈判被一再推迟，却在1938年8月被抢占了先机，一则消息传来，斯大林已经和希特勒缔结了协议——《慕尼黑协定》的东部版本。

对英国的影响之一是，它使许多认为可以依靠苏联人对抗法西斯主义者的人醒悟过来。与此同时，反对绥靖主义的不同群体之

---

① 水晶之夜是指1938年11月9日至10日凌晨，希特勒青年团、盖世太保和党卫军袭击德国和奥地利的犹太人的事件。“水晶之夜”事件标志着纳粹对犹太人有组织的屠杀的开始。——译者注

间的相互猜疑正在缓和。艾登和他的崇拜者们，一群关心自己政治前景的年轻人明确与丘吉尔划清界限，所以即使是张伯伦的保守党批评家们也不团结。此外，丘吉尔与反法西斯左翼的联系由于他在西班牙的立场而变得复杂，在西班牙，他的反共产主义立场最初使他对支持共和主义事业持谨慎态度，直到最后阶段他才改变政治立场。这标志着他准备推广他的主张，把他自己带有怀旧色彩的民族主义融入更广泛的意识形态冲突中。相反，左翼分子不仅谈到用人民阵线代替国民政府，甚至谈到拉拢丘吉尔，因为他对纳粹危险性的设想又一次被现实印证了。因此，到了 1939 年夏天，张伯伦的政策已经破产，他自己的立场也不再无懈可击。保守党现在可以寻求哈利法克斯的领导，而接近 65 岁的丘吉尔，看起来不再应该退休了。

光荣时刻

与 1914 年夏天不同，在 1939 年几乎没有人怀疑战争正在逼近。比弗布鲁克的《每日快报》对绥靖主义坚决持乐观态度，甚至这家报纸也将头版上向读者们保证不会发生战争的常规跨栏标题丢弃了。9 月 1 日,《苏德互不侵犯条约》(Nazi-Soviet pact) 生效，希特勒可以毫无阻碍地派遣军队攻打波兰了。一连串的外交举措表明绥靖政策重新上演，这使各党派的反对者们都警觉起来；张伯伦在下议院面临压力。亚瑟·格林伍德（Arthur Greenwood）在艾德礼生病期间代理工党主席，保守党成员里奥·埃默里向格林伍德发出呼吁:“请为英国发声！”张伯伦的话没能直击要害，即便他是代

表一个现在上下团结一致认定必须对德（而不是意大利）作战的国家发表讲话。因为这实际上是他将自己的政策贯彻到底所取得的成就　　也许是唯一的成就，当然也是他最后的成就。这给所有对战斗需要持怀疑态度的人很好地上了一课：保守党的大部分人，他们曾渴望与希特勒做商业式的交易；西蒙派民族自由党人，他们有非国教徒的顾虑；那些工党中提倡集体安全的人，他们曾认为重整军备没有必要；甚至那些苏联的同路人，他们曾认为苏联是与希特勒做斗争的先锋。而且，包括南非在内的每个自治领都决定与英国一起参战。

这是英国在一代人的时间内经历的第二次世界大战。几乎不到 20 年前，英国人经历了痛苦，获得了经验，知道了需要做什么。会有食品配给制度，会有护航队，会有空袭警报和灯火管制；会有征兵——现在已经确保获得工党的支持了；会有新的部门，诸如食品部、经济战争部、运输部、国土安全部及（联合）劳工和国民服务部等新的部门，这些都源于在第一次世界大战中吸取的管理经验教训。但是会不会也有联合政府？如果还是张伯伦领导的话就不会有，在野党宣称。因此重建政府必须引入持不同政见的保守党人。艾登去了自治领部（Dominions Office），丘吉尔是一个非常理想的人物，他自己长期盯着 1396 年设立的国防统筹部大臣（Minister for the Co-ordination of Defence）的职务。事实证明这对国民政府来说太难以消化了，而丘吉尔只能愉快地接受 25 年之后再次回到海军部的安排。他列席 9 人的战时内阁，除他之外尽是熟悉的张伯伦派，如西蒙、哈利法克斯和霍尔等。就像阿斯奎斯 1915 年的联合政府一样，这种试图使政府中充满首相密友的打算最终并不像刚开始看起来那般聪明，因为这种安排使他们成了后续失败的替罪羊。

因此，“无聊战争”（bore war）开始了——之后美国人称其为“假战争”（phoney war）——其本质在伊夫林·沃的《扑倒更多的旗帜》(*Put Out More Flags*，1942 年）中得到了充分体现。奇怪的是，许多人的生活仍旧如常。可以肯定的是，符合征兵年龄的男子都开始被集合起来；一些人提前自愿入伍；他们必须经过训练和武装。但是，妇女和儿童撤离大城市的计划实施后，他们中的大部分不管有没有获得批准，很快就返回了大城市，因为之前威胁要发生的轰炸最终没有发生。此时有一种失望的感觉产生，让人们觉得所做的努力远远不够。“那伙老人”（old gang）仍在执政，财政优先事项先行，所得税仍然是每英镑 5 先令 6 便士（17.5%)，而实际上正在发生着一些重大变化。新的补给部（Ministry of Supply）效仿的是旧的军需部，军备生产尤其是飞机生产加快了。以前的国防开支不超过国民生产总值的 7%，但 1939 年发生了变化，占比达到 18%，到 1940 年更是高达 46%，比纳粹德国的占比还高。

当时纳粹声称枪支优于黄油似乎更有道理。相反，战争导致纳粹的经济出现扭曲，而这被视为人们对英国的耐力保持信心的一个原因。张伯伦争辩说，“同盟国最终必然胜利，唯一的问题是他们需要多长时间才能取胜”，这话有些道理。但是，为证实这个评定花了数年的时间，而仅几个月后他的话就显得有些自满，令人讨厌了。然而，逐渐到来的危机感取代了紧迫感。对于大多数英国人来说，战争正发生在生活之外，通信员对东部战争忧心如焚地报道：德国如期占领波兰，芬兰被苏联击败。直到 1940 年 4 月，英国才首次进行大规模军事干预。

旨在将德国军队赶出纳尔维克港（Narvik）的挪威远征军主要

由时任英国海军大臣的丘吉尔领导。然而，它的失败给张伯伦带来了巨大的压力，因为他最近声称希特勒已经“错过了机会”，说明他没有抓住要点。议会中私下的不满已经压抑了 6 个月，现在因为爱国情结或者战略原因终于爆发了，后座议员对政府的反对声音最盛。许多著名的批评家，埃默里等老一辈人，哈罗德·麦克米伦等年轻人，现在都准备投票给反对党，这就使工党下定决心提出不信任动议。这是张伯伦的决定性时刻：公开对抗会巩固他获得的摇摆不定的支持，还是党内背叛已足以动摇他的权威？

这是在下议院解决重大问题的极少数情况之一。埃默里发言时借用了克伦威尔的话：“以神之名义，去吧！”这是可以预测的，不可预知的是，现在有多少以前的支持者选择弃权。丘吉尔适时地被推出去为政府辩护，于是劳合·乔治警告他的老同事不要“为了防止碎片击中他的同事，而变成防空避难所”，这是他最后一次决定性的干预。这很好地区分了两个潜在的攻击目标，牺牲了首相，保全了海军大臣。张伯伦的追随者对他们突然遭遇的敌意感到惊讶，但他们仍然认为如果他们的多数地位（通常是 250 个席位）保持在 100 席位以上，那么政府还是安全的。结果，席位数降到 80，因为有 40 名叛徒投向了反对党，还有 80 人弃权了。因此，张伯伦超过 1/4 的“朋友”（这个词是他在最后的呼吁中用的）抛弃了他。

众所周知，这是一次道德挫败，这次事件导致政府需要重组，所有人都意识到了；但同时也应该记住，张伯伦派仍占多数。在野党领导人拒绝加入张伯伦领导的联合政府。然而，哈利法克斯不会面临同样的拒绝。丘吉尔知道他对保守党议员们来说更不受欢迎，但是他在各党派中拥有更广泛的支持，不但在下议院，而且在整个国家都是这样。因此，他准备好了要硬来，他也有能力硬来，张伯伦召集了他们三人的会议，丘吉尔默不作声，拒绝支持哈利法克斯。1940 年 5 月 10 日，丘吉尔被召唤到白金汉宫。他自己的形象是“与命运同行”，这在后来因为他的战争回忆录而出名。尽管他可以自由组建他自己的政府，但他不能完全按照自己的选择行事。

张伯伦留下来了。在 5 个人的新内阁中，他是枢密院议长，实际上负责协调国内政策，尤其在他的门生新任财政大臣金斯利·伍德（Kingsley Wood）被排除在外之后更是如此。丘吉尔的战时内阁最初和劳合·乔治的规模一样，也排除了部门大臣；但人事安排大不相同——吸纳了政党要员，而不是优秀的局外人。这样，保守党的二号人物哈利法克斯与张伯伦一起加入，他还是政党领袖；而两个工党位置给了工党领袖艾德礼和被他击败成为副手的格林伍德。丘吉尔已经吸取了教训，即如果联合政府能够充分利用而不是抗拒政党忠诚，那么它会发挥最大的作用。因此，不管何时，丘吉尔联合政府威胁将分裂时，都是政党之间的分裂；战争结束时，联合政府瓦解得很利落。

丘吉尔也为他的密友准备了空间，尤其是比弗布鲁克，他担任新建立的飞机生产部（Ministry of Aircraft Production）大臣，也为得罪了张伯伦的前大臣们提供职务。埃默里去印度事务部，因为慕尼黑事件辞职的达夫·库珀（Duff Cooper）被重新聘用，担任信息大臣（Minister of Information），艾登只好暂时就职于陆军部。政治重心发生了转变，产生了深远的影响。像理查德·奥斯丁·巴特勒（R. A. Butler）这样正在上升的保守党大臣的履历蒙上了阴影，而对国民政府的失业政策和绥靖政策一直持批评态度的哈罗德·麦克米伦的前景也发生了变化。目前，张伯伦仍是政党领袖，并尽力说服自己党派的后座议员接受起初只受到工党拥戴的丘吉尔。1940 年秋天，张伯伦因癌症不得不辞职，丘吉尔最终成了保守党的领袖。而且，一旦哈利法克斯被免去外交部职务，艾登回归的道路就扫清了，外交部认可他是法定继承人。

到1940年底，保守党和工党将近20年的领袖都定好了。克莱门特·艾德礼有幸当选工党领袖，因为赫伯特·莫里森和休·道尔顿等竞争对手从未停止反思。艾德礼代表工党的第一代中上阶层新成员，他在任何事情上都忠于自己的社会背景，只是在政治上除外；他在公学和牛津大学接受教育，也在堑壕里服过役，在两次战争之间也被称为艾德礼少校。众所周知，他沉默寡言，没什么个人魅力，很容易被人看轻。但丘吉尔不得不在他的战争内阁中接纳他，并开始欣赏他的魄力。因此，随着职责的增加，艾德礼风格果毅的领导天赋使他能够监管联合政府的国内政策，特别是通过议长委员会（Lord President's Committee）。

工党的另一个关键人物是欧内斯特·贝文。贝文是运输与一般工人联合会的领导人，该部门实际上也基本是他创建的，1940年贝文成为劳工及国民服务大臣（Minister of Labour and National Service）。国家人力资源的综合控制权在第一次世界大战期间引起许多争议，这次该控制权可以被交到这个阶级意识很强但没有议会经验的工会领导人手中令人惊讶，这标志着一个新时代的开始。很快贝文就不得不被安排到一个安全的工党席位上，他已年近六十，却从未真正熟悉议院。相反，他乐于行使权力，将他丰富的经验和敏锐的直觉用在处理各种各样的政治问题上，而且不仅仅是他所在部门的政治问题。数月之后，他被介绍进入战时内阁。他与艾德礼形成的轴心在他去世之前都是工党运作的根本。几个月内，他就被纳入了战时内阁。只要战争持续，他就会大力支持另一个胖子——

丘吉尔，正如广播员约翰·博因顿·普里斯特利所说的那样，丘吉尔“代表了另一半的英国人和英国历史”。

1940 年 5 月，联合政府面临的任务虽简单明了，但不能说容易完成，一些人甚至认为几乎不可能完成。丘吉尔的优点在于他并不伪装。他在下议院第一次演讲时宣布的唯一目标就是胜利，而“热血、辛劳、眼泪和汗水”是获得胜利的唯一手段。他对赢得战争的主要贡献（正如艾德礼曾经说过的）主要是谈论战争。无线广播意味着丘吉尔的声音几乎可以覆盖整个国家——十有九人都紧盯着新闻——他在 9 点钟的新闻之后在英国广播公司再次发表演讲：这是那年夏天他数次演讲中的第一次。他的演讲方式很独特，介于咆哮和咬舌之间，那些满怀深情地转述丘吉尔故事的人很爱模仿他的演讲，其中很多都惟妙惟肖。这表明了无线广播十分有效地将他的个性投射了出去，尽管他仍对英国广播公司心存不满。危机的气氛与日俱增，他考究的措辞（他只会这样讲话）与这些事件的严肃程度恰好相符，这让丘吉尔不必去追求他这种讲话风格需要追求的突降修辞法。20 世纪 30 年代，他的风格经常是听起来有些过时的，但在 20 世纪 40 年代，他的讲话听起来颇具历史意义。

或者说，因此，很多人不顾任何对概率的理性评估，都想给他一次机会。并不是说普通人是失败主义者；事实上，民意调查显示，一直都有 3/4 以上的民众声称期待胜利。面对欧洲盟军前线滚雪球式的崩溃，更不用说墨索里尼加入战争成为希特勒的走狗这件事，这种顽固的民粹主义情绪，无论是出于本能还是刻意刁难，都更能反映丘吉尔的观点，而不是政府中表面看起来消息灵通的怀疑论者们的看法。从 1940 年 5 月 10 日开始，德国全面进入闪电战，以迅雷不及掩耳之势穿越低地国家进入法国北部，英国军队的补给线在那里——英国军队在巨大的威胁之下撤退了。5 月底，人数为 25 万的英国远征军决定撤回到敦刻尔克海峡港，这既是法国迅速沦陷的原因也是其结果。这是一次耻辱的失败，唯一能够弥补的是撤退成功拯救了几乎所有的英国军队（以及 10 万名其他军人，其中大部分是法国人）。大部分军队是由军舰运送的，但是一小队志愿者乘坐小船补充了救援，这使敦刻尔克成了一个神话：仅凭专业人员无法完成任务时，勇敢的业余志愿者们拯救了国家。

丘吉尔拼命劝说法国继续战斗，甚至谈到两国之间的宪法联盟，但在这个时刻大家四散逃生。对于法国政府来说，逃生的办法是举行和平谈判，将北部留给占领了它的德国；南部仍由通敌卖国的维希政府（Vichy regime）管理，只有顽固的戴高乐将军和他的自由法国（Free French）追随者站了出来。对于英国来说，敦刻尔克事件表明保卫英国是重中之重。按照逻辑，接下来限制损失的措施是通过谈判获得和平，不管这令人如何不悦，都可能从大灾难中挽救一些东西。在战时内阁中，张伯伦和哈利法克斯都想探索这个选项；丘吉尔承认，如果是别人领导的话，如果是在其他时候的话，也许有必要这样做。丘吉尔自己的决定是继续战斗，他的这一决定得到两名工党成员的支持。战时内阁没有违背这一承诺，这的确是丘吉尔政府的原则。

如果德国要发动一场成功的入侵，那么它需要在夏季结束之前在英吉利海峡建立空中优势。双方的相对实力很大程度上取决于张伯伦离任时正在进行的准备工作。但是比弗布鲁克用海盗式的方法加大力度生产飞机、夺取物资，因为一旦他们精心制订的计划被打破，他会需要物资；这些产生了短期效果，而在当时的情况下，短期效果可能具有决定作用。他也被提升到了战时内阁中。

在争夺空中控制权的决斗中，英国有两件秘密武器。一个是优秀的英国情报机构所发挥的关键作用，这在战后才得到公众认可。另一个就是被称作雷达的东西。这最初由电气工程师罗伯特·沃森·瓦特（Robert Watson Watt）构想出来，利用短波无线电信号检测靠近的敌机。在航空部（Air Ministry）科学顾问帝国理工学院院长亨利·蒂泽德爵士（Sir Henry Tizard）的敦促下，航空部从 1935 年开始开发该系统。到 1939 年 9 月，一系列的雷达站保护了大不列颠的东南侧，这样到了 1940 年，皇家空军战斗机司令部（Fighter Command）得以减少侦察巡逻，充分利用每一架可利用的飞机进行有效拦截。

当时，年轻的战斗机飞行员在肯特上空日复一日地与纳粹德国空军交战的英雄主义行为抓住了人们的想象。丘吉尔在那些著名的演讲中，集中描述了 1940 年的这些景象，为它们注入了令人兴奋的正在创造历史的感觉。他没有淡化入侵的威胁，而是进行了渲染，并谈到了在海滩上的战斗。用他的话说，一旦法国失败，不列颠之战（Battle of Britain）就会使这场战略较量具有意义。而且他已经将自己投射到了将来，告诉他“大英帝国及其英联邦”的同胞们，这将是他们的“光荣时刻”。当然还有很多更糟糕的时刻没有到来。

7 月的民意调查显示，丘吉尔的支持率高达 88%，而且在 1945 年 7 月以前，他的支持率从未低于 78%。他大摇大摆地吸着大得足以让任何财阀吸的雪茄，豪饮白兰地，民众接受他所有的特有风格——德国这样对英国民众宣传，但这毫无不利影响，相反，英国民众还戏称丘吉尔是民间英雄。在国家面临前所未有的最严峻的威胁时，民族团结使平日的党派之争暂搁一边；说 1940 年给英国带来了一场政治革命一点也不为过。

虽然英国和各自治领目前孤立无援，但是在丘吉尔的带领下继续战斗的决定就是对张伯伦和国民政府的政策和人员的持续否定。

比弗布鲁克旗下的 3 位左翼记者中的一位是迈克尔·富特（Michael Foot），他后来成为工党领袖，他们抓住机遇出版了一部杰出的抨击之作——《罪人》（*Guilty Men*，1940 年），这本书提供了起诉书的经典范本。书中列举的要为这个国家目前的危险负责的罪人（这就是书名的由来）包括：鲍德温，他将选举中的受欢迎度置于重整军备的需要之前；张伯伦，他屈从于希特勒；“那伙老人”中的其他人，如哈利法克斯、西蒙、霍尔等，他们支持了前两人。比弗布鲁克的角色在沉默中被略过了，丘吉尔和左翼的前后不一也被省略了。简而言之，这是一则精心编织的有关绥靖政策（后人在回顾历史对其进行了当时未曾有过的强烈谴责）的故事，在未来 20 年里，丘吉尔的支持者们和左翼人士会共同对这个故事加以利用。[①]

热血和眼泪

丘吉尔怎么会认为胜利是可能的呢？ 没有人认为这场战争会在圣诞节前结束——当然，除非接受希特勒的条件。通过任何其他

---

① 这可以从1936年11月鲍德温自认为“极度坦率的”话中看出来。他在下议院说，1933—1934年，工党刚在东富勒姆区赢得补选，如果那时他举行大选，提倡反对“贩卖战争”，国民政府就不可能通过重整军备的命令。《罪人》描述这件事时说，这指的是1935年真实发生的大选；丘吉尔的战争回忆录在索引中提到，鲍德温“承认将政党置于国家之上”。——原注

条件协商达成和平都是妄想，这种妄想在当时只能吸引孤立的个体以及之后的几个修正主义历史学家，纳粹根本不允许协商。20 世纪中期，没有办法用经济的方式维护大英帝国（那是张伯伦在慕尼黑的幻想）；或者根本不可能维护（丘吉尔最终失望地发现）。相反，1940 年英国的立场就是要钳制，钳制“人类黑暗、可悲的罪恶史上空前凶残的暴政”——丘吉尔的这一描述当然非常准确，同时在全球范围内结成联盟来抵抗它。报纸读者们上了为期 6 年的初级地理课，学习从地图上找到一系列地名，这些地名是重塑世界的里程碑：纳尔维克、敦刻尔克、普拉森舍湾（Placentia Bay）、珍珠港、新加坡、阿拉曼（El Alamein）、斯大林格勒、安奇奥（Anzio）、阿纳姆、雅尔塔、贝尔森和广岛。

必须延缓战败。关键在于不列颠之战，到 9 月中旬，希特勒已经明确不会发动进攻。他真的已经错失了良机，不过丘吉尔不会那样说。接下来，跟第一次世界大战一样，是坚持的问题，即坚持到美国加入战争。只要这场战争还被视为是大英帝国保卫战，就几乎不可能让美国加入；尽管从报道中可以看出英国民众对纳粹威胁做出回应的勇气正在产生一种非常有利的、最重要的民主的形象。英国的宣传很明显在强调这一主题。1940 年 11 月，罗斯福又被选举为美国总统，史无前例地连任第三届，这是希望的征兆。他愿意给予英国支持，尽管资金要另当别论，更不用说武装援助了。

现在，根本谈不上财务谨慎，英镑不再能平衡，海外投资被抛售。当英国拿其剩余的经济和战略资产交换战争物资时，关键的美国的支持得以确保。丘吉尔把 1941 年 3 月的租借协议称为“任何国家历史上最不卑劣的法案”，但结果证明，并非如此，它其实是最无利可图的。美国人握着大多数好牌，他们不可避免地在经济上获得了最多的好处[①]。但是，丘吉尔对此彬彬有礼当然是正确的，因为租借协议不仅是策略，还事关英国存亡。该协议保证了无限制的物资供应。1941 年 8 月，丘吉尔和罗斯福在纽芬兰海岸（普拉森舍湾）的一艘军舰上会晤，并颁布了《大西洋宪章》(Atlantic Charter)。宪章用模糊而高深的词语描述了战后的共同目标，而要点是美利坚尽管不是个好战的国家，但很难保持中立。

英国传统的战争角色是作为盟国的军需官，大部分的战斗由盟国承担。在美国世纪[②]，这是被美国剥夺的角色之一，英国沦为了附庸国。因为租借协议可以替代从美国的进口，英国的普通生产就可以减少了，或转为战争用途，这样可以确保达到较高的军事动员水平（当然后面要付出较高的代价）。1938 年之前，英国的武装力量不到 40 万人。到 1940 年，有超过 200 万人在服兵役(包括一些女兵)：1942 年人数达 400 万，1944—1945 年约为 500 万，这是大约 2/5 达到兵役年龄的男人的人数。这次战争和一次世界大战相比，波及人数更多，持续时间更长，他们当中的更多人活了下来向他人讲述自己在“二战”中的遭遇。在易受攻击的

---

① 这一点可以从美国作为民主的兵工厂而繁荣起来看出。租借协议可以看作英美联盟组成的军事大兽的牙齿和尾巴之间的分工。英国提供了更多的牙齿——战斗装备，美国则提供了更多的尾巴——重要补给。这使得英国能够继续战斗，这在1940—1941年最为重要，但代价是整个经济的严重扭曲。到1945年，英国的牙齿太多，尾巴太少，经济无法维持。——原注

② 是指在过去的一个世纪中，美国取代其他国家成为那个世纪的代表。该词在1941年由时代周刊共同创办人亨利·卢斯（Henry Luce）最先提出。2010年，《时代周刊》预测将进入第二个美国世纪第二个十年。——译者注

位置，屠杀惨不忍睹——那些战斗机飞行员和轰炸机的机组人员、护送舰队的海员，以及攻打诺曼底海滩的士兵。共有36万名英国国民死亡；但是这比德国死亡的人数要少得多，而苏联的死亡人数更是难以计清，多达数百万，留下难以抹平的创伤，而英国战后并未经历这样的创伤。

其实，在战争的前3年，英国平民被杀害的人数比士兵多，这与第一次世界大战形成鲜明对比，“一战”的屠杀主要局限于堑壕。但现在英国本土就在前线中。每人都发一个了防毒面具。对大城市的轰炸一直被认为是会发生的事。这是现代战争的一个方面，使得战争的情景非常可怕，一旦发生，文明生活将全面崩溃。普利茅斯和朴次茅斯的港口首先遭到轰炸。1940年9月7日，德军对英国开始了连续58个夜晚的轰炸，伦敦的这一天，对所有人来说都糟糕透顶，对一些人是致命的，对那些丧失了家人和家园的人们来说是毁灭性的打击。但它并没有导致士气低落，更不会导致快速崩溃。因此，“闪电战”是一种误称，因为它一点儿也不像闪电那样速战速决。真正的教训是轰炸战略依靠消耗，正如作战依靠堑壕一样。10月中旬，纳粹德国一名空军官员告诉戈培尔（Goebbels）[①]：“伦敦将成为我们空中的凡尔登。”

但是，和第一次世界大战一样，僵局并没有带来神奇的补救措施，而且“伦敦可以承受住”这种抵抗情绪，并不是为了宣传狂轰滥炸毫无效果的战略观点。因此，英国皇家空军的角色分阶段地

① 全名保罗·约瑟夫·戈培尔，德国政治家，演说家。其担任纳粹德国时期的国民教育与宣传部大臣，擅长讲演，被称为“宣传的天才”“纳粹喉舌”，以铁腕捍卫希特勒政权和维持第三帝国的体制，被认为是“创造希特勒的人”。——译者注

发生了转变，从不列颠之战中通过战斗机进行防御变成了通过轰炸机进行进攻。空军中将哈里斯（Harris）是轰炸战略的有力捍卫者，与此同时，该战略提高了轰炸机指挥部（Bomber Command）的重要性，并提供了反击德国的唯一手段。因此，“轰炸将军哈里斯”吸引了丘吉尔，从直觉上而非从智慧上。尽管双方都否认，但简单的复仇是动机之一——轰炸科隆为坎特伯雷报仇；尽管 1940—1941 年的冬天之后，伦敦逃脱了德国空军的关注，但是英国的其他城市又被袭击。这些城市也展现出它们能够承受这些轰炸。但这一切并没有阻止英国浪费资源——珍贵的物质资源，甚至是更珍贵的人——在德国许多城市的上空进行危险的“千架轰炸机”袭击。美国的干预不仅了增强了盟军的空中力量，还增强了战略轰炸的想法。1945 年地面战争结束时德累斯顿遭到毁灭，造成了巨大的死亡与破坏，其程度与任何军事目标都不相称，这造成了令人不安的道德困境。

海军从他们 1918 年停下的地方继续战斗，击退 U 型潜艇以保证大西洋航线畅通。1941 年 3 月，航运损失达到每月 50 万吨，接近 1917 年的水平，丘吉尔采用了德国人的叫法，称之为大西洋之战（Battle of the Atlantic）。英国已经依赖美国的供给了——如果供给能够被通过的话。事实上，美国的中立立场起了一些保护作用，到 1941 年底，大西洋航运损失就减半了；但是，一旦美国成为交战国，U 型潜艇就可以任意袭击了。商船水手与死神同行，死亡总人数达 3 万。1942 年 3 月，损失了逾 80 万吨的货物——这是难以承受的巨大损失。左翼的《每日镜报》刊登了一幅漫画，一个水手站在一个木筏上，标题是：汽油价格上涨了 1 便士——官方宣布。这则令人警醒的批评成为威胁取缔《每日镜报》的借口，这是政府紧张敏感的标志。直到 1942 年 11 月，盟军的总损失在一个月内再次超过 80 万吨，到春天才减半，到下一个秋天再减了一半。

与空中或海上战争不同，目前英国陆军的处境要好一些——这是暂时的。事实是，意大利一加入战争，就向埃及发动了进攻。意大利军队被韦维尔（Wavell）将军领导的英军和澳军击退，韦维尔立即撤退到开罗——把澳大利亚驻军暴露在托布鲁克。1940 年底，英国在班加西取得了压倒性的胜利，在接下来的两年时间中任何战区都再没有取得这样的胜利，这让丘吉尔很急躁。

丘吉尔不仅是英国首相，还担任战时内阁的国防委员会主席，战时内阁基本上把战争的指挥权都给了他：同时他还任命自己为国防大臣（Defence Secretary），绕过了 3 个文官大臣的部门职责，并使他在参谋长联席委员会（joint chiefs of staff committee）中有了一个位置，与军事指挥官们坐在一起。扮演这个角色时，丘吉尔并不是真正的英国战略设计师，而更像是一系列精挑细选的设计师的赞助商，他焦躁不安又固执己见，最后，他会尊重设计师们的专业判断。但首先需要经过激烈的唇枪舌剑，最好是一直到持续夜里的争论，来说服他。受过教育但不善表达的韦维尔不愿意加入这场游戏，他被认为不够资格，最终被打发到印度，为其他将军在北非沙漠立下战功扫清道路。相比之下，从 1941 年开始，艾伦·布鲁克爵士（Sir Alan Brooke）完美地衬托出首相主张之绝妙，他（经常被激怒）在后续的战争中担任总参谋长。

1941 年，英国除了期待敌军做出错误的决策，对扭转战争局面无计可施。侥幸的是，敌军确实犯错了。西线战场受挫后，希特勒在 6 月转战东线，入侵苏联，迫使苏联加入战争。丘吉尔及时地抓住了这个意外的收获，随时欢迎任何盟友，过去的事就让它过去吧。在国内，这种意识形态的影响通过对官方路线的谨慎调整得以解决；英国共产党很欣然地停止对帝国主义战争的谴责，转而开始再二要求在西欧开辟第二战场。与此同时，红军浴血奋战，采取防卫行动，抵抗迄今为止战无不胜的德军。英国的又一个好运无疑是日本偷袭了美国在珍珠港的海军基地，使美国加入了对日战争，英国也迅速加入，额外的好处便是促使希特勒和墨索里尼向美国宣战。

英国情报机构并不是完全没有怀疑会有某种形式的日本袭击，英国情报机构已经部分解开了德国的编码系统（也叫“恩尼格玛”），这是战争中得到最有效保护的机密之一。这并不意味着丘吉尔预先就知道日本会对珍珠港发起袭击，更不用说他会冒着使自己尴尬的风险，向罗斯福隐藏重要信息。英国的骗局绝不会像日本人的那样成功。一与美国结盟，英国就与美国分享了恩尼格玛的机密。白金汉郡的布莱切利园里的破译员们每日解密，吸引了首相的额外热情，他们经过更专业的分析，解读敌人的意图。这在许多关键时刻给了盟军指挥官们优势，很可能使战争缩短了一年。另一个英美机密也产生了类似的效果，那就是联合开发核武器技术，此时可以在新墨西哥州沙漠里安全地进行。

1941 年 12 月，随着两个超级大国参与对抗德国，丘吉尔知道他对战争终将获胜的信念是正确的。当然，并不是马上获胜，也不是以他想要的条件取得胜利。丘吉尔在战争余下的时间中尽量妥善处理乱麻般的工作，无论如何，这比他接手时最坏的情形要好得多。从此以后，与斯大林的关系变得很重要。苏联坚持要求他们的盟军在西欧开辟第二战场。尽管美国稍稍显露出兴趣，但是对还记得索姆河战役的人来说，任何在法国登陆的想法都还不成熟。1942

年 8 月，在策划不周的迪耶普（Dieppe）突击计划中，在试图袭击防御严密的海滩时，加拿大军队遭到屠杀，这使大家更加警惕。1942 年剩下的时间，红军在斯大林格勒——他们的索姆河，他们的凡尔登——艰苦抵抗，那里成了敬畏和焦虑的焦点。如果苏联必须承担战争的冲击，一旦德国被击退，那么它要求东欧做出报答就不足为奇。到了年底，苏联已经实现了这一目标，之后斯大林越来越能够操控事态，丘吉尔不得不从绥靖政策中吸取更多教训，尤其在波兰的问题上。

丘吉尔和罗斯福的关系不仅重要，还非常关键。丘吉尔用自己的口才和魅力努力赢得了罗斯福的友谊，但他知道这不可能是平等的友谊。现在战争已经胜利在望了，战争的决定权越来越多地落入美国手中，英国人在要求一种受到优待的（尽管是次要的）地位时，却大胆把这说成是一种特殊的关系。随着德国的出局，英国在整个欧洲的最大强国的地位得到保证。其他同盟国的政府都流亡伦敦，有着令人讨厌的价值，特别是法国，戴高乐和他的自由法国以及反抗运动支持者们小心翼翼地守护着他们的民族尊严。丘吉尔（徒劳地）告诫戴高乐作为前大国应举止有度，并透露说他每天早上醒来都在想如何能够取悦罗斯福总统。斯大林、罗斯福和丘吉尔被称为三巨头，但实际上是两个半。

美国同意优先考虑欧洲战争，其后再打败日本。这对英国来说是个好消息，而对于澳大利亚，这并不让人感到同样的安心，澳大利亚痛苦地发现，直接和美国达成太平洋合作伙伴关系是未来的现实选择。日本成功复制了德国的闪电战。1941 年 2 月，新加坡沦陷，这个战区的创伤与敦刻尔克一样严重，而且没有英国和澳大利亚保护者们帮助撤离，没有得到补救，新加坡人只能在日本的战俘营中遭受折磨。如果这对英国来说是耻辱的话，对澳大利亚人来说，它意味着被入侵的可能性，并揭露了帝国防御无能的真相。

丘吉尔认为自己应该负责，他并不是唯一这样认为的人。此外，随着班加西被隆美尔（Rommel）将军指挥下的德国非洲军团攻陷，托布鲁克也在 1942 年沦陷，又有战俘被抓。这是丘吉尔领导时期的低谷；对战争形势感到不满的人与感到满意的人一样多。但是，丘吉尔的受欢迎的程度几乎没有受到影响；他很清楚地知道，他现在所需的是一个战场的胜利。这就是蒙哥马利（Montgomery）将军指挥的第八集团军（Eighth Army）10 月在阿拉曼所提供的东西。隆美尔被决定性地打败了，他精锐的德国部队终于和他们增援的意大利军队一样，再也无法控制北非战场。蒙哥马利并没有克服重重困难争取胜利，这不是他的风格。相反，他吝于利用优势资源，直至确信能够——以最小的代价——获得最大的成功。事实是，他不是城堡将军，相反，他和他的士兵们生活在一起，和他们一样戴着贝雷帽，这是“蒙蒂”成为英国军事英雄的原因之一。此役与斯大林格勒（东方战场真正的转折点）相呼应，为英美联军在北非对抗维希政权铺平道路，同时阿拉曼战役对士气产生了决定性的影响。在英格兰，教堂钟声突然开始鸣响，而丘吉尔现在也不再扭搓双手了。

“这不是结束，甚至不是结束的开始，而仅仅是开始的结束！”丘吉尔在 1942 年 11 月宣告。随着地中海的武装力量撤出，1943 年夏天，西西里登陆开启了对意作战。墨索里尼下台，9 月时意大利改变了立场，但德军还在顽固地防守意大利。1944 年 1 月，盟军绕道敌军后方登陆安齐奥，将战争引到欧洲大陆，但结果并没有速战速决。现在德军孤立无援，在欧洲孤军奋战。斯大林控制着东部战线，同时，西部第二战线终于随着盟军 1944 年 6 月的诺曼底登陆打开局面。蒙哥马利留下第八集团军独自从意大利打到奥地利，自己应要求去指挥英国地面部队，但得（不自在地）服从美军指挥官艾森豪威尔将军，这反映出的事实是，美国提供了大部分的兵力。事实上，超过 150 万的美国兵驻扎在英国，有的待的时间比预期长，准备登陆诺曼底。①

6 月底，艾森豪威尔成功使 200 万军队登陆，最初在海滩上，后来通过海峡港口。但他的军队行进并不容易。而且，诺曼底登陆意味着英国民众有新的危险，因为德国已经研发了新的 V1 飞行炸弹，1942 年 8 月又有了 V2 火箭。尽管 V1 不难被击落，至少在白天不难，但是 V2 是无法拦截的，这增加了盟军在低地国家攻占德军发射地点的压力。1944 年 9 月在阿纳姆的空中作战赌的是可以速战速决，目的是确保占领莱茵河上的一座桥梁；但事实证明，正如一位英国军官曾经的预言，“有点儿盲目了”。没有捷径可走。加快盟军进军步伐的尝试带来了血淋淋的教训，它让盟军再次认识到德军的韧性，1945 年初，德军还能够在阿登高地对美军进行持续的反攻。这让蒙哥马利感到高兴，但也让斯大林占据了地理政治上的优势，因此得以率先到达柏林。

1945 年 2 月，三巨头在克里米亚的雅尔塔会晤以确定战后世界格局，这时候战争还没结束，但最终的结果已成定局。任何关于

---

① 诺曼底登陆前夕，超过165万的美国军人驻扎在英国，比上一年前的10倍还多。但是自1942年8月以来，每个月至少有10万美军，包括诺曼底登陆时的13万黑人美国士兵，当时英国的黑人社区总人数不过8 000。美国兵们对于他们遇到的本地人产生了巨大的影响：当然至少对年轻貌美的女性来说是这样，两个后果是产生了战争婴儿和美军新娘。——原注

波兰命运的决定都要基于斯大林已经控制了东欧的事实。只要他不碰其他国家，尤其是希腊，丘吉尔已经表示他可以睁一只眼闭一只眼，接受相对不公的势力范围的划分。自由选举是自由承诺的表现，这些承诺之后才会兑现（或者就像苏联控制的卫星国后来那样，根本没有兑现）。因此，在雅尔塔缔结的协议并未清楚表明最后哪些国家会被“背叛”，哪些会被“拯救”。三巨头（随着罗斯福的去世而瓦解）控制的是旧世界的强权政治，而在新世界中，同盟国的战争目标更吸引人的一面展示在新成立的联合国组织中。联合国组织在旧金山的一个会议上成立，会上艾登将他的国际联盟资格置换成了新的联合国资格。但直到春天，盟国军队才最终围拢德国——盟军从西部进军，红军从东部进军，英国的第八集团军从南面进军。希特勒在他的地堡里自杀，1945 年 5 月，德国军队投降。

欧洲已经获得胜利，英国街道到处悬挂国旗庆祝。两个严峻的事态使欧洲胜利日的欢庆布满阴云。一个是纳粹集中营的恐怖被揭露出来。当英国军队解放贝尔森（Belsen）时，被关押的人们瘦骨嶙峋的景象令他们始料未及；但很快这些枯瘦的幸存者的形象通过新闻照片和新闻影片变得人尽皆知。很多人，尤其是犹太人，根本没有活下来。有关系统的种族灭绝政策的传言刚刚露头时很难令人信服，特别是考虑到英国在第一次世界大战期间对暴行故事有过过分渲染。但是从 1942 年底，英国的宣传就开始对纳粹的灭绝集中营提出了具体和有根据的指控。尽管如此，眼见为实。

第二次冲击很快就来了，那就是结束日本战争的方式。1945 年 5 月欧洲胜利日当天，据估计，亚洲战事可能还需要 18 个月才能结束。对于英国在缅甸“被遗忘的军队”来说，这非常令人恼火；对于战俘来说，生死攸关；不过对政府来说，这意味着实际的宽慰，可以分阶段从战争过渡到和平。这一切都在使用核武器的决定下烟消云散，因为核武器已经准备好了，核武器被决定用来袭击日本城市。美国新任总统杜鲁门和英国新任首相艾德礼商议后确认，双方都不反对使用新武器。1945 年 8 月 6 日，广岛遭到轰炸，造成大量人员伤亡；几天之后长崎被原子弹轰炸。直接后果就是日本投降了。第二次世界大战结束了，核时代已经开始了。

谁的正义战争?

人们普遍认为这是一场“正义的战争”。现在没有人为纳粹辩护；没有人指责英国发动了战争，如果有，那就是指责它没有早点发动战争。几乎没有人看到本可以用其他方式阻止希特勒；尽管认为战争罪恶而反对服兵役的人们没有“一战”时的那些人那么有激情了，也没有受到他们那样多的迫害，但第一次世界大战中的很多和平主义者在第二次世界大战中采取了不同的路线。此外，许多个人经历了一场正义的战争。对于大多数服兵役的人来说，他们的战友情谊不会因为堑壕战中的恶劣创伤而枯萎；同样，也没有那么多人拿着勋章加入英国退伍军人协会（British Legion）。战争是社会流动的重要推动力量；对于幸运的人来说，可以权当是不得已的事业中断，有了发展新技能的机会，还有提供给归来的士兵帮助他们获得专业认可的津贴。此外，对于那些能够适应其压力的机构来说，这是一场好的战争，比如，白厅和威斯敏斯特、王室和英国广播公司、工会联盟和工党。

是否应该称之为“人民战争”（这个词在 1940—1941 年开始

使用）取决于这个说法的含义有多大。这在一定程度上描述的是共同的危机带来的明显的阶级差别的模糊化。对“敦刻尔克精神”的推崇后来因为喋喋不休的宣传而被冲淡了；但在 1940 年夏天，这种真实可感的情感很难被忽视。在防空洞内挤在一起时，几乎没有人维护着自己的尊严；队列中人人平等；人们共同的话题就是战争消息。在修修补补的僵持气氛中，考究的衣着几乎是不爱国的表现。食物短缺的市中心的孩子们被疏散，有时候是富裕阶层的人离开大房子背井离乡，到处都是触目惊心的景象。对于上层阶级——哈罗德·尼科尔森（Harold Nicolson）在他的日记中恰如其分地描述道——整个生活方式崩塌了；但一些人还是悲伤地安然接受了。人民突然无法容忍给有特权的伦敦广场中的花园铁门上锁——一旦这些铁变成了军需废料，就不可能被锁住了。为战争储蓄，为战争挖掘，为战争缝制——这是一场每个人都可以“加油干”、在“国内前线”贡献自己一份力量的战争。这对于弥合第一次世界大战遗留的经历和记忆上的鸿沟起了很大的作用。

“人民战争”，一个意识形态上更加雄心勃勃，意味着一种激进的议程，旨在实现人民阵线的理想，为了社会主义、运用社会主义的方法赢得战争。它在国内的含义是抨击罪人和他们过时的特权制度。相反，左翼在 1940—1941 年对丘吉尔包容的基础是他显然准备不惜一切代价赢得战争。第一次世界大战时他不惧怕“战争社会主义”，现在他也不怕，不过他要求每个集体主义措施都应真正地服务于战争。苏联进攻前夕，他的私人秘书奚落他的反共历史，丘吉尔“回复说他只有一个目的，那就是摧毁希特勒，这样他的生活就会容易多了”。

爱国者意外地变成了左翼分子，同时，左翼分子也意外地成了爱国者，这么说一点也不矛盾。乔治·奥威尔的评论文章《狮子与独角兽》（*The Lion and the Unicorn*，1941 年）准确地描绘了这个时刻，其中写到人民已经选择丘吉尔为领导人，“他无论如何都明白，不战斗就不可能有胜利”，但之后民众可能会选择另一个领导人，“他能明白只有社会主义国家才能有效抗战”。英格兰是“世界上等级划分最明显的国家”，然而，它是一个家庭，它有“自己独有的语言和共同的记忆”，已经准备好团结一致，共同应敌——它是“有着错误掌权人的大家庭”。1940—1941 年的冬天，人民战争并没有按照像奥威尔一样人们的期待，带来激烈的变化，但对他而言，英国仍然是“我的祖国，无论是‘左’的，还是‘右’的”。

当时的情况是，一场人民战争迅速发展的势头被捕获和牵制住了——不仅是被阻挠了，因为那些英国著名机构表现出惊人的适应力，1940 年时它们被吓呆了，但之后在压力之下又变得灵活了。比如，《泰晤士报》如此严肃的报纸，过去被认为是政府的喉舌，也开始发表社评，阐述实现社会公正是英国战争的目标，这促使一位保守党议员称其为“《工人日报》（*Daily Worker*）的三便士版”。奥威尔是英国广播公司雇用的许多左翼人士（这是一个模棱两可的词，用在他身上并非不合适）之一。白厅经受住了新主人和新规则的到来；工党大臣们最终成了英国公正而高效的公务员系统的最大支持者。这里有密切的利益关系，因此工党的计划经济政策需要更多的官员；战后公务人员人数约为 40 万，是战前的 3 倍。

大政府——民有、民享但实际上并非民治——是第二次世界大战的主题。政府承担了一项具有深远影响的紧急福利责任——为婴儿提供牛奶，实行了一项为儿童提供浓缩橙汁和鱼肝油的维生素计划。效果难以量化，但是战争后期的婴儿死亡率指数得到长期改善的事实能够证明一些问题。担任粮食大臣（Minister of Food）的商人伍尔顿勋爵（Lord Woolton）声称，这个国家的人们多年来“从未比现在更健康”，这并非无稽之谈。在一个资源短缺、排队和严格控制的时代，这似乎是自相矛盾的。诚然，食物配给是贫困最明显的标记，但也标志着稀缺资源的“公平分配”。伍尔顿的成功建立在健全的管理基础上，同时也建立在对公共关系的精确把握上(这后来使他成了一位非常成功的保守党领袖)。他认为公众对定量配给的态度是几家欢喜几家愁，因此粮食部在宣传活动中用诙谐的语言为难以下咽的国家面包添趣。供应证中的“点数”成了相当复杂的替代货币，能够应用于一系列采购。那些买得起高质量商品的人能够更好地操纵这个系统，也可以在餐馆里购买食物，在那里限制没有那么严格。但是，富人的生活水平实际上比穷人降低得更多，因为穷人一直都是按价格被配给的。

此外，越来越悬殊的购买力从两端被削弱了，一部分是自然发生的，一部分是设计使然。1942—1946 年，更高的累进所得税达到了每英镑 10 先令的标准税率（50%），是战前水平的 2 倍。对于那些收入较低的人，基本饮食——虽然单调——在 1941 年引入食物补贴后并没有超出他们的购买力水平，这使官方的生活成本指数稳定在 30%，高于战争爆发时的水平（那时食品只占 20%）。1938 年时体力劳动者每周工作 48 小时，挣 3.5 英镑，到 1943 年他们每周工作 53 小时，挣 6 英镑。即使考虑到中间的价格上涨，这也是很大的改善——对于那些有工作的人来说。那些不在其中的人现在领的是军队薪水，而他们的家人有军属津贴，而不是失业补助。1940 年，英国失业人数仍为 100 万，后来急剧下降到 10 万。

造成经济转型的因素是政府支出的巨大增长，从 1939 年的 10

亿英镑增加到1941年的40亿英镑，再到1945年的50亿英镑——最高时占国民收入的2/3。正如凯恩斯过去常说的，这样可以终结失业。实际上，由于对需求的刺激远大于他曾经的设想，宏观经济问题的性质已经发生了极大的改变——不再是大规模失业，而是通货膨胀的压力。但是他的《就业、利息和货币通论》（1936年）原则上考虑了这两个方面。和往常一样，凯恩斯有应对方案，最初是在他的小册子《如何为战争买单》（*How to Pay for the War*）中提出来的。他建议将财政体系作为一个平衡因素，将总的可支配收入水平调整到它可以购买的总资源水平，从而避免消费能力过剩导致的通货膨胀。这是用宏观经济方法制定政策，应用时本质上是对称的，无论用它来刺激需求还是抑制需求。

1940年的变化使凯恩斯突然受到财政部的欢迎，他被任命为战争剩余时间的财政大臣顾问。1941年的财政预算中采用了他抑制过度需求的通货膨胀效应策略的修订版，即通过食物补贴和增加税收，两者都有遮掩的一面，也有坦率的一面。遮掩的是“战时多缴税战后抵免”计划，这用于抑制强制储蓄。所得税扩大到新兴的工人身上，这导致了创新的收税方法“所得税预扣法”（pay-as-you-earn）。最重要的是，1941年的财政预算是第一个公开其宏观经济影响的预算，它呈现了试验性的国民收入预估，而不仅仅是呈现政府自己的收入和支出。这些是理查德·霍普金斯爵士领导的财政部迅速掌握的经济管理工具。“罪人”们被广泛指责因为吝啬而导致英国措手不及，面临与罪人们一起沉没的危险，财政部转而绑上了凯恩斯主义的救生圈，带着它轻快地进入了新的水域。

其他具有历史意义的英国机构重新获得了尊重，部分原因是与极权主义的邪恶形成了鲜明的对比。将独立抵抗纳粹德国的英联邦团结在一起的不是君主立宪政体吗？新国王乔治六世害羞腼腆，是个老烟枪，在那时候，这显得平易近人（尽管这缩短了他的统治时间）。他的妻子伊丽莎白王后个性强势，这使他的地位得到巩固；他们有两个十几岁的女儿，王室呈现健康又尽职的形象。国王是一个顾家的男人，他有自己的供应证；而他的哥哥，现在是温莎公爵，只是个流亡的花花公子。在闪电战期间，王室留在了伦敦，走访了伦敦东区工薪阶层中因遭受轰炸而无家可归的人们。当富裕的伦敦西区最终也遭到轰炸时，白金汉宫也遭到了袭击，纳粹德国空军无意中加强了首都的社会团结，并完成了英国王室的复兴。

在 20 世纪 30 年代，议会常常被当作一个纯粹的空谈俱乐部而不被认可，而丘吉尔极尽所能对它表现出尊重，在他风格鲜明的演讲中充分利用了议会的戏剧感。这一媒介传递的信息是，实现威斯敏斯特式的民主是战争的首要目标。同样，当 1941 年下议院会议厅被摧毁的时候，纳粹的轰炸促进了英国的形象的修复。一张展示丘吉尔在燃烧中的废墟沉思的著名照片，比信息部筹划的任何活动都有价值。

英国广播公司进行了一场正义的战争。在战争爆发前就已经离开的里斯发现，1940 年自己的信息大臣任期被丘吉尔终止了，因为丘吉尔对 20 世纪 30 年代自己被阻隔在广播之外耿耿于怀。现在丘吉尔弥补了失去的直播时间，1941 年他在九点新闻之后播出的广播演讲超过一半的成年人都在听。但是，“附言”（Postscripts）节目也是如此，这个节目也在同一时段，由约翰·博因顿·普里斯特利广播，他的声望已经从一个可敬的北方作家转变成了一个主要媒体人物。他提出了本土的、民粹主义的和大体上的左倾思想与丘吉尔抗衡——他的影响力非常大，1941 年，英国广播公司没有与他续约，遭到了左翼的强烈抗议。虽然普里斯特利把战争宣传上升到爱国主义神话高度的才能确实没怎么受到政府的赞赏，但这个决定似乎并不像当时所指控的那样是政治施压的结果。英国广播公司公正的名声使它获得了广泛的——事实上是全球范围的声誉，因为听众们都调到伦敦频道来收听这场战争的真相。所有真相吗？当然不是。与传闻相比，在幕后，政府所施加的压力更大。尽管如此，这对战时国家的官方新闻服务来说并不是一个糟糕的记录。

此外，广播的大众吸引力得到了保障，因为严苛的里斯主义品味标准被进一步放宽。1939—1940 年只有“国内服务”（Home Service）一个电台，后来增补了“战时电台”（Forces Programme），即后来的轻节目频道。有“战地甜心”之称的歌手薇拉·林恩（Vera Lynn）获得大批的粉丝。公司管理委员会（Corporation's Board of Governors）感到不安：“听着这些靡靡之音，人们如何能够适应战斗？”他们不得不克服这些忧虑，英国广播公司才能对战争做出它最大的贡献：为那些过度劳累的人加油打气，他们已经听够了过度宣传的陈词滥调了。其中做得最好的是《又是那个男人》（ITMA），这是一个受到汤米·汉德雷（Tommy Handley）启发的节目，是一个不受约束的、快节奏的喜剧。它塑造了一系列人物角色，像女佣莫普夫人（Mrs Mopp），问：“先生，我现在可以上了吗？”（“Can I do you now, sir?”）[①]——每个人都知道她的口头禅。这些成了某种国家风俗，尽管不是里斯原本计划的那一种。

此外，英国广播公司发现古典音乐和戏剧的观众翻了一番。

① 这句话的本来意思是“我现在可以打扫了吗”，但这个表达还有另外一个明显的暗示。——译者注

德国人贝多芬去世后还贡献了他在《第五交响曲》的第一个小节中的胜利的主旋律，这首曲子被反复演奏。在伦敦的国家美术馆，钢琴家迈拉·赫斯女爵士（Dame Myra Hess）在午餐时间举办独奏，非常受欢迎。这种对艺术的早期兴趣得到官方鼓励，官方成立了音乐与艺术促进委员会（Council for the Encouragement of Music and the Arts），之后变成了艺术委员会（Arts Council），凯恩斯兼任主席，即使在资金最紧缺的时期他也说服了财政部给予艺术委员会适当的资助。

同样旺盛的还有战时对各种文学作品的需求，这些需求部分由公共图书馆满足，部分由出版商满足，尤其是平装书出版商。企鹅公司名声大噪。按照艾伦·雷恩（Allen Lane）的思路，自 1935 年以来，企鹅出版社（Penguin Books）开拓了一个新的市场，即出版精装版的重印本，也出版特别委托的平装书——通常在各种各样的商店里以 6 便士的价格出售。企鹅特刊系列（Penguin Specials）利用人们对政治和国际事务的兴趣，快速发表关于时下话题的文章；尽管企鹅特刊并未走左翼图书俱乐部（Left Book Club）的（胡乱掩饰的）政治路线，但总体还是偏左。企鹅出版社在战时纸张受限的情况下与政府商定了一笔好交易，其出版物得到广泛传播，尤其是在武装部队中；企鹅的员工与陆军新闻局（Army Bureau of Current Affairs）关系密切，企鹅出版物在武装部队的传播得到了该局的安排。陆军新闻局的使命是鼓励人们讨论时事，该局有时都会被带有偏见的左翼指责，更不要说面对心存怀疑的军队的冷漠了；但是战后重建成为热门话题后，它在塑造明达民意方面发挥了重要作用。

劳动者议价能力增强，在政治中进步思想显著，既有的工人运动机构成为受益方。战争使工会成员人数增加了 50%，到 1947 年超过 900 万。工会获得了全新的权力和地位：贝文的卓越地位是其标志。他的成就是在每年“人力资源预算”的监控下，英国十分有效地调动了其资源。贝文使用征兵制度并不仅是为了组建起庞大的军队，还是将合适的人安置在部队中，并让合适的人在矿山和工厂的工作台上工作。此外，年轻的单身女性作为机动储备用于填补空缺，而已婚妇女则被安排在家附近就业。在战争早期，贝文因其指挥劳动力时使用权力的方式趋于保守而受到了批评，但他用自己的履历进行了辩护。的确，在 1944 年肯特郡煤田爆发纠纷前，工业纠纷所损失的天数仅有第一次世界大战损失的 1/3，而且尽管劳动力市场紧张，但工业纠纷仍维持在 30 年代早期经济萧条时的水平。在工厂按照工会规定满足福利标准的情况下，劳动部（Ministry of Labour）只发布必要的工作令。引起联合政府议会中第二次重大的分裂的是 1943 年 2 月贝文的《餐饮工资法案》（Catering Wages Bill），此法案颁布的初衷是满足战争的需要，但保守党后座议员们厌恶该法案，认为又是一个偷偷摸摸的社会主义举动。

第二次分裂是对第一次分裂的报复，第一次分裂就在上个月，当时下议院就《贝弗里奇报告》展开辩论。贝弗里奇的官方报告《社会保险和联合服务》（Social Insurance and Allied Services）致力于描绘一幅战后福利政策的全面蓝图。他偶然获得的成功可以说是天赐良机，因为他的报告在 1941 年 12 月 1 日发布，正值阿拉曼战役胜利后的那几周，这极大地减轻了英国人对战争进程的焦虑。关于战争目标模糊但激昂的措辞不是重点，所有的证据都表明民众想要一些实际和切实可行的东西，来巩固他们所获得的战争福利。贝弗里奇做到了这一点。作为一名拥有 30 年工作经验的社会管理者，他展示了贫穷可以如何通过全面综合的社会保险制度来消灭。为此，他增加了一项儿童津贴计划；他进一步做了两个对他的计划必要的假设，但不包含在计划当中：一个是建立国民医疗保健制度，另一个不允许再次发生大规模失业。

意想不到的是，《贝弗里奇报告》成了畅销书，销量超过 60 万册；同时也为部队准备了简单版本（尽管后来暂时撤回了）。很快几乎所有人都听说了“贝弗里奇计划”；它在国外得到了广泛关注，它的作者成了重要公众人物，所有的谈论突然集中到战后重建上来。与此同时，政府（艾德礼、贝文和丘吉尔都一样）粗暴地评论道：战争必须取胜。因此，政府在下议院谨慎地采纳了贝弗里奇计划；后座议员中有近 100 名工党议员骚动起来，要求尽快就该计划做出承诺。事实证明，这是一个政治分水岭。此后，战后联合政府的支持率逐渐下降。民意调查显示，如果要举行选举的话，工党会远远超过保守党。贝弗里奇的影响是把国内变革的力量疏导到了一项重塑现有国民保险方案的计划中，国民保险方案于 1911 年首次制定。

在战争的最后阶段，工党对 1940—1941 年分散的激进力量赋予了制度形式。各政党之间的选举休战并没有消除补选中的所有竞争。工党议员不费吹灰之力就回到议席上，而且大多数都无须竞争。［尽管工党 1945 年 4 月在马瑟韦尔输给了苏格兰民族党（Scottish Nationalist）］但 1942 年保守党的空缺招致了一批非官方的左翼挑战者，他们不仅在 1942 年 3 月至 6 月间从保守党手中获得了 4 个席位，这可以归因于新加坡和托布鲁克，而且在贝弗里奇计划实施之后，战争后来出现的转机并没有重振保守党命运的运势。一名理想主义的前自由党议员理查德·阿克兰爵士（Sir

Richard Acland）建立了大众财富党（Common Wealth Party），该党的候选人在战争的最后两年里实现了补选翻盘，这显然是因为它提供了唯一的选择，使得选民可以投票反对现在名誉扫地的保守党。当时，这一事件的全部意义没有被理解，民意调查基本上被忽视了；但回过头来看，普遍的左倾趋势的迹象是显而易见的。与苏联关系密切的共产党获得了有限的复苏；但是，红军的巨大成功被解读全面证明了“计划”的好处：“计划”在当时既是口号，又是解释一切的利器。不管是谁提供了支持，作为普里斯特利、贝弗里奇、凯恩斯、阿克兰、斯大林和许多杰出的非工党成员剩余政治遗产的继承者，工党几乎获得了所有支持。

欧洲胜利日（VE Day）标志着丘吉尔承诺的胜利实现了。他建议继续维持联合政府直至对日作战胜利日（VJ Day），但工党无法接受，联合政府于1945年5月解散，完成了它的使命。丘吉尔组建了一个保守党政府，他希望在即将到来的大选中能够回归。许多人都这样期待，因为许多人都记得劳合·乔治在1918年的胜利。工党依靠选民记住接下来发生的事情，这是其宣传的一个永恒主题。丘吉尔又变成了一个狭隘的党派活动家。后来，丘吉尔宣称说，曾与他共事5年共同反对希特勒的那些工党同事打算在英国建立他们自己的盖世太保，他被指因这种过度表达而丢了选票。但是，根据民意调查，实际上在竞选中保守党获得了支持；1945年春天，他们比工党落后20%，到7月的投票日这一差距缩小至8%。

回过头来看，保守党宣称支持联合政府的重建日程，但事实上，其在战前的失业率记录和采取绥靖政策的做法让人们对他们的说法几乎没有信心。人们对丘吉尔的接纳表明，他在国内仍然很受欢迎——至少作为一位伟大的战争领袖是这样。武装部队一些成员本可能会表现出更多怀疑。武装部队在世界各地的投票站投票，投票站安排得比 1918 年好，所有的迹象表明，他们的选票大部分投给了工党。但是，工党选民的广泛性使其得票比重比战前足足高出 10%，这是获胜的关键。在伦敦，莫里森大胆地赌上信誉呼吁跨阶级的支持，竞选社会阶层混杂的刘易舍姆东区的席位，并最终为工党赢得了该席位。自由党在全国范围内的得票率低于 10%，就连贝弗里奇也没能赢得一个席位。为了让军队参与，选举日 3 个星期后，结果出来了——很明显，工党从对手那里赢得了近 250 个席位，第一次获得了明显多数的支持。

第七章

让我们面对未来，1945—1955 年

从摇篮到坟墓

1945 年 7 月 26 日，选举结果显示，工党将在新议会中拥有近 400 个席位，而保守党仅拥有 200 席多一点。令世界震惊的是，戴着战争荣誉新花环的伟大的丘吉尔，突然之间就下台了。在贝文的直接支持下，艾德礼组建了一个工党内阁。走马上任的是迄今为止（1931 年除外）最有经验的大臣。在最近的选举中，工党本可以反对党的身份参选，但同时因其公信力而一举两得，因为拥有这种公信力，要职都由工党的新“五巨头”占据。

莫里森成为枢密院议长，在国内政策上承担着广泛的责任。也许是出于这个原因，在国王的许可下，艾德礼在最后一刻决定不把贝文送到财政部——在那里，他和莫里森之间的摩擦是可以预见的——而是把他送到了外交部。相反，在战前刚刚尝试处理外交事务，战时在经济作战部（Ministry of Economic Warfare）工作的休·道尔顿，不得不转而填补财政大臣的职位空缺。最后，斯塔福德·克里普斯爵士（Sir Stafford Cripps）在贸易委员会中找到了一个合适的职位。克里普斯是一名优雅的律师，在 20 世纪 30 年代曾

是左翼叛逆者，他创办了周刊《论坛报》(*Tribune*) 来捍卫人民阵线。在战争期间，他曾经历过汹涌的赤潮，尤其是在担任驻苏联大使时期。他坚定的基督教社会主义信念令艾德礼印象深刻，艾德礼现在给了克里普斯很大的机会。

不过道尔顿后来因克里普斯而黯然失色，实际上是这个永恒的内核——作为副手的格林伍德在 1945 年被莫里森取代后很快失势，并在 1947 年退出了政府——见证了该政府通过了第一届议会。工党看到其竞选宣言“让我们面对未来”(*Let Us Face the Future*)在这五年里以非凡的公信力被执行，感到非常满意，至少在国内政策上是如此。关于建立福利国家的立法事项在议事日程上占据着重要地位。

1945 年 5—7 月，丘吉尔的“临时代理”政府在短短的执政期内竖立了一块法律上的纪念碑:《家庭津贴法》(Family Allowances Act)。该法案通过为英国所有家庭第二个及以后的孩子每周提供 5 先令（25 便士）的津贴，实现了《贝弗里奇报告》中的一个目标。“家庭养老”（family endowment）的概念已被宣传了 30 年，特别是通过一位早期女议员埃莉诺·拉斯伯恩（Eleanor Rathbone）孜孜不倦地领导的竞选活动。她本人属于自由党，但是得到了工党的支持，而这一法案是由保守党提出的，这一事实说明，在这个问题上存在着强烈的跨党派共识。这种共识的动机是多种多样的。一些人认为这是通过重新分配收入来冲击与大家庭相关的贫困；另一些人则认为这是女权主义的进步，因为是母亲获得了津贴。但是，如果说这些都是想要不计成本地建立一个新圣城的典型空想主义论点，那对于这种特殊的福利措施，也有一些实际的论点，这些论点使用了一种带有民族（甚至“种族”）色彩的完全不同的论调。

纳粹对待犹太人的方式被揭露后，这种论调听起来尤为可疑、种族主义、反动；但是，在过去的几十年里，人们对“优生”改善民族后代的关注，往往与传统福利改革的进步观点交织在一起。这些观点有的是懒惰的想法或模棱两可的说法。因此，爱德华时代关于“培养一个帝国主义的种族”的说法，可能没有把帝国主义热情转移到社会改革这一策略上阴险；人们应该记住，“种族”这个词长期以来被认为是“民族”的同义词。尽管如此，在20世纪，关于人口趋势的讨论仍然强烈趋向优生论。在20世纪初，针对节育的一个嘲讽是“种族自杀”。在两次世界大战（这两场战争都是大规模军队之间的消耗战，这些军队是从由符合兵役年龄者组成的不断缩小的军团里招募而来的）之间，对人口减少的担心引起了公众的注意。

人口普查粗略地显示了已发生的关键变化。1911年的人口普查显示，在上个世纪增长了4倍的英格兰和威尔士人口，仍以每年超过1%的速度增长。1921年的下一次人口普查显示，这一增长速度已经减半，并且在未来半个世纪都保持了这样的年增长率。[①]出生和死亡注册局（Registrar-General）的出生和死亡统计数据说明了为什么会发生这种情况。每年的出生率延续了始于19世纪70年代末的一种趋势，从20世纪初的约30‰下降到1920年的20‰（10年后苏格兰情况也是如此）。在出生率出现大约10‰的下降的同时，每千人死亡人数的下降只有这个数字的一半多一些。所以死亡率和

① 在苏格兰，1911年的年增长率已经下降到0.6%，人口随后只增加了25万，之后在20世纪中期稳定在500万左右。但是，南北之间的差异是因为移民，而不是因为完全不同的出生和死亡模式。苏格兰的自然增长率略高于英格兰和威尔士。——原注

出生率都在下降，但是出生率的下降要快得多。这种情况带来的一个结果是人口增长率的下降，另一个结果是人口老龄化——这一结果更多是因为人口出生率较低导致人口中年轻人比例较小，而不是因为越来越多的人活得更久。在 1901 年，15 岁以下的人占英国总人口的近 1/3，而 65 岁以上的人只占 5%。到 1951 年，15 岁以下的人不到 1/4，而 65 岁以上的人超过了 10%。

婴儿们都到哪去了？在 1945 年达到 70 岁的人出生在英格兰和威尔士每 100 名育龄女性每年生 15 个孩子的时代；到 1911 年，这一数字降至 10 以下，而到 20 世纪 30 年代，这个数字一直在 6 左右徘徊。如 1871 年之后的 4 次人口普查所示，这种下降一开始与结婚年龄逐步推迟有关；然而，在 20 世纪上半叶，已婚女性的比例在稳步上升，这几乎不能对生育率的进一步下降做出解释。婚外生育也不能对此做出解释；在 1870—1940 年，私生子的比例从略高于 5% 下降到了略低于 5%。

正如同时代的人很快注意到的那样，生育率下降的主要原因是在婚姻中故意限制生育：这一趋势在 1911 年就已经很清楚了，但在接下来的 25 年里，这一趋势才全面显现出来。在 20 世纪头 10 年结婚的女性平均每人生育了 3.4 个活产儿。这一数字掩盖了一个普遍的现象：当时超过 25% 的女性仍有 5 个以上的孩子，而 30 年后，只有不到 10% 的已婚女性会生这么多孩子。到 20 世纪 30 年代，有两个孩子的家庭不但很普遍，而且很正常；超过一半的新婚夫妇只生一个或两个孩子。对这一趋势的推断表明，到 20 世纪末，英国人口将无法更新换代；因此鼓励年轻夫妇生儿育女的提议得到了更为广泛的关注。

这种生育率的下降最初在某些职业群体中更为明显，比如纺织工人，而矿工们则继续抚养大家庭，直到第一次世界大战后煤炭业陷入困境。在 20 世纪早期的婚姻中，在比较富裕的阶层，有两个孩子的家庭已经比有 3 个孩子的家庭更加普遍——在这个时期，有四五个孩子对体力劳动者来说是正常的。因此，通常是由意识形态激发的对优生的一致理解（或误解），对国家的人口数产生了不利影响。事实上，对这方面的关注促使出生和死亡注册局对英国社会结构做了官方分类。① 事实上，不同阶层之间的生育率的差距后来缩小了。在 20 世纪 20 年代结婚的夫妇中，农业劳动者的孩子比 20 年前的农民要少，而体力工薪族的孩子比非体力工薪族的孩子要少。在 1931—1951 年，根据出生和死亡注册局的记录，最高的两个社会经济阶层的生育率明显提高了 10%，而在较低阶层的职业群体中，生育率保持在了相当稳定的水平。从表面上看，这应该可以缓解优生警报。

从严格意义上讲，计划生育依赖于这样一种信心，那就是孩子们能够活下来；1900 年之后，随着婴儿和儿童死亡率的下降，这种信心逐步上升。在人们对大家庭的成本和收益的期望已发生变化的情况下，计划生育成了夫妻们选择采用的一种策略。随着童工被限制、入学要求被更好地执行、孩子在学校的时间被延长，家庭成本也在增加。

相反，民间智慧将儿童视为一种对老年贫困的对冲——无论

① 从1911年的人口普查开始，出生和死亡注册局的模型就被使用了。它确定了一个线性的社会等级制度，第一阶层是专业人员，第五阶层是非熟练的体力劳动者，不是所有使用该模型的人都符合优生理论，但这使他们更容易被评估。随后出生和死亡注册局又做了重新分类，尤其是扩展了第一和第二阶层，这意味着需要谨慎对待随着时间变化出现的对比。——原注

是依靠孝道，还是依靠《济贫法》所要求的法律义务——这种智慧是值得怀疑的。朗特里在世纪之交对约克郡的社会调查发现，只有1/70的家庭有3代人。1908年之后的养老金增加了年迈的父母讨价还价的筹码，无论是在让他们的家人接受他们时，还是在维持他们的独立性时。这些关系都不简单；但有迹象表明，对父母角色的期望的改变加重了大家庭的负担。

与这种动机相比，像避孕套这样的避孕工具的使用是次要的。对受孕过程的了解更为重要，这减少了被故意助长的对性和生殖的无知。使年轻女孩保持“清白”是维多利亚时代晚期的一种性规范，这对富人和穷人来说几乎都是对其名声的一种考验。现在有大量证据表明（即使是在这个非常私密的领域），那些想要避孕的夫妇实行了节欲和古老的性交中断技巧。这些方法并非万无一失，但如果失败了，还有堕胎这种方法的支持，这些方法被证明有效地导致了生育率的普遍下降。关于生育控制的宣传，尤其是女科学家及畅销书《婚后之爱》(*Married Love*) 的作者玛丽·斯托普斯（Marie Stopes）进行的宣传，在20世纪20年代帮助打破了一些禁忌；而且，更非正式的是，在两次世界大战期间，1 000万年轻男士穿上了制服，这显然帮助传播了大量粗略的关于性和避孕的信息。

复员产生了人口效应。1920年，出生人数呈上升趋势——远远超过了100万，这是有史以来的最高纪录。在全国范围内，这是对战争死难者的人口补偿；而对于新父母来说，这是对战争期间失去婴儿的补偿。这种影响是短暂的，不到5年，出生率变得比以往任何时候都要低。第二次世界大战结束时似乎也出现了同样的情况。在1946—1948年，在既定趋势上又有了超过50万的额外出生人数——这是一种战后“膨胀”，它几乎完全不能归因于获得新的家庭津贴这一个动机。

但是出生率并没有回落到“二战”前的低水平；在20世纪50年代早期，每100名育龄女性每年至少会生育7个孩子，而不是只生6个，并且在接下来的10年里上升到了9个——这是自第一次世界大战前几年以来未能保持的水平。1963—1965年出生的人口比1946—1948年多。然而，在20世纪60年代早期，已婚女性只生育两个孩子，而在50年前，已婚女性会生育3个孩子。当时的情况是，更多的女性将步入婚姻——在15岁及以上的人中，有2/3的人结婚了，而在20世纪初，这一比例仅为50%。最重要的是，人们结婚时的年龄更小。在整个英格兰和威尔士，在1911年，20—24岁的女性中只有不到1/4的人结婚；到1951年，这个年龄段的女性有一半结婚了，到了1971年，这个比例达到了60%。因此，长远来看，生育率的下降最初与结婚年龄的推迟有关（有时这是不确定的），但在相对年轻的时候结婚很正常的年代，生育率依然在下降。直到20世纪70年代，这种模式才再次被大幅度地打破。

正如丘吉尔所说，20世纪40年代的福利国家“为所有阶级提供了通用的从摇篮到坟墓的国家强制保险”。这就是贝弗里奇计划主要涉及的内容。儿童津贴是一种必要的支持，它用一般税收来补充有多个孩子的家庭的收入。这也说明这样一种假设，那就是一个养家糊口的人（男性）可以挣到足够的钱来养活一个妻子和一个孩子；每周对其收入的扣除将成为他对社会保险综合制度的贡献，这种保险制度也受到雇主缴纳的款项和国家提供的补贴的资助。贝弗里奇条理清晰的头脑所取得的成就，是对之前所有随意制订的渐进计划进行了整合，让被保险人在受到工伤、残疾、疾病、失业、老年甚至死亡（以遗孀抚恤金的形式）的威胁时，都能有所保障。

贝弗里奇为战后工党政府的国家保险立法提供了广泛的基础，虽然这个基础并不是很细致。政府根据由丈夫、妻子和孩子组成的传统家庭单位所需的生活收入建立了标准的福利水平，从而实施了半个世纪前朗特里制定的贫困线战略。所有就业人口，而不只是体力劳动者或低收入者，都被覆盖在内，就如战前的国家保险计划一样。另一项规定是，那些被这一全面覆盖式保险漏掉的人将得到国家援助（National Assistance）。这就履行了《济贫法》一直认可的由社区减轻贫困的剩余义务。它是通过推广失业救助委员会的职能来实现的，就如 1935 年实施的那样，这么做是为了回应对工党以收入评估为准发放的津贴的不满；但是，工党的国家援助委员会（National Assistance Board）帮助了那些无权索要津贴但以各种理由证明他们有需求的人，这基本上是一回事。

现在，所有人都可以享受（缴费的）国家退休养老金，即便是在 1946 年因年龄太大而无法缴费的人。原来领取养老金的年龄限制为 70 岁，这意味着在 1911 年只有 3% 的人口符合条件。到 1951 年，由于寿命的延长，而且男性领养老金的年龄限制下降至 65 岁，女性下降至只有 60 岁，几乎有 14% 的人口符合条件。这是一项昂贵的承诺，而且注定会变得更加昂贵。

贝弗里奇没有透露的是，他关于国民医疗服务体系（National Health Service）的设想要如何实施；尽管联合政府接受了这一原则，但它并没有解决医疗改革方案引起的行政困难或利益冲突。在 1911—1913 年，让英国医学会（British Medical Association）参与到医疗保险计划中这件事遇到了巨大的困难。作为一名令人敬畏的公务人员，罗伯特·莫兰特爵士（Sir Robert Morant）发现他因自己的能力在这一努力中受到了谴责；而劳合·乔治则需要用上他作为威尔士人具有的所有狡猾和执拗。1945年后，医生们又得到了一剂同样的药。

在战后，工党政府的卫生大臣是安奈林·贝文（Aneurin Bevan）。作为一名煤矿工人的儿子，贝文先在南威尔士的矿井下工作，后来在工党运动中开始了自己的职业生涯，他最初在中央劳工学院（Central Labour College）接受了教育，并且在1929年作为其家乡埃布韦尔（Ebbw Vale）的议员迅速进入议会。他的口才和自由思想使他成为后座议员中一个具有吸引力的人物，在战争期间，他作为一名讨人厌的丘吉尔的批判者，一直是后座议员，他在很多方面都与丘吉尔相似：可以预测，（作为议会演说家）他也蔑视“资产阶级”政治家，但是方式更加挑衅。在内阁中，贝文代表了青年、激进主义、智慧和魅力，如果他能利用这些天赋来制定一致的政治策略，激发人们对他的信任和支持，那么他将成为其所在政党未来的领袖。作为一名大臣，他创造了一个良好的开端，展示了他对行政技巧的可靠把握，虽然他以前缺乏行政经验。

贝文知道如何以温和的方式行事，让英国医学会很大程度上从自我引发的焦虑中摆脱出来，他们焦虑是因为自己沦为了工薪阶层；但是贝文的手中还有一根大棒，那就是议会中决定性的多数派，他用这根大棒来推进自己的优先事项——国有化医疗服务。这一下子就有了一种强制性的简单原则，来应对古老的慈善医院、已由市政控制的旧的济贫医务室、乡村医院、健康保险赞助的结核病休养机构以及其他各种机构之间连锁出现的异常情况。一旦医院被置于国家控制之下（通过地区医院董事会进行控制），全科医师（general-practitioner）服务就能以一种更加分散的方式组织起来，并通过国家为在参与医生诊所登记的每位患者支付人头费。

然而，这还不足以减轻英国医学会的职业担忧，该协会为全科医师说话，并试图发起对新计划的联合抵制。正是在立法通过和 1948 年实施该法律的两年间，贝文遇到了与前辈劳合・乔治所遇到的基本相同的问题，而且这个问题要以基本相同的方式解决——不仅要用上甜言蜜语（尽管这有所帮助），还要收买医生。会诊医生是贝文的第一个目标。一旦被许诺可以在国民医疗服务体系的医院里继续私人执业，他们的反对就会消失，这样就能两全其美。皇家内科医学院（Royal College of Physicians）院长莫兰（Moran）勋爵，适时地变成了（有人说是被迫变成了）贝文宏伟计划的代理人，他自己最著名的私家病人是丘吉尔。虽然被抢占了先机，英国医学会的领导层仍然坚持提议进行抵制；但 1948 年 5 月的全民公投显示，全国有一半的全科医师此时支持合作，于是英国医学会只好屈服了。

事实是，国民医疗服务体系就像之前的主治医生体系一样，只是将更多的资源投入医学领域，而不是像之前所要求的那样投到医生身上，这种情况在贫困地区尤甚。1948 年 7 月国民医疗服务体系开始运作时，超过 90% 的医生都得到了“指定日”的保证。在最初的两年里，支出超出预期 40%，这使得人们担心支出会失去控制，尽管出现这种情况的真正原因是低估了需要为之前缺乏足够关注的病人所做的事情。主治医生已经根据 1911 年的《国民保险法》，为被保险人提供了医疗福利，尽管是一种更受限制的医疗福利。但这些对处于壮年期的男性来说是不可反抗的——他们正好是社会上最不需要这些福利的一类人。对女性、受抚养的孩子、老年人来说，国民医疗服务体系确立了一种获得高质量的医疗服务的权利，而这种权利以前仅限于一小部分特权人士，获得这种权利所花费的费用给许多不幸的家庭蒙上了一层阴影。

贝文所做的是将国民医疗服务体系从空想变成了一个经久不衰的英国机构。在 20 世纪剩余的时间里，它将成为工党的最佳王牌。然而，在短期内，它给工党带来了 20 年来最严重的政党危机，使得保守党在 1945 年以始料未及的规模东山再起。

战后对策

艾德礼政府的经济政策试图调和两个目标：一是把一些企业变成共同所有制，二是保持充分就业。工党认为，通过“计划”，可以使一个目标为另一个目标所用，虽然不知道这个计划到底意味着什么。事实上，像安奈林·贝文这样的左翼人士，甚至在 1944 年放弃了凯恩斯主义者主张的《联合政府就业政策白皮书》（*The Coalition's White Paper on Employment Policy*），该白皮书承诺维持“稳定的高就业水平”。左翼人士放弃的理由是，只有社会主义政权能做到这一点。

当然，实际上一切并没有那么简单。实现共同所有制这一社会主义目标，被载入工党章程第四条已有一代人的时间，但维护这一条款的手段却很少受到关注——莫里森除外。莫里森创立的伦敦交通运输公司（London Transport）隶属于一个高度自治的公营企业，这就提供了一个模式。他没有把这个模式强加于人，因为他不需要这么做，但这一模式变成了艾德礼政府采取措施进行国有化时使用的模板。事实上，莫里森的计划更受益于实用主义而不是意识形态。这就是为什么在 1944 年 12 月，在工党的大选前的会议上，他反对明确列出将要实行国有化的行业，他认为列明清单会导致选举失败。左翼在这一时刻取得了胜利，而且后面的选举也没有失败，于是他们对普及公有制更有信心。而莫里森经验丰富，自然握起了公有制改革的方向盘，通过议会，他几乎引导了全部计划，极富技巧而又小心谨慎；在改革陷入窘境之前又踩了刹车。正是钢铁工业国有化给工党带来了政治危险。

相比之下，1945 年的英格兰银行收归国有影响甚微，可以说对党派之间已经密切的合作没什么改变。改造张伯伦政府创建的英国海外航空公司（British Overseas Airways Corporation，BOAC）影响更微。1947 年，煤矿进行了国有化，这让所有支持 1926 年矿工斗争的人很激动，虽然那场斗争是徒劳的。煤矿国有化在第一次世界大战结束后就提上了政治议程，并且有 1938 年（国民政府）对煤炭经营权实行国有化为先例。

在天然气被发现之前，煤气工业仍与煤联系紧密。煤气工业在 1948 年被国有化，这更像是一种中央集权管理的措施，而不是公有制发展的结果，至少从市政府长期掌控的 1/3 所受的影响看是这样的（自约瑟夫·张伯伦执政后，1/3 的煤气行业由市政府掌控，例如在伯明翰市就是如此）。然而，煤气工业的国有化并没能阻止保守党在议会中提出强烈反对，他们这样做主要是为了重振自己的士气。但在第二年反对将公有制扩展到供电系统（或者说扩展到尚未收归市政府的1/3）时，保守党发现自己更容易妥协，因为20年前，保守党政府建立了国家电网作为公共设施。丘吉尔作为铁路国有化的老牌支持者，也不是带头反对把这4家寡头公司并入英国铁路公司（British Railways）的最佳人选——英国铁路公司是整合的英国运输委员会（British Transport Commission）的一部分。

在这些例子中，有一个符合自由竞争古典原则的有力实例，这个实例将基本公共设施收归公有以消除私人垄断。然而，这个案例并不能吸引社会主义者，他们更愿意通过驱逐大企业巨头来废除资本主义制度。资本不足的铁路网或过时的煤炭业会衰退，这是可以预见的，但在后来把这种衰退当作国有化工业效率低下的实例（以一种总体上来说对保守党有利的方式），导致了意识形态斗争的加剧。在钢铁业进行交锋也变得更为重要，这种交锋是策划已久的。钢铁业是工党国有化改革清单上唯一的重大制造业。由于工党别无选择，只能坚持钢铁业国有化，于是莫里森采取了半心半意的费边主义做法：一直拖延，等待时机成熟，一旦时机没能成熟，就再次拖延，最后不了了之。《钢铁法案》（Iron and Steel bill）最终于1949年推出，同时推出的还有一个措施，这个措施缩短了上议院可以根据《议会法案》阻挠立法的时间（从两年缩短到了一年）。即便如此，工党还是没有足够的时间在大选前完成钢铁工业国有化进程，这个问题在当时煎熬着工党。虽然这个法案最终于1951年生效，但后来保守党上台，他们集中精力进行“去国有化”是非常容易的（尽管两翼人士的间歇性沉默暗示了公路运输业也面临着类似的命运）。

国有化的资金问题被证明是最微不足道的问题。政府发行了国家债券来补偿被接管公司的股东。[①] 他们中大多数人都拿到了大笔补偿，最初是通过有利的定价，然后是通过政府货币政策对资本价值的不利影响。当时低利率已经盛行，但财政大臣道尔顿试图推行利率更低的“低息借款”。他琢磨了凯恩斯的名言，那就是下降的利率——如果它能被推行的话——会带来“食利者的安乐死”。然而，1946—1947 年，以史无前例的低利率 2.5% 发行的政府债券（“道尔顿券”）失败了，于是财政出现了困难，发行这些债券是为了给部分长期国债提供资金。事实上，市场是不会因威逼而按票面价格买下这些债券的，它们只能以低廉的价格来清仓。“低息借款”停下来了——不过以 2% 的银行利息为标志的低息借款依然存在。这种反常的后果来自资产价值的升值，这些资产的预期年回报高于最低官方利率。这些资本收益没有引起国内税收署的注意，这种情况一直持续到 1965 年，于是道尔顿在不知情的情况下，给食利者买了一个免税期。这就导致有人质疑发放低息借款是否明智；此外，把高收入税作为财富再分配手段的局限性也被揭露。

这展示出在混合经济中工党所用方法能达到的经济运行效果的极限。而另一种选择是苏联“国家计划委员会”（Gosplan）模式下的完全明确的计划经济，这个模式对任何后来掌管经济事务的

① 工党接手的金边公债是130亿英镑，到1951年又增加了20亿英镑，这些债务几乎完全是对国有化的补偿。金边债券具有固定利率，并且基于股票的票面价值，因此如果票面利率低于市场预期，那么它们的实际成交价格就会下滑。因此，如果100英镑的股票在市场中的利率固定为2%，而市场的预期回报率为2.5%，那么这100英镑的股票将实际以80英镑的价格转手；由于政府每年为这种股票固定支付2英镑，因此80英镑的实际回报是2.5%。——原注

大臣都没有吸引力，对资助英国政府的美国人也毫无吸引力。事实上，在1940—1941年的冬天，英国就已依赖于美国的经济援助，这种情况一直持续到1949年。这不是双方选择如此，而是一种必要性，虽然双方都没有认识到这种必要性。因此美国提供了3个阶段的支持：每次都是对疲惫不堪的英国经济的一剂猛药，但每个阶段都蕴藏着可怕的撤资征兆。

最先到来的是（当然，先撤走的也是）租借（Lend-Lease）。这起了决定性的战略作用；简而言之，它让英国赢得了战争。它的经济影响同样是决定性的。这意味着英国扭曲的、充分调动的计划经济在战后市场已不再独立可行或具有竞争力。第二次世界大战对英国造成的经济负担是第一次世界大战时的两倍，这场战争消耗了英国28%的财富，造成了海外资产的净赤字；特别是英国对英镑区其他地方的债务，总额累计达30亿英镑（“英镑结余”）。最重要的是，这场战争使出口产能下降，大大低于战前水平。确实，英国本土的粮食产量增加了；但在1945年，国际收支赤字预计接近10亿英镑。在欧洲胜利日和对日作战胜利日之间的喘息期，借贷即将结束的时候，分阶段走向均衡的计划在广岛被炸上了高空。在艾德礼担任首相的第一个月，日本投降了，这对他来说喜忧参半，因为没过几天，杜鲁门总统就毫无恶意地割断了英国的生命线。如果说租借在一开始是一种最单纯的行为，那么它的结束无疑是英美关系中最令人不安的行为。尽管抱有同情心的美国官员进行了过渡性安排，但英国此时面临的其他选择是令人绝望的——要么乞讨，要么借债，要么挨饿。

凯恩斯被派往了华盛顿，他相信自己行乞求钱的能力。但苦苦乞怜毫无进展，于是英国就与各国商议借钱的条件。经过多轮讨价还价，英国借到了 37.5 亿美元的贷款，其中最大的一笔是 12.5 亿美元，这笔钱来自加拿大，占比远超其他贷款。贷款条件简单明了，或者说难以达成，这取决于从哪个角度看。美国答应提供帮助，条件是英国要按固定的时间表推进英镑与美元的自由兑换，并且要在 1947 年夏天前完成这件事。整件事情虚伪离谱，英国在这件事情当中卑躬屈膝：左翼社会主义者和右翼帝国主义者却反应一致，共唱这首不和谐之歌。如若不接受贷款，英国人就只能饿死，因为国内的食物已经吃紧，如果严格限制进出口实行紧缩经济，食物供应就会大幅减少。事实上，1946 年，面包第一次被定量配给。

凯恩斯的意见占了上风，英国接受了北美的贷款。这就开启了美元依赖的第二阶段，这个阶段基本贯穿了道尔顿的财政大臣任期。英国的打算是，在两三年内扭转国际收支状况，与美国之间达到均势，这样所有的义务就能够履行。为了使资源流向出口，国内消费持续收紧。年轻的凯恩斯主义经济学家们深信这个方法的可行性，他们当时主要集中在经济部，后来集中在中央经济计划部（Central Economic Planning Staff）；同时，财政部的那些老手也心满意足，因为高额税收正使预算转向盈余。双方意见一致，英国政府在 1947 年 4 月的预算中痛下强手，道尔顿将所得税维持在和平时期最高水平，实行 9 级累进所得税，最高比例达 45%，并且将烟草税加倍——那时攒美元要比国民健康更重要。

“美元缺口”是此时的核心问题。英国的整体出口已恢复到战前体量；尽管要达到预计的高水平还有难度，但现在我们清楚，当时的整体国际收支情况也并不比预期的差，不过那时公布的数字有误，引起了大众的恐慌。英国的问题具体来说是美元短缺。大致说来，是战争使美国暴富，美国不得不将更多的美元交到贸易伙伴手上，使他们有资金进口美国的货物。英国难以进入美元主导的硬通货市场，在英镑区或者其他软通货国家，英货市场同样无力。所以，通过多边结算解决英国对美贸易赤字的传统办法行不通了。于是英国在英镑区为主的地区大幅投资，其数额并不比美元贷款少多少；与此同时，因为必要的进口，美元迅速流失（包括对好莱坞电影和弗吉尼亚香烟的进口）。经过 1947 年和 1949 年两次危机，美元悖论才得以解决。

而首先，艾德礼政府迎来了另一个让英国更加千疮百孔的危机。那时，英国超过 90% 的能源供应以煤为原料，煤矿有 70 万名矿工，在好的年头他们能挖 2 亿吨煤，然而 1947 年不是一个好年头。1947 年的冬天是 20 世纪最凛冽的冬天，超长的冰冻期从 1 月持续到 3 月，解冻期又洪水泛滥。自然灾害不可预知；但是可以预见燃料危机即将发生，然而燃料电力大臣（Minister of Fuel and Power）伊曼纽尔·欣韦尔却矢口否认，他狂妄地宣称不会有燃料危机；欣韦尔明显不能控制事态，他成了国有化这帖万灵药运用中最负面的形象。能源危机使这个国家好几个星期几乎全面停工。民众停止了对新政府蜜月式的沉迷，转而觉得过去两年的幸福感全是虚幻。

同时，美元也在缓缓流失，一个月比一个月少。到了 1947 年秋天，英国履约，允许将英镑兑换成美元，很多人迅即兑换，导致美元大量流失。英镑危机暴露出英国掌控计划经济的主张的脆弱。道尔顿受到了极大的震动，但还得踉跄前行；这是艾德礼最失意的时刻，他往日的果决一时间不见了。这场危机的经济后果是，8 月的兑换暂停了，美国对此也未表示反对；政治后果是，内阁在 9 月进行了重组。克里普斯也是亲身经历过大危机的人，他大胆地向艾德礼建议，说是时候换首相了（建议选贝文）。首相打电话询问了贝文，然后转告克里普斯说贝文不同意。但是克里普斯迅速得到擢升，成为英国经济统帅；11 月，道尔顿运气不佳，不小心向在外等候的新闻记者披露了他的应急预算中的紧缩措施——这是逼人辞职的伎俩，方法是老套地报道大臣在品格上的问题，这在那个时代很流行——于是克里普斯自己变成了财政大臣。

克里普斯成了紧缩政策的同义词，他在工作的时候目标坚定，毫不动摇，他的坚定也顺天应时，就像丘吉尔所说的，这简直是“上帝开恩，亲降恩泽”。但实际上，真正为战争买单的还是更多美元的注入——来自美国的第三阶段援助。1947 年 6 月，美国国务卿乔治·马歇尔（George Marshall）在哈佛大学毕业典礼上发表演讲，要求欧洲国家积极主动地承担责任，重建满目疮痍的欧洲大陆。这次演讲时机恰当，鼓舞人心。欧内斯特·贝文紧紧抓住了这个机会。在美国的鼓励下，贝文勇敢地站了出来，他四方奔走斡旋，希望西欧各国政府做出一致回应，由此，西欧得到了慷慨的“马歇尔援助”（Marshall Aid）。美国的拨款之举可以被称为理性的利己主义；现在看来，这些拨款并不是欧洲复苏的开始，因为那时欧洲已经开始复苏。即便如此，美国的这个法令仍极具启发性，它使人们清楚地认识到，战后重建与社会和经济发展密不可分。表面看来，这些国家是因为“马歇尔援助”才得以变成福利国家，而在这种背景下，也就可以理解为何社会民主主义者对美国的态度日渐升温了。

另一场美元本位危机发生在 1949 年，它是克里普斯在任期中经历的最后一场危机。在担任财政大臣的短短 3 年间，克里普斯就在财政部建立起一套全新的体制，凯恩斯主义的方法得到了更多的运用，反对这种方法的情绪明显变少。与苏联建立“国家计划委员会”的方法不同，在英国，一种自由主义的计划概念深得人心，它以预算为需求管理的主要工具。克里普斯在3年的财政预算中积累起大量的盈余，使得国际贸易能够按照国家需求更多地转向出口。英国整体的国际贸易变成了健康的顺差；虽然估算结果有所不同，但是不管以何种方式估算，在1948年和1949年，贸易顺差都超过了1.5亿英镑。与美元区的贸易情况却相反，1947年贸易赤字为5亿英镑，马歇尔计划施行后，净出口赤字才降到1亿英镑以下。若没有马歇尔计划，英国1949年与美元集团的贸易赤字会接近3亿。要解决英国与美元区和美元集团之间的贸易赤字，经济学家并不难找到办法：让英镑（和其他软通货）对美元区的硬通货贬值，使结算形式达到平衡。此时不管是在白厅，还是在重要的大臣职位上，都已有足够多的经济学家来确保这种解决办法得到充分讨论。

1949年夏天，克里普斯在瑞士的疗养院调养身体，受他委任处理贸易赤字问题的3位年轻大臣都是专业的经济学家。燃料大臣休·盖茨克尔（Hugh Gaitskell）级别最高；与他一起主张贬值的还有贸易委员会主席哈罗德·威尔逊（Harold Wilson），他是最年轻的内阁成员，此外还有金融副手（Financial Secretary to the Treasury）[①]道格拉斯·杰伊（Douglas Jay）。

就这样，克里普斯成了英镑贬值政策的代理人；该政策8月

① 在英国财政部，作为主官的财政大臣称为Chancellor of the Exchequer；其次具有内阁阁臣身份的财政部首席秘书称为Chief Secretary to the Treasury。两者之下，还有具体分管金融、经济及国库事务的副手，分别称为Financial/ Economic/ Exchequer Secretary to the Treasury。——译者注

末由内阁通过，然后被搁置了 3 个星期（信息没有丝毫泄露），其间克里普斯和贝文受命（坐船）访问华盛顿，全权商定一个新的极低平价，好让这个平价能长期有效。1940 年以来，英镑对美元的价值为 4.03 美元，此次贬值幅度不低于 30%，降到了 2.8 美元。与 1931 年完全不同，在这次危机中，政府决心关注完全不同的重点。当局不再整日担忧英国该如何履行义务；而且，英镑结余换算成美元将真的贬值 30%。要做到这一切，他们不可避免地（痛苦地）采用了这样一个套路，那就是克里普斯向下议院否认贬值的迫切性：克里普斯做得非常好，以至于市场各方完全没有预料到这次贬值，英国因此大获全胜。英镑贬值成果颇丰，这在 1950 年 10 月克里普斯在财政部的职位被盖茨克尔取代之前就已经非常明显了，那时克里普斯已经病入膏肓。

同时，英国多管齐下，稳定国内工资，管制实物以遏制通货膨胀，继续发展英国在国际贸易中的既存优势，英镑贬值最终解决了长期存在的美元赤字问题。这次贬值效果非常好，以至于在 1950 年，马歇尔对英援助早早地被切断了。英国 1950 年的出口量比 1937 年（战前复苏的最高峰）多 50%；此外，在工业国家生产的制造品的国际贸易中，英国的占比回弹到接近 25%，而这个数值在 1937 年为 21%。但不可否认，英国还将与其他欧洲国家进行一番真正的较量。几年后，一名保守党内阁官员私底下在对其政敌的记录中这样写道：“这是一个关于丰功伟绩的故事——英国在 1945—1950 年呈现出一派蓬勃复苏的景象。在接下来的阶段中，主要因为不可控的环境因素，英国将面临重重困难。”总而言之，这是一个看似合理的评价。

避免战争

在和平时期，英国武装部队的兵力通常不到40万人。由于第二次世界大战结束时的复员，英国兵力总数从1945年的500万人减少到1946年的200万人；但在1948年，这个数字仍然接近100万。1947年，英国建立了一个兵役体系（National Service），让所有符合条件的18岁青少年穿了长达两年之久的制服。这是为了将武装部队的兵力在1957年前保持在75万人左右，直到1961年，随着兵役体系逐步淘汰，这一数字才降至50万以下。事实上，1880—1940年出生的每个人都有资格在某个时间段服兵役，这使得3代人都尝到了军事条例的味道，并理解了“军事效率”一词的含义——这种共同的文化参照，不论好坏，是后来在20世纪60年代成长起来的那一代人所没有的。对有着保守封闭传统的英国来说，战后的兵役是和平时期一个独特的征兵期——如果这段时期称得上和平期的话。

但情况似乎并非如此。1947年，国防开支占国民生产总值（Gross National Product，GNP）的近18%；在1951年仍然占6%。战争结束后，一些成本也随之而来。英国需要供养一支占领德国的军队；此外，还要养活在英国占领区的不幸的德国人——这是英国实行面包配给的主要原因。这些就是胜利带来的战利品。英国表现得像一个大国，并为这些负担提供了广泛的支持。依赖美国这一现实需要时间来理解，就像与此同时另外一件事——对苏联的不可避免的反对——需要时间来承认一样。在德国，其结果是1947年英占区和美占区的有效合并，因为这二者与西方恢复关系的共同目标（如果资源不对等的话）越来越偏离苏联的政策。曾经压制德国人的英国驻联邦德国莱茵军（British Army of the Rhine，BAOR）留了下来，想要阻止苏联人。

丘吉尔提出了两种前景，这两种前景很好地捕捉到了英国人对战后世界的看法。一种前景是拉下一幅横跨欧洲的铁幕，另一种前景是让英国站在 3 个相互重叠的圆环的交叉点，这三个圆环分别代表欧洲、大英帝国和横跨大西洋的伙伴关系。当第一种前景带来的忧虑推动了关于第二种前景的宏大野心时，其结果就是英国同时在所有方向过度扩展。与丘吉尔一样，20 世纪最出色的外交大臣贝文也不认为英国的大国地位值得讨论：他只是把大国地位当作一个既定的目标，运用自己的意志和技巧来寻找实现目标的手段。当他告诉矿工们，如果他们能提供更多的煤，他就会为他们制定新的外交政策时，务实的他并没有根据资源的情况无情地给自己的承诺打折扣。虽然他付出了惊人的努力，并且取得了不容忽视的成就，但这些努力和成就并没有永久地扭转英国走向衰落的趋势。事实上，50 年后出现的一个显而易见的问题就是：英国打肿脸充胖子，使自己的力量被削弱了许多。当时有许多人提出了这个问题，比如凯恩斯，在战争（也是自己生命）快要结束的前几个月，他在向内阁提建议时提出了这个问题，首席科学顾问亨利·蒂泽德爵士（Sir Henry Tizard）也提出了这个问题，他预言："我们是一个伟大的国家，但如果我们继续表现得像一个大国，很快我们就不是一个伟大的国家了。"

然而，在期待对战后世界的挑战做出完全不同的本能反应时，它并没有为 1940 年的血腥喝彩。希特勒带来的阴影会持续很长时间。整整一代英国政治家都决心不成为罪人，不管要为这种决心付出什么代价。苏联不妥协的迹象得到了解读，不是通过将疑罪从无的态度扩展到在战争中受到最大伤害的这个国家上，而是基于一种最坏的设想，意在抑制另一个倾向于扩张的极权主义政权的发展。左翼人士一直在谈论社会主义的外交政策，在战争结束的时候，贝文本人将这种谈论误解为一种娱乐。事实上，他不需要从外交部官员那里学到对苏联的怀疑。相反，作为反共产主义工会领袖的贝文职业生涯中的一些轶事被反复重申，掩盖了他的指导思想——这就给嘲笑他把苏联当作“运输与普通工人工会”（TGWU）的人提供了一些理由。战争结束后，贝文怀疑希腊出现了共产主义活动，说明他抵制苏联影响和抵制党内直言不讳的左翼的决心一样坚定。当丘吉尔从要职上解脱，发表被广泛报道的关于“说英语的民族”的演讲时，贝文采取了实际行动来创造一个英美轴心。

然而，在印度问题上，工党政策与丘吉尔的政策明显不同。艾德礼是“西蒙调查团”（Simon Commission）[①] 的老成员，此时他是负责人。他以良好的风度和过人的胆量做了他认为必要的事，不顾关于放弃印度自治领让其独立的没完没了的谈论，甚至不惜把这个次大陆分割成一个伊斯兰国家（包括西巴基斯坦，以及东边后来成为孟加拉国的地方）和印度（一个非宗教国家，但是一个以印度教为主的社会）。最后一任总督（Viceroy）海军上校蒙巴顿爵士（Sir Mountbatten）被派往了印度，他曾是东南亚盟军的最高指挥官。蒙巴顿出身名门，而且不断地自我推销——诺埃尔·科沃德的战争电影《与祖国同在》（*In Which We Serve*）就提到了他的海上战绩。

---

① 英国政府派往印度研究修改管理制度的“调查团”。由英国自由党人约翰·西蒙爵士率领，故名。其具体任务是：研究印度行政管理体系的效果、教育的普及程度、英属印度立法机构的发展状况、建立责任制政府的可能性，以及在地方立法机关中设立下院等问题。——译者注

蒙巴顿表现得像一个不起眼的王室成员，他也确实是王室成员，但他身上有一种令人恼火的根本性的不同。然而，得到实施的是艾德礼的政策：在确保继承国领导层释放善意的同时迅速撤军。面对搪塞，艾德礼的应对方法是明确提出权力移交的最后期限；与此同时，蒙巴顿家族与国大党领导［尤其是尼赫鲁（Nehru）］密切交往。在“我们在其中急速撤退”（In Which We Scuttle）的光辉事业中，最有意思的篇章背景是德里（Delhi）。

反对党领袖丘吉尔引入了“急速撤退”这个词。诚然，撤军带来的阴暗面是，1947 年的印巴分治造成了种族之间的流血冲突。但在英属印度终结时丧失生命的人［甘地（Gandhi）也间接地失去了生命］，至少看到了印度在没有公开发动战争，并且（以一种旨在使新共和国适应的方案）在没有脱离英联邦的情况下获得了独立。这似乎是一种更大的奖赏，因为工党非常重视培养多种族英联邦的概念。在 1940 年英国处于紧要关头时，旧自治领证明了自己是英国唯一真正的朋友，在适当的时候，他们将会得到其他民族的扩充，并在议会制度发明者的指导下走上自治的道路。从这个意义上说，关于新英联邦的言论，可以被看作对旧式家长式统治方法的改进——这是披上人性外衣的帝国主义。急速撤退已经在印度发挥了足够好的作用，但英国并没有在非洲按照一个这样的时间表工作的计划。在坦噶尼喀（Tanganyika），英国制订了一个雄心勃勃的新殖民主义计划来推广种植用来榨植物油的花生，并且都是在英镑区种植——这就是约瑟夫·张伯伦所做的事情。在国内和国外，这一计划的失败经常被用来嘲笑社会主义的铺张浪费。

战后英国外交政策的核心成就是，一旦东欧陷入苏联的统治，美国就会为新生的西欧提供安全保障。贝文在实现马歇尔计划方面所扮演的角色指明了方向；正如预期的那样，1947 年 7 月，苏联代表团退出了关于实施马歇尔援助的谈判，这一事实证明欧洲现在分成了两个阵营。贝文目前在制订一个他自己的计划。该计划的最初阶段是在 1948 年 3 月建立一个西欧联盟，承诺英国、法国和低地国家［未来的比荷卢经济联盟（Benelux）］建立一个完整的防御体系。这个宏伟计划的完成取决于来自横跨大西洋的支持。就像 1939 年一样，加拿大即将提供帮助，但花了很长的时间美国才认识到，其安全与敏感的、不可靠的法国或纠缠不休的、顽固的英国的安全紧密联系在一起。在这一点上，美国非但没有领导反苏运动，反而对其冷战盟友没有信心。

贝文对需做之事的看法得到了苏联的行为的有力验证。1948 年 2 月，布拉格发生了政变，再次推翻了捷克斯洛伐克的民主政府。这件事对社会民主观点的影响是决定性的；贝文的强硬路线在工党内部几乎没有遭遇进一步的异议。4 个月后，苏联切断了通往西柏林的陆路通道。英国没有简单地默许，或是在地面上发生冲突，而是选择了第三种方式——空运所有必要的物资。这是一次重大行动，经历了好几个月才成功完成，直到斯大林最终在 1949 年 5 月取消了封锁；此外，在英国基地建立美国空军产生了长期的政治影响。在此背景下，关于建立联盟的谈判进展得更加顺利，于是《北大西洋公约》（North Atlantic Treaty）——不久即称为北约（NATO）——于 1949 年 4 月签署。

但是，英国站在欧洲这个第三环的什么地方呢？贝文通过回应马歇尔及其计划的动议，进一步推动了西欧的一体化；其结果就是欧洲经济合作委员会（Committee of European Economic Cooperation，CEEC）成立。然而，英国决定让英镑贬值时忽略了欧洲人，反而把美国和加拿大当作知己。这种对欧洲经济合作委员会的冷落体现了英国对其他欧洲国家的傲慢态度，而这些欧洲国家并没有很快忘记是谁解放了它们。问题是，英国人也什么都没有忘记——也什么都没有学到，至少在关于他们不断变化的国际角色方面没有学到什么。英国奉行的外交政策就是给欧洲新方案一些小恩小惠——这就是贝文在 1948 年对欧洲理事会（Council of Europe）的态度——他最关心的是不损害英国在美国眼中的独立地位（尽管美国人对此无动于衷，但支持英国参与）。丘吉尔在反对党中的长篇大论为他赢得了他是一个表现好的欧洲人的名声；但细则已经暗示了他重新掌权清楚揭露的事实——他关于欧洲统一的高调主张并没有支持英国人实际参与其中。因此，法国在 1950 年发出邀请（或最后通牒），要求英国加入新的欧洲煤钢共同体（European Coal and Steel Community）时，内阁一致表示反对。

英国政府拒绝了塑造新欧洲的机会，不断寻找自己在世界上的角色。这就解释了英国为什么决定制造原子弹；英国有制作原子弹的能力，反过来凸显了它想要提升其全球影响力的虚荣心。在杰出的数学家威廉·彭尼（William Penney）的领导下，英国在没有美国合作的情况下发展了自己的核力量，这无疑体现出英国在核物理领域具备高水平的专业知识。剑桥大学的卡文迪什实验室（Cavendish laboratory）在核裂变研究方面是先锋，新西兰人卢瑟福爵士（Sir Rutherford）从 1919 年到 1937 年他去世前是该实验室的负责人。正是在这里，卢瑟福的两个“小伙计”，年轻的物理学家约翰·科克罗夫特（John Cockcroft）和欧内斯特·托马斯·辛顿·沃尔顿（E. T. S. Walton），研发出了高压粒子加速器，并用它在 1931 年成功使锂原子核分裂。因此，在一个引起全世界兴趣的实验中，原子第一次被人为地“分裂”了。20 年后，这两个人获得了诺贝尔物理学奖。

这是一段漫长的科学旅程，从在卡文迪什实验室发现基于实验室的可能性开始——卢瑟福把利用核能的想法称为“妄想”——到具备在广岛引爆原子弹的能力，更不用说英国 1952 年第一次在澳大利亚蒙特贝洛（Monte Bello）进行测试了。此外，政治不可避免地成了一种驱动力。制造如此可怕的武器会带来道德困境，但纳粹造成的后果会更可怕，因此这种道德困境在很大程度上得到了解决。1941 年英国的“莫德报告”（Maud Report）最初使美国人相信了使用核武器的可行性，在战争背景下，召集联合专家的实际问题被克服了。科克罗夫特领导下的一群剑桥物理学家成为位于蒙特利尔（Montreal）的英裔加拿大团队的核心，其他英国科学家也被纳入了新墨西哥州洛斯阿拉莫斯（Los Alamos）的“曼哈顿计划”。因此，英国在制造第一颗原子弹上下的赌注，至少在政府高层，强化了在战后继续持有核武器的承诺。此外，在 1946 年，美国显然会停止进一步合作，这就意味着英国要决定是否建立一个独立的武器项目。英国的决定是建立这样一个项目，这个决定基本上是由艾德礼和贝文所做的，并且在 1948 年的议会中才迟迟被承认。这件事可以说是偷偷摸摸进行的，但并不是鬼鬼祟祟。

工党大臣们对他们的国际立场有一种强烈的正直感，他们认为，不管怎样，英国都比 20 世纪 30 年代末更有效地应对了一系列国际挑战。更高水平的国防开支是一种负担得起的沉重负担。英国人是否愿意付出任何代价，或者是否能够承受任何负担，很快就会在朝鲜这个他们知之甚少的遥远国家的纷争里得到验证。

1950 年 2 月大选后，艾德礼政府发现自己陷入了困境。虽然他们保持了从未输过一场补选的非凡记录，但他们运气不好，因为在 1948 年 11 月，在之前的几个安全席位中，比如伦敦北部的埃德蒙顿（Edmonton）郊区，出现了不利于他们的两位数的比值波动。尽管如此，工党在其传统支持者中仍然有很强的优势；1950 年的大选表明，自 1945 年以来，工党支持率仅下滑 2%，而保守党在民意调查中的比重增加了 4%。然而，选区划分发生了重大变化，这不仅改变了工党之前在人口减少的城市地区代表数量过多的局面，还带来了对其不利的新偏见。因此，保守党在选票上的小幅增长被放大到席位达到惊人的 88 位，如此一来，他们只比工党少 17 个席位。由于有 9 名自由党员，政府的多数席位减少到了个位数。尽管在全国范围内，自由党的投票比例稳定在 9%，但这是通过提供比 1945 年更多的候选人来实现的：总共有 475 人，其中 2/3 的人失去了竞选保证金，使得自由党组织几近破产。正是因为多数席位大幅减少，面对现在重新焕发活力的保守党反对派，他们声称血债血偿。

1950 年 8 月底，英军在朝鲜登陆了，在接下来的 3 年里，他们一直陷在一场混乱的冲突中。英国又一次卷入了战争。当然，这是一场小规模的战争，也是一场很遥远的战争；但这场战争对经济和国内政治产生了巨大的影响。好不容易实现的经济复苏因这场战争而停滞不前。这在一定程度上是不可避免的，因为美国这个战争机器正以必然对英国贸易不利的方式，在全球市场上抬高商品价格。可以认为，因为 1945 年遗留下了大量被废弃的物资储备，战争本身的边际成本并不高。但是现在，重整军备已成为当务之急。1951 年 1 月，艾德礼宣布了一个从 1952 年到 1954 年为期 3 年的国防计划，预计会花费 47 亿英镑。由于国民生产总值约为 130 亿英镑，这意味着每年将有远超 10% 的资金用于国防开支。这种情况以前也出现过，但当然，当时有美国的帮助。这一次，尽管有一些令人鼓舞的暗示，但美国对英国重整军备的大力支持是口头上的，而不是财政上的。

1951 年 4 月，休·盖茨克尔面临着要为他的第一次预算寻找资金的问题。接替克里普斯的时候，盖茨克尔只有 45 岁，作为工党冉冉升起的新星，他突然对贝文形成了挑战。盖茨克尔以前是一名学术经济学家，因此他很适合担任财政大臣。然而，他不是一个只会玩弄数字的技术官僚，而是一个出身中上阶层、坚定支持平等主义的社会民主主义者；他清晰明确的论点表面上看起来冷冰冰的，但下面隐藏着一股强烈的情感。因为盖茨克尔暗中支持贝文，因此他开始寻找手段实现商定的目标。他的预算增加了税收，将资源从私人消费转移到国防生产上。所得税的标准税率提高到 9 先令 6 便士（47.5%）；附加税的最高税率是 97.5%。但政治上的引爆点不在这里，而在于同时递交的对国民医疗服务体系提供的假牙和眼镜收取费用的提案。

这是安奈林·贝文从内阁辞职时的情况，但不是他辞职的充分理由。国民医疗服务体系是他的作品；虽然他不再是卫生大臣，但作为创造者的他对国民医疗服务体系有一种兴趣，并坚持使用国民医疗服务体系时不应收费这一原则。利害攸关的这笔钱的总额是 1 300 万英镑，而总开销超过 40 亿英镑。这个问题没有得到很好的处理。贝文批评重整军备计划的规模是不可能实现的，考虑到可用的实际资源，这种批评是令人信服的——盖茨克尔可能在这里学到了一些经济学上的有利教训——然而贝文选择在一个无关紧要的时刻离开了政府。哈罗德·威尔逊在第二天出人意料地辞职了，他对国防计划的尺度明确表明了自己的立场。毫无疑问，贝文受到了其左翼朋友的怂恿，对这些朋友来说，“奈”（“安奈林”的昵称）是一个鼓舞人心，当然也很反复无常的英雄；他觉得给他劳工大臣这个职位是对他的敷衍，而一个更年轻的人却越过他当上了财政大臣，毫无疑问，这让他很恼火。对这场危机处理不力预示着工党领导层即将换人。1951 年 3 月，正担任掌玺大臣的欧内斯特・贝文去世了，他病得太厉害了，无法继续担任外交大臣——这一切距安奈林・贝文辞职只有一个星期；克里普斯走了；艾德礼住进了医院。贝文和盖茨克尔陷入了一场关系到工党领导权和工党身份的斗争，这场斗争将持续并贯穿下一个 10 年的大部分时间。

1951 年 4 月，贝文辞职了，这标志着工党在艾德礼领导下曾经避免的一种党派之争即将爆发；事实上，作为首相的他的力量来源于执行一个商定的计划。现在，贝文派提出了一个左翼的替代方案，这样政府就无须小心谨慎地进行整合了，并且重新施加压力要求国有化，坚持反美主义。贝文派是议会政党里的少数派，但他们能够发动选民中的积极分子；他们不仅挑战官方领导层，还以工会集团投票（block votes）为手段控制工党大会。

然而，当不可避免的新阶段的大选在 1951 年 10 月到来时，工党的恢复力令人惊讶。事实证明，工党分裂的破坏性比想象的要小。反对国有化的宣传正在对工党造成损害，工党在 1950 年提议将糖列入下一个清单，促使该行业以卡通形象“方块先生”（Mr Cube，他的形象被印在每一张糖包装纸上）为基础，发起了一场特别有效的运动。但工党也有自己的强硬路线，他们利用了保守党可能会取消福利国家或者重新引发大规模失业的担忧。此外，保守党在国防和国际事务上并没有体现出他们的传统优势，《每日镜报》上反对丘吉尔的扰乱民心的活动家只是简单地提出了这样一个问题：“是谁的手指放在了扳机上？”

民意调查预测，保守党将领先 4%—8.5%；然而，工党虽然赢得的席位比较少，但在全国范围内以微弱优势击败了保守党，两党的支持率都有 48%。这就让自由党的支持率只剩 3%，自由党现在无法为 100 多名候选人提供资金。在自由党选民——1945 年这些选民是偏向左翼的，但现在他们是偏向右翼的——没有自己的候选人的几百个选区，这一结果对保守党来说是有利的。这些选民通常不会投弃权票，这一点从 83% 的高投票率来看是显而易见的。保守党以 17 个席位的优势得到了多数席位，这种优势虽然微弱，但是行之有效。这是两党制的顶峰；如果新议会中的 6 位自由党成员接受了丘吉尔提出的参与新政府的提议，他们政党的历史可能很容易就此结束。

（又是）丘吉尔

在 1945 年，住房（与就业和社会保障）是有利于工党的关键问题。它是工党执政的一个支柱，但它并没有被艾德礼政府有效地确定下来，从而给了保守党一个机会，让他们从对手工党手里偷走了胜利果实。在战争期间，大约有 50 万间房屋被毁或变得不适合居住，而在 20 世纪 30 年代末，新房屋的建造量为每年 35 万间，在战争的最后 5 年里总共不到 7 万间。再加上结婚率因战争而短暂上升（在 1940 年和 1945 年达到顶峰），且战后出生率激增，都清晰地显示出对房屋的需求有多么大。根据关于每个房间居住人数的调查数据，1931—1951 年的人口普查中，过度拥挤程度略有下降，那些在共享或不适当的住宿条件下成家的退伍军人不会对此感到惊讶。战后的期望是法官和陪审团。

在艾德礼的领导下，通过立法，政府被赋予了城镇和国家规划方面的新权力——事实上，一个新的部门已经建立了起来，但是管理住房仍然是卫生部的责任（现在也是住房部的责任）。由于贝文专注于国民医疗服务体系的建立，这就让“政府只让半个奈管理住房”这个笑话变得可信。但真正的问题是资源短缺：建筑材料、建筑行业的劳动力、在过度扩张的经济中投资的空间，这些都不充足。政府的首要任务是重建工业，住房问题就被延后了。不可否认的是，房屋的存量增加了，因为被战争破坏的住房得到了修复，它们用起来就跟新房子一样；此外，用铝和石棉建造的预制房屋被临时引入作为权宜之计，这种权宜之计持续了很长时间，长到许多孩子长大成人后，只知道家是一个“预制房”。此外，由于贝文给市建住房（council house）在质量方面设定了高标准，这就让高产量的目标难以实现，在高标准的要求下，政府确实建造出了不错的房子，但令人沮丧的是，这样的房子很少。即便如此，在 1948 年，建造的房屋总数达到接近 25 万，但在接下来的 3 年里，每年的数量都减少到 20 万以下。

这是保守党的机会。在他们的政党会议上，草根阶层的压力迫使他们要实现 30 万间房的目标，这样才能夺取领导权，而这一要求成了他们 1951 年竞选活动的中心。作为首相，丘吉尔创建了一个独立的住房部，他任命自己的密友之一哈罗德·麦克米伦担任住房大臣。麦克米伦在 20 世纪 30 年代是保守党左翼反对派的一员，丘吉尔接管保守党后，麦克米伦发现自己的职业生涯因此发生了改变。丘吉尔曾派遣麦克米伦担任驻北非的常驻公使（ministerresident），在那里麦克米伦与盟军指挥官艾森豪威尔一起工作，并且在更高层面上，与自由法国的领导人戴高乐一起工作。在当时，这样的晋升是令人兴奋的［它也将成为20世纪50年代末有用的（尽管也是欺瞒的）个人联系的基础］，但它并没有让麦克米伦成为国内一流的政治人物，而是住房大臣这一热门职位让他成了重要人物。

麦克米伦有一位能干的初级大臣——欧内斯特·马尔普斯（Ernest Marples），他了解这个行业，并证明了他在执行这个大计划方面的效率。麦克米伦发挥了下列作用：第一，通过降低市建住房的建造标准，让一切变得更加容易；第二，在分配政府资源时，确保这些住房都被认领；第三，在其部门获得成功后，对所取得的成就大肆宣传。1953年，这个著名的目标达成了；在闪光灯的照耀下，麦克米伦交出了第三十万间房子的钥匙，这一图腾式的数字被维持了5年。从经济角度讲，要实现这个目标一点也不困难，因为在20年前，类似的水平就已经很平常。这样的结果是因优先事项的变化而产生的，随着朝鲜战争的结束，这在一定程度上是以国防为代价的，一定程度上也是以工业投资为代价的。麦克米伦成功的另一面，是英国对住房过度的资源投入，以及生产投资在同一时期的失败。

尽管私人住房建设正在该计划中走向平价，但扩建市建住房是战后一种独特的发展。在1945—1954年的10年里，超过3/4的新住房是地方政府建造的，而在20世纪30年代，这一比例还不到1/4。所以麦克米伦的成就是在工党的游戏中打败了工党；直到后来，在他担任首相期间，这一策略才有所改变。战争刚结束时，从私人房东那里租来的住房仍然占英国住房的近60%。但是因为有租金控制，对于房东来说，这在经济上是无利可图的，而对于代表传统房东的政党来说，维护他们在政治上也是无利可图的。1957 年的《租赁法》(Rent Act) 以一种不相称的政治代价，采取了一种解除控制的措施，这种代价向保守党表明，他们所谈论的“产权民主”(property-owning democracy) 可能是一个更好的选择。1963 年，“计划 A”(Schedule A) 被废除了，给房屋自用者 (owner-occupier) 提供了税收补贴。[①] 在 1955—1964 年新建的房子中，有超过一半的房子是业主自住的；到这个时候，抵押贷款的数量已经超过了每年 50 万，是战前水平的 2 倍。业主自住的房产有新有旧，而市建住房和公寓显然更新——事实上，在苏格兰，在 1965 年，85% 以上第一次世界大战以来建造的住房属于地方政府。在战后的 20 年里，最终的结果是业主自住住房扩大到了住房存量的一半，而地方政府的份额同时提高到了超过 1/4。

如果说住房使保守党有了值得夸耀的东西，那么废除管制 (最重要的是) 废除配给也值得他们夸耀。在 20 世纪 40 年代末，这一切大部分还在酝酿之中，但毫无疑问，工党已经被认定为支持定量配给的政党，在 10 年之后，定量配给变得越来越不受欢迎。在高压经济中利用管控来抑制通货膨胀，不可避免地会导致出现一个黑市，在这个黑市里，典型的中世纪产物——黄牛 (spiv)，找

---

① 国税局 (Inland Revenue) 按“计划A”对财产收入征税 (参阅：按“计划D”对个体收入征税，按“计划E”对就业收入征税)。整个系统基于过时的假设。当业主居住者填写申报表时，作为拥有者的他 (很少是她) 是按照从居住人 (他自己) 那里得到的名义租金评估的。但如果他有抵押贷款，支付的利息是免税的。“计划A”的废除使他们被免除了纳税义务，而且继续享受利息支付的一般税收优惠——1968年，这种优惠仅限于抵押贷款。由于英国的业主居住者也不用缴纳资本利得税，所以他们享有国际上无与伦比的财政特权。——原注

到了自己的市场。朝鲜战争的结束带来了和平红利，使保守党得以终止对糖、糖果、鸡蛋、熏肉、人造黄油、黄油、奶酪和肉类的配给。这就是丘吉尔所承诺的“红肉”。

这显然是丘吉尔最后一次担任首相，因此他已经觉得心满意足。尽管他对艾德礼政府的暴行愤愤不平，但他并没有打算扰乱其工作。他承诺在 1951 年“让人民自由”，这是一种很好的政治手段，而不是一种严格遵循传统的稳健财政原则的承诺，在之前的 30 年里，担任大臣的他已经受够了稳健财政。丘吉尔在上任时都快 77 岁了，因此他更没有打算学习新技巧。在他忙于撰写战争回忆录，并为世界各地的听众撰写精彩的演讲稿时，他对领导反对党产生了一种断断续续的兴趣，他也愿意把重建自己政党的艰巨任务交给更能胜任的人。大家认为，战后的党主席伍尔顿勋爵使得保守党就像战时的食物一样，让英国人民心满意足。政党机器已经民主化，它的筹款也更有目的性；有钱的业余爱好者不再能从昏昏欲睡的选民那里买到保守党的候选资格了。在保守党研究部（Conservative Research Department）的理查德·奥斯丁·巴特勒的领导下，政策也开始与福利国家保持一致。这样也好，漫不经心的丘吉尔笑着接受了这一切；但是，在谈到关于其政党的新政策文件《工业宪章》（*The Industrial Charter*）的赞赏性言论时，他私下里告诫道：“这里边的内容我一个字也不同意。”

果不其然，保守党执政后，人们很少再听到这些空洞的承诺。可以肯定的是，内阁体系中出现了短暂的创新，3 名“霸主”得到了任命，这些高级大臣也要负责协调关键领域的部门的职责——除了经济这个最关键的领域。此外，就像美国“新政”（New Deal）后的共和党人一样，保守党希望通过“模仿”使人们忘记其总是带来失业这一名声。丘吉尔对待劳资关系的态度表明，他谨慎地接受了工会被巩固的地位，工会现在有近 1 000 万名成员，丘吉尔决心不与这些人起事端。劳工部被交给了沃尔特·蒙克顿爵士（Sir Walter Monckton），他是一名律师，曾参与辞职危机的协商解决；他温和的手段为他赢得了“油壶”这一称号。劳资问题通过收买解决了，特别是在政府是最终支付者的国有产业中。相反，尽管工会不会像之前给克里普斯那样，给保守党政府关于工资限制的正式承诺，但他们达成了协议，并且没有引发严重的通货膨胀。零售价格没有走高的一个原因是，在 1951—1954 年，批发价格实际下降了 10%。贸易条件发生了有利于英国的变化。与 3 年前相比，在 1954 年，英国为同样大的进口量付账的出口需求减少了 12%。只要有客户接受英国出口的商品以现行价格出售，英国就会得到一笔意外之财。

这并不是说巴特勒接任财政大臣时面对的情况一片称心如意。朝鲜战争的财政问题是最令他头疼的问题。当时国防开支占国民生产总值的近 10%，占政府总支出的 30%。但该计划的庞大规模本身就为其设定了上限。丘吉尔政府被迫承认了贝文派的说法——这是无法做到的。政府的承诺相应地打了折扣。当时持续存在的问题是，朝鲜战争结束后，对国防预算造成的棘轮效应显示，政府的承诺不会恢复到以前的水平。尽管如此，国民收入的增长——到 1955 年比 5 年前高出 40%——让这种负担更容易承受。这使得巴特勒能够削减所得税的标准税率，从 9 先令 6 便士（47.5%）的危机水平减到了克里普斯风格的 9 先令（45%）；但更引人注目的是，在 1955 年将要进行选举的时候，减到了战后的新低点 8 先令 6 便士（42.5%），这将成为持续 25 年的标准。

在1954年，《经济学人》（*Economist*）创造了“巴茨凯尔主义”（Butskellism）[①]一词，用来形容财政部政策的连续性。也许可以公正地说，盖茨克尔和巴特勒显然使用了同样的政策工具，却有不同的目的。他们之间有限的分歧仅体现在一次实际发生的政策偏离和一次并未发生的政策偏离上。他们做出的修改——尽管盖茨克尔并没有那么认真地考虑——就是把银行利率用作经济管理的工具。1951年11月，在近20年来第一个和平时期的变化中，银行利率在当时按照预期上升了：从最初的2%上升到2.5%，再上升到第二年的4%。从这一点来说，操纵银行利率以一种被认为是凯恩斯主义的方式，成了施行信贷紧缩或者施加反通胀压力的经典手段。事实上，它更多的要归功于政府在金本位制时期发展起来的传统技术。

此外，政府谨慎地推动政策进一步偏离——或逆转，只受到了微弱的阻挠。当时提出的方案［代号为“机器人”（Robot）］是通过让英镑浮动来解决国际收支平衡问题。这意味着用传统方法对英镑进行必要的防卫，将给金融政策引入一种有益的（自发的）纪律。在实践中，这意味着充分就业很可能不得不让位于其他优先事项。巴特勒本人对这种想法思考了很久，而“机器人”因被动员起来反对它的非正式联盟而被撤销。艾登是一个名副其实、彻头彻尾的现代自由主义保守党成员，他准备告诉丘吉尔，这就跟重新回到金本位制一样。对“机器人”来说，就是这么回事。这样的想法花了20年的时间才有人认真倾听。

---

① Butskellism一词是用Butler（巴特勒）和Gaitskell（盖茨克尔）两个单词拼合而来的。——编者注

作为继任者的安东尼·艾登变得焦躁不安，他已经在这个位置上待了十多年。他希望自己只是在外交部短暂任职，很快就能入主唐宁街。丘吉尔并没有这样看；他决心在自己还有能力的时候享受名声和权力，并相信他能完成最后一项不可替代的服务：当一个医治者而不是战士。在国内，他目睹国王乔治六世死去；但是在 1952 年 2 月，年轻的伊丽莎白公主继承了王位，成为女王伊丽莎白二世，这让他萌生了复制墨尔本勋爵与维多利亚女王之间情愫的浪漫幻想，而 1953 年的加冕典礼是一个令人愉快的盛会，它使英联邦国家团结在一起。年迈的丘吉尔学会了把尼赫鲁称为“亚洲之光”。丘吉尔决心将这种和平主义的愿景转化为国际关系的缓和，最好是通过一项引人注目的个人倡议，跟进他在 1950 年寻求“在峰会上进行谈判”的竞选承诺。

艾登是外交部一名非常专业的人士，他对这一切可能会带来的影响感到担忧。虽然他的前任是莫里森（莫里森对所有人来说都是一个短暂而不愉快的插曲），但当然，他实际上填补的是贝文的空缺。这并不是第一次——针对贝文的一个嘲讽是：安东尼·艾登的翅膀已经硬了——在外交政策上保持很大程度的连贯性。在与朝鲜、联合国、英联邦、北约及美国的关系方面，保守党也遵循了同样的路线。在核武器问题上也是如此；工党执政期间进行的原子弹开发现在得到了公开承认，氢弹的开发也获得了批准。此外，尽管内阁中出现了一些来自麦克米伦的亲欧派声音，艾登对一体化的怀疑还是占了上风；丘吉尔虽然激起了这些期望，但没有发表什么观点。在德意志联邦共和国（German Federal Republic）重整军备计划这个问题上，确实存在着一种左右两翼的分裂，德意志联邦共和国由西方盟国占领的 3 个地区组成，现在已准备加入北约。然而，在这件事上，虽然前座议员的观点是一致的，但工党内部出现了分歧，工党里的贝文派反对德国加入。

丘吉尔对峰会的追求就像格莱斯顿对“地方自治”的追求一样，是一个不断让步的目标，只能够用来延长自己的领导地位。丘吉尔对普通事务缺乏控制力，让那些他能记住名字的同事都感到尴尬；但他很幸运，因为电视的常规曝光对他来说来得比较迟。1953年，他中风了，几个月都没有行动能力，但他运气太好了，因为艾登也生病了（这对艾登自己来说就非常不幸了），艾登接受了大手术，身体变得大不如前。丘吉尔试图利用战时建立的个人联系：与斯大林的联系（但他已经死了），与当时的美国总统艾森豪威尔的联系（但他不感兴趣）。到 1954 年 11 月，丘吉尔 80 岁生日的时候，人人都希望保守党顺利运行，希望首相快点儿下台。当丘吉尔最终在 1955 年 4 月辞职时，艾登终于守得云开见日出。他呼吁立即举行大选，为自己争取正式授权。

工党领导层也是时候更新换代了。事实上，莫里森时代已成为过去式；作为副领袖的他希望自己能回归，但他不比艾德礼更了解工党接下来该做什么。艾德礼是一名优秀的主席，一名精明的调解人，一名值得信赖的统一团队的队长；但这样的技能已经不足以让工党联合起来成为反对党，更不用说在 1955 年将工党变成有效的继任政府了——他很快就要退休了。在过去的 15 年里——比格莱斯顿和迪斯雷利（Disraeli）还要长——他和丘吉尔一直是相互竞争的政党领袖。

第八章

美好时光，1955—1963 年

消费文化

在第二次世界大战后，除了经济和政治，英国人与好莱坞传播的美国大众文化也有“特殊关系”。哪怕在美元极度短缺的情况下，英国政府试图通过税收或配额限制美国电影的进口，也以失败而告终。第二次世界大战巩固了好莱坞之前就在英国市场上取得的主导地位。这是英国资源被优先用来支援战争，美国产业开始满足消费需求的典型例子。当时拍摄的剧情片总体来说一点都不像迈克尔·鲍威尔（Michael Powell）和埃默里克·普雷斯伯格（Emeric Pressburger）执导的《百战将军》（*The Life and Death of Colonel Blimp*，1943 年）（《百战将军》实际上是一部温和的讽刺片），而是跟《每日镜报》的民粹主义运动一样，戳到了战时内阁的痛处。当然，没有人会反对《与祖国同在》（1942 年），这部影片由诺埃尔·科沃德和戴维·利恩（David Lean）共同执导，该片编排精心，歌颂了坚定沉着的品质，它的政治宣传非常含蓄，却因此更为有效。

劳伦斯·奥利维尔（Laurence Olivier）是同时代演员中的佼

佼者，在战争快要结束的时候，他被安排退伍并出演《亨利五世》（*Henry V*，1945年）的男主角，这显然非常值得。《亨利五世》那句“从来没有这么多快乐的人从法国而来”，当然代表了仍在等待“退伍”的其他人。

这并不是说好莱坞在意识形态上站不住脚。在美国成为盟友之前，《民主万岁》（*Mr Smith Goes to Washington*，1939年）这部电影就直白地表达了民主的信息，这显然是针对独裁者的，而《卡萨布兰卡》（*Casablanca*，1943年）之所以能成为经典，在一定程度上也是因为汉弗莱·鲍嘉（Humphrey Bogart）和英格丽·褒曼（Ingrid Bergman）之间的浪漫纠缠有损反法西斯斗争的首要地位。但可以肯定的是，在停电期间或在战后紧缩条件下去电影院的数百万人是为了逃避，尤其是为了逃避政治宣传。好莱坞向他们展示了一个没有食物配给，也没有尼龙袜短缺的新世界：人们通常过着一种奢侈的生活，但不是英国那种象征身份地位的上层阶级的生活，而是一种汽车和冰箱与吸烟一样平常的生活（香烟是另一个在战后大量消费美元的不可削减的消费品）。

好莱坞的狂轰滥炸不应掩盖这样一个事实，那就是在战争期间和战后，英国电影不再只是愤世嫉俗、臭名昭著的廉价烂片，而是在质量上获得了称赞。当然，以前也有极个别电影获得了成功。年轻的英国导演阿尔弗雷德·希区柯克（Alfred Hitchcock）大幅改编了巴肯的小说，执导了《三十九级台阶》（*The Thirty-Nine Steps*，1935年），成为悬疑大师；之后，他的《失踪的女人》（*The Lady Vanishes*，1938年）引发了对独裁统治下的欧洲的厌恶之情，剧中穿插了关于国际板球锦标赛最新成绩的典型英式喜剧剧情。最出色的英国电影因提供了与好莱坞略有不同的东西而获得了成功。戴维·利恩的《相见恨晚》(*Brief Encounter*，1945 年) 使得诺埃尔·科沃德的独幕剧完美再现了一种隐藏的逾越之情，这种感情被社会约束扼杀。特雷弗·霍华德（Trevor Howard）和西莉亚·约翰逊（Celia Johnson）在英国铁路交叉口自助餐厅里不着痕迹的表演，展现了一种就事论事的风格，这一风格被拉赫玛尼诺夫（Rachmaninov）式配乐所掩盖。另一部经久不衰的经典之作当然是卡罗尔·里德（Carol Reed）的《第三人》(*The Third Man*，1949 年)。该片由新成立的国家电影公司（National Film Corporation）资助，背景是战后被盟军占领的维也纳。它毫不夸张地向人们揭露了一个剥削人的毒品黑市，这个黑市既不讲信义，也不守法律。在这部电影中，令人陶醉的齐特琴主旋律巧妙地标志着哈利·莱姆［Harry Lime，奥森·威尔斯（Orson Welles）饰］的出场，此外，格雷厄姆·格林（Graham Greene）所写的剧本语言精练，这两个因素共同营造了悬念，令观影者印象深刻。

战前的英国喜剧往往依靠像乔治·福比（George Formby）这样的人把舞台喜剧搬上银幕。在 20 世纪 40 年代末和 50 年代初，伊林电影制片厂（Ealing film studios）创造了一个更加巧妙的模式，它制作的电影有着相当异想天开的情节，但经常运用易于理解的标志性的讽刺手法。多才多艺的演员亚历克·吉尼斯（Alec Guinness）拥有一种反英雄风格，这种风格比奥利维尔的风格更易被搬上荧屏，并且大受好评，特别是在《仁心与冠冕》(*Kind Hearts and Coronets*，1949 年) 中，他一人分饰某贵族家庭的所有成员，这些成员作为继承人，在继承财产的时候顺位排在一个远亲之前。在这部电影中，贵族家庭成员们相继死去，这种黑色幽默一直持续到影片结束，当然，该片不可避免地需要以一个合适的道德化结局收场。传统的文雅形式和更具颠覆性的社会评论之间有一种同样的冲突，赋予了亚历山大·麦肯德里克（Alexander Mackendrick）的《白衣男子》（*The Man in the White Suit*，1951 年）活力。在这部影片里，有才能和公德心的发明家，被防备创新所带来的可预知威胁的管理人员和工会检查，这显然是对英国工业的一种比喻，10 年后，博尔廷（Boulting）兄弟在《杰克，我一切都好》（*I'm All Right, Jack*，1959 年）这部电影中也用到了这一手法。《通往平利可的护照》（*Passport to Pimlico*，1949 年）用一种民粹主义方式称颂了伦敦当地一个理想化的社区，该片产于伊灵电影制片厂的黄金时期。《拉凡德山的暴徒》（*The Lavender Hill Mob*，1951 年）也产于这一时期，该片不带恶意地描述了英国警察和恶棍之间的斗智斗勇。《老妇杀手》（*The Ladykillers*，1955 年）虽然不是这类电影中最不重要的一部，却是最后一部。英国电影工业既没有得到有效的国家补贴，也没有蓬勃的国内市场支撑，于是因为电影院的衰落而元气大伤。

在 1946 年，观影人数达到了顶峰（16.35 亿），这就意味着 15 岁以上的人差不多平均每周要看一次电影。10 年后，英国电影院仍然能容纳 400 万人，但实际上座率却下降了 1/3。然而，真正的大滑坡才刚刚开始。1962 年，电影院的上座率已经下降到不及最高水平的 1/4。当然，这个社会习惯的重大变化源于同时期电视的发展，并得到了这种发展的补充。到 20 世纪 60 年代，1/3 的人口通常会在晚上看电视，而不到 1/5 的成人会每月看一次电影。

英国广播公司在 1946 年恢复电视业务时，只有 1.5 万人能收看电视，这些人集中在伦敦；而到 1956 年，电视观众达到了 500 多万人，也就是说当时全国有 98%的人能够收看电视节目。这是英国广播公司在其垄断地位荫庇下所做的一项重大投资，目的是用电视这种新媒体吸引大量观众。但这种投资重点的转移，不是很对英国广播公司战后总裁威廉·哈雷爵士（Sir William Haley）的口味，一开始的时候，他拒绝在家里安装电视机，并且把他的办公室设在了广播大楼，而不是电视中心。

哈雷的标志性成就是创造了第三套节目（Third Programme），这是一个高雅的广播频道，包含各种各样的古典音乐、戏剧和会谈。它之所以能成功，在一定程度上是因为它在一个晚上就吸引了 25 万名听众。托马斯·斯特尔那斯·艾略特是一个乐于奉献的人，他有一种坦率的精英主义文化观。第三套节目的成果是很值得称道的，比如迪伦·托马斯（Dylan Thomas）关于狭隘保守的威尔士的广播剧《牛奶树下》（*Under Milk Wood*，1954 年）就是一个亮点。但也有人认为，第三套节目的严肃形式并未吸引到它本可吸引的大众。这套节目需要听众在傍晚的工作间隙收听歌剧、戏剧和“会谈”这样的高雅文化节目。1970 年，第三套节目根据提议变成了专注于“音乐流”的第三广播电台（Radio Three），这让那些忠实的听众深表遗憾，但这个新频道带来了更加不同、更加吸引人的内容，比如引入了逍遥音乐会（Promenade Concerts）。

不可否认的事实是，广播的黄金时期是 20 世纪 40 年代。在电视时代之前，轻节目频道拥有广大听众，它的喜剧节目持续不断地提供大量的全国流行语。《教育阿奇》（*Educating Archie*）是一部广播剧，剧中名叫阿奇的主人公是一个腹语表演者的玩偶，该剧精彩地呈现了要如何打消某人的疑虑。此外，在 20 世纪 50 年代初，这种形式仍在创新，《呆瓜秀》（*The Goon Show*）对《还是那个人》（*ITMA*）尝试的温和的无政府主义，以及后来被《巨蟒剧团之飞行的马戏团》（*Monty Python's Flying Circus*）搬上电视的完全成熟的超现实主义，起到了使徒传承般的承接作用。广播和电视这两种媒体因托尼·汉考克（Tony Hancock）而有了千丝万缕的联系，直到他英年早逝。托尼·汉考克完美呈现了住在东奇姆（East Cheam）铁路交叉口的中下阶层的言谈举止：他在剧中创造了一个与自己一样叫汉考克的人物，这个人有着既让人费解又让人吃惊的愿望。到20世纪60年代，软性节目已经在走下坡路，成为娱乐节目的过去式；它的遗产被新的第二广播电台（Radio Two）保留，而第一广播电台（Radio One）则直接面向青少年听众。最终，英国广播公司脱胎于“国内服务”的广播四台（Radio Four），成了里斯最初的全国节目（National Programme）的幸存物。

在电视时代，英国广播公司因对国家重大事件的报道而再次声名鹊起，这巩固了它作为公营企业龙头和当权派喉舌的形象。1953年6月女王的加冕典礼就表明了这一点。这场被称为新伊丽莎白时代开端的全国盛会被搬上了电视，这是史无前例的。这场电视直播准备了一年多，为电视台提供了一个独特的卖点，电视观众也是在这时上升至数百万人。它展示了如何用新媒体来呈现王室活动，并且有老资格评论家理查德·丁布尔比（Richard Dimbleby）流畅的旁白，他本人就不亚于一个国家机构。

即便如此，英国广播公司还是不安全；保守党热心地向公共部门引入市场解决方案，但丘吉尔不允许动用其他媒体；此外，丘吉尔仍然想着里斯不让他上节目，几乎没有给英国广播公司留时间。贝弗里奇旗下的一个广播委员会建议反对商业广播；但保守党的后座议员塞尔文·劳埃德（Selwyn Lloyd）发布了一个反对报告，让这个议题悬而不决；此外，在1954年，建立一个与之竞争的电视网络的法律被通过了，这个电视网络将由广告提供资金。然而，这绝没有完成放松管制的进程。独立电视管理局（Independent Television Authority，ITA）有权控制商业电台的产品，并限制广告；在接下来的 30 年中，也不能引入赞助。从许多方面来看，“独立”电视这一概念是对公共服务广播精神的延伸，而不是完全否定。

事实上，商业电视起初很难获利。温文尔雅的艺术史学家肯尼思·克拉克爵士成了独立电视管理局的主席，1957 年，他在谈到商业电视的前景时，不得不夸大其辞：70%以上的人更喜欢新频道——这只能说明，这个数字是能够接收独立电视台和英国广播公司的新电视机的比例。即便到了 1960 年，当时总共 1 000 万台电视中也只有 600 万台可以接收到独立电视台（ITV）。过了这一难关后，这些公司因市场被严格管制而获得了利润；加拿大报业大亨罗伊·汤姆森（Roy Thomson）在市场低迷期买下了苏格兰电视台（Scottish Television），他睿智又坦率地把电视特许经营权称为“印钱许可证”。独立电视台如果要把时间段卖给广告商，就不能忽略电视节目的受欢迎程度；即使是英国广播公司也不能忽略，如果他们想争取到观众，就得让观众认为他们的许可使用费花得值。

独立电视台最初在收视率方面打了胜仗。在 1961 年，将近 2/3 的 16 岁以上的人声称他们定期收看独立电视台；唯一的不足之处是它的观众基本上是技术工人，而不是更富裕的中产阶级客户。最吸引观众的节目是游戏节目“翻倍奖金”（Double Your Money）、“随你挑选”（Take Your Pick）、“限时完成”（Beat the Clock），这些节目之前为英国广播公司所唾弃；它在戏剧和纪录片方面的卓越表现也几乎无人能及。然而，如果说独立电视台只不过是降低了标准，那么这种说法是不公平的。

格拉纳达（Granada）拥有曼彻斯特的特许经营权，在早期的商业公司中，它是非常有创造力的。独立电视新闻（Independent Television News）是这些公司不得不支持的一项中心服务，它为英国带来了新的演讲技巧，使罗宾·戴（Robin Day）和卢多维奇·肯尼迪（Ludovic Kennedy）这样的新闻记者成了一种新型电视人物。英国广播公司的模仿是一种恭维，这种模仿最主要是为了收视率。事实是，在 20 世纪 60 年代，电视网络之间的竞争和互相促进使英国广播公司恢复了活力，在新鲜感过了后，英国广播公司从独立电视台那夺回了市场份额。

因为有了两个流行的电视网络，于是电视成了大众媒体。1964 年，英国广播公司第二电视频道（BBC2）作为第三个频道（不过不能称其为用电视播放的第三套节目）开播，它的内容更为高雅，并于 1967 年开始播放彩色电视节目。1969 年，9/10 的家庭持有电视执照，电视占据了英格兰和威尔士的男性和女性将近 1/4 的闲暇时间，是其唯一最大的竞争对手园艺的两倍多。值得注意的是，这两种活动都是家庭活动。总体来说，电视并没有被引入英格兰的酒吧（爱尔兰也是如此），而是提供了一个享受各种休闲活动的私人场所，而这些活动以前是在户外进行的。因此，人们观看的电影并没有变得更少，而是变得更多；他们只是不再去电影院看电影，而开始在家用电视看老一点儿的电影。没过多久，人们就能以一种常规的方式更快地在电视上看到新上映的电影，这改变了电影的融资方式。

同样，电视也没有终结商业体育；不过，在 1949 年，英格兰联盟足球俱乐部（English League soccer clubs）有 4 000 多万名客户花钱到场观看比赛，但在 20 年内，1/3 的观众流失了。电视再一次抢尽了风头，更确切地说，电视向足球协会支付了费用，从而获得了播放比赛的权利。1966 年，英格兰举办了世界杯（并获得了冠军），电视足球的受欢迎程度得到了印证。此外，橄榄球联合会（Rugby Union）不受重视的观赏性体育赛事也从电视播放的国际比赛中获得了好处；温布尔登网球锦标赛就被证明非常适合小屏幕；此外，由于开发了新的摄影技术来播放板球对抗赛，坐在扶手椅中看电视的观众能更好地看到场上的情况。1953 年，英格兰打败客场比赛的澳大利亚，赢得了“灰烬杯”澳英板球赛（Ashes），错过了布莱德曼的观众得以有机会观看伟大的英格兰击球手赫顿（Hutton）和康普顿（Compton）背水一战。即便是那些机会更少的体育比赛，如高尔夫、斯诺克和牧羊犬比赛，也通过电视获得了大众的追随。

在人们就商业电视争论不休的时候，对媒体美国化的担忧也很普遍，尤其是来自好莱坞的竞争扼杀英国电影业的时候。显然，新的英国特许经营权持有人从经验更丰富的美国商业电视那学到了许多诀窍；此外，在广告之间播放好莱坞老电影也是一种比较省钱的方式。然而，虽然相对较小的英国市场导致其电影业的基础不足以媲美美国电影业，但在电视方面，情况却并非如此。在小屏幕方面，更多的产品是国产的。

最重要的是，电视带来的影响是对私人家庭重要性的强调。在一定程度上，这直接损害了以往的面对面交流。理查德·霍加特（Richard Hoggart）因其书《识字的用途》（*The Uses of Literacy*，1957 年）理所当然地获得了成功，这本书体察入微（且内容精深），再现了以街道为基础的北方工人阶级社区，而理查德·霍加特就成长于这样的社区中。他在引入商业电视前夕写了这本书，抨击了大众文化的美国化和琐碎化（这两个词的含义基本上是相同的)；这首雄壮的挽歌是为英国人所失去的那个衰落的世界而写的。就此而言，我们可以认为，格拉纳达在1962年推出的广受欢迎的电视肥皂剧《加冕街》(*Coronation Street*)，描述了传统的兰开夏郡工人阶级社区的黑暗面，复现了加冕街的真实面貌。然而，英国工人阶级的改造是一个漫长而又持续的历史过程，几乎不受20世纪50年代突然出现的消费主义的限制。

新的富裕家庭恢复了战争间歇期的趋势，他们不仅购买电视机，还购买许多使家庭更迷人、更方便的电器：吸尘器、洗衣机、电暖气和炊具。实际上，在1951—1964年，消费支出增长了45%。最大的支出项目是食品、饮料和烟草；然而，因为收入的增长，这些项目所占的比例自然而然变得更小了，但耐用消费品所占的比例翻了一倍多，其中大部分增长出现在1959年前。1952年，有250万辆私家车上路行驶，只比1939年多一点。到1959年，因为花在汽车和摩托车上的消费支出同时增长了4倍，这个数字达到了500万。在当时，拥有汽车是中产阶级身份的象征，而拥有电视不再是这样一种象征。实际上，从女王加冕时开始，机动车执照跟电视执照一样在增加，只不过机动车执照增长水平要低一些——几乎在20世纪60年代末之前的任何时候，2/3拥有电视机的家庭同时也拥有车。此外，在1959年，摩托车登记量创纪录地增加了20万，总数达到175万，这一数字直到20世纪60年代末才有所下降。这一时期是摩托车的黄金时期，一面是笨拙的家庭跨斗的传统形象，另一面是青少年人口充裕带来的急速发展的青年文化。

显然，当时有更多的人可以过上体面的生活。在1950年，人们的平均周薪为7英镑10先令（7.5英镑)；到1955年，平均周薪已达到11英镑，上升了50%，而同期生活开销只上升了30%。到

1964 年，平均周薪已超过 18 英镑，每年的增长速度是物价增长速度的 2 倍。此外，与战前情况不同，这些收益并不是因大规模失业而获得，因为当时劳动力市场很紧张，几乎每个处于工作年龄的人都能找到工作。从 1948 年推出新的国家保险计划（National Insurance scheme）一直到 1970 年，23 年中只有 8 年登记的平均失业率达到 2%。正如贝弗里奇所说的那样，充分就业是社会保障的真正基础，它不是通过国家福利，而是通过让人们从自我努力中受益来弥补物质短缺。战前旷日持久的经济萧条令人记忆深刻，对这些人来说，这意味着一个新纪元的开始。“坦率地讲，”哈罗德·麦克米伦在 1957 年的一次会议上如是说，“我们大多数人都没有经历过这样的美好时光。”

艾登之战

保守党人认为自己能在 1951 年重新掌权是一件幸运的事，因此他们满足于默认一个主要由对手制定的政治议程。有那么一两年，总有对政府不利的补选发生，这让保守党的地位更加不稳固，虽然他们实际上只丢了一个席位。到艾登接手的时候，前景看起来光明多了，不久前在补选萨顿（Sutton）、奇姆、奥尔平顿（Orpington）和特威克纳姆（Twickenham）等伦敦郊区让人放心的席位时，结果是有利于政府的。1955 年 5 月的大选是 20 世纪最可预测的大选。它的新颖之处在于它是第一场电视选举，虽然政客们当时还没有学会如何有效地应对媒体。保守党成员打着“保守的自由行之有效”（Conservative Freedom Works）这一旗号进行争斗，他们看起来一点也没有会失败的迹象。盖洛普民意调查（Gallup Poll）有些夸大了他们的优势，调查显示他们将获得超过一半的民众投票，虽然他们后来获得了接近一半的选票（49.7%），但他们差点连这一不明显的优势都没有拿到。他们从工党那里净获大概 20 个席位，这些席位几乎全部在英格兰；此外，他们继续从再分配中获得了一些收益，这就让他们在议会中的多数席位增加到了 60 多个。

然而，工党获得的投票依然令人印象深刻，只比保守党落后 3%。这么小的差距让人难以相信工党的内讧对其失势竟影响不大。工党的分裂似乎是地方性的，而且无法隐瞒。贝文依然是工党左翼选民的宠儿，他们一直选举贝文的支持者进入工党的全国执行委员会，在委员会里他们正式与大工会的政治掮客交锋，这些工会的集团投票最终控制了工党。关键人物亚瑟·迪金（Arthur Deakin）出现了，他是贝文在“运输工人工会”（Transport Workers）的接班人；他动员“全国矿工工会”（National Union of Mineworkers，NUM）、他自己所在的“运输与普通工人工会”（TGWU）和“普通及市政工人工会”（GMWU）组成联盟，这个联盟后来还获得了“混合机械工业工会”（AEU）的支持。对贝文派来说，他们就是右翼分子，企图背叛工党的社会主义目标；反过来，在他们眼中，贝文派说好听一点是野蛮人，说难听一点就是共产主义的同情者——在冷战氛围中（尤其是在工党运动中有很多人信仰罗马天主教的情况下），这是一个非常有力的指控。贝文本人虽然对苏联持批判态度，但对美国也没有什么好感。领导层支持德国开始重整军备，希望以此来增强北大西洋公约组织的力量，但贝文派对这种重整表达了最强烈的反对；贝文因反对官方支持东南亚条约组织（South East-Asia Treaty Organization，SEATO），失去了作为议员执掌工党的机会，并且差点被开除党籍——这一切发生时距离 1955 年大选仅仅两个月。工党内的严格执行纪律者显然是为了强行推行团结一致的工会准则；此外，他们还发现了盖茨克尔这个有能力的代理人。

称盖茨克尔为右翼也许很方便，但并不准确。盖茨克尔的设想是一种社会民主主义设想，希望在 20 世纪中叶完成工党的历史使命之后，为工党寻求相应的位置——这一分析将由他的门徒安东尼·克罗斯兰（Anthony Crosland）在《社会主义的未来》（*The Future of Socialism*，1956 年）一书中完成。该书概述了这样一个策略：通过在混合经济中实现有计划的增长，而不是通过继续采取公有化措施确定社会主义来促进社会平等。然而，在迪金看来，盖茨克尔只不过是个跟贝文同辈的半斤八两的政客（只是小了 8 岁而已），而且这名政客将与自己唱反调。他们最初就工党财务主管一职进行了较量，盖茨克尔因 1954 年的集团投票在这场较量中获得了胜利。在艾德礼退休，莫里森失势后，盖茨克尔在 1955 年 12 月击败贝文，成为工党的领导人。

盖茨克尔不想和贝文派继续争执——他何必这样做呢？但是党内的裂痕是很难修复的。两派的政策分歧不大，但贝文派和盖茨克尔派之间的个人恩怨却很深。哈罗德·威尔逊在 1951 年曾与贝文一起辞职，因此被认作是贝文派，但他实际上对两派在意识形态方面的立场都无法忍受，并且已经与领导层和解。贝文当时也已被迎回影子内阁，在这个内阁里工作时，盖茨克尔是他的领导，或者至少说是他的同事，这让他心里很难平衡。但不到一年，他们就建立了令人惊讶的有效的合作关系——因为外交政策方面的一场重大危机，他们联合到了一起，而不是分道扬镳。

当然，艾登是想要推行自己的外交政策的，在这个领域，他有 20 年的内阁经验作为支持。一般认为，他的问题不是在国外，而是在国内政策上。在此，他可以公平地说是他的下属让他失望了。1955 年，巴特勒制定的春季预算案在大选前削减了所得税，因此不得不接着制定一个秋季预算案，用财政紧缩政策来延缓出现新的英镑危机，通过财政紧缩政策，政府收回了相当于几个月前支付的财政收入两倍的款项。说这是一场骗局也好，说是他无能也罢——巴特勒深受丧妻之痛的影响——总之这意味着他不得不离职。艾登自身的干预更多是受社会良知而非自由市场意识形态的驱使。他反对取消面包补贴，这样做是为了确立他在内阁的权威。

不管怎么样，艾登能不能保住首相一职就要看他如何处理外交事务了。丘吉尔提出的英国应站在三环交叉点的建议——根据原则拒绝在三方之间做出选择——仍然对英国的外交政策起指导性作用。麦克米伦在国防部（Ministry of Defence）短暂任职后，成为外交大臣。他是一个不知该把自己放在什么职位上才好的人，他有许多不切实际的大想法，尤其是关于他自己职位的想法。如果说他是内阁里的极端亲欧派的话，那就说明其他人有多么不亲欧了，因为麦克米伦并不比他们更想优待欧洲。“帝国必须永远排在第一位，”他仍然宣称，“欧洲必须排在第二位。”因此，毫无疑问，外交部对西欧一体化发展进程表现出根深蒂固的怀疑。

英国在 1950 年拒绝加入的煤钢共同体，为 6 个大陆成员国创造了奇迹。1955 年 6 月，六国代表在墨西拿（Messina）举行了会议，会议接受了建立更广泛的经济联盟并且设立适当的欧洲机构的议程。英国被热情邀请参与随后的谈判，但它一开始犹豫不决，然后闪烁其词，最后干脆退缩了。尽管英国缺席了，其他六国仍然继续推进各项事务。英国的问题不是来自美国，虽然当时英美关系因艾登很反感喜欢说教的国务卿杜勒斯（Dulles）而严重触礁。实际上，美国的政策是鼓励英国参与的；是英国外交部一直对欧洲主动与美国国务院沟通嗤之以鼻。英联邦是一个更严重的障碍。1948年，4 个自治领贡献了英国贸易的 25%；澳大利亚的进口有一半来自英国。这是在和平与战争中形成的纽带。但是，如果说它们现在在阻碍英国，那肯定是因为英镑区被认为是 20 世纪末之前用来维护英国利益的可行手段。相比这些全球性大国的主张（这些主张很相似，它们的标志都是英镑的角色及相伴而生的地缘政治战略），墨西拿会议的成果似乎少得可怜。就这样，外交部成功抓住了英国公众带着怀疑和傲慢观望的心态，而 6 个欧洲国家则在共同市场集中他们的劣质资源。

艾登有更重要的事要做。在 1955 年 12 月，英国退出墨西拿会议一个月后，艾登把麦克米伦转到了财政部，并让一直默默无闻的塞尔文・劳埃德取代他的位置，成为外交大臣。劳埃德的思维像法律专家一样清晰而有条理，他被证明是一名出色的亲信：他不仅是一名忠诚的助理（他的忠心经久不衰而又不求回报），还是一名谨慎的参谋，绝对执行上层的命令。正如他所意识到的那样，高级决策将越来越由以首相为中心的核心集团制定——具有讽刺意味的是，这让人想起艾登所服务的第一任首相内维尔・张伯伦的决策手段。

但是，无论如何，这项政策的内容将会有所不同。因为保守党报刊嘲笑他不够果断，艾登受到了刺激，于是决心摆出彻头彻尾的丘吉尔接班人身份，绝不采取绥靖政策。艾登的私人工作人员都知道他脾气暴躁，并且最近因手术不成功变得更加暴躁——这场手术让他在压力之下开始发烧。1956 年夏，埃及领导人纳赛尔（Nasser）将苏伊士运河国有化（苏伊士运河是英国通往东方的历史悠久的航线），这自然给艾登带来了压力。艾登出尔反尔，恼怒地回应了涉及法国、以色列、美国和联合国的一系列令人沮丧的事件。首相的工作人员很快就注意到，他是“反纳赛尔的，在他看来，纳赛尔跟墨索里尼没什么两样”。

这个比喻可能不十分恰当，但艾登并不是唯一这样比喻的人；8月份的时候，盖茨克尔在下议院也说了类似的话。在战后的每一场危机中，英国都决心从绥靖政策中吸取教训。投资斯大林可能不能显示出深刻的历史洞察力；但投资他确实是合理的，这是一个出于谨慎的合理反应。然而，把纳赛尔说成跟他们一样的人，可以说是缺乏想象力，或者说是想象力太过丰富；艾登对与苏联关系的不断反思看起来很偏执，而不是具有先见之明。事实是，埃及想在阿斯旺（Aswan）的尼罗河上建一座大坝，并且不太在乎是用美元还是卢布来支付——或者用运河通行税支付也行。真正的问题是，英国该如何回应才合适。

早在1951年，在工党政府即将下台的几个月里，中东就发生过一次危机。英阿石油公司（Anglo-Iranian Oil Company，1954年之后更为人所知，简称BP）在阿巴丹（Abadan）的资产已被国有化。莫里森自己就对国有化措施很有研究，他认为对一名信奉社会主义的外交大臣来说，应该做出的回应就是派出一艘炮艇。盖茨克尔是内阁中阻止他这么做的人之一，理由是在英国资源不足或者说是缺乏美国支持的情况下，无缘无故对抗阿拉伯世界是非常无利可图的。这听起来不是很光彩，保守党如期从阿巴丹获得了政治资本——这是1956年他们对苏伊士运河危机改变态度的另一个原因。

不久之前，英国结束了对埃及的长期占领，运河区被快速疏散来支援塞浦路斯（Cyprus）的基地。随着管理运河的条约快速失效，英国的合法权益充其量只能说是一项消耗巨大的资产。1956年7月，国有化不久后举行的内阁会议收到了这样的建议，那就是如果英国指控纳赛尔的行为不合法，这种说法将站不住脚。在接下来的3个月中，首相大部分时间都忙于想办法找一个合理的公开理由来使用武力，他私底下也越来越倾向于这么做。艾登越是使用外交手段为进行干涉扫除障碍，情况就越是恶化。最初，英国要花时间制订从塞浦路斯发起武装行动的应急方案，但是武装力量准备好后，却要寻找一个内部契机采取行动。那些一心想干预的人对联合国浪费时间的装聋作哑越来越没有耐心，联合国这么做显然是为了通过外交手段解决问题。麦克米伦极力支持进行干涉，他在日记里写道，纳赛尔和希特勒简直就是一丘之貉。在与美国人周旋时，麦克米伦不得不隐藏自己的真实情感，因为美国人坚持站在道德的制高点，麦克米伦的玩世不恭使他误判了这种美国式的回应。“我了解艾克（Ike）这个人，”麦克米伦言之凿凿地对他的同事说道，“他会伺机而动！”

对于联合国的劳埃德（可以说他是完全无辜的）来说，他所考虑的是如何保护国际运河使用者的权益。然而，艾登背着劳埃德，与法国制订了一个战争计划，法国已经在与以色列接触了(并且不以为耻)。当以色列进攻埃及的时候，英国和法国就有了借口以维和者为幌子进行干涉；他们在背后勾结策划这一切，主要是为了确保美国默许英国的“出警行动”。一开始，一切都按照计划进行。以色列如期在10月29日袭击了埃及；艾登立马对双方下了最后通牒，威胁要进行干涉，因此通过联合国先发制人。而联合国不为所动，之后迟迟才采取行动，并决定把英国和法国定义为侵略者，威胁要进行石油制裁。英国也没有获得英联邦的一致支持；澳大利亚是支持英国的，而加拿大表示反对。此外，正在美国再次竞选的艾森豪威尔总统展示了自己的手段。艾克不仅没能装死成功，更没能让他那些挑剔的同事相信英国编织的童话。麦克米伦那些振奋人心的预测很快就被人遗忘了，至少被他这个始作俑者遗忘了，他现在是一位受到围攻的财政大臣，承担着自己那些花言巧语所带来的代价。一旦美国撤回对英镑的支持，英镑区的外汇储备就会大幅下降，受到惩戒的麦克米伦在向他的同事报告时，当然一点儿都没有淡化这个后果。

苏伊士问题现在导致英国政坛产生了分歧。可以肯定的是，纳赛尔没有什么公开的支持者。他的敌人以色列则引起了更多复杂的情感。外交部抛弃了传统的亲阿拉伯路线，只是简单地按照“敌人的敌人就是朋友”这一原则行事。以色列在英国真正的朋友显然就是那些犹太复国主义者，这些人在工党里的势力尤为庞大，他们一开始发起运动就以建立犹太国家为第一要务。以色列建国只有8年，以色列人把其建立归功于犹太人自己进行的活动，而不是英国。贝文在巴勒斯坦执行联合国战后授予的权力的方式，让所有人都不满意：不管是那些想要自由移民的犹太大屠杀受害者，还是流离失所的巴勒斯坦人，不管是联合国，还是左翼犹太复国主义者（他们对贝文外交政策的彻底变动的失望，都在这个事件上发泄了出来）。无法再掌权的替罪羊贝文在1948年真正实行了急速撤退政策，让犹太人自由地用武力建立新的国家。以色列鲜活地象征着对犹太人在历史上所遭受的痛苦的救赎，它仍然承载着一项伟大的左翼事业；然而很少有人承认，这种救赎是以牺牲巴勒斯坦人为代价的。工党中有许多人仍然因以色列的成功情绪激动，而英国政府坚决否认两国曾一起采取行动，这使得划清两国之间的界限变得更加容易。

无论英国的反对派之间还有什么细微的分歧，他们几乎都在谴责艾登单方面使用武力。当时，中产阶级自由主义者主张反对保守党，这就给自由党许诺了一个政治前程。象征之一就是《观察家报》（*Observer*）这一周末报纸持反对苏伊士的立场，代价是失去了许多前保守党读者。相比之下，几乎没有什么迹象表明，对这样一个让人想起早期中产阶级政治良知的事件，工党的工人阶级支持者被深深打动。艾登和盖茨克尔都认为是对方误导了自己；他们现在起了激烈的争执，艾登被指责违背了对联合国的终身承诺，而工党则更加直接地被贴上了不爱国的标签。贝文在特拉法尔加广场（Trafalgar Square）举行的一场大型露天抗议会上发表了演讲。盖茨克尔成功获得准许，在电视上回应了首相通过广播表达的敌意，这不仅引发了关于英国广播公司自治权的另一场内部危机，还使得保守党指责他们不忠诚。在苏伊士问题上，工党的立场几乎一致坚定，在这场政治冒险开始后，像巴特勒这样的怀疑者都把自己的怀疑抛诸脑后。

然而，一旦内阁突然决定退出，保守党就会四分五裂。英国政府的实际目标和公开宣称的目标相互矛盾，其中不仅涉及道德上的缺陷，还导致其战略不能保持一致。没过几天，英国声称的开战原因就消失了，因为以色列很快就取得了胜利，埃及停止了战斗，这就给英国带来了不便。实际上，艾登编造的故事如今不可能实现了。艾登曾经想以此为借口发起战争，现在也只能假装对撤走英国军队来支持联合国军队这一结果感到满意。同时，在战场上，至停火时，英国真正的军事目标一个也没有实现。运河本身还处于埃及船只的封锁之下。最重要的是，纳赛尔还活着，而且能继续战斗。

英国的战争目标从一开始就不是十分清楚，现在为了咬住借口就更加暧昧不清了，英国的借口对英美关系造成了破坏性的影响。一旦遮羞布被掀开，英国毫无疑问就成了罪人——不仅因侵略埃及而有罪，也因故意欺骗他们伟大的盟友而有罪。

苏伊士运河危机作为一场军事行动只是一个次要事件。埃及方面的人员损失不大，英国就更少了——在约翰·奥斯本（John Osborne）的《卖艺人》(*The Entertainer*，1957 年）中，一名英国士兵在舞台上死去，其中的含义显然不是统计学意义上的。尽管如此，淡化苏伊士的重要性肯定是错误的。毫无疑问，即使各大国的行为远比英国在 1956 年所做之事更糟糕（在国际自我主张方面，1956 年并不是英国长期以来最臭名昭著的时期)，他们也能够逃脱惩罚。在苏伊士运河危机发生的同时，苏联派出了坦克来粉碎匈牙利为争取自治而做的斗争，并且没有因之受到惩罚，这在一定程度上是因为西方帝国主义国家恰好分走了注意力。苏伊士运河危机残忍地表明，英国不再是一个大国，不再能够按照自己的规矩行事，因此它在试图欺骗别人时显得很可笑。

艾登作为一名国际政治家的漫长生涯就这样以悲剧收场。他被这场危机击垮了，他每况愈下的身体再也支撑不住。在英国撤军的同时，首相也前往西印度群岛休养。首相不在的时候，一直觉得对苏伊士运河事件的处理不够明智的巴特勒试图通过策略和调解来减少损失。作为一名老劝解人，他一直采用这套方法——或者说，许多仍在为失败而伤心的保守党人开始思考。苏伊士运河危机的真正受益者是麦克米伦，就像他的偶像丘吉尔在纳尔维克事件之后一样，他也毫发无损地摆脱了自己在某种程度上造成的一场灾难。麦克米伦知道撤退是必要的，但是应该厚颜无耻地打一个幌子。保守党的反美右翼议员认为，唯一的错误是取消了军事行动，他们喜欢麦克米伦的风格。1957 年 1 月，艾登回国了，他显然不能继续担任首相；人们依然期望巴特勒能够接任。但是，用来试探向女王提供建议的内阁的非正式程序显示，麦克米伦得到了坚定的支持。1957 年 1 月，麦克米伦成为英国首相，仅仅两个月之后，6 个国家签署了《罗马条约》(Treaty of Rome)，建立了欧洲经济共同体 (European Economic Community，EEC)。

“超级麦克”

接任首相的是年纪更大的麦克米伦，而不是在 20 世纪 50 年代末期崭露头角的巴特勒，这真是出人意料。他们两个小心翼翼地一起工作。担任内政大臣的巴特勒也兼任副首相，这是符合规范的，因为他是政府的二把手，但如果说他什么也不做就能获得这一头衔，那是有失偏颇的。在内政部（Home Office），巴特勒是一个令人放心的人物，能够以温和的方式捍卫自己的部门，使其不受许多草根保守党的威权主义本能的影响，就如同他在党派会议上一贯所做的那样。因为面对的是社会议程而非经济议程，巴特勒在内政部实际上比在财政部更接近巴茨凯尔派。

巴特勒比其他人更加重视在战后修整保守党的国内政策；苏伊士运河危机后，他的自由主义思想对他产生了不利影响，而麦克米伦一开始就受到了苏伊士集团（Suez Group）的帝国主义反美右翼分子的赞扬。然而，这两个竞争对手的观点几乎没什么区别，此外，随着政府政策的施行，右翼势力在国内外再次被边缘化了。由于麦克米伦擅长伪装，这种情况需要经过一段时间才能显现出来。麦克米伦想当首相很久了，并且得偿所愿，他时不时就去找他最喜欢的作家特罗洛普捕捉灵感和消磨时光。麦克米伦的爱德华式庄重风格几乎可以说是自我嘲弄了，但事实证明，这非常有效地掩盖了他的聪明才智，这算是他玩世不恭地权衡利弊的一种方式吧。虽然他在议会露面之前有时会紧张不安，但在公开场合，他的“镇定自若”为人所称道。

英国如今的首要任务是重新与美国结盟。麦克米伦无耻地利用了他与艾森豪威尔的旧交情，幸运的是，艾森豪威尔是一个脾气好、不记仇的人。在百慕大召开了一次精心准备的会议后，英美公开和解了。这种对个人外交的依赖在后来成了一种特色，并且被劳埃德衷心接受，劳埃德仍然担任外交大臣，因为麦克米伦精明地判断，如果把劳埃德撤职，看起来就太像为苏伊士运河危机道歉了。麦克米伦继承丘吉尔未竟的事业，筹备了一场峰会，大家仍然认为，英国会派代表出席这次会议。1959 年，麦克米伦访问了莫斯科，这可能在达成禁止核武器试验协议方面发挥了一定作用，但鉴于这次访问距大选不久，它的主要作用还是巩固麦克米伦作为世界政治家的形象。他可是戴着白裘帽拍了不少好照片呢。

当时，英国正在太平洋试验氢弹，因此英国自己的核能力被列为重中之重。百慕大会议后，这枚氢弹将与美国合作运行；反过来，美国的导弹也将被授权无限制使用英国的基地。实际上，核战略成了国防大臣邓肯·桑迪斯（Duncan Sandys）在 1957 年提出的白皮书的基础，该白皮书宣示了一条政治原则：一旦苏联入侵西区，即展开大规模反击。虽然这项政策风险很高，但其吸引力在于它大大缩减了英国仍然消耗巨大的传统防御。这预示着兵役将被取消，几年后，这项政策实施后，英国的武装力量数量减半。有时有的人会说，这种削减在接下来的 5 年中都没有实现，但实际上，英国当时已经省了不少钱。在 20 世纪 50 年代中期，国防开支总计占国民生产总值的近 10%，但到 1964 年，这一比例减少到了 6%。这就出现了一个政治悖论；虽然是保守党誓死保卫祖国，但却是工党政府把枪支排在了黄油之前——这两者的优先地位被颠倒过来了。这种资源转移的纯粹吸引力不难被看出来，因为在以前，每 100 英镑的国民总收入中，有 3 或 4 英镑被用来纳税购买武器，但现在，这 3 或 4 英镑都留在纳税人自己的口袋里。

在这次重大的重新考量中，英国用独立发展的核威慑力取代了（相对）廉价的帝国主义野心，虽然这份野心使其在苏伊士运河危机中付出了沉重的代价。事实证明，英镑是英国的薄弱环节，减少海外义务将缓解国际收支平衡的压力。塞浦路斯就是一个明显的例子。对于煽动与希腊结盟的言论，英国人明确表示抵制，声称他们“永远不会”离开，因为希腊人和土耳其人之间可能会公开发生冲突，英国人还试图证明希腊东正教大主教马卡里奥斯（Makarios）是汹涌肆虐的恐怖主义运动的罪魁祸首。但苏伊士运河危机表明，这场游戏已经结束了。1957 年，马卡里奥斯出狱了；1960 年，他成了一个独立国家的领导人，而英国的基地则停止了运转。

在塞浦路斯，“永远不会”被证明只有 6 年；英国的非洲帝国很快就有了新的时间表。麦克米伦从艾德礼处理印度事件的经历中吸取了经验，因此在加速将权力转交给完善的后继政权时，他装作若无其事。这一战略最初是安德鲁·科恩爵士（Sir Andrew Cohen）想出来的，安德鲁·科恩爵士是一位极具影响力的殖民地行政官和外交官。此时英国人至少已经发觉了潜在的危险，因此相比法国、比利时或葡萄牙等其他欧洲国家，他们更加机敏地清算了他们的帝国。黄金海岸的恩克鲁玛（Nkrumah）跟他的前辈尼赫鲁的履历几乎相同，他们都先在监狱里获得了民族主义者的资历，然后成为一个独立国家的领导人。因此，1957 年，加纳成为英联邦中第一个撒哈拉以南非洲共和国；但是相比白人聚居密度较高的殖民地，在西非实现这样的结果更加容易。

要实现转型，冲突和流血是无法避免的，肯尼亚的情况就说明了这一点，在 20 世纪 50 年代初，英国就试图在肯尼亚妖魔化茅茅运动（Mau Mau movement），并将其与被囚禁的民族主义领导人乔莫·肯雅塔（Jomo Kenyatta）联系起来，但英国这样做只带来了一系列暴行，这些暴行在 1959 年因霍拉营（Hola Camp）一些囚犯的死亡而暴露。这种关于殖民地种族主义和不法行为的事并不新鲜，当事者本能地把它掩盖起来，以免身在远方的威斯敏斯特官方因为备感惊骇而同情心泛滥。对政府来说，这桩丑闻只是时机不对，并不是什么重大挫折。麦克米伦决心加快非殖民化进程，因此在 1959 年任命伊恩·麦克劳德（Ian Macleod）为殖民地大臣。麦克劳德是一位坚韧不拔的经营者，他是保守党自由派的新秀，不到几年，他就摸到了有效的门道。1960 年，尼日利亚开始非殖民化；不久之后，塞拉利昂、冈比亚和乌干达也开始了这一进程。随着肯雅塔成为领导人，肯尼亚在 1963 年独立了。

这种急速撤退政策只在非洲中部受到了阻碍。世界各地摇摇欲坠的联邦已成为地缘政治计划的临时纪念碑，这些计划是殖民地办公室针对西印度群岛、马来亚（Malaya），尤其是 1953 年成立的中非联邦（Central African Federation）草草制订的。这就让黑人占绝对优势的尼亚萨兰（Nyasaland）和北罗得西亚（Northern Rhodesia）与

(南) 罗得西亚联合在了一起，在南罗得西亚，南非模式的白人至上主义政府长期以来根深蒂固。但到了 1960 年，显然不能再这么本末倒置了。在开普敦举办的南非议会会议上，麦克米伦在一篇被广泛报道的演讲中谈及了“一种变革之风”。当蒙克顿（绰号“油壶”）作为老政治家被派去报告中非联邦的可行性时，人们不禁想起朗西曼当初被派去报告捷克斯洛伐克的可行性；它向白人定居者发出信号，一场背叛即将出现，而这场背叛符合这些有争议的领土上大多数人的意愿。蒙克顿建议尼亚萨兰和北罗得西亚自由脱离联邦，这就宣告了联邦的厄运。1963 年，巴特勒带着他那种独特的悲伤魅力埋葬了联邦，从而为马拉维（Malawi，之前的尼亚萨兰）和赞比亚(之前的北罗得西亚）的独立铺平了道路。除了罗得西亚的问题有些棘手，非殖民化可以被认为是绥靖政策实施过程中的最佳时刻。

然而，对麦克米伦来说，这种比喻没有什么吸引力，麦克米伦的日记显示，在前一个时代他就已经有了明确的目标。在访问自治领时，他还在谈论“旧国家”——即便在南非也是如此。变革之风不会让南非脱离麦克米伦的政策造就的多种族英联邦，即便麦克米伦自己愿意提供助力。麦克米伦可能认为，对种族隔离的教条式依赖存在方向性错误，但在 1961 年困境到来时，他痛斥加拿大没有与“白人”站在同一战线剥夺南非的成员资格。中东地区的情况也差不多，很少有人理解阿拉伯民族主义的可靠性，这就终结了与西方（或东方）温和的主客关系。麦克米伦拒绝承认苏伊士运河危机是指导方针错误所致，这种拒绝的具体表现是他一直试图掩盖他与以色列串通一气。这是一个可以理解的、虚伪的、保全体面的、冗长又复杂的过程，它不仅仅是为了保全麦克米伦更愚蠢的支持者的利益，还表明了麦克米伦的观点：他仍然认为纳赛尔与希特勒是一丘之貉。

麦克米伦的含糊其辞是一种无价的政治资产。这帮助他安抚了保守党右翼分子，这些右翼分子很少有人发现这样一个事实，那就是首相的政策不像他自己所说的那样进展顺利。几乎没有什么证据表明，苏伊士运河危机在选举中给保守党带来了不利影响，因为在苏伊士运河危机发生之前，他们就已经远远落后于工党了。尽管如此，补选对保守党政府来说是不利的，因为在 1957 年 2 月，他们将处于社会边缘的伦敦郊区北刘易舍姆（Northern Lewisham）输给了工党。12 个月后，保守党将老棉花城罗奇代尔（Rochdale）输给了工党，这并不是因为工党的选票增加了，而是因为电视明星卢多维奇·肯尼迪获得了候选资格，在此推动下，没有参加过上届大选的自由党拿到了 36%的选票，这些选票几乎全部来自保守党。仅仅一个月后，阿斯奎斯（Asquith）的外孙马克·博纳姆·卡特（Mark Bonham Carter）从保守党手中夺取了德文郡托灵顿（Torrington）的席位，这看起来就像一次自由主义复兴，或者至少可以说是一次探寻。到 1958 年仲夏，保守党总共失去了 4 个席位，两个输给了自由党，两个输给了工党。

这种中期政府投票中的突然失败将成为选举周期中的普遍现象，但它不是战后政治的早期特征。到 1957 年，在补选中只有一个议席易手——这成了政府的收益。① 因此，麦克米伦在担任首相的头两年里，需要保持绝对的冷静。他所取得的第一个成就是在其政

① 1953年5月，工党把桑德兰（Sunderland）南部输给了保守党。本书没有把两个大学席位和一个阿尔斯特席位计算在内，因为在1946年，关于它们还有争议；也没有把1948年1月的格拉斯哥卡姆拉基（Camlachie）计算在内，因为它在1945年被独立工党赢走了。——原注

府里树立起了自己的威信，这是艾登从来没有做到的；然后，他以越来越可靠的方式控制了公众舆论。

面对上升的失业率——虽然失业率在2%以内，而这个数字已经开始让人觉得偏高了——麦克米伦选择抛弃自己的财政大臣，而不是抛弃自己明显带有凯恩斯主义的优先事项。对于自己的战前选区斯托克顿的失业救济金领取队伍的记忆，不仅鼓舞了麦克米伦，还成了扩张措施（无论通胀风险如何）的代名词，为财政部的爵士们所熟悉，在麦克米伦担任财政大臣的时候，这些人都在他手下工作。1957年1月，财政部的空缺由彼得·霍尼戈夫（Peter Thorneycroft）补上了，他对健全货币的喜爱是众所周知的，协助他的是奈杰尔·伯奇（Nigel Birch）和以诺·鲍威尔（Enoch Powell）这两位观点更严肃的初级大臣。也许麦克米伦认为这是一种用来平息通胀压力（1957年的零售价格指数在过去的12个月里增长了近4%）带来的焦虑，尤其是城市里的焦虑的策略。无论如何，只要贸易数字令人放心（出口数字当时处于历史最高水平），财政部就希望能轻松对待这件事。

然而，在1957年夏天，对政府支出失控的担心，以及对货币贬值的激烈讨论，使得一场英镑危机突然爆发了。在伯奇和鲍威尔的协助下，霍尼戈夫制定了一个策略来控制货币供应量，并限制公共支出水平。他成功地让银行利率上涨了2个百分点，达到7%，这是自1920年劳合·乔治联合政府转向通货紧缩后的最高水平。然而，在内阁中，花钱大手大脚并且当时正负责敏感的工党事务的卫生大臣麦克劳德，带头反对可能使失业率上升至3%的这些措施，3%刚被官方定义为全面就业的临界点。霍尼戈夫建议停止对每个家庭的第二个孩子进行补贴，麦克劳德出于政治原因表示了反对，因为这个补贴是保守党政府打造的福利国家的一部分；而且他将继续支持发放家庭补贴。

麦克劳德之所以带头反对，是因为他得到了巴特勒的关键支持——巴特勒也许忘记了“机器人”，但也有可能记得，这很难确定——更重要的是，麦克劳德得到了首相的支持，首相一手制定了反对日程，因此到 1958 年 1 月的时候，霍尼戈夫被孤立了；最终的结果是削减 5 000 万英镑，大部分人都认为这个数目微不足道。像贝文一样，霍尼戈夫没能扩大他的辞职问题；像贝文一样，他带着另外两位大臣一起辞职了。然而，跟贝文派危机不同，整个财政部团队的离开并没有预示四分五裂的党派将面临破坏性的后果。霍尼戈夫安静地离开了；他和鲍威尔都在几年后重新任职。麦克米伦结束了英联邦的访问飞了回来，在希思罗机场停留的时候，他随口提到了“局部的小麻烦”，但这些话是经过精心演练的。

随和的西南部乡绅德里克·希思科特·艾默里（Derick Heathcoat Amory）成了下一任财政大臣。他接手的局面称心如意，只需等待时机成熟就行了。对公共开支的温和控制和信贷紧缩让通胀压力得到了遏制；在接下来的两年中，生活成本每年几乎只上涨 1%。此外，在贸易方面，情况也对英国非常有利，1958 年，进口价格下跌了 7%，从而缓解了国际收支平衡。到 1958 年 11 月，银行利率下降到了 4%，对抵押贷款者来说，这是一个敏感点；而在 1959 年的预算里，希思科特·艾默里认为可以大幅减税，于是把所得税的标准税率从 8 先令 6 便士（42.5%）剧减至 7 先令 9 便士（38.75%），这是战后达到的一个新低点，直到撒切尔时代才进一步降低。1958 年停滞不前的经济在 1959 年实际增长了 4%，而在 1960 年增长了近 6%。

正是在这种消费繁荣的浪潮中，麦克米伦的声誉日渐提升。1958 年 11 月，伦敦《标准晚报》(*Evening Standard*) 印制了一幅漫画；这幅漫画简洁的绘画技巧和独特的锋利笔触表明它是维基（Vicky）[①]的作品，像他的前辈洛（Low）一样，纯粹因为天赋，维基的左翼立场得到了宽容的比弗布鲁克的许可。这幅画画的是一架飞机呢？还是一只鸟呢？它画的当然是“超级麦克”(Supermac）——麦克米伦的身躯鼓鼓囊囊，让他看起来很英勇，但他像硬币一样圆的眼镜挂在了伸出去的手上，又让他显得矫揉造作，这两者形成了鲜明的对比。这真是一个令人难忘的形象，也是一场精彩的政治宣传——事实证明，这幅漫画没有给麦克米伦带来不利影响，而是使人们对他的看法越来越好，这明显给他带来了优势。显然，麦克米伦掌控了政治局势，这就意味着在苏伊士运河危机后的 3 年内，他就从选民那获得了令人信服的权力。坊间流传他打着“你从未经历过这样的美好时光”这一旗号竞选。但实际上出现在广告牌上的话是这样说的：“跟着保守党走日子过得更好，可别让工党把这样的好日子给毁了。”

1959 年的补选结果并没有让保守党人多恐慌。民意调查显示，相比工党，他们虽然领先不多，但是这种领先是很稳健的，在党派忠诚度稳定的年代，民意调查再次被证明是正确的。在麦克米伦 10 月份举行的大选中，保守党保住了他们的选票份额，这次还是只比 50% 差一点点，但工党这次明显落后了 5%。自由党的补选优势消失了，虽然因为有 200 多位候选人，他们的选票翻了一番至

① 即维克多·威兹（Victor Weisz），德裔英国政治漫画家，以“维基”的名字进行创作。——编者注

6%（并且仍然保有 6 位议员）。与 1955 年一样，保守党的收获来自英格兰，特别是繁荣的西米德兰兹郡（West Midlands），这里是蓬勃发展的汽车行业之家。相反，他们在棉花产业奄奄一息的兰开夏郡和苏格兰都失利了——此时，政治分歧开始日益显著。对于工党的失败，纯粹从政治角度来解释的话，主要是因为盖茨克尔在最后时刻保证不提高所得税基本税率；但是，正如丘吉尔 1945 年的失常一样，这种影响很难在民意调查中被发现。哪怕到了投票日，大家都认为工党的竞选活动开展得不错，因为他们有像安东尼·韦奇伍德·本（Anthony Wedgwood Benn）这样在媒体工作的中间派政治人物在电视上进行更专业的广播。可以说，工党当时看起来就要取代保守党政府上台了，因为他们有贝文这个负责任的影子外交大臣（他再也不能被当作左翼怪物轻易开除），此外，他们还有哈罗德·威尔逊这个不再青涩的非常能干的影子大臣。贝文派现在正按照盖茨克尔派的纲领行事，该纲领弱化了国有化，从而为其他供给方面的干涉措施提供了方便，同时，该纲领草拟了一个通过经济增长融资的社会计划，并承诺在外交政策中不会出现大的混乱。

对工党来说，他们一场选举也输不起了；但他们还是输了。当时保守党已在 4 场大选中取得优势；大选的钟摆现在已停止摇摆。工党的修正主义右翼试图将其对市场研究的技巧转化为政治优势，于是标题醒目的《工党必须失败吗？》（*Must Labour Lose?*）这本书出现了，该书的分析被广泛引用。是不是两党联合建立的福利国家所带来的富足导致工党选民被抢走了呢？事后看来，这个问题似乎并不愚蠢，但它可能暗示了一个不成熟的答案。当时的社会趋势确实是反工党的，这对工党传统的工人阶级基础造成了侵蚀，但这个侵蚀过程是很缓慢的，无法显示出它的全部效应。比如说，我们应该要记住，在1959年，在工党运动中表现得比其他任何人都要积极的矿工还有66万人，相比1951年只下降了5%。工会成员人数也很稳定，覆盖了刚好超过一半的男性劳动力和将近1/4的女性劳动力。布帽、小灵狗、棕色艾尔啤酒，甚至是工会联盟自己的《每日先驱报》(*Daily Herald*)等传统工人阶级的象征，都在20世纪50年代幸存了下来，只在后来一点一点让位于休闲装、罗威那犬、储藏啤酒和默多克(Murdoch)的《太阳报》(*Sun*)。把工党在选举上的失败看成是预定的就过于简单了，尤其从社会学角度来看是如此。

单纯从经济学角度来解释可能会更好一点，因为有组织的工人，尤其是在当前很繁荣的汽车行业中的工人，可以通过政府提供的自由集体谈判而变得富裕。这并没有使他们跨入中产阶级行列，更不用说让他们一夜之间变成忠诚的保守党成员了。相反，他们仍然愿意积极投身工会事业，因为他们觉得可以利用工会来获得更丰厚的工资。政府也越来越被以同样的标准来判断：政府是否能通过对就业和价格的影响(按此顺序)，提供更高的生活水平。

有这么一种说法，那就是失业和通货膨胀之间存在着一种平衡，这一说法在1958年因“菲利普斯曲线”(Phillips curve)而有了学术声望，并对民主制度的运作有着重要意义。政府似乎可以通过一定量的通货再膨胀来控制经济周期；此外，鉴于英国首相有选择选举日期的特权，这种刺激可能与选举周期相协调。随着经济管理问题对选举行为越来越重要，关于这种情况似乎有两种看法是合理的。其中一种解读方法属于经济决定论的范畴，让一个掌权已久的政党感到安心：去了解一个还算称职的政府到底怎么才会在选举中再次失利。另一种解读方法更多地体现了即时的政治偶然性的作用：去了解“超级麦克”能否继续——这是更加善变的选民所要求的——为他无可替代的精湛技艺提供可靠证明。

愤怒

在 20 世纪 50 年代中期滋养了宽慰和自满的消费社会似乎引起了不满，因为它的舒适变得被认为是理所当然的。约翰·肯尼思·加尔布雷斯（J. K. Galbraith）的著作《富裕的社会》（*The Affluent Society*，1958 年）以其书名贡献了一个后来无法回避的术语，提醒人们欧洲现在正在走北美的老路——加尔布雷斯强调了一种令人不快的特征，那就是个人很富裕，但是国家很贫困。早些时候，克罗斯兰的《社会主义的未来》（1956 年）提出了一个共识：“凯恩斯主义”（Keynesianism）是不够的，更不用说“巴茨凯尔主义”了；在新的共识框架内，除了优先考虑社会支出而不是日益增长的私人消费，别无选择。这是对社会主义的一种修正主义解释，是克罗斯兰为现代化的工党提供的一种社会民主战略（尽管他在党内的反对者说它根本不是传统的社会主义，他们当然也是有道理的）。这两本书在塑造左翼的态度方面具有广泛的影响力。

有些更为激烈的观点反映了当前的情绪。在约翰·奥斯本的剧作《愤怒的回顾》（*Look Back in Anger*，1956 年）中，吉米·波特（Jimmy Porter）慷慨激昂地呐喊：“再也没有美好、勇敢的事业了！”仿佛富裕使得正在成长的一代没有良机来抒发贾罗和西班牙在 20 世纪 30 年代给他们带来的义愤。奥斯本的作品虽然戏剧效果显著，但在意识形态方面是不合逻辑的，记者们抓住了这部作品，认为它代表一代“愤怒的青年”（Angry Young Men），这些年轻人匆匆忙忙地聚集在一起，发起了一种文学运动。蓄着胡子、穿着凉鞋的科林·威尔逊（Colin Wilson）显然就是其中一分子；他在哲学上自命不凡的文学研究《另类人》（*The Outsider*，1956 年）莫名其妙地受到热捧。这本书受到了金斯利·艾米斯（Kingsley Amis）的猛烈批评，金斯利·艾米斯因作品《幸运的吉姆》（*Lucky Jim*，1954 年）对学术生活进行了切合实际的讽刺，在几年前就有了一批追随者；但这并没有阻止媒体把艾米斯也当作一个“愤怒的青年”。其他被认为是“愤怒的青年”的成员——诗人和小说家约翰·温（John Wain），以及著有《金屋泪》（*Room at the Top*，1957 年）（描述往上流社会爬的北方罗曼史）的约翰·布莱恩（John Braine）——则更加另类。

他们有多么愤怒？因什么而愤怒？奥斯本因挑战英格兰中上阶级令人窒息的社会习俗而声名狼藉。在这件事上，他受到了他的有影响力的拥护者肯尼思·泰南（Kenneth Tynan）的支持，肯尼思·泰南是《观察家报》年轻的戏剧评论家，他把火力直接对准“佳构剧”，长期以来，诺埃尔·科沃德和特伦斯·拉提根（Terence Rattigan）都因有他的帮助才能在伦敦西区获得成功。例如，在《文斯洛男孩》（*The Winslow Boy*，1946 年）中，不管是在剧院还是在安东尼·阿斯奎斯顺利导演的电影（1950 年）里——这部电影是他对拉提根的戏剧的欢乐改编之一——法庭剧的惯例很少能被运用得如此之好，它紧紧抓住了那些清楚自己会喜欢这部电影的观众。在泰南的刺激下，拉提根跳出来为他的群体辩护，用他虚构的“埃德娜阿姨”（Aunt Edna）来反对所谓的先驱。

这些对比明显的审美成见掩盖了这样一个事实，那就是它并不能称为让“愤怒的青年”与众不同的文学创新。在《愤怒的回顾》之后，奥斯本通过挖掘《卖艺人》(1957 年）的音乐厅版本，继续把对英国衰落的辉煌回忆搬上舞台。“鼓掌的时候可别太起劲了——这可是一座非常古老的建筑。”老牌明星阿奇·赖斯（Archie Rice）这样嘲讽道，如同维基很快在另一部独特的动画片中发现的那样，阿奇·赖斯很可能站在麦克米伦那一边。但奥斯本真的游离在科沃德的戏剧传统手法之外吗？——例如《乱世春秋》(*Cavalcade*，1931 年）——或者说只是游离在他的社会和政治传统之外？

金斯利·艾米斯后来写了各式各样的小说，这些小说构思都很精巧，他发现在接下来的 40 年中，他的作品更容易地被自己曾嘲笑的权势集团理解了。在《遇上你这样的女孩》(*Take A Girl Like You*，1960 年）中，左翼惯有的粗暴被巧妙地逐渐弱化了。《20 岁的女孩》(*Girl, 20*，1971 年）则以一种揶揄的蔑视口吻评论了对马克思主义的肤浅成见——“你是一个帝国主义的、种族主义的法西斯主义者”。到《斯坦利和女人》(*Stanley and the Women*，1984 年）的时候，艾米斯在他的小说里加入了堪比万灵药的时髦的女权主义。从政治角度来看，这代表了向令人讨厌的右翼的快速靠拢。因为他所塑造的公众角色，艾米斯成了近代的伊夫林·沃（Evelyn Waugh)，只是没有宗教信仰而已，他所塑造的“恼怒的老糊涂”给公众带来了无可挑剔的表演。艾米斯过于重视公众反应，他将触手伸向了“埃德娜阿姨”，然后又伸向了“品位中庸”的读者，他通过发表《河边别墅的谋杀》(*The Riverside Villas Murder*，1973 年）这本运用了经典侦探小说风格的小说，以及借用了詹姆斯·邦德（James Bond）的创造者伊恩·弗莱明（Ian Fleming）风格的《孙上校》(*Colonel Sun*，1968 年）一书，展示了精湛技巧。

多萝西 ·L. 塞耶斯（Dorothy L. Sayers）和阿加莎 · 克里斯蒂（Agatha Christie）长期以来都是侦探小说界的大腕，是当时处境艰难的商业图书馆的王牌，这些商业图书馆就像博姿药店（Boots the Chemist）以及后来蓬勃发展的平装出版一样挣扎求生。塞耶斯死于 1957 年，20 年前，她虚构的侦探彼得 · 维拉西（Peter Wirasey）勋爵解决了最后一桩令人费解的案子后，她就没有再写这种体裁的作品了。有几桩案子是以塞耶斯这个受挫的教师所熟悉的职业经历为背景的，比如《杀人也得打广告》(*Murder Must Advertise*，1933 年）里的广告公司，以及《俗丽之夜》(*Gaudy Night*，1935 年）里的牛津大学。彼得勋爵又冷淡，又有贵族气质，而且博学多才，有着忠实的男仆陪伴，虽然他只是个业余爱好者，却胜过那些无聊的专业警察；而他在战后的英国却难以幸存。

相比之下，阿加莎 · 克里斯蒂从她的第一部惊悚小说《斯泰尔斯庄园奇案》(*The Mysterious Affair at Styles*，1920 年）起，直到她于 1976 年去世［此时她的剧本《捕鼠器》(*The Mousetrap*）已在伦敦西区上演了 25 年］，一直都非常受欢迎。她的作品显示，她没有着重于刻画人物，而是致力于带领读者解决紧凑的情节所构建的特定难题。为了达到其目的，她程式化地把故事背景设置为被初雪隔离的乡间别墅这样的地方，而不是异想天开的《故园风雨后》式社会背景，这就为游戏提供了必要的规则。她的侦探——无论是已退休的比利时警察赫尔克里 · 波洛（Hercule Poirot），还是被低估的小老太太马普尔小姐（Miss Marple）——都不太容易用传统的等级制度来分类；克里斯蒂的作品相对来说不明显属于某个社会阶级，这使广大读者感到舒适。

秘密特工007詹姆斯·邦德的广泛成功并不在于模糊的地位差异。伊恩·弗莱明通过《皇家赌场》(*Casino Royale*，1953年）一炮而红，弗莱明本人也成为畅销书作家，直到他1964年去世，他每年都会写一部新的邦德冒险故事，正如一条不友好的评论所说的那样（当然，这产生了反作用），这些故事充斥着“性、虐待和自命不凡”。虽然这些书确实是因为自命不凡而畅销，但不像约翰·布莱恩的小说那样老式和纯粹（深刻揭示社会的污浊），这些书只是巧妙地运作一个品牌来吸引那些势利的顾客，适用于人人希望跻身上流社会的消费社会。《诺博士》(*Dr No*，1958年）成为第一部被拍摄成电影的邦德系列书籍后，007因启用耀眼的国际明星，不再为英国公立学校所禁。

邦德善用小把戏、外表光鲜、充满魅力，奠定了有史以来最赚钱的英国电影的基础。相反，是“厨房水槽”现实主义（‘kitchen-sink’ realism）拉开了英国电影“新浪潮”的序幕，这与法国的情况相似。电影版《金屋泪》(1959年）使布莱恩对等级制度的社会批评更加尖锐，同时这部电影引入了对性的一种坦诚态度，这是英国电影当时仍然欠缺的。艾伦·西利托（Alan Sillitoe）的小说《周六晚上和周日早上》(*Saturday Night and Sunday Morning*，1958年）也描述了工业化的英国北部的阶级意识，它叙述了亚瑟·西顿（Arthur Seaton）在工作日以及充斥着狂欢和性爱的周末的截然不同的经历。在卡洛尔·赖兹（Karel Reisz）的指导和阿尔伯特·芬尼（Albert Finney）的精彩演绎下，这本小说的电影版（1960年）忠实地诠释了其精髓，该电影由约翰·奥斯本和托尼·理查森（Tony Richardson）组建的新公司伍德福尔电影公司（Woodfall Films）制作。由理查森执导并由奥利维尔领衔主演的伍德福尔电影《卖艺人》(1960 年)，最终成功地将奥斯本的作品推向了电影观众，虽然电影版的《愤怒的回顾》(1958 年）最初让人感到失望：在电影版里,《愤慨的回顾》里的愤怒和坏脾气都消失了，尽管由理查德·伯顿（Richard Burton）担任主角。

奥斯本心中无法抑制的愤怒很难让人忽视，就跟其目标很难让人确定一样。奥斯本有时候被称为新一代的萧伯纳，但他不像萧伯纳那样在政治视野上有一种一致性：相反，奥斯本的政治视野非常直观，并且非常容易引起激烈的争论，这使得他对盖茨克尔和麦克米伦表达了同样多的憎恶。

这种早期的、茫然的沮丧和抗议情绪，当然主要是核裁军运动（Campaign for Nuclear Disarmament，CND）引起的。在苏伊士运河危机和匈牙利事件后，这些情绪都有所抬头，因为“旧左翼”共产党知识分子大批离去后，“新左翼”出现了。当然，共产党员把苏联的炸弹当成了工人的炸弹来称赞；但新左翼是全面反炸弹的——他们反对苏联、美国的炸弹，但最重要的是，他们反对离家最近的英国的炸弹。20 世纪 50 年代初期的核武器扩散，使人们普遍担忧它破坏和污染世界的力量，而且这种担忧是有充分理由的。如同麦克米伦心知肚明的那样，要不是他压下关于坎布里亚郡（Cumbria）温斯乔〔Windscale，塞尔拉菲尔德（Sellafield）〕钚加工厂多次事故的报道，人们对核污染的恐慌会更严重。

正统观点利用了这么一个悖论，那就是正是由于炸弹的使用是不可想象的，所以炸弹的威慑作用能够通过恐怖平衡和相互保证毁灭（mutual assurance of destruction，MAD）维持和平。1957 年的《国防白皮书》(*Defence White Paper*）将这场辩论推到了风口浪尖，特别是在布莱顿的秋季工党会议上。许多老贝文派现在迫切要求工党完全放弃核战略；但他们不得不忍受他们以前的英雄的公开背叛。贝文以影子外交大臣的身份发言，拒绝“赤裸裸地进入会议室”；他像产生“一场情绪上的痉挛”一般果断拒绝了他的老伙计的动议，这简直是一场惊心动魄的大戏。它巩固了工党上层的后苏伊士运河时代轴心，它破坏了贝文一些最长久的政治友谊，但它并没有结束核裁军运动。

布莱顿会议后，核裁军运动组织成了普通政党结构之外的压力集团，得到了诸如伯特兰·罗素（Bertrand Russell）、约翰·博因顿·普里斯特利、艾伦·约翰·珀西瓦尔·泰勒（A. J. P. Taylor）和约翰·奥斯本（当然会有他）这样的大腕的支持，还得到了像迈克尔·富特和工会领袖弗兰克·卡曾斯（Frank Cousins）这样的贝文派的支持。核裁军运动最初是因其信息的简单性而获得成功的，其信息“禁止炸弹”用了抗议语言而不是深思熟虑的语言。在坚信英国放弃核武器将带来全球性道德影响的同时，单边主义者肯定抱有自己的大国幻想。在1958年的复活节，游行示威队伍从伦敦排到了伯克郡（Berkshire）的武器研究所奥尔德马斯顿（Aldermaston）；第二年，游行示威对公众舆论产生了更大的影响，这在一定程度上是因为这次它是从奥尔德马斯顿出发，并且在它去往特拉法尔加广场的路上，有很多人加入了进来。奥尔德马斯顿游行者是受到鼓舞的和平主义者，他们使用的方法仍然很温和，整场游行就像所有家庭一年一度过的节日一样祥和。独特的核裁军运动标志很快就通过胸章和涂鸦变得为人所熟悉。

单方面裁军运动得到的大众支持足以令政府惊恐，于是政府明显更加努力地争取达成禁止核试验的条约，这在一定程度上是为了表明采用多边措施来控制核武器的可行性。然而，工党最需要在政治方面感到恐惧。盖茨克尔坚定地与北约站在一边，结合北约的核战略，这意味着他的领导地位显而易见地岌岌可危，于是单方面解除武装这一问题，与左翼和右翼关于工党身份的更广泛的斗争交织在了一起。

这在 1959 年的工党会议上被提了出来。选举失败后，盖茨克尔提出了修改党章第四条的激进建议，该条款确定了共同所有权领域的基本原理。当年早些时候，德国社会民主党在巴德戈德斯贝格（Bad Godesberg）会议上做了基本相同的事情。然而，在英国，修正主义并不容易被接受。贝文现在是一个病人，活不了几个月了，他试图在党内进行调解，但被断然拒绝，因此无法保住工党的领导地位。曾经是盖茨克尔主要依靠的支持他的大工会已经离他而去。特别是一旦迪金的右翼政权（在短暂的空位期后）被选举为秘书长的左翼分子卡曾斯取代，他就再也不能依赖运输与普通工人工会。此外，盖茨克尔不得不接受对其修正主义议程的反对，因为几个月后，他面临着更大的危机。

到 1960 年，单边主义者获得了足够多的来自工会及左翼选民的支持，在党会上提出他们的政策动议，与盖茨克尔交锋——他高呼这项政策不适合作为北约成员国的英国。他将这项承诺（而不是英国自身的彻底失败）单独视为关键问题，恳求其支持者“为挽救我们所爱的党而奋斗、奋斗、再奋斗”。议会中的工党成员现在不认同会议决定，但盖茨克尔成功地在次年召开会议扭转了局面。这在一定程度上是选区基层运动的产物；但主要是因为 6 个最大的工会中有 3 个在 1960—1961 年改变了立场——他们像当初为第四条投票一样，根据现状投票。这些变化对盖茨克尔自己的立场影响很大，这在一定程度上是因为他的角色已因电视对党会的报道而变得戏剧化，且当时议会会议尚未成功被广播。到1962年，他的公众形象毫无疑问是一个强大而又果断的领导者，而麦克米伦现在要处理的危机接踵而至。

最大的麻烦是经济问题。1959—1960年，经济增长率在4%—5%，达到了顶峰，但这种繁荣无法再维持下去了。希思科特·艾默里的措施刺激了国内消费，因此进口增长速度几乎是出口的两倍。麦克米伦迟迟才意识到已经出现经济过热的征兆，于是他又一次物色新的财政大臣，初步人选是曾在外交部忠诚地为其服务的塞尔文·劳埃德。[休姆伯爵（Earl of Home）被任命为新的外交大臣，这件事在此时显得没那么重要。] 劳埃德一开始很谨慎，他不愿意通过高利率来控制经济增长，这是可以理解的，而银行利率一年多来一直不稳；之后，英镑的疲软使得利率在1961年7月达到了危险的7%。

然而，这一次，货币紧缩并不是一项单独的政策。在1961年的预算案中，劳埃德赋予自己新的权力来改变财政关税；这些"调节器"使经济微调变得更加灵活。因此，在7月，劳埃德能够用直接的财政紧缩来加强货币紧缩。此外，他以"工资冻结"的方式支持这一方案——这是自克里普斯后第一次有人试图直接控制通胀工资结算。

这项政策引起了强烈的抗议，尤其是因为它带来了反常现象。它特别冻结了国有部门的新结算，但仅仅是通过劝诫来限制私有部门。为了在一定程度上解决这些问题，政府开始建立国家收入委员会（National Incomes Commission），但由于受到工会联盟的抵制，它并没有为新政策赢得多少支持。然而，工会联盟的合作使得另一个代表工会、雇主和政府的三方机构得以成立：全国经济发展理事会

（National Economic Development Council，NEDC）。财政部正在逐渐抛弃对经济管理的“不干涉”做法，而这种信息协调在指示性计划里只是一次尝试，如果还不能算作国家对经济的干预的话。

不仅是法语这门官方语言，欧洲经济共同体的灵感和促进因素同样欧洲化，并且是有合理理由的。事实证明，尽管没有英国的参与，欧洲经济共同体还是获得了成功。事实上，英国试图在看起来已经很可悲的欧洲自由贸易区（European Free Trade Area，EFTA）内组织一个由 7 个国家组成的集团与之抗衡。包括丹麦和爱尔兰在内的七国集团非常依赖英国市场出口食品，这个组织是易为英国所接受的一种松散的自由贸易联盟，但英国未能进入其他 6 个国家建立的共同市场，这个市场是一个内向的、社团主义的、卡特尔化的、受到过度调节的贸易保护主义市场（随便你怎么说），但它如今是一股发展的动力。在 1953 年，这 6 个国家只占英国进口量的 10%，但澳大利亚和新西兰占了 14%，反过来，它们占英国出口量的 12%，略高于欧洲的份额。但到 1960 年，英国近 15%的进口来自欧洲经济共同体，只有 8%来自澳大利亚和新西兰；欧洲经济共同体现在占英国出口的 16%，而澳大利亚和新西兰仅占这个份额的 2/3。英联邦的偏好意味着英国经济现在面临着一条错误的道路，英国如果要跟上国际贸易增长的步伐，最需要的就是正在扩张的市场，但英国现在却与这种需要背道而驰。在 20 世纪 50 年代中期，英国的出口占世界制成品贸易的 16%左右；到 1960 年，这一份额不到 13%（到 1966 年降至 10%以下）。

麦克米伦一直对欧洲一体化暗中表示支持，后来他觉得，加入欧洲经济共同体除了要放下自尊，别的也没什么，于是不再偷偷摸摸地同情了。1961 年夏天，他说服内阁申请加入欧洲经济共同体。英国或许曾希望在墨西拿会议后塑造的共同体结构自然而然地成型了，但这个共同体结构不是很对英国的胃口；特别是带有一些保护主义和提供农业总补贴的“共同农业政策”（Common Agricultural Policy），与英国对食品自由贸易的历史性偏好背道而驰。为缓和澳大利亚和新西兰的过渡时期，显然有必要做出一些特殊安排；自从加入美元区后，加拿大已不存在同样的问题。这些是担任外交部欧洲事务大臣的爱德华·希思（Edward Heath）需要解决的困难。前任党鞭希思是内阁招揽的能人，他自 1950 年加入议会以来一直是一名忠实的亲欧派，显然，派他去始于布鲁塞尔的漫长谈判上完成英国的新任务，真是太合适不过了。阻挠英国成为成员国的真正障碍不在布鲁塞尔，而在巴黎，戴高乐总统认为他很有必要就盎格鲁–撒克逊人加入欧洲一事做出评判，他跟这些人打交道一直不顺利。但麦克米伦很自信，他认为这次也可以利用存在已久的私人关系，就像他与艾森豪威尔所做的那样。

麦克米伦面临的困难与这样一个事实混合在了一起，那就是他发起欧洲倡议不是出于强大的实力，而是为了恢复已经很脆弱的地位。政府的支持率在工资冻结后大幅下降。在 1961 年的补选中，自由党的选票一直在增加。1962 年 3 月，他们几乎推翻了保守党在布莱克浦北部（Blackpool North）的绝对优势；第二天，他们实现了自己最疯狂的梦想，那就是把肯特（Kent）的奥尔平顿收入囊中，这成了最忠实的保守党郊区居民的笑柄。这是战后在补选中出现的最大的意外；奥尔平顿人突然悄悄盯上了保守党在议会的席位。麦克米伦的回应是，通过驱逐不受欢迎的主要目标——塞尔文·劳埃德，使其政府获得新生。但在做出这种刻意为之的残酷行为时，他变得惊慌失措，于是试图通过在 7 月大幅重组内阁来掩盖，在这场重组中，至少还有 6 名大臣被解雇了。这个“长刀之夜”（night of the long knives）不仅没有扭转公众舆论的走向，反而引起了更多的怨恨。

不过奥尔平顿的情况没有重演，自由党的干预显然在帮助工党，他们在年底前从保守党那抢走了 3 个席位。工党政府内部本身就混乱不安，他们未来的计划尤为关注欧洲事务，因为工党似乎普遍对整个构想持怀疑态度。自由党是唯一直接赞成进入共同市场的党派，但他们不能做主。工党正式保留了自己的立场，但在 1962 年 10 月，盖茨克尔再次敲打了那些觉得他缺乏情感的人，这一次的方式是在工党会议上说，加入欧洲经济共同体意味着“一千年历史的终结”。他的态度如此坚决，可能是出于对英联邦的关切。这并不能保证工党在未来组建政府，但在这种态度下很难形成亲欧的氛围。

就像贝文派在 5 年前感到被贝文背叛了一样，更为年轻的盖茨克尔派也觉得被狂热的亲欧分子罗伊·詹金斯（Roy Jenkins）背叛了，这些亲欧分子如今受到了挫败。相反，盖茨克尔被他最近打败的左翼热烈赞扬，这是很反常的。然而，在 1963 年 1 月，身体微恙的盖茨克尔，突然情况急转直下去世了，年仅 56 岁。人们都很怀疑他的副手乔治·布朗（George Brown）是否有能力与另一个盖茨克尔派詹姆斯·卡拉汉（James Callaghan）竞选领导人；最终的结果是这两个人谁也没当选，当选的是前贝文派哈罗德·威尔逊。

在威尔逊接任反对党领导人时，政府正身处前所未有的麻烦中。麦克米伦导致国防政策的风险上升，因为他坚持认为英国应该拥有自己独立的核武器，尽管英国已完全依赖美国运送核武器。这个问题在很大程度上是自我强加的，1962 年 12 月，他与肯尼迪总统在拿骚（Nassau）交流时就面临着这一问题。英国依赖于一个不明确的承诺，那就是美国将提供“空中闪电”（Skybolt）导弹；但是肯尼迪政府后来决定取消这项计划，因为“空中闪电”的操控性不可靠——换句话说就是“一堆垃圾”——于是麦克米伦在政治上陷入了危险。他用精湛的技巧打着手中仅剩的几张牌，提醒美国他不久前在古巴导弹危机中对美国表示了支持，接下来又搬出他对索姆河战役的回忆。他从不情愿的肯尼迪那里获得了一项协议，该协议同意为英国提供“北极星”潜艇导弹发射系统，该系统可以用来配备英国的核弹头。这种打击力量能否在没有美国的情况下独立使用是有争议的，因为美国为之提供必不可少的技术；但拿骚会议无疑宣布了关于这种“特殊关系”的强烈的象征性信息。

麦克米伦对戴高乐的反应（或缺乏反应）估算（或错误估算）如何尚不清楚。无论如何，戴高乐可能会阻止英国参与任何事务；但拿骚会议给了他一个客观的教训，那就是英国更倾向于横跨大西洋与美国建立关系，而不是置身于欧洲事务中。麦克米伦认为他不需要做出选择，这在战略上被证明是错误的。1963 年 1 月，戴高乐在巴黎表示反对，这有效地结束了关于英国加入欧洲经济共同体的谈判，于是希思伤心地回国了。

麦克米伦可悲地意识到，这次断然拒绝动摇了他政治生涯的基石；然而，种种迹象表明，他很想再次竞选。即便是 1963 年夏天爆出的普罗富莫（Profumo）丑闻，也没有动摇他的决心。随着陆军大臣（与其他人一道）跟苏联大使馆公使共享女友的丑闻浮出水面，谣言和嘲讽开始满天飞，但这只导致普罗富莫而不是首相辞职。因此，麦克米伦在 10 月份离开并不是因为其政府疲惫不堪，而是因为他的身体状况被误诊了。一场前列腺手术后，麦克米伦进入了短暂的低迷期；没过多久他就振作起来，但还没来得及振作到让大家觉得他在接下来的 25 年中还会是公众人物，他的辞职之路就开始了。这场闹剧正好是在保守党召开党会时上演的，于是这场对领导权的争斗暴露在了公众面前，并且将美国政党大会的喧嚣引入了布莱克浦不协调的环境中。保守党再一次选择了巴特勒，又再一次抛弃了他——或者如麦克劳德这样的批评者所坚持认为的那样，他们是故意抛下巴勒特，然后通过运作一个“魔术圈”（magic circle）来支持不太够格的候选人。根据新法律，世袭贵族可以放弃他们的头衔，于是两个新的候选人出现了。显而易见，其中一位是黑尔什姆勋爵（Lord Hailsham），然而他公然竞选首相职位，使他失去了卧床不起的现任首相的支持，现任首相开始倾向于几乎所有人都已忘却的外交大臣休姆勋爵。麦克米伦告诉女王，内阁的大部分人都倾向于休姆。麦克劳德和鲍威尔不仅决定不在休姆的领导下工作，还让巴特勒也这么做，因此，在鲍威尔的想象中，他们给了巴勒特一把装好子弹的手枪，但他像以前一样，选择不用这把枪。因此，麦克米伦最终得偿所愿；休姆勋爵以亚历克·道格拉斯·休姆爵士（Sir Alec Douglas-Home）的身份成为首相，而巴特勒再次在新政府中担任二把手，这次他是在只有一年就要解散的内阁中担任外交大臣。

第九章

免于冲突，1963—1970 年

青年

当巴特勒回顾漫长的议会生涯时——1964 年，时任剑桥大学三一学院院长的他，最终放弃在更懂得欣赏的观众面前展示自己长期积累的政治技巧——他认为自己真正的杰作是 1944 年的《教育法案》，这个法案如同他所想的那样，为所有人打开了机会之门。巴特勒法案在 40 年中是地方政府扶持公立学校、协助教会学校的基础。它最终减少了关于宗教教育的纠纷，这些纠纷一个多世纪以来一直困扰着教育改革。这个法案导致的实际结果是，在接下来的 20 年中，英国国教学校的数量下降到所有小学的数量的 1/3，而罗马天主教学校的数量上升至所有中学的数量的 1/10。这个法案也让所有人接受中学教育的梦想有了实现的可能——在“二战”前，4/5 的儿童在 14 岁进入劳动力市场之前，只会上完小学——（被延期许久的）把离校年龄提高到 15 岁这件事一旦在 1947 年实施，就能在 11 岁这个年龄的群体上找到突破口，他们至少还能继续上 4 年学。

巴特勒法案在行政上的妙处（这一妙处也是它能被沿用那么久的原因）在于，它隐隐约约预见了一种选择依据，这种依据被普遍用来提供中等教育，同时又让地方教育部门（local education authorities，LEA）得以开设国际学校或综合学校。这样做带来的结果是，在英格兰和威尔士的大部分地区，有3种提供选择性“十一岁儿童入学考试”（eleven-plus）教育的学校可以选择：开设学术课程的文法学校，这种学校旨在通过普通教育证书（General Certificate of Education，GCE）来满足大学入学考试要求；以职业培训为重点的技术学校；以及为其他人开设的现代中学。

在1944年，人们认为学校人数可能会根据5∶15∶80的比例分布，这表明存在一座非常尖锐的技能金字塔。到20世纪50年代中期，事实证明，英格兰和威尔士超过25%参加十一岁儿童入学考试的学生上的是文法学校，不到5%上的是技术学校，剩余的2/3上的是现代中学（还有1%上的是十几所综合学校）。因此，文法学校所占人数的比例比预想的大，而技术学校所占比例比预想的小。文法学校为人所知的教育优势，或者说仅仅是社会认可度，加上有选举权的家长施压，使得感受到压力的地方政府不得不朝着这个方向努力。在威尔士，文法学校的名额向30%的相关年龄群开放。与之相对应，在威尔士，15岁以上的在校生数量较多；在20世纪50年代初，在威尔士上学上到18岁的学生比例是英格兰的2倍，接受高等教育的人数的比例情况也是如此。苏格兰在鼓励民主知识分子方面有着更为悠久的传统，其学校体系基础更为广泛。

事实是，在英国——英格兰比威尔士和苏格兰的情况更糟——教育依然受到阶级出身的严格限制。在英格兰和威尔士，在20世纪初出生于职工和管理阶层的儿童中，有2/5接受过文法学校教育，而在20世纪30年代后期出生的儿童中，这个比例上升到了3/5（他们是第一批完全受益于巴特勒法案的人）。相比之下，在第一次世界大战之前，只有 1% 非技术型体力劳动者的孩子有机会接受中等教育，但在第二次世界大战后，他们中有 10% 的人能通过 11 岁儿童入学考试。关于这一点最好的说法是，事情在朝正确的方向发展。此外，一旦这个后巴特勒群体进入文法（或对等的）学校，最初的社会偏见就会逐渐加剧，因为更多来自职工家庭的孩子会在学校待到 17 岁以上。这种统计数字表明了一种复杂的难以处理的社会影响，它既是文化向往的产物，也是经济不平等的产物。然而，对于那些寻求即时补救措施的人来说，最简单的做法是纠正 11 岁儿童入学考试选拔的不公平。

不考虑先前的学费或家庭背景，认为精心设计的测试可以精确测量孩子的智商（IQ）这一观点，是教育心理学家西里尔・伯特爵士（Sir Cyril Burt，1883—1971 年）所致力宣传的事情。基于智商测试的教育选拔的发展过程看似合理，毕竟，它可以被看作以纯粹的能力评价挑战现有社会特权的方式，可以公平地在所有阶级中找到。当社会学家迈克尔・杨（Michael Young）在其著作《精英统治的崛起》（*The Rise of the Meritocracy*，1958 年）中引入"精英统治"一词时，他（带有一些疑虑地）指出了这种新型的社会精英的合法性。他对精英阶层令人恐惧的效率感到担忧，但在 11 岁儿童入学考试选拔的效率显然不高的时期，这种担忧显得为时过早。这项考试的社会倾向性不仅仅体现在中产阶级儿童异常高的成功率上：即使在特权阶层中，它也是关于学术能力的一个糟糕指标，这从之前未能通过 11 岁儿童入学考试的儿童，后来却在私立学校取得良好的普通教育证书成绩这一点就能看出来。同时，伯特的先驱研究的可信度也受到了抨击，因此，智商测试的智力基础受到了动摇。

战后，关于对各类中学给予同等尊重的委婉说法被社会现实证明是假的。事实上，现代中学最终只是让工人阶级的孩子为工薪阶层的工作做好准备——或者说，不是让他们为之准备，而是适应。这就是综合性学校的实质，它从一些特立独行的（又主要是威尔士）理事会的政策，变成了最典型的先进的万能药。它仍然是一个需要通过地方教育部门解决，而不是通过中央政府强制施行单一模式解决的问题。让巴特勒感到高兴的是，这一切都受他 1944 年法案的影响；在保守党于 1964 年下台前，设立了 200 所综合学校。与威尔士一样，综合学校另一个早期突破来自大伦敦，工党同样控制着大伦敦的地方政府。[①] 即将上任的工党政府所做的是对中学重组施加影响，尤为显著的标志就是克罗斯兰于 1965 年接管教育和科学部（Department of Education and Science）后发布的第 10/65 号通知。这种影响推开了一扇已经半开的门，尽管没有法律认可。到 1970 年，超过 1 000 所综合学校的中学生占比 30%以上；到 1974 年，2 000 所综合学校的学生占比 60%——尽管政府做出了调整，让玛格丽特・撒切尔（Margaret Thatcher）主管教育。到 1980 年，综合学校的学生占比达 90%，只有少数几个地方教育部门牢牢处于保守党的控制之下，像肯特就保留着他们的文法学校。

当时，支持综合学校的人普遍反对文法学校——克罗斯兰自命

① 工党控制了伦敦郡议会30年——这就是它被保守党1963年的《伦敦政府法案》（London Government Act）废除的原因之一。该法案通过大伦敦议会（Greater London Council）（工党赢的次数仍然更多）将大都市区扩展到郊区。地方教育部门由郊区外环的区议会组成；但内伦敦教育局（Inner London Education Authority）接手了内城区的这些职能。由于在旧伦敦郡议会边界内，哪个政党更强，内伦敦教育局就被哪个政党控制，因此它继续受到工党控制并不奇怪。——原注

不凡的“摧毁英国每一所该死的文法学校”的使命只是在口头上虚张声势罢了。然而，文法学校的工作一般都做得不错，更不用说培养了威尔逊、希思、詹金斯和撒切尔这一代年轻的精英领袖了。事后看来，该受谴责的是现代中学理念上的缺点，以及为技术教育所提供的微不足道的资源。将离校年龄提高到 16 岁的计划，是为了消除长期存在的教育经历差距；但这一计划因 1968 年的经济危机而被推迟。事实是，工党政策为大多数人带来的收益在很大程度上只是一种前景；而重组带来的破坏，以及受到尊敬的地方文法学校的消失，产生的损失是立竿见影的。这种担忧通常对保守党的选举有利，并促使中产阶级父母（选择性地）加速进入私立体系，就这一点来说，它使公立中学体系比之前更加缺乏综合性。

不需要怀疑克罗斯兰对社会平等的热情，因为这完全符合工党修正主义者（通常称为“右翼”）的优先考虑顺序。克罗斯兰自己上的是“公学”，但这一事实并没有使他更倾向于这种教育形式。然而，工党政策在 20 世纪 60 年代的影响是很奇怪的。公立文法学校被关闭了，因为有人说如果不关闭它们，就不能建立真正的综合学校体系。相比之下，私人付费学校却被放任自流，虽然它们可以说是最能造成特权永久化的社会分化方式。

各种独立学校继续为大约 5%的儿童提供教育，相比第二次世界大战以来的 9%有所下降。这个领域可能变得更小了，但也变得更有效率（国家检查员在给予认可时使用了这个术语）。伊夫林·沃在《衰落与瓦解》(*Decline and Fall*，1928 年）中记录的私立学校千奇百怪的不称职之处，逐渐被顶级公学有效率的方法取代。这些公学迎难而上，在需求侧着重以节税的方式来支付学校费用，在供给侧则着重以小班授课的方式提供优质教育。有一些公学处于一种混合状态，它们接受国家的直接资助，通常也是校长会议（Head-masters' Conference，对公学的传统定义）的成员。这 180 所接受直接资助的学校大部分是古老的文法学校，接收了很大一部分受到地方教育部门奖学金资助的儿童。这些学校在学术上很严格，只有 2%多一点儿的中学生入学，但他们占上学上到 18 岁以上的学生的 8%左右，而且他们中有一半的人毕业后上了大学。多年来，许多与有声望的“公共”学校相关的计划被提了出来，其中一些计划旨在废除这些学校，另一些计划则给予它们经济支持。独立学校并未受到 20 世纪 60 年代的综合化的影响；但在 1975 年，受到直接资助的学校——精英选拔中的精华部分——被废除了，尽管公学幸存下来。

英格兰的选拔性学校制度早已与一个更具选拔性的大学制度结合在一起，同样地，在大学里，学术选拔也加剧了社会歧视。20 世纪初，英国有 2 万名大学生，他们当中约 1/3 是牛津大学和剑桥大学的本科生。事实上，在第二次世界大战前，牛津大学和剑桥大学在学术领域有着数量上的绝对优势。在战后，因为根据巴特勒法案提供了更广泛的奖学金，大学生在相关年龄群中的比例首次超过了 2%，并在 1962 年上升至 4%。当时英国有了 30 所大学。牛津大学和剑桥大学各有约 1 万名本科生，与有着高度自治的伦敦大学学院、伦敦国王学院、帝国理工学院和伦敦经济学院等下属学院的伦敦大学相比，它们就相形见绌了。此外，伦敦的 5 所地方性学院［诺丁汉、南安普敦、赫尔、埃克塞特（Exeter）和莱斯特（Leicester）］根据实力依次变成了大学，巩固了早期的公民或“红砖”（red-brick）大学（如曼彻斯特大学、伯明翰大学和利兹大学）的排名。在苏格兰，4 所古老的大学（爱丁堡大学、阿伯丁大学、格拉斯哥大学和圣安德鲁斯大学）全部都扩大了；而威尔士大学作为一所联合大学，根据其 1893 年章程，在阿伯里斯特威斯（Aberystwyth）、班戈（Bangor）、加的夫和斯旺西（Swansea）［后来还有兰彼得（Lampeter）］拥有了完整的下属大学院校。

这是一个关于扩张的故事，但也是一个关于限制的故事。例如，父亲从事手工职业的学生的比例在 1920—1960 年停滞不前，保持在 1/4 左右。至少 1/8 的中产阶级儿童最终获得了大学学位，而只有不到 1% 的工薪阶层儿童获得了大学学位。说起来也许令人惊讶，苏格兰的情况与英格兰并无太大差别；只有威尔士有更多大学入学者的父亲是体力劳动者。按照国际标准，在高等教育方面，占相关年龄组的这一比例是很低的——在 1962 年只有 8%，包括了所有师范学校和其他院校的人。

这就是由经济学家罗宾斯爵士（Sir Robbins）担任主席的高等教育委员会（Committee on Higher Education）面临的问题。1963 年的《罗宾斯报告》提出了一个解决方案，那就是创建一个更大的高等教育体系。因为政府已经承诺为所有升入大学的学生提供补助，这个更进一步的承诺不但涉及范围很广，而且花销巨大。结果是，到 1970 年，接受高等教育的学生总人数增加了一倍。《罗宾斯报告》发布时，大学的人数约为 12 万，到 1990 年这一数字达到了 37 万。

罗宾斯所提出的横跨 20 年的扩张被认为是要倾向于科学的。在当时，这可是一个时髦的请求。1959 年，查尔斯·珀西·斯诺（C. P. Snow）因为确定“两种文化”——文学知识分子的文化和自然科学家的文化——而掀起了轩然大波，当时这两类人相互很不理解。这是 40 年前让威尔斯烦恼的“鸿沟”的新形式。一个总是被提倡的补救办法是改善科学教育。罗宾斯发现，在 1962 年，攻读科学技术学位的学生人数差不多占大学总人数的一半；而且政府希望他们能在未来的 20 年中占到绝大多数。然而，尽管理科学生的数量到 1980 年时几乎增加了一倍，但文科学生的人数增加了 160%——当时女生和男生的数量一样多。相比之下，在 1980 年，攻读药物学学位的男女比例为 3∶2；攻读纯科学学位的男女比例为 5∶2；攻读技术学位的男女比例为 18∶2。

科学领域虽然不再像从前一样只是男性的天下，但在各个层面仍然对女性不友好。当然，英国在科学研究方面取得了巨大的成就，其获诺贝尔奖的人口比例在国际上非常引人注目。有趣的是，战后最杰出的突破是 1953 年卡文迪什实验室发现了关键遗传物质 DNA 的结构，10 年后，除了下列几位科学家，所有与这一发现最密切相关人士都获得了诺贝尔奖：詹姆斯·沃森（James Watson）和弗朗西斯·克里克（Francis Crick），他们在剑桥大学的同事马克斯·佩鲁茨（Max Perutz）和约翰·肯德鲁（John Kendrew），以及伦敦国王学院的莫里斯·威尔金斯（Maurice Wilkins）。然而，如果不是他们的同事罗莎琳德·富兰克林（Rosalind Franklin）在 X 射线方面做了关键性的工作，他们可能没法取得任何成果：罗莎琳德·富兰克林为科学界的女性树立了一个伟大的榜样，但在获奖前 4 年，她不幸逝世，因此未能获得应有的赞誉。

在后罗宾斯时代，新兴的科技专科学校（polytechnics）带头为第一代学生提供高等教育。克罗斯兰 1967 年离开教育和科学部时，委任了 30 所由其部门和地方政府共同控制的科技专科学校。其目的是提供比大学更广泛的课程，并专注于教学而不是研究。这些学校通常被认为是一种高等教育的综合形式，其中一些学校遇到的问题与整合现有机构所遇到的问题相似，这些机构有着不同的目标和不相容的传统，依靠微薄的资金分散运作。然而，许多科技专科学校很快就成功发挥了新作用，而其他学校则选择遵循现有的学术模式，与大学争夺生源。

罗宾斯大力推动了已经在建的新兴大学，这些大学很快就收到了自己的章程，并且不受现有机构的监管。苏塞克斯取得了巨大的成功，不久之后，东安格利亚（East Anglia）大学、约克大学、埃塞克斯（Essex）大学、肯特大学、沃里克（Warwick）大学和兰开斯特大学都在英格兰的新开发区建成了。在苏格兰，斯特林（Stirling）大学沿用了这种模式，但邓迪（Dundee）大学、爱丁堡的赫瑞－瓦特（Heriot-Watt）大学和格拉斯哥的斯特拉斯克莱德（Strathclyde）大学都在现有的城市基础上发展起来。事实上，由皇家科学学院（Royal College of Science）组建的斯特拉斯克莱德大学与 9 所英格兰先进技术学院关系密切，这些学院在罗宾斯之后获得了大学地位；值得注意的是，只有巴斯（Bath）大学和拉夫伯勒（Loughborough）大学在它们的名称中保留了“技术”这个词。到 1968 年，大学总数已达 56 所。但不应忘记，伦敦和更古老的红砖大学本身正在扩张，有时可以说是变得面目全非。

大众高等教育最引人注目的发展既体现在质量上，也体现在数量上。开放大学（Open University）在很大程度上可以说是是哈罗德·威尔逊的作品，担任首相的他确保了这些大学在开办时得到了足够的资源。通过使用广播和电视等创新的远程教育方式，这些大学招收了一个主要由在职学生组成的学生团体，他们的社会形象与传统的英国大学生截然不同。开放大学招收成年学生、女学生、弱势团体学生——对于许多教育愿望受挫的人而言，开放大学成了他们的救命稻草。在非正常工作时间，开放大学通过英国广播公司网络提供广播服务，这样做最初是为了检验学生的投入度，直到盒带和录像带的出现缓解了这种特殊的严格要求。然而，学术标准的严格一向是以一种非常传统的方式来维持的。开放大学提供的智力冒险挑战在使人偏离正轨的人类困境中，启发了威利·罗素（Willy Russell）创作的剧本，以及后来的电影《教导丽塔》（*Educating Rita*，1979年和1981年）。

人们对学术生活的看法明显发生了改变。在他那个时代，查尔斯·珀西·斯诺在《大师》（*The Masters*，1951年）中很好地捕捉到了剑桥某学院的微妙之处；金斯利·艾米斯则把威尔士大学学院战后的学术生涯压力转化为《幸运的吉姆》（*Lucky Jim*，1954年）这样一部高雅喜剧。但是艾米斯后来预言"更多意味着更差"，这一预言并不需要被认可并证明"更多当然意味着不同"。张伯伦在伯明翰创立的骄傲的城市大学，将成为戴维·洛奇（David Lodge）的著作《换位》（*Changing Places*，1975年）的经典背景，这本书诙谐地探索了英美之间的学术渗透。最重要的是，尽管罗宾斯本人可能会不喜欢，但马尔科姆·布拉德伯里（Malcolm Bradbury）的《历史人》（*The History Man*，1975年），清楚明白地体现了一所新大学的社会科学系在后罗宾斯时代的氛围，在这种氛围中，教职工与学生之间有着来得容易去得快的、被合理化的不伦关系。

1968年，"学生"一词已成为新闻——即使在牛津和剑桥这个术语也越来越多地被使用。胡须和厚夹克、标语牌和旗帜、吟唱和扬声器，标志着英国也开始与国外一样，有了学生的街头示威游行。越南战争成了这种骚动的焦点；但在1968年，骚动的目标转向了离家较近的地方；学生们占领了高校建筑，这在一定程度上是在模仿法国和美国当时也在进行的运动，但这也使人们开始关注学生们更为直接的不满。时髦的马克思主义者声称，学生与被剥削的工人阶级之间存在一种天然的密切联系，尽管他们与有组织的劳工之间的联系很少超越这种模糊的修辞。一些理论家甚至认为，由于无动于衷的工人阶级被消费主义所压抑，年轻人不断更新的不满情绪本身就会导致社会发生根本性的变化。

尽管很少有学生认为自己是革命的先头部队，但他们的生活方式经常令父母、老师、纳税人（简而言之，就是比他们老的人）感到震惊。年轻人的性行为正在摆脱传统的控制，尤其是那些远离家乡的学生。这种对“摇摆的六十年代”（swinging sixties）的刻板印象通常与为女性推出的新避孕药相关。但有证据表明，这种行为上的变化事实上早在 10 年前就开始了。在 20 世纪 60 年代后期，避孕药得到了广泛应用，这种发展更多的是对新型性观念的回应，而不是对这种观念产生的原因的回应。当然，意外怀孕变得不再那么让人感到害怕，人工避孕手段也得到了越来越广泛的应用。年轻人之间的性行为是否与关于“宽容的社会”的讨论所暗示的一样多，这一点很难确定，但当时出现了新的开放性。诗人菲利普·拉金（Philip Larkin）在他的职业生涯中饰演了一个坏脾气的人，就是为了让自己成为“性交始于 1963 年”这一观点的代言人——这也许是一个富有诗意的真相。此外，年轻人对毒品的滥用获得了广泛关注，引起了（有时是故意引起）强烈反对。

因此，20 世纪 60 年代使永恒的代际冲突上升到了新水平，这在一定程度上是因为，随着国家日益繁荣，青少年在紧张的劳动力市场中能更快地实现经济独立。学生们也得到了很好的资助，他们不仅有公共资金为其支付费用，还能按照国际标准获得慷慨的生活补助金。

在 20 世纪 60 年代，多年来一直在升温的、引人注目的、喧闹的青年文化开始沸腾起来。流行音乐通过现场直播、唱片和收音机成了这种文化最明显的纽带。自“二战”以来，美国一直主导着这一市场，但英国的音乐组合突然享誉世界。来自利物浦的披头士乐队（Beatles）在 1962—1963 年开始了精彩的职业生涯，他们像《便士巷》(*Penny Lane*）这样的歌曲永远不会让人忘记。他们有约翰·列侬（John Lennon）和保罗·麦卡特尼（Paul McCartney）这样的天才歌曲作家，以看似简单的效果创造了无与伦比的不朽经典。多年来，《昨天》(*Yesterday*）被记录在了数百个版本中。除了女王和上了年纪的丘吉尔，披头士乐队很快成了最著名的英国人，他们创作了一系列为年轻人所知的热门歌曲，尽管一些亚文化群体更喜欢滚石乐队不加修饰的原始暗示。在他们之后出现了数十个音乐组合，这些音乐组合力求能够利用“默西之声”(Mersey sound）①。

当时市场为非法电台所控制，这些电台以未经许可的频率几乎无间歇地播放流行音乐。试图用强制手段巩固英国广播公司垄断地位的威尔逊政府，使许多年轻人感觉其与现实脱节且变得愚蠢；而威尔逊力促向披头士乐队颁发不列颠帝国勋章（MBE)，是补救了还是加重了这种愚蠢的做法，是一个有争议的问题。后来，英国广播公司新推出了第一广播电台，但是它自己的盗版行为仍然存在。家庭成员们不再围坐在起居室里的无线电收音机前分享最喜欢的节目；相反，汽车收音机和晶体管收音机蓬勃发展了起来——特

① 一种音乐流派，形成于20世纪60年代早期的英国，它强劲而有旋律性，是美国的摇滚和节奏蓝调（R&B）,以及英国的噪音爵士乐等几种风格的混合体。——编者注

别是在拥有自己频道的年轻人中。因此，技术的发展和消费者需求的变化（它们曾经驱动晶体管收音机的诞生），最终导致随身听问世——这是 3 代人的时间内发生的变化。

在服装方面，英国也令人惊讶地成功捕捉到了国际风尚，摄政街（Regent Street）旁边的卡纳比街（Carnaby Street）一片欣欣向荣，成为当时世界的年轻时尚中心。非正式成了主题，牛仔布和大胆的印花面料以各种各样的方式被用于男装和女装。在战后 10 年流行一时的长裙不只是简单地被缩短；20 世纪 60 年代后期的迷你短裙将下摆截短到了大腿中部，这本身就是最适合年轻女性的风格。像玛丽·匡特（Mary Quant）和碧芭（Biba）这样的大牌成了新秀，深受年轻客户群的喜爱。流行文化推翻（或至少掩盖）长期存在的社会差异的力量体现在许多方面，它设定了区分不同年代而非不同阶级的风格。即使是特权教育也没有提供这样一种区分；曾是社会阶层可靠指标的公学腔在青少年中越来越少，而且这种趋势不可逆转，对这些年轻人来说，这种口音成了他们能够取笑的许多声音之一。留着长发穿着牛仔裤的年轻男女的性别变得难以区分，这不仅仅是守旧者的一种玩笑话；来自不同背景的年轻人确实开始看起来很相似，至少表面上让人觉得他们很相似。各大政党在这样的变化里蹒跚前行，它们开始试着争取年轻人的选票；因此，在 1969 年，很少有人反对将选举年龄降低到 18 岁。

共识政治

1963—1964 年，亚历克·道格拉斯－休姆爵士 12 个月的首相任期由哈罗德・威尔逊主导。在此之前，没有哪个反对党领袖在没有当过首相的情况下，享有这样的权力。此外，休姆可能只是一个权宜人选，而他不是一个易于控制的人，因此威尔逊这么做也是理所当然的；不过威尔逊自然而然地拿“试图运作一个伟大的现代国家的第十四代伯爵”这个说法大做文章。对此，休姆回击称他的对手可以被称为第十四代威尔逊先生，这一回击可以说是经过了深思熟虑，但仍无法改变他的背景和经验都处于不利地位的局面。休姆在下议院里感到不适应，在下议院里，威尔逊已经完善了一种强有力的首相问答箱风格，这在一定程度上是遵循麦克米伦的方法。在这些年里，通常每周举行几次的首相问答成了一种角斗士对抗赛。休姆给人的印象是老式学校里体面的、值得尊敬的保守派，而威尔逊用他的平易近人赢得了公众的欢心。

在习惯于丘吉尔、阿登纳（Adenauer）、艾森豪威尔、戴高乐、麦克米伦这种已达退休年龄的政治家的时代，46 岁的威尔逊看起来似乎还很年轻。年轻人现在站在他这一边。本科生对老古板政治家的讽刺，长期以来是剑桥舞台剧的主打剧目，在 1962—1963 年，这种讽刺因为《周六晚上》[*That Was the Week That Was*，这是理事长休・格林爵士（Sir Hugh Greene）领导下的英国广播公司所宣称的一个新自由标志] 而为深夜电视观众所知，引起了轰动。麦克米伦和休姆被讽刺为旧时代人物。相比之下，肯尼迪总统的活泼形象则很有吸引力。1963 年 11 月，肯尼迪遭到暗杀，这引起了英国人民的广泛哀悼，而且为表达更诚挚的敬意，工党利用起他的政治遗产。威尔逊也谈到了要复兴英国。他自己的看法是在科学与社会主义之间建立一种修辞上的联系，将自己塑造为精英政治式的、技术统治论的中层管理人员，将在旨在复兴英国的计划中，通过工党政府贡献自己的力量。这是一场“无阶级”的诉求，使得保守党在阶级斗争中处于防御状态，这一诉求暗示，保守党一心想维护第十四代伯爵这种人僵化的社会地位，使得国家停步不前。

这听起来像劳合·乔治转世，但想一想威尔逊在英格兰北部不墨守成规的激进主义根源，就不会觉得奇怪了；1951 年，威尔逊开始了自己的政治生涯，他的政治生涯建立在他的贝文派形象上；他作为左翼和党派会议领导人的角色在 1960 年被重新确立，当时他与盖茨克尔争夺了领导权。事实上，威尔逊优先考虑的事一直是党的团结；对于国有化和单边主义，他不是什么宗教激进主义信徒；他与他的同事克罗斯曼一样，其实是贝文派修正主义者，他与工党左翼并肩作战，但并不是其中一员。威尔逊也渴望成为工党的麦克米伦，带领他的党在传统党派口号的掩护下走向中间地带。威尔逊在一系列广为人知的演讲中提出了他的议程，反复强调创建一个新英国的必要性，这个新英国将能够承担更高的经济增长所带来的更高的社会支出。这给了工党一个清晰的图像，尽管用来建成这种美好国家的政策的内容还不够清晰。

事实是，在至少一两年的时间里，这个议程的大部分内容为保守党人所分担，保守党人被所谓富裕带来的自满所激发，迫切地开始尝试。刚刚注意到新欧洲的希思在扩大的贸易委员会里承担了广泛的职责，在这个委员会里，他力促自己心心念念的方案获得通过，该计划旨在把经济从过时的竞争限制中解放出来。转售价格维持（Resale price maintenance）是一种迫使商店以供应商设定的标准价格出售商品的做法，这种做法被宣布非法了，这使得作为地方保守派协会发声人的小店主大为愤怒。这是希思的一次勇敢的举动，一旦尘埃落定，这一举动将不伤他分毫：在保守党很快需要一个与威尔逊年龄和能力相当的领导者的情况下，它帮助他成了随和的雷金纳德·莫德林（Reginald Maudling）的有力对手。

白 1962 年担任财政大臣以来，雷金纳德·莫德林（Reginald Maudling）就面临着振兴经济的问题，在 1963 年，失业率平均为 2.6%，这是自战后福利国家生效以来最糟糕的年度数字。因此，“先紧缩后宽松”（stop-go）周期进入了选举前的宽松阶段，在这一阶段，银行利率较低，而 1963 年预算案的消费支出刺激措施，足以使增长率从 1963 年的 4%提高至 1964 年的将近 6%——虽然有着经济过热和国际收支平衡紧张这些熟悉并且逐渐加剧的副作用。莫德林决心维持他的“经济快速增长”，希望国际收支平衡困难可以通过诱导出口增长来解决，而出口也确实在增长。然而，到 1964 年，虽然出口比 1961 年高了多于 10%，但进口高了近 20%，进口额是被增加了的消费支出拉动的。

在大选之前，要在政治上对这种情况做点儿什么是不可能的；而且，由于民意调查和补选都显示工党有很大的赢面，休姆决定坚持到最后一刻。他倾向于把重点放在核问题（威尔逊在核问题上的记录是很可疑的）而不是政府处于守势的经济管理上。必须坚称选举前的繁荣可以转化为 4%的长期高增长水平：这一声明使工党获得了更高的选票。工党总是说保守党政府“浪费了 13 年”，成功地抓住了想要变革的情绪。

在民意调查中，威尔逊的得票仍然领先于休姆；事实上，这是一个大众形象的问题，这一事实不仅表现在威尔逊更突出的能力上，还表现在他更为真诚上。然而，休姆富有个人风格的谦逊表现不应被蔑视。毕竟，他接手的是一个士气低落的政党，在选举上受到了公众的漠视。令很多人感到意外的是，1964 年 10 月的大选结果竟然差距不大。

工党只是勉强获胜，赢得了630个席位中的317个。工党获得了44%的普选票，只比保守党多不到1%。尽管如此，始于1959年的转变是非常大的，保守党的选票下降了6%，失去了60个席位。工党一半以上的收获是因为它加强了对伦敦、兰开夏郡、约克郡和苏格兰等传统支持地区的控制。但总体而言，工党并没有得到保守党失去的所有东西，这在一定程度上是因为自由党的选票被低估了；只有9位自由党议员回归了，但该党在民意调查中的份额为11%，是自1929年以来的最高点。这些投票主要是反对保守党的投票，很多人都被自由党领袖乔·格里蒙德（Jo Grimond）的战略吸引，该战略强调了对左翼进行重组的必要性。这一战略并没有真正意义上被实现；但自由党的支持体现了中左翼选民的数量，这些选民相当平均地分布在所有阶级，工党可能会很好地争取到他们的支持——这是威尔逊在不久之后的进一步选举中显然会考虑到的一种策略，因为票数接近的选举结果让他变得谨慎。

仅获得个位数选票优势的威尔逊政府异乎寻常地被选举方面的因素左右，在这一事实背景下，首相的手腕和他的意愿发挥着同等的作用。他预见到，一旦他的临时政府通过巧妙的策略和妥协，使得人们猜测这个政府更可能在选举中获胜，1966年就将成为他成立"真正的"内阁的时间。这一目标如期实现了，但其代价是进入一种后来难以摆脱的生活方式。威尔逊当上了领导，但他通过任命冷漠的卡拉汉为财政大臣，并且为反复无常的布朗创立了全新的经济部门，使得其对手适应了他的领导。除了首相，只有新威尔士办事处的工党老政治家詹姆斯·格里菲思（James

Griffiths）和外交大臣帕特里克·戈登·沃克（Patrick Gordon Walker）曾在内阁任职。[①]

威尔逊通过政治协调，奖励了他在贝文派时期两个最亲密的盟友：理查德·克罗斯曼（Richard Crossman）和芭芭拉·卡素尔（Barbara Castle，内阁中唯一的女性）。每个人都要适应大臣这一新角色，特别是与重要的公务人员相关的角色。面对担任房屋及地方政府大臣的智力碾压者（自我描述）克罗斯曼，伊夫林·夏普（Evelyn Sharp）夫人花费了一段时间用白厅的方式来“驯服”他。作为回敬，克罗斯曼把这个令人大开眼界的过程记录在日记里，留给了子孙后代，这本日记后来启发了电视剧《是，大臣》（*Yes, Minister*）：这部剧最为成功地讨论了英国宪法是如何运作的。相反，卡素尔与肥胖的安德鲁·科恩爵士一开始就相处融洽，建立了高调的合作关系［“大象和卡素尔（Elephant and Castle）”］，一心想要塑造新的海外发展部（Ministry of Overseas Development）。当时的问题是，工党承诺要对发展中国家提供更多援助，但当时有许多相互竞争的主张在争夺资源。事实上，卡素尔在得到升迁之前只任职了一年，而提高海外援助水平的承诺存在的时间也长不到哪儿去。

对新英联邦国家，尤其是撒哈拉以南非洲的新英联邦国家来

① 戈登·沃克是一个乏味的盖茨克尔派，他所谓的经验实际上没有什么价值，因为在大选期间，他在斯梅西克的一场种族主义运动（这场运动使得他需要透支自己的信誉才能走完任期）中失去了自己的席位。接下来他又在补选中失利，这场补选是为了让他在1965年2月回到下议院而设计的。不久之后，同样缺乏魅力的迈克尔·斯图尔特（Michael Stewart）成了这个错误的开始后显然要立刻接管外交部的人。——原注

说，现在执政的工党政府几乎没什么两样，这一点在它对罗得西亚这一残留的非殖民化遗产的处理上有所体现。南罗得西亚（又称罗得西亚，它在北罗得西亚独立成为赞比亚后成了罗得西亚）已享有 40 年的有效自治，尽管没有自治领地位。到了 20 世纪 60 年代，这显然使英国陷入了困境：英国在道义上承诺在独立前保护占大多数的黑人的权利，但没有办法在没有外部胁迫的情况下实施这项政策。显然，在伊恩·史密斯（Ian Smith）狡猾而顽强的领导下，白人至上主义政府准备单方面宣布独立。在休姆和之后的威尔逊的领导下，英国的政策是在可能的情况下防止这件事发生，或者至少尽可能地推迟。1965 年，两党仍然支持英国政府关于 5 项原则的声明，这 5 项原则被视为独立的先决条件——这并非直接倡导多数统治，而是保证其被加速实施。对此，史密斯政权无动于衷，于 1965 年 11 月单方面宣布了独立。

在这一阶段，威尔逊的信心令人印象深刻，但这一信心表现在错误的地方。在国内政治中，保守党的罗得西亚游说团体不断威胁要制造麻烦，这与前座议员之间的自由共识不相符。政府排除了使用武力，这自然是一些非洲国家所要求的。相反，它依靠的是经济制裁，特别是在联合国支持下实施的石油禁运。这足以让英联邦总理们在 1966 年 1 月的会议上保持一致，威尔逊乐观地预测罗得西亚将“在几个星期而不是几个月内”投降。众所周知的是，这并没有发生。其中一个原因是英国避免与南非发生冲突，因此南非可以自由地向罗得西亚供应物资。从几个星期延长至几个月，英联邦不断对英国施压，迫使其同意“先组成由非洲人代表占大多数的政府然后准许独立”（no independence before majority rule，NIBMAR）。威尔逊的妥协方案是手握“先组成由非洲人代表占大多数的政府然后准许独立”这一威胁，劝诱史密斯在 5 项原则条款范围内谈判达成和解，但他目前不会这么做，短期内也不会这么做。1966 年 12 月，两人在直布罗陀的“虎号”战列巡洋舰（HMS *Tiger*）上举行了为期 3 天的会谈。威尔逊以为他已经使史密斯同意进行一系列复杂的宪政改革；但史密斯这么做只是为了拖延时间，因为他回国后咨询了内阁，拒绝了这个计划。

“虎号”条款很难为工党后座议员和英联邦领导人所接受，因为他们对“先组成由非洲人代表占大多数的政府然后准许独立”有道义和情感上的承诺。对他们来说，只有经过合理的计算发现这是最好的解决方案，他们才能接受这些条款。但现在这一解决方案也不存在了，因此威尔逊在政治上避免了被憎恶，但代价是继续保持不作为状态。更糟糕的是，失败的石油制裁（当时含糊地把责任推给了法国）本不应该是一个难题，因为政府已经意识到大型石油公司之间的货币互换协议实际上允许它们继续供应罗得西亚。无论如何，由于缺少与南非（南非正确地意识到罗得西亚是抵御白人至上主义的前线壁垒）的交锋，经济制裁无法充分施加压力，达成以现在是官方政策的“先组成由非洲人代表占大多数的政府然后准许独立”为基础的和解。因此，1968 年 10 月，威尔逊在直布罗陀的进一步任务中遇到了一个谜题。这次会谈是在“无畏号”战列巡洋舰（HMS *Fearless*）上举行的；其他方面就大同小异了——大同小异的旧条款、旧天气、旧史密斯、旧借口。威尔逊最终收获的一切都表明，进一步的谈判毫无结果，因此在极度厌倦的情绪中，双方共同就罗得西亚问题达成了政治共识。作为一个潜在的影响选举的事件，这是一个被逃避的问题。

威尔逊政府最开始的核心问题是经济危机。国际收支平衡问题比工党拥护者在选举程序中嘲讽的还要严重：1964 年，经常账户的赤字接近 4 亿英镑，这是自第二次世界大战以来最糟糕的数字。实际上，赤字占了国内生产总值的 1.3%，而保守党在 1951 年接手时的赤字为 2.3%（1989 年时赤字为 4.4%）。然而，这是一场真正的危机，新政府决定将责任归咎于前任政府，这场危机最初因包括资本流动在内的事情而变得更糟，其结果是产生了 8 亿英镑的赤字，让市场更为震惊。纠正这种赤字的两个经典手段是通货紧缩和货币贬值。通货紧缩通过减缓经济增长起了作用，这将如期导致进口的减少；但工党谴责这个选择是“先紧缩后放宽”。贬值是一个必然的经济选择，因为种种迹象表明，英镑升值了，不但对美元（2.80 美元）升值了，而对德国马克（平价仍然在 11 马克以上）的升值更为惊人，并且随着每次英镑危机变得更为严重。然而，在威尔逊与布朗和卡拉汉协商后，这一选择被立即排除了。

在一定程度上，这个原因是经济方面的——威尔逊本质上采用微观经济的方法，使他有意直接采取干预措施——但这个原因主要是政治方面的。威尔逊的观点是，工党在 1949 年就主张货币贬值，现在不能再故伎重演了：尤其是在工党在议会里的地位岌岌可危的时候，这一观点他的同事都没有质疑。因此政府不愿使用手中的任一经济武器。这就让政府受到各种事件的摆布——也受到美国的摆布。毫无疑问，美元对英镑的支撑至关重要，美元也发挥着储备货币的作用，当年正是因为美国撤回了支持，苏伊士运河危机才以悲剧收场。麦克米伦吸取了教训——将来英国应作为美国的小伙伴紧跟其步伐；这是他核防御政策的基础，以威尔逊曾经嘲笑的“独立”维护了不列颠的大国虚荣心。具有讽刺意味的是，威尔逊所追求的是一种经济策略，但实际上，这种策略同样依赖于美国的支持，因此受到美国所决定的条件的制约。

1964 年 11 月，包括英格兰银行在内的一些中央银行采取了协调一致的行动，挽救了英镑，英格兰银行将其利率上调至 7%，这是当时的常规危机水平。英国强制对进口商品征收临时附加费，尽管这违反了关贸总协定（GATT）的规定；所得税上涨到了 8 先令 3 便士（41.25%）。财政部依靠这套方案获得了成功，迫使经济状况达到平衡。与此同时，新的经济事务部（Department of Economic Affairs）继续运作，仿佛没有任何事情扰乱了其经济扩张计划。就像之前劳合・乔治的军需部，新的经济事务部从根本上来说是不守规矩的特殊天才的工具。然而，布朗使用这个工具的方式很不稳定，虽然这种方式令人兴奋。布朗的不稳定——酗酒是一个显而易见的问题——使他成了一个反复无常的同事，当他感到受挫时很容易就提出辞职，但在他的最佳状态下，他能够最好地发挥自己的才能，根据直觉直击问题的要害，并且排除万难达成协议。

布朗投入长达数月努力的国家计划（National Plan）就是这样形成的。经过与工业和全国经济发展理事会机构的详细磋商，国家计划在 1965 年 9 月发布了，该计划将持续增长的目标设定为每年 4%——这一水平并非完全不现实，因为在 1963 年和 1964 年，这一水平就已被超越，但即使这个计划被送到了印刷厂，政府决策也决定了它是无法实现的。传言在制定经济政策时，代表实体经济的经济事务部与代表金融的财政部之间曾经有过“创造性张力”(creative tension)。财政部凭借其雄厚的专业知识和对整个白厅的掌控，从未真正放松过手中的权力。因为英镑长期疲软，财政部的政策一定会占上风。此外，人们已经知道，在 1965 年夏天，为了获得美国对英镑的支持，卡拉汉保证政府将维持紧缩政策。这对国家计划的影响到底有多深，没法立刻看出来。

在这一切中，威尔逊的立场是至关重要的：这种重要性不仅体现在卡拉汉和布朗之间的仲裁中，也不仅体现在坚持不作为以免破坏政府选举机会的立场上，还体现在要与华盛顿的约翰逊政府达成成套协议中。约翰逊在总统任期中主要忙于应对不断升级的越南战争，他真正想要的是英国在东南亚的支持。但他不得不接受，英国不会派遣军队去越南，他只能得到威尔逊和斯图尔特对美国的目标所表示的泛泛的同情（后来还因美国一些特定军事措施所造成的嫌隙而中断）。然而，英镑和越南之间存在着无可争辩的联系，虽然在当时这通常被官方所否认。因此，威尔逊能达成什么样的交易条款，不仅要看美国对其帮助有多渴望，还要看他能为避免货币贬值付出多少代价。如果他们认为他可能轻易使英镑贬值——他们希望避免这一步，因为这又会使美元变得脆弱——他们就不会索要尽可能高的价格，威尔逊本人似乎已经准备不惜任何代价来避免货币贬值。由于避免货币贬值实际上是威尔逊的立场，正如美国人正确判断的那样，他手中的牌与麦克米伦在拿骚时的牌几乎一样少。这一点儿都不光荣，但至少威尔逊避免了把英国军队拖入越南战争的沼泽。

无论是在他自己的政府，还是在公众眼中，威尔逊的领导地位并未受到什么损害。不管政府面临什么经济困难，这些困难都可以暂时被归咎于保守党，保守党依然没有任何可能在选举中回归。可怜的休姆将不得不离开，大家普遍都是这么认为的。但威尔逊利用即将举行选举的谣言，拖延选出更强大的保守党领导人；休姆到1965年7月才辞职，让保守党第一次执行新的选举程序。麦克劳德回到了影子内阁，但现在在党内受到了怀疑：鲍威尔更是如此，他参选领导人的举动，以及在保守党议员投票中只排第三的不佳表现，都证明了这一点。这场选举的结果是希思险胜莫德林，但这一结果是决定性的。然而，保守党大受欢迎的蜜月效应是短暂的；尽管政府在 1965 年夏季出台了一系列通货紧缩政策，但它还是在 9 月的民意调查中再次取得了领先地位。

在陈述方面，威尔逊政府做得非常好。国家计划进展得很顺利。银行利率已经放松；经济仍在增长，虽然速度不快；尽管有些人担心会失去工作，但失业率在 1965—1966 年平均只有 1.5%。1966 年的物价可能比两年前高出 9%，但收入高出了 11%。正如内阁中更具洞察力的成员所认为的那样，工党需要在其运气还在，其对手仍然处于混乱状态的情况下，好好利用自己的人气。这是威尔逊的领导最为有效的时候，他通过停止暂时性的维持现状的做法，拉开了“建设性政府”时代的序幕。国家采纳了他的做法，这意味着工党竞选将以不寻常的程度以他为中心，因为现在是他领导着工党。

这个信号在 1966 年 1 月赫尔（Hull）的补选中体现了出来。政府通过宣布在亨伯河（River Humber）上建造一座悬索桥，适时地进行了干预；在当时，这种干预并不比桥梁本身更必要，但令人欣慰的是，工党在民意调查中的领先地位受到了强烈的亲政府民意风向的巩固。在随后的大选中，工党如期获得了多数席位（100 个）——跟保守党在 1959 年所取得的成就差不多。希思发出了关于“经济傻瓜的天堂”的清醒警告，但他跟前辈盖茨克尔一样，被礼貌地忽视了。保守党的得票情况相当不错，只比 1966 年低 1.5%；相比之下，自由党的选票下降了 2.7%（然而，这些选票集中在自由党最需要的地方，因此自由党的议员人数从 9 人增至 12

人)。因此，工党每从保守党手中赢得 1 张选票，就会从自由党手中获得 2 张选票，其投票份额提高到了 48%，这与 1945 年的水平基本相同。相比 1964 年，工党的得票更为平均地分布在全国，只有少数增加的选票来自古老的城区和工业区，但现在也有一些广为人知的分散的支持来自郊区选区、新城镇、大学城和宗教城市。布里斯托尔（Bristol）西北部和克罗伊登（Croydon）南部、哈罗东部和朴次茅斯西部、贝宾顿（Bebington）和比勒里基（Billericay）、海皮克（High Peak）和奇斯尔赫斯特（Chislehurst）、贝德福德（Bedford）和埃克塞特、兰开斯特和约克、牛津和剑桥——自 1949 年重划选区以来，它们都第一次支持工党。威尔逊把工党变成“自然而然的执政党”的梦想似乎正在顺利实现。

社会政策

“二战”后，英国建立了福利国家，人们常说这是全世界都羡慕的事。工党当然以实施了福利国家政策为荣；保守党也不愿意废除它。根据贝弗里奇计划（该计划回顾了朗特里在 20 世纪初建立的贫困线概念），英国的目标是消除贫困，于是先采取单一行动，然后协同一致向贫困发起致命一击。充分就业本身就是解决战争期间旧工业区普遍存在的贫困的最佳手段。同时，国民医疗服务体系缓解了家庭疾病所造成的经济负担，而儿童津贴则直接为更大的家庭提供支持。这些措施为社会保险奠定了基础，要求并协助每个人抵御生活中的正常紧急情况：基本上在人们待业期间都会出现的摩擦性失业；养家糊口的人生病；工伤；年纪变老。为防有人不能应对经济生存能力出现问题，还创立了国家援助这一安全网，一旦个人被确定是真正的贫困，就能得到国家援助（像在此之前的济贫制度一样）。

“贫困已经被消除了。”达拉谟矿工领导人山姆·沃森（Sam Watson）在1950年的工党会议上如是宣称。这不仅仅是一种党派主张。在进行先驱研究半个世纪后，朗特里回到他的家乡约克郡指导最终的社会调查，该调查被发表为《贫困与福利国家》(*Poverty and the Welfare State*，1951年)，在这次调查中，他展示了一种比之前更明快、更令人欣喜的画面。在这里，最重要的事就是，生活在贫困中的工人阶级比例从20世纪30年代的30%下降到了3%以下。《泰晤士报》称其为“对绝对贫困的真正消除”。然而，10年之后，这种判断看起来像是过时的自满，当前谈论的话题变成了“重新发现贫困”。这在一定程度上是因为对经验数据进行了更为复杂的分析，随着专业知识在新的大学社会学系和社会行政学系发展起来，朗特里的方法看起来越发显得粗糙。但彼得·汤森（Peter Townsend）教授的成就主要在于改变游戏规则。

贫困线的概念在当时是激进的。通过建立一条科学有效的生存线，并附上价格标签，它回击了那些对贫困持怀疑态度的人，解释了穷人如何能靠比这更少的收入过活。但它的客观性建立在谬误的基础上，因为它反映的是中产阶级专家对穷人所需进行的评估，而不是工薪阶层的实际支出模式。穷人经常被批评把钱“浪费”在“不必要”的东西上，但这些东西对他们来说显得很重要。事实是，在很大程度上，这些必需品是为了用于社交；现实生活中的人觉得，如果自己要充分参与社区生活，就必须用到这些东西。到20世纪60年代，这些必需品不是指木屐和披肩，虽然它们曾经是必需品。现在可以认为，如果人们看不上电视——当时电视已成为常见的社会纽带——他们就会因贫困而被边缘化。将这些主观因素引入对贫困的定义中，就不可避免地将这种定义转化成了一个相对的概念，对福利具有深远的政治经济意义。

我们不应认为保守党削减了福利开支。他们可能想通过消除浪费来为国民医疗服务体系节省开支；但主要由理查德·蒂特马斯（Richard Titmuss）和布莱恩·艾贝尔－史密斯（Brian Abel-Smith）两位专家指导的1956年吉利波德报告（Guillebaud Report）指出，国民医疗服务体系已经得到有效运行。在麦克劳德，以及后来（更令人惊讶的）鲍威尔的领导下，花费在国民医疗服务体系上的开支增加了，鲍威尔在20世纪60年代初担任卫生大臣期间，医院建设项目明显增加。事实上，社会支出在20世纪50年代大致保持了它在国民收入中的份额。随后出现了急剧的持续增长。

这股给预算案带来了越来越大压力的上涨势头，在威尔逊政府上台之前就已经很明显了。威尔逊政府的政策使事情变得更糟——或者更好，就看人们怎么看了。工党承诺按照原则给予更高的公共开支，理由是这对社会弱势群体有所倾斜。因此，令支持这种策略的理论家克罗斯兰满意的是，在1964—1970年工党执政期间，公共支出增加了。①而且，推动这一过程的是社会支出的增加。在1960—1975年，在教育、卫生、养老金和失业上的公共开支每年实际增长5%。在15年内，这些项目所占国内生产总值的份额

① 此处需要特别仔细地解释一下这种统计数据。克罗斯兰指出，公共开支从国民生产总值的41%增至48%，这是按照当前财政部的定义计算的。然而，在1977年，英国的数字是按照国际惯例计算的，这就导致公共支出占国内生产总值的份额明显下降了约7%。——原注

从刚刚超过11%增加到接近19%——这是资源的重大转变，它可能是艾德礼政府取得的成果的2倍。然而，它并没有给它的假定受益者或选民带来同样的满足感。

社会支出增加的原因很复杂，这些原因对其他经合组织国家来说很常见。有一小部分原因可以简单地归于人口结构，当时人口中有更多的老年人和受抚养子女。主要原因是实际津贴的增加，不过在这件事上人口结构发挥了次要作用，因为人口老龄化使国家必须支付更高的养老金，而且不断增加的老龄选民使得国家要把提高养老金当成重中之重。在1951年，14%的人口有资格领取国家养老金，在接下来的30年中，这一比例上升到了18%（并且依然在上升）。有人认为老年贫困问题可以通过普遍提供的国家养老金来解决，但这一假设在1948年初的时候变得无法实现了，因为养老金水平设定得太低了，根本就不够，而且很少能得到私人资本的补充。因此有许多领取养老金的人申请国家援助，而老年人总被不断发现是最大的贫困群体之一。与此相反，工党在克罗斯曼的领导下想出了一个新方法，制订了一个全额资助的国家退休金计划。这是工党在1959年和1964年大选中最突出的建议之一。其目的是为每个人提供与之前收入相关的稳定的、充足的养老金。

赞成个人筹备养老金的保守党的回应是，缓和增加现有国家退休人员的养老金。这成功为扩展职业养老金计划赢得了时间，这些计划起到了用既得利益来避免彻底改变的作用。工党执政后，没有继续执行其大计划，而是采取类似的勉强维持的措施。引入任何依靠多年捐献来建立自筹资金的计划，都会遇到这样一个问题，那就是如何处理那些因年龄太大而无法捐献的人。1970年，政府没有采用在反对中谨慎制订的计划，而是用了由现有捐献资助的现收现付方案，这在议会里已经太迟了，根本没有通过的机会。这意味着那些即将退休的人马上就能受益；它也意味着纳税人面临的几乎是一个开放式的承诺。国家收入关联养老金计划（State Earnings-Related Pension Scheme，Serps）最终于 1978 年开始实施，该计划多年来被大幅修改，但保留了可追溯到 20 年前的完全不同的计划的一个特点：养老金与收入相关。

1966 年，收入关联补贴被引入疾病和失业津贴；而在 1965 年确立的裁员补贴权，也同样适用于失去挣钱能力的不同个人。这些与物价水平挂钩的津贴，标志着对固定费率原则的不断远离，固定费率原则取决于现在已受到怀疑的生存概念。相反，贫困线被逐渐重新定义为国家援助支付（1966 年更名为“补充福利”）的水平。实际上，贫困线本身已经与物价水平即平均生活水平挂钩，将人们的预期推到既难以满足又难以负担的水平。

按照这些相关标准衡量，大量广为人知的证据表明，许多家庭的收入低于（不断提高的）门槛。艾贝尔·史密斯和汤森的著作《穷人与最穷的人》（*The Poor and the Poorest*，1965 年）成了一本特殊的圣诞畅销书，它以体贴的口吻利用了季节性市场，提高了大众对这一问题的意识。当前没人敢说贫困已被消除。确实，所有的相对不利条件都没被消除，贫困怎么可能被消除了呢？因此，一旦新方法以这种方式构建了议程，收入分配问题与贫困问题的关联就更加密切。

这样做的一个直接政治含义是，一个试图通过简单提高福利水平来减少穷人数量的政府，是在给自己找麻烦——因为这也提高了算作穷人的收入水平标准。威尔逊政府当然曾遭受这样的批评。一些统计数据想要说明，它使比以往任何时候更多的人陷入了贫困，但事实证明，它实际上提高了福利水平，或者说它指出了关于财富和收入的相对不平等的更深层次问题。

“贫困游说团体”现在是一股积极的力量，它代表之前被实施过缺席审判的弱势群体，做了一系列信息充分的宣传。它本身健康发展，却相应地创造了一些别有所图的利益集团。无论是国家、地方政府、大学还是志愿组织，它们雇用的新兴社会行政机构都变得官僚化，这意味着越来越多的专家对提高福利预算感兴趣。我们没必要妖魔化福利官僚机构来证实，在这个过程中，相比客户的生活水平，这些机构自身的地位和回报有时得到了更明显的提高。简单地花更多的公共资金，即将被视为过分简单地处理关于社会正义的复杂问题。

志愿机构的作用日益增强——工党往往对此表示敌视——这可以被看作是反国家主义势力日益高涨的征兆。可以肯定的是，互助协会，比如那些为幼童开办游戏班和做类似安排的互助组织，看起来就是一个自助的例子；但它们经常会寻求并获得公共资金的支持，尤其是地方政府的支持。“助老会”（Help the Aged，1961 年）就是一个慈善关怀组织，它也提高了公众对老年人公共服务不足的认识。最著名的志愿组织事实上是为了促进而不是排除国家行为。“庇护所”（Shelter，1966 年）接过了照顾无家可归者的使命，不是通过提供住房，而是通过就这个问题发起运动——以一种洒脱的、能产生理想宣传效果的姿态。正如其主管德斯・威尔逊（Des Wilson）所说的那样：“需要想出解决方案的是政府。”同样，“儿童贫困行动组织”（Child Poverty Action Group，1965 年）在公众的关注下有效保留了儿童补贴，特别是它通过调查证据证明：大家庭仍然是贫穷的主要原因。

这些说客是一种激进的影响力量，激励威尔逊政府采取行动，更重要的是在其做得不到位时提出批评。政府在福利政策方面的记录被认为是令人失望的，这不仅是因为它无法找到必要的经济资源，还因为它无法满足它在一开始带来的期望。贬值危机之后，住房方面出现了预算削减，政府放弃了每年建造 50 万间新住房的目标；然而在 1967 年和 1968 年，政府建造了 40 多万间房屋，创下了新的纪录，远远超过在“庇护所”把门槛提高之前麦克米伦取得的成就。同样，政府也没有因帮助贫穷家庭的巧妙计划赢得什么信誉，最终在 1967 年，内阁不顾财政部的反对逼迫通过了这个计划。所有人都能得到的儿童补贴大幅增加了，与财政“弥补性收入”相匹配，而这只会影响到缴纳所得税的富裕家庭，旨在帮助穷人，他们不需要主动提出或经过经济状况调查（means test）就能得到帮助。工党指望从这些措施中获得一些政治回报，但他们的幻想因“儿童贫困行动组织”在 1970 年竞选期间的责备而破灭。

内政部提倡的法律更受欢迎，执行成本更低，其社会影响也更持久，特别是罗伊・詹金斯在 1965 年 12 月成为内政大臣后的两年内。作为后座议员，詹金斯在引入《淫秽出版物法》(Obscene Publications Act，1959 年）上发挥了重要作用，该法案提出将文学价值作为一种可行的辩护理由，从而为企鹅出版社（Penguin Books）在 1960 年打赢《查泰莱夫人的情人》(*Lady Chatterley's Lover*)出版一案铺平了道路。这项措施标志着詹金斯对审查工作的关注，他将以内政大臣的身份跟进这方面的工作，并且顶着白金汉宫的压力，坚称张伯伦勋爵作为舞台作品许可证颁发者的历史角色应该结束。此外，淫秽出版物立法所采取的形式，为后来在有争议但无党派倾向的敏感领域采取措施提供了一种模式，这一模式是通过下议院议员议案来运作的，之后会得到内政部的支持。

1965 年，死刑就以这种方式被废除。1966 年，詹金斯试图说服地位日益上升的自由党议员戴维・斯蒂尔（David Steel，他在下议院议员议案中赢得了很高的选票），引入关于同性恋法律改革的措施；因为斯蒂尔觉得这对他的苏格兰边区（Scottish Border）选民来说太出格，所以选择了堕胎改革。这项首次允许合法堕胎的提议非常受欢迎，民意调查显示它赢得了 70% 以上的支持，这可能是因为大家都知道非法堕胎和发生在“后街小巷”里的堕胎非常常见，并且很危险。不久之后，同性恋法律改革就开始了，因为在 1966 年 10 月，詹金斯说服内阁，让政府在下议院花时间考虑已被介绍的下议院议员议案。10 年前，《沃尔芬登报告》（*Wolfenden Report*）提议合法化成年人之间私下的同性恋行为，自那之后，事情一直没有什么进展，但在 1967 年，这一提议成了法律。

在这个时代的其他西方国家，类似的自由主义行为是很常见的；后来出现的自称对“道德的大多数”的强烈抵制也是如此。这是重新决心维护个人和公民权利的标志，“女性解放”和“同性恋解放”是其中最突出的例子；相反，这表明，传统的社会行为规范和顺从受到了侵蚀，这使英国变得不那么容易管理。关于绞刑、审查、堕胎和同性恋的措施不是工党宣言中的承诺；在下议院，这些措施得到了拥有自由主义思想的中立议员的支持，但同时也遭到了传统的（通常是天主教）工党成员的抵制。然而，要不是因为工党拥有多数优势，这些措施是不会被通过的。1965—1967 年，一位工党内政大臣为了有朝一日能调动多数优势而促成了这项优势的形成。因此，可以理解，工党本应与“宽容社会”（permissive society）存在某种关联——卡拉汉接替詹金斯成为内政大臣后试图斩断这种关联。

詹金斯本人更喜欢“文明的社会”一词，并很高兴坚持自己的立场。詹金斯是威尔士工党议员的儿子，他从文法学校毕业后进入了牛津大学，诠释了不用费力就能获得优势的贝尔奥尔学院神话，并成为一位出色的传记作家，赢得了令人羡慕的名声（当然引起了才华不及他的同事的嫉妒）。无可否认，他能够接触到自由主义舆论，这比他背负阶级局限在工人运动中表现自己来得更实在。他与同时代的安东尼·克罗斯兰和丹尼士·希利（Denis Healey）都是坚定的盖茨克尔派（至少到盖茨克尔去世时爆发共同市场问题为止）。国防部的希利和教育部的克罗斯兰都先于詹金斯进入内阁，詹金斯最初在白厅作为一名意志坚定的航空大臣（Minister of Aviation）而成名，他不惧于取消如 TSR-2 攻击机这样的昂贵项目（尽管英法协和式超音速客机保留了下来）。他升职进入内阁是意料之中的事；但内政部臭名昭著，被称为政治声誉的坟墓。詹金斯的成就是让自己成为大多数工党支持者都满意的政策的代理人，当时他们已经厌倦了为政府道歉。到 1967 年底，詹金斯作为大臣地位越来越高，让他可以与地位正在下降的威尔逊相媲美：他们两个都意识到了这一点。

复苏

威尔逊因手段灵活而闻名于世；他的手段不是那么的显山露水。他激起了利用 1966 年 3 月获得的绝大多数席位来开创一种连贯的长期政策的希望，但这一希望很快就破灭了。最初的问题（或者至少是借口）是全国海员工会（National Union of Seamen）的罢工，这次罢工不仅威胁到价格与收入政策下的工资结算准则，还导致 1966 年夏季的进出口流动暂时失常。威尔逊选择把这当作是对他权威的公开挑战，暗指议员们是（工会，而不是政府里）"一群有政治动机的关系紧密的人"，让他们觉得惶恐不安。这可能有助于加快解决问题，虽然也夸大了必定会对英镑不利的危机。卡拉汉试图避免在其选举后的预算中出现明显的通货紧缩，于是引入了选择性就业税（selective employment tax，SET），作为一种惩罚整个服务行业从而激励整个制造业发展的手段，这个好主意是他的顾问尼古拉斯・卡尔多（Nicholas Kaldor）想出来的。无论这样一个计划在结构上的长期优点如何，事实上，来自选择性就业税的任何财政限制在 6 个月内都不会被感觉到，这使得经济在短期内变得脆弱（而且长期来看，选择性就业税无法继续存在）。

在 1966 年 7 月的英镑危机中，这种短期才是最关键的。威尔逊说海员罢工已经让政府失去了方向。这场危机所揭示的是，它从来没有可能使现有汇率与经济增长相协调。迄今为止，由于政治原因，货币贬值似乎受到了抵制；但是大选去除并推翻了这一论点——可能没有比在议会开始之时更好的时间点来推动它了，而且这个议会在政府的支持下拿到了绝对多数席位。卡拉汉是一个十足的政治动物，他在 7 月中旬确信，如今货币贬值是唯一的选择。这使威尔逊很容易被孤立。威尔逊内阁中几乎所有的大人物现在都与他不是一条心。他在左翼中最重要的盟友克罗斯曼和卡素尔现在都准备支持货币贬值，内阁中的右翼分子已经在布朗的带领下主张货币贬值了，而且他们的阵营因克罗斯兰和詹金斯的加入而变得更加强大。这是一个强大的组合。然而，威尔逊没有被打压下去：他把自己产生怀疑的原因转变为团结内阁再次支持英镑平价的手段。

威尔逊与卡拉汉正面交锋，在与全体内阁成员见面前重建了他们的轴心。在此，真正让事情变得有所不同的是欧洲大陆。大家普遍认为——当然，法国政府已经准备好这么说了——英国经济不能与欧洲经济共同体相结合，因为英镑仍然被高估为2.80美元。因此威尔逊有理由怀疑——他本来就生性多疑——那些主张贬值的人心里惦记着欧洲大陆。现在，越来越多的人支持英国加入共同市场，而且这种支持的增加模式在未来20年内对工党的团结和效率产生了深远影响。总的来说，亲欧派是工党的右翼，特别是曾经被认为是盖茨克尔派的修正主义者或社会民主主义者（在这件事上除外）。总的来说，反对派来自左翼，他们中有许多人是贝文派的老忠臣。威尔逊现在就是在利用这些小派系的忠诚。他把贬值看成——或者至少是描述成——内阁中的亲欧派制造的阴谋，于是现在他来收回他的政治人情债了。当布朗将这个问题归结为领导能力问题时，威尔逊就知道他已经安全了。此外，他当时聪明地意识到，需要采取一些通货紧缩措施来使货币真正贬值。他温和地主张道，如果情况确实如此，那么在决定汇率之前，一定要先达成关于通货紧缩成套方案的协议。在协议达成后，威尔逊巧妙地利用了作为首相的权力，将货币贬值逐渐拖延到不知未来的哪一天。

7月的成套方案逐渐带来了巨大的压力：银行利率达到了7%，政府（国内和国外的）支出被削减，分期付款购买受到了限制，工资被完全冻结，价格不断上涨。这直接伤害了布朗和他的国家计划。布朗的信誉受到了严重损害。他从内阁辞职了（这不是他第一次辞职，也不是最后一次辞职，但这是少数几次真正动笔写辞职信的情况之一——虽然他后来撤回了辞职信），大家都知道了这件事情；他以外交大臣的身份退休，这个职位的重要性可是要小得多的。国家计划现在已经无效了。被外交部放逐的迈克尔·斯图尔特去了经济事务部处理一些琐事，特别是关于价格和收入的政策。自愿收入政策已经被出售给工会以换取经济扩张；但在一个牺牲扩张以维持汇率的时代，他们可能会受到法定约束，对此，他们现在感到很愤怒。

就像当年征兵给阿斯奎斯联合政府出了一道难题一样，收入政策也给威尔逊政府出了一道难题：如何通过赋予表面上自愿的政策法律效力，来安抚其后座议员支持者的柔心弱骨。就像 1915 年的德比计划（Derby Scheme）重演一样，1966 年的工资冻结最初是自愿的，但得到了一项法定要求的支持，以正式通知物价与收入委员会（Prices and Incomes Board）建议的加薪幅度。这种哑剧被证明是无效的，冻结最终得到了 12 个月的立法支持，但带来了进一步的问题：12 个月后应该怎么做？这些措施的短期影响令人印象深刻。劳资收入的增长减半了。当然，纯粹的经济力量强化了这项政策，因为在 1966 年和 1967 年，经济增长率仅略高于 2%（是国家计划预想的一半）。

如果说良药苦口利于病，那么这样的政策可以说是合理的。尤其工资冻结是一种一劳永逸的紧急措施，它对货币市场下了一个大赌注，保全了政府对工会支持者所剩的信誉。威尔逊非常清楚，他的决定性干预需要结果来证明，特别是出口方面的结果，要通过允许出口恢复健康的增长模式来实现这种结果。诚然，1966 年的国际收支平衡在 3 年内第一次出现盈余，但随后又陷入了严重的赤字。原因是在出口停滞的时候，进口大幅增加了。1967 年的有形贸易缺口达到 6 亿英镑，比 1964 年的缺口还要大。7 月的成套方案实行不到一年，政府就显然有更多的工作需要做。

1966—1967 年冬，政府政策开始出现重新定位的迹象。政府先进行了防务评估。丹尼士·希利在整个政府执政期间都是一位智力超群的国防大臣。1964 年，他与威尔逊一起，将继续建造“北极星”潜艇的计划当成既成事实呈现给了内阁，内阁此时表现得十分殷勤，这真是令人惊讶。在维持英国作为世界大国的虚荣的同时，希利意志非常坚定，只在有适当手段可用时才会想办法达成目标，但正如 1966 年 7 月的危机所显示的那样，他们没有适当的手段可用。政府现在所需要做的是大幅削减国防开支，特别是海外国防开支，最明显的目标就是英国在苏伊士运河以东的事务。然而，这正是威尔逊为使美国支持英镑而承诺的事情，美国对英镑的支持比以往任何时候都必要。因此政府的难题又回到了原点。

越南战争可能是约翰逊总统面临的问题，但每次他出问题的时候，威尔逊就会面临更大的问题。因为作为这场日益混乱并不受欢迎的战争的同谋，威尔逊在国内，特别在老左翼选区的声望江河日下。因此，威尔逊有多个理由希望这场战争能有一个体面的结局，或者任何其他类型的结局。当苏联领导人柯西金（Kosygin）于 1967 年 2 月访问英国时，威尔逊作为调解人，用尽了谈判艺术让华盛顿尽量做出让步，以便让柯西金在河内的共产党政权面前尽量为他们斡旋。威尔逊被这次个人峰会的戏剧性冲昏了头脑，于是满怀期待地拨打了约翰逊政府的热线电话。他以为自己已经看到了和平的曙光，然而在他焦急地等待回话时，却只发现电话已经打不通了，因为约翰逊还没有心情解决这个问题，更不用说用这种方式来解决了。白宫的文字记录中有这么一条评论：“我们一点儿都不想搭理威尔逊。”这一评论反映出了双方特殊关系的真实情形，这种关系后来持续恶化。

在 1967 年最初的几个月里，威尔逊的心态似乎已经发生了变化，不但对英国作为前重要帝国的角色的心态变了，而且暗中对英国与欧美关系的心态也变了。他现在拒绝美国提出的进一步协议，该协议明确将对英镑的支持与英国继续参与远东事务联系在一起。威尔逊另外制订了计划，那就是从苏伊士东逐步撤离。同时，政府试图通过发起进入欧洲经济共同体的进程来夺取政治主动权。布朗前往外交部的举动就意味着这件事已经提上了议程；1966 年 11 月，政府宣布打算申请加入欧洲经济共同体，这在工党内引起相对较少的分歧；1967 年 1—3 月，布朗和威尔逊对欧洲各国首都进行了一系列考察访问。他们只发现了他们本就觉得可以发现的东西：5 个成员国表示赞成，但戴高乐仍然坚决反对。尽管如此，在 5 月初，内阁还是决定提出正式申请，而这并没有引起少数几个像卡素尔一样的怀疑论者辞职。希思领导下的保守党强烈支持英国加入欧洲经济共同体，自由党就更不用说了，于是政府在下议院得到了压倒性的支持，尽管有 36 名工党议员投票反对。这一切可能具有重要的象征意义；但这对戴高乐毫无影响，他立马表示他会继续反对；而且，虽然布朗在欢呼雀跃，但过了一段时间，在 11 月，英国的申请被正式拒绝了。

当时出现了一种新情况，或者说是一种导致新结果（贬值）的旧情况（英镑危机）。这不是一种政策决定，更像是对某些事件的让步。卡拉汉坚持把货币贬值看作是一场政治灾难，这成了一种自我证实；地位受到动摇的他后来离开了财政部。到最后，由于除了让国际货币基金组织（International Monetary Fund，IMF）在各种麻烦中提供救援，几乎没有什么其他选择，所以也就没有什么争议。英镑对美元的汇率降低了15%，新的汇率为2.4美元（9.5德国马克）。威尔逊像往常一样有着一个借口。这次的借口是中东地区的六日战争（Six-Day War），以及苏伊士运河随之而来的关闭。事实上，与卡拉汉不同的是，威尔森以一种几乎称得上是莽撞的韧性重新振作了起来，他出现在电视上告诉英国人，这给了他们一个重新开始的机会，并且用一种随和的语气补充保证道“英国的英镑——不管是你口袋里、钱包里还是银行里的英镑”都没有贬值（也许是为了避免有人认为第二天早上他们的1英镑变成17先令的零钱吧）。

对威尔逊来说，这可能是一个新的开始；这当然意味着重新开始，因为过去15个月的经济牺牲毫无成果可展示。因此下一次通货紧缩将带来更为沉重的政治、心理和经济负担。银行利率目前为8%。政府已经陷入了严重的困难，在补选中失去了18%的选票，这是战后工党和保守党之间最大的一次选票流动；而汉密尔顿的拉纳克郡（Lanarkshire）席位输给了苏格兰民族党。民意调查显示的结果情况也一样；尽管希思的领导乏善可陈，但保守党仍然遥遥领先。

威尔逊需要一位新的财政大臣。两位明显的候选人是克罗斯兰和詹金斯，他们都是具有经济才能的大臣，并且长期以来一直敦促货币贬值。威尔逊选择了詹金斯，因为觉得詹金斯对政治有更好的把握，而克罗斯兰仍然留在贸易委员会。为了平衡工党右翼的领先地位，威尔逊确保内阁得到了左翼旧友的支持。克罗斯曼成为枢密院议长和下议院领袖，负责处理（有时错误地处理）政府的立法计划。卡素尔在运输部严令节俭，并加速反醉驾运动，她在1968年4月再次被推选，获得了就业和生产部（Department of Employment and Productivity）第一国务大臣（First Secretary of State）

这一荣誉称号。这让她有了短暂的时间针对那些能给政府带来重大影响的行业制定广泛的工业政策。

如果说这些大臣是平步青云的话，那布朗就是江河日下了。在 1968 年初，他辞职得太过频繁；他经常在深夜引人注目地公开与人争吵，但第二天早上又表示悔改。这一次威尔逊承担得起他辞职的后果；曾经殷切地在外交部让位于布朗的斯图尔特，现在殷切地回来了。这场意外恰好发生在主要由布朗和卡拉汉设计的内阁危机（威尔逊称其为阴谋）开始之时，内阁危机主要是争论是否重新向南非出售武器——这段插曲使首相得以展示他仍然是内阁的主人，从而澄清了事实。除了失势的卡拉汉（他现在被放逐在内政部）有迹象带来威胁，政府现在变得更加团结，权力共享度更高，其他强势的大臣话语权变多了，而威尔逊自己的“厨房内阁(kitchen cabinet)”话语权变少了，在“厨房内阁”里，威尔逊的私人秘书玛西亚·威廉斯（Marcia Williams）仍然是一个有争议的人物。内阁因为共同的困境团结到了一起，明显巩固了唐宁街 10 号和 11 号之间有效的工作关系。威尔逊和詹金斯都对货币贬值发挥的作用有着强烈的兴趣。

为此，政府需要进一步削减开支，为出口腾出资源，并防止海外支出导致资源直接流失。在 1968 年 1 月的一系列会议中，内阁最终接受了詹金斯的要求，加速从苏伊士东的军事义务中抽身。1971 年底被约定为最后期限。其他削减包括向美国购买战斗机，这突出了重排优先事项的重大象征意义，美国国务卿动情地称之为“一个时代的结束”。国防开支之前一直停留在国民生产总值的 6% 左右，但在 7 年内将下降到 4%。政府支出的其他削减虽然在内阁中没有引起那么多争议，但落在了更符合工党支持者心意的事务上，最明显的是推迟将离校年龄提高到 16 岁一事，以及放弃 50 万间新房的目标。

在 1968 年 3 月的第一个预算案中，詹金斯全面加税，不仅对汽油、饮料和烟草征收关税，还对高收入进行一次性征税，达到了 9 亿英镑。这种激进的预算在下议院的工会议员中很受欢迎，而在整个国家，一系列补选中出现的反对声浪证明了政府极其不受欢迎。

詹金斯曾承诺只会有“两年的艰辛时光”，但他没有预见到要让国际收支达到平衡有多么困难。1968 年的赤字实际上与 1967 年一样糟糕。1968 年 7 月，《巴塞尔协议》（Basle agreement）通过谈判达成，为作为储备货币的英镑变得疲软的情况做好备案；但与此同时，如果英镑面临新的冲击，对其支持就不够充分。英国秘密制订了不顾一切的计划——先是“布鲁图斯”（Brutus），然后是“赫库巴”（Hecuba）——来应对进一步的贬值。在 1968 年 11 月，贸易数据似乎仍然没有反应，于是关于进口保证金的紧急方案被通过了。此外，政府的物价和收入政策正在瓦解，而制定政策的反常性越来越高，实施政策的困难越来越大，工党议员也越来越不愿为更新政策而投票。

正是在这种背景下，芭芭拉·卡素尔关于工会改革的建议才会受到这么多指责。她称其白皮书为“免于冲突”（In Place of Strife），向其偶像贝文的政治遗嘱《免于恐惧》（*In Place of Fear*，1952 年）致敬；但批评者说这其实是“免于收入政策”，这话不无道理。支持工会的一个皇家专门调查委员会（Royal Commission）最近支持英国的传统观点，认为法律最好不要涉及劳资关系；但保守派认为现在必须要有一个法律框架，这无疑已经引起人们的共鸣。工会再也不能指望保持始于贝文时代的良好形象；尽管 70%的公众声称他们认为工会在 1964 年总体上来说还是好的，只有 12% 的人认为他们不是什么好东西——这个比例与 10 年前相似——但到 1969 年，认为工会好的人只有 57%，而现在认为他们坏的人占了 26%。工会成员有大约 1 000 万人，在 10 年内几乎没有什么变化；但经过 5 年的蛰伏后，在劳资纠纷中失去的好日子慢慢回来了。此外，由工会代表（shop stewards）领导而不是工会正式机构批准的自发罢工本身缺乏纪律，这成了一个突出的问题。卡素尔的目标是以良好的社会原则为基础，通过平衡工会的新权利和一项要求遵照适当程序的新法律义务，在一片喧嚣中建立秩序。

“免于冲突”的宏伟战略被更紧迫的政治优先事项所取代。威尔逊像往常一样，被打败保守党的想法所吸引；工会改革吸引了担心经济的大臣们，因为它本身就是一种能够提高效率的手段，并且能够影响国外对英镑的信心。然而，赋予政府要求罢工投票或强制要求冷却期的权力的想法，违背了工党运动的本性。不仅各个工会怀有敌意（这是可以预见的），工党的后座议员还威胁要拒绝给予支持，就连内阁里由卡拉汉领导的一群大臣也显然决心要破坏这项措施。威尔逊的策略是加速整个过程，在出现反对意见之前先发制人。因此，在 1969 年 4 月制定了一项简短法案，否决了强制性罢工投票，但赋予政府介入纠纷的权力。然而，这也与工党所有层面的各种反对相抵触。最终党鞭告诉威尔逊，他并不能在下议院赢得大多数人的投票，来确保这样一个法案会被通过。威尔逊和卡素尔被困在与工会联盟的谈判中，只能去想一个保全体面的方法来掩盖他们的失败。

毫无疑问，政府两面都不讨好，因为它先是大张旗鼓地提出要工会立法，然后又可耻地放弃了这一主张。因此，工党放弃了改革——并且表明自身没有能力实施改革。值得注意的不是政府在1969年夏天状态如此糟糕，而是不到一年它就令人印象深刻地重整旗鼓。正如经济疲软促使它承诺就劳资关系采取行动一样，经济复苏也给它带来了压力。

在1969年，每月的贸易数字起初摇摆不定，但后来势头强劲，最后终于有所盈余。全年的国际收支盈余最后竟然接近5亿英镑；在1970年它将达到8亿英镑。在1969年，英国的出口（英国现在在外币价格方面更具竞争力）比贬值前增加了25%以上，而进口量的增长仅为原来的一半。但是，由于进口增长首先出现，并且是以贬值带来的更高的英镑价格进口，因此净利润要再过几年才能显现出来。

就政府的选举前景而言，经济复苏及时到来了。然而，既然詹金斯已经实现了国际收支盈余（长久以来，要做到这一点被证明非常困难），他就决心不让这种盈余再次溜走。不仅1969年的预算非常严格，1970年也不会有竞选预算——或者说它是一种更为复杂的竞选前预算。詹金斯没有给出减税这种利好——他觉得减税这种做法在多重意义上都是一种让步——而是通过在财政和货币方面谨慎行事，让大家对持续繁荣抱有信心。而且市场和选民对这件事非常买账，这真是出人意料。在1970年5月的地方政府选举中，工党东山再起，使得他们想提早大选，这场大选对政府来说突然有了赢的可能，而这个政府几个月前还因在补选中受挫而举步维艰。在1969年12月，政府以10%的差距失去了韦灵伯勒（Wellingborough），15个席位输得一个也不剩了。

然而到了1970年6月，情况好转了起来。威尔逊坐在他位于唐宁街 10 号的花园中，宣布他要去乡下走一走，而且接下来要在晴朗的日子里，在购物中心周围逛一逛，聊一聊在墨西哥踢世界杯的英格兰足球队。也许可以这么说：就是要远离政治。希思领导的保守党试图打破选民自满的心态，正如 1966 年所做的那样；但民意调查显示，威尔逊对公众心态的判断非常正确。然而，在竞选快结束时，出现了令工党不安的迹象——贸易数字异常糟糕，天气开始突变，英格兰队在墨西哥输了，民意调查显示保守党稍微领先——这被证明是不祥的。在全国范围内，保守党的领先优势是 1945 年以来最大的。在英格兰，反对工党的投票超过 5%，选举结果显示工党得票率下降到了 71%，比 1950 年低 13%，比 1966 年低差不多 5%。事实是，许多可能投票支持工党的人留在了家中。更糟的事情还在后面。

第十章

不满的冬天，1970—1979 年

不列颠人？

外国人自然比大部分英国人更快地意识到，英国的世界地位已经发生了变化。迪安・艾奇逊（Dean Acheson）在 1962 年说了一句被引用颇多的话，即英国“失去了其帝国地位，但还没为自己找到合适的角色”，这句话道出了一个显而易见的真理，麦克米伦很清楚这个真理，但同时也对此感到难以忍受，因为他的政府正忙于清算大英帝国。这个过程可以用一种奉承但并非完全错误的方式解释为：它是一种向多元文化英联邦的文明过渡。从很多方面来讲，英联邦都是一个很好的概念，因为它引入了帝国主义意识形态服务中一些更令人钦佩的特征，并且英联邦国家关系平等，能自由地选择保留许多独特的传统，从板球到普通法都是如此。例如，英联邦大学根据相互亲和的原则建立了密切的联系；伦敦经济学院就是一个例子，它招收了很多英联邦学生，并且其校友在许多英联邦国家的精英群体中地位突出。既然女王被接纳为（甚至被共和政体国家接纳为）英联邦首脑，君主制就被赋予了一种有用的象征意义，这与英国首相的作用截然不同（在 20 世纪 80 年代这不止一次被证明)。但是，尽管帝国像一个家族企业（可能是一个由错误的成员管理的家族企业，比如说奥威尔)，但英联邦充其量只是一种制度化的家庭团聚，因为毕竟其成员都有自己的事情要处理。

当时，英帝国主义有着前后一致的政治经济，这种政治经济仿佛是自由贸易的永恒真理，但事实上它是以英国的海上霸权和伦敦的金融霸权为前提的；因此英国使用炮艇和金本位来执行通常会使大都市国家（有时也是附属地）受益的规定。英国所犯的一个错误就是把这个意识形态囫囵吞下，并且以为英国可以继续以这种方式自满地走下去，仿佛 20 世纪不会发生什么令人讨厌的意外一样。相反，张伯伦派的帝国主义者虽然对这个问题有所察觉，但他们提出的以优惠关税为基础的解决方案也不会有什么结果。这一点表现在日渐衰落的大国与在其枷锁之中发展的国家所面对的日益不同的当务之急上。简而言之，英联邦缺乏政治承诺或经济理性来满足那些有帝国主义思想的英国政治家。

在政治上，正如丘吉尔所说的那样，白人定居的“旧英联邦”在 1940 年经历了英国最好的时刻。他认为“旧英联邦”与英国之间的关系未来可期，这种想法被证明是错误的。在经济上，渥太华协议中的优惠贸易模式，以及其金融对应的英镑区，被证明在战后几乎没有什么可行性。受到历史性外债（英镑结存）拖累的英镑，表现出了其作为一种国际货币有多么举步维艰，在一场又一场的危机中，英镑蹒跚前行。1967 年的贬值是最后一击，它展现了国内经济优先事项和英镑的国际公信力之间的分歧，在金本位的黄金时期，这样的分歧是不可想象的。同样，英国现在迟迟没有兑现其历史性的帝国主义防务承诺；保守党自然将这一切归咎于工党，但事实上希思政府正在加强新的优先事项。与其选举时的承诺相反，保守党并没有改变从苏伊士东撤离一事；它选择让英镑贬值，而不是放弃国内的经济增长；同时还将英国带入了欧洲共同体（European Community）。

第二次世界大战整整过去20年后，后帝国主义清算才到来。此外，英国的身份问题引发了关于英国人个人身份的社会和文化问题。联合王国作为一种政治产物，一直以国际经济和政治霸权为基础，而这种霸权的最高表现就是大英帝国。人们常说，大英帝国的终结，并没有使英国产生其他一些前帝国主义大国表现出的创伤性国内效应。虽然有些英国人对此轻描淡写，但这种影响无疑已经表现在了由移民、种族和民族主义等被忽略的问题所引发的冲突和疑问上，并且对联合王国本身的身份也产生了巨大影响。

当然，如果认为英国社会之前没有受到移民模式的影响，那就大错特错了。在第一次世界大战之前，规模宏大的对外移民现象就已经很普遍了。虽然从英国移民到旧英联邦的趋势在20世纪30年代时被暂时逆转，但第二次世界大战后又恢复了向外流动的趋势。英国到澳大利亚的移民是最多的：在20世纪50年代初达到每年5万人次的水平，并且在1965年达到了8万人次。但这些净统计数据产生于这样一个事实：虽然英国移民到澳大利亚的人数在整个20世纪60年代后期上升到了每年10万，但这个数字因后来移民到英国的人数上升而有所抵消，在20世纪70年代初期，移民去英国的人数达到了每年将近4万。这些人大多不是澳大利亚和新西兰公民［尽管每年有几千人来自这两个国家，如作家杰梅恩·格里尔（Germaine Greer）和克莱夫·詹姆斯（Clive James）］，而是英国公民，他们因种种原因返回家乡，从失望中走出来，回归了家庭。

1946—1979年，英国移民出境的净人数每年都超过移民到英国的人数——尽管在 1960 年和 1961 年二者人数非常接近，因为主要来自西印度群岛和印度次大陆等第三世界“新英联邦”的移民突然增加。然而，英国这些合计的净统计数据没有透露的是，外来移民的真正压力点实际上是英格兰的问题。在苏格兰，直到 1966 年，每 1 000 人中都只有 2 人出生在“新英联邦”，而英格兰的数字要高出 6 倍。在英格兰，这是自 1931 年人口普查以来就很明显的外来移民净流量的一部分。相比之下，苏格兰的向外移民的情况在战争期间愈演愈烈。然而，在 20 世纪 10 年代和 20 年代，都有 25 万苏格兰人离开家乡；在 20 世纪 20 年代，总数达到近 40 万，占苏格兰人口的 1/12，而在战后，这种流出仍在继续。

苏格兰显然已经失去了其经济吸引力，在世纪之交，这种吸引力让劳动力穿过爱尔兰海，让苏格兰的爱尔兰移民密度比英格兰高了 3 倍。第二次世界大战后，爱尔兰人重新发现了英格兰的吸引力，于是爱尔兰移民到苏格兰的浪潮消退了。但是苏格兰人继续往边界以南移民，他们以前就这么移民，只不过现在人数更多。在 1981 年的人口普查中，英格兰的人口比 60 年前高出了 30%，而苏格兰的比例仅高出 5%。人口统计学上的这些国民差异，本身也是经济差距的结果，它呼应了一个世纪前英国与爱尔兰对国民意识产生深刻共鸣的不同经历。苏格兰民族主义在 20 世纪 60 年代已经有了新的显著发展，这也许不足为奇。

迄今为止，苏格兰的政治发展趋势与整个英国的政治发展趋势大致相同。例如，在 1931 年，苏格兰民族党政府几乎在边界的南北两侧都大获全胜；相反，在 1945 年，这个结果被逆转了。1959 年的大选是统一党（苏格兰保守党仍然使用这个名字）衰落的一个很少被注意到的转折点。因为自 1950 年以来，他们在苏格兰的席位第一次比工党少。1970 年，保守党在英格兰的优势并没有在苏格兰重演，在苏格兰，工党拥有 44 个席位，统一党拥有 23 个席位。此外，苏格兰民族党如今已经作为第三大党冉冉升起，就像边界以南的自由党一样。实际上，从 1959 年到 1974 年 2 月，苏格兰民族党在苏格兰选票份额的增加与自由党大致相似，只在一次大选中落后。1974 年 10 月，在民意调查中，苏格兰民族党占苏格兰投票的 30%，比统一党领先 5%，只比工党落后 6%。在英格兰，工党和保守党现在势均力敌，而苏格兰有 41 名工党议员、16 名统一党议员、11 名苏格兰民族党议员和 3 名自由党议员代表。

补选中的混乱预示了这种快速崛起，尤其是在 1967 年，苏格兰民族党竟然从工党手中赢得了汉密尔顿拉纳克郡的席位。事情似乎变得更加不祥了，因为前一年威尔士民族党（Plaid Cymru）在卡马森（Carmarthen）的补选中也获胜了。鉴于作为联合王国历史冠军的保守党，现在已成为苏格兰和威尔士的永久性少数党，工党越来越依靠其凯尔特边缘群体来扭转它在英格兰的弱势地位。会不会就连这个基础也被凯尔特民族主义所削弱呢？毫无疑问，卡马森处于威尔士语区的中心地带；工党加速了让《威尔士语法案》（Welsh Language Act，1967 年）通过的进程，通过在双语制度上的让步来获取文化民族主义的政治刺激。但威尔士民族党 1967 年在朗达西区（Rhondda West）补选中的成就（在主要说英语的选民中获得了 40% 的选票），以及 1968 年在卡菲利（Caerphilly）补选中取得的类似成就，再加上一些地方选举的胜利，都表明民族主义的刺激不局限于语言上确定的文化基础。

苏格兰民族党确实没有什么实际上的选民，但在 1970 年后，它在政治上的表现比威尔士民族党更出色。在当年的大选中，它们在各自的全国性民意调查中都只保有刚刚超过 11% 的选票；但苏格兰民族党在下一场大选中获得的选票翻了 1 倍，并且在 1974 年 10 月大选中的选票大约增加了 2 倍，相反，威尔士民族党却未能取得普遍的进展（虽然它仍然保有 3 位议员）。苏格兰民族党第二次崛起的根本原因在于其经济而非文化吸引力。到 1974 年，北海海域发现了大规模的石油储量，再加上国际石油价格大幅上涨，苏格兰的经济前景改变了。事实上，不到 5 年，英国的原油产量就从 8.7 万吨增加到 7 500 多万吨，而且现在每吨的价格是之前价格的好几倍。这种“黑金”不少于 1 000 倍的增长，对民族主义思想是一种刺激，这一点可以从苏格兰民族党的口号“这些石油是我们的”中总结出来。这是将关于南北日益扩大的经济差距的历史性抱怨，解释成对联合王国本身的政治挑战。

大多数老练的英格兰政治家都把民族主义看作是一种烦扰——他人的民族主义，当然了，这是因为他们假装自己没有民族主义。但以诺·鲍威尔没有那样做，他是一位孤僻的先知，尖锐地表达着自己的观点，这在给他带来名声的同时，也使他被永久地排除在权力之外。他是一名理想主义者：他的理想仍然触动着帝国失败的掌舵者——其偶像约瑟夫·张伯伦，他后来也成了张伯伦的传记作者。毫无疑问，鲍威尔才智出众，并且愿意以牺牲职业生涯为代价来坚定原则，就像在 1958 年他因为麦克米伦政府在财务上挥霍成性而辞职，又或许是在 1963 年因为不想在休姆手下工作而辞职。第三次回到保守党成为前座议员后，鲍威尔在 1968 年 4 月发表了一场启示性的演讲，最终使自己的下台成了板上钉钉的事。

鲍威尔在谈到移民问题时，将关于“咧嘴笑的黑人小孩”的轶事与“泛起血沫的台伯河（River Tiber）”的景象混为一谈，这使他在一夜之间变成了一个不太可能受欢迎的公民权利保护者，但同时也促使他成为伦敦码头工人和伍尔弗汉普顿（Wolverhampton）选民的偶像，以及愿意表达关于种族问题的广泛焦虑（或偏见）的政治家。尽管鲍威尔受到了保守党领导层的谴责，但他还是拥有了赞成其观点的广大选民，不过他没有好好利用这一点，只是在发表因生动的警告而吸引到人们注意力的演讲中，赢得了这些人的满堂喝彩。事实上，他的行动建议，特别是关于遣返的建议，往往不像一开始看起来那么极端（或者说更具欺骗性）。在西米德兰兹郡 1970 年的选举中，保守党不成比例的强大优势通常被归因于鲍威尔，因为他试图在政治上点燃被其他人抛到一边的高度易燃的社会积怨。

可以这样说，由于发表"台伯河"演讲时，英格兰和威尔士92%以上的人口出生在英格兰或威尔士，因此移民问题在统计数据上是一个边缘问题；在这些边缘群体中，超过 2%的人出生在联合王国其他地方（主要是苏格兰），而不到 2%的人是英联邦移民，紧随其后的是爱尔兰人，他们只比出生在国外的人的比例多一点点。然而，尽管英国本土人口占绝大多数，但相比英格兰和威尔士一直保持到 1931 年的大约 96% 的本土出生率，这个数据整整低了4%。不仅仅是移入英国者的数量在一代人的时间内翻了一倍：这个总数也表明爱尔兰移民是 30 年前的 2 倍，但相比来自西印度群岛和印度次大陆的快速增加的移民所带来的影响，人们实际上看不到这一事实。

集中在英格兰一些城镇和城市的"深肤色陌生人"的可见存在，给移民统计数据带来了种族因素。新来者有自己独特的习惯和惯例，从烹饪到宗教都是如此；当然，他们也有自己独特的肤色。

英格兰人很少谈论“黑鬼”，虽然当时有选举口号是这样说的：“如果你想与黑鬼做邻居，那就投票给工党。”[①] 在那个时期，人们认为使用“有色的”这个词来避免提到黑人是礼貌的：然而，这个传统很快就会被颠倒。对于移民“黑桃”（Spades）和本土“约翰牛”（Jumbles，源自 John Bull）之间的街头关系，很少有白人毫无偏见，或对此表示理解，这种关系在科林·麦金尼斯（Colin MacInnes）的《黑人之城》（*City of Spades*，1957 年）这样的小说或其短篇小说集《英格兰，半英格兰人》（*England, Half English*，1961 年）中有所体现。相反，小说家维迪亚德哈尔·苏拉吉普拉萨德·奈保尔（V. S. Naipaul）自 20 世纪 50 年代初就定居伦敦，但他回到了加勒比地区后（至少是想象中回到了），把这个地方设定为自己诸如《毕司沃斯先生的房子》（*A House for Mr Biswas*，1961 年）这样的小说的背景。

在经济上，移民陷入了过度扩张的劳动力市场的需求中，这个市场招收无技能的工人从事一系列低薪工作，其中公共交通和国民医疗服务体系部门的工作更是如此。1951 年的人口普查显示，出生在新英联邦的人口有 10 万人，10 年后这个总数翻了两番。各种估算结果大相径庭，有点儿像不同标准、方法和动机的产物，要调和它们很困难，在这种情况下，种族关系研究所（Institute of Race Relations）在 20 世纪 60 年代后期将有色人口的

---

① 当然，这并没有得到保守党的认可，希思对鲍威尔的处置表明，他决心让自己的政党在种族问题上清清白白。但据作者所知，这个在1964年斯梅西克（Smethwick）竞选中被报道的口号，曾在1968年伦敦哈林盖区（Haringey）市的一个地方选举中被使用，这个地方是一个移民高度集中的自治市。——原注

规模估计为 100 万人。

然而，这种增长不再是当前移民的产物，当时持续存在的问题变成了英国公民之间的种族关系。在 1962 年，政府不顾工党的反对，通过了《英联邦移民法》(Commonwealth Immigrants Act)，该法案首次限制了英联邦公民在英国定居的权利，值得一提的是通过要求提供就业券来限制。工党政府在 1965 年进一步将就业券数量限制在 8 500 张，政府希望通过对那些已经定居的移民表示欢迎，来弥补当前对潜在移民的冷酷——于是制定了第一部《种族关系法》(Race Relations Act，1965 年)，宣布种族歧视是非法的。这个双重政策有很多值得说道的地方，因为它论证联合王国（全世界几乎只有它）不应对入境行为和公民身份进行控制；即使那些认为敞开大门是历史错误的人，也会在新一代黑皮肤英国人的系统性报复面前退缩。然而，要达成这种共识并非易事。在尝试监督公平执法的过程中，新的种族关系委员会（Race Relations Board）遭受了很多诽谤（例如，民间流传这么一个故事，一位不知名的医生被剥夺了指定某个苏格兰管家制作晨粥的权利）。此外，英国试图阻止家庭移民的动态过程最初减轻了人们的焦虑，但它加重的焦虑也一样多，这样一来，在批评所谓的移民控制松懈的幌子下，出于种族主义动机的煽动行为得到了默许。

就在 1962 年《英联邦移民法》生效之前，不下 23 万名来自新英联邦的移民到达了英国，这个数字几乎是 18 个月内移民人数的 2 倍。在很大程度上，这是仅此一次的运动，移民们要在关门之前匆匆挤过这道门。

但在该法案生效的前 3 年，英联邦移民的水平每年仍高于 5 万人，这一水平也没有因 1965 年就业券的削减而大幅减少。产生这种情况的原因是，已经被录用的男性工作者的妻子和子女，现在正行使其跟随养家者来到东道国的权利。这也可以被看作是仅此一次的效果，尽管它的时间长达10年左右，而不仅是1年左右。然而，在1968年，移民控制措施再次收紧，这一次在这个过程中确确实实出现了种族偏见。这样做所产生的影响是，一些英国护照持有人（肯尼亚和后来的乌干达的亚洲群体）被剥夺了迄今为止被视为完全合法的入境权利；而另一类没有英国护照的预期移民，仍然是以“取得英国国籍资格”或英国血统为基础而被允许入境。这种做法被担任内政大臣的卡拉汉所认可，理由是公众支持这么做；此外，他把这种新的控制与加强种族关系立法结合起来，从而平息了自由主义的批评。这样做的结果是，来自新英联邦的移民数量在接下来的10年中下降了一半，然后趋于稳定。

正是在前座议员达成不坚定的共识，意图压制种族问题的背景下，鲍威尔才开始暴跳如雷。矛盾的是，移民问题恰好在其主根被切断的时候成了头条新闻；由于不能否认合法移民有权与家人团聚，所以没有什么需要做的了——或者说没有什么能做的了。“送他们回家”是一个口号，但自愿遣返充其量只是对极少数人采取的人道主义措施；强制遣返则困难重重，因为这关系到人权、其他英联邦国家的态度，以及“家”这个词被赋予了什么含义，而这一点是最重要的。人们讨论得非常多的“移民”人口实际上包含了许多不同种族，其增长是人口和文化问题，而不是移民问题，因为他们还包括不断增加的在英国出生的儿童。

到1966年，牙买加父母的5个孩子中有4个出生在英国，不比7万名黑皮肤的英国人的数量少，这反映了牙买加人定居时间最长这一事实。到20世纪80年代，50万西印度群体中的大多数人都是在英国出生的。像巴基斯坦人这样更近的移民群体，随后进入了同样的家庭生命周期，因为他们的年龄结构对应的生育率偏高。① 此外，在 20 世纪 60 年代，移民（尤其是爱尔兰人）家庭比本地家庭规模要大——他们的平均家庭规模与半个世纪前的英国家庭大致相同。

人口统计表明，英国非白人人口的规模会增长一段时间。但会增加多长时间呢？增长的人口会有多少呢？事实上，据第一次关于肤色问题的人口普查显示，在 1991 年，非白人总人数在 300 万以下。但据 1967 年递交给下议院的官方数据估计，这个数字将在 1985 年达到 350 万；从移民家庭中的不成比例的儿童数量，尤其是内城区产科病房中的儿童和校内儿童的数量推断，这个数字甚至还会更高。关于移民给福利国家造成负担的假设也是基于错误的推论。事实是，在这一代人的时间中，移民将对儿童福利服务和学校提出很高的要求，但对养老金和老年护理的要求很低；在接下来的一代中，这种平衡将被扭转；而在劳动力市场对他们存在歧视的情况下，移民对失业福利的要求导致他们对整体失业水平的任何提高都异常敏感。同时，由于移民集中在某些地区，因此对移民的总体范围存在很大误解。

移民社区很集中不是什么新鲜事，不仅因为移民社区内存在“连锁移民”的情况，还因为整个社会的歧视让它们不得不加强集中，以防分散。1966 年，在大伦敦议会的 100 个选区中，有 8 个

① 1966年，所有在英国定居的新英联邦移民中，有超过40%的人年龄在25—40岁——这不仅是工作，还是生育的黄金年龄——而在总人口中，只有25%的人处于这个年龄段。——原注

选区的新英联邦移民比例高于 20%，尽管在整个大伦敦，他们仅占总人口的 3.2%。他们中 2/3 是西印度裔，而在西米德兰兹郡唯一一个人口比例如此之高的城市，大部分移民来自印度次大陆。最高的集中度（4.8%）出现在鲍威尔的出生地和议会选区伍尔弗汉普顿。在此期间，伦敦和西米德兰兹郡都是蓬勃发展的地区，这显然是移民会去那里的原因。但是，在这些地区内，移民通常还是会选择那些人口正在减少的城镇，因为这些地方的住房成本同样也在下降。因此，职位空缺加上便宜的租金，让巴基斯坦人住进了伍尔弗汉普顿这样正在衰落的城镇里的穷街陋巷的破房子，就如鲍威尔这样不友好的当地人尖锐指出的那样，这些城镇在他们到来之前日子确实更好过。

鲍威尔逃避的一个问题是，他们是否有可能成为英国人？国籍问题是否可简化为血缘和种族问题？他们是否在得到公民身份的同时会忠于英国？文化融合是否有可能带来新一代少数族裔？对于第二代西印度人来说，融合无疑是一个令人沮丧的、缓慢的、不连续的过程，尽管他们是在英语环境中长大的，并且参加典型的英国体育运动，尤其是板球运动。

塞利尔·莱昂内尔·罗伯特·詹姆斯（C. L. R. James）可以说是本世纪最优秀的板球作家，他是布里克斯顿（Brixton）的杰出居民，并于 1989 年在那里去世。在英格兰，人们早已熟知，巡回测试队和英国俱乐部里的西印度板球队员们很优秀，就像兰开夏郡联赛的球员，他们在 20 世纪 30 年代看到了莱亚列·康斯坦丁（Learie Constantine）的巅峰状态。他确实是一位全才，1962—1964 年，他在特立尼达和多巴哥担任高级专员（High Commissioner），在结束伦敦的杰出事业之前，他就已经是一位传奇人物，并于 1969

年成为第一位黑人终身贵族。康斯坦丁致力于改善种族关系，就像他的朋友詹姆斯所说的那样，“作为板球运动员他是一流的，但作为人他却是三流的，他很讨厌这种令人讨厌的反差”。

显然，许多黑人，不管他们有没有天赋，都面临着“非板球”歧视带来的挫折。但可以说，在大约20年内，国家队里出现了代表英格兰参赛的黑人足球运动员、黑人橄榄球前锋和黑人快速投球手，这标志着明显的进步。黑人短跑选手林福德·克里斯蒂（Linford Christie）成为英国半个多世纪里第一个世界冠军。黑人流行音乐明星使像雷盖（reggae）和说唱这样的民族音乐成为英国青年文化的一部分；像莱尼·亨利（Lenny Henry）这样的黑人喜剧演员，显然能够逗得电视观众与他一起欢笑，而不是对他进行嘲笑；黑人新闻记者也在国内和国际上为英国广播公司（以及独立电视新闻公司）增加了新面孔。到1992年，出现了几名少数族裔议员，他们都是工党成员（虽然也出现了南亚裔的保守党地方议员，他们通常是店主）。在运输工人联合会中，欧内斯特·贝文的位置被黑人领袖比尔·莫里斯（Bill Morris）所占；而在1990年，出现了少数接受高等教育的黑人学生，相比15年前一个也没有的情况，这至少有所改善。

虽然融合是一场艰苦的斗争，但不是一场不可能的斗争。然而，鲍威尔指出，与那些自由主义批评者相比，与伊斯兰世界达成协议困难重重，他的话似乎更有道理。巴基斯坦社区显然尤其坚定地要保全自己的文化，特别是在20世纪80年代宗教激进主义兴起的时候。对于他们的所在国家的惯例，他们简直就是刀枪不入的铜墙铁壁。他们要求认可穆斯林妇女和女孩佩戴面纱的权利，这种要求还算合理；但他们要求让这种道德规范占主导地位时，就与世俗的自由主义相悖了。讽刺的是，那些曾想和善地看待多元文化社会发展的相对自由主义者发现，他们需要破坏伊斯兰国家压制萨尔曼·拉什迪（Salman Rushdie）的小说《撒旦诗篇》（*The Satanic Verses*，1988 年）的企图，因为这本小说以伏尔泰的后现代主义方式，讽刺了他们崇敬的先知。

危机四起

1970 年，爱德华·希思出乎大多数人的意料（但在他自己的掌控之中），成为首相。他之前是一名无所作为、没有实权的党派领导人，既缺乏个人风格，又缺乏公众魅力。希思获胜后，保守党以 30 个席位的优势占据了多数席位，因此他相应处于比较强势的地位。他是一位孤独的首相：不仅因为他的单身汉身份，还因为他长期以来的习惯。音乐带给他情感上的满足。在一群绅士中，他学会了表现得谨小慎微，因而成了赢家。官员们乱七八糟的粗暴的同僚关系，党鞭的办公室以及游艇俱乐部——他最近成了一名成功的有实力的船员——都是他处理得游刃有余的生动例子。对他来说与异性交往并不容易。他任命了一名女性——教育部的玛格丽特·撒切尔进入自己的内阁；他们之间的关系被证明并不融洽，尽管撒切尔毫无疑问卖力工作，推动了全面的革命。希思唯一亲密的内阁同事是威廉·怀特劳（William Whitelaw），怀特劳之前是一名直率的禁卫军军官，出身于苏格兰边区的地主家庭，拥有许多首相急需的天生的政治技巧。怀特劳忍受了很多，甚至忍下了交出北爱尔兰事务大臣的职责一事。

希思把外交部交给了道格拉斯－休姆，这是一个变动很小的安排；然后把内政部交给了他的前竞争对手——政治火力显然正在消失的莫德林。后来莫德林又适时地陷入了一场混乱的金融丑闻之中，虽然这件事让大家觉得他很容易上当受骗，而不是个阴险狡诈的人，但他还是在 1972 年辞职了，他的政治之火就此熄灭了。要不是 1970 年 7 月只担任一个月财政大臣的麦克劳德突然去世，这一损失可能对希思来说更容易承受。麦克劳德是新政府中真正的重量级政治人物，其内阁经验比首相本人还要丰富，而且他有从未得到机会实施的税制改革计划。面对财政部这个巨大缺口，希思做出了重大决定，选择了一位相对陌生的政治家安东尼·巴伯（Anthony Barber），巴伯从来没有成功证明自己是个有主见的人，而不是意志坚定的首相的委托人。事实上，希思越来越多地向威廉·阿姆斯特朗爵士（Sir William Armstrong）进行政治咨询，并请教行政技巧。阿姆斯特朗也是一个靠自己力量成功的人，他由救世军里的父母抚养长大，后来步入了更高级的公务人员行列，并成为其中一位颇具影响力的领导。

保守党谈到了“一场安静的革命”。这与 1970 年 1 月在塞尔斯登公园酒店（Selsdon Park Hotel）举行的选前战略规划会议中出现的右翼言论相吻合。当时，这种讨论似乎成了威尔逊的宣传礼物，威尔逊对“塞尔斯登人”（Selsdon Man）的反动倾向发出了详细的警告。事实上，几乎没有什么证据表明，无党派选民被取缔大政府和大工会的观念吓倒了——反而是被其吸引。保守党的宣言在这一点上更具体：“我们完全反对强制性工资控制这一理念。”果然，物价与收入委员会已经被新政府解散了。此外，英国议会之外一项引人注目的任命也提升了英国自由市场的形象。刚获得英国工业联盟（Confederation of British Industries）总干事职位的约翰·戴维斯（John Davies）空降进入政府——他是上级专门用来抗衡贝文或卡曾斯的。戴维斯和希思一样致力于欧洲一体化和现代化，他被授命负责管理大的贸易和工业部（Department of Trade and Industry），在前期他作为新人不会掩饰，认为纳税人的钱没有被很好地用于帮助“跛脚鸭”[①]。很快他学会了收回自己的言论，但在此之前，这些言论已经被不加分辨地肆意传播开，被误认为是对政府社会政策和产业政策的一种深刻认识。

因此，不管怎样，希思政府自己表现出并被其反对者描述得要与 20 世纪 60 年代的历届政府所奉行的干预政策（尤其是收入政策）一刀两断。政府转而寻求市场解决方案，特别是在工会地位的法律改革放宽了对其的限制之后。因此，头等重要的事变成了长期准备的《劳资关系法案》(Industrial Relations Bill)，该法案由罗伯特·卡尔（Robert Carr）负责，卡尔是劳工部长，处事圆滑，在别的情况下，工会领导人很可能已经与他建立了良好的关系。但卡尔选择放弃零碎的方法来支持大议案，虽然他自己并不认为这样做是对的。相反，工会联盟也没有心思商议，彻底驳回了卡尔的法案。这个法案也遭到了工党更为强烈的反对——芭芭拉·卡素尔毫不留情地猛烈抨击了它。新的劳工法院（Industrial Relations Court）成立了，该法庭拥有对注册工会强制执行投票和冷却期的广泛权力。然而，工会联盟巧妙地利用了一个法律漏洞：如果工会拒绝登记，那么新法庭仍然不能拿他们怎么办。

① 在西方特指冒险失败的投机者或股票交易中资不抵债的个体，由美国南北战争时期的猎鸭术语引申而来。——译者注

到1971年该法案通过时，工会在民意调查中的公众地位为3年来最高水平；经过一年的运作，希思政府显然变得与之前的威尔逊政府一样，处处不讨好。它以高昂的政治、经济和工业成本，在法令全书上写下了一部令人印象深刻的法案，但并没有得到回报。工会联盟在阻止其成员工会去注册的体制斗争中获得了胜利。精心设立的劳工法院几乎没有任何业务；雇主们不愿意使用它，因为害怕对劳资关系造成严重的后果；当它真的进行干预时，却把冷却期变成了加热期，让事情变得更糟。最重要的是，1972年，劳工法院在伦敦码头逮捕了5名工会代表。这个案件差点儿引发瘫痪式的罢工。在这种情况下，最高法院律师作为调解人适时进行了干预，主要出于政治原因确保"本顿维尔五人"（Pentonville Five）被释放，这才打破了僵局。这场闹剧显然不是保守党想要的。

政府在戴维斯所奉行的工业战略方面也不乐观。早在1971年年初，罗尔斯–罗伊斯公司（Rolls-Royce）面临破产时，戴维斯就面临着这么一个处境：该公司是一只超大型的"跛脚鸭"。这不是一个无名的、边缘化的、可有可无的公司，而是该国主要的飞机发动机制造商——当然也是豪华汽车制造商，是英国精密工程的国际地位的代名词。政府痛苦地决定把该公司国有化，这让反对党在思想上幸灾乐祸。在此之后，克莱德河上游造船公司（Upper Clyde Shipbuilders）的倒闭使格拉斯哥失业率飙升（在民族党员激增的政治背景下），一个经过磨炼的政府再次出手相救也就也不足为奇了。此外，它最大的耻辱还在后头。

问题的根源在于通货膨胀，以及如何防止通货膨胀。这是1970年的经济遗留问题的高危点，工资和物价以越来越快的速度跃升，并且已经将年同比通货膨胀率推高至6%以上。保守党很好地利用了英镑购买力被削减的方式；但在 1971—1973 年，在希思执政的整整 3 年中，物价平均上涨近 9%，而男性劳资收入每年平均增长近 14%。如果没有每年 5%的年度生产力增长来弥补这一差距，结果必然是更加严重的通货膨胀。

如同国际收支平衡的明显恶化所显示的那样，即使英镑贬值，英国的物价也再次变得缺乏竞争力。从 1971 年的超过 10 亿英镑的创纪录的盈余，到 1973 年变成超过 10 亿英镑的创纪录的赤字。可以肯定的是，世界货币市场的不稳定并没有什么帮助。当时固定汇率的布雷顿森林体系（Bretton Woods system）崩溃了，英镑只能在市场上找到自己的水平。由于美元在越南战争的压力下变得疲软，英镑在 1972—1973 年继续维持在 2.4 美元左右；但英镑兑德国马克的平价反映了真实的情况。1967 年 11 月英镑贬值后，英镑从 9.5 德国马克下跌到了 1972 年的平均 9 德国马克以下，到 1974 年下降到了 6 德国马克——这实际上是一个超过 30%的进一步贬值。

政府放弃了正式的收入政策，但显然对公共部门的工资结算仍负有责任，在公共部门，关于不公平待遇的抱怨日渐增长。1972 年，煤矿陷入了困境。仅在 15 年前，国家煤炭委员会（National Coal Board，NCB）在英国的雇员超过 70 万人，但此后这个总数稳步下降到了 30 万人以下。值得注意的是，在前劳工大臣罗宾斯勋爵（Lord Robens）的领导下，国家煤炭委员会是通过自然减员而不是突然裁员实现这一目标的。在这个过程中，全国矿工工会暗中用就业保障这一条件来换取合理的薪酬。因此，正如人们可以在一个衰落的行业里预见的那样，矿工的同期收入增长速度整体不及工业工人的收入增长速度。全国矿工工会的主席乔・戈姆利（Joe Gormley）来自传统上比较温和的兰开夏郡矿工工会（Lancashire

Miners）；他是一位务实的领导人，目前正在积极回应越来越大的压力，这些压力来自其副手苏格兰共产党人米克·麦克盖伊（Mick McGahey），还有来自约克郡矿工工会（Yorkshire Miners）的亚瑟·斯卡吉尔（Arthur Scargill）那样的年轻激进分子。1971 年，矿工收入增长了 14%，远远超过生活成本的增长，但在 1972 年，日益衰退的工会提出了一笔数额巨大的索赔，意图弥补罗宾斯时代的重大损失。

政府应该加强对国家煤炭委员会的抵制，这是自然的，因为工资结算已经在以惊人的速度增加。随着争端的继续，戈姆利察觉到的双方之间最初的小分歧越来越大。1972 年 1 月，1926 年后的第一次全国性煤炭罢工开始了，并很快显示全国矿工工会准备得比国家煤炭委员会好得多。在斯卡吉尔张扬的指挥下，"流动纠察员"（flying pickets）从约克郡开始袭击，有效地关闭了远在西米德兰兹郡的主要供应仓库索尔特利（Saltley）——也有效地促进了斯卡吉尔的工会生涯。这种集中式的大规模纠察队的新概念使得煤炭库存无法使用，让许多发电站并不是因煤炭本身的短缺而被关闭。政府宣布进入紧急状态，并有权对工业实行"三天工作周制"（three-day week）作为节能运动的一部分。但这只是一项临时措施，未能阻止国家陷入黑暗。政府后来妥协了。他们不只是同意大幅加薪——这是迅速召集的调查委员会马上提出的建议；全国矿工工会还提出了更多的要求，希思同意在加班、节假日和退休金方面给他们更多福利。1972 年，矿工的收入增长了 16%，是通货膨胀率的两倍多。

对全国矿工工会来说，这是一场彻底的胜利，一场凭借其工业优势赢得的胜利。但同时也引起了公众对矿工的同情。在一定程度上是由于在公共关系方面的天赋，工会简单的请求——关于被遗忘的人、煤炭沾上的血液，以及对 1926 年的补偿——出乎意料地引起了公众的热烈回应。对希思来说，这是一场道德上的失败，也是一场经济上的失败。他现在想找一种更好的方式来解决工业问题，于是根据一个大概与欧洲实践相关的模式，寻求工业双方的积极合作。当然，这种干涉主义、新社团主义的方法也与威尔逊的做事方式有关：这是一剂苦药，但必须吞下。现在到处都在谈论政府政策的大转变。相比他面临的经济困境，希思对此没有感到那么烦恼。当失业人数达到 100 万这一触动人们情绪的数字时，希思决定改变优先事项的顺序。如果工会不与他交易——这是《劳资关系法》的遗留影响——政府将不得不单独履行其职责。

希思自己的技术专家倾向于寻求干脆利落的行政解决方案，而不在意更精明的政治人物能够接受什么。这就是为什么他忠诚的中尉彼得·沃克（Peter Walke）能够全权负责自 1888 年县议会成立以来地方政府最根本的改革。1972 年的《地方政府法》(Local Government Act）取消了拉特兰（Rutland）和伊利岛（Isle of Ely）等历史悠久的郡——它们是几个世纪以来地方自治的焦点，并划定了新的边界，包括现有的、即将合并的郡，如埃文（Avon）、亨伯赛德（Humberside）和克利夫兰（Cleveland)。这种将英格兰古老橡树连根拔起的图景丧失了保守的本能，埃德蒙·伯克（Edmund Burke）在坟墓里也会因此而辗转反侧；从这个被彻底合理化改革的新结构，保守党官员看到了对其传统郡级精英的更直接的威胁。沃克甚至不顾保守党中央办公室(Conservative Central Office）的请求，拒绝对新边界进行惯常的党派划分。有些人（不是很多人）认为希思派的合理化改革中的实际教训很严重，但它不是一种政治上的教训。

希思发现，进行现代化需要政治资源，但他没有足够的力量去动用这些资源；而且，如果不合时宜的种族忠诚成了阻碍，这种忠诚就不能被简单地忽视。在鄙视威尔逊纯粹的战术改变时，希思低估了实现他现在认为必要的重新定位所必需的政治才能。许多保守党成员随后嘲笑政府的大转变是软弱的表现；相反，希思认为自己勇敢地面对了塞尔斯登人未充分掌握情况的复杂现实。特别是到1972 年，他准备采用收入政策作为唯一手段，在低通货膨胀率的情况下调和更高的增长率和更低的失业率。

巴伯已经在他的第一笔预算中减少了所得税，并且将做出进一步改变，不是改变它的实际影响范围，而是改变它的计算方式。标准税率通常适用于所有收入，无论这些收入来源是什么；但自从阿斯奎斯时代以来，劳动收入已经在实际收费率上得到了减免。因此，所得税预扣法（PAYE）下的工薪阶层根本没有真正支付全额标准税率。这一令人困惑的惯例在 1973 年起因一项新的安排而作废，该安排允许从源头进行减免，从而产生了 30%的（改为十进制的）所得税“基本税率”——表面上看起来更低，但实际上相同(至少对劳动收入的税率是如此)。尽管税赋以这种方式被夸大了，但其实下降了。

在 1970 年，詹金斯留下了一大笔预算盈余。政府收入比支出高出国内生产总值的 5%以上。然而，不到 7 年，先是在巴伯然后在希利的领导下，这笔巨额的盈余被相当于国内生产总值 6%的政府赤字所取代，这一水平在和平时期完全是史无前例的。在 4 年里，赤字稳步增长（消除赤字所花费的时间会更长)。在保守党执政期间，赤字并不是财政赤字的实际增长造成的。关于这一点的解释是，4 年来，政府税收占国内生产总值的比例至少下降了 7%。[①]

税收收入的一些相对下降并非故意为之，而且是不可预测的，特别是在“石油价格暴涨”之后，石油价格是在生产商垄断联盟［石油输出国家组织（OPEC）］成立后暴涨的。然而，这只是加速了一个已经势头惊人的趋势。从经济史或经济理论上讲，税收负担的单方面减少对经济造成的财政刺激是没有先例的。这种政策转变超出了精通历史的凯恩斯最疯狂的想象。这是漫画中的凯恩斯主义。

这就是“巴伯繁荣”(Barber boom)，这场繁荣使年增长率得到提高，1969—1972 年在 2% 上下波动，并在 1973 年不低于 7.4%。这种刺激不但是财政上的，而且是货币上的。货币供应最广泛使用的衡量标准（被称为 M3，以与其他定义区分开来)，在 1970 年前的整个 3 年间增加了 25%左右，在 1972 年和 1973 年，这个数字每年都呈现这样的增长。显而易见，信贷在疯狂增长。1970 年，7%的银行利率略高于通货膨胀率，产生了低于 1%的实际利率。(当然，实际上，私人客户的实际主流贷款利率高于这一水平。) 1971 年，银行利率分两步减少至 5%，此时零售价格指数（retail price index，RPI）接近 10%。因此实际利率变成了负值。任何能够以现行利率借款的人，只要购买了可以保值的资产，就会赚到钱。

因此，房价在 1971 年开始暴涨，这一点儿也不奇怪。根据房子在城镇或乡村所处的位置，房价有时几年内能比之前水平翻一

① 如传统预算账户［统一基金（Consolidated Fund）］所示，与此同时，1973—1974年的支出比1970—1971年低1%（尽管地方政府支出有所增加）。通货膨胀导致了一些失真：原始数据显示，税收收入增长了15%，支出增长了42%，名义国内生产总值增长了50%。——原注

番。特别是在伦敦，大量资金涌入了市场，创造了完全不同的房地产价值。这有其有利的一面，例如在拯救像伊斯灵顿或旺兹沃思（Wandsworth）这样的近郊的过程中，破败的城镇房屋的“士绅化”导致房屋库存真正得到改善。大部分居住者也没有受到影响，因在高价购买房屋时造成的沉重的贷款负担，实际上随后在同样的通货膨胀过程中减轻了。忽略通货膨胀适合许多人这一事实，就等于忽略了通货膨胀成为一个顽固社会现象的原因，哪怕它只是作为一种防御性策略。问题的关键是要通过持有不会因未来的通货膨胀而贬值的资产保持领先地位，同时确保先发制人大幅增薪以抵消未来实际的价格上涨。这种意料中的革命有其自我强化的逻辑。1972 年，物价上涨了 7%，劳工收入上涨了 16%。

收入政策是一种合乎逻辑的方式，可以打破这种集体自我挫败的恶性循环——而不只是让失业来发挥作用。干预政策被进一步推进；1972 年的《工业法》（Industry Act）受到了重生的社会主义者的欢迎，这是一个信号，表明保守党也可能转变立场，令保守党大为尴尬。当希思在 1972 年夏天未能就工资限制与工会达成合作时，政府推出了自己的法定收入政策。这可能照常被谴责为保守党对工人阶级生活水平的攻击，但事实上它的规定明显是主张平等的。在它的第一阶段，冻结工资使政府得以保持繁荣，希望这能够促进全面的工业表现。政府和工会都愿意看到失业率下降。实际上，收入政策的第二阶段允许工会在这些有利的谈判条件下进一步谈判，以达成更好的交易。但是，1973 年秋季的第三阶段以失败而告终。

希思希望与工会联盟达成正式协议。它的总干事维克多・费瑟（Victor Feather）是一个顺从的人，但快要退休了，他意识到自己不能得到其成员的支持。因此，希思和不可或缺的阿姆斯特朗（费瑟称其为“副首相”）试图与全国矿工工会达成非官方协议，全国矿工工会是他们最害怕的联盟。同样，戈姆利本人也感激希思的善意，并且建议说，为“非正常工作时间”（unsocial hours）支付工资可能就足以安抚矿工了。使得第二次煤炭罢工不可避免的原因是，希思天真地将这一规定写入了第三阶段的一般准则中，而不是把它当作仅仅针对矿工的特殊待遇，作为一种应急方法。国家煤炭委员会因此立即提出了全面的最终方案，但它立即被 11 月开始支持禁止加班的全国矿工工会拒绝了。因此，政府陷入与矿工的进一步冲突，这一次情况更为复杂，因为第三阶段有法律依据。这意味着矿工有了政治立场，意图挑战政府本身。

但是这种严格的宪法解读也意味着，无论出现什么政治或经济原因——它们已经出现了，矿工的工资都不会增加。因为石油危机突然改变了关于相对能源成本的所有争论的前提，实际上将产油国酋长的议价能力排在了矿工的案例之后。煤炭不仅价格没有被定得过高，反而一夜之间变成了一种相对便宜的能源，而在北海的油井投产前，英国几乎都要用到煤炭这种能源。与此同时，进口石油成本的上涨导致贸易条件对英国大为不利，给已经疲软的国际收支平衡带来了巨大压力。1973 年 10 亿英镑的赤字创下了只持续 12 个月的纪录，之后赤字飙升至 30 多亿英镑。

这是一个明显需要一个快速的政治解决方案的情况；担任北爱尔兰事务大臣的怀特劳直接被拉出来寻找这样的方案。但他无法打破僵局，而且当时可能会发生第二次煤炭罢工。这次政府做好了准备，或者以为自己做好了准备。1973 年 12 月，政府先发制人地对英国工业施行了“三天工作周制”政策。在某种程度上，这是一个巨大的成功，因为全国都迷信 1940 年的艰辛会以一种几乎没有风险的小型化的形式重现；蜡烛和战时传说都冒出来了，这表明英国可以接受“三天工作周制”——也可以做到这一点。因为尽管预计产量会急剧下降，但 1974 年第一季度的制造业产量为正常产量的 95%，这本身就是关于生产力提高的发人深省的评论。

但是，这些当时都没有帮到政府。在危急时刻，工会联盟承诺其他工会不会与矿工工会一道寻求特别解决办法。这从工业上来讲可能毫无意义，在实践中很不合理；但如果政府只是想摆脱困境，这倒是一条政治生命线。希思拒绝了工会联盟；阿姆斯特朗倒台并退出了，如蒙塔古·诺曼在 1931 年那样；首相似乎感到迷惑不解、犹豫不决、孤立无援。长期以来，保守党人都盼望着一种对抗，在这样的对抗里，不受欢迎的工会会遭受选民合理的质疑。希思不希望大选在这样的情况下举行，但最后他发现没有别的办法了，于是把投票日最终定在了 1974 年 2 月底。正如怀特劳可以看到的那样，政府不应谴责矿工，而是要与他们和解，以求在大选中获胜。

“谁来执政呢？”保守党这样问道，这是一个很好的问题。但这次选举并不像 1910 年那样是由宪法问题决定的，而是由政治决定的。政府发现其急于处理的关于煤矿的问题一天天变得不可控，尴尬的是，官方对矿工工资和应享权利的计算错误多次被人揭露。然而，结束希思命运的不是这些细枝末节，而是整体情况：倒霉的政府在另一个“三天工作周制”的黑暗中陷于瘫痪，还要对两位数的通货膨胀负责。在竞选期间，保守党的支持率悄悄下降了，在民意调查中，是自由党而非工党处于领先地位。

在过去 16 个月中，自由党在补选中取得了引人注目的成就。

作为自由党领导人，杰里米·索普（Jeremy Thorpe）潇洒地抓住了机会，而且虽然自由党在大选中没有获得预测中那么多的选票，但其选票还是占到了 19%，是保守党选票的一半。毋庸置疑，自由党没有获得保守党一半多的议员席位——只有 14 席，而保守党有 297 席。但他们的数量加起来明显超过了工党的 301 席。最终的结果出来时，这样的数字点燃了希思的希望；此外，自由党支持收入政策。因此，希思没有辞职，而是看向了索普，并且摆出了合作的姿态。不管这对索普有没有诱惑力，总之自由党在 1951 年排除了这样的选择。就在此时，工党出人意料地赢得了选举，因为威尔逊被召了回来，希思失败了。

身份问题

当鲍威尔提出关于种族和国籍、忠诚和身份的真理时，他是非常认真的，正如他准备挑战自由共识一事那样，这些共识不仅牵涉到移民问题，还涉及关于阿尔斯特的旧争论和关于欧洲的新争论。因此，他最终成了 12 个北爱尔兰选区之一的议员，这是合乎逻辑的，他支持新教人士认为即将陷入危险的统一事业。

半个世纪之后，爱尔兰问题又回到了英国的政治议程上。可能令人惊讶的是，这个问题竟然被遗忘了那么久。然而，多年以来，英国的主要政党都没有足够的动力，来打扰这个明显平静的权力下放制度，它让独立议会（Stormont）自 1921 年成立以来就是“新教人民的新教议会”。保守党人满足于不招惹是非，因为几十年来，他们在威斯敏斯特几乎得到了多达十几名北爱尔兰统一党议员的自动支持，这些议员中的大多数反过来得到了爱尔兰新教徒区绝大多数人的支持；事实上，在 1951 年，4 位北爱尔兰统一党成员在英国大选中自动当选。因此保守党让他们历史悠久的盟友来统治自己的后院，并没有就独立议会政权提出令人尴尬的问题。

更令人惊讶的是，工党也没有找麻烦；事实上，艾德礼政府巩固了独立议会的地位，因为它保留着忠诚的阿尔斯特和中立的爱尔兰在战时形成的对比。作为一个世俗的工人阶级政党，工党很难在北爱尔兰建立自己的政治队伍，在那里，政治仍然深受宗教信仰的影响，这些信仰分散了自然的支持者。直到 20 世纪 60 年代后期，在格里・费特（Gerry Fitt）及后来的约翰・休谟（John Hume）的领导下，社会民主工党（Social Democratic and Labour Party，SDLP）才组建起来，代表天主教少数群体发起立宪挑战，这种挑战也产生了预期的效果，而立宪原本属于强硬新芬党民族主义者主导的阵地，他们与（临时）爱尔兰共和军的武装分子存有千丝万缕的联系。

北爱尔兰潜伏的危机之所以会爆发，不是因为对天主教徒多种形式的歧视加剧了（这些歧视在该区域长期存在），而是因为一场不成功的改革尝试。特伦斯・奥尼尔（Terence O'Neill）上尉于 1963 年出任首相，他开始让北爱尔兰走上现代化道路，并被威尔逊政府推动着继续前进。人们可能会怀疑，“奥尼尔主义”（O'Neillism）是否存在一致的逻辑，更不用说是存在受到跨国企业经济需求驱动的逻辑。奥尼尔声称，自己被一个陷入经济衰退和社会贫困的国家的绝对落后所打动，出于党派利益的考虑，他要消除统一党面临的一个威胁：失业使得工人阶级对该党派的支持率降低。无论它的起源是什么，奥尼尔主义的影响是把关了半个世纪的魔鬼从瓶子里放了出来。他自己是阿尔斯特联合主义“大房子”（Big House）传统下的地主，奥尼尔的自由主义对总是警惕天主教阴谋的偏执的奥兰治兄弟会来说是诅咒。他们的民粹新教主义因伊恩·佩斯利（Ian Paisley）牧师的超凡魅力而发出了声音（一个响亮的声音）。这标志着联合主义内部分裂的开始，1974 年，阿尔斯特省在威斯敏斯特的代表分裂为官方统一党、支持佩斯利的民主统一党，以及先锋进步统一党（Vanguard Unionist Progressive Party），而社会民主工党从这种分裂中获益匪浅。

当受到美国人启发的民权游行导致流血事件时，奥尼尔下台了，他被同样来自统一党上层的詹姆斯·奇切斯特－克拉克（James Chichester-Clark）所取代：这是“大房子”急需的最后的机会。在急转直下的情势中，他又被一位白手起家的贝尔法斯特商人布莱恩·福克纳（Brian Faulkner）顶替，但福克纳几乎没有时间来庆祝其凭借能力成为第一任北爱尔兰总理的胜利，因为他被证明也是最后一任。事实是，名誉扫地的独立议会政权不足以承受威斯敏斯特政府现在所要求的改革压力。皇家警察部队（Royal Ulster Constabulary）作为执法机构深受怀疑，它的准军事警察部队被视为穿着制服的新教徒。在 1970 年解散他们之后，作为内政大臣的卡拉汉别无选择，只能用英国军队取代他们——这是逐渐削弱独立议会的关键阶段，但这一阶段在维持和平方面没有多大改进。即将上任的保守党政府试图孤立爱尔兰共和军（爱尔兰共和军反而在民族主义社区获得了新的信誉），在没有审判的情况下强行拘禁，使得坏情势更加恶化。与先锋运动有关的新教徒准军事人员也掺和了进来。更糟糕的是，1972 年 1 月在德里（Derry）发生的一场（被禁止的）民权示威，导致 13 名手无寸铁的天主教徒与英国军队发生冲突而死亡。这就是“血色星期天”（Bloody Sunday）。天主教社区不再相信军队可以或将会保护他们。“血色星期天”使“麻烦”进入了新阶段，爱尔兰共和军暴力活动升级，并在 1972 年导致数百人死亡，每牺牲一名士兵就相应地有两名平民死去。与此同时，希思决定彻底废除独立议会。

因此，在历时 50 年设立北爱尔兰权力下放政府的试验失败后，英国决定直接统治北爱尔兰。英国并不打算把这当成一个永久的解决方案。希思任命威廉·怀特劳为其副手，竭尽全力在不同的社区之间建立权力分享模式，这将提供一种以宪法为依据的方式。但是，1973 年 12 月，不仅涉及福克纳和费特而且还涉及爱尔兰政府的《桑宁代尔协议》（Sunningdale Agreement），被证明只是一部停留在纸面上的宪法。1974 年 2 月举行的大选，是建立权力分享行政机构的高度敏感时刻，激起了所有旧的种族忠诚。福克纳本人现在可能已经看到了搭桥活动的可取之处；但对他的支持正在逐渐流失。1974 年 5 月，对新教徒组织的罢工的极力支持，清楚说明了草根统一党成员（他们感到被排斥和背叛）对《桑宁代尔协议》的抗拒。福克纳辞职了；《桑宁代尔协议》变成了一纸空文；僵局还在持续；搭桥人承认他们失败了。然而，新教徒的胜利是空洞的，他们大声宣布的忠诚主义虽然有效阻止了和解，却揭示了他们自己的悲剧困境。他们高举着英国国旗，仍然顽强地宣称忠于英国文化和制度，但实际上日渐感受到自己被疏远。他们的困境、他们的请求点燃了鲍威尔的想象，由于希思政府对欧洲的政策，鲍威尔本人已经与希思政府疏远。

1973 年 1 月 1 日，英国终于成了欧洲经济共同体的正式成员。这是希思的终极愿望，也是他最伟大的成就。他从布鲁塞尔前厅里的惨痛经历了解到，通往欧洲的道路要经过巴黎。1969 年，蓬皮杜取代戴高乐成为法国总统后，联合王国的申请可以重提了。威尔逊政府快要下台的时候，事情没有取得一点儿进展；但希思的当选将欧洲推到了议程的首位。1971 年 5 月，他与蓬皮杜见面了，蓬皮杜是一位务实的戴高乐主义者，他可以被说服，相信英国人会成为优秀的欧洲人。希思本人也问题不大，他自己对美国的冷漠（在他看来英美关系是一种不那么特别的关系）对于赢得蓬皮杜的支持是一种有利条件。

在法国的支持下，布鲁塞尔的重新谈判成功解决了 1963 年或 1967 年似乎令人挫败的棘手问题。在一定程度上，这是因为英国在欧洲的主要贸易伙伴丹麦和爱尔兰也提议加入；此外，英国的英联邦供应商已经用了 10 年的时间来适应帝国偏好已经过时这一观念。在 1960 年，英国 4%的进口产品仍来自新西兰；到 1970 年，这一数字只比 2%多一点儿。其他世界顾客——如沙特阿拉伯人，他们喜欢羔羊肉，并且有足够的财力来满足这一喜好——被证明出手慷慨，是小气的英国消费者的替代品。当然，国际结算情况仍然很糟，这是这种规模的变化必然会带来的后果；对新西兰的过渡安排是一揽子计划的必要组成部分。这种额外的入境费可以被视为一种信用债务——以 1971 年的贬值货币兑现的一张 1940 年的过期支票。

真正的问题在于，从墨西拿开始形成的欧洲经济共同体，显然更多地服务于 6 名参与成员的特殊利益，而不是那些历来以公海为目标的后来者的特殊利益。对英国来说，共同农业政策（Common Agricultural Policy，CAP）带来了沉重的负担，这种负担通过更高的食品成本被强加给消费者，以补偿无竞争力的小农户——这是法国向德国工业巨头开放自己的市场所付出的代价。相反，英国在 1971 年是乞求的那一方，无法确定加入欧洲经济共同体的确切条件：在试图将风吹向澳洲羔羊的时候，却迟迟不愿在不利情况下尽力而为。共同农业政策的效果是，英国消费者逐渐不能获得廉价进口品，而是得到了欧洲经济共同体补贴的（但仍然是更贵的）产品。

许多好处进了包括一些英国农民在内的欧洲农民的口袋里。在 3 年内，英国小麦的市场价格上涨了 250%——几乎是通货膨胀率的 10 倍。英国农民祈祷了一个世纪，希望在国内市场得到保护，现在他们的祈祷在共同农业政策中找到了答案。他们被开放市场的残酷竞争所迫，成了欧洲最有效率的农民；现在他们通过价格和数量获得了回报，供应了一个有活力、有保证的市场。在 20 世纪 70 年代，小麦进口量减半了，而英国小麦种植增加了一半。在 1980 年，种植小麦的土地面积为 360 万英亩，超过了 1943 年的战时高峰，是 1874 年（当时所谓的大萧条开始了）以来的最高点。而且，因为使用了现代方法，产量变得更高——1980 年的产量高达 300 万吨，是 10 年前的 2 倍，是 50 年前的 10 倍。自由贸易帝国主义的政治经济被颠覆了。

由于国内通货膨胀当时也在加速，英国消费者随之而来的成本增加得更多了。到 1974 年 1 月，零售价格指数水平比 1971 年高出 25%；与此同时，以前与整体生活成本同步的食品价格上涨幅度不低于 40%。难怪很多人都感到困惑——尤其是长期以来似乎被看作第二属性的货币价值量，现在由于货币本身的变化而变得不稳定时，人们就更加困惑了。使用了几个世纪的先令和便士后，英镑在 1971 年改成了十进制；英镑被分为 100 个“新便士”，每个新便士相当于 2.4 个旧便士。与此同时，先令继续作为一种货币存在，直到最终被几乎等值的 5 便士硬币所取代；虽然人们悼念半克朗（12.5 新便士）的消亡，但它就像“六便士”（2.5 新便士）一样，并不会被恢复。一代又一代的英国小学生通过换算每英石①、磅和盎司白银分别折合多少英镑，提高了自己的计算能力，但他们发现自己的知识因一个缓慢的公制化过程变得多余了，这表明长期受到抵制的拿破仑体制，战胜了曾经流行于大英帝国各个地方的帝国测量体系。

“我所了解的那个世界在分崩离析。”鲍威尔在英国决定退出印度时这样回忆起自己的感受。25 年后，他对加入欧洲一事的感觉也同样不合时宜，同样充满热情。他表达了保守党右翼分子的反对意见，一方面重申传统的保守民族主义，另一方面利用新自由主义对布鲁塞尔经济干涉主义的反感。这种高能量的混合物后来为撒切尔主义提供了燃料。在工党议员中，欧洲问题也使他们极度不和，暴露出了一条将在 10 年内使该党分裂的裂痕。1970 年工党选举失败后，左翼抓住了欧洲经济共同体当前不受欢迎的情况，用来反对威尔逊政府采用的全体赞成的方法。正如威尔逊喜欢说的那样，在他执政时，他当然支持英国“在条件合适的情况下”加入。事实上，提供的条款多年来变化不大；然而威尔逊现在为自己找到了借口来打击党内盛行的观点，党的团结是他首要考虑的问题。因此，取代布朗成为副手的罗伊·詹金斯成了维持工党承诺一致性的人。1971 年 10 月，他率领 69 名工党议员穿过议会民众接待厅，对英国加入欧洲经济共同体要遵守的原则表示支持。这是自 1940

① 英国重量单位，等于14磅或6.35千克。——译者注

年后座保守党成员反抗张伯伦以来，超越国家界限的问题压倒党鞭最显著的例子。而且当时跨出这重大一步的人后来很少有为此感到后悔的。

但是，1971年不是1940年，不是1931年，不是1886年，也不是1846年——在这几年中党的制度被废除了，并沿着新的路线重新设置。担任工党副手的詹金斯很快就受不了辞职了；但是他和他的支持者准备就必要的欧洲经济共同体立法一事，跟着自己的党派投票，与他们重修旧好，而不是为保守党政府寻求跨党派的多数票。此外，威尔逊很快再次开始打压右翼。他促成了一个最初受到安东尼·本（他正在慢慢变成一个反英入欧共体者）启发的举动，将这个问题提交给了未来的工党政府所主持的全民公投。这是恢复党派团结的机会，反正最坏也就是答应与欧洲经济共同体“重新谈判”。1975年，威尔逊出人意料地重新掌权，于是这一战略得以实施。欧洲经济共同体的其他成员耐心地在布鲁塞尔进行新的谈判，从本质上来看，这场谈判达成的条款与希思执政时没什么两样。但是，这足以让威尔逊重新获得对欧洲经济共同体的支持，因此（在左翼看来）他背叛了他们的事业，就像（在右翼看来）他在3年多前背叛了欧洲的事业一样。

1975年夏，在就是否应该加入欧洲经济共同体举行全民公投期间，首相和反对党的新领导人玛格丽特·撒切尔都没有什么显眼的举动。这场亲欧的运动反而是由那些完全致力于此事的政治家带头：受到平步青云的内阁大臣雪莉·威廉斯（Shirley Williams）支持的工党成员詹金斯，以及受到前内阁同事支持的保守党成员希思。他们召集了一个特别的中间派联盟，该联盟包括最早并且最坚定支持欧洲经济共同体的自由党成员。与此同时，反欧派覆盖的意识形态领域更广。右翼的鲍威尔抱有坚定的民族主义信念，尽管如此，他还是在 1974 年敦促他的支持者投票给工党，原因是希思涉嫌向布鲁塞尔交出了议会权力。左翼中不太可能成为鲍威尔盟友的人，如迈克尔·富特、芭芭拉·卡素尔和安东尼·本，将欧共体贬为“富人俱乐部”(尽管有人可能认为这样一来就可以放心了，因为英国仍然有资格加入)。投票结果显示大部分人赞成英国加入欧共体。在英格兰经济繁荣的地区，如北部和南部，投赞成票的比例是最高的，在萨里郡（Surrey)、西苏塞克斯郡及北约克郡，支持率高达 76%；即使在泰恩–威尔郡（Tyne and Wear）也有 63%的人投票赞成。不可否认，在苏格兰，有几个县的反对票超过 40%，而在西部群岛（Western Isles)，超过 70%的人投票反对。阿尔斯特也不太容易被说服，只有勉强超过一半的人投票赞成。

然而，反对者很难与整个联合王国投票赞成的大多数人（二者的比例为 1∶2）辩论。毫无疑问，任何一方的宣传，都不如民族效忠本能和英国现在的命运那样重要。像英国以往的表现一样，阶级差异对此也有所影响。那些投赞成票的人大部分家境富裕，并且受过良好的教育，他们比体力劳动者更有可能最近曾出国旅行。① 但是随着国际航班发放的新护照的数量急剧增加，证明海外旅行——主要是前往欧洲大陆的，正迅速成为英国人的常态，并使英国人强

---

① 大陆美食的影响同样以阶级为基础，它也可能意味着狭隘的偏见有所减少。英国的烹饪标准，无论是在餐馆还是在家中，在酒吧还是在比萨店中，在一代人的时间内都经历了显著的（并且是必需的）改进。伊丽莎白·大卫（Elizabeth David）的企鹅平装本《法国地方美食》（*French Provincial Cooking*，1960年）销量巨大，带来了可观的影响力，理应获得历史的认可。——原注

化了自己是“与世隔绝的欧洲人”的身份认知。在政治上，这一现象带来的结果就是，威尔逊所追求的迂回策略取得了胜利：在这个过程中，他被削弱的地位多少得到了一些补偿。对于英国人来说，全民公投是对宪法一种独特的违背，尽管这种违背是出于战术考虑临时准备的，但它还是有许多值得称道的地方。事后看来，詹金斯肯定错误地把工党采用这一方法一事当成自己从副手位置上辞职的理由（很难说是原因）。在一个跨越传统党派分歧的明确的国家选择中，全民公投以一种令人印象深刻的决定性方式解决了这个问题。

危机再起

1974 年举行了两次大选；第一次大选的选票非常接近，就不可避免要举行第二场大选。工党在下议院的席位比较少，只有 30 席。但它的地位实际上比这个数字所暗示的要高，因为重要的少数党——自由党、苏格兰民族党、威尔士民族党、社会民主工党、变化不定的北爱尔兰统一党——都不希望希思回来。威尔逊因此成了工党的依靠，他像 1964—1966 年那样很好地管控选举形势，以便在适当的时候形成一个坚定的多数派。

与预期的一样，这样一个时刻在 10 月份到来了；希思再次被认为会在选举中失利。他呼吁建立一个民族团结的政府，这与他在 1972 年以后的政策一致。民意调查低估了工党在 2 月的表现，但现在高估了其表现，而且高估了很多。威尔逊保住了他的多数席位——但只领先 3 席：这是 1964 年而不是 1966 年情况的重演。工党在全国大选中仍然只有 39% 的选票，尽管它现在明显领先于保守党，而不是像 2 月的情况那样；自由党在民意调查中的比例则轻微下降至 18%。

对保守党来说这是一个糟糕的结果。虽然这个结果不像他们所担心的那样糟糕，但它使希思成了一个易受攻击的领导者，因为他在 4 场选举中输了 3 场，几个月后，他发现自己被赶下了台。但这对工党来说也不算一个好结果。诚然，与 1964 年不同的是，工党从英格兰选出的议员比保守党多。但因为投票率低，加上工党未能获得与民意调查结果相符的选票，这一切都表明其支持者感到缺乏承诺，与艾德礼时代形成了鲜明对比。1951 年，虽然工党失败了，但它的选票超过了全体选民的 40%；即便是在 1966 年，该数字也超过 36%；在 1974 年的两次选举中，这个数字都低于 30%。这样的基础不够坚实，不足以建立一个政府，更不用说现在还面临着英国是否仍然可以被政府统治这一问题。

工会似乎掌控了权力。威尔逊宣称工党与工会联盟有一个“社会契约”，可以用合作来取代冲突。这个概念是空洞的；它几乎没有顾及卢梭死后留下的声誉。政府决意不采取任何措施来加剧已经令人震惊的劳资关系状况；保守党的劳工立法被废除了。在 1970—1974 年，劳资纠纷导致了 7 000 万个工作日的损失；这与 1910—1914 年出现的“劳工动荡”造成的损失（8 000 万天）相当，尽管仍然只有 1920—1924 年（1.5 亿天）的一半。但是，与 1950—1954 年相比，损失的天数增加了 7 倍多。从丘吉尔的暗示中，威尔逊找到了社会主义者中与沃尔特・蒙克顿相当的迈克尔・富特，迈克尔・富特被任命为就业事务大臣（Secretary of State for Employment）。

富特是贝文的授权传记作者，也是《论坛报》的前任编辑，他是工党“温和左翼”（soft left）公认的领袖。他非常适合扮演“油罐”的角色，他将工会的绥靖政策延长，让蒙克顿看起来像个劳资战士。煤炭罢工通过收买矿工结束了，使矿工们得到了广泛救济。他们的“特殊情况”迅速提高了其他工会现在认为需要的“现行工资率”（going rate）。政府为了尊重社会契约，废除了希思的薪资委员会（Pay Board）。这些事情为工资大爆炸埋下了伏笔，工会领导人只是点燃了火柴。1973 年的劳资收入增长了 15%，1974 年增长了 19%，1975 年增长了 23%。相比之下，罢工所损失的天数下降到了先前水平的一小部分——事实证明，这只是暂时的喘息。

60 岁的富特是内阁里的新手。政府在其他方面就只是对上层的那些老面孔重做安排：外交部的卡拉汉、财政部的希利、环境部的克罗斯兰。这些人形成了内核；相比之下，最后两个威尔逊内阁的坚定支持者詹金斯和卡素尔都受到了重挫。詹金斯因为其欧洲观点，不考虑进入外交部，于是被送回了内政部，在那里他显然没有什么热情，没怎么显示他在过去 10 年的工作中所展示的创造才能。亲欧派与欧洲怀疑论者，左翼与右翼，现在都势均力敌，这显示出威尔逊的旧战术有多巧妙。

尽管威尔逊个人不喜欢，但他意识到他必须为工党的“强硬左翼”（hard left）的拥护者本找一个重要的职位。事实上，本现在将反欧共体事业与左翼议程联系起来，提出了一个“另类经济战略”。这个战略的核心是大幅扩展公有制——他谈及了将英国 25 家最大的公司国有化——以及收取保护英国制造业的关税。尽管本掌管了贸易和工业部，并有权使用希思的《工业法》这一武器，这着实让商界有些惊慌，但事实上他在内阁中的影响力受到了遏制和监督，尤其是来自一个警惕的首相的遏制和监督。

本的真正支持者在工党运动中。工党会议上那些令人陶醉的甜言蜜语，与工党执政期间平平无奇的表现形成了鲜明的对比，本不是唯一被这一差距困扰的人。关于欧洲、收入政策及工会改革的会议决定，几乎完全摒弃了第一任威尔逊政府的记录。右翼的詹金斯试图与工党的执政理念保持一致；在左翼，本试图通过使政府与会议和执行委员会（National Executive）保持一致来消除这种不一致，在执行委员会中，左翼和工会之间的联盟现在占了上风。中间派的威尔逊、卡拉汉、希利，现在再加上克罗斯兰，对这些观念都漠不关心，他们试图通过战术妥协来保护工党原则和党的团结。运输工人工会的杰克·琼斯（Jack Jones）和工程师工会的休·斯坎伦（Hugh Scanlon）这两大领导人是关键人物。他们呼吁要“免于冲突”——威尔逊已经提出抗议，“让你们的坦克离开我的草坪”——而且这场强权政治的教训击中了要害。只要他们坚持工资限制不构成社会契约的一部分，政府就要继续摇摆不定一年多，不能或不愿在关于这一问题的不同选项中做出选择。

使事情变得更让人头疼的是欧洲问题，它是未来 20 年许多危机中的潜在问题。1975 年 6 月的全民公投决定了英国继续加入欧共体一事；因此它排除了孤立主义的“紧缩经济”，这种经济对另一种经济战略至关重要。全民公投的缔造者本被自己安置的炸药炸上了高空；却又立即被早就准备好突袭的威尔逊降了职。被发配到能源部后，本被边缘化了，虽然他守住了自己在内阁里的席位，并频频向自己的支持者表达异议。之后，强硬左翼感到自己被再次背叛社会主义的工党政府的影响力欺骗；但软左翼被富特的甜言蜜语哄骗，基本与领导层一致。最关键的是，大部分工会也是如此。为回应琼斯先前提出的一项倡议，6 月，工会联盟提出了一项关于限制工资的建议。

这整个想法让强硬左翼感到厌恶，他们认为收入政策意味着简单地为他们做资本家的工作，而有组织的劳工在每场薪酬争议中理所当然都是正确的。然而，琼斯现在所说的话对大多数普通工会成员来说听起来像是常识。虽然避免了使用收入政策这个词，但政府急切渴望与工会联盟达成协议，实现固定利率的全面上调，从而打破导致1975年生活成本增加24%的恶性通货膨胀。在接下来的3年，经过与希思一样惊人的大转变之后，政府开始贯彻一项物价和收入政策——在物价上公开透明、依法执行，在工资上态度委婉、全凭自愿。

年复一年，政府痛苦地攀登了一个又一个虚假的高峰，每次都相信最糟糕的情况肯定马上就会结束。威尔逊利用这样一个欺骗性的插曲，在1976年4月辞去了首相一职，以为自己能保全体面地脱身：对于一个60岁的人，特别是一个健康状况不稳定的人来说，这是一份足够天真的野心。和塔列朗（Talleyrand）一样，威尔逊也因为有着表里不一的名声，即使在卸任时也被认为是有所图谋。事实上，他已将自己的意图透露给几个人，包括一直被认为可能会继任的卡拉汉。在工党领导选举的第一轮投票中，其他候选人（希利和克罗斯兰）在基本上相同的选区的吸引力要么低于卡拉汉，要么就是吸引的人群更少：詹金斯吸引的是亲欧派社会民主主义者，本吸引的是强硬左翼，富特吸引的是软左翼。因此，卡拉汉在第二轮投票中毫无疑问地击败了富特。

除了老对手卡素尔，新首相没有对任何人表现出恶意。詹金斯很快就离开了，对他来说，担任4年欧洲委员会（European Commission）主席这一选择更适合他。这使得首相在一个团结的内阁中毫无挑战（当然，除了本）。卡拉汉组阁的主要缺陷在于他的前一职位是外交大臣。克罗斯兰很高兴能够获得工作，但几个月后他突然中风去世了。焦急的卡拉汉因为不想再来一次重组，于是提拔了克罗斯兰的副手戴维·欧文（David Owen），欧文年轻英俊，虽然（有些人私下说）过度虚荣，但他却是自 1935 年艾登以来无人能及的外交大臣。

卡拉汉作为首相在许多方面都令人印象深刻，在党派管理艺术方面，他的老谋深算不亚于威尔逊，但又不那么明显。也许因此卡拉汉让左翼没那么苦恼。强硬左翼至少知道他们与卡拉汉站在同一战线；而软左翼因为他与富特和希利在经济和工业战略上形成的合作伙伴关系，也与他站在同一阵营。卡拉汉认为，因为他在内阁四大部门都任过职，因此从艰苦的经历中吸取了无与伦比的教训，尽管如此，他本人并不像詹金斯那样冷漠，也不像希利一样傲慢；相反，他像"吉姆"[《吉姆帮你搞定》(*Jim'll Fix It*) 这个颇受欢迎的电视节目的名字有时被借用] 一样慈祥的好形象，被广泛认为是令人放心的。在民意调查中，他个人的支持率一直领先于政府。对社会主义教条的忠诚（不管是真的还是假装的），根本不是他优先考虑的事。1976 年 9 月，新首相以全国人民的诤友这一个人形象，带着"在这样一场衰退中，即使你可以，现在也不能这么消费"这一令人清醒的信息，参加了工党大会。这个声明是否标志着凯恩斯主义时代的结束是一个有争议的问题。当然，很多声称是凯恩斯主义的论点，在 20 世纪 70 年代中期的背景中已经失去了其相关性。工资增长能拉动需求，从而降低失业率这一简单的想法（尽管一些工会领导人把这当作一个绝望的理由，来为提高工资的要求辩护），现在听起来像是通货膨胀加剧的原因，更不用说失业问题了。虽然把 1976 年当作一个转折点是正确的，但这并不意味着一定要拒绝一条标有“货币主义”的路。作为财务大臣，希利思想非常僵化，不会轻易相信严格控制货币供应量是遏制通货膨胀的唯一方法。M3 的年增长率在 1975—1976 年一直保持在 10%左右，在未来 3 年中平均为 12%；因此，可以说货币政策在 1976 年以后就变得不那么严格了。希利既不是凯恩斯主义者也不是货币主义者，他为自己能在英国经济不断遭受冲击的时候成为掌舵人，指出一条务实的线路而十分自豪。

事实是，从 1973 年底开始，经济突然变差了，陷入了整整两年的衰退期：这是自 20 世纪 30 年代以来，产出第一次出现明显的年同比下降。这是一个由石油危机引发的全球现象，造成了巨大的经济混乱。要弄清楚其影响需要花费一些时间。在短期内，由于石油酋长国无法接纳其突然增长的收入，所以很多钱都流到伦敦来寻找借款人。虽然克服国际收支平衡和预算的巨额赤字需要外部借款，但这种情况不会持续很久。不可避免地，英国公共和私人支出的要求必须与其当前的经济产出保持一致。虽然在 1976 年有恢复的迹象，但经济增长的整体趋势转向了较低的水平。1960—1973 年，经济增长平均每年超过 3%。但在 1974—1979 年，平均每年仅增长 1.4%。5 年多来，全国产出（或收入）竟然比预期的少 10%。

如果说保守党政府在 1973—1974 年的直接问题，以及工党政府在 1974—1979 年面临的棘手困难，在很大程度上可以归咎于石油问题，那么这也有好的一面。随着北海油田即将投入使用，事情马上就要守得云开见月明了。1974 年，英国进口了 1 亿多吨石油，而出口量不到 100 万吨；到 1980 年，进口和出口在数量和价格上几乎保持平衡。在能源部，本发现了对其干涉主义本能的广泛支持，于是试图通过英国国家石油公司（British National Oil Corporation，BNOC）以及对国际石油公司的税收，来维护英国政府的直接利益。与缺乏石油的日本和联邦德国等工业竞争对手相比，英国作为一个制造业国家似乎就要进入白银时代。短期问题是，石油账目在 1974 年使国际收支猛跌，产生了占国内生产总值 4.4%的赤字，在石油账目产生盈余（1977—1978 年产生了）之前，英国要挺住。

不管是在经济上还是政治上，彩虹尽头的美好前景使得所有权宜之计都显得值得。希利在 5 年内所做的预算比格莱斯顿一生所做的预算还要多，他一年通常做两三个预算，因为他要努力应对应接不暇的紧急事件。这其中最大的事件就是 1976 年 9 月的英镑危机。令人泄气的是，还有许多让人担忧的指数同时持续存在：失业人员超过 125 万，国际收支赤字接近 10 亿美元，年通货膨胀率为 16%，英镑价值降至 1.57 美元，利率高达 15%，政府支出显然失控了，造成了创纪录的预算赤字。英国现在信心严重动摇，需要从国际货币基金组织获得贷款，这让政府第二次受到重大质疑。

国际货币基金组织危机充满了戏剧性。希利一会儿到希思罗参加国际会议，一会儿又赶去参加工党会议。内阁中在进行一场不可阻挡的拖延式斗争，这场斗争在商讨国际货币基金组织提供援助所要求的条款时，几乎变成了持续的会议。此时情况更像 1945 年而不是 1931 年。事实是，除非工党选择紧缩经济，否则就有必要贷款，而要提供的条款自然是由贷方决定的。一切都集中在削减政府总支出上，就连那些仍然质疑其经济逻辑的大臣都承认同意这些条款的政治逻辑。当然，政府可以依靠财政部来自己削减支出，如同它一直所做的那样；但它现在可能使大家普遍相信，有必要进行彻底改变。

巴伯领导时创造的预算赤字，可能在收入方面经历了相对下降；但希利领导时的赤字增长主要是由于政府支出增加，两年内的增长幅度达到国内生产总值的6%（几乎跟赤字数字一模一样）。这不是希利造成的；但是当这一切结束时，他是坐在财务大臣位置上的人。政府做出了广泛的承诺，特别是在20世纪60年代，期待能够实现一直未能实现的充分就业、高增长和低通货膨胀的条件。政府已经不能再依靠经济增长来支付税单了。几乎所有有工作的人都感受到了曾经只令中产阶级不满的所得税负担。1949年，一个挣着平均收入的有两个子女的已婚男子，完全不用缴所得税；但到了1975年，即使这个人的收入只有全国平均水平的一半，也达到了纳税门槛。

当保守党执政时的失业人数接近100万时，希思受到了刺激，想进行重大改变；但在工党执政时，100万人的失业水平变成了一种常态。1976—1979年，每年的平均失业率都超过了5%——是20世纪50年代和60年代任何一年的2倍。这不仅表明产出和税收减少了，还说明国家为支持失业人员及其家庭提供了不可预见的支出。1976年4月，希利已经开始大幅削减开支；国际货币基金组织危机所带来的影响是在12月进一步进行削减。到1979年，支出（尤其是住房和教育方面的支出）大幅下降，整体赤字也下降了(降幅要小一些)。

这些措施没有一个使政府受欢迎。事实上，国际货币基金组织危机之后，工党的地位在直线下降，降到跟1968—1969年货币贬值后的超低水平差不多。1977年4月，在沃尔索尔（Walsall）、沃金顿（Workington）、伯明翰斯特彻福德（Stechford，詹金斯的老地盘），以及最令人震惊的是，在阿什菲尔德（Ash-field）之前坚如磐石的矿区选区中，补选都失败了。这些事情不仅仅是一种心理上的挫折；它们还使政府失去了在议会中的多数席位。

多亏了少数党政府才得以幸存。由于索普被曝出丑闻，自由党不得不用一个未经考验的领导人取代他：不到 40 岁的戴维·斯蒂尔（跟新任外交大臣戴维·欧文一样）。卡拉汉向斯蒂尔表达了一种慈父般的亲切，更重要的是，他看到自由党不想在索普事件的阴影下举行一场大选。相反，在自由党成员看来，卡拉汉政府正在寻求他们可以支持的政策；从原则上来看，结成政治联盟对他们是有吸引力的。这是从 1977 年春持续到 1978 年秋的“自由党－工党协议”（lib-lab pact）的基础。就像 1931 年以后的鲍德温一样，卡拉汉可以利用自由党的敏感作为遵循他理想的路线的借口；但他不会同意选举改革。权力下放是另一回事，因为在苏格兰和威尔士，关于选举程序的提案已经成为政府应对民族党挑战战略的一部分。这两项议案占用了议会大量时间，这在一定程度上是因为工党议员消极的支持；但直到 1978 年夏天这两项议案获得通过，他们才确保不仅自由党，民族党议员也会让工党继续执政。

通货膨胀和工会问题一起支配着政府的生命。理想情况下，其中一个问题可以通过另一个问题来解决：通过工会合作使价格和收入政策行之有效。富特当然竭尽全力制造友好的气氛，不但废除了《劳资关系法》(Industrial Relations Act)，而且通过了自己的劳工法，第一次赋予工会自 1906 年《商业纠纷法》(Trades Disputes Act）以来所享有的最大权力，特别是对准入式企业的权力。此外还设立了调解服务机构。然而，在 1977 年，劳资纠纷中损失的工作天数出现了上升，并在 1978 年继续上升，而 1979 年成了本世纪最糟糕的年份之一，甚至比 1972 年还要糟。

工党收入政策的初步成功（让大家同意进行限制）因此让位于新的劳资摩擦，威胁到了政策本身。在 1976—1977 年，劳资收入的增长速度远低于生活成本的增长速度，而生活成本的增速更难降下来。因此，左翼宣称生活水平正在下降是正确的。然而，政府不会选择去避免全面的削减；真正的选择是通过价格和收入政策来控制经济衰退的影响，或者让失业者通过自由市场找到工作。因此，工会左翼和货币主义右翼为了在工资谈判中保留市场力量而形成的默契联盟，从政府干预中解放了出来。而且，收入政策是一种消耗性资产；在卡拉汉的领导下，就像在希思的领导下一样，在合乎情理地取得成功的几年之后，财政困难才出现。杰克·琼斯的退休是另一个打击，因为政府对他在劳资方面的政治才能有所依赖；他的继任者是“运输与普通工人工会”的领导人莫斯·埃文斯（Moss Evans），他主张自由集体谈判。在 1978 年，零售价格指数的涨幅为 8%，仅为前一年的一半，是 6 年来的最低水平；但长期巩固低通货膨胀预期的问题取决于工会在 1978—1979 年的工资交涉中的反应。

工会成员人数长期在 1 000 万上下波动；但在 20 世纪 70 年代中期，这一数字激增，并于 1979 年达到 1 300 万的顶峰。现在全部劳动力中有一半是工会成员。拥有 200 万名会员的“运输与普通工人工会”仍然是巨头，其次是拥有 150 万名会员的工程师工会，以及拥有将近 100 万名会员的普通及市政工人工会（General and Municipal Workers）。他们仍然是自 1945 年以来的三大巨头；虽然矿工与铁路工人工会的规模曾经紧随其后，但事情发生了变化，白领工作已经取代传统的产业工会成了经济中快速扩张的部门，特别是在公共部门。1979 年，全国地方政府官员协会（National Association of Local Government Officers，Nalgo）和全国公共雇员联盟（National Union of Public Employees，NUPE）共有 140 万名成员，是全国矿工工会和全国铁路职工工会（NUR）成员总数的 3 倍多。而且，公共雇员处于劳资行动（它仍然有着这一别致的称谓）的第一线。其中一个原因是政府对他们就收入政策进行了严格监控，而实际上“工资浮动”将私营部门制造企业的收入，推到了基于基本工资率计算的规范之上。公共雇员往往出人意料地激进的另一个原因是，他们是公共开支削减的直接受害者。像许多人尽皆知的猛兽一样，他们在受到攻击时是会回击的。

这就是 1978—1979 年“不满的冬天”形成的过程。政府提出了 5%的工资率标准，这从一开始就是一个不现实的雄心勃勃的目标。此外，正如大多数人所预料的那样，卡拉汉在最后一刻从 1978 年 10 月的大选中退出了。得益于经济方面的好消息，在民意调查中，工党在近一年的时间里一直与保守派并驾齐驱。然而，到了 1979 年 3 月，保守党毋庸置疑领先了。与此同时，政府政策在一系列破坏性罢工后崩溃了。不仅工会联盟决定无视 5%的工资率标准，工党会议也予以拒绝，使得政府要与自己名义上的支持者展开激烈的争斗。由“运输与普通工人工会”的莫斯・埃文斯领导（或者没有领导，如内阁大臣们怨恨地声称的那样）的一些重要产业工会，先用一些重大协议粉碎了这个标准；接着公共部门的工会试着奋起直追，由国民医疗服务体系工作人员，特别是清洁工人举行罢工，引发了广泛关注。公众是不会忘记未收集的垃圾在街头堆积如山这一景象的，因为保守党在不断地提醒他们。1979 年 2 月，盖洛普民意调查显示，3 个月前选票数落后工党 5%的保守党，现在领先 20 个百分点了。

政府正在苟延残喘。然而，尽管“不满的冬天”是其垮台的根本原因，但直接原因是民族主义的强烈抵制。1979 年 3 月底，政府（以一票之差）输掉了下议院的信任投票，因为在 3 月初，苏格兰民族党失去了支持工党执政的理由。随着自由党 – 工党协议的结束，政府实际上要依赖于苏格兰民族党的支持：至少在关于苏格兰权力下放的全民公投发生之前该党不会反对政府，这场期待已久的公投将在 3 月 1 日举行。威尔士在同一天投票，这一点也不奇怪，他们以 1/4 的投票结果拒绝了权力下放。苏格兰的投票结果显示他们勉强接受权力下放提案。然而，多数票集中在工业化的克莱德河岸，而目前正享受北海带来的繁荣的区域投的是反对票，仿佛在告诉格拉斯哥，“这是我们的石油”。对于苏格兰民族党来说更糟糕的是，虽然全苏格兰选民中有 33%的人投了赞成票，但是一项修正案被加入了权力下放立法中，要求支持率达到 40%。这有助于中止全民公投。在这个月内，苏格兰民族党加入保守党议员和自由党议员的行列，推翻了只有 28%的选民选出的政府。

虽然情况看起来几乎毫无希望，时机也不是他自己所选择的，但卡拉汉还是勇敢地举行了竞选活动，挽回了一些颓势。几个月来，保守党一直在使用由他们的新广告公司盛世长城（Saatchi & Saatchi）制作的海报。海报标题“工党没有工作”（Labour Isn't Working）下是一条蛇形的失业救济金领取队伍。诚然，在 1978 年 8 月，失业人数已经达到 160 万，到大选时仍然有 130 万。然而，保守党是否可以把它降下来已经不再是最重要的事了。物价已经取代就业成为突出问题，通货膨胀率再次回到了两位数。最重要的是，“不满的冬天”改变了选民关于哪个党能更好地与工会打交道的观点。在 6 个月内，这个问题已经不再是保守党的不利因素，而是成了一项重要资产。即便如此，如果有 1 300 万名忠诚的工会成员投票给工党，这一切也都不重要了，事实上 1/3 的工会成员现在把票投给了保守党。卡拉汉认识到，他正慢慢地在选举中失利，更多的是因为公众情绪的突变而失利，而不是因为特定的竞选问题。现在是时候重新开始了。

第十一章

值得高兴？1979—1990年

性别

1975年，保守党选出了一名女性担任领导。当然，自1918年以来，女性就拥有了成为议会候选人的资格；自1928年以来就拥有了平等的选举权；长期以来，女性积极地参与地方政府。然而，在第二次世界大战之前，女性议会候选人仍然是很少见的：20名候选人中也不见得有1名女性，而且被选上的机会更小。大多数女性都是自由党或工党成员。然而，1931年保守党的胜利产生了15名女议员这一创纪录的数字，这意味着在16名保守党女候选人中有13人当选了。由于相比男性，女性候选人在稳操胜券的选区被其所在党派选出的可能性要低，所以保守党这次压倒性的胜利帮助了她们；翻转的情况发生在1945年，24名女议员中有21名是工党成员。1950—1979年，两个主要党派的女性人数，工党在40人左右，保守党在30人左右——在情况较好的年份是这样的。但在像1966年这样不景气的年份中，两党推举的女性人数（51人）甚至比20世纪30年代还要少，尽管他们选出了勉强超过一半（26人）的女性议员作为补偿。

尽管如此，在 1966 年的议会中，保守党有 246 名男性议员，而玛格丽特·撒切尔是仅有的 7 名女性议员之一。她以非凡的决心到达了这个位置。玛格丽特·撒切尔原名玛格丽特·罗伯茨（Margaret Roberts），是林肯郡格兰瑟姆市（Grantham）一名杂货商的女儿。第二次世界大战结束时，她从文法学校毕业，进入牛津大学萨默维尔学院读化学专业。她反对那个时代的平等主义政治浪潮，弗里德里希·奥古斯特·哈耶克（F. A. Hayek）的《通往奴役之路》（*The Road to Serfdom*，1944 年）中反对规划和福利国家的辩论让她印象更为深刻。对她真正有塑造作用的政治影响仍然来自她的父亲，他的家庭格言是节俭和努力工作，这使他从卫理公会的自由主义者变成了在当地具有影响力的保守党成员。玛格丽特嫁给了商人丹尼斯·撒切尔（Denis Thatcher），他因家族涂料公司发达，这让他在一个有利的时刻进军石油领域，这场婚姻实际上造就了撒切尔夫人。它不仅给了她赖以成名的名字，还给了她一个支持她的配偶，让她在养儿育女（双胞胎）的同时追求事业，并且有足够的钱来使这一切成为可能。尽管如此，她更为公众认可的身份仍是杂货商的女儿，而非百万富翁的妻子。

玛格丽特·撒切尔被证明是一个不寻常的女人，这并不令人惊讶。她认为自己必须在男人的世界里走出一条自己的道路。她意识到这样一个事实，那就是俱乐部里的保守党大人物们不屑地把她称作“那个女人”，不把她当成自己人，这里面既有社会原因，也包含性别歧视。最终，她向受挫的下层保守主义拥护者（他们把她当成自己人）展现民粹主义形象，引起他们的关注，从而扭转了这种局面，让事情变得对她有利。在这方面，因为她作为局外人在身份上有些隔阂，性别因素也给她招致了一些抵毁；希思在被俱乐部接纳时遇到了麻烦，而撒切尔知道她永远不会被接受，从而免除了这样的麻烦。改造保守党将成为她的政治成就的一部分，最终将破坏传统精英的长期优势，这些人的传统主义部分建立在某种假设上——不同的性别有各自适合的角色。

在当时的情况下，撒切尔能够掌权是因为运气非常好。无可否认，1966 年以后，她肯定会成为前座议员：不仅因为她敏锐的头脑，或努力工作的能力，还因为保守党找不到别的什么能拿得出手的女性。保守党从来没有哪个女政治家达到了芭芭拉·卡素尔的高度，卡素尔显然是威尔逊政府的核心成员之一；而比撒切尔小 5 岁的雪莉·威廉斯目前更多地被当作可能成为首相的人提及。撒切尔作为“象征性的女性”进入了希思的内阁，然而，在一两年内她就成为一个强大的大臣，能够在内阁内外为自己的部门而战。让她的职业生涯发生改变的是希思的厄运，或者说是管理不善，以及她自己逃离废墟的能力。

1974 年 10 月以后，希思必须辞职，这一点已经非常明显了，只是他自己还不明白。前任卫生大臣基思·约瑟夫爵士（Sir Keith Joseph）可能对其领导地位发起挑战，短时间内看，这似乎有可能成功；在反对派中，约瑟夫曾接任鲍威尔，担任右翼领导人，但像鲍威尔一样，他发现自己新发表的言论被当作极端主义驳回了。约瑟夫的气质不适合当领导者，他发现自己的专长是当一个最重要的（即使不是第一个）撒切尔派。怀特劳是一名忠诚的希思派，大家普遍认为他最终将在允许多轮投票的领导人选举中获胜。但在 1975 年 2 月，撒切尔大胆地反对希思，并且获得了更多的选票；当怀特劳最终在第二轮投票中凸显出来时，她候选资格背后的势头足以让她令人信服地击败怀特劳。

因此，令他们惊讶的是，保守党议员居然选择了一名女性，还是一名他们知之甚少的女性。当有明显的迹象表明，这位新领导人已经走上约瑟夫所制定的路线时，很快就有人说党被“劫持”了，约瑟夫已经在一系列演讲中明显宣告了他突然领悟的保守主义的真谛。然而，撒切尔与他不同的是，她是一头羽翼丰满的政治动物：如果她可以像她之前的亚当·斯密（Adam Smith）一样，呼吁采用那种审慎的、国内的、赢利的、避免债务的、能让账面平衡的原则（一个伟大的国家要是忽略这样的原则就是犯错），她就绝不会冒险阐述教条主义的经济自由主义。撒切尔自己的转变是为了唤起家庭主妇的最高常识，这位高度专业的职业女性可以非常自然地扮演这一角色。

从最好的意义上来说，撒切尔是一位政治机会主义者：总是能很快抓住出现在自己面前的机会，并且很好地利用它们。当俄罗斯人贬损地称她为“铁娘子”时，她把这一称号当作了一种恭维。她把自己作为女性的孤独和卓越地位变成了一种独特资产。她利用自己的女性气质来戏弄和哄骗她喜欢的同事，并带着一种许多人从未遇到过的直率来戏弄和训斥他人。她随身携带着一个大容量的手提包，从中可以立刻找到相关文件；这成了她的一种个人标志，这对漫画家来说是一种福音，也体现了她对公共关系的敏锐性。她毫不掩饰自己的坚定信念，与舆论暗示的软弱形成对比。她没有时间理会社会主义，但尊重迈克尔·富特这样的议会对手的旧式社会主义信念；她真正蔑视的是那些她认为“软弱”的保守派。

撒切尔还因自己带着女性的谨慎前进而自豪，因为她认识到，虽然她的前任可以在 3 场选举中失利，但她最多只能输掉 1 场选举。她从自己作为反对党领导人所遭遇的失败中学到了一些经验：

如果说她的声音让那些性别歧视主义者觉得尖锐，那么她已经学会了降低自己的声调；如果说她那些过于讲究的衣服使自己被定型为郊区主妇，那么她已经接受了“权威着装”的建议，塑造了一个强大、干练的形象。作为首相，她开始散发权威；但在 1979 年前，保守党管理者担心英国是否已经准备好接受一个女性最高领导者。有几年，她在民意调查中的表现排在卡拉汉和保守党之后，但对她来说幸运的是，“不满的冬天”使她的排名变得靠前了。

当时出现了不止一个悖论。首先，第一位女首相为女性所做之事实际上非常少；其次，在女性领导下的保守党，反倒放弃了 60 年来在女性中的选举优势。虽然这种“性别差异”在抽样前无法精确量化，但其长期存在的本质与显而易见的事实是一致的：在 1945—1979 年的每次大选中，女性都比男性更可能投票给保守党。老年人也是如此；但老年人中有更多的女性这一事实并不能解释这种优势，它只是放大了这种优势。在 1955 年，只有 47%的男性投票给保守党，而 55%的女性把票投给了保守党。因此，性别差异可以合理地被认为是保守党在 20 世纪 50 年代的选举中取得优势的原因；但在 20 世纪 80 年代，情况并非如此。在 20 世纪 70 年代，这种差距从 8%稳步降至 2%或 3%。此外，撒切尔在 1983 年和 1987 年的选举中大获全胜，但在这两场选举中，第一次出现女性投票给保守党的可能性并不比男性大的情况。当然，这一现象可以通过多种方式来理解：可以理解为男性对女性领导者的偏见消失了，也可以理解为这表明女性现在“像男性一样”投票了。

由于社会和经济方面的性别差距一直在缩小，男性和女性在生活和工作方面的经历更为接近，所以政治方面的性别差距肯定也会缩小。在 20 世纪的前半期，尽管发生了两次世界大战，女性的就业人数却没有相应地增长。事实上，20 世纪 30 年代的衰退已经造成了女性就业人数大幅下降。在 1951 年，女性占劳动力的 31%，仅比 1911 年多一点。到 1970 年，这一比例超过了 35%，但在接下来的 20 年内出现了大幅增长。由于女工普遍提供这样或那样的服务，体现在经济上就是整个服务业的长期增长。从第二次世界大战开始，一系列秘书、文职和销售职位取代了家政服务，成为女性就业岗位的主要来源。因此，经济的结构性变化使传统上男性从事的工作被传统上女性从事的工作取代。

最终的结果是英国劳动力组成发生了重大变化。在 1975 年，金属和机械工程行业（最大的行业）的总就业人数为 420 万，而银行业、保险业和金融业的就业人数是 150 万。到 1990 年，这两个数字都在 270 万左右，但与批发、零售、酒店和餐饮业的 480 万名员工相比就相形见绌了。此外，这一时期发生的戏剧性转变因高失业率的出现进一步加剧了，这自然而然更多地打击到了正在走下坡路的制造业，而不是充满活力的服务业。1990 年，把所有能参加工作的人计算在内的全部劳动力统计数据显示，女性占全部劳动力的 43%；但现在女性工作者比男性更有可能找到工作，尤其是兼职工作。每 3 个全职女性中就有两个会兼职；相比 1979 年，现在全职工作减少了 100 万个，但兼职工作增加了 100 万个。最终的结果是，到 1990 年，女性实际就业人数为 1 100 万，而男性是 1 170 万——统计数字正在迅速接近。

当然，地位和收入方面的平等又是另一回事了。1970 年通过并于 1975 年实施的法定同酬要求，并不是最后的胜利，但是一旦《性别歧视法》(Sex Discrimination Act，1975 年）使得“公平就业机会委员会”(Equal Opportunities Commission）成立起来以监督公平待遇，这场战斗就可以通过一个个案例更容易地展开了。在1970年，就像长期以来的那样，在体力和非体力职业中，女性的平均周薪只有男性的一半。在10年内，这一比例上升到了大约60%。工资的上涨与1979年女性工会成员人数上升至近400万有一定关系，在过去的10年中，这个增长率是男性的2倍。但在1980年后，并没有多少进一步的改善。考虑到男性工作时间更长，女性工资率似乎停留在男性平均水平的2/3左右。基于性别的明显差异现在是非法的，出现这种情况的原因在于对与性别相关的技能和资格的隐性歧视。

女性的专业资格通常取决于获得高等教育的机会，而在高等教育方面，长期存在的性别差距根深蒂固。在20世纪20年代，女性全日制大学生的比例达到了28%，但在未来的30年中这一比例实际下降了3%或4%。到了罗宾斯时代，所有社会阶层的男性获得大学学位的可能性是女性的2倍。相反，在随后的扩张中，虽然大学录取的男性人数在20年内增加了一倍多，但女性人数翻了两番，到1980年录取率达到了40%以上，而且还在上升。直到20世纪80年代，牛津大学和剑桥大学才完全成为男女同校的学校，当时最后一所男子大学也同意接纳女性了——事实证明，她们绝大多数来自与男性相同的社会和教育背景。

性别偏见在高等教育中逐渐消失，这表明，来自职业家庭的女性终于得到了和她们的兄弟一样的待遇。女性毕业生会继续在社会上要求同样的待遇，并且在20世纪60年代明显复苏的女权主义压力集团活动中表现出色，这毫不奇怪。在一个由善于表达的女性打造的文化背景中，这就更加显得正常了。

在雪莱的诗歌中，未被承认的立法者的作用，是由一群卓越的女性小说家证明的，她们中有许多是大学毕业生。艾瑞斯·梅铎（Iris Murdoch）是一个很好的榜样，作为哲学家她成功地在牛津大学度过学术生涯，并在此期间发表了《钟》(*The Bell*，1958年）和《被砍掉的头》(*A Severed Head*，1961 年）等令人深思的小说。在她因《黑衣王子》(*The Black Prince*，1973 年）和《神圣与世俗的爱情机器》(*The Sacred and Profane Love Machine*，1974 年）获奖时，她可能是她那一代人中最受尊敬的英文小说家。[①] 比她小 20 岁的玛格丽特·德拉布尔（Margaret Drabble）最初在年少的时候就因《夏日鸟笼》(*A Summer Birdcage*，1962年)、《加里克年》(*The Garrick Year*，1964 年）和《磨盘》(*The Millstone*，1966 年）而成名，表明她作为获得牛津剑桥奖学金的自信年轻的北方女性，主宰了自己的命运，期待机会之门向她们敞开（而不是被男性打开)。她们现在凭借自己的实力，进入了一个复杂的大都会世界，在这个世界中，像《金色的耶路撒冷》(*Jerusalem the Golden*，1967 年）中的德纳姆家族（Denhams）这样的人，长期以来一直是特权居民。梅铎的妹妹 A. S. 拜厄特（A. S. Byatt）[②] 与她一样，奠定了作为一名富有创造力的学术作家的职业生涯的基础：这一经历后来在她的主要小说《占有》(*Possession*，1990 年）中被提炼了出来。安吉拉·卡特（Angela Carter）因发表《魔幻玩具铺》(*The Magic Toyshop*，1967 年）而

---

① 她的名气现在超过了比她大6岁的安格斯·威尔逊（Angus Wilson）。威尔逊因为其性取向，以及在《盎格鲁–撒克逊态度》（*Anglo-Saxon Attitudes*，1956年）和《动物园的老人》（*The Old Men at the Zoo*，1961年）等小说中以得体的方式呈现的自由主义反讽，被人们称为翻版的爱德华·摩根·福斯特。1991年威尔逊去世时，他所有的小说都已绝版。——原注

② 原名安东尼娅·苏珊·达菲（Antonia Susan Duffy）。——编者注

成名，她将女孩的感性融入逐渐展开的神秘主题，令人印象深刻。费伊·韦尔登（Fay Weldon）在《被压迫的女人》（*Down Among the Women*，1971 年）、《记住我》（*Remember Me*，1976 年）及《女魔头的人生与爱情》（*The Life and Loves of a She-Devil*，1984 年）这一系列小说中，展现了一个强硬的女权主义者的日程安排，这些小说无与伦比地结合了现实主义和超现实主义。

女性解放成为 20 世纪 60 年代的口号。“女性解放运动”（women's lib）在一定程度上受到了美国发展的启发，并且有杰梅茵·格里尔（Germaine Greer）这样一位无畏的战士，她的著作《女太监》（*The Female Eunuch*，1970 年）成了畅销书，“女性解放运动”的目的是打破男性长期以来独享特权的局面。性解放运动当然是这些运动之一，而且由于异性恋爱需要有男性伴侣，所以这是一个最不会遭到男性反对的运动。具有象征意义的胸罩焚烧运动无意间在着装自由方面产生了连锁反应，特别是在年轻女性中，她们成了“摇摆的六十年代”形象的一部分。然而，“女性解放运动”的一些主要人物很快就开始质疑这样一种简单的假设：性别不平等可以简单地被消除，尤其是通过这种与生存相关的姿态。

在接下来的 20 年中，女权主义有时为激进的规范性运动所用，其中关于性的论战就是通过其他方式延续的性别政治。以一种不那么宗派主义的心态来看，对性别差异的深层性质的认识（这需要男女之间的相互理解），已经成为女权主义议程的一部分。这就涉及了根本问题，这些问题很难用像同工同酬立法这样简单的方法来解决。女性的工作收入更少，这在一定程度上是因为传统上男性色彩更浓厚的角色——无论是表现得孔武有力，还是能对他人行使权力——一般都受到更多的尊重，而需要传统女性技能的任务，无论是灵巧的手工技艺，还是对个人情感产生共鸣的能力，往往得不到好的回报。此外，受教育水平不同的所有女性在找工作时都想找薪资更高、工作前景更好的工作，她们发现自己不仅要与男性竞争，还要在男性设立的对男性有利的惯例下与他们竞争。高素质的女性仍然会遇到各种障碍，既有有形的障碍，也有无形的障碍，于是有人就提出了“玻璃天花板”这一概念，它有效地阻止了女性获得高级职位，或者踏上由男性为自己所设立的向上晋升的“黄金之路”。在政治上，压力集团的方法对改变这种情况有一定作用。到 1992 年，议会中的女性人数创造了新的纪录，这不仅体现在总人数（60 名议员）上，还体现在每个党派中，自由民主党（Liberal Democrats）有 144 名女性候选者，工党有 138 名，保守党有 59 名，是 1979 年的两倍多，并且明显会进一步增加。

不光在议会中，包括在家中，关于性别角色的历史性假设都越来越受质疑。就业模式的变化在挑战养家糊口者和家庭主妇（他们作为已婚夫妇生活在一起，并且熟知家庭内部的分工）之间刻板的分工。尼格尔·劳森（Nigel Lawson）对个人征税的改革在 1988 年就有了征兆，这是官方对新规范的适应，这一改革让男性不再需要为妻子的纳税申报单负责。更重要也更难以描述的，是日常行为的非正式变化，比如都在工作的夫妻双方对家务和抚养子女的责任。我们当然可以看到“新型男人”在承担传统的女性任务。这不仅仅发生在时髦的专业领域，在全国各地也越来越普遍，特别是在男性失业率高的地区——马克·博克瑟（Mark Boxer）很久以来一直在连环漫画《在西北一区生活的日子》(*Life and Times in NWI*) 中以夸张的手法描绘卡姆登镇（Camden Town）。对男性来说，推婴儿车或给婴儿换尿布，在超市购物甚至做晚餐（也许特别是给客人做晚餐)，都变得非常正常。种种迹象表明，日常琐事仍然落在女性身上。1984 年，10 个已婚女性中有 9 个仍然单独承担洗涤和熨烫工作；70% 的女性承担家庭清洁工作；50% 的女性承担购物工作(尽管只有 10% 的女性承担家庭维修工作)。这种模式使得女性应对家庭和职业的双重压力更加困难。

婚姻制度正在重新定义。平均初婚年龄在稳步下降 60 年后，在 1970 年后又开始上升；到了 1990 年，大多数初婚的新娘已超过 25 岁，新郎的年龄超过了 27 岁，这是自战间期以来未见的水平。当然，在当时，“未婚同居”是可耻的，然而 50 年后，情侣同居并不罕见，这往往是随后进入婚姻的前奏。越来越多的情侣故意选择未婚生子，这是造成非婚生子比例上升的主要原因。非婚生子的比例在第一次世界大战前处于历史新低，只占所有新生儿的 3%，但在第二次世界大战后达到了 5%。1960 年之后，这一比例开始急剧上升，到 70 年代达到约 10%，并在 1988 年飙升到 25%。在那时，无可否认，70%的非婚生子是以父母两个人的名字一起登记的，以此表明双亲关系稳定。然而，不可否认的是，这种非婚生子比例上升的趋势也表明，独立抚养子女的女性人数有所增加（离婚率也越来越高)，因为幼儿的母亲通常是他的监护人。

在第二次世界大战之前，每年每 100 桩婚姻中大约有 1 桩会离婚；第二次世界大战之后，差不多每 10 桩就会有 1 桩离婚，这一数据在 20 世纪 50 年代有所减少，但在 20 世纪 60 年代又增加了。1969 年的《离婚法改革法案》(Divorce Law Reform Act) 用婚姻破裂的概念取代了婚姻的罪行（通常是通奸）这一概念，以此应对离婚变得更容易所带来的不断上升的压力。不到几年，离婚数量增加了 1 倍，在 20 世纪 80 年代，每年有超过 16 万对夫妇离婚，差不多是结婚夫妇数量的一半。离婚通常意味着所有相关人员的生活水平有所下降，其原因很明显，那就是他们现在要支撑两个家庭而不是一个：如果任何一方建立了新的家庭，这个问题还会加重。照顾受抚养子女的前妻通常会发现，她们的收入受到了极大的影响。对她们来说，离婚依然是一个糟糕的选择。但至少现在她们可以摆脱失败婚姻的泥潭，尤其在 20 世纪 70 年代初的法律改革确立了配偶对婚姻财产的平等权利，有效保证了妻子对婚姻居所的所有权后。因此，在房价快速上涨的时代，离异男性更有可能失去他们的主要资本资产，维多利亚时代对不动产的假定完全被推翻。简单地说离婚变得更容易了是错误的；离婚有没有通过解除更多不幸的婚姻而产生更幸福的婚姻，这也是很难说的。但是，随着寿命的延长，20 世纪 80 年代的离婚率更高，平均婚姻持续时间回到了 19 世纪 20 年代的水平。

撒切尔主义

有一种观点认为，“撒切尔主义”一词就像“贝文主义”一词一样，必须由其他人提出，才能使本来很个人化的领导风格合法化。这个词在 20 世纪 80 年代早期开始使用，是《今日马克思主义》(*Marxism Today*) 期刊以贬损的口吻地引入了这个词，但尼格尔·劳森赋予了这个词美好的内涵，尼格尔之前是一名精力充沛的金融记者，现在是影响力越来越大的大臣，负责制定经济战略。他对撒切尔主义的定义是自由市场、货币控制、私有化、削减支出和税收的混合体，再加上关于自助和民族主义的“维多利亚价值观”

的民粹主义复兴。鲍威尔在为撒切尔主义做准备方面发挥的作用很明显。代表哈耶克的经济自由主义改变活动所发挥的作用也很明显，这些活动是经济事务研究所（Institute of Economic Affairs，IEA）多年来一直致力的；基思·约瑟夫在1974年成立政策研究中心（Centre for Policy Studies）时发挥了重要作用，他将货币主义方法引入了保守党决策的主流。撒切尔自己不可或缺的成就是动员了足够多的支持，使撒切尔主义成为政府的议程。

当然，撒切尔是一个反复无常的理论家。在政府不应干涉的一般原则与她一直没能避免干涉的行为发生冲突时，她便辜负了自己内阁中有原则的撒切尔主义的支持者——因为她觉得只有自己最了解相关情况。尽管她的一些大臣对此表示理解，认为她坚持了19世纪自由主义的信条，但自由主义世界观对她来说却是完全陌生的；在谈到民族主义时，她是一位老派的保守党成员。她自由地援引丘吉尔的名字，但同时拒绝接受两届丘吉尔政府采用的国内政策的许多指导原则。她的信念是变化不定的，而不是意识形态上的。她一边制定政策，一边发表即兴的公开言论，在迫使她的同事接受之前并没有达成一致的倡议。

在1979年议会中，撒切尔政府轻松获得超过40票的多数优势。在民意调查中，保守党获得全国选票的44%，而工党获得37%；自由党获得14%，自1974年以来有所下降，但仍保留了11个席位。在威尔士或苏格兰，保守党的席位只有工党的一半（尽管在民族党衰落后又获得了几个席位）。此外，英格兰北部的情况也是如此，那里有107名工党议员，但只有53名保守党议员。这个政府代表了繁荣的英格兰南部，而不是从事制造业的容易出现高失业率的地区。人们普遍认为，执行可能会导致失业率上升的政策在一定程度上可能会给选举带来阻碍，至少在短期内是这样。

撒切尔觉得自己没有足够强大的力量来排除内阁中那些带头的“软弱派”，如伊恩·吉尔摩爵士（Sir Ian Gilmour）、彼得·沃克和弗朗西斯·皮姆（Francis Pym）。怀特劳属于另一个类别。他首先担任内政大臣，后来担任枢密院议长，他像服务之前的希思一样为撒切尔服务，有着无可挑剔的忠诚，并真诚地为其提供建议，这对支持撒切尔来说更为重要，因为这些建议来自至少看起来有点像软弱派的人。希思本人被半心半意地邀请到华盛顿大使馆任职，但他立即拒绝了，他宁愿潜伏在后座上（有些人说他是在那儿生闷气）。但他的另一位知己卡林顿勋爵（第六代男爵）被任命为外交大臣。这种任命有助于化解党内的麻烦；当希思发言反对撒切尔时，撒切尔已经牢牢掌权了。内阁中对撒切尔主义的重量级支持最初来自杰弗里·豪（Geoffrey Howe）爵士，他是一名严厉但很能干的律师，后来成了财政大臣；当然还有来自约瑟夫的支持，他成了工业大臣（Secretary of State for Industry）。像尼格尔·劳森、谭百德（Norman Tebbit）、塞西尔·帕金森（Cecil Parkinson）和尼古拉斯·雷德利（Nicholas Ridley）这样忠诚的撒切尔派，不得不在初级大臣这样的职位上等待时机进入内阁，通常是取代那些被驱逐出去的“软弱派”。

在任命行政人员和大臣时，撒切尔因查问候选人是不是“我们中的一员”而臭名昭著。她希望能由相信其政府使命的人为她服务，她最初不信任那些花了他们一生中最美好时光来修补战后共识的公务员。她将把唐宁街10号变成一个堡垒，由她可以暗中依赖的拥护者组成。艾伦·沃尔特斯（Alan Walters）教授是一位坚定不移的货币主义者，他成了值得信赖的经济顾问。查尔斯·鲍威尔（Charles Powell）自1984年后成了不可缺少的私人秘书。伯纳德·英厄姆（Bernard Ingham）像许多重生的撒切尔派一样，之前是一名社会主义者，他在撒切尔的首相生涯中担任新闻秘书，用精心维护的、直言不讳的约克郡风采，将政策问题和个人冲突翻译成民粹主义习语，因而产生了独特的影响力。大臣们学会了畏惧唐宁街表现个人敌意的，或者是支持力度不够的新闻发布会，将其当作失去首相支持的预警。通过精心与大众媒体搞好关系，撒切尔的宣传触及了传统上属于工党的低端选民。

事实上，鲁珀特·默多克（Rupert Murdoch）的《太阳报》（英厄姆最喜欢的小报）是工会联盟自己的《每日先驱报》在近代的化身，加上1979年其发行量有400万，超过了竞争对手工党的《每日镜报》，这预示着一个新的纪元。在撒切尔派的黎明中，《太阳报》也对保守党表示支持，这真是一种福音。

尽管撒切尔怀疑希思派的吉姆·普赖尔（Jim Prior）是意图在工业上实行绥靖政策的"软弱派"，但还是任命他担任就业大臣，负责对工会进行改革。"不满的冬天"曾经使公众的态度变得坚定，但它来得太迟了，不能打乱普赖尔慢步向前的计划。这对政府来说是一种福音，因为普赖尔的《就业法》（Employment Act）凭借认定"二级"纠察封锁（不是在工作场所）属于非法行为这一底线方案，以及要求准入式企业需要获得大部分工人的赞同方可建立的方案，在1980年获得了公众的广泛支持。一旦这个法案成功通过，就需要进一步立法收紧其规定，特别是在内阁中越来越孤立的普赖尔被迫不及待想要严加管控工会的谭百德取代后。1982年的谭百德法案是正面攻击，它进一步限制了工业活动的范围，同时使工会对侵权行为负有法律责任。在接下来的几年里，逐步推进的立法要求工会成员投票，不但要对工会官员的正式选举投票，而且要对政治资金的批准投票，此外，在每次罢工行动之前也要投票。这种高效的费边主义过程防止了希思犯下妄想一蹴而就导致的错误，同时最终束缚住了工会。

失业率的稳步上升也削弱了工会的力量。在 20 世纪 80 年代，工会成员人数减少了 300 万，其中一半的损失集中在 1981—1983 年这两年间。但在一开始，撒切尔政府就对自己将要打哪些战役很谨慎。保守党已经给出了竞选承诺，承诺兑现公共领域工资委员会（由工会领导）提出的任何关于增加工资的建议。这引发了 1979—1980 年的薪酬激增。撒切尔政府面对的最重大的冲突，或者说在它准备好之前拒绝面对的冲突，是与全国矿工工会的冲突，这一冲突在保守党试图扳倒希思的妖魔论中显得尤为重要。意识到其中的政治风险，撒切尔在 1981 年与煤炭行业冲突时退缩了，她宁愿暂时通过收买的方法摆脱困境。无论如何，罢工记录在 1984 年前不断刷新。而这种情况的根本原因是失业问题。

政府经济政策的基础是“中期金融策略”（Medium-Term Financial Strategy，MTFS），这一策略是担任财务大臣的豪采用的，但是由金融副手劳森起草。它试图采用货币主义方法来解决经济管理问题，将控制通货膨胀作为主要目标。有人认为，一旦通货膨胀得到控制，只要辅以经济供给侧的改革，帮助私营企业摆脱国家干预的重担和繁重的税收，就业问题就会自动消失。正如保守党的政策声明所宣称的那样，这是解决问题的“正确方法”，在采纳这个方案时，政府需要下定决心。取得成功的秘诀在于让市场，尤其是让劳动力市场知道，无论发生什么情况，金融纪律都将得到维持。

如果只有一定数量的货币可用，通货膨胀就会得到控制，而通货膨胀的工资结算方案只会导致要价太高的工人群体失业，或者导致雇主破产。产出的下降或失业率的上升，必须被看作学习过程的一部分；但在货币供应量减少两年后，通货膨胀率会按照预期下降。

这个简单的理论在实践中应用起来却没有那么容易。1979 年的预算直接削减了所得税，因为政府急于兑现刺激供给侧的承诺。因此基本税率从 33%下降到了 30%；最高税率从 83%下降到了 60%。为了为此买单，增值税的税率从 8%提到了 15%的全额税率。按照承诺，直接税变成了间接税；税务负担的再分配倒退了，变得对富裕阶层更为有利；通货膨胀受到了直接刺激，使零售价格指数上升至 20%。但这个政府只要能给自己带来好处，就一点儿也不怕把事情弄得更糟。因此它继续采用通过货币手段控制经济中的通货膨胀这一策略。政府宣称其目标是控制货币供应量（£M_3）的增长率，让其逐步降低。然而政府同时使自己失去了影响国内货币供应量的传统手段，因为为了追求自由市场，它已经取消了外汇管制。现在它手中只有利率这一个不那么锋利的武器了。

在第一年，基准利率调高了 17%，但货币供应量（£M_3）仍大幅超过其范围；第二年的情况也差不多。如果要实现目标，利率可能必须继续上升。然而，高利率已经对英国工业造成了巨大的破坏，而且在石油繁荣的背景下，英镑平价曾一度被推高至 2.5 美元和 5 德国马克——这使出口商的处境变得更为困难。就连劳森和沃尔特斯这样的教条式货币主义者也觉得要适可而止了，斥责超额的货币供应量（£M_3）是错误的（尽管它继续以不同的形式仍在超发）。政府转而选择的是财政紧缩措施，这与其对削减公共部门开支和减少财政赤字的重视一致。

保守党的政策是通过强加现金限制，而不是给公共服务做计划，来控制和减少公共支出；因此如果通货膨胀高于预期，将会(不可否认，以一种相当随意的方式）减少公共服务，而不是增加支出。1979—1980 年，整个公共支出处于赤字状态，占国内生产总值的 5%，并且在第二年上升到了 6%。这种上涨可能会打乱真正的削减计划，但这与大萧条时期公共支出的结构是一致的，因为大萧条时期的公共支出主要用于高失业率拉高的社会保障开销。其他类型的社会支出在 20 世纪 70 年代中期达到了顶峰，但社会保障开销占国内生产总值的比例继续上升。到 20 世纪 80 年代中期，社会保障开销吸收了国内生产总值的 12%，而 10 年前的比例为 8%。因此，矛盾的是，在撒切尔执政的 7 年间，公共支出在国民收入中所占的比例仍然比 1979 年高。

豪在他 1981 年的预算中对此做出了回应，他不仅更加大幅度地削减开支，而且提高了一系列税收（当然除了所得税），力图将赤字减少 2%，而且他成功地做到了这一点。他的过人之处在于，他是在经济严重萧条了 50 年的时候准备这么做的。毫无疑问，这是对凯恩斯主义的断然拒绝，只在一方面除外：它依赖财政而非货币政策。因此，货币主义已成为通货紧随政策的一种掩护，这些政策抛弃了战后经济管理中对就业问题的优先考虑，但是豪应对通货膨胀的手段被证明是正确的。1983 年，货币供应量（£M_3）的目标名义上达到了，这个事实无关紧要；这依赖于不断上调目标（不考虑将对通货膨胀带来什么样的影响），同样也依赖于将货币供应量(£M_3）水平降到最初预计的水平。然而，通货膨胀率确实从 1980 年的 18%稳步下降到了 1983 年的 4.5%。

通货膨胀率下降的真正原因是经济衰退本身带来了影响。到

1981年秋季，失业人数为280万，是1979年5月的2倍；在1982—1983年的冬天，失业人数达到了330万。在这些年中，每年的就业人数实际上都有所下降；到1983年，已有超过200万个工作岗位消失了。消失的大部分是制造业的职位，这些职位大部分是全职的，由男性担任的，工作地点在传统工业区。这加重了长期存在的地理和社会差异，其中最引人注目的是南北之间的差异。在这里，北方指的是苏格兰和威尔士，以及英格兰北部的工业区；南方主要是指英国的东南部，可以说是更广泛的大伦敦，这个区域得以在这场最严重的经济衰退中幸免。

根据经济周期各个峰值的数据计算，1980—1983年的增长仅为0.6%，差不多是“二战”以来正常水平的1/4。1980年，经济萎缩了2%，比1974年的萎缩幅度更大。1981年的情况几乎没有好转。这是撒切尔政府大展身手的时刻。关于大转变的预测一直很频繁。“你们想掉头就掉头，”撒切尔曾在1980年10月的保守党会议上说道，“但我不会掉头的。”1981年3月豪的预算出来之后，他们已经知道她不是在开玩笑。像伦敦的布里克斯顿和利物浦的托克斯泰斯（Toxteth）这种贫困城区的骚乱都没能动摇她。1981年9月，她在内阁改组的时候将劳森、帕金森和谭百德等撒切尔派放到了关键职位上，将普赖尔放逐到了北爱尔兰，并且解雇了软弱派的两名要员。对此吉尔摩没有大惊小怪，而丘吉尔的女婿索姆斯（Soames）在听到被解雇的消息后攻击撒切尔，称“被他的女仆解雇了”。

政府此时正处于危急时刻。反对党也是如此。自从竞选失败后，工党变得大幅倾向左翼。这一点并没有体现在富特当选为领导人上——他在1980年11月以微弱的优势击败了希利——而是体现在本的再次得势上，他是影响力越来越大的左翼联合政府的拥护者。这就为推进工党年度会议争取了足够多的工会支持，制订包括单边主义防御政策、退出欧洲共同体和改变工党自身章程在内的计划，这使阻碍工党成员担任议员变得更加容易。相反，随着“三人帮”（Gang of Three），即雪莉·威廉斯、戴维·欧文和威廉·罗杰斯联合起来组建的社会民主派的出现，党内真的有了分裂的可能性。詹金斯于 1979 年在他的丁布尔比电视演讲中提出了中心党派的想法，结果反响寥寥；但他在 1981 年 1 月结束在欧洲共同体的任职时，左翼无意中把他招募进了一支潜在的追随者队伍。在工党在温布利（Wembley）召开的一次特别会议上，左翼因采取措施巩固工会影响力而获胜。相反，“一人一票制”（one member, one vote）的呼声成为“三人帮”的突破点——或者现在也可以称为“四人帮”，因为他们采用了与詹金斯合作以求成立新政党的战略。

正如詹金斯所说的那样，1981 年成立社会民主党（Social Democratic Party，SDP），是为了“打破英国政治的模式”。因此，社会民主党需要对选举进行改革；但要实现这个目标，它需要在现有制度下取得突破，这是它与自由党达成协议的一个原因。总而言之，这是一个艰巨的任务。只有主要政党的意识形态两极分化，它才有可能实现。尽管失业率创造了新纪录，撒切尔政府似乎仍然执着于其货币主义试验；工党似乎被工会所束缚，而且在新的选举团到位之后，本差点儿取代希利成为党内二号人物。1981 年，社会民主党所向披靡。到了夏天，有 15 名工党议员投奔了社会民主党，而且还会有更多的人加入他们的行列。7 月时，詹金斯在沃灵顿（Warrington）参加了一场补选，给工党带来了一场不快的震动。11 月，雪莉·威廉斯从保守党手中夺走了克罗斯比（Crosby）这个之前稳得的席位；在这件事的余波中，盖洛普调查显示，“社会民主党 – 自由党联盟”（SDP-Liberal Alliance）的选票占了全国选票的 50%，而其他两党的选票各占 23%。社会民主党 – 自由党联盟的对手们很快宣称，这种水平的支持率中显然有媒体炒作吹起来的泡沫；但在 1982 年 4 月，社会民主党 – 自由党联盟仍领先保守党 6 个百分点，领先工党 8 个百分点。

决定性地改变政府立场的并不是经济的好转，而是所有人都没有想到的一个意外事件：南大西洋的一场战争。它使撒切尔失去了镇定，也失去了她的外交大臣，但也使她得以在时间由她决定的下一届大选中获胜。损失卡林顿令人悲伤，他曾以沉着的姿态主持外交部，劝说首相接受令人难以接受的决定，不仅仅是关于欧洲（在那里，英国的承诺一直是摩擦的根源）的决定，尤其是关于罗得西亚的决定。作为反对党领导人，撒切尔似乎对她所在政党的罗得西亚游说团体表示赞同，这个团体支持史密斯寻求和解的新策略——这实际上是对南非压力的回应。史密斯显然希望分裂黑人民族主义势力，从而边缘化他们最有力的领导人罗伯特·穆加贝（Robert Mugabe）。然而，掌权的卡林顿说服撒切尔接受了一个孤立史密斯的解决方案，并为穆加贝在黑人为多数群体的情况下赢得政权铺平了道路，使他在 1980 年成为合法独立的津巴布韦的领导人。

然而，外交部在尝试制定另一项狡猾的绥靖政策时，却发现了更多的困难，这次问题出在马尔维纳斯群岛上。马尔维纳斯群岛长期以来为阿根廷所占有，是一项的花费巨大的前帝国义务，那里住着一小群倔强的牧羊人。既然他们的生活方式在经济上不再可行，那么英国纳税人何必无限期地为他们提供经济支持呢？——彻底的经济自由主义者可能会这么辩称。因此，外交部国务大臣尼古拉斯·雷德利主张在主权上做出让步，再加上一项租赁协议；但下议院人数虽少但声音响亮的福克兰群岛游说团[①]，使得这一解决方案变得无法执行。由于没有更好的办法，英国只好继续履行自己的义务——虽然撒切尔政府撤回了常规保护船，以减少国防开支，但阿根廷几乎没有意识到这个信号。卡林顿警告说这样做是不明智的；撒切尔已对他表示反对。然而，反常的是，当加尔铁里（Galtieri）将军的军队在 1982 年 4 月初进入马尔维纳斯群岛时，这场危机成就了作为国家领导人的撒切尔，就像纳尔维克成就了丘吉尔，苏伊士运河危机成就了麦克米伦一样。

政府要对此事负责。卡林顿承担了责任并辞职，皮姆被任命为临时外交大臣。撒切尔抓住了席卷下议院紧急会议的震惊和沮丧情绪，出人意料的是，富特急切地想要反抗，并宣布要进行全面的军事远征，以夺回这些岛屿。皮姆试图通过美国的斡旋寻求和平解决方案，但他的努力就跟塞尔文·劳埃德在 1956 年的努力一样被证明是无效的，而且原因也一样：首相另有打算。与苏伊士运河危机的一个不同之处在于，两个互相对立的党派都没有反对这次冒险行动；在欧文担任外交大臣期间，这些岛屿得到了有效的防御，现在他确实在充分利用这一事实，高调地鼓励政府挽回局面。当然，很少有人为加尔铁里及其政权辩护，从这个意义上说，他是一名理想的敌人。英国集结了一支舰队，载着英国军队绕了半个地球——仿佛英国的防御还没有完全展开——这种回应让大多数外国人感到惊讶，因为这与其最初受到的伤害非常不相称。

撒切尔认为这次远征是值得的，她已经准备好面对这样的风险：阿根廷的导弹可能会给暴露在外易受攻击的关键船只造成毁灭性的打

① 英国人称马尔维纳斯群岛为“福克兰群岛”。——编者注

击，就像运兵舰“堪培拉号”（*Canberra*）一样。事实上，5月初阿根廷对马尔维纳斯群岛非常熟悉的“贝尔格拉诺号”（*Belgrano*）巡洋舰的沉没，造成了重大的生命损失。针对这件事，《太阳报》以“逮到你了”（GOTCHA）这一标题在头版头条进行了报道。

没过几天，皇家海军舰艇“谢菲尔德号”（*Sheffield*）的损失清楚证明了整个事件的危险性；但英国军队登陆后，以相对较轻的伤亡结束了冲突。撒切尔带领她包括皮姆、怀特劳和帕金森在内的战时内阁，一起坚定不移、一心一意地追求自己的目标。在这个削减政府开支的时期，她没有详细说明这场战争的经济成本——在这里应急基金被证明是有弹性的。对她来说，夺回“英国领土”本身就是一件很正当的事，虽然这片领土像由冰川形成的南乔治亚岛一样荒凉（在发动主要攻击之前，南乔治亚岛已经首先被英军重新夺回）。在唐宁街的摄像机前宣布这一消息时，首相对各种问题置之不理，只是简单地劝告大家：“这是值得高兴的！”

撒切尔派的必胜信念诞生于马尔维纳斯群岛战争中：一种无论好坏，依赖于“铁娘子”本身价值的政治风格。在1982年6月底冲突结束后，撒切尔宣布：“我们已不再是一个不断退却的国家。相反，我们获得了一种新的信心，这种信心诞生于国内的经济斗争中，并在8 000英里外的地方得到了验证。”正是这种联系对于维护她自己的领导地位至关重要，因为这场战争暗示他们最终将挫败那些怯懦的人，在经济方面取得胜利。马尔维纳斯群岛战争后，更多的公众跟首相一样，相信她有能力克服困难。在为期8周的危机中，首相在民意调查中的支持率飙升，政府的支持率也是如此；到1982年7月，保守党的支持率显然比工党和联盟都高出将近20个百分点。从此刻开始，撒切尔拥有了赢得第二个任期的能力。

经济方面的消息越来越好，这对选举更为有利。1981 年，经济衰退已经触底；1982 年，经济开始恢复增长，并在 1983 年增长了 4%。诚然，1983 年 1 月的失业人数为 320 万，但到 6 月时，失业人数经历了季节性的下降，降至 300 万人这一重要的心理水平以下。这么大的数字当然足以用来谴责任何其他战后政府；撒切尔主义的政治成就是重新调整了经济辩论的焦点。因此，政府在降低通货膨胀率方面的记录至关重要。这是政府之前所承诺的，也是它已经做到的——它是如何做到这一点，或者说以多大的代价做到这一点，或者说如何永久地做到这一点，已经成了学术问题。此外，由于抵押贷款支付被纳入了零售价格指数，情况看起来更乐观了。在 1980—1981 年利率达到顶峰时，它的上升有所夸大，但到了 1983 年，抵押贷款利率下降了 4%，主要是在大选前的几个月下降，这反过来又使零售价格指数降至 5%以下。对于有稳定工作的房屋自用者来说，到 1983 年的时候，他们有了一些安慰。由于失业率稳定在 12%—13%，这意味着有大约 87%的人在工作。似乎是失业率的上升（失业率现在显然已经得到遏制）引起了大多数人的担忧。但就像 20 世纪 30 年代一样，失业者本身是一个少数利益团体，集中在部分地区，他们还是把票投给了工党。

最终确保撒切尔在 1983 年大选中获胜的是工党的立场。富特虽然具有出众的文学天赋和丰富的内阁经验，但不像一名高效的首相。工党发表了长长的宣言，要求恢复工党原来的地位，并且提出英国退出欧洲经济共同体和北约的防御方案，根据一位影子大臣的说法，这简直就是“历史上最长的绝命书”。希利所在的社会民主党被迫尴尬地默默接受。对社会民主党 – 自由党联盟来说，这是一个机会，社会民主党－自由党联盟5月参加选举时在民意调查中只获得了17%的选票。詹金斯以“首相候选人”的身份工作，参加了一场乏味的竞选活动，但民意调查显示社会民主党－自由党联盟与工党之间的差距日益缩小，这证明斯蒂尔拒绝散伙的做法是正确的。事实上，在全国投票中，社会民主党－自由党联盟仅落后于工党2%，工党的选票不到28%，是1918年以来最差的一次。当然，二者在席位数量方面的差距要大得多：工党有209名议员，而社会民主党－自由党联盟只有23名。社会民主党没有取得它所需要的突破，现在这种突破要靠詹金斯、欧文和另外4名议员了；这件事反而使自由党议员人数增加到了17名。然而，欧文反对联合社会民主党－自由党联盟两翼的想法，他现在已经接任詹金斯，成为社会民主党的领导人。

反对党的混乱对保守党来说是一种福音。在只有42%的选票的情况下，他们设法使400名议员回归了，让保守党的足够多数（working majority）①上升至150人左右。在大伦敦，他们现在的席位是工党的两倍；在英格兰南部的其他地方，保守党有168名议员，而自由党只有5名，工党只有3名。因此，取得了进步的社会民主党－自由党联盟成功取代工党成为挑战者，但几乎没有动摇现在执政的保守党。撒切尔的掌控能力体现在她的大臣变动中。她终于能够自由地摆脱皮姆了，但她发现自己没法让获胜的保守党主席帕金森取代皮姆在外交部的位置，因为帕金森卷入了一桩性丑闻中，这桩丑闻虽然有损他的政治生涯，但没有彻底葬送它。于是豪成了外交大臣，而劳森志得意满地接任财政大臣。雷德利也获得了

① 使执政党得以继续执政所需的议会中的多数。——译者注

晋升，他成了交通大臣（Transport Secretary），进入了内阁。

这个内阁看起来完全就是撒切尔派的内阁。现在内阁里唯一著名的“软弱派”是彼得·沃克，但现在新任能源大臣（Energy Secretary）的他与首相站到了同一战线。虽然指责政府故意与矿工发生冲突是不公平的，但政府已经采取坚决的措施——准备采用一条早在 1978 年就由雷德利勾画出的线路。索尔特利的教训已被深刻认识：在矿工罢工期间，要确保煤炭库存处于较高水平，而且要确保它们应该是可使用的，此外，替代能源也要确保能被使用。关于二次纠察的新法律也降低了全国矿工工会在最近两次煤矿罢工中所使用的策略的效力。索尔特利的英雄亚瑟·斯卡吉尔现在是全国矿工工会的主席；他毫不妥协的阶级战争言论使他成了继加尔铁里之后保守党所讨厌的人。从 1983 年开始，他就要对抗国家煤炭委员会的新任主席伊恩·麦格雷戈（Ian McGregor），麦格雷戈是一位意志坚定的苏格兰裔美国实业家，刚刚花了 3 年时间削减英国钢铁公司（British Steel）的过剩产能，他的任务是为煤炭行业做同样的事情。

这些因素造成了一场大型对抗。1984 年 4 月，斯卡吉尔呼吁对关闭的矿井采取行动，于是矿工在全国各地举行罢工。然而，严格来讲，这不是一场全国性的罢工，因为斯卡吉尔拒绝进行全国性的投票，这样的投票在当时是必要的；相反，他依靠全国矿工工会分布的各个区域来使其生效。这种有缺陷的方法显示出他对其成员缺乏信心，这样的做法被证明带来了破坏性的后果，因为诺丁汉郡的矿工面临的风险最小，也最不好战，于是选择了继续工作。此外斯卡吉尔发现，大规模纠察队，尤其是他自己的约克郡矿工组织的纠察队，对阻止煤炭运输的影响有限，尽管他们与警察之间发生了暴力冲突，被拍到了生动的电视画面。虽然斯卡吉尔的做法不对，但公众还是很同情矿工；麦格雷戈领导下的国家煤炭委员会在公共关系方面表现不佳，但麦格雷戈并不是真正的掌权人，虽然有人拒绝承认，但确实是沃克在制定策略，而首相也决心强化这一策略，希望能“消除”进一步的挑战。

煤炭罢工持续了一年。这场罢工中损失的工作天数比 1926 年以来任何一场争端损失的天数都要多。斯卡吉尔和撒切尔之间达成协议的可能性很小，他们都想不惜一切代价来获得完全的胜利。政府付出的代价被认为是经济复苏方面的倒退；而在矿工这边，罢工的男性矿工的家属承受着主要痛苦，他们的坚韧和适应性令人印象深刻。但在 1985 年初，贫困驱使越来越多的矿工回到工作岗位，罢工逐渐平息。斯卡吉尔仍然执迷不悟，他用矿井正在加速关闭来证明自己很有远见。后来全国矿工工会失去了一半的成员。

有着“工人运动突击队”名声的矿工受了羞辱，没过多久，报纸印刷工人也彻底失败了，印刷工人对弗利特街的严格控制使他们成了排他限制规定[①]的代名词。默多克试图维护自己的“管理权”，他在旧码头区沃平（Wapping）一家大型的、筑有防御工事的新工厂为《泰晤士报》安装了新的计算机设备，在与旧印刷工会最终交锋时，他搬出法律作为保护。发生这些激烈的劳资纠纷都不是因为工资。煤炭罢工带来了更大的政治反响，但是沃平纠纷具有更广泛的经济意义，因为工会对工作实践变化的抗拒被压制住了。在沃平，印刷工会被残酷地剥夺了抵抗的权力，于是许多其他工会失

① 某一工会对其他工会工人在某公司中可从事的工作做出限制的不合理规定。——译者注

去了抵抗的意愿。他们准备以牺牲工作机会为代价，就生产协议进行谈判，这就是为什么保住工作的人更少，但他们效率更高，而且工资也相对较高。就这一点而言，撒切尔也可以为她在这场战斗中取得的荣誉而感到高兴。

价值观

撒切尔在 1981 年说："经济学是一种方式，目标是改变人的心灵和灵魂。"撒切尔主义或多或少都不是一种经济自由主义纲领，其意图是最大化个人选择的自由。撒切尔从来没有被彻底的自由主义立场诱惑，这种立场主张在道德、个人和性行为方面也要放任自由。"宽容的社会"遭到了谴责，同样遭到谴责的还有自由主义精英，撒切尔派民粹主义的使命就是驱逐这种精英。1990 年，谭百德在抨击"20 世纪 60 年代这种落魄家族令人难以忍受的、自以为是的、伪善的、天真的、内疚的、软弱的、装腔作势的正统观念"时，很好地抓住了这一点。即使在她担任首相的巅峰时期，撒切尔在公众面前的姿态仍然是一个局外人，她会越过自己的内阁来诉诸公众舆论。她会表达民众的不满，并会用未指明的"他们"一词，仿佛"他们"应该对此做些什么；在保守党会议上，她会公开称赞支持绞刑的演讲，让她的内政大臣感到尴尬。撒切尔的道德民粹主义政治，在格莱斯顿后获得了无与伦比的成功，这种政治让其政府真的带上了激进主义的色彩，但其经济自由主义计划被其保守本能弱化了，或者说限制了。

撒切尔在宣扬经济现代化的改革时，并没有不一致的地方，因为这一改革依赖于回归“维多利亚时代的价值观”。这些价值观被选择性地解释，尤其在区分值得和不值得救助的穷人方面。撒切尔经常被贴上阶级斗士的标签，原因显而易见。她发自内心地反对工会，但她相信自己代表着一个有影响力的工人阶层，并且挑战了旧阶级制度的陈腐观念。她与保守党“软弱派”之间的不断争吵集中体现在她的回忆录中，这些回忆录揭露了“虚伪的乡绅”的形象，他们对外表现得像“约翰牛”，但实际上贯彻的是钩心斗角与和稀泥的政治。“贵族义务”和“一个国家”，被认为是迪斯雷利式传统的代名词，它们在丘吉尔、艾登和麦克米伦时期就已经被大量引用。事实上，在 1984 年被封为第一代斯托克顿伯爵的年迈的麦克米伦，步履蹒跚地走进了上议院，对撒切尔主义进行了一次典型的令人难忘的间接谴责，唤起了矿工们在索姆河展现的优良品质。但这种保守党的家长式统治有一种不言而喻的前提，那就是教会、国家和社会上的统治集团都自然而然是保守主义的——而这不再被认为是理所当然的。

英国国教的主教们一直在关注像利物浦这样的贫困城市里的穷人的困境，这确实表明英国国教教会已经不再是诵经祷告的保守党了。朗西（Runcie）大主教是一个很温和的人，他不满撒切尔在马尔维纳斯群岛纪念仪式上表现出来的不合适的军事腔调。教会与英国广播公司和大学联系在一起，成了深受怀疑的自由主义机构的一部分。“喋喋不休的阶级”这个绰号很好地描述了中产阶级自由派的无能。在 1987 年的大选中，保守党只获得了 1/3 受过大学教育的选民的支持。

长期以来，政府和传统行业之间的不满是相互的、自我强化的，传统行业一直是保守主义的中坚力量。高薪律师发现，他们自己的限制性做法受到了政府激进议程的挑战。在国民医疗服务体系中，医生们对全面的、以市场为导向的改革感到不安。受过保守传统教育的高级公务员不得不掌握一种新的管理术语，而且他们有时发现，在“下一步”计划下，他们的工作被转交给了半自治机构。教授们抱怨大学经费减少而文书工作增加给他们带来了双重折磨，这些文书大都是模仿商业风格的评估报告——对同事、研究成果和教学质量做出评估。撒切尔派蔑视为了护理人员的职业利益而将“护理”制度化，使之成为享受政府所给予福利的官僚机构，而“护理行业”使他们的这种蔑视成了笑柄。

在某种程度上，这说明公共部门就业者（他们容易受到支出削减的影响）和市场领域谋生者（他们对高税率日益不满）自身利益之间存在的裂痕在扩大。它以戴维·洛奇在《美好的工作》(*Nice Work*，1988 年）一书中捕捉到的方式，加剧了文化冲突，这部小说讲的是“两个国家”之间的矛盾，就像迪斯雷利的《西比尔》(*Sybil*)[①]一样。

撒切尔为小企业发声。她对街角小店的价值认同，使她对服务业和自营职业的平行增长表示支持。1979—1990 年，英国的就业人数没有净增长，但自雇人口增加了 150 万，占所有就业人员的比例从 8%上升到了 15%。已经有迹象表明消费者反对标准化的营销；“真麦酒运动组织”（Campaign for Real Ale，CamRA）将“小即是美”的理念灌注在酒吧上，与独立的小酿酒商结成了高效的联盟，以推

① 1844—1847年问世的迪斯雷利三部曲之一，这三部曲分别是《康宁斯比（年轻的一代）》《西比尔（两个国家）》和《坦克雷德（新十字军征伐）》。——译者注

广传统的（或“真正的”）英格兰苦啤酒，这种啤酒现在受到了大规模生产的巴氏杀菌啤酒的威胁。这场运动非常成功，以至于大酿酒商恢复了自己的传统啤酒来对此做出回应（尽管大规模生产对他们更为有利）。街角小面包店也经历了同样的过程。对真正的啤酒的喜爱很难与撒切尔夫人的政治产生联系（事实上，啤酒消费的增长与个体经营者的兴起有关系），但两者都与经济变化有关。人们经常发现，越来越多的房地产经纪人成了保守党积极分子。

公私供应的适当范围成了关键问题。如果说以前的保守党政府是在忍受公共部门的话，那么现在的政府就是在肢解它。私有化在 1979 年并不是一个主要的议题，但它成了撒切尔执政时期最具活力的政策，在世界范围内，私有化政策也与撒切尔这个名字联系在一起。

国际货币基金组织危机后，希利出售了国家持有的英国石油公司（British Petroleum）的部分股票，这直接提高了财政收入，减少了财政赤字。这仍然是私有化的一个原动力，但它被纳入了“大众资本主义”（popular capitalism）的意识形态动因中。有人提出，真正的公有制意味着将股票交给公众。新政府相应地出售了更多的英国石油公司的股票，并且出售了两家国有化公司——英国宇航公司（British Aerospace）和大东电报公司（Cable & Wireless）。使风险增加的事情是 1981—1983 年劳森担任能源大臣，为了 10 亿英镑，他开始对英国国家石油公司（Britoil，之前被称为 BNOC）进行私有化。成功会孕育成功，在日益活跃的市场上公开发行减价股票已成为常见模式。到 1990 年，英国石油公司以总计 60 亿英镑的价格出售，英国天然气公司（British Gas）以近 70 亿英镑的价格出售，英国电信公司（British Telecom）以近 50 亿英镑的价格出售。以上这些公司是巨头，但罗尔斯－罗伊斯公司、英国钢铁公司、英国航空公司（British Airways）、机场和水务公司也是私有化的关注点。其结果是将公共企业在经济中的份额减少了一半以上：将它们的雇员从 800 万人减少到 300 万人，并将它们对国内生产总值的贡献从 10%降到 5%以下。

至于私有化以私有垄断取代公有制，它只是最初的国有化进程的真实写照，并且可能湮灭变革的希望。激进的撒切尔派，如劳森和雷德利，都意识到了这个问题。然而，真正的竞争很难被引入，一部分原因是某些服务是自然垄断的，一部分原因是分散的所有权会降低盈利能力，还有一部分原因是它可能使一些业务容易受到更大的外国竞争者的冲击。英国天然气公司和英国航空公司强大的主席们提出了这样的观点，以使他们的帝国在私有化进程中保持完整，因为他们知道政府不想破坏这些资产的市场价格。政府最终更关心的是建立私有制，而不是打破垄断。然而，政府确实施加了新的公共监管机制，并且认为如果政府保持一定距离，这些机制会更加行之有效，因为政府不再是产权所有者这一事实，将为消费者提供保护。因此，政府制定了特定的目标，那就是逐年降低价格，使之低于通货膨胀率，由煤气供应部（Ofgas）和电信管理局（Oftel）这样的官方监管机构监管。

私有化无疑使股权比以前更容易获得。在 20 世纪 80 年代，英国的股东数量增加了 3 倍，达到了 900 万。然而，在同一时期，个人（而不是机构投资者）手中所持股份的比例下降了 1/3，降至约 20%。事实上，这些新的股权在经济方面是微不足道的。它们对其持有者的重要性是另一回事；在经济上，这可能不像在心理上那样，有助于向企业反复灌输以使其形成对商业更有利的态度。虽然说私有化不是完全意义上的大众资本主义，但它暂时使资本主义更受欢迎了。私有化最大的成功在于维持了保守党的“产权民主”这种旧观念。1980年，环境大臣迈克尔·赫塞尔廷（Michael Heseltine）实施了这样一个政策，那就是根据政府公共住房住户所住时长，赋予他们以折扣价购买自己所住房屋的权利。这一政策很快就受到了欢迎，它所带来的政治福利让一开始表示反对的工党议会感到尴尬。到1987年，已有100万套住宅从公共住房变成了业主所有住房。

长期以来，房屋自用者被认为是保守党特有的优势选民。当他们的数量在1970年后占据所有家庭的大多数时，就给工党带来了危险。私有化发挥的作用是通过让向上流动的技术工人（C2s）也能享受私有化，使业主自用率从1980年的55%提高到1990年的67%。一开始，财政是由地方议会担保的，但是建筑协会很快就看到了推进绝大多数抵押贷款的机会，因此他们回归了自己一开始的工匠身份，这是维多利亚时代价值观的真正胜利。按照惯例，技术工人是劳工运动中至关重要的因素，他们有着归属于行业工会的传统，但在1987年大选中，保守党在这些人之中的选票领先工党7个百分点。在地方政府拥有的地产上，新粉刷的前门和信箱里的《太阳报》，标志着撒切尔在重塑保守党方面取得的成就。保守党成了由各阶层中的强大议价者组成的联盟。

房屋自用者得到了首相的支持，尽管这是以牺牲自由市场原则为代价的。作为财政大臣，劳森认为自己是真正的撒切尔派，他的税制改革议程是激进的。这场改革建立在税收中性原则之上，这意味着国家增加收入的方式，不应影响市场力量在同样合法的经济活动中自由发挥作用。他的目标是通过消除已经渗入税收体系的历史异常，为财富创造者设计一个合理的激励机制。但他很快发现，他的计划与撒切尔对房屋自用者的关心相冲突，于是撒切尔否决了一切改革抵押贷款利息支付税款减免制度的尝试，而对于想要进行税制改革的大臣来说，减免的税款是一种昂贵的国家补贴，到1987年，这种补贴花费了70亿英镑，几乎是英国公共住房预算的2倍。

此外，抵押贷款利率的政治特征在一个由房屋自用者组成的国家中变得越来越明显。在20世纪80年代，投票意向与利率之间的明显关系表现出来了。这意味着，利率的任何上升都会让政府的支持率直线下降，就像在早些时候失业率上升造成的影响一样。这是选举行为的重大变化。

公共服务广播显然不适应英国广播公司在20世纪80年代经营时的市场环境。它容易受到来自政府的压力，这不仅是因为它要接受政府对董事会的任命，还因为它需要不断就许可证费用水平重新谈判。当然，经济自由主义者理想化地提出建立自由广播业市场，以商业化手段融资，然而，1986年的《皮考克报告》(Peacock Report）为公共监管提供了一种“次优”辩护，称其服务于消费者利益，该报告还建议不要在英国广播公司投放广告。主要的新商业机会来自卫星电视的发展，这需要大量的初始投资才能使其变得可行。其结果是，第一家获得许可的公司英国卫星广播（BSB)，被默多克的天空电视台（Sky Television）像骑士一般抢先一步，错失了先机。1990年，英国卫星广播最终被合并为英国天空广播公司（BSkyB)。

英国的特征不是有线电视设施的快速增长，而是比美国或欧洲更快的录像机普及速度；到1990年，1/3的家庭拥有录像机。此外，录像机在4次中有3次是用来录制英国广播公司或独立电视台网络的节目的。自 1982 年以来，作为第二个商业电视频道的第四频道一直在播放节目，在不同的大众频道和面向少数群体的频道（每一个都由英国广播公司经营）之间，地面电视的输出是平衡的。事实上，第四频道的表现就像一个出版商，而非一家制作公司，在总体风格和产出方面，它通常更接近英国广播公司，并且在委托制作电视播出的英国电影方面取得了显著的成功。

最重要的是，通过电视，英国宣传了它在世界上的形象。英国电视的质量不仅赢得了广泛的国际认可，还可以被看作对其公共服务传统的一种褒奖：相对较大比例的节目出口，彰显出了推销这些文化产品的开拓能力，从而也通过了竞争激烈的市场的考验。

在《巨蟒剧团之飞行的马戏团》中，电视喜剧的超现实主义延伸在全球范围内产生了影响，并因该团队随后的电影而加强。他们的《万世魔星》（*Life of Brian*，1979 年）展示了一位天真而被误解的英雄，这位英雄在两千年前被钉死在十字架上；片尾电影演员在十字架上唱的歌曲《乐观生活》（*Always Look on the Bright Side of Life*）是为了挑衅观众，让他们开怀大笑。他们或多或少做到了这一点。约翰·克利斯（John Cleese）随后在大范围输出版权的电视连续剧《弗尔蒂旅馆》（*Fawlty Towers*）中，重新捕捉并驯化了《巨蟒剧团之飞行的马戏团》中狂野不羁的动物。在这部电视剧里，小旅馆遵守着严格的、礼貌的英国式惯例，而暴躁的店主压抑着歇斯底里的情绪，这两者之间的冲突带来了喜剧效果。克利斯将类似的主题带进了电影，一开始是带进了《分秒不差》（*Clockwise*，1986 年）中，其编剧为小说家兼剧作家迈克尔·弗莱恩（Michael Frayn），该片记录了一个偏执的校长尊严扫地的过程，后来又将这样的主题带进了《一条名叫旺达的鱼》（*A Fish Called Wanda*，

1988 年）中，该片描述了拘谨的英国律师坠入爱河的形象。为了吸引国际观众，这些电影里有一些折中的地方，但也显示出处于困境中的英国电影业有了复苏的迹象。

英国的特长不在大片领域（在这方面，好莱坞是无与伦比的），而是在大屏幕和小屏幕之间模糊的交界领域，在制作层面体现在拍摄可以在电视上播放的电影，在消费层面则体现在能通过录像带广为传播。伊夫林·沃的《故园风雨后》（*Revisited*，1981 年）和保罗·斯科特（Paul Scott）小说集“统治四部曲”（Raj Quartet）之一的《皇冠上的宝石》（*The Jewel in the Crown*，1982 年，背景设置在英属印度最后的日子里），都成了被广泛讨论的优良电影。这些有声望的电影因录像机获得了重生，它们完全可以与后来由爱德华·摩根·福斯特的全部作品改编而成的电影比肩。戴维·利恩的《印度之行》（*A Passage to India*，1984 年）是他最后一部电影，该片显示了大制作的可能性，其中扮演摩尔夫人的佩吉·阿什克罗夫特（Peggy Ashcroft）的表演令人印象深刻。伊斯梅尔·莫尔昌特（Ismail Merchant）和詹姆斯·伊沃里（James Ivory）后来的改编则是潜心于更小规模的制作，不过，他们更为雄心勃勃的《霍华德庄园》［*Howards End*，1992 年，安东尼·霍普金斯（Anthony Hopkins）和艾玛·汤普森（Emma Thompson）在这部电影里演了一出完美的对手戏］继《看得见风景的房间》（*A Room with a View*，1986 年）和《莫里斯》（*Maurice*，1987 年）之后在票房上大获成功。无论从何种标准来看，这些电影都非常出色，它们巧妙地将原著里面的许多微妙之处搬上了荧幕，并恰到好处地控制着节奏，触碰着人们的心灵，重现了电影的时代背景。

然而，像劳拉·阿什利（Laura Ashley）被贴上老是运用英式别墅花园元素的标签一样，莫尔昌特 – 伊沃里的电影的每一次成功都容易被批评家贴上“传统产业”的标签，这些电影使得人们对英国产生过时的（并且通常是虚假的）看法。的确，自 20 世纪 60 年代以来，建筑保护的潮流已经发生了变化，当时，漂亮的老建筑仍在被拆除，取而代之的是城市高速公路和高楼大厦。1984 年约翰·贝杰曼（John Betjeman）去世时，他终其一生对维多利亚时代事物的辩护不再只是显得离奇有趣；作为 1972 年的桂冠诗人，他那些朴实无华的、易理解的，而且常常很诙谐的诗句受到了大众的喜爱，他利用自己的地位为保护受威胁的建筑［如维多利亚时代的哥特式建筑圣潘克拉斯车站（St Pancras Station）］而奔走。古代遗迹受到了更多的保护，现在的潮流是对整个街区进行保护和翻新，而不是对它们进行全面的再开发，即使在 20 世纪 80 年代末的房地产繁荣时期也是如此。

既然旅游业已成为一桩大生意，那么这个国家是否已沦落到要靠怀旧来做生意的地步呢？ 1895 年成立的国民信托组织（National Trust）主要是为了保护农村，它成了越来越多历史建筑的保管人，从国内外来参观这些建筑的游客数量达到了创纪录的水平。然而，虽然外国游客通常是来参观历史古迹的，但也有许多人是来欣赏充满活力的艺术表演的。在苏格兰，每年夏天的爱丁堡艺术节（Edinburgh Festival）都是一场重要的、颇具吸引力的、获得国际认可的活动，因为会持续几周上演高水平的音乐和戏剧节目。众所周知，这个音乐节为野心勃勃的巡演作品创造了一个“边缘”，并以玩世不恭的滑稽剧《边缘之外》（*Beyond the Fringe*，1960 年）的名字作为纪念，并让乔纳森·米勒（Jonathan Miller）、艾伦·班尼特（Alan Bennett）、达德利·摩尔（Dudley Moore）和彼得·库克

(Peter Cook) 一炮而红。在英格兰，在阿尔伯特音乐厅举办的为期6周的逍遥音乐会演出季（由英国广播公司赞助），贡献了众多古典音乐年度曲目中最引人注目的部分，人们不仅可以在伦敦欣赏到四大乐园演奏这些音乐，还可以在更愿意引入现代作曲家的伯明翰等城市欣赏到它们。

艺术委员会（Arts Council）发放公共资金的作用，对于在战后的英国创造一个更有活力的艺术氛围是很重要的。科文特花园(Covent Garden) 歌剧院重新开放一事受到高度重视，其运营成本仍然是艺术委员会预算的主要负担。这项政策被平等主义左翼和民粹主义右翼批评为带有精英主义色彩，但它却成功地帮助英国歌剧和芭蕾舞获得了在前几代人的时间里从未有过的国际地位。位于埃文河畔斯特福（Stratford-on-Avon）的皇家莎士比亚剧团（Royal Shakespeare Theatre）历史悠久、传统深厚，英国国家剧院（National Theatre）在伦敦落成后，终于使其能够奉献完美的表演。该剧团最初使用的是老维克剧院（Old Vic），而老维克剧院长期以来一是莎士比亚作品的发源地。作为国家大剧院的第一任导演，也是第一位获得贵族称号的演员，劳伦斯·奥利维尔拥有漫长而独特的职业生涯，肯尼思·泰南担任其文学导演，给剧本的选择带来了创新性的转变。来自皇家莎士比亚剧团和国家大剧院的作品，随后在伦敦西区或百老汇上演了很长时间——例如，彼得·谢弗（Peter Shaffer）的《莫扎特传》(*Amadeus*，1979 年；于 1984 年改编为电影）——这就有利于维持伦敦戏剧在英语世界中无与伦比的声誉。

直到 1976 年，国家大剧院才在南岸建成了自己的新大楼，这座大楼现在是一个很好的艺术中心，从大楼上可以看到泰晤士河、上游的大本钟和下游的圣保罗大教堂。丹尼斯·拉斯登（Denys

Lasdun）把大楼设计得很厚重，大楼外表看起来很严肃，但这种严肃感被混凝土外墙上的木纹线饰柔化。大楼内部很通透，两个大礼堂的多层观众席上的观众都能享受到宽敞的设施，这两个大礼堂一个有传统舞台，另一个有开放舞台。这是一座具有鲜明时代特征的建筑，它与南岸同时期的另一建筑皇家节日音乐厅（Royal Festival Hall）形成了鲜明对比。皇家节日音乐厅采用流线型设计，大胆地使用了玻璃。1951 年，为了庆祝不列颠音乐节（Festival of Britain），罗伯特・马修（Robert Matthew）和莱斯利・马丁（Leslie Martin）领导伦敦郡议会建筑部门设计了这座大楼。不列颠音乐节举办于万国博览会（Great Exhibition）召开一个世纪之后，象征着对于不列颠创意和美学复兴的渴望（年轻的音乐节设计团队尤其希望如此），南岸的公共建筑群见证了后维多利亚时代辉煌，让人们笃定这份巨大的心愿终会实现。

英国能够立即获得国际认可和媒体关注的一个象征仍然是君主制。当然，在 20 世纪后期，它在一定程度上是通过精明的媒体宣传获得了魅力。多年来，通过电视报道，王室家庭生活的一些小片段被披露出来，引起了人们的好奇心，这也让人们了解到整个王室更多个人和非正式的形象，当时王室有着 4 个适婚年龄的孩子。威尔士亲王查尔斯在剑桥大学获得了优质的荣誉学位，为王室开辟了新天地，而且他始终关注市中心建筑和社会困境等一系列环境问题。1981 年，33 岁的查尔斯迎娶了戴安娜・斯宾塞（Diana Spencer）女士，当时她只有 20 岁，仅仅是以一种随意的上流社会的方式受过一些教育。他们的婚礼以电视节目的形式出现在世界各地，安德鲁王子在 1986 年结婚时的情况也是如此。他们各自的孩子降生后，童话般的浪漫故事变成了肥皂剧，巩固了他们快乐但也越来越无趣的形象。然而由于媒体跟得太紧，后来他们婚姻破裂，尤其是 1992 年女王的 3 个孩子都分居或离婚这些事，都被过度暴露。这些事情很难代表他们的曾曾曾祖母会承认的价值观。

事实上，维多利亚时代价值观虽然被证明是对英国的救赎，但也被证明是难以捉摸的，因为它们在定义上是有弹性的。正如一些人所认为的那样，如果英国文化已被证明是抵制企业家精神的，那么要让英国人改变心意可能需要花很长时间。也许这就是为什么撒切尔会在 1990 年说这样的话："撒切尔主义不能只执行 10 年，而是要执行好几个世纪。"撒切尔在选举中取得的成功并没有造就撒切尔派选民，在 1983 年和 1987 年，都有 58% 的选民投票反对她。此外，20 世纪 80 年代末的调查证据表明，只有 1/5 的受访者——比 10 年前少得多——同意这样一种观点，那就是如果一个人很穷，那么只能怪他们自己不够努力。国民医疗服务体系仍然很受欢迎，人们告诉民意调查者，他们更希望国家增加福利支出而不是减税，尽管在投票站冷冷清清的情况下，减税似乎被证明是一个更强烈的刺激因素。

总而言之，相比从根本上改变他们的态度，证明撒切尔主义显然已成功改变英国人在经济周期特定阶段的直接行为更容易一些。在 20 世纪 80 年代，多年的经济衰退已为强劲复苏留下了足够的空间，如果说只是一种本质上是周期性的复苏的话。结束一个世纪的衰落，通常意味着要扭转 10 年的衰落——这是一项很有价值但不那么带有英雄色彩的事业，它不需要被误认为是经济奇迹或历史分水岭。

繁荣与萧条交替

没有哪个地方比美国更欢迎撒切尔了。希思政府是“二战”以来最不亲美、最亲欧的政府，而撒切尔政府的情况正好相反。撒切尔把理想化的美国当作一个基于自由市场的、基本不受政府干涉的、反共产主义的、拥有强势美元和全能上帝的典范社会。1980年，罗纳德·里根（Ronald Reagan）当选总统后，撒切尔找到了一个真正的盟友，她犀利地指出了他们的共同前景，而里根则对此又亲切又困惑地表示赞同。这确实是一种特殊的关系，有助于提升撒切尔的国际地位。作为她的外交大臣，杰弗里·豪爵士被晾在了一边，并且一直都是如此。撒切尔知道，在马尔维纳斯群岛战争期间，美国的秘密支持是至关重要的。她对这一切心存感激，并通过坚定地公开支持美国表达了她的感激之情。这与她坚持在英格兰的两个基地部署机动巡航导弹的信念相符——尽管核裁军运动组织了长期的抗议活动——这样做是为了让美国承诺提供“三叉戟”导弹来升级英国的核力量。当里根总统与撒切尔的想法产生分歧时，真正的考验到来了。

战略防御计划（Strategic Defence Initiative，SDI）意图为美国提供一个针对苏联核攻击的高科技防御系统，这就导致相互保证毁灭（MAD）的前提不存在了——相互保证毁灭被认为是为了使双方免受攻击威胁。对里根来说，“星球大战计划”使世界免受核武器攻击成为可能，因此他将在这条路上继续走下去。对苏联的新领导人戈尔巴乔夫来说，战略防御计划破坏了核平衡的稳定性，美国抛弃战略防御计划是和平的先决条件。撒切尔对两者都不赞同。她也不想接受，因为战略防御计划价格昂贵，且技术上未经证实，因此不值得追求。相反，她认为，即使是效率低下的战略防御计划也能减少苏联的胜算——而且苏联为开发同等昂贵的系统所做的任何努力，都将使苏联经济陷入瘫痪。因此，在短期内，撒切尔对 1986 年的雷克雅未克峰会的结果感到震惊，当时里根正要接受分阶段削减所有战略导弹的“双零方案”（zero option），作为对不执行战略防御计划的回报。这件事暗示着向英国提供“三叉戟”导弹的计划也会泡汤。令撒切尔感到欣慰的是，这一协议流产后她匆忙访问华盛顿，得到了自己想要的保证。

这并不是说撒切尔个人对戈尔巴乔夫怀有敌意。1984 年，苏联领导人还是病恹恹的契尔年科（Chernenko），当时撒切尔邀请戈尔巴乔夫访问契克斯（Chequers）[①]，这一邀请获得了丰厚的回报；正如撒切尔欣然告诉媒体的那样，戈尔巴乔夫被证明是一个可以打交道的人。在戈尔巴乔夫时代，撒切尔对改革表示欢迎，但这位“铁娘子”并没有愧对她的绰号。她勇敢地面对苏联的反对，强烈支持波兰团结工会（Solidarity）通过开展运动做出的抗争，尽管这使她成了一个出人意料的工会手段拥护者。随着苏联共产主义政权的终结，东欧至少暂时出现了对撒切尔主义的互惠式热情。当柏林墙在 1989 年末倒塌时，她可以宣称自己为冷战的结束贡献了一份力量，这是值得庆幸的。

在 1984 年 10 月的保守党会议上，公众在马尔维纳斯群岛战争中在她身上看到的坚韧受到了严峻的考验，当时一枚爱尔兰共和军的炸弹在撒切尔下榻的布莱顿酒店爆炸了，邻近房间里的谭百德一家受了重伤，谭百德的妻子被炸死了。撒切尔坚持第二天按计划

① 英国首相的官方乡间别墅。——译者注

继续进行会议辩论，并发表了一篇毫不畏惧的演讲，这表明她保持“铁娘子”的形象是有充分理由的，这是她在国内外能吸引人的重要原因。国防政策成了保守党的重要选举资产之一；相应地，工党在两次大选中的单边主义立场是其缺乏公信力的根本原因。

自 1983 年 1 月以来，迈克尔·赫塞尔廷，一位在保守党大会上展现超凡魅力的强势大臣，在担任国防大臣期间表现得很高调。1981 年，由于渴望削减开支，政府已经接受了一项重大防备评估的结论。结论提议废弃一些海军水面舰艇，但几个月后，这些舰艇在夺回马尔维纳斯群岛的过程中发挥了关键作用，因此被废弃的反而是评估结论。但国防采购继续带来严重问题，体现为赫塞尔廷在处理位于约维尔（Yeovil）的韦斯特兰直升机公司（Westland）问题时困难重重。1985 年 12 月的韦斯特兰危机之所以如此有爆发性，是因为它引发了其他问题。一个问题是欧共体方面的，因为赫塞尔廷想要在欧洲寻找替代方案，不让美国按计划收购韦斯特兰；但真正的危险在于撒切尔与内阁同僚的关系。

新上任的工业大臣利昂·布列坦（Leon Brittan）是内阁中冉冉升起的新星，他显然是“我们中的一员”。持有自由市场观点的他准备批准美国的收购，这一点儿也不奇怪；撒切尔对他表示了支持，因为她认为在欧洲找人选是浪费时间，并且是纯粹的反美主义。赫塞尔廷坚称认为自己被拒绝在内阁中进行适当的讨论。为了对付赫塞尔廷，布列坦的部门向媒体泄露了敏感材料，这似乎得到了唐宁街的默许。1986 年 1 月，赫塞尔廷辞职了——他在电视摄像机前大步走出了唐宁街 10 号——这件事没有平息具有破坏力的猜测。此外，线索又指向了首相，她明显表里不一，这使她的立场突然变得非常不稳定。此时，布列坦的辞职对她助益良多——这件事对布列坦来说是痛苦的，但最重要的是，他很谨慎。（撒切尔后来任命他为欧盟委员会的两名英国成员之一：她能为他做的只有这些了。）在这一事件中，撒切尔幸免于难，因为反对党未能有效地推动这一问题，而且她得到了下议院的帮助。然而，这整件事，尤其是牺牲掉布列坦，让她的同事们对她的忠诚观感到不安；这件事让赫塞尔廷成了后座议员，他在等待时机的同时一直心怀不满。

政府在补选中的脆弱表明了其地位令人奇怪的不确定性。由于社会民主党－自由党联盟在 1984 年 6 月出人意料地赢得了朴次茅斯南部，因此保留了掌控权，在第二年夏天，3 个党派在民意调查中不分上下，这一情况的延长与韦斯特兰事件有关。直到 1986 年 6 月，经济繁荣才把保守党从全国第三的位置上拉下来，直到 1986 年年底，盖洛普指数才显示他们再次领先。到 1987 年 5 月举行选举时，保守党的支持率显然领先 10 个百分点——但排在第二位的是社会民主党－自由党联盟，而不是工党。

1983 年富特下台后，工党领导从老单边主义者变成了年轻的单边主义者。刚满 40 岁的尼尔·金诺克（Neil Kinnock）赢得了左翼的认可，这在一定程度上是因为他没有受到威尔逊和卡拉汉领导下的大臣办公室的影响。当然，这也意味着他缺乏作为前座议员的经验。他从威尔士的贝文派传统中走了出来；他所有的情绪和言辞都让他像个左翼，而他目前关于工党可行竞选策略的想法则让他像个中间派。1985 年 10 月，他在工党会议上谴责极端左翼组织激进派（Militant Tendency），这是他公开迈出的一步；但私下里他知道，工党仍然受到其自身单边主义立场的阻碍。保守党在国防方面的资历也因联盟内部的分歧而加强。在社会民主党－自由党联盟中，欧文利用他社会民主党领导人的地位，将对

“三叉戟”导弹的支持变成了一种信仰。像保守党一样，他坚持认为由英国威慑力（尽管这种威慑力是由美国提供的）保证的独立是最重要的事情，而社会民主党－自由党联盟的多数人一直认为英国对北约的承诺才是关键。

正是在这种背景下，反对党在国防问题上的手忙脚乱变得极具破坏性。对保守党来说，社会民主党－自由党联盟的强劲表现实际上的威胁比看起来要小得多；这仅仅意味着在保守党控制的英格兰南部，对第二名的位置将会有激烈的竞争。工党在 1987 年的竞选活动肯定比 4 年前要有效得多。工党策划了一个名为“金诺克”（*Kinnock*）的政党政治广播节目，请到了休·哈德森（Hugh Hudson）来施展其才华。哈德森的电影《烈火战车》（*Chariots of Fire*，1981 年）令人激动地描述了英国人为在 1924 年奥运会上夺取奖牌而奋斗的情况——60 多年后，他们用这些运动技能来展现金诺克的超凡潜力。这场运动说明工党管理者在撒切尔主义下学到了不少东西：如何以一种不依赖品牌忠诚度的方式来推销他们的产品，吸引随时准备购物的顾客。

然而，正如保守党不断指出的那样，工党的政策变化不大。对于社会民主党－自由党联盟来说，双重领导（欧文领导社会民主党，斯特尔领导自由党）的阻碍，在这样一个事实中显露无遗，那就是他们显然站在不同的立场上发声：欧文本质上是政府的一个坦率的朋友，而斯特尔是反对派批评者。詹金斯和威廉斯显然站在了斯特尔而不是他们日益遭到孤立的社会民主党同僚一边。因此，选举后出现了分裂，一方是想与自由党合并的社会民主党主体，另一方是想要保留“社会民主党”这一名称的欧文派残余势力；而随后成立的自由民主党也带有这种致残的伤疤。

事后看来，令人惊讶的是，保守党竟然一直担心选举结果。然而，在投票日的前一周，一场异常调查引发了撒切尔和保守党主席谭百德之间的“激烈争吵”(撒切尔自己如是描述)。自从“动荡不安的星期四”(wobbly Thursday)[①]后，他们的关系一直没有完全恢复；重要的是，这样一个坚定的撒切尔派，实际上被指责没有把竞选活动设计得更以首相为中心。当然，她将选举结果看作是对她个人的认可。与1983年相比，保守党的得票率稳定在42%，工党的得票率增长了3个百分点，达到31%(就像1931年那样)，而社会民主党–自由党联盟的选票降至23%。保守党拥有376个席位，于是他们以三位数的席位仍然占据议会的大多数席位；工党拥有20个席位，229名议员；社会民主党–自由党联盟有22个席位。这是工党在英格兰南部取得的又一场胜利，工党在大伦敦以外的地方仅保留了3个席位——这一次，在伦敦84个选区中，他们只在23个选区中获胜，创了战后以来的新低。相比之下，在苏格兰，工党现在拥有50个席位，而保守党只有10个；在威尔士，工党拥有24个席位，而保守党只有8个。现在英国不是“一个国家”，而至少是3个国家。

当然，经济状况是最关键的。保守党夸口称，英国的生产力目前在欧洲是最高的。需要另外说明的是，这种声明现在只适用于生产力的提高。由于制造业基础在20世纪80年代比其他国家收缩得更快，数百万名被认为效率较低的工人被裁员了，因此，留下来的更精简、能力更强的劳动力确实使人均产出得以提升。一旦失业

① 指1987年6月4日，在英国大选中自以为稳操胜券的保守党领导在那一天突然被种种可能失败的迹象搅得心神不安。——译者注

率开始下降，真正的考验是如何巩固这些进步。

1986 年 1 月，引人注目的登记失业人数达到了 340 万的峰值，随后在 1990 年 6 月稳步下降至 160 万。政府在失业率计算方式上所做的改变，不仅使反对党感到不满，还掩盖了真正的趋势。根据标准基础计算，经合组织的数据显示，英国的失业率早在 1983 年就达到了峰值，占劳动力总数的 12% 以上，比欧共体平均水平高出 2 个百分点，到 1990 年下降到 6%，比欧洲平均水平低了几个百分点。有两个结论是明确的：无论英国是如何计算失业率的，其失业率在 20 世纪 80 年代最好的一年比 20 世纪 70 年代最糟的一年还要糟糕，而且相比同类国家，它经历了一个更大的波动周期，无论是上升还是下降都是如此。好消息是经济复苏的力度。根据各个峰值数据测定，1984—1988 年这 5 年间的经济增长率为 3.7%，打破了 1961—1964 年和 1969—1973 年的纪录。

因此，“劳森繁荣”（Lawson boom）与莫德林的“向增长冲刺”（dash for growth）和“巴伯繁荣”一起，在历史上占据了一席之地。在每种情况下，强劲的周期性复苏都因消费需求的注入而被进一步推动，从而导致了经济过热。“劳森繁荣”的不同之处在于，它不能归因于过度的凯恩斯主义。劳森认为自己是一个有原则的货币主义者，尽管有些人对这位财政大臣的原则到底是什么感到困惑。当然，正如劳森在 1985 年的市长官邸演讲中最终承认的那样，旧的货币供应量（£M_3）目标已经不存在了。现在的问题是要用什么目标来代替它。到 1985 年，他看到了一种真正的货币供应量（£M_3）的替代品，那就是英镑的固定平价，就像旧的金本位一样。这是他想加入欧洲汇率机制（European Exchange Rate Mechanism，ERM）的理由；通过将英镑锁定在这个体系中，他希望将英国锁定在一个长期较低的通货膨胀率上，较低的通货膨胀率仍然是英国的基本目标。

如果英国要加入欧洲汇率机制，那当下无疑是最好时机。在1979年欧洲汇率机制确立时，工党曾对它不屑一顾，但在20世纪80年代初，英镑表现出石油货币的波动性，这清楚说明英国的出口行业需要稳定的汇率。但每次劳森向首相提出建议，都会被否决，或者至少被搁置。撒切尔反对欧洲汇率机制的理由是，欧洲汇率机制会有损政府在经济政策上的行动自由，在最后的分析中，她更倾向于保留货币贬值这一选择。在实践中，她经常因为抵押贷款利率具备政治敏感性而逃避利率上升，尽管利率上升对实施紧缩的货币政策是不可或缺的。这并不是最紧迫的问题，因为基准利率基本呈下降趋势，虽然这是一种异常的下降，即从1985年年初的14%下降至1988年春的8%以下。抵押贷款利率随后也下降了。

然而，唐宁街10号和11号之间缺乏信任的迹象越来越明显。首相倾向于依靠沃尔特斯教授的建议，沃尔特斯是一个毫不掩饰的欧洲汇率机制反对者。劳森喜欢把自己的想法放在心里，他采用了自己的非正式汇率机制。人们普遍认识到，英镑实际上是以3德国马克的平价在追随德国马克，尽管撒切尔后来声称对此毫不知情。1988年3月，当撒切尔在下议院发表声明说“没有办法对抗市场”时，这被认为是对劳森的汇率政策的挑战，政府的团结出现了破裂的迹象。于是首相暂时让步了。

然而，在撒切尔第三次选举胜利的余晖中，公众欢欣鼓舞了一年多。加上唐宁街发生了私人冲突，这有助于解释以下两个步骤（事后看来，这两个步骤被普遍认为是错误的）：1988年的预算和人头税。因为首相和她“才华横溢的财务大臣”（她公开这么称呼他)，被认为一起实现了一个经济奇迹，所以他们牢不可分地绑在了一起，尽管他们在欧洲汇率机制和货币政策这两个问题上陷入了僵局。然而，他们之间有一个主要的共识：减税是一件好事。因此，劳森在 1988 年 3 月不受限制地引入他的大幅减税预算。所得税的基本税率已在 1986 年降至 29%，后来又在 1987 年降至 27%，而现在已降至 25%。此外，最高所得税税率从 60% 降到了 40%。

保守党因此兑现了降低所得税的承诺。在 20 世纪 80 年代，英国像大多数类似国家一样，总体税收负担实际上增加了，但它的分配确实发生了变化：间接税收增加了，从而为个人所得税的削减买单。这反过来又产生了强大的再分配效应；穷人变得相对更穷，而富人变得绝对更富，不管是税前还是税后都是如此。[①]

税收收益不仅对高收入者来说非常可观，对那些同时受益于大幅加薪，尤其是最近被私有化的公司里的人来说，这种收益也是很可观的。城市“雅皮士”明显的富裕背后有着坚实的财政基础。劳森的指导原则是，通过创造这样的激励机制，启动能在未来创造财富的引擎。事实上，在 1988 年，他在所有方面都取得了成功——物价和利率下降了，就业率和经济增长率上升了，预算出现了盈余，虽然他实行了减税政策。

劳森的信念的真诚性不需要被怀疑，因为一个愤世嫉俗的财

① 到1990—1991年，个体纳税人支付的费用比1978—1979年减少了27亿英镑；超过一半被减免的税费流向了目前年收入超过2万英镑的400万名纳税人，剩下的则分配给了其他220万名纳税人。更普遍的是，到1989年，任何一家中型公司的总经理预计每年都能挣5万英镑以上，在考虑通货膨胀的情况下，这在10年内增长了超过1/3；处在这个范围内的纳税人从减到每年9 000英镑的所得税中享受到了实惠。——原注

政大臣会在选举前而不是选举后提出优惠性的预算。然而，消费需求增长的通货膨胀效应很快就显现出来了；通货膨胀率从 1988 年初的 4% 上升到了 1990 年秋季的 10% 以上。跟“巴伯繁荣”期间一样，房价出现了爆炸式增长。跟莫德林的“向增长冲刺”一样，国际收支状况迅速恶化。消费品被卷入其中的原因之一是，20 世纪 80 年代初的衰退已经摧毁了国内许多的生产力；现在，生产快速增长是不可能实现的。

迄今为止，石油一直在缓冲国际收支平衡。1985 年，石油盈余达到了 80 亿英镑的顶峰；之后石油价格的大幅下跌将这一盈余削减了一半。这在短期内并不重要，因为在 1986 年，国际收支仍然（刚好）平衡。但到 1989 年，赤字总额已达到创纪录的 200 亿英镑，相当于国内生产总值的 4.4%，与 1974 年的情况一样糟糕。

劳森假装对此漫不经心，说应该由私营部门来应对自身造成的赤字。如果只是因为这些赤字对汇率的影响，那么这种观点是不能成立的，尤其当政府年度预算中很快出现同等赤字时就更是如此。此外，它也被意外的收益掩盖，因为私有化的收益被计算在内以抵支出。在 1988—1989 年，劳森实现的 145 亿英镑预算盈余中，至少有 130 亿英镑来自公共资产的出售，而这种规模的出售是不可能重复的。随着问题逐渐增多，信心逐渐消退，政府不安地从梦中惊醒。利率在 1988 年春从 7.5% 稳步升至 15%，与 1989—1990 年令人满意的冬季形成鲜明对比。

如果说 1988 年的预算是劳森狂妄自大的产物，那么撒切尔的报应就是人头税。长期以来，保守党一直通过取代家庭费率，致力于改革地方政府财政；撒切尔在 1987 年之后宣布，这是她立法计划的核心。因此，这个要求固定费率的“社区费用”计划是由每个成年居民而不仅仅是由财产所有者支付的。这样做是为了限制与工党议会有关的自由支出政策，在这个领域，保守党感到无能为力。[①] 撒切尔的回应带有挑衅意味，即动员中央政府的力量来对付她的敌人。因此，（工党控制的）大伦敦议会在 1985 年被废除，而旨在限制地方开支水平的限定税额措施，阻碍了其他委员会的发展。

人头税可能会带来一个更激进的解决方案，这就是它吸引雷德利的地方，他是负责实施该计划的大臣。这将剥夺工党通过让每一位选民承担挥霍开支的代价，从而榨取地方财产所有者的能力。因此，民主问责将使限定税额变得不必要。这是自 20 世纪 20 年代末改革以来地方政府财政的最大变化，当时张伯伦在确定会获得财政部的支持后才实施了这一改革。与此形成鲜明对比的是，撒切尔和雷德利在劳森不同意的情况下继续推进他们的计划，劳森对此嗤之以鼻。

如果在 1988 年时财政大臣能借助充盈的国库使人头税的过渡期更平顺一些，保守党的选举就不会是一场灾难了。相反，当经济繁荣已经消逝，使得输家多于赢家时，苏格兰在 1989 年、其他地方在 1990 年发生了翻天覆地的变化。唯一明显的赢家仍然是富人，这一事实激起了真正的愤怒，甚至在一些保守党成员中也是如此。

---

① 保守党在地方选举中相对弱势的部分原因是，他们在全国选举中的代表性过高。选举制度让撒切尔在20世纪80年代取得了两次压倒性胜利，这是因为反对保守党的选票分布不均。但在地方选举中，对工党和社会民主党-自由党联盟的支持则更为有效地分布，而且这些政党有能力与不受欢迎的政党进行竞选，从而最大限度提高了支持率。——原注

此外，当撒切尔断定她既需要限定税额也需要人头税时，地方问责制这一伟大原则就被抛弃了。最糟糕的是，工党议会利用混乱来不顾后果地增加开支，而选民们显然认为政府对这一切负有责任。到1990年春，民意调查显示，保守党的支持率不到30%，比工党落后20多个百分点。斯塔福德中部的一次补选给工党带来了多年来最大的胜利。

然而，使撒切尔开始走上倒台之路的不是人头税。的确，1989年5月她担任首相10周年的纪念日，呈现出一种奇怪的冷淡反应，而且她不得不在12月面对一个象征性的后座议员对手。但她本可以在一个团结的内阁支持下继续前进。然而到1990年，她还没有组建起这样一个内阁，出现这种情况的原因不是人头税，而是欧洲问题。英国与欧洲共同体的关系形成了暗礁，而撒切尔政府在连续的大臣危机中触礁了。这是赫塞尔廷辞职的部分原因，他现在被广泛认为是领导层的真正挑战者。这就是为什么雷德利（他也许是撒切尔最坚定的支持者）在对德国人发表仇视言论后，被迫在1990年6月辞职。但最致命的是，劳森和豪辞职背后的原因是欧洲政策。

怀特劳在1988年中风后退休了，于是豪成了撒切尔最资深的同事，但她对他却不怎么尊重，后来她为此付出了沉重的代价。作为外交大臣，豪希望改善与欧共体的关系；1985年，他劝说撒切尔签署《单一欧洲法案》(Single European Act)，确保英国遵循更紧密的一体化原则。1989年，撒切尔以威尔逊式的风格声称时机还不成熟，仍然拒绝考虑加入欧洲汇率机制，于是豪准备与劳森联手，对她施压。他们一起在欧共体领导人马德里峰会上与她对峙，威胁要辞职。她暂时抵挡住了他们的攻势，她确实通过在7月把豪赶出外交部，转而支持更顺从的约翰·梅杰（John Major）——这是一次令人吃惊的提拔，她为自己报了仇。豪只能用副首相这个相当空洞的头衔安慰自己。

看到首相为迎合小报偏见而表现出日益好斗的沙文主义，劳森感到很不安。但令劳森更为不安的是作为首相的个人经济顾问的沃尔特斯，此人是个危险分子，更严重的是他公开蔑视欧洲汇率机制。由于这一事件已经公开化，而撒切尔拒绝与沃尔特斯分道扬镳，于是劳森觉得自己别无选择，只好在 1989 年 11 月辞职。撒切尔声称这是难以理解的。她毫不畏惧地再次让梅杰填补了这一职位，而梅杰的大部分大臣经验是在财政部获得的。曾经的希思派道格拉斯·赫德（Douglas Hurd）成了外交大臣，使得内阁变得非常的不撒切尔主义。现在主要是梅杰让首相同意加入欧洲汇率机制。加入欧洲汇率机制当然不是万灵药，从一开始，经济的疲软状态就使维持英镑的平价成了一场艰苦的斗争。就像英国最初加入欧共体时一样，他们吸取了实实在在的教训：要在正确的时机做正确的事情。

在劳森辞职整整一年后，豪也辞职了，撒切尔意识到这几乎是一次旧事重演，同样，她也声称对发生这一巧合不明就里。这次问题又出在关于欧洲一体化的承诺上。这一次，撒切尔谨慎的默许没能承受住在 1990 年 10 月 30 日下议院的质询——下议院的回复是："不行，不行，不行！" 豪决定离开。保守党在补选中输掉了伊斯特本（Eastbourne）的安全席位，几周后，事态发生了变化，这个席位当然不是输给了工党，而是输给了被认为已经不存在的自由民主党，人头税让自由民主党重新成为第三大党。关于领导层受到严峻挑战的说法——赫塞尔廷的名字显然在挑战者名单中——在忧心忡忡的保守党议员中广为流传。确定这一切的是豪的辞职演讲，他在演讲中提到他们在忠诚的冲突中挣扎得“可能太久了”，该演讲黯淡的语调完美地烘托出了它致命的影响。赫塞尔廷宣布自己的候选人资格后，得到了豪和劳森的支持。

显然，撒切尔的领导现在陷入了分崩离析的境地，只有她的竞选顾问们没有意识到这一点，他们觉得不需要积极地游说拉票。然而，在第一轮投票中，她只获得了 204 票，赫尔塞廷获得了 152 票。确切地说，根据修订后的规则，她没有被宣布为直接获胜者，因为她的票数不够。但作为一个带领保守党历经三届议会的在任首相，如果 2/5 的保守党议员已经对其失去信心，那么这样的数字也无关紧要了。随后她决定辞职，因为只有她退出才能确保赫塞尔廷失败。

但会是谁打败赫尔塞廷呢？这次梅杰又填补了空缺。他几乎没有为接班做过准备，但许多风光一时的政治宠儿现在都举步维艰——或者说受到逼迫——于是 16 个月前才当上财政部首席秘书（Chief Secretary to the Treasury）的梅杰平步青云，走到了最后。在第二轮投票中，梅杰不仅要面对赫塞尔廷，还要面对伊顿老校友赫德，他发现自己卑微的出身成了一个优点，可以让他把自己塑造成会让政府保障撒切尔主义的候选人。因此，在 1990 年 11 月，畏怯于自己所做之事的保守党带着些许愧疚体面地送别了撒切尔，她 11 年半的首相生涯就以这样的方式结束了。

如果只是因为侃侃而谈的阶层[①]不断地相互告知撒切尔所带来的伤害，就去说撒切尔带来了数不清的伤害，这样做是不正确的。

---

① 指有学识的喜好议论时政的中上阶层人士，他们阅读质量上乘的报刊，持有开明的政见，且敢于发表议论。——译者注

她的改革成果被许多长期反对者接受。尽管他们的心可能在为矿工们滴血，但他们并没有打算让工会重新掌权；尽管他们可能对私有化不屑一顾，但他们并没有打算变回拥有国有化工业和廉租公房的政权。后撒切尔时代的工党比两党党员所愿意承认得更像10年前的社会民主党。

撒切尔以可怕的代价取得了胜利，这些胜利通常被别人享受。无论是根据相对收入的统计调查，还是街头乞丐引人注目的重新出现，都可以看出英国社会变得更加不平等。此外，在实施她的宏伟计划时，撒切尔依靠的是一种粗糙的即兴创作，且依靠这种即兴创作的次数比她想象的要多得多。她在1979年制订的货币主义计划的主要内容很快就分崩离析了，然而，它的主要目标已经实现这一事实，为撒切尔派背离这一计划提供了足够的理由。正如劳森1985年在伦敦市长官邸演讲中所说："通货膨胀率既是法官，也是陪审团。"一方面，撒切尔卸任时，零售价格指数的增长幅度再次达到了两位数；另一方面，失业人员低于200万人。周期性衰退开始后，随着通货膨胀率再次下降，失业率将会上升。这两者之间的某种联系，显然不是撒切尔主义声称已经废弃的凯恩斯主义政策所独有的。当被问及她改变了什么时，撒切尔曾向一位采访者自信地说道，她已经"改变了一切"。但在她的回忆录中，她的观点完全不同："在政治上没有最终的胜利。"

第十二章

年轻的国家，1990—2000年

从梅杰到没权

撒切尔的下台标志着英国政治进入新纪元。一国首相在任期中被逼下台这件事，实在太戏剧化了，在20世纪，只出现过3个这样的先例：其中阿斯奎斯和内维尔·张伯伦都是在战时国家存亡的危急时刻下台的，因为他们的大部分后座议员认为他们无法应对这样的危机，劳合·乔治则是因为其执政的联合政府分崩离析而被迫下台的。之前从未有哪个在和平时期掌握着议会大多数席位的政党，自己决定撤销对其领导的支持。

保守党这么做显然是为了赢得下一届大选，因为他们认为如果继续让撒切尔领导保守党，保守党可能会输掉下一场大选，但如果启用新的领导人，他们就可能会赢。当时这两种想法都不是无根据的。1990年夏天，让人心惊胆战的民意调查显示工党领先至少15%，约翰·梅杰接手保守党后，调查结果就变成了执政党略微领先；此外，虽然换领导人带来的影响仅是昙花一现，但保守党后来的支持率一直在40%上下波动，这个比例和撒切尔三度赢得议会大多数席位时的情况相差无几。这本应被视为保守党仍具有颇大影响力的明确提醒，但当时工党给人们留下了更深刻的印象，因为他们最终把支持率拉回到几乎与保守党不相上下的程度，而且媒体总是把这种情况报道为“工党保持着微弱的优势”。

在这样的情况下，梅杰十分必要表现出不同于撒切尔的姿态。从 1979 年第一次加入议会开始，梅杰就被认为不是一个坚定的撒切尔主义拥护者，而是一个高效且圆滑的调停者，对他在党鞭办公室的工作得心应手。他有能力进行必要的削减，成为财政部首席秘书后，他毫不拖泥带水地有效控制了英国政府的支出。在一个不了解他的首相眼中，这很自然地被认为是热心遵从自己的教条，于是撒切尔准备提拔他：他先是被调到外交部，然后以快得反常的速度被提拔为财政大臣。或许撒切尔后来还能想起，在 1990 年 10 月，正是因为梅杰支持英国加入欧洲汇率机制，她才被迫接受这一令人不快的举措，但当时她没有别的政治选择。在接下来的一个月，深陷败局的撒切尔意识到，为了不让赫塞尔廷当选，唯一的选择就是支持梅杰。这就是梅杰能获得撒切尔派投票的原因。

梅杰曾经这样声明：“我不是以玛格丽特·撒切尔儿子的身份来竞选的。”然而，这是他曾经的保护伞撒切尔唯一能够接受的角色。不管怎么忽略与轻视，保守党将持续受到撒切尔的影响，毕竟她领导了保守党 15 年，对保守党有一种情感上的控制。在议会结束之前，撒切尔仍是议会成员，直到她加入上议院；然而正是她在国外（尤其是在美国）广泛的口头承诺，鼓励她利用自己的余威以更加尖酸的方式攻击国内的亲欧主张（包括之前她在执政时支持过的一些倡议）。这些断断续续的干涉非常令人尴尬，让梅杰迟迟不能立身。而另一个不能立身的原因则是他没能兑现“无阶级社会”的美好愿景，他认为自己的平步青云证明这种“无阶级社会”可以达成。

梅杰出身卑微，缺乏正统的教育背景，幼时混迹于伦敦南区冷港巷（Coldharbour Lane），这些背景和轨迹与狄更斯的生平惊人地相似。

这是一届有着新优先事项的新政府，其显著特征就是，绝不认错并且永不倒台的迈克尔·赫塞尔廷再次官居高位，一开始他被任命为环境事务大臣（Secretary of State for the Environment）。在环境部赫塞尔廷负责人头税事宜，确切地说是负责尽快废除它，现在各方都认为这一税种没有必要继续存在。1991 年 3 月，赫塞尔廷引入了“市政税”（council tax），这个税种不再按人头而是按地方财产征收，有点像旧时的“地方税”（rates），只不过现在是在更广范围内按财产估值来征收。这样的征收方式实施起来当然还是有很多阻碍；赫塞尔廷这一即兴发挥的措施并未给保守党带来立竿见影的效果，在 1991 年的地方选举中，保守党遭受了新一轮骇人惊闻的失利；但“人头税”这个说法被取缔了，随之而来的是使梅杰政府失势的征兆。

这场为期 3 年的地方政府财政危机带来的真正影响之一是恢复了三党制。自由党在一代人的时间内用不那么醒目但更加稳固的地方选举优势，换来了他们在议会选举中重新出人头地的局面。社会民主党的到来并没有真正改变这种局面，只是把风险抬高了。然而 1987 年大选后，联盟内的公开争吵几乎使这些收获毁于一旦。那一年，社会民主党中大部分人同意与自由党合并组成一个新政党，即社会自由民主党（Social and Liberal Democrats，1988 年索性被简称为“民主党”，而后为了尊重自由党的历史传承，又于 1989 年最终定为自由民主党，简称“自民党”）。问题是，到坚持使用“社会民主党”这一名字的残余欧文派停止运作时（实际上是在 1989 年 5 月），这一原本旨在联合的尝试只起了适得其反的作用。

事实是，在 1989 年的欧洲大选中，自由民主党以第四名的成绩排在了绿党（Greens）之后，绿党利用群众对环境的担忧，获得了 15% 的选票这一昙花一现的纪录。在欧文派社会民主党消亡、绿党颓败的情况下，再加上人头税危机的刺激，自由民主党得以复苏。自 1988 年 7 月起，自由民主党由曾是海军的帕迪・阿什当（Paddy Ashdown）领导。该党以惊人的恢复能力重新雄起，在 1991—1992 年几度以临近 20% 的成绩刷新上一次大选的成绩。要知道，在 1989 年最后一个季度，他们在民意调查中的支持率低到刚刚超过 8%，这个数据几乎和 20 世纪 50 年代格里蒙德解救自由党之前的水平差不多。

新首相投入而谦逊的行事方式与撒切尔大相径庭，但他的政策又何尝不像是披着人道主义外皮的撒切尔主义呢？梅杰不可避免地延续了撒切尔的政策，尤其是外交政策。英国的国际影响力在不可避免地下降，这是一种束缚，即使对“铁娘子”来说也是如此，虽然她在马尔维纳斯群岛获得了胜利，但也无法与从中国香港撤军的历史趋势相抗衡。不列颠的条约权利即将到期，虽然是撒切尔在 1984 年签署了中英联合声明，但梅杰变成了执行条约的那个人。他选择了彭定康（Chris Patten）这个亲近的政治盟友来担任英国在中国香港的最后一任（1992—1997）行政长官，准备为按照约定为中国香港回归中国铺路。彭定康在任期内努力在中国香港强化代表机构，这符合他的自由主义天性，只不过这样的民主风格要是在英国统治的百余年中早点儿出现的话，一定会更有说服力。1997 年 7 月 1 日，英国国旗在中国香港降下的时候，英国在全球实行殖民统治的地方仅剩一些零星散落的偏远海岛和岩石哨岗了。

当大英帝国最终没落，对欧政策就越来越被看成是对梅杰的考验。在初任首相的几个月里，梅杰摆出更加积极的姿态，在波恩宣称他想要让英国“成为欧洲的中心”，撒切尔当然也有类似言论。两德统一后，在欧洲流通统一的货币对维持欧洲的团结十分重要，然而这一观点似乎让保守党坐立不安。因此，1991 年 12 月，梅杰参加在马斯特里赫特（Maastricht）举行的政府间会议时，因其自身的政治弱点，在各个方面都没有什么发挥空间。他知道大选即将到来；他看到工党正和保守党并驾齐驱，自由民主党也复活了；而他并没有牢牢掌控自己的政党，自己仍然处于太过活跃的前任首相的阴影中。

在这种情况下，马斯特里赫特谈判对梅杰来说其实是背水一战，而且他最后获得了胜利；在英国国内的恐欧人群看来，这显然是对英国主权的强势捍卫。但是梅杰对已定的大局造成不了多大影响，他在欧洲的对手也深知这一点。在改革选举程序上，梅杰确实不愿和另外 11 个意图实现更完整的欧洲联盟的国家保持一致，以避免为了实现一致同意而提出越来越令人沮丧的要求；但他们却没有把英国排除在外，而是对梅杰的强硬态度表示包容，并最终同意英国退出两项重大承诺。英国不仅可以延缓决定是否要加入计划中的共同货币（后来的欧元）体系，也可以拒绝集体协议［social chapter，后来叫社会宪章（social charter）］。这就创造了欧洲范围内适用的工业及就业立法标准，而且，对主张自由市场的撒切尔派来说，这代表着在布鲁塞尔集中体现的“干涉主义恶行”。正如梅杰常做的那样，精明的妥协是他老练的政治手段的表现。正如一名大臣所说的那样，梅杰那些不愿接受《马斯特里赫特协议》（Maastricht Treaty）（即使是删减后的英国专用版）的支持者们其实心里很明白，英国的另一个选择就是接受工党执政下的“包含集体协议”的条约。

在 20 世纪末，欧盟逐渐成为导致英国国内政治立场两极分化的问题。在这个过程中，政党政治也发生了新的变化。在麦克米伦和希思的领导下，保守党曾是欧洲的政党；但对保守党的许多普通成员来说，撒切尔真正的遗产是让英国人对欧洲事务越来越反感。相反，在工党运动中可以观察到一个平等的、相反的反应，运动参与者意识到布鲁塞尔可能是对抗和遏制撒切尔主义的地方，这是狭隘的社会主义未能做到的。因此，当欧盟委员会主席雅克·德洛尔（Jacques Delors）在 1988 年对工会联盟发表讲话时，他突然发现自己得到了热烈的回应；工会对欧洲监管工作环境的热情成了工党的政策的关键，工党的政策来了一个 180 度的大转弯，背离了 1983 年退出布鲁塞尔的承诺。金诺克使自己成了变革的旗手，准备带领工党进军 1992 年 4 月的大选；他指责梅杰政府既没有签署集体协议，也没有作为欧洲汇率机制成员承诺建立完全的货币联盟。

这是一场选举的战役，但当时的情形和 1987 年“劳森繁荣”时期的情况大不相同。诚然，通货膨胀率从 1990 年年末高于 10% 的峰值开始下降；到 1992 年下降到 4% 以下，而且在 20 世纪 90 年代剩下的时间里，这个值都保持在这个水平或者低于这个水平。相比之下，随着经济开始增长，然后又开始倒退，失业劳动力的比例上升到了两位数；1992 年，国内生产总值明显低于两年前。虽然这场经济衰退规模更小，但它就像 1973—1975 年那场可以说是导致了希思下台的衰退一样，也像 1979—1981 年那场差点葬送撒切尔仕途的衰退一样，都是值得梅杰深思的先例。此外，虽然进口需求下降后，国际收支平衡情况有了改善，但英镑如果想在欧洲汇率机制中保持一个固定的汇率，就必须将利率维持在 10% 以上。

这在一定程度上导致房地产市场也像过山车一样，上升时的狂喜总会被飞速下降时肚子里的紧张感替代。到 1989 年，房价在 4 年内翻了一番，而在其后的 3 年内又下降了 10%。长期的房屋自用者只能无奈地看着房产证上的房产价值升升降降；但年轻人花钱买到产权后，发现自己成了“负资产”这种新症状的受害者——在当时，劳森时期飞涨的抵押贷款额超过了突然贬值的房屋价值。除了真正遭受损失的人，这种恐惧还抓住了更多人的心；但这种恐惧是足够真实的，尤其是在保守党的支持者们当中，这就强化了一种普遍的悲观情绪。

经济迟迟没有复苏的迹象，就连天性乐观的财政大臣诺曼·拉蒙特（Norman Lamont）都没法保持愉快的心情。但是保守党的竞选运动无疑是非常有效的。他们没有争取一般的经济利益，而是选择了特定的财政利益。从 1992 年初开始，他们就决定把“工党的税收炸弹”标榜为竞选主题。虽然工党的影子财政大臣约翰·史密斯（John Smith）有着值得信赖的清醒的苏格兰式风采，可能看起来就像个银行经理，但当他列出工党财政计划，承认要增加直接税收时，很多顾客受到了惊吓。事后有人说，史密斯这是给对手送了一手好牌；同样，金诺克也陷入了困境，他出现在一场精心策划且盲目地以为必胜的选举集会上——在投票日，《太阳报》相应地用了耸人听闻的措辞（“金诺克街的噩梦”），对此举进行严厉指责。而梅杰则恰恰相反，他站在一个老式肥皂箱前，发表了一篇完整的演说，虽然这个肥皂箱是他的道具团队精心制作的。

其中有太多虚构的事实，这也就解释了为什么结果会如此出人意料。事实上，工党在民意调查中的领先优势（这个优势一直都不大），后来被保守党以更稳定的 8% 的优势超越。这样的临阵败绩之所以会发生，是因为之前就存在的人们对工党的忧虑，这种忧虑不是由《太阳报》的煽情或者史密斯的直言不讳造成的，更多的是由工党前 15 年的历史造成的。鉴于这种针对工党政府的潜在怀疑，很多选民都变得小心翼翼，他们不仅对投票给工党十分谨慎，也不敢轻易投票给自由民主党——因为他们害怕在默认的情况下让工党当选。两个反对党都没能在民意调查中获得预期的票数，保守党的票数则超过了预期。[①] 所以民意调查没能成功预测结果：最终结果对保守党来说几乎和对工党一样糟，他们都因此决心再也不能犯同样的错误。

很少有哪位首相获得了新的选举支持，却没什么机会来享受这种支持。梅杰一开始就处于不利地位，因为普选结果并未以能够让撒切尔一直从中受益的优惠条款给他带来议会席位。其中一个因素是，工党的选区大部分分布在英国的没落地区，而且这些选区正在萎缩，在新边界的划定之前，其在议会中席位过多。相反，与 1987 年相比，保守党虽然在全国票选中占比更大，但他们在议会中的席位却从 100 个下降到了 21 个。由于补缺逆转模式在英国常有发生，这一微弱的优势总是有可能失去；到议会结束时，保守党虽仍是最大的政党，却已经失去了多数席位；政府持续要求统计每一票的做法也增强了恐欧反叛分子的影响力。因此，梅杰最不需要的恐怕就是一场既使他的中央政策立场名誉扫地，又将他脆弱的亲欧心思暴露在攻击之下的危机。然而在 1992 年 9 月，他遭遇了这

① 人头税后来像其名称所暗示的那样，阻止了一些潜在的选民。常有人说，1990年有太多人尝试逃避税务登记，导致在1992年的选举登记中遗漏的名字高达100万个。但其实际影响似乎并没有这么大。——原注

样一场危机。

有好几个月，英镑在欧洲汇率机制内的表现都令人担忧。英镑最初在 20 世纪 80 年代中期加入该机制，是因为设想了一个融合和稳定的过程，但到 1990 年最终决定并且真的加入时（当然，这个决定既考虑了政治因素，也考虑了经济因素），这个设想已经与当时的情况不符了。英镑汇率居高不下，中间价在 2.95 德国马克，有时候对美元的汇率甚至可以达到 1.9 美元，这就要求英国维持高利率来保护英镑，然而那时候正值 20 世纪 90 年代初经济衰退时期，这又恰恰需要英国降低利率来帮助国内经济复苏，这显然是一个无解之题。梅杰也没有什么新的应对办法。他甚至照搬了前人的说辞，1949 年克里普斯就是用这套说辞违背了自己贬值货币的承诺，威尔逊和卡拉汉在 1967 年也是这么做的。梅杰宣称说：“不管是选择轻松的选项、‘贬值’还是通货膨胀，都会是对我们的将来的背叛。”

1992 年 9 月 16 日，在那个“黑色星期三”，大坝终于决堤了。面对英镑上难以抵挡的压力，梅杰和拉蒙特及其他内阁领导成员(有些人总结说人多是为了多一些人分担责任）都只能束手无策地看着，与此同时利率一度被提高到 15%，后来他们不得不做出无法避免的让步。拉蒙特成了宣布英镑退出欧洲货币机制的那个人，他也暂时留任财政大臣。他觉得他只不过是代表这个两年前被他扶上首相位置的人，干了一些脏活累活，没有引咎辞职的必要；但梅杰和拉蒙特这对唐宁街邻居之间的良好关系，成了这场危机不幸的牺牲品。拉蒙特成了另一个牺牲品，1993 年 5 月，他被肯尼思·克拉克（Kenneth Clarke）取代，这是一个撒切尔政府的资深官员，但现在作为梅杰坚定的亲欧派盟友而日益突出。赫塞尔廷有着同样的表现，不管他私底下是怎么想的，他表现得对梅杰很忠心，这种忠心后来得到了回报，因为之后他得到了副首相这个双重头衔。在梅杰剩余的任期内，就是他、拉蒙特和赫塞尔廷这个三人核心领导团体，带领保守党政府走过了 4 年的起起落落，尤其是衰落。

黑色星期三的悖论是，政府害怕的结果确实让它捱过了一段艰难时光，但事实上也给它带来了可行的经济政策。克拉克接手的局面当然有很多问题，最大问题就是巨大的预算漏洞。如果用传统的收入和支出数据（统一基金）来衡量，赤字在 1993—1994 年占国内生产总值的 10% 以上：这是和平时期的最高纪录。这种情况之所以会出现，更多的是因为劳森没有在繁荣鼎盛时期取得巨额盈余，也因为梅杰在任职于财政部的一年中很自满，还因为拉蒙特迟迟才对经济衰退的影响做出反应，而不是因为克拉克的所作所为。但克拉克才是必须收拾这个烂摊子的财政大臣，他明智地严格检查了公共开支，同时偷偷增加了几乎所有种类的税收——所得税除外，后来在 1995 年和 1996 年，他还成功将所得税税率降了一个百分点。工党作为反对党的时候嘲笑了这些做法，但他们自己执政时却照搬了很多。

克拉克在财政部真正成功的地方在于，他能够以一副轻松随意的样子打出手上的好牌。他个人的举止和衣着都很随意——他更有可能买杯苦啤酒安慰一下自己，而不是担心破旧的仿麂皮鞋，他给饱受折磨的财政部带来了一种它迫切需要的波澜不惊的权威感。当然他从来不把黑色星期三说成是货币贬值；但其带来的影响就是使英镑对其主要竞争货币至少贬值了 10%，大约 2.5 德国马克或者 1.5 美元的汇率成为常态。这是英国出口商的机会，几年内他们就使英国实现了大范围的国际收支平衡。利率顺利地降到了6%左右，十分适合国内经济增长。克拉克坚决地执行这一政策，哪怕会因此得罪英格兰银行的管理者，这项政策的实施结果证明了他的判断是对的。鉴于经济现在处于更加平衡的状态，因此在维持经济增长（1994年，经济增长达到了4.7%）的同时持续抑制通货膨胀成为可能。

这就是政府在经济上的成功故事，然而当经济复苏来临的时候，它却被证明是一场“无选票的复苏”。梅杰的地位已经遭到致命的破坏：他遭受的不仅仅是暂时的挫败，还永久地失去了人们对他判断力的信任，而后者显然与黑色星期三有关。民意调查显示，工党迅速获得了优势，而且这个优势一直持续到下一届大选；盖洛普指数显示，从1993年5月开始，连续44个月，保守党支持率都没超过30%。有一段时间，民间流行的“中期蓝调”的说法，掩盖了一场史无前例的衰落的本质，这场衰落始于关于关税改革的两败俱伤的争论，关税改革标志着保守党的长期绝对优势就此终结，就像90年前一样。

尽管保守党在经济上的成绩还不错，但几乎同样容易引起分歧的欧洲问题分裂并摧毁了保守党。在一个很容易认为选举行为由潜在社会和经济因素决定的时代，认识到这种观点的局限性，并承认很多因素会改变事件的影响及政治领导，是一种体现思想解放的见解。

新工党

作为工党领袖，尼尔·金诺克在1992年大选后下台时，名下有不少功劳（当然，他在大选中还是失败了）。到1990年，他主持了家庭政策审查，否定了前10年的激进倾向，这种倾向下的立场至少和梅杰政府一样亲欧、一样反对通货膨胀。应该指出的是，这项审查工作还延伸到了对欧洲汇率机制的支持上——这种支持被证明同样令金诺克政府尴尬。事实证明，工党第四次落选，也给了党内自觉的“现代化主义者”一个更好的理由和机会来推行重要改革。当约翰·史密斯适时担任反对党领袖时，他也致力于让工党在公众眼中看来有可能获选；他同样要依赖党内工会的投票权来实现这些变化。然而，许多年轻一些的现代主义者，尤其是工党团队中出现的耀眼明星戈登·布朗（Gordon Brown）和托尼·布莱尔（Tony Blair），现在开始把工会本身根深蒂固的形象看成一个关键的症结，这就使得改革工党章程成了首要任务。

史密斯并不是这种改革运动的天生领袖。他完全乐意看着政府愈陷愈深，因此他在选择工党议会候选人的时候，勉强参与了“一人一票制”推进活动。确切地说，改革仅被限制在小范围内，选举领导人的权利仍然把握在选举团的手里，选举团成员均衡地分布在议员、工会和普通成员之间。然而一人一票的原则真正发挥了作用；正是在这个原则的基础上，史密斯得以在1993年9月的工党会议中巩固自己作为领导的信誉。这一举措很果断，很成功，却成了他的最后一招棋。不到8个月，他就因心脏病突发逝世。①

---

① 这虽然是一次突发的心脏病，但也是他第二次发病。1988年第一次发病的时候，他被迫从影子大臣这个职位上退下来，但他后来显然完全康复了。在1993年6月出访威尼斯时，迈克尔·赫塞尔廷也曾心脏病发作。他尝试让大家相信自己的病并无大碍，但在史密斯因病逝世的先例面前，并没有太多人买账，他也因此失去了仅存的一点可以接任约翰·梅杰职务的希望。——原注

因此 1994 年 5 月，工党被迫要提前从新一代中选择一个领袖。当时有两个显而易见的候选人。多年来，布朗作为潜在未来领袖在同伴中脱颖而出，他知识渊博、为人正直，和他苏格兰国教牧师之子的背景相得益彰；他以担任影子大臣时的沉着和机智闻名，那时他是同为苏格兰人的史密斯的代表。相比之下，布莱尔则刚刚被招到议会前座。他天生聪慧，反应迅速，他最初的政绩是在他效力于金诺克时，作为就业部发言人力挫工会，他以自己独特的战略勇气和战术伪装，成功使工党摆脱对准入式企业的义务。但他的全盛时期是在史密斯麾下担任影子内政大臣的时候，那期间他展现出优秀的天赋，总是能在提出自己政见的同时带来良好的公关效应，因此在短短的两年内，他成功在公众面前塑造了一个充满魅力的形象。

这两个人有着十分相似的现代化理念。他们很快就建立起了密切的关系，而且由于紧密并相互信任的政治合作，这种关系得以维持下去；他们十分有望在不远的将来在英国政府高层共事；他们可能各自都盘算过谁最终会继任政党领袖这一角色；但他们没想到的是，这个决定不久后就变得迫在眉睫。史密斯的葬礼过后没几天，决定就出来了（这个决定是根据什么做出来的仍然有争议）：布朗将不会和布莱尔竞争领导权。因此，1994 年 7 月，现代化主义者的事业大获成功，布莱尔获得了工党议员的、政党成员的绝大多数选票，甚至更出人意料地获得了选举团中工会成员的大部分票数［虽然当时另一个候选人约翰·普雷斯科特（John Prescott）是工会的人］。

布莱尔彼时 41 岁，比布朗小 2 岁，比梅杰小 10 岁，比撒切尔小 27 岁。这就是更新换代，新领袖很擅长把这一点转换成自己的优势。他没有任由别人指责他缺乏经验——上一届工党政府执政时，他还没有成为议员——而是宣称是时候告别过去、继续前行了。他高调地接受了许多撒切尔时代带来的变化，很有风度地（也颇为狡猾地）对撒切尔本人表示尊重；但他同时主张执行一个后撒切尔时代的议程，这样的议程能让左翼和中间派向工党靠拢。为了弥合工党的创伤，布莱尔把自己的手下败将——比自己年长15岁的直率的前工会成员约翰·普雷斯科特扶到了副领袖位置；但新领导班子中的"名流"（普雷斯科特是这么称呼他们的）一直把他当成"圈外人"。与布莱尔同岁的彼得·曼德尔森（Peter Mandelson）曾是金诺克政权下的工党官僚，因"舆论导向专家"般高超的舆论引导能力而闻名，他的私人影响力已被公开认可：这种影响力并不隐蔽，非常明显。布莱尔把年轻视为一种美德，一种对政治复兴的暗示。他对社会主义愿景的定义就是"一个年轻的国家"，在1995年的政党会议上，他对一开始很困惑的与会人员是这么保证的。

从布莱尔掌权后开始采取的政策上，已经能看出他利用自己的受欢迎程度来达到严肃政治目的的意图。1994年10月，政党会议的议题是"新工党"；当代表们听到布莱尔呼吁修改工党章程第四条，预备加强公有制的时候，他们开始逐渐明白这不是单纯的"诠释与宣传"那么简单。这一举措在重塑政党的诉求上，和"一人一票制"几乎一样：首先摆脱了工会的身份，然后摆脱其历史性的社会主义承诺。因此，布莱尔想要的很多；但他将竞选活动投票权交到工党成员自己手中，而不是依靠集团投票，这种勇气与盖茨克尔一代人以前试图改写第四条最后却半途而废，形成了具有启发性的对比。确实，随着全国政党成员数量在这个过程中不断增加，这一做法被证明是布莱尔和工党之间相互信任的高点；但他掌权后，就更倾向于自上而下地控制政党，这从他深度干涉伦敦市长和威尔士议会领袖的工党候选人选拔就可以看出来。

我们不能说布莱尔的到来使英国政治发生了翻天覆地的变化，但是我们也不能说他什么改变也没促成。金诺克当政时，现代化主义者们已经把工党从危险的边缘拉回，史密斯当政时，保守党已经步履蹒跚。布莱尔利用了自己的优势地位，而且他的领导所带来的影响体现在各个方面。他是自 20 世纪 60 年代初的哈罗德·威尔逊以来，第一个在下议院质询时间抓住主动权，并从政府手中夺取议事日程的反对党领导人。他成了“讲话片段”大师，用名言警句来包装自己的政策立场，这一过程被梅杰蔑视，尽管这种蔑视并没有什么用。

媒体过分夸赞了布莱尔，他年轻的风度常常被不加鉴别地看作一种全面复兴政治的诚挚热情。他成功地让大家认为，他不只是一位普通的工党政客。他出身中产阶级，曾就读于收费学校，毕业于牛津大学。他的前辈艾德礼、盖茨克尔和富特也有着同样的人生履历。然而，布莱尔却是第一个宣称自己没有无产阶级资格的人。他声称自己对“英国中产阶级”的恐惧和希望有着本能的了解，并会为明确中产阶级对外宣称的价值观而战，不管这个价值观是挥舞爱国主义的旗帜还是向社会更高层流动的愿望，新工党都是“一个国家”的政党。当然，这些标志和标语传统上是属于保守党的，但它们被工党风轻云淡地挪用来窃取选票，这么做也是有意模仿撒切尔早先争取传统工党选区的成功做法。年轻的布莱尔家族是新工党的缩影，这个家族在伊斯灵顿有一栋气派的双层公寓，还有一对有职业抱负的父母，他们要应对工作和 3 个孩子（后来在唐宁街又生了第四个孩子）之间相互竞争的需求。工党面临的最难听的嘲讽不再是他们有多迂腐守旧，而是他们有多时髦；但不可否认的是，这种与时俱进颇受欢迎。

时间一个月一个月地过去，工党在民意调查中赢得了过半的票数。相比之下，保守党那边的混乱情况简直显得有些残酷。梅杰一次又一次地遭受党内反叛分子带来的挫败。1992 年的丹麦公投否决了《马斯特里赫特条约》，迫使他推迟了英国的批准时间，在那个节骨眼上他发现自己还有几票之差就会在下议院中被打败。更糟糕的是，在 1993 年夏天，政府失去了一张欧洲选票，为了生存，他们不得不制止一项信任动议。1994 年 11 月，仍未和解的 8 名保守党议员坚持投票反对政府。梅杰先是通过收回反叛分子的党鞭身份来反击，但不见什么成效；5 个月后他又恢复了反叛分子的党鞭身份，但仍然没有效果。他的最后一招是在 1995 年 6 月参加保守党领袖的改选，他向批评他的人挑衅说“要么忍受，要么闭嘴”。

梅杰这话是对谁说的昭然若揭。迈克尔·波蒂略（Michael Portillo）彼时是撒切尔的“宠儿”，是右翼内阁大臣中最突出、最耀眼的人物，而梅杰则一直毫不掩饰地称这些右翼内阁大臣为“混球”。但波蒂略在这场领导权争夺赛中静观不动；相反，平时严肃冷漠的约翰·雷德伍德（John Redwood）却表现出了辞职离开内阁的勇气。雷德伍德因此捍卫了经济自由主义者和欧洲怀疑论者的事业，他们总把 20 世纪 80 年代视为黄金时代，尽管撒切尔本人对自己的偏好仍然保持着异乎寻常的谨慎。梅杰以 219 票对 89 票胜出，有 22 名议员弃权。没错，他获得了 66% 的支持率，相比之下，在 1990 年的第一轮投票中，撒切尔只获得了 55% 的支持率；但他在下议院也失去了自己政党 1/3 的支持——这几乎和 1940 年内维尔·张伯伦被抛弃时的比例相同。

虽然起先投给梅杰并使其当选领袖的撒切尔派选票已经消失，但指控梅杰背叛了撒切尔主义仍然显得不公平。然而，20 世纪 80 年代那种非常合时宜的方案未必适合现在。私有化曾经是一服万灵药，但当它被不顾一切地应用在铁路上的时候，却失灵了。不但民众对私有化措施没什么热情——人们一开始对其他私有化措施也是如此，而且该计划暴露出一些混乱的迹象，尤其是在将轨道责任从全部铁路车辆责任中分离出来的做法上。尽管有言论说要征收“机动车人头税”，但英国铁路网的特许经营权在 1997 年大选之前就被私营公司抢购一空。后来发生了一系列令人痛心的火车事故，而轨道维修方面的因素与之脱不了干系，随后就有越来越多人嘀咕着说“看，早告诉你会这样了吧”(即使他们可能之前没这么说过)。

同样，放松管制在 20 世纪 80 年代似乎通常也是个很好的口号，但后续出现了一些令人尴尬的问题。在准许放松饲养和屠宰动物程序一事上，放松管制到底要负多少责任呢？在 20 世纪 80 年代，有一件事逐渐显现了出来，那就是在牛身上暴发的牛海绵状脑病（BSE，俗称“疯牛病”）在英国尤其盛行，因为英国当时正实施着市场主导措施，而这些措施在别的地方得到了更有效的监管。这已经够糟糕了；但越来越多的证据表明疯牛病可能导致人类感染一种变体疾病，也就是克雅氏病（Creutzfeldt-Jakob），这些证据向人们预警了令人担忧的可能性，但官方当时否认这种可能性。1996 年 3 月，一份内阁声明承认了这种致病关联，随后几乎全球都禁止进口英国牛肉，这在欧盟内部成为一个特别敏感的问题，从而激起了各方一些可预见的反应。市场对这场危机确实有所回应，因为消费者们对牛肉敬而远之（尽管这种情况在英国没有在欧洲大陆那么严重），英国农民面临着重新建立出口贸易的漫长过程。然而，没有一个人主张简单地把这场危机留给市场解决。更严格的监管又回来了，而且，尽管廉价的政治嘲笑有点不合时宜，但英国在这些可怕的统计数据方面领先世界，这一事实引发了懊悔中的反思。

不可否认，梅杰是个有些倒霉的首相。他不得不为一些不在他控制范围内的事情承担责任；但他承担责任的方式看起来倒霉气十足，这引起了一些人的同情，但没有人敬佩他的领导能力。没有什么比这个表面正直的男人后来深陷一连串丑闻更能体现这一点了，这些丑闻很多一开始无足轻重，但后来还是使他领导下的政府蒙了羞，让政府给人留下了形象“肮脏”的印象。在 1993 年的保守党会议上，梅杰的演讲被包装成一个笼统的主题——“回复本原”（Back to Basics），这可以说是注定要和好运背道而驰了；尽管这场演讲不是为了训诫，它却被当作一场说教，根据说教内容，道德方面出现任何的小过失都要受到严厉的评判。[①] 此后每隔一段时间，小报上就会曝光一些大臣们令人兴奋的、和性有关的消息，令人非常窘迫；当这些大臣辞职时，通常迟迟才递上辞呈，首相即便想维护他们也扭转不了局面，这本身也成了个问题。

更严重的是滥用议会程序［“现金换质询”（Cash for Questions）］和议员们违规接受款待这两种相关的指控。这导致了对公共生活标准的大范围争论，更具体地说，使得两位著名的前保守党大臣在公

① 当时梅杰和保守党初级大臣埃德温娜·柯蒂（Edwina Curtie）在20世纪80年代的婚外情还没被曝光，直到2002年柯蒂出版了回忆录，此事才公之于众，于是作为首相的梅杰又多了一桩尴尬之事。——原注

众面前大为丢脸。[①]

由此导致的一个结果是，下议院建立了一个新的标准和特权委员会（Standards and Privileges Committee），要求议员们登记他们的财政收入。在这件事上，保守党给人留下了拖拖拉拉的印象。相比之下，工党宣称将但求无过作为新标准；这可以被看作是它自己版本的“回复本原”，使得未来的工党政府容易因被发现违反自己定下的规则而受攻击——这种情况后来真的出现了，尤其在政党所受捐赠的问题上。

如果采用 20 世纪末的这种严格制度，劳合·乔治和丘吉尔是无法经受住对他们财务状况的审查的。提高期望值的最终结果是削弱了公众对所有政治家诚信的信心；但在短期内，保守党为“丑闻”所伤。

就像之前的贝尔福一样，不管这个职位给他带来了多少羞辱，不管他的前程有多么无望，梅杰仍然下定决心不交出权力。很久以来，人们想当然地认为，1992 年 4 月选出的议会能度过 5 年的正常期限；人们也想当然地认为，在保守党连续当政 18 年后，这个独特的魔咒应该会被破除。保守党已经不再期待胜利了，他们唯一延缓失败发生的希望在于经济记录。然而尽管肯尼思·克拉克在财政部的成就受到广为认可，他仍然不能成为保守党竞选运动的核

① 被《卫报》指控的前初级大臣尼尔·汉密尔顿（Neil Hamilton）高调尝试洗清自己的罪名，但没有成功，后来他破产了。乔纳森·艾特肯（Jonathan Aitken）同样为了反击《卫报》离开了内阁，最后因为作伪证而锒铛入狱。流行小说作家杰弗里·阿切尔（Jeffrey Archer，阿切尔勋爵）是保守党副主席，也是极有希望的伦敦市长候选人，但后来因作伪证而入狱。——原注

心力量，因为他的亲欧观点导致他在自己党内基本处于被孤立的状态。越来越无力的内阁维持的官方路线是保证英国有加入单一货币的可能性，而单一货币将于 1999 年开始实施。

关于欧元（现在的叫法）的民意调查显示，民众中反对英国加入的人数是赞成人数的 2 倍。所以在 1995 年，金融家詹姆斯·戈德史密斯爵士（Sir James Goldsmith）为了实现迫使英国就加入欧盟进行全民公投这个唯一目标，计划组建新政党时，保守党特别警觉。这一事件在鲁珀特·默多克的多家报纸上被大肆宣传，尤其是《太阳报》，该报仍然因自称在之前的大选中帮助对抗工党而自鸣得意，但现在开始为布莱尔领导下的新工党背书。1996 年 4 月，克拉克勉强答应，英国在采用欧元之前无论如何都会进行一次全民公投；没过几个月，工党也做出了同样的允诺。因此，执政党和反对党第一次正式达成了一致。把全民公投当作遮掩保守党反对欧元、工党支持欧元这一事实的幌子，未免有些过于简单，但是在这件事上，两个政党确实有着不同的目的。

至少布莱尔大言不惭地在《太阳报》上宣称，自己对英镑上的女王头像感情深厚。他本应该是希望加入欧元体系的，这让他的这种情怀显得格格不入，但和他赢得选举的更强烈的愿望就一致多了。

新工党在选举中备受瞩目，投票日最终被定在了 1997 年 5 月 1 日。保守党警告说“新工党”只是一个骗局，是一场纯粹的整容手术，背后隐藏的还是以前那个熟悉的社会主义怪物。事实上，布莱尔早就料到了这样的指控，并为此做了准备，他让工党必须完全公开党内进行的每一项整改——越难的整改越能证明工党不会重蹈以前工会运动的覆辙。布朗巩固了这种令人安心的保证策略，他不但十分肯定地表明工党政府会在接下来的两年内坚持克拉克设置好的公共开支指导方针，而且保证不会提高直接税收的税率。因此，工党过去挥之不去的失败阴影被慢慢驱散了。

工党大获全胜长期以来从民意调查上就可以预见，但还是有人对此持怀疑态度，就像有人对此不重视一样。事实是，工党最后的得票率是 44.4%，和预期还有一定的差距。但保守党在选举上的失利是 1945 年以来最大的，他们的议员被减少到 165 人，这个数字是自 1906 年以来最低的。党内的分裂无疑是导致这种结果的原因之一，在整个竞选中，保守党内部出现了一些分歧，一些保守党候选人为了提升排名，不惜宣称他们反对加入欧元体系，甚至反对加入欧盟。他们之所以会这么做，在一定程度上是因为担心被更为极端的恐欧派候选人打败，这些人当中最突出的是那些由公投党（Referendum Party）支持的人。后者 2.7% 的全国支持率虽然低，但在一些选区中，其票数足以打败保守党议员。虽然分析结果显示，这并不是保守党大势已去的主要原因，却被用来加强该党的反欧偏见，这个日渐单薄的政党一举退回了威斯敏斯特。众多有影响力的保守党报纸（尤其是《每日电讯报》）毫不掩饰地表示，欧洲问题将把布莱尔政府赶下台。

这场选举是属于布莱尔的。他在新议会中拥有超过 400 名支持者，几乎可以和 1945 年的艾德礼，以及 1906 年的坎贝尔－班纳曼相提并论；但这两个人可没有像布莱尔一样在 1997 年独占鳌头。在一定程度上这算是一种计谋，工党成了纪律严明的政党机器，它从美国克林顿的民主党那儿学到了“与既定策略保持一致”的重要性，并且有焦点小组的技巧和快速反驳的规程支持。有舆论导向专家在幕后辛苦地操纵和引导舆论，布莱尔自己就可以亲切、轻松地出现在公众面前。他成功地用自己无可匹敌的领导地位，向紧张不安的英国中产阶级做了一个不言自明的保证；同时他也鼓舞了那些在帮助工党上台时产生了更苛刻希望的人——对于任何41岁以下的选民来说，这都是一种全新的经历。布莱尔对胜利的回应是“新的黎明已经到来，不是吗？”——这样的回应未免有些乏善可陈，但大家在表面上还是接受了。

产生这样的结果不仅在于工党在全国范围内的票数，也在于这些选票的分布情况。在20世纪80年代对保守党有利的选举系统，现在已经走到了尽头。保守党之前的安全席位，比如，伦敦北部郊区的恩菲尔德（Enfield），这次被工党赢了过去，波蒂略就是在这里失利的；保守党甚至把一些席位输给了自由民主党。后者获得的17.2%的支持率虽然略有下降，但其在议会的代表席位增加到了46个，成为自1929年劳合·乔治时代以来的第三大党。

新首相虽然对胜出非常有信心，却从来没有想到过会大获全胜。他确实有组成某种联合政府的应急计划，这个计划与他扩大自己政治支持的目标是一致的。自由民主党的领导帕迪·阿什当（Paddy Ashdown）是布莱尔一直以来殷切讨好的对象，这两个人对建立在和谐政治关系上的共同“项目”（他们是这么称呼的）很有信心。他们正确地认识到，这个国家的许多他们的支持者都有一个共同的目标，那就是把梅杰政府赶下台。和1992年不一样的是，现在大部分自由民主党人都不再害怕布莱尔领导下的工党政府；和20世纪80年代初不一样的是，只要有能代替现任保守党议员的机会，许多工党支持者会毫不犹豫地给自由民主党投上战略性的一票。但是在1997年，以这种新的衡量标准为基础的战略性投票并没有促成执政层面的合作；相反，随着工党势力的壮大，组建联合政府这个主意越来越显得不切实际，布莱尔很快就意识到了这一点，而阿什当却后知后觉，徒留失望。

事实上，布莱尔项目依赖于其十分广泛的吸引力，这种吸引力源自其具有包容性的弹性定义。布莱尔经常把新工党说得既有自由主义渊源也有社会主义渊源；有时他还会提到一个多元的政治概念，这种概念接受选举改革。但 1997 年后，他成为一个拥有绝对多数选票的首相，而这种情况得益于一种让工党受益良多的选举制度。事实上，正是因为布莱尔控制了工党，他的项目才获得了制度上的支持——这个项目也许是新的，但现在它却和政党利益密不可分。因此，布莱尔在就职演说里模棱两可地说道：“我们是作为新工党被选上的，因此我们也以新工党的身份执政。”

名人！

1997 年 8 月，威尔士王妃戴安娜不幸于一场交通事故中遇难，其时年仅 36 岁，身后留下了一双年幼的孩子，无论如何，这给她个人蒙上了一层悲剧的阴影。而她曾是王储妻子这一事实，意味着这件事必定会引起公众的关注。白金汉宫在处理这类事件上经验丰富，它的惯常做法就是展现得体的沉默和适度的悲悼。然而在这起特殊的王室意外上，上述做法似乎显得不够充分。且不说公众对戴安娜王妃的看法是否正确，她的公共形象一直是具备唤起民众同理心能力的公共关系高手，有些人说这是她的本能，有些人则说这是她操控人心的把戏。她曾经在电视上公开地说起自己破碎的婚姻；她过着高调的社交生活，对“狗仔队”若即若离；事发当时她正在巴黎，身处一场高速追车戏码，同在事发现场的是一个身价百万的花花公子。唐宁街巧妙地抓住了大众的情绪，而不是白金汉宫，布莱尔迅速追悼戴安娜为“人民的王妃”（People's Princess）。没有人预料到随后民众对她排山倒海般的悼念，肯辛顿宫外的鲜花堆到齐肩高，街道上挤满了来参加她葬礼的人群。

诚然，丘吉尔甚至纳尔逊（Nelson）的去世都曾带来这样的轰动。但很明显的是，他们俩都是有着卓著公共成就的英雄人物，戴安娜却截然不同，人们敬爱她更多是因为她的身份，而不是她所做出的贡献。在这一点上，可以说她像其他王室成员一样，因为自己的出身或者婚姻而备受关注；而在拥有一个光鲜耀眼的名人身份这一点上，她又很不一样，她出名仅仅是因为她出名。她的人格魅力（这种魅力也许是媒体构建的，也许是接受她的人们自己想象的）使得大众对她的突然离世不由自主地做出反应：一种看起来好像有理有据，但从根本上说并不理性的反应，而且事实上这种反应也并没有持续很久。在当时，令人觉得奇怪、新奇甚至不安的是，英国人居然摆脱了如此多的顾忌。事实上，惯例在发生改变的迹象已经很明显了。举个例子，在1990年的国际足联世界杯上，英格兰队以冲动著称的足球运动员保罗·加斯科因（Paul Gascoigne）因裁判的一个判罚而当众失声痛哭，也许有人会指责他没有打落牙齿和血吞，但当时这个事件让他迅速成为民族英雄，获得了“加扎”（Gazza，带着相应短暂的吸引力）的昵称。

当然，这样的例子难免被要求承担过于沉重的社会解读。与其说这些例子证明英国人的感受力完全发生了改变，还不如说是随着潮流的变化，英国人的风格在逐渐改变。英国人，或者说英格兰人，天生冷静内敛，这是一种典型的民族刻板印象，与拉丁民族或者凯尔特民族总是被认为热情洋溢、情感丰富形成了鲜明对比。显然，这样的刻板印象可能是自我强化的，尤其是在它们相互矛盾的情况下，人们珍惜这样的刻板印象，因为它含蓄地肯定了一种身份，即使很多人对这种印象明确表示嘲讽。但这些仅仅是文化上的见解，随着时间的流逝，它们很容易因为受到某种影响而改变。所以英国人刻意的含蓄内敛继续在其民族文化中盛行，且方式多种多样。诺埃尔·科沃德的演艺事业得益于他那自成一格的吐字清晰、语速较快的上流社会口音，但多年之前让他在舞台下被嘲笑了很久。这种形式本身幸存了下来，但是它在这片从未被正式探索过的情感腹地被评论为无趣、简洁、没有感情、不直白、含沙射影。格雷厄姆·斯威夫特（Graham Swift）的小说《遗言》（*Last Orders*）准确地刻画了英国人的含蓄内敛，这部作品于 1996 年获得了布克奖（Booker Prize），并在 5 年后被翻拍成一部大受好评的电影，演员迈克尔·凯恩（Michael Caine）和汤姆·考特尼（Tom Courtenay）熟练地通过简洁的讲述，在伦敦南部的酒馆里面无表情地讲述了主人公一生的起起落落。这种含蓄内敛虽然带有浓重的英国色彩，但并非一成不变，更非与生俱来。我们需要将这种民族特征理解为一种艺术形式或一种代码，这种特征是后天习得的，或者至少是调教出来的，它依赖一种世代相传的机制来维持。

如果说文化传统上是从老一辈传给新一代的话，那么 20 世纪晚期的流行文化的传递则刚好相反。这种颠倒和另一种情况也很相似，那就是在高级时尚里，社会精英会模仿街头风格。年轻人创造出来的文化标准并非只针对他们那一代人，而是需要在一个越来越能满足年轻人品位、语言、行为、追求、运动和时尚的社会中被更广泛的接受。当然，这是建立在一种至少 20 世纪 60 年代以来就存在的独特的青年文化上的，在一定程度上折射出早期同龄群体对自身形象的认知，这些人反对中年人古板的期待和传统。如果说在1960年只有30岁以下的人会穿牛仔裤，那么在2000年，70岁以下的人都会穿牛仔裤——40年来，一直是同一批人这么穿。到底是布莱尔口中的年轻的国家已经实现了，还是英国只是拒绝优雅地老去，这个话题只能见仁见智了。

像朋克和嘻哈这类通常源自青少年潮流的非正式着装，得到了更广泛的接受。餐厅和剧院对顾客的着装要求渐渐放宽，在一定程度上是为了吸引更年轻的顾客群；很多雇主开始允许员工穿曾经被认为只适合节假日穿的衣服。女性穿裤子变成了理所应当的事，（在几起起诉雇佣歧视的案件胜诉之后）她们不仅可以在工作场合这么穿，甚至在一些正式场合（不管是大学毕业典礼还是国宴）也可以这么穿。男性们现在则发现，哪怕穿着西装，领带也可系可不系，更多时候他们就穿一件翻领上衣或者一件扣到领子的衬衫（如果那衬衫有领子的话）。

从牛仔裤到斜纹棉布裤，再到运动鞋，美国在休闲装的范围和风格上明显表现出强烈的影响力。运动衫和T恤变成了男女必备的服装，棒球帽和各种运动服的变种也是如此。这些服饰都源自美国，但英国很快就有了相应的国产替代品进入市场，尤其是改良了橄榄球运动服作为男女通用的便服。很多这类服饰上的显眼图标一开始都是机构图标，通常代表支持的学院或大学队伍，但其中的商业价值却以多种方式被开发。曾经低调地标注在领口内的制造商标签，如今都作为显眼的标志装饰在帽子、运动衫和运动鞋上——事实上，现在几乎买不到一件没有标注品牌的服装。真正的运动服供应商被一些因为有名气而变成更有名气的品牌所取代：他们自己不生产任何东西，而是把自己供应的产品外包，通常是外包给第三世界国家；最重要的是，这些商品上都高雅地标注着原品牌的名字和标签。这些潮流沿着从运动场到大街再到时装店的高端消费轨迹，从青少年身上蔓延到他们的父母身上。因此，曾经作为身份象征、体现优越感的不显眼的品牌名，如今也公然展示在正装上。例如，巴宝利雨衣独特的格子衬里成了一种全球时尚配饰，这些格子图案最初是通过一系列围巾和手袋流行起来的。

现在，品牌的重要性是需要学习的市场营销课的内容。不仅是商业公司开始意识到品牌形象对于定义公司本身和命名自身产品的重要性。采用红玫瑰作为党标的新工党的历史，也能体现出品牌的重要性。此外，一个组织为了推进自身发展而采用的名字，通常需要在出处上具备一定的弹性，因为不同活动之间可能需要进行横向和纵向的整合，而这些活动通常与其核心业务相去甚远。商业组织有时会退而求其次选择用首字母作为自己的标志，这样就不用明确指出自己将要从事哪种商业活动，被翻译成别的语言时也不会出现令人尴尬的含义。但更好的做法就是采用一个自由浮动的名字，比如说维珍（Virgin），这个名字对航空、唱片和软饮料公司来说都是一个很好的名字品牌名称，既可以是航空公司，也可以代表唱片，还可以代表软饮料，正如该集团性格外向的创始人理查德·布兰森（Richard Branson）所解释的那样，他们追求的是“让品牌建立在声誉上而不是产品上”。这种做法的关键之处在于，要将一个视觉辨识度极高的图标与一个广告效应良好的品牌名结合在一起，以期提高认知度、形成品牌忠诚。

当这种源于竞技团队比赛模式的策略被运用到职业体育上时，事情兜了一圈回到了原点。美国的例子再次在这方面起了领先作用，尤其在通过市场营销把运动队伍或俱乐部打造为现成品牌，以此吸引一代又一代的忠实客户方面。截至2000年，曼彻斯特联队（Manchester United，简称“曼联”）仅靠销售带有独特红色条纹的足球产品，以及诸如日历、杂志和视频等与曼彻斯特联队直接相关的副产品，甚至包括被套和威士忌等，就获得了2 500万英镑的年收入。这样的操作是商业计划的重要组成部分，也正是由于这种操作，曼彻斯特联队和达拉斯牛仔队（Dallas Cowboys）一起跻身为世界上最富有的两家运动俱乐部。

使曼彻斯特联队成为英国（或者全欧洲）顶尖品牌的，与其说是运动技能，不如说是商业智慧。它的崛起与卫星电视的发展可谓是同步的。鲁珀特·默多克本身不是个球迷，但是他敏锐地察觉到了利用体育俱乐部的特许经营权作为敲门砖的可能性，他察觉到或许这可以让他的英国天空广播公司频道成功地渗入原本顽固难攻的市场。于是在1992年他大胆出价3亿英镑，与所有顶尖俱乐部签订了4年的合同，通过创立新的英超联赛，将这些队伍与足球联盟的其他队伍区分开来。天空广播公司的足球转播是一场获得了丰厚回报的赌博，因为它获得了百万个新用户，同时，英超联赛的精英球队的收入也开始大幅增长。1998年，曼彻斯特联队差点儿以6.25亿英镑的价格被卖给天空广播公司，但垄断与兼并调查委员会（Monopolies and Mergers Commission）进行了干涉，他们认为这种紧密相关的商业活动的所有权如果集中到这种程度，将妨碍公众利益。

当然，其他运动也风生水起，尤其是在荧幕上。赞助商条款让公共宣传锦上添花。温布尔登（Wimbledon）网球锦标赛保持着其声望，其电视观众遍布全世界，在英国国内，媒体也每年一次如期将人们对英国选手获胜的希望推到令人眩晕的程度，而这些希望却常常在球场上被击得粉碎。板球似乎是英国人在穿白色法兰绒、吃黄瓜三明治的更为悠闲的时期发明的一种竞技，在速度更快、时间有限的国际比赛中，英国球员后来无情地展示了自己的高超技巧，球员们穿着赞助商提供的方便媒体宣传的、色调和谐的运动装备，在灯光下看起来很不错。这样的规程给高得分比赛带来了新节奏，就像它确实给球场带来了新标志一样，英式橄榄球也确实因此而蓬勃发展起来。这一过程让英国球队找回了足以媲美南半球球队的能力，此前南半球球队可是独领风骚。随着来自电视转播的大笔资金流入相对较少的精英俱乐部和顶级球员手中，联合式橄榄球风头大大盖过联盟式橄榄球——变得更像英式足球，虽然变化那么大，但大多数人仍然喜欢把英式足球称为“足球”。

不管是从媒体报道、球迷人数还是经济收入上来讲，被称为“美丽运动”的足球在 20 世纪 90 年代晚期的潮流文化中都处于前所未有的统治位置。曾经被高度限制的合同捆绑在俱乐部的职业足球运动员，从 20 世纪 70 年代晚期开始他们的就业条件得到了明显改善；但直到 1995 年他们获得了自由选择权，才完全拥有和俱乐部讨价还价的能力。像曼彻斯特联队的戴维・贝克汉姆这样的顶级俱乐部的顶级球员，在 1997 年已经可以每周要价 1 万英镑——比上一代足球运动员一年的收入还多。有些球员挣得多自然就花得多，他们在夜店里狂欢时如果被媒体撞见，虽然有损运动员的专注形象，但是带来了一些曝光率。更重要的是，像贝克汉姆这样的球员，凭借出众的长相能拿到许多诸如发胶或者太阳镜这类产品的代言，这就使他的收入成倍上涨——而他在绿茵场外获得的名望又能传达到足球俱乐部里，成为他谈合同要价时的筹码。成为英格兰队队长的时候，他已经不仅仅是一名天赋异禀的足球运动员："贝克"被当成了一个国民偶像。

1998 年，融合多元文化的法国队获得世界杯冠军，这恰如其分地说明，英国不是唯一通过在更大范围寻找替代者增强国家队实力的国家，但法国队至少能展示出其专注于只有一支国家队的共有身份。英国就不是这样了。尤其是国际橄榄球赛，这个赛事起先就是在 4 个"本土国家"之间进行（后来法国加入发展成五国冠军赛，随后意大利加入成为今天的六国赛）。每年英格兰对阵苏格兰，或者英格兰对阵威尔士的比赛，总是激起古老的民族情绪和敌对，各支球队分别展示蓝白色的苏格兰"X"形十字（圣安得鲁十字）和红绿色的威尔士龙，就很好地证实了这一点。以前，英格兰球迷半心半意（并且不合适）的反击通常是亮出英国国旗，但在 20 世纪 90 年代，英格兰队伍重新采用了圣乔治十字作为标志，这个标志先是用在足球队上，然后运用在橄榄球队和板球队上。原本英国国旗只在英国国教教堂张挂，现在却成了常见的景象，这也反过来又鼓励人们在私底下更多地展示英国国旗，而不是在公共建筑或者右翼的政治集会上才能看见。在利用标志标榜自己方面，新工党反应也不慢，尤其显著的是 1997 年布莱尔入驻唐宁街 10 号的时候，大批的人手举英国国旗欢迎他。足球看台上的流行文化民族主义，集中体现在 2002 年 6 月世界杯中的英格兰队上，与英国女王加冕 50 周年纪念完美地融合在一起，使英格兰城镇和乡村大规模展示英国国旗和圣乔治旗。

对通常被认为不在意此类象征性排场的民族来说，这种大张旗鼓地招摇是他们又一个明显的改变。的确，英国国旗的形象一直以来都为人所熟悉，自 20 世纪 60 年代以来就常常以一种半开玩笑的方式被使用，这种“假冒的”爱国主义受到了“逍遥音乐会终场之夜”（Last Night of the Proms）的影响。在 20 世纪 90 年代中期，英国流行音乐在复苏的过程中吸收了这种风格。“英伦摇滚”为了挑战美国在这个市场的统治地位，总是有意识地模仿披头士乐队，但到头来只发现自己的长远影响有限，因为他们找不到像列侬和麦卡特尼这样的音乐天才。尽管如此，“辣妹组合”（Spice Girls）于 1996 年发行的第一首单曲《想要》（*Wannabe*）在美国出奇地成功，销量甚至超过了披头士乐队的作品；《想要》不但在英国连续 7 周蝉联榜单第一，而且在另外 32 个国家获得了同样的成绩。为了挑战此前成功的男性乐团，这场精心策划的战役打造了一个 5 人女子乐团，她们拥有惊世骇俗的吸引力，将撒切尔奉为楷模，并且既利用了女权主义，又利用了女性气质。“辣妹组合”也很有“态度”，她们穿着印有英国国旗的灯笼裤，把自己打造为最出色的乐团和最顶尖的品牌。正如成员之一后来所说：“我们想要成为一个‘家喻户晓的名字’。就像埃阿斯（Ajax）一样。”相比她们在单曲、专辑、录像和电影中通过精心编排的歌舞表演塑造自己形象的能力，她们是否真的具备在现场演出中也能保持的音乐才华已经不重要了。对于那些很难记住她们名字的人来说，她们已经被贴上了方便辨认的标签：姜汁辣妹（Ginger Spice）、宝贝辣妹（Baby Spice）、疯狂辣妹（Scary Spice）、运动辣妹（Sporty Spice）和时髦辣妹（Posh Spice）。就像幕后拍摄中所展示的那样，她们是始终相信歌迷的普通女孩，只不过现在过着奇迹般带给她们名气的非凡生活。

这是一个名人世界，在这个世界里，媒体总是对童话式浪漫故事的可能性（以及销售潜力）保持敏感。1997 年，维多利亚·亚当斯（Victoria Adams）已经作为时髦辣妹名噪一时，身价百万（2000 年可能已经达到 2 400 万英镑），并且雄心勃勃想变得“跟宝丝自动洗衣机洗衣粉（Persil Automatic）一样有名”，谁知道她下一步的目标呢？“时髦辣妹和贝克”在恋爱的消息爆出时，小报的梦想成真了，后来《好的！》（*OK!*）杂志花了 100 万英镑买下他们豪华婚礼的照片，这场婚礼本身产生的价值足够支付婚礼的花销：这是一场完美的市场营销婚礼。现在人们谈到贝克汉姆一家时，听起来就跟谈论王室一样，至少像谈论已故的威尔士王妃一样。

这是两个迄今为止十分性别化的亚文化群体的融合点。一个是足球球迷的男性世界，正如尼克·霍恩比（Nick Hornby）在《极度狂热》（*Fever Fitch*，1992 年）中精准刻画的一样；另一个是男同性恋的世界，他们迷恋的是贝克汉姆中性的温柔风格（这种风格显然没有减少他对大众的吸引力）。于是这也启发海伦·菲尔丁（Helen Fielding）在其著作《BJ 单身日记》（*Bridget Jones's Diary*，1996 年）中描述了爱聊私房话和追求时髦的女孩圈子，《BJ 单身日记》原本是他为一个报纸专栏所写的。凭借效仿《傲慢与偏见》的情节，这本书成功登上了畅销榜，并在 2001 年被翻拍成一部颇受欢迎的电影，影片女主角由美国演员蕾妮·齐薇格（Renee Zellweger）饰演，她展现了令人信服的英国式表演。这部影片的制片公司沃克泰托（Working Title），也在其他大热影片中启用了好莱坞影星，《四个婚礼和一个葬礼》（*Four Weddings and a Funeral*，1994 年）就是一个明显的例子，这部影片的国际票房也超过了 2.5 亿英镑，它采用了适合出口的旧式电影体裁，以展现古雅的、风景如画的英国，用的虽是 20 世纪 90 年代的习语，却很好地诠释了这种风格。相反，电影《一脱到底》（*The Full Monty*，1997 年）会在国际上大受好评则更加出人意料。这部电影以北方工业发展过剩时期的荒凉景象作为故事背景，不景气的时局导致失业的男主人公们不得不穿着脱衣舞男的奇装异服，展示自己的男子气概：这无疑是一个关于灵活的劳工市场以多种方式改变道德观念的寓言故事。20 世纪晚期多元文化的英国，在迈克·李（Mike Leigh）的电影《秘密与谎言》(*Secrets and Lies*，1996 年）中体现得最为明显，该片敏感而又细致入微地探索了家庭矛盾；此外也很惹眼地体现在扎迪·史密斯（Zadie Smith）非同寻常的第一本小说《白牙》(*White Teeth*，2000 年）中，这本书一出版，扎迪立刻就成了名作家。

虽然对名人的崇拜显然不是什么新现象，但是媒体的故意宣传让这种现象在 20 世纪晚期更加盛行。就像高级时装现在依赖于流行元素一样，艺术界通过宣传名人从业者，也从“街头信誉”中获得了一些附加利益，通常这样的助益是通过赞助协议实现的。在某种程度上，这是对打破参与限制的一种有益尝试，比如大红大紫的古典音乐指挥家西蒙·拉特尔（Simon Rattle），主动让一个更广泛并且更年轻的受众来欣赏古典音乐。

这是为了挑战只有精英阶层能追求高雅文化这种思维定式，就像史蒂芬·戴德利（Stephen Daldry）在电影《舞动人生》(*Billy Elliot*，2000 年）中讲述的故事一样，一个出生于英格兰东北部工薪阶层的男孩，不惧饱含敌意的世俗眼光，最终实现了成为芭蕾舞蹈演员的梦想。

泰特美术馆（Tate Gallery）颁发的透纳奖（Turner Prize）每年都能吸引不少的眼球，虽然奖项本身受到多少好评又是另一回事，获奖者包括用甲醛保存动物尸体来公开展览的臭名昭著的达明安·赫斯特（Damien Hirst），以及邀请别人审视自己未整理的床的翠西・艾敏（Tracey Emin）。正如新成立的文化、媒体与体育部（Department for Culture, Media and Sport）的名字直白宣告的那样，艺术的融资过程体现出对公众知情权（public access）的强烈担忧。使用1994年新成立的英国国家彩票（National Lottery）的收入来支持艺术，意味着截至2000年，英格兰艺术委员会（Arts Council of England）已经为超过2000个奖项拨款10亿英镑，收款方既包括传统的皇家大剧院（Royal Opera House），也包括安东尼・戈姆利（Antony Gormley）在盖茨黑德（Gateshead）的新雕塑作品“北方天使”（Angel of the North），天使的钢制翅膀翼展宽54米，从A1公路上好几英里外都能看到。

英国国家彩票也成了千禧年委员会（Millennium Commission）的资金来源，千禧年委员会要负责使2000年成为一个新时代开始的标志。他们收到了20多亿英镑，大部分钱都用在一系列大大小小的投资项目上，不管这些项目在商业上能不能盈利。这其中明显规模最大、赚钱最少的项目要数“千禧穹顶”（Millennium Dome）了。这个项目背负着很多要求：要作为类似1851年万国工业博览会或1951年不列颠节的大型展会的中心；要让全世界在千禧年跨年钟声敲响之际，把注意力全部集中在格林尼治（Greenwich）本初子午线上；要改造一块污染严重的河岸区域来重建城市；还需要把伦敦地铁建到伦敦东南部这个地带。这些要求有的达到了，银禧线（Jubilee Line）令人印象深刻的扩建就证明了这一点，这条线路上像教堂一般的地铁站出自多名设计师之手，它们既实用又充满现代气息。

事实上，“千禧穹顶”从远处看起来比近处好，从外面看起来比里面好，建成前或者事后看来比庆祝过程中好。1997年，布莱尔从保守党政府手上接下了颇具争议的计划和不怎么连贯的规划，他个人必须担起敦促这个项目的责任，以一种带有个人特征的方式提高了人们的期望，同时提高了风险。巨大的“千禧穹顶”称得上一个技术奇迹，其缔造者理查德·罗杰斯（Richard Rogers）将其描述为“一把巨大的雨伞”，在泰晤士河上方闪闪发光。但还有一些和“千禧穹顶”一样大的问题仍没有解决：穹顶里要放些什么？如何让这个大东西收回成本来？如果说穹顶击败了最可怕的预言，成功地按时开放，那也是付出了高昂代价的。这项工程的花销一路攀升，最后逼近 10 亿英镑，加上顾客人数远远低于商业计划里过分乐观的估计，最后“千禧穹顶”成了一座既不能体现商业头脑也不能体现企业家才智的纪念碑。

这样的属性在其他方面更容易被看到。越来越明显的是，文学已经变成了一个大产业，达到了新的利润水平。针对英联邦国家作者出版的小说的布克奖［之前称为曼布克奖（Man Booker）］，就在媒体越来越多的关注下出现了竞争激烈的场面。这种景象带来的好处之一就是，高水平的作家现在享有他们应得的高酬劳。许多获奖者的长处是不言而喻的：A.S. 拜厄特的《占有》（*Possession*，1990 年）敏感地阐述了一个维多利亚时代的文学难题；加拿大作家迈克尔·翁达杰（Michael Ondaatje）的《英国病人》（*The English Patient*，1992 年）以“二战”前的埃及和战时的意大利为场景，讲述了一个令人心碎的爱情故事；帕特·巴克（Pat Barker）的《鬼途》（*The Ghost Road*，1995 年）以诗人欧文和沙逊的关系为基础，结束了她的“一战”三部曲。这些作品后来都拍摄成了电影，并做了不同的调整以适应文化国际主义。这些小说在使用历史研究来保持时代感的做法上并不是唯一的例子。确实，小说和历史作品的区别似乎在缩小，大众对严肃的传记和其他通俗易懂的书面历史作品都越来越感兴趣——尤其是那些和电视剧相关的作品，里边的演员通常都能获得名声与财富。

名人似乎有自己的动力。有些名作家是作为厨师、足球运动员或者企业家而出名的，那些打着原创作品的名头宣传的书根本就不是他们自己写的。在英国久远的代写历史中，20 世纪晚期达到了顶峰。这种情况从远超先前所有纪录的畅销书销量数据中就能看出来。如果说是媒体的魔力延续了这个过程，那么可以说《哈利・波特》(Harry Potter，他的魔法通过一系列的童书而变得闻名遐迩）的创造者就是这个时代最成功的英国作家，只不过这些书确实是她自己写的。事实上，J.K. 罗琳（J.K.Rowling）在 1995 年还亲手打出了自己的第一份手稿，因为当时她还是一个穷困的单亲妈妈，付不起复印的钱。而截至 2000 年，她已经靠《哈利・波特》挣了 3 500 万英镑，现在还有与一系列畅销产品相挂钩的电影版权，她的书在全世界的销量超过 6 600 万册。这样的故事连小报都编不出来。

法治

大家都知道，犯罪不会带来什么好处；但在政治上，犯罪经常给保守党带来好处。就像社会政策和医疗服务长期以来被认为是左翼的任务，法律和秩序也总被不言自明地认为是右翼的任务。不管犯罪率是真的上升，还是被认为上升，对其的担忧都促使人们呼吁加强警力、加重惩罚。自由主义者认为，人们有必要去理解催生异常和违法行为的社会条件，这样的想法被认为是想要从轻处置犯罪，而真正的答案是犯罪就应当受到惩罚。1993 年，迈克尔·霍华德（Michael Howard）被任命为保守党内政大臣，他花言巧语，尤其是反复在采访里说道：“监狱才有用。”

当霍华德发现保守党再也不能打这张王牌的时候，英国政坛迎来了一个重要的时刻。在担任影子内政大臣时，他年轻的工党对手托尼·布莱尔就展示出了在保守党地盘上施展手腕的出色能力。他想出了一个标语（实际上是布朗想出来的），这个标语平衡了两种看法，一是犯罪活动没有什么借口可以找，二是单纯的惩罚是不够的。布莱尔在 1993 年 1 月中的电视采访上第一次这样说道：“我们需要的是一个全国性的犯罪战略，既要严厉打击犯罪，也要严厉打击犯罪根源。”就是这段话让布莱尔名声大噪，让他在 18 个月内就被选为工党领袖。

我们绝不应忘记，布莱尔从政之前就是一名律师。他的父亲是律师；他在牛津修的是法律；他曾在律师界工作，并在那里遇到了他未来的妻子——同是律师的切丽·布思（Cherie Booth）。布莱尔在律师行业的成就远远比不上妻子，他在 1983 年进入了下议院，作为前座议员，他随即接过的职责也带有浓重的法律色彩：先是负责重塑就业和工会立法事宜，之后成为影子内政大臣——这一任职对他日后的升迁十分重要。

当然，布莱尔的政治前景要比他的法律前途光明得多，尤其是狭义上讲。他对公正和法治一直都非常关注，这样的态度决定了他日后投入最多的事务种类。这样的思维模式也许可以有助于解释布莱尔政府的一些核心工作，执政后他们对外宣称自己的首要任务是：继续从事已完成和未完成的事业。

从很多层面来看，这是一种全新的工党政府。其反对党曾预言，工党恢复量入为出的经济政策的做法将摧毁英国经济，但结果让他们失望了；左翼自己的倔强立场在20世纪80年代所塑造的旧工党形象，后来被证明是一幅讽刺漫画。学习过工党历史的布朗，成了一名严守纪律的财政大臣，他的节俭目标让人不禁想起克里普斯，而他在公共财政上的审慎几乎要赶上詹金斯。虽然他接手时的经济局面很不错，但他没有立即施加压力，而是采取措施继续维持其强劲势头。到下一届大选的时候，这种措施带来了惊人的效应，而且这个政府并没有被禁止发挥这种效应。在1979—1997年保守党执政的18年间，英国经济的年增长率平均为2.2%；在1997—2001年工党执政的前4年，英国经济的年增长率平均为2.6%。

这当然不是以“劳森繁荣”抑或此前的“巴伯繁荣”模式为基础的“布朗繁荣”。事实上，结束繁荣与萧条交替循环的承诺，是布朗着手管理之后的工作内容之一。几乎让所有人感到意外的是，布朗就任财政大臣后的第一步，就是裁去了自己控制基准利率的大权。相反，就如德国或美国模式一样，对货币政策的责任被交到了中央银行手中，因此英格兰银行相应成立了一个独立的货币政策委员会，负责设定利率，目标是把通货膨胀率控制在2.5%。这样的目标是更具操作性的，因为当时这样的通货膨胀水平已经触手可及。不过不久之前，克拉克比银行更准确地推测到了合理的利率水平，因为银行的独立性被伦敦金融城很好地接受了。最重要的是，通货膨胀随后稳定下降，证明了这一做法的正确性：实际上，到2002年，人们甚至再次开始担心会出现通货紧缩，这可是半个世纪以来第一次。当时，保守党也已接受央行的独立。

工党成功兑现了降低通货膨胀的承诺，而且布朗并没有以牺牲就业率为代价来达到这一成就。他个人支持“从福利到工作”

（Welfare to Work）的承诺，目标是让25万名登记失业的年轻人成功就业，其资金来自对公共事业征收的暴利税（此税种如今正因利用垄断地位谋取私利而臭名昭著）。这一承诺得到了兑现，因为相关数据下降了，但这一目标的达成到底是因为这个计划，还是因为英国经济的整体繁荣，从政治上来讲都无关紧要。官方失业数据在保守党执政的18年间从未低于5%，在1993年甚至又猛增至超过10%，但如今这个数据与通货膨胀水平同步下降。到2001年年初，2.3%的失业率甚至令守旧的凯恩斯主义者都感到高兴。显然，工人们并没有因要价太高而找不到工作，虽然工党一当选就接受了欧盟包含最低工资规定的社会宪章，不过当权者对最低工资水平的设定慎之又慎。到2000年，保守党再次放弃反对一个既受欢迎可行性又高的政府措施，就如工党之前还是反对党的时候也采用了很多撒切尔留下的政策。

布朗政策更具争议性的一面是它在财政方面隐含的意义，这或许并不令人意外。他既接受了当前的所得税税率，也接受了保守党在1997—1999年已经设定的支出限额，这样的操作看起来让人觉得他既不想增加税收，也不想减少财政开销，但实际情况却不完全是这样的。布朗通过这个方法提高了各种间接税收，他冷酷无情地操纵着这些税种，尤其是在给一系列平常的再分配措施提供经费的时候，这些措施中他最喜欢的要数工薪家庭的税收抵免。他没有被保守党对“隐形税”的嘲笑吓倒。实际上，税收从国内生产总值的35%上升到37%。由于国内生产总值本身也因经济增长而升高，这就意味着财政收入进一步提高了，到1998年消除了财政赤字。大部分财政盈余被用来偿还大量的公共债务，从而降低了未来财政收入的债务偿还负担。布朗在财政上的清廉完全不是秘密，精打细算成了他的代名词，但这也必然意味着他总是拒绝支出部门的直接要求。

然而工党还扬言要改善社会服务和医疗。他们的一项竞选承诺就是要把国民医疗服务体系等待名单上的人数降低 10 万。这个华而不实的精确数字对原本就过度负荷的医院体系而言无疑是雪上加霜，因此，在这些医院里，工作表现以一个武断的标准来评判，而且职工还被要求在没有相应增加的资金支持的情况下达到这个标准。布莱尔自己在 1996 年的一次著名采访中宣称，他在政府工作的 3 个首要任务是“教育、教育和教育”。他们又一次做出了具体承诺，要把幼儿（5—7 岁）学校的班级人数减少到 30 人，这种愿望不仅本来就难以实现，还因为现在政府把它当作了工作重心，在整个教育预算中产生了不利的位移效应。尴尬而又无法掩藏的是，这些承诺不但非常宽泛，而且花销巨大。现在唐宁街的流行词是“兑现”，但兑现承诺需要更多的财政支持。

这些隐形税收在开始的时候或许还起了作用，但是其弱点也越来越凸显。这其中最显著的问题就是 2000 年 9 月横扫全英国（以及欧洲大部分地区）的燃油税抗议。当时由农民和卡车司机组成的混合联盟为了抗议油价上涨，在供应站周围摆上了路障，加油站供油因此中断。当然，这在一定程度上是由国际油价造成的，但一定程度上也是由为了限制私人汽车而设计的“环保”税造成的。政府在民意调查中的受欢迎程度一时大跌——这是布莱尔执政期间唯一受挫的地方——但政府选择正面打压日益失去理智的抗议者，拒绝满足他们的要求。这个事件为后来更为公开的辩论铺平了道路，通过其实现的战略目标为税收正了名。事实上，在第一个任期内，布莱尔政府并未对社会基础设施投资不足的一代人进行补偿；它需要第二个任期来发布一个社会民主议程，明确地规划财政资源，改善教育体系和医疗服务。

相反，在优先考虑无需动用大笔资金的宪法改革一事上，政府就没有这样的限制。选举改革一事受到了广泛的讨论；但正如自由民主党最终发觉的那样，无论从哪个方面来讲，它都只是一个廉价的承诺。1997—1998 年由自由民主党人罗伊·詹金斯（詹金斯勋爵）担任主席的投票制度委员会并未取得什么成就，因为它建立在排序复选制（alternative vote）上的谨慎提议没有得到布莱尔本人的支持，更没有得到工党大多数人的支持。政府没有继续在这条路走下去，只是把比例代表制引入欧洲议会的选举，以及苏格兰和威尔士的权力下放措施中。

权力下放给英国宪法带来了重大变化。在一个世纪前，关于爱尔兰自治的争论成了英国政治的主要裂痕，把保守党重新定义为统一党，给他们在选举上带来了很大优势。事实上，保守党在苏格兰仍然被称为统一党。然而，保守党历史上反对成立苏格兰议会，成了它最近没落的主要原因。在 1997 年的大选中，保守党在苏格兰和威尔士都没有获得席位，这就给了工党一个解决此问题的独特机会。对工党来说，这件事现在也愈加重要，因为以往的失败经历一直困扰着工党：正是苏格兰权力下放的停滞不前，导致卡拉汉政府在 1979 年下台。

时机是最重要的。出于前车之鉴，政府在议会成立的第一年就开始采取行动，而不是等到最后一年。它利用苏格兰对成立独立议会的共识，通过了一项下放一系列权力的措施，这项措施将由苏格兰公投批准。这些权力中包含征税权，这项权利需要在第二轮公投中获得具体的批准。因此，苏格兰民族党人准备在公投中投出两轮支持票，于是在 1997 年 9 月，权力下放的支持率达到 74.3%，征税权的支持率达到63.5%。这样高比例的赞成票令人印象深刻，与一周后威尔士公投中差距不大的投票比例形成了鲜明对比，威尔士公投是为了通过一项威尔士议会方案，只不过这个议会拥有更多限制性权力。比例代表制的建立使得工党和自由民主党有可能结成联盟，共同管理苏格兰；后来这两个政党也真的结盟了；这反映了他们在权力下放方面的共同利益。权力下放受到了苏格兰民族党的支持，因为他们将权力下放视为实现独立目标的第一步，所以权力下放也可以被视为一种保全英联邦的新方法。就连保守党也发现自己倾向于这种新安排，因为他们现在在苏格兰局势不利，而比例代表制让他们颇为受益。

在苏格兰以南，保守党的境况一点儿也不比在苏格兰好。梅杰很快就辞去了领导职务，继任他的是克拉克，在现在更加恐欧盟而不是怀疑欧洲的已经缩小的议会党团里，克拉克被证明是不能当选的。于是保守党选择了36岁的威廉·黑格（William Hague），他是前内阁大臣中最年轻的一个：一个有能力在议会中回答首相提问的政治对手，既会运用约克郡的直率风格，也会运用牛津辩论社（Oxford Union）的修辞技巧。年轻的他的形象没那么正式，他活泼的新婚妻子也强化了这种形象；为了改变政党成员平均年龄都临近退休门槛这一文化偏见，他做了不少努力。然而，黑格表明，他比梅杰更愿意接受传统的右翼态度，许多寻求庇护者的“虚假”身份变成了对政府的一种嘲讽。重要的是，黑格巩固了保守党反欧洲的立场，宣称在两届议会的任期内都不应加入欧元体系。

虽然欧元仍然不受欢迎，但这并没有让保守党在民意调查中的支持率有所提升，他们能拿到30%多的支持率已经很幸运了。特殊的是，这届政府一场补选都没有输过（虽然保守党输给了自由民主党一场)。坊间到处都在传工党将连任，这样的推想确实有凭有据，2001 年大选的结果也证明了这一点。如果说保守党现在被视为右翼，那么这个形象更符合该党忠实跟随者的意愿，而非与国家氛围保持一致——这个国家并不是布莱尔鼓舞人心的演讲中那个年轻的国家，而是一个默许被其领导的国家。

正如人们常说的那样，布莱尔可能没有首相气魄，但他从来没有在口头上赞成他是同侪之首这一想法。首相办公室的规模变大了，其实已经成为政府的一个独立部门，只是名义上还不是。这个办公室有一个明确的目的，那就是控制政策及其解读方式，就像新工党本身也是自上而下的管理，保证每个人都“与既定策略一致”。这一任务主要落在新闻发言人阿拉斯泰尔·坎贝尔（Alastair Campbell）身上，他后来成了首相在媒体中的发言人，在一系列危机中扮演了重要角色，尤其是在科索沃（Kosovo）危机中。

布莱尔和布朗在政府中心形成了一个权威轴心，他们唯一的对手只有彼此。他俩的关系一开始因为要为布莱尔的门徒彼得·曼德尔森寻找一个合适的位置而变得微妙。如今曼德尔森自己也刚被选为议员，如果他希望直接被擢拔到内阁的野心得以实现，这将会让他的赞助人感到尴尬；但不让他进内阁就意味着他没有一个明确的位置，这也会让布莱尔感到尴尬。媒体一直在报道关于内斗的故事：曼德尔森和布朗之间的内斗（这已经能够造成足够伤害），以及布莱尔和布朗之间的内斗（这将给新工党项目带来一个可怕的前景）。早在 1998 年 1 月，布莱尔就被迫对他的财政大臣表示支持——“他是我的劳合·乔治”——这难免让人们想到之前唐宁街两个邻居的命运。然而，布莱尔和布朗的伙伴关系经受住了这样的猜测。

其他大臣都没能进入这个联盟。当然，曼德尔森自己也没能进入这个联盟，尽管他曾有过两次机会，从布莱尔的身边人被提拔为内阁大臣。[①]布莱尔的另一名忠实跟随者杰克·斯特劳（Jack Straw）则更为成功地完成了这样的角色转换，他证明了自己能够用新工党长久以来许诺的强硬手段，在内政部生存下来。相反，苏格兰工党政治这所无情的学校是罗宾·库克（Robin Cook）成长的土壤，他曾是一个令人敬畏的议会辩手，却在外交部栽了跟头，先是婚姻破裂被无情地公之于众，之后便发现自己曾经站在道德角度随意发布的对外政策，已经成了无法兑现的承诺。最重要的是，像许多前辈一样，库克的光芒渐渐被首相掩盖，因为这是一个渴望自己扮演外交大臣角色的首相。

在首脑外交时代，与美国总统接触是任何一位首相的首要任务。撒切尔最后的举动之一就是，鼓励布什总统在1990年夏天对伊拉克入侵科威特一事采取强硬措施；而在1991年初，派遣英国军队加入在联合国赞同下成立的联盟军队，参与随后的海湾战争（Gulf War）的任务则落在了梅杰肩上。但海湾战争和马尔维纳斯群岛战争在政治上没有什么共鸣。事实证明，这只是一场短暂的冲突，在这场冲突里美国高科技占据了绝对优势，成功解放了科

① 1998年7月，曼德尔森经贸易和工业部加入内阁，5个月后就登上了新闻头条，因为他的豪宅被曝出是另一位大臣偷偷借钱给他买的，没过几天他的辞呈就被接受了。1999年10月，他获得了原谅，再次进入内阁，这一次他坚持了15个月。2001年1月，他又被指控并上了新闻头条，于是他再次辞职，这次是被布莱尔逼着迅速离职的。虽然这次并没有什么实际证据证明作为大臣的他有不当行为，但这一事件足以让曼德尔森这样意外不断的政客下台。——原注

威特，而伊拉克领袖萨达姆·侯赛因（Saddam Hussein）没有被擒，在接下来的10年里，他对联合国的武装检查一会儿表示合作，一会儿表示反抗。

这就是布莱尔接手的局面。一开始他强烈支持克林顿总统逼迫萨达姆下台，尤其是在1998年2月，他从下议院获得授权（对此有几十名工党后座议员表示反对）对伊拉克使用武力。6个月后，布莱尔又支持克林顿在苏丹和阿富汗使用巡航导弹，并宣称这是为了对付恐怖分子。1998年底，英国加入美国成为共同轰炸伊拉克的国家，他们这次则声称是为了维护国际法。然而，这样的举措是否促进了道德外交政策值得商榷。从这些事件的时机来看，这显然是为了帮助克林顿免遭弹劾，当时他正深陷性丑闻中。在他迫切需要朋友的时候，他无疑十分看重布莱尔的支持，并且也准备回报这份支持（尤其是在爱尔兰问题上）。如果说布莱尔总是被指控盲目亲美——左翼和心怀妒忌的欧洲政治家都是这么说的，那么他自己也确实助长了这样的印象。

整个世界就像一个舞台，布莱尔凭借自己的雄辩和正直，在这个舞台上表现得越来越自信。有时候人们会把他和撒切尔放在一起比较，但撒切尔本质上是一个民族主义者。实际上，格莱斯顿（其良心政治体现在了国际层面上）提供了可供模仿的典范，在一开始不确定的步骤中，布莱尔表现出了有意模仿的迹象，无论在爱尔兰问题还是巴尔干半岛问题上都是如此。

至于北爱尔兰，在25年的暴力冲突中，布莱尔不是第一个被这个地方的无法无天震惊的首相。撒切尔当政时，英国对此的回应是坚决的，而不是富于想象的，其原则就是绝不向恐怖主义投降，虽然后来显示，他们也用了本身非法的隐蔽手段。爱尔兰共和军曾经试图刺杀撒切尔，这一事实使得各方对这场激烈冲突的态度明确了下来，如同在19世纪90年代逐渐显现出来的那样，在这样一场冲突中，没有哪一方可以大获全胜。布莱尔不但对恐怖主义态度强硬，对恐怖主义的根源也态度强硬，这一点儿也不奇怪。这意味着要认识到，虽然统一党成员称民族党对手“无法无天”有时确实在理，但是天主教少数派所认为的“不公正”助长了对爱尔兰共和军的支持。也许布莱尔在这个问题上的敏感是出于个人同情：他的妻子是一名利物浦天主教徒，他的孩子们都就读于天主教学校，而他自己也经常陪伴他们参加天主教活动。

因此布莱尔改良了梅杰首创的一个更具弹性的方法，梅杰的做法就是借由同样希望破解这个僵局的都柏林政府的帮助，先开设一条与民族党力量沟通的非正式通道。1993年12月，两个政府发布了《唐宁街宣言》(Downing Street Declaration)，该宣言用词十分谨慎，以免触动历史遗留的敏感情绪，但宣言的目的是达成一项谈判解决方案。8个月后，这样的希望得到了鼓励，因为爱尔兰共和军宣布暂停敌对行动。

并不是每一个北爱尔兰的黎明都是假的，但在和平进程中，很多黎明确实没有到来，所以和平进程只能在工党执政下重新缓慢推进了。与此同时，爱尔兰共和军也并未真的停火，1996年，伦敦和曼彻斯特相继遭到严重的轰炸袭击，以酷烈的方式结束了停火期。但作为首相，布莱尔决心恢复其他政治选择，于是他指派了一个很受欢迎的北爱尔兰事务大臣（Northern Ireland Secretary）——外向又坦率的莫·摩兰姆（Mo Mowlem），摩兰姆一反传统的做法帮助打破了僵局。爱尔兰共和军重新停火了；都柏林也将随时提供帮助；美国的调停被证明是有用的，克林顿的干预一直是布莱尔手中的底牌。正如之前的格莱斯顿和劳合·乔治一样，把自己置于寻求解决方案的最前线，布莱尔无疑提高了风险。

布莱尔在1998年4月抵达贝尔法斯特时说道："我感觉到历史之手放在了我们的肩膀上。"在希尔斯伯勒城堡（Hillsborough Castle）举行的关键谈判，把长久以来的敌人带到一起，在紧张的日日夜夜里，谈判能否成功一直悬而未决，直到最后一刻才揭晓。统一党领袖戴维·特林布尔（David Trimble）是一名非常老练的政客，他发现自己不仅要跟社会民主工党中持温和态度的民族党成员谈判，还要跟爱尔兰共和军谈判，爱尔兰共和军现在正受到清洗，因为格里·亚当斯（Gerry Adams）和马丁·麦吉尼斯（Martin McGuinness，他们都是老练的政客）领导下的新芬党打算让人们忘记他们那些暴力的前辈。正如他们自己所说的那样："没有新芬党，就没有什么协议能起作用。"这就带来了这样一个问题：在有新芬党参与的情况下，协议能否起作用？

1998年4月，各大与会方最终都签署了《贝尔法斯特协议》（Good Friday Agreement），为北爱尔兰的权力共享治理提供了条件。这样，占少数的民族党成员（绝大部分是天主教徒）就能通过法治获得公正；至少布莱尔是这样希望的。但在充分利用摩兰姆与民族党员的密切关系时，他也意识到统一党成员需要有人向他们保证，只有在自愿达成一致同意的情况下，才可以削减主权。在北爱尔兰全民公投中，71%的人投票同意这一系列方案。然而，被任命为权力共享行政机构第一大臣的特林布尔表示，除非向统一党成员保证和平会持续下去，否则他拒绝共享权力。

这样的交易看起来很简单：如果恐怖分子愿意永久性解除武装，他们将被接纳为受到公正重建的政治体系的合法参与者。可以肯定的是，新教徒社区中也有恐怖分子，这一条对他们同样适用；但每个人都知道，问题真正的关键在于爱尔兰共和军的立场。将近30 年来，临时的爱尔兰共和军一直在对抗英国政府，交出武器就会被看作承认失败，在这件事情上，可能最好的结果就是他们“退役”。如果没有经过证实的切实的退役迹象，统一党成员就不愿相信前爱尔兰共和军活跃分子真的热爱和平，因为新芬党对于政治方法的承诺都显得十分敷衍。在这种背景下，共和军在解除武装上所做的每一步，随后都导致统一党成员惊慌不安，他们担心暴力威胁仍然没有像承诺中那样，通过全体退役而解除。而断断续续的暴力事件，尤其是 1998 年，一个分裂出来的自称为“真正的爱尔兰共和军”的组织，在奥马（Omagh）埋下了炸弹，印证了眼下的恐惧是有道理的。直到 1999 年 11 月，权力共享行政机构才最终就绪，能够行使一些下放的权力。的确，地方性问题再次出现了，这些问题包括议会反复中止运转——每一次危机都证明，爱尔兰共和军试探性的休战信号，无法满足失去耐心的统一党成员的期望。然而事实上，爱尔兰共和军并未重新开展活动，虽然他们仍然主张分裂；与此同时，一个政治进程得以在北爱尔兰延续下去，新芬党成功获取的政治利益确保了其对这一进程的坚持。

在爱尔兰，布莱尔表现得既有耐心，又坚持不懈。最重要的是，他的耐心和决心得到了一项战略承诺的加强，而这种承诺在他政府任期内的其他政策中并不常见。作为首相，他通常很谨慎，每次做出决定之前总是先要进行试探。他最大的挑战仍然是确定英国在欧洲的角色。在这件事情上，他的直觉是要建立合作而非坚持英国的特性；但只要英国没有采用欧元这种单一货币，就不可避免会在某种程度上被边缘化。民意调查显示，大部分英国人仍然不愿意加入欧元体系。作为财政大臣，布朗提出了 5 个经济条件，只有达到这些条件，英国政府才会推荐使用欧元。第一个条件是加入欧元体系必须“对英国有利”，这实际上就概括了其他几条；不可否认并且很重要的是，这设定了一个宽泛的标准，注定要受到政治上和经济上的评判。于是布莱尔政府故意在第二个任期内，让自己自由地决定是否发起、何时发起关于欧元的全民公投。

布莱尔是一位天性谨慎的首相，但一旦他在一项伟大的事业中注入了自己的信仰，也可以表现得惊人地大胆。在执政期间，他越来越关心国外的这种事业，不断为世界争取权益。最重要的是，他的道德民粹主义让他带着基督教信仰来处理世间俗务，并带有一种超越政治算计的热情，哪怕对科索沃、阿富汗及后来的伊拉克这样遥远的地方也是如此，在这些地方，恢复法律与正义的需要能唤起人们的良知。

科索沃危机确定了布莱尔国际领导人的地位。科索沃是前南斯拉夫一个省份，本应在继任的塞尔维亚政府下保持自治，其错综复杂的历史根源导致各方都卖力宣示对其的所有权。自南斯拉夫解体以来，西方大国在保护多数穆斯林人口免受咄咄逼人的塞尔维亚民族主义的迫害方面，在最好的情况下是软弱无力，在最坏的情况下则是令人鄙视。直到 1998 年，布莱尔才真正开始涉入这一事件。但是面对塞尔维亚人进行“种族清洗”的源源不断的证据，他公开宣布了对这一冲突批判色彩日益增强的观点。1999 年 4 月，他对《太阳报》的读者说：“这是一场善与恶的战争。”而后当他亲赴科索沃时，他私下将塞尔维亚对待难民的方式称为“犯罪”。

布莱尔于是成了最坚定支持北约进行有效干涉的人，无论要冒多大的风险，无论要付出多大的代价，都要把科索沃的无辜平民从无边的压迫中解救出来。他宣称：“我们有能力帮助他们伸张正义，我们有责任让正义得到伸张。”他想传达的信息就是，国际社会需要同心协力做出响应；他的许多重要声明都是在海外发表的，尤其是在他访问美国的时候。在整个危机期间，他与克林顿紧密合作，就像在北爱尔兰事件中一样。事实上，这两次危机是重叠的。1999 年 3 月，北约开始空袭塞尔维亚，这主要是美国的责任；但克林顿对国内政治表现出一种合乎情理的担心，因为他对扩展军事行动使用地面部队很谨慎。在持续了 11 周的空中轰炸后，北约声称将从地面开始干涉，塞尔维亚这才投降。

布莱尔就是在这种情况下推动了事情的发展。尽管在英国的民意调查中，有证据显示这一举动令人不安，但他还是决定派遣英国军队，这样才帮助他说服了不情愿的盟友也考虑采取同样的措施，从而也说服塞尔维亚同意北约的条款。尽管有很多人批评这个战略本身以及它强加给非战斗人员的伤害，但布莱尔镇定自若。让他与众不同的是他确定目标时的不顾一切（他的目标就是在国际范围内维护法律与公正），以及对任何必要措施的全情投入。他慷慨陈词，表示自己已下定决心，做好一切准备诉诸武力，此举为他赢得了愿意提供支持的必要盟友。布莱尔的领导能力已经提升到足以应对科索沃的挑战的程度，这显示了他自己在政治上取得成就的潜力。他并不是在公众舆论的推动下才这么做的，这个排除万难获得的成就也不能让他在选举上获得直接回报。在这个事件之后，称他为美国的傀儡或哈巴狗就不对了。同样，那些研究了这场危机（这是 20 世纪最后一场危机）的人，也不会因为布莱尔对 2011 年“9·11”事件的回应，或者他踏上阿富汗和伊拉克的战争之路而感到惊讶。

结语

在 20 世纪，英国历史学家所采用的观点自然而然发生了变化。在 1900 年，大英帝国的存在主导了，或者至少是框定了当时的背景；这一背景本身的基调是必胜的信念，尽管带着一丝忧虑。从 20 世纪 20 年代的拉姆齐·缪尔（Ramsay Muir）到 20 世纪 60 年代的尼古拉斯·曼瑟（Nicholas Mansergh），随着自由历史学家展现出大英帝国演变为英联邦的愿景，帝国历史也将改变自身的立场；虽然新一代修正主义历史学家认为它是一种辉格史观的版本，并抛弃了这一版本。在书写英格兰历史的时候，苏格兰和威尔士一直被默默包括在内，正如“牛津英格兰史”（Oxford History of England）和“鹈鹕英格兰史”（Pelican History of England）所显示的那样，这两个系列的历史图书都是在 20 世纪 60 年代完成的。乔治·麦考莱·特里维廉（G. M. Trevelyan）通常被称为最后一位辉格派历史学家，他在 1927—1940 年担任剑桥大学现代历史学教授。然而，他的卓越之处不在于他精确的知识，而在于他良好的文学意识，以及极富想象力地为普通读者扩展历史范围。他销量惊人的《英格兰社会史》（*English Social History*，1944 年）让人了解到，1940 年这一年证明了英国社会稳健牢固，有着开明的自由主义领导传统。

法国的一篇评论如是说："英格兰女士一切都很好。"尖刻地对特里维廉以英格兰为中心的自满表示警告。

如果说这仍然是一种辉格派解读，即将过去的故事呈现为一种朝着日益开明的现状前进的良性发展，那么这种解读在英国历史学家之中根深蒂固。例如，对社会政策的描述往往是关于同一主题的不同说法，这一主题就是：因为仁慈的国家干预，贫穷最终被征服；虽然过程艰辛，但最终获得了成功。这就好像说福利国家的崛起只是对大英帝国衰落的补偿。当外交史学家及十足的政治激进分子艾伦·约翰·珀西瓦尔·泰勒着手编写《英格兰史：1914—1945年》(*English History*，*1914—1945*，1965年) 时，他并没有哀悼作为大国的英国的衰落，而是庆祝"英格兰仍然在崛起"这一事实。

如果泰勒的意思是，自20世纪初以来，男性出生时预期寿命增加了17岁，而女性增加了19岁，或者说1948年的人均国内生产总值比1900年增长了35%，那么他的观点是相当正确的。但这些简略的印象来自一个动态的、持续的过程。到2000年，男性和女性的预期寿命都进一步延长了11年，官方估计显示，英格兰和威尔士的男性有望活到75岁，女性有望活到80岁——有些人现在认为，考虑到因饮食、锻炼和医疗而持续改善的生活状况，这样的预期太低了。到20世纪末，人均国内生产总值在考虑通货膨胀因素后，比1948年高出约175%。在这方面，在最好的时间之后，英国人从来没有享受过这样的美好时光。然而，正如许多相关书籍的标题直接证实的那样，在21世纪初写书的时候，衰落这个问题很难被忽略。

当然，英国的地位在20世纪相对下降，这是不可避免的，由于相对实力在军事或政治意义上非常重要，所以这个问题是显而易见的。但经济衰退相对更为复杂，而且确实绝对存在。两次世界大战彻底耗尽了英国的资产，因此他们是以鲜血和财富为高昂代价换取了胜利。然而，应该指出的是，战争经济需要充分利用资源，这也带来了一些好处。因此，第二次世界大战使之前因经济衰退而失业的人数量减少了。此外，从 1945 年到 2000 年，只有 5 年出现了绝对下降——这些年份都处于 1974—1991 年。在 1959—1979 年的 20 年里，经济以 2.8% 的平均速度增长；在接下来的 1979—1999 年的 20 年里，经济以 2.2% 的平均速度增长。无可争辩的是，在 20 世纪后半叶，尤其是在 1950—1975 年，英国经济享有其历史上前所未有的长期增长，尽管增长幅度比不上一些主要竞争对手。

因此，问题是，如果英国人民通过做出不同的集体选择抓住了他们的历史机遇，他们能否以某种方式做得更好。从经济上来说，英国肯定与法国和德国等其他主要欧洲国家有相关的比较。在 1950 年，英国经济体仍然比这两个国家都要大；后来，这两个国家都超过了英国。我们很难反对这样的结论：相比英国这个唯一自始至终未被征服的欧洲参战国，法国和德国都更快地从“二战”的挫折中恢复了过来。然而，如果认为英国会从失败中获益，并且天真地认为与纳粹德国和解能够保护英国的实力和繁荣——更不用说民族自尊心，那就太奇怪了。最后，这一切仍然是道德层面的选择，而不仅仅是使自身直接物质利益最大化的替代战略。

既然英国在 1939—1940 年做了正确的事情，那么这个国家在 1945 年后走错了方向吗？在国内，战后的对策包括承诺打造福利国家和维持高水平的就业。英国又一次需要与类似的欧洲国家进行相关比较，这其中大部分国家很快就在社会服务上花费了至少和英国一样多的钱，尽管这些服务是以不同的方式组织起来的。认为这样的规定只在英国抑制了经济增长，这种想法是很奇怪的：认为福利国家和实际上的充分就业是相互依存的，这样的观点更为合理。第二次世界大战后的长期经济扩张，为社会保障提供了充足的资源——只要失业率保持在低水平。英国在这方面以及许多其他方面的经历，与其他欧洲国家没有太大区别。

我们现在很容易看出，在战后，英国无法继续作为一个大国在世界上自命不凡；国防开支是一个沉重的负担；帝国主义地缘政治思想已经过时。然而，我们不应忘记，在1945年之后的一些年里，美国在显然为了保证西欧安全的大西洋联盟中发挥明显作用之前，有一个潜在的权力真空存在。我们也不应忽视，英国的非殖民化是相对成功的，留下来的伤痕没有其他前殖民国家脱离帝国时那么多。无论英联邦的其他缺陷如何，它的继续存在表明，英国政府并没有完全丧失绥靖政策的才能，而这是适应实力下降这一现实的适当策略。在苏伊士运河危机之后，法国才更有意识地从后帝国主义的幻想中醒过来，转而在欧洲一体化框架内建设性地追求其国家目标。

这是被错失的最明显的良机。英国加入欧洲共同体的时候，只此一次的繁荣已经耗尽，英国人将无法在产生收益的共同市场中学到经济方面的经验教训。更重要的是，发展中的欧洲机构已被以不符合英国传统和利益的多种方式塑造。这是对英国未能参与基础奠定的惩罚，这种惩罚是不是始于1950年的舒曼计划（Schuman Plan）[①]还存在争议，但它肯定始于1955年的墨西拿会议。

对欧洲一体化的看法为什么在英国政治中扮演着如此重要的

① 欧洲煤钢联营生产的计划。——译者注

角色，这一点当然不需要解释；真正需要解释的是为什么这一切来得如此之迟。也许在压制早期辩论的时候，政党领导人意识到，一旦这个口子被打开，欧洲的精灵就会在岛国政治中被释放，而这种政治无疑会在互不相容的承诺、优先事项和偏见中摇摇欲坠。到20世纪80年代中期，对新兴的欧盟最为怀疑，并就其产生最大分歧的是工党；在那之后出现了一个奇怪的大反转，怀疑者、有分歧者变成了保守党。在一代人的时间内，政治裂痕越来越多地产生于有关英国与欧洲大陆关系的问题——在20世纪，英国一直无法解决这些问题，使得这些问题变得似乎更加棘手。

附录

政府与选举，1895—2001年

统一党政府：1895—1905年

首相：第3代索尔兹伯里侯爵，1895年6月25日

大选：1900年9月28日/10月24日

选民670万人；投票率75%；无人反对投票243

附录表1　1900年9月/10月大选情况

党派	总票数/%	议员	（无人反对的议员）
自由党	45	184	（22）
统一党	50.3	402	（163）
工党	1.3	2	—
爱尔兰自治党	2.6	82	（58）

首相：亚瑟·詹姆斯·贝福尔，1902年7月12日

自由党政府：1905—1915年

首相：亨利·坎贝尔–班纳曼爵士，1905年12月5日

大选：1906年1月12日/2月7日

选民730万人；投票率83%；无人反对投票114

附录表 2 1906 年 1 月 /2 月大选情况

党派	总票数 /%	议员	（无人反对的议员）
自由党	49.4	400	（27）
统一党	43.4	157	（13）
工党	4.8	30	
爱尔兰自治党	0.6	83	（74）

首相：赫伯特・亨利・阿斯奎斯（自由党），1908 年 4 月 7 日

大选：1910 年 1 月 14 日 /2 月 9 日

选民 770 万人；投票率 87%；无人反对投票 75

附录表 3 1910 年 1 月 /2 月大选情况

党派	总票数 /%	议员	（无人反对的议员）
自由党	43.5	275	（1）
统一党	46.8	273	（19）
工党	7	40	
爱尔兰自治党	1.9	82	（55）

大选：1910 年 12 月 2—9 日

选民 770 万人；投票率 82%；无人反对投票 163

附录表 4 1910 年 12 月大选情况

党派	总票数 /%	议员	（无人反对的议员）
自由党	44.2	272	（35）
统一党	43.6	272	（72）
工党	6.4	42	（3）
爱尔兰自治党	2.5	84	（53）

第一联合政府：1915—1916 年

1915 年 5 月 25 日组建，阿斯奎斯仍然担任首相

劳合·乔治联合政府：1916—1922 年

首相：戴维·劳合·乔治，1916 年 12 月 7 日

大选：1918 年 12 月 14 日

英国选民 2 140 万人；投票率 57%；无人反对投票 107

附录表 5　1918 年 12 月大选情况

党派	总票数 /%	议员	(无人反对的议员)
自由党	13	36	(4)
联盟	53.2	523	(65)
工党	20.8	57	(11)
新芬党	4.6	73	(25)
其他	8.4	18*	(2)

* 包括 7 名爱尔兰自治党议员；新芬党没有获得他们在威斯敏斯特的席位。

保守党政府：1922—1923 年

首相：安德鲁·博纳·劳，1922 年 10 月 23 日

大选：1922 年 11 月 15 日

选民 2 090 万人；* 投票率 73%；无人反对投票 57

附录表 6　1922 年 11 月大选情况

党派	总票数 /%	议员	（无人反对的议员）
自由党	28.3	115	（10）
保守党	38.5	344	（42）
工党	29.7	142	（4）
其他	3.5	14	（1）

* 只有大不列颠和北爱尔兰

首相：斯坦利 · 鲍德温，1923 年 5 月 22 日

大选：1923 年 12 月 6 日

选民 2 130 万人；投票率 71%；无人反对投票 50

附录表 7　1923 年 12 月大选情况

党派	总票数 /%	议员	（无人反对的议员）
自由党	29.7	158	（11）
保守党	38	258	（35）
工党	30.7	191	（3）
其他	1.6	8	（1）

工党政府：1924 年

首相：詹姆士 · 拉姆齐 · 麦克唐纳，1924 年 1 月 22 日

大选：1924 年 10 月 29 日

选民 2 170 万人；投票率 77%；无人反对投票 32

附录表 8　1924 年 10 月大选情况

党派	总票数 /%	议员	（无人反对的议员）
自由党	17.6	40	(6)
保守党	48.3	419	(16)
工党	33	151	(9)
其他	1.1	5	(1)

保守党政府：1924—1929 年

首相：斯坦利·鲍德温，1924 年 11 月 4 日

大选：1929 年 5 月 30 日

选民 2890 万人；投票率 76%；无人反对投票 7

附录表 9　1929 年 5 月大选情况

党派	总票数 /%	议员	（无人反对的议员）
自由党	23.6	59	—
保守党	38.1	260	(4)
工党	37.1	287	—
其他	1.2	8	(3)

工党政府：1929—1931 年

首相：詹姆斯·拉姆齐·麦克唐纳，1929 年 6 月 5 日

国民政府：1931—1940 年

1931 年 8 月 24 日组建，麦克唐纳仍然担任首相

大选：1931 年 10 月 27 日

选民 3 000 万人；投票率 76%；无人反对投票 67

附录表 10　1931 年 10 月大选情况

党派	总票数 /%	议员	（无人反对的议员）
自由党	7.2	37*	(5)
国民党	60.5	521	(56)
工党	30.8	52	(6)
其他	1.5	5	—

* 其中 33 名自由党员，以及包括在国民派中的 35 名自由国民议员，都作为国民政府的支持者被选举；到 1932 年，只有 4 名（劳合·乔治）自由党员独立出去。

首相：斯坦利·鲍德温，1935 年 6 月 7 日

大选：1935 年 11 月 14 日

选民 3 140 万人；投票率 71%；无人反对投票 40

附录表 11　1935 年 11 月大选情况

党派	总票数 /%	议员	（无人反对的议员）
自由党	6.8	21	—
国民党	53.3	429	(26)
工党	38.1	154	(13)
其他	1.8	10	(1)

首相：内维尔·张伯伦，1937 年 5 月 28 日

联合政府：1940—1945 年

首相：温斯顿·丘吉尔，1940 年 5 月 10 日

保守党政府：1945 年

作为一个“临时代理”行政机构组建，丘吉尔仍然担任首相，1945 年 5 月 23 日

大选：1945 年 7 月 5 日

选民 3 320 万人；投票率 73%；无人反对投票 3

附录表 12　1945 年 7 月大选情况

党派	总票数 /%	议员
自由党	9	12
保守党	39.6	210
工党	48	393
其他	2.4	25

工党政府：1945—1951 年

首相：克莱门特 · 艾德礼，1945 年 7 月 26 日

大选：1950 年 2 月 23 日

选民 3 440 万人；投票率 84%；无人反对投票 2

附录表 13　1950 年 2 月大选情况

党派	总票数 /%	议员
自由党	9.1	9
保守党	43.5	298
工党	46.1	315
其他	1.3	3

大选：1951 年 10 月 25 日

选民 3 490 万人；投票率 83%；无人反对投票 4

附录表 14　1951 年 10 月大选情况

党派	总票数 /%	议员
自由党	2.6	6
保守党	48	321
工党	48.8	295
其他	0.6	3

保守党政府：1951—1964 年

首相：温斯顿·丘吉尔（爵士），1951 年 10 月 26 日

首相：安东尼·艾登爵士，1955 年 4 月 6 日

大选：1955 年 5 月 26 日

选民 3 490 万人；投票率 77%

附录表 15　1955 年 5 月大选情况

党派	总票数 /%	议员
自由党	2.7	6
保守党	49.7	345
工党	46.4	277
其他	1.2	2

首相：哈罗德·麦克米伦，1957 年 1 月 10 日

大选：1959 年 10 月 8 日

选民 3 540 万人；投票率 79%

附录表 16　1959 年 10 月大选情况

党派	总票数 /%	议员
自由党	5.9	6
保守党	49.3	365
工党	43.9	258
其他	0.9	1

首相：第 14 代休姆伯爵 / 亚历克·道格拉斯·休姆，1963 年 10 月 19 日

大选：1964 年 10 月 15 日

选民 3 590 万人；投票率 77%

附录表 17　1964 年 10 月大选情况

党派	总票数 /%	议员
自由党	11.2	9
保守党	43.4	304
工党	44.1	317
其他	1.3	—

工党政府：1964—1970 年

首相：哈罗德·威尔逊，1964 年 10 月 16 日

大选：1966 年 3 月 31 日

选民 3 600 万人；投票率 76%

附录表 18　1966 年 3 月大选情况

党派	总票数 /%	议员
自由党	8.5	12
保守党	41.9	253
工党	48	364
其他	1.5	1

大选：1970 年 6 月 18 日

选民 3 930 万人；投票率 72%

附录表 19　1970 年 6 月大选情况

党派	总票数 /%	议员	（无人反对的议员）
自由党	7.5	6	
保守党	46	330	
工党	43	287	
其他	3.2	6*	

* 其中 4 人（一名新教统一党成员和 3 名共和党员）来自北爱尔兰，下面将单独提到北爱尔兰；还有一名议员来自苏格兰民族党（SNP），下面与威尔士民族党（PC）一起提及。

保守党政府：1970—1974 年

首相：爱德华·希思，1970 年 6 月 19 日

大选：1974 年 2 月 28 日

选民 3 980 万人；投票率 79%

附录表 20　1974 年 2 月大选情况

党派	总票数 /%	议员
自由党	19.3	14
保守党	37.9	297
工党	37.1	301
苏格兰民族党 / 威尔士民族党	2.6	9
北爱尔兰	2.3	12
其他	0.8	2

工党政府：1974—1979 年

首相：哈罗德·威尔逊，1974 年 3 月 4 日

大选：1974 年 10 月 10 日

选民 4 010 万人；投票率 73%

附录表 21　1974 年 10 月大选情况

党派	总票数 /%	议员
自由党	18.3	13
保守党	35.8	277
工党	39.2	319
苏格兰民族党 / 威尔士民族党	3.5	14
北爱尔兰	2.4	12

首相：詹姆斯·卡拉汉，1976 年 4 月 5 日

大选：1979 年 3 月 3 日

选民 4 110 万人；投票率 76%

附录表 22 1979 年 3 月大选情况

党派	总票数 /%	议员
自由党	13.8	11
保守党	43.9	339
工党	36.9	269
苏格兰民族党 / 威尔士民族党	2	4
北爱尔兰	2.2	12

保守党政府：1979—1997 年

首相：玛格丽特·撒切尔，1979 年 3 月 4 日

大选：1983 年 6 月 9 日

选民 4 220 万人；投票率 73%

附录表 23 1983 年 6 月大选情况

党派	总票数 /%	议员
自由党	25.4	23
保守党	42.4	397
工党	27.6	209
苏格兰民族党 / 威尔士民族党	1.5	4
北爱尔兰	3.1	17

大选：1987 年 6 月 11 日

选民 4 320 万人；投票率 75%

附录表 24　1987 年 6 月大选情况

党派	总票数 /%	议员
联盟	22.5	23
保守党	42.3	376
工党	30.8	229
苏格兰民族党 / 威尔士民族党	1.6	6
北爱尔兰	2.2	17

首相：约翰·梅杰，1990 年 11 月 28 日

大选：1992 年 4 月 9 日

选民 4 320 万人；投票率 78%

附录表 25　1992 年 4 月大选情况

党派	总票数 /%	议员
自由民主党	17.8	20
保守党	41.9	336
工党	34.4	271
苏格兰民族党 / 威尔士民族党	2.3	7
北爱尔兰	2.2	17

大选：1997 年 3 月 1 日

选民 4 380 万人；投票率 71%

附录表 26　1997 年 3 月大选情况

党派	总票数 /%	议员
自由民主党	16.8	46
保守党	30.7	165
工党	43.2	418
苏格兰民族党 / 威尔士民族党	2.5	10
北爱尔兰	2.5	18
其他	3.9	2

工党政府：1997 年—

首相：托尼・布莱尔，1997 年 3 月 2 日

大选：2001 年 6 月 7 日

选民 4 440 万人；投票率 59%

附录表 27　2001 年 6 月大选情况

党派	总票数 /%	议员
自由民主党	18.3	52
保守党	31.7	166
工党	40.7	412
苏格兰民族党 / 威尔士民族党	2.5	9
北爱尔兰	2.6	18
其他	3.6	2

主要参考文献

从某种意义上说，这本书的资料来源是三十多年来我作为英国的专业历史学家所读过的所有作品；因此，重建一个参考书目是不可能的。从另一种意义上来说，列出写作时在我手边的书是很容易的。我从 B.R. 米切尔（B. R. Mitchell）的《英国历史统计数据》(*British Historical Statistics*，剑桥，1988 年）中借用了许多 1980 年之前的统计数据。在米切尔之后，第 11 章的大部分经济统计数据来自克里斯托弗·约翰逊（Christopher Johnson）的《撒切尔夫人领导下的经济》(*The Economy under Mrs Thatcher*，企鹅出版集团，1991 年）一书所提供非常实用的附录中的 50 页表格。在社会统计数据方面，我大量参考了阿尔伯特·亨利·哈尔西（A. H. Halsey）编辑的《1900 年以来英国社会的趋势：社会结构变迁指南》(*Trends in British Society since 1900. A Guide to the Changing Social Structure of Britain*，1972 年)，此外，在少数情况下参考了其全新版本《英国自 1900 年以来的社会趋势》(*British Social Trends since 1900*)。戴维·巴特勒（David Butler）和加雷斯·布德尔（Gareth Butler）的《英国政治事实：1900—1994 年》(*British Political Facts, 1900-1994*)（第 7 版，1994 年）的及时出版，让我得以更新一些数据。然而，我的主要选举统计数据来自 W.S. 克雷格的《英国选举事实：1885—1975 年》(*British Electoral Facts 1885–1975*，第 3 版，1976 年)。我在本书中引用的统计数据有 90% 来自这些不可或缺的作品。

当然，我也经常求助于其他参考书，特别是《年度纪事》(*Annual Register*)。对于公职人员来说，E.B. 弗里德（E. B. Fryde)、D.E. 格林韦（D. E. Greenway)、S. 波特（S. Porter）和 I. 罗伊（I. Roy）的《英国大事记手册》(*Handbook of British Chronology*，第 3 版，1986 年）是权威指南。《国家名人传记词典》(*The Dictionary of National Biography*)，特别是《20 世纪国家名人传记词典》(*The Twentieth Century DNB*)，是很好的备用书，尤其是 E.T. 威廉斯（E. T. Williams）和海伦 ·M. 帕尔默（Helen M. Palmer）编辑的 1951—1960 年的卷册（按照死亡日期）(牛津，1971 年)、E.T. 威廉斯和克里斯汀 · 斯蒂芬妮 · 尼科尔斯尼科尔斯（C. S. Nicholls）编辑的 1961—1970 年的卷册（牛津，1981 年)、布莱克爵士和 C.S. 尼科尔斯编辑的 1971—1980 年和 1981—1985 年的卷册（牛津，1986 年和 1990 年)，以及后来增加的卷册——C.S. 尼科尔斯编辑的《遗失的人》(*Missing Persons*)，这一卷填补了一些重大的遗漏，尤其是关于女性的内容。对于那些仍然被遗漏的人——或者说，直到写这本书的时候，仍然幸运地避开了能被《国家名人传记词典》纪念所要求的必要条件的人——我转向了《名人录》(*Who's Who*)，尤其是碰巧放在我书架上的 1908 年、1932 年、1946 年、1972 年和 1990 年的卷册。乔伊斯 ·M. 贝拉米（Joyce M. Bellamy）和约翰 · 萨维尔（John Saville）编辑的《劳工档案词典》(*Dictionary of Labour Biography*，始于 1972 年，正在进行中）的许多卷，提供了进一步的专业指导，约翰·伊特韦尔、默里·米尔盖特和彼得·纽曼编辑的《新帕尔格雷夫经济学大词典》(*The New Palgrave: A Dictionary of Economics*，4卷，1987年）也是如此。

20世纪英国的早先几位历史学家能够看到的历史时期比我要短，因此戴维·汤姆森（David Thomson）用以结束旧版“鹈鹕英格兰史”的《20世纪英格兰，1914—1963》(*England in the Twentieth Century, 1914–1963*，1965年）也不过覆盖了不到50年，差不多是我作品跨度的一半。我写完自己的作品后，怀着越发强烈的敬意重读了汤姆森的章节，因此在他那时间更早的论述中发现了一些意想不到的共鸣。这段经历在我重读肯尼思·欧文·摩根（Kenneth O. Morgan）开创性的著作《人民的和平，1945—1989年》(*The People's Peace, 1945–1989*，牛津，1990年）* 时又重演了。两次我都压制住修改自己文本的第一反应。我以另外的方式受益于另外两部通史，每一部的时间跨度都是数十年。艾莉·哈列维（Élie Halévy）经典且无可替代的《19世纪英国人》(*History of the English People in the Nineteenth Century*）的第5卷和第6卷，与《帝国主义与劳工的崛起，1895—1905》(*Imperialism and the Rise of Labour, 1895–1905*，英文版，1929年）及《民主的统治，1905—1914年》(*The Rule of Democracy, 1905–1914*，英文版，1934年）一道，短暂地提及了20世纪的历史。一部作品在其探寻的历史时期结束20年内出版，并且洞见深刻，这对于思考近代史写作能达到什么样的水准的人而言，不可谓不欢欣鼓舞。这样的评价同样可以献给查尔斯·洛克·莫沃特（Charles Loch Mowat）的《两战间的不列颠，1918—1940》(*Britain between the Wars, 1918–1940*，1955年)，A. J. P. 泰勒在自己出版的极具影响力的“牛津英格兰史”系列著作《英格兰史，1914—1945》(*English History, 1914–1945*) * 中向其致敬，这份敬意，莫瓦特受之无愧。泰勒这样说道：“虽然我极力独立创作，但我发现自己总是需要依赖它。”接下来，我又在争取独立时，又试图摆脱泰勒的影响。

近期一些成果异常丰硕的概要式著作涵盖了这一时期英国史的诸多领域。P. J. 凯恩（P. J. Cain）和 A. G. 霍普金斯（A. G. Hopkins）的《英帝国主义》(*British Imperialism* ，2 卷本，1993 年）用“绅士资本主义”的概念来解释帝国的政治经济及其后果进行，这颇具挑战性，而我深表赞同。戴维・雷诺兹（David Reynolds）的《不列颠尼亚被推翻：20 世纪的英国政策和世界强国》(*Britannia Overruled: British Policy and World Power in the Twentieth Century*，1991 年）是一部英国对外政策制定方面的权威而精辟的著述。罗德里克・弗洛德（Roderick Floud）和唐纳德・麦克洛斯基（Donald McCloskey）编辑的第 2 版《1700 年以来的英国经济史》(*The Economic History of Britain since 1700*，剑桥，1994 年）* 出版时间较晚，没有影响我的论述主线。尽管如此，我还是从时间跨度为 1939—1992 年的第 3 卷受益匪浅。从彼得・霍利特（Peter Howlett）关于战争经济、查尔斯・范斯坦（Charles Feinstein）关于增长、莱斯利・汉娜（Leslie Hannah）关于国有制、苏珊・豪森（Susan Howson）关于货币政策、吉姆・汤姆林森（Jim Tomlinson）关于经济政策，以及巴里・萨普尔（Barry Supple）关于衰退问题的文章中提炼了一些观点。

对英国文化的研究必然绕不过雷蒙德・威廉斯（Raymond Williams）的一系列马克思主义研究。其中《农村与城市》(*The Country and the City*，1975 年）是我觉得最重要的。约翰・格罗斯（John Gross）在《英国文人的衰落》（*The Decline and Fall of the English Man of Letters*，1969 年）中以一种全然不同的方式重建了已经消失的文学和政治语境。弗朗西斯·迈克尔·朗斯特雷斯·汤普森（F. M. L. Thompson）编辑的《剑桥英国社会史，1750—1950》（*Cambridge Social History of Britain, 1750–1950*，3 卷本，1990 年）中包含托马斯·克里斯托弗·斯穆特（T. C. Smout）对苏格兰的细致调研的成果。在威尔士的历史方面，我通常会参考肯尼思·O. 摩根的《一个民族的重生：威尔士，1880—1980》（*Rebirth of a Nation: Wales, 1880–1980*，牛津，1982 年）。卡尔·西奥多·霍彭（K. T. Hoppen）的《1800 年以来的爱尔兰：冲突与整合》（*Ireland since 1800: Conflict and Conformity*，1989 年）是一部简明的论著。弗朗西斯·斯图尔特·莱兰·里昂（F. S. L. Lyons）的《大饥荒后的爱尔兰》（*Ireland since the Famine*，1973 年修订版第 3 版）信息量丰富，但在做出评价时为了达到平衡近乎过分谨慎了。罗伊·福斯特（Roy Foster）的《现代爱尔兰，1600—1972》（*Modern Ireland, 1600–1972*，1988 年）同样致力于以精妙的语言进行阐释，同时更专注于基于修正史观做出诠释。

约翰·本森（John Benson）的《1880—1980 年英国消费社会的崛起》（*The Rise of Consumer Society in Britain, 1880–1980*，1994 年）一书的概览令人赞叹，指明了社会史的许多新方向。关于社会趋势与“中间派”之前的持久联系，布莱恩·哈里森（Brian Harrison）在《和平的王国：现代英国的稳定和变化》（*Peaceable Kingdom: Stability and Change in Modern Britain*，1985 年）中从多个角度做了阐释。基思·米德马斯（Keith Middlemas）的《工业社会的政治：1911 年后的英国体制经验》（*Politics in Industrial*

Society: The Experience of the British System since 1911，1979年）详细描述了国家在20世纪调和各利益集团时用到的“企业偏好”模型。罗伯特·布莱克（Robert Blake）的《从皮尔到撒切尔的保守党》（*The Conservative Party from Peel to Thatcher*，1985年第2版）和亨利·佩林（Henry Pelling）的《工党简史》（*A Short History of the Labour Party*，第9版，1991年）都简明扼要、不偏不倚，是介绍两个主要政党的标准作品。罗伯特·麦肯齐（Robert McKenzie）的《英国政党：保守党与工党之间的权力分配》（*British Political Parties: The Distribution of Power within the Conservative and Labour Parties*，1955年）中关于一个两党命题的陈述非常经典：保守党和工党形式上的对立掩盖了二者本质趋同的事实。约翰·皮特凯恩·麦金托什（J. P. Mackintosh）的《英国内阁》（*The British Cabinet*，1962年）同样是将首相权力视为20世纪英国政府鲜明特色的经典论著。麦金托什编了一部有用的文集《20世纪英国首相》（*British Prime Ministers of the Twentieth Century*，2卷本，1977—1978年）。然而，哎，无助的彼得·克拉克在《一个关于领导力的问题：从格莱斯顿到撒切尔》（*A Question of Leadership: Gladstone to Thatcher*，1991年）中用十几篇传记文章来审视一个出人意料地被忽视的主题。

以下作品按照章节分类，我认为它们与各章内容是高度相关的。这必然是一个经过筛选的列表，因此也是带有主观色彩的。其中包含我认为具有里程碑意义的、影响了历史编纂的书籍；也有一些最新的文章，尤其是《20世纪英国史》（*20th Century British History*，缩写为20thCBH）中的文章；还有年轻学者论文的参考文献，他们的作品影响了我；以及一些零散的资料，如各种回忆录和我认为值得一读的当代出版物。

第一章 别动人民的口粮，1900—1908 年

关于世纪之交的政治体制，马丁·皮尤（Martin Pugh）的《现代英国政治的形成》（*The Making of Modern British Politics, 1867–1939*，1982 年）关注了草根阶层的壮大；而罗伯特·罗兹·詹姆斯（Robert Rhodes James）的《英国革命，1880—1939》（*The British Revolution, 1880–1939*，1978 年）展开了一种更传统的政治叙事。大卫·坎纳丁（David Cannadine）的《英国贵族的没落》（*The Decline and Fall of the British Aristocracy*，1990 年）是一项关于传统精英的财富的杰出研究作品。威廉·D. 鲁宾斯坦（W. D. Rubinstein）从遗嘱认证记录而来的开创性工作构成了他主要著作《拥有财产者：工业革命以来英国的富人》（*Men of Property: The Very Wealthy in Britain since the Industrial Revolution*，1981 年）的核心，虽然其意义受到质疑，马丁·詹姆斯·道顿（M. J. Daunton）收录在《过去与现在》（*Past & Present*，1989 年）第 122 页的文章《绅士资本主义和英国工业，1820—1914》（“Gentlemanly capitalism and British industry, 1820–1914”）就提出了这种质疑。J. 加拉格尔（J. Gallagher）和 R. E. 鲁滨逊（R. E. Robinson）收录在《经济史评论》（*Economic History Review*，1953 年）第 6 卷的文章《自由贸易中的帝国主义》（“The imperialism of free trade”）对“非正式帝国”的观念做了经典解读。

张伯伦曾经是一名商人，他的这个背景具有重要的意义，这一点在彼得·马什（Peter Marsh）的《约瑟夫·张伯伦：政界企业家》（*Joseph Chamberlain: Entrepreneur in Politics*，1994 年）

中得到了充分的体现，而理查德·杰伊（Richard Jay）的《约瑟夫·张伯伦：一部政治传记》(*Joseph Chamberlain: A Political Biography*，牛津，1981 年）则对他后来的职业生涯做了最为条理清晰的叙述。安德鲁·波特（Andrew Porter）的《英国与南非战争的起源》(*Britain and the Origins of the South African War*，1980 年）展示了张伯伦担任帝国领袖时的工作情况，理查德·普赖斯（Richard Price）的《一场帝国战争和英国工人阶级》(*An Imperial War and the British Working Class*，1972 年）对极端爱国主义投以（也许是过度的）怀疑的目光。伯纳德·西梅尔（Bernard Semmel）创新性的研究成果《帝国主义与社会革命，1895—1914》(*Imperialism and Social Reform, 1895–1914*，1960 年）也许夸大了其关于社会帝国主义者内在逻辑的论点，但是预见到了后来学术界的许多主题。艾伦·赛克斯（Alan Sykes）的《关税改革和英国政治，1903—1913》(*Tariff Reform and British Politics, 1903–1913*，1979 年）很好地记录了张伯伦最后的不懈斗争。埃文·亨利·哈维·格林（E. H. H. Green）的《保守主义危机，1880—1914》(*The Crisis of Conservatism, 1880–1914*，1994 年）贡献了对激进保守主义思想根源及其对选举所产生影响的指导性研究。

虽然标题很犀利，但是 L. G. 桑德伯格（L. G. Sandberg）带有修正主义史观的著作《兰开夏的衰落》(*Lancashire in Decline*，哥伦布，俄亥俄州，1974 年）中就棉花工业的表现和前景发表的观点要温和得多。长久以来，休·阿姆斯特朗·克莱格（H. A. Clegg）、艾伦·福克斯（Alan Fox）和亚瑟·弗雷德里克·汤普森（A. F. Thompson）的《英国工会》(*British Trade Unions*）*的第 1 卷 *1889—1910* 年部分（牛津，1965 年）都是关于工会组织和工会活动的不可撼动的权威著作，在法律问题上体现得尤为清晰，在这个问题上，诺曼·麦科德（Norman McCord）在《历史》期刊第78期发表的文章《再访塔夫谷》（“Taff Vale revisited”）也十分中肯。关于有组织的劳工的政治活动，亨利·佩林的《工党的根源，1880—1900》（*The Origins of the Labour Party, 1880–1900*，1954年）及其续篇弗兰克·比利（Frank Bealey）和亨利·佩林合著的《工党与政治，1900—1906》（*Labour and Politics, 1900–1906*，1958年）都是非常经典的研究著作。这部分研究如今需要得到大卫·豪厄尔（David Howell）的《英国工人和独立工党，1888—1906》（*British Workers and the Independent Labour Party, 1888–1906*，1983年）的充实。罗斯·麦克基宾（Ross McKibbin）发表于《英国历史评论》期刊（*English Historical Review*）第99期（1984年）的文章《为何大不列颠没有马克思主义》（“Why was there no Marxism in Great Britain?”）很好地道出了工人阶级政治文化的本质，这篇文章在麦克基宾的《阶级意识形态》（*Ideologies of Class*，1990年）中再次发表，这本书还重新发表了许多其他关于工人阶级习性的影响深远的文章。

关于选举政治，保罗·汤普森（Paul Thompson）在他杰出的研究著作《自由党和工党：争夺伦敦，1885—1914》（*Liberals and Labour: Struggle for London, 1885–1914*，1967年）中对自由党的复兴和前景持“消极”观点，而彼得·弗雷德里克·汤普森（P. F. Clarke）的《兰开夏和新自由主义》（*Lancashire and the New Liberalism*，1971年）则提出了“乐观”的论点。对我而言，这个论点包含很多东西，而且不会因为有人不遗余力地证明“旧自由主义”的力量而削弱，像肯尼思·D. 瓦尔德（Kenneth

D. Wald）就在《选票上的叉号：1885年以来英国的选民联盟形式》（*Crosses on the Ballot: Patterns of British Voter Alignment since 1885*，1983年）中做了这样的证明。迈克尔·本特利（Michael Bentley）在《自由主义政治的巅峰，1868—1918》（*Climax of Liberal Politics, 1868–1918*，1987年），乔治·拉塞尔·瑟尔（G. R. Searle）在《自由党：胜利与瓦解，1886—1929》（*The Liberal Party: Triumph and Disintegration, 1886–1929*，1992年）[*]中都提供了富有见地的史学调查。

第二章　拭目以待，1908—1916年

乔斯·哈里斯（Jose Harris）在《私人生活，公众精神：1870—1914年英国社会史》（*Private Lives, Public Spirit: A Social History of Britain 1870–1914*）[*]中的深刻再阐释提供了大量富有启发性的细节，并提出一个重要论点：1851—1875年的社会规范具有强烈的连续性。这种连续性在弗朗西斯·迈克尔·朗斯特雷斯·汤普森编辑的《剑桥英国社会史，*1750—1950*》中也有体现。《剑桥英国社会史，*1750—1950*》中不仅包含编者本人关于城镇和城市的精彩文章，还有迈克尔·安德森（Michael Anderson）关于人口变化的文章，莱昂诺尔·大卫杜夫（Leonore Davidoff）关于家庭的文章，帕特里克·乔伊斯（Patrick Joyce）关于工作的文章，帕特·塞恩（Pat Thane）关于政府与社会的文章，以及富兰克森·坎摩尔·普罗查斯卡（F. K. Prochaska）关于慈善活动的文章。我有幸在帕特·贾兰（Pat Jalland）的《维多利亚时代家庭的灭亡》（*Death in the Victorian Family*，牛津，1996年）出版之前就阅读了这部令人心碎却极具说服力的研究著作。罗德里克·弗

洛德、肯尼思·沃希特（Kenneth Wachter）和安娜贝尔·格雷戈里（Annabel Gregory）合著的《身高、健康和历史：联合王国的营养状况，1750—1980》(*Height, Health and History: Nutritional Status in the United Kingdom, 1750–1980*，剑桥，1990 年）通过新的证据，进一步就生活水平展开讨论。

迈克尔·弗里登（Michael Freeden）的《新自由主义》(*The New Liberalism*，1978 年）对自由党的意识形态做了条理清晰的叙述；虽然亨利·科林·格雷·马修（H. C. G. Matthew）的《帝国自由主义者》(*The Liberal Imperialists*，1973 年）引出了帝国自由主义者这个群体对国内社会问题的关注，G. R. 瑟尔的《追求国家效率，1901—1911》(*The Quest for National Efficiency, 1901–1911*，1971 年）探讨了费边主义者接纳帝国主义并与之合作的尝试，这两本书更助于认识布尔战争等事件的影响力。彼得·克拉克的《自由党和社会民主党》(*Liberals and Social Democrats*，1978 年）是一项关于新工党成员如霍布森、霍布豪斯和沃拉斯如何确立明显带有自由党风格的社会民主思想的研究。斯特凡·科利尼的《自由主义和社会学：伦纳德·特里劳尼·霍布豪斯与英格兰的政治辩论，1880—1914》(*Liberalism and Sociology: L. T Hobhouse and Political Argument in England, 1880–1914*，1979 年）简洁地记述了这类角色的智力成果。

诺曼·麦肯齐（Norman Mackenzie）和珍妮·麦肯齐（Jeanne Mackenzie）的《最早的费边主义者》(*The First Fabians*，1977 年）是一部通俗易懂的团队传记，如需更详细的记述，可参照迈克尔·霍尔罗伊德（Michael Holroyd）的《萧伯纳》(*Bernard Shaw*）第 1 卷（时间跨度 1856—1898 年）《追寻爱情》(*The Search for*

Love，企鹅出版集团，1990 年）和第 2 卷（时间跨度 1898—1918 年）《追求权力》（*The Pursuit of Power*，企鹅出版集团，1991 年）。更为简短的（并非指见解，而是指篇幅）作品有玛格丽特·德拉布尔（Margaret Drabble ）的《阿诺德·贝内特》（*Arnold Bennett*，1974 年）；另一部信息量巨大的传记，珍妮特·亚当·史密斯（Janet Adam Smith）所著《约翰·巴肯》（*John Buchan* ，1965 年）；赫伯特·乔治·威尔斯的《自传里的实验》（*Experiment in Autobiography*，2 卷本，1934 年），这部作品展现了他的执着；主题为科学教育状况的唐纳德·斯蒂芬·洛厄尔·卡德韦尔（D. S. L. Cardwell）所著《1957 年英格兰科学组织》（*The Organization of Science in England* 1957，1972 年修订版）。

加雷斯·斯特德曼·琼斯（Gareth Stedman Jones）在《阶级的语言》（*Languages of Class*，剑桥，1983 年）中重新发表的文章《1850—1914 年工人阶级政治和工人阶级文化》（“Working-class politics and working-class culture 1850–1914”）中关于音乐厅的内容尤其出色，关于这个主题的内容近期发表得比较多。彼得·贝莱（Peter Bailey）在其发表在《过去与现在》（*Past & Present*）1994 年 8 月第 144 期中的文章《意义的阴谋：音乐厅和流行文化的认知》（“Conspiracies of meaning: music hall and the knowingness of popular culture”）里审视了表演者与观众之间的共谋。迈克尔·罗森塔尔（Michael Rosenthal）的《角色工厂：巴登 – 鲍威尔和童子军运动》（*The Character Factory: Baden-Powell and the Boy Scout Movement* ，1986 年）中的观点多少有些冷酷，Martin Dedman 在其收录于《20 世纪英国史》第 5 卷（1993 年）中的文章《巴登 – 鲍威尔、军国主义和童子军计划的“隐形奉献者”，1904—1920》

（“Baden-Powell, militarism, and the ‘invisible contributors’ to the Boy Scout scheme, 1904–1920”）里对其进行了修正。现在有一篇关于体育中的非正式军国主义的有趣作品《文化纽带：体育、帝国和社会》(*The Cultural Bond: Sport, Empire, Society*，1992 年)，其中收录了詹姆斯·布拉德利（James Bradley）和哈罗德·珀金（Harold Perkin）所写的两篇特别贴切的文章。Tony Mason 的《英式足球和英格兰社会，1863—1915》(*Association Football and English Society, 1863–1915*，苏塞克斯，1980 年）是一项关于娱乐休闲和开创性研究。

阿斯奎斯有两部非常好的现代传记：罗伊·詹金斯的《阿斯奎斯》(*Asquith*，1964 年)，倾向于做出宽容的评价；另一部是斯蒂芬·科斯（Stephen Koss）的《阿斯奎斯》(*Asquith*，1976 年)，比较犀利。约翰·格里格（John Grigg）写作其精心构思的多卷本作品《年轻的劳合·乔治》(*The Young Lloyd George*)《劳合·乔治，人民的捍卫者》(*Lloyd George, the People's Champion*)《劳合·乔治，从和平到战争，1912—1916》(*Lloyd George, from Peace to War, 1912–1916*) 时，劳合·乔治还未担任首相。最能经受时间考验的单卷本研究著作始终是托马斯·琼斯（Thomas Jones）的《劳合·乔治》(*Lloyd George* ，牛津，1951 年)，虽然马丁·皮尤的《劳合·乔治》(*Lloyd George* ，1988 年）是一部介绍劳合·乔治职业生涯的十分精彩的现代记述。

在战时政治方面，本特利·布林克霍夫·吉尔伯特（Bentley B. Gilbert）的《大不列颠国民保险的进化》(*The Evolution of National Insurance in Great Britain* ，1966 年）对互助会背景的描述尤其出色。乔斯·哈里斯的《失业与政治，1886—1914》(*Unemployment and Politics, 1886–1914*，1972 年）是介绍政治发展的范本。A. M. 麦克布里亚（A. M. McBriar）的《爱德华七世时代的混合双打：鲍桑葵派对韦伯派》（*An Edwardian Mixed Doubles: The Bosanquets versus the Webbs*，1988 年）敏锐地捕捉到了《济贫法》皇家专门调查委员内部的紧张关系。阿夫纳·奥佛尔（Avner Offer）的《财产与政治：英国的土地所有权、法律、意识形态与城市发展，1870—1914》（*Property and Politics: Landownership, Law, Ideology and Urban Development in England 1870–1914*，1981 年）从多个角度研究了爱德华七世时代的财政危机，而劳合·乔治对危机的反应在布鲁斯·K. 默里（Bruce K. Murray）的《人民预算，1909—1910》（*The People's Budget, 1909–1910*，1980 年）中得到了很好的评述。尼尔·布卢伊特（Neal Blewett）的《贵族、政党和人民》（*The Peers, the Parties and the People*，1972 年）是一部关于 1910 年大选的权威研究著作。

约翰·约瑟夫·李（J. J. Lee）的《爱尔兰社会的现代化，1848—1918》（*The Modernization of Irish Society 1848–1918*，1973 年）令人振奋地剖析了这一时期的爱尔兰史，而帕特·贾兰的《自由党与爱尔兰：截至 1914 年英国政治中的阿尔斯特问题》（*The Liberals and Ireland: The Ulster Problem in British Politics to 1914*，1980 年）对爱尔兰自治问题可谓条分缕析。乔治·丹杰菲尔德（George Dangerfield）的《自由英格兰的离奇死亡，1910—1914》（*The Strange Death of Liberal England, 1910–1914*，1936 年）一直以来都是关于这一时期的经典叙述，虽经斗转星移，这本书现在读来依然令人信服。阿拉斯泰尔·里德（Alastair Reid）收录在沃尔夫冈·贾斯汀·莫姆森（Wolfgang J. Mommsen）和汉斯－格哈德·胡松（Hans-Gerhard Husung）编辑的《大不列颠和德国工联主义的发展，1880—1914》(*The Development of Trade Unionism in Great Britain and Germany, 1880–1914*）中的文章很好地证明了研究工会历史的新方法。

迈克尔·霍华德（Michael Howard）的《大陆承诺》(*The Continental Commitment*，1972 年）是对英国战略背后的思想所做的中肯分析。同样，保罗·肯尼迪（Paul Kennedy）的《外交背后的事实：英国对外政策的背景影响，1865—1980》(*The Realities behind Diplomacy: Background Influences on British External Policy, 1865–1980*，1981 年）中也包含大量通俗易懂的知识。扎拉·斯坦纳（Zara Steiner）的《英国与第一次世界大战的起源》(*Britain and the Origins of the First World War*，1977 年）在一个充满争议的雷区中稳步前行。基思·罗宾斯（Keith Robbins）在《爱德华·格雷爵士》(*Sir Edward Grey*，1971 年）中冷静地分析了格雷的外交政策，在《消灭战争：英国的和平运动，1914—1919》(*The Abolition of War: The Peace Movement in Britain, 1914–1919*，1976 年）中中肯地评价了该政策的激进批评者。

第三章 “一战”得胜之人，1916—1922 年

A. J. P. 泰勒的《第一次世界大战》(*The First World War*, *1963* 年）展现出其无与伦比的叙事天赋，清晰流畅，可读性极强，而向前追溯的话，这本书也颇受益于巴兹尔·亨利·李德哈特（B. H. Liddell Hart）叙事模式略有不同的、于 1930 年首版的《第一次世界大战史》(*History of the First World War* ，1970 年)。约翰·基根（John Keegan）的《战争的面貌》(*The Face of Battle*,

企鹅出版集团，1976年）展示了相比于更早的时代，西线战士所具有历史感的鲜明特征。在英国的宣传方面，我借鉴了凯特·哈斯特（Cate Haste）的《让家园的火焰继续燃烧》(*Keep the Home Fires Burning*，1977年)；而我引用的大部分诗歌来自乔恩·西尔金（Jon Silkin）编辑的《企鹅第一次世界大战诗集》(*The Penguin Book of First World War Poetry*，企鹅出版集团，1979年)。和许多其他读者一样，我深受保罗·福塞尔唤起战争记忆的《大战与现代记忆》(*The Great War and Modern Memory*，1975年)，以及塞缪尔·海因斯（Samuel Hynes)《想象中的战争》(*A War Imagined*，1988年）的影响。杰伊·温特（Jay Winter）的《记忆之地，悲悼之地》(*Sites of Memory, Sites of Mourning*，1995年）包含对战争所带来文化影响及战争纪念的诸多见解，大卫·坎纳丁《贵族的特征》(*Aspects of Aristocracy*，1994年）中关于寇松勋爵的片段在阿德里安·格雷戈里（Adrian Gregory）的精妙研究《记忆的缄默：停战日，1919—1946》(*The Silence of Memory: Armistice Day, 1919–1946* ，1994年）中得到了进一步的丰富。玛丽亚·蒂皮特(Maria Tippett）的《为战争服务的艺术》(*Art at the Service of War*，1984年）是关于战争艺术家的不可或缺的研究著作。

特雷弗·威尔逊（Trevor Wilson）的《战争的诸多面孔》(*The Myriad Faces of War*，1988年）是一部宏大而全面的学术著作。战略问题在约翰·特纳（John Turner）所著《英国政治与大战》(*British Politics and the Great War*，1992年）*的诸多主题中得到了令人信服的讨论。关于帝国和海军的食物供给后勤工作，我参考了阿夫纳·奥佛尔趣味盎然且（几乎）具有百分之百的说服力的《第一次世界大战：一部农业角度的解读》(*The First World War:*

An Agrarian Interpretation，1989 年）。

亚瑟·马威克（Arthur Marwick）的《大洪水》（*The Deluge*，1991 年第 2 版）仍然是关于战争在国内的影响最易于理解的作品，而且在他的《战争中的女性》（*Women at War*，1978 年）一书中还可以找到更多相关内容。简·刘易斯（Jane Lewis）的《英格兰女性，1870—1950》（*Women in England, 1870–1950*，1984 年）巧妙地阐明了工作和福利方面许多长期趋势的重要性。苏珊·佩德森（Susan Pedersen）的《家庭、依存关系和福利国家的起源：英国和法国，1914—1945》（*Family, Dependence, and the Origins of the Welfare State: Britain and France, 1914–1945*，1993 年）通过比较两国历史展现了英国人对待家庭方式的显著特点，而乔安娜·伯克（Joanna Bourke）在其收录于《过去与现在》1994 年 5 月第 143 期中的文章《1860—1914 年工人阶级中的家庭主妇》（"Housewifery in working-class England, 1860–1914"）则以同情的口吻记录了已婚女性的家庭角色。玛格丽特·勒韦林·戴维斯（Margaret Llewelyn Davies）编辑的《我们所知的生活》（*Life As We Have Known It*），1931 年，1977 年再版）是职业女性自传写作的先驱。

杰伊·温特的《大战与英国人》（*The Great War and the British People*，1985 年）揭示了加入军事行动及改变生活标准对人口产生的相对影响。如今有大量关于政治余波（终结于 1918 年《改革法案》）的有用研究，该法案在马丁·皮尤的《战争与和平中的选举改革，1906—1918》（*Electoral Reform in Peace and War 1906–1918*，1978 年）中得到了很好的解读。亨利·科林·格雷·马修、罗斯·麦克基宾和 J. 凯（J. Kay）发表于《英国历史评论》1976 年第 91 期的被大量引用的文章《工党崛起过程中的选举权因素》(“The franchise factor in the rise of the Labour party”) 的主题是质疑家庭选举权存在显著的阶级偏差，这篇文章也被收录在罗斯·麦克基宾的《阶级意识形态：英国的社会关系，1880—1950》(*The Ideologies of Class: Social Relations in Britain, 1880–1950*, 1990 年) 中。但是，邓肯·坦纳（Duncan Tanner）的权威研究著作《政治变化和工党，1900—1918》(*Political Change and the Labour Party, 1900–1918*, 1990 年) 对这个观点做了具有说服力的修正，这本书应该与早先罗斯·麦克基宾的杰出著作《工党的进化，1910—1924》(*The Evolution of the Labour Party, 1910–1924*, 1975 年) 一起阅读。

特雷弗·威尔逊的《自由党的坠落》(*The Downfall of the Liberal Party, 1914–1935*, 1966 年) 依旧是关于工党的最佳研究著作，虽然在迈克尔·本特利的《自由党思想，1914—1929》(*The Liberal Mind, 1914–1929*, 剑桥，1977 年) 中可以清晰地看到自由主义观念的瓦解。大卫·杜宾斯基（David Dubinski）的《英国自由党和激进派以及对德国的处置，1914—1920》(“British Liberals and Radicals and the Treatment of Germany, 1914–1920”, 剑桥博士论文，1992 年) 虽未发表，但却是一篇鞭辟入里的关于缔造和平的论述。戴维·劳合·乔治花了大量篇幅讲述 20 世纪 30 年代的两卷本著作《战争记忆》(*War Memoirs*, 1938 年) 虽然很容易找到，但如今读者寥寥，其价值被低估了。A. J. P. 泰勒编辑的《劳合·乔治：弗朗西丝·史蒂文森日记》(*Lloyd George: A Diary by Frances Stevenson*, 1971 年) 透过前首相的情妇兼政治秘书的双眼，展示了他独特的一面。哈罗德·尼科尔森的《缔造和平》(*Peacemaking*, 1919 年、1933 年版及后续版本) 将一位年轻外交官的日记和他后来的做法放在一起比较，建立了有趣的映射。

肯尼思·O. 摩根的《共识与分裂：劳合·乔治联合政府，1918—1922》（*Consensus and Disunity: The Lloyd George Coalition Government, 1918–1922*，牛津，1979 年）是关于战后年代的最为全面可靠的著作。如需了解更多相关内容，可以参考莫里斯·考林（Maurice Cowling）的《工党的影响，1920—1924》（*The Impact of Labour, 1920–1924*，剑桥，1971 年）了解高层政治策略，从中可以看出，回归两党共同执政的体系并非命中注定。罗伯特·布莱克在写作《默默无闻的首相：博纳·劳》（*The Unknown Prime Minister: Bonar Law*，1955 年）时早早地查阅了比弗布鲁克的档案，因此而大获裨益，他的作品也保持着不可撼动的地位。约翰·约瑟夫·李颇具分量的小册子《爱尔兰 1912—1985：政治与社会》（*Ireland 1912–1985: Politics and Society* ，剑桥，1989 年）挑战以新的视角解读爱尔兰独立进程。

第四章 安全第一，1922—1929 年

F. M. L. 汤普森的就职演讲《维多利亚时代的英格兰：马匹拉动的社会》（*Victorian England: The Horse-Drawn Society*，贝德福德学院，伦敦，1970 年）虽然对学术轻描淡写，但提出了许多具有启发性的观点。报学史上有两大里程碑，一座是艾伦·J. 李（Alan J. Lee）的《英格兰大众媒体的起源，1855—1914》（*The Origins of the Popular Press in England, 1855–1914*，1976 年），另一座则是斯蒂芬·科斯的《政治媒体的兴衰》（*The Rise and Fall of the Political Press* ，卷 2：20 世纪部分，1984 年），不幸的是，这两本书都是作者英年早逝前出版的最后一本书。戴维·艾尔斯特

（David Ayerst）的《卫报：一份报纸的传记》（*Guardian: Biography of a Newspaper*，1971 年）对于了解 C. P. 斯科特的黄金时代很有帮助。那个时代最迷人的传媒霸主拥有两部高水平的传记：A. J. P. 泰勒所著直率的圣徒传般的《比弗布鲁克》（*Beaverbrook*，1972 年），以及安妮・奇泽姆（Anne Chisholm）和迈克尔・戴维（Michael Davie）合著的评价更为直白的《比弗布鲁克》（*Beaverbrook*，1992 年）。我对广播、电影及整个传媒行业的叙述都参考了丹・勒马修（Dan LeMahieu）的《民主文化：战间期的大众传播和文雅思想》（*A Culture for Democracy: Mass Communication and the Cultivated Mind in Britain between the Wars*，牛津，1988 年），在此深表感谢。文化困境在彼得・曼德勒（Peter Mandler）和苏珊・佩德森编辑的《维多利亚时代之后：现代英国的个人良知与公共责任》（*After the Victorians: Private Conscience and Public Duty in Modern Britain*，1994 年）收录的数篇文章中都有提及，特别是勒马修关于里斯的文章及克里斯・沃特斯（Chris Waters）关于普里斯特利的文章。

克里斯・库克（Chris Cook）的《结盟时代：英国的选举政治：1922—1929》（*The Age of Alignment: Electoral Politics in Britain, 1922–1929*，1975 年）分析了 20 世纪 20 年代初混乱不堪的选举政治。迈克尔・金尼尔（Michael Kinnear）的《英国选民：1885 年以来的地图集和民意调查》（*The British Voter: An Atlas and Survey since 1885*，1968 年）中的地图对于了解这个时期极有帮助。在其传记写作的年代，关于鲍德温生平的作品没有一部完全令人满意：罗伊・詹金斯文雅的长文《鲍德温》（*Baldwin*，1987 年）还是太有限了，虽然常常表现出深刻的洞察力，而基思・米德马斯和约翰·巴恩斯（John Barnes）合著的《鲍德温》(*Baldwin*，1969年）则存在着完全相反的问题。相比之下，菲利普·威廉森（Philip Williamson）收录在M.本特利编辑的《公共和私人教条》(*Public and Private Doctrine*，剑桥，1993年）中的文章《斯坦利·鲍德温的教条政治》(“The doctrinal politics of Stanley Baldwin”）成功地重新营造了一种宗教氛围。约翰·拉姆斯登（John Ramsden）的《贝尔福和鲍德温的时代》(*The Age of Balfour and Baldwin*，1978年）很好地介绍了保守党在这个历史时期的情况。麦克唐纳是幸运的，至少在死后吸引到一位才华横溢的传记作家戴维·马昆德（David Marquand)。马昆德的《拉姆齐·麦克唐纳》(*Ramsay MacDonald*，1977年）为一个在死后一直遭到鄙夷的可怕人物适当地挽回了名誉。伯纳德·沃瑟斯坦（Bernard Wasserstein）所著的传记《赫伯特·塞缪尔》(*Herbert Samuel*，1992年）不偏不倚，其中人物与巴勒斯坦特别权力机构侃侃而谈。约翰·E.肯德尔（John E. Kendle）的《圆桌运动与帝国联盟》(*The Round Table Movement and Imperial Union*，多伦多，1975年）对于了解英联邦概念的起源颇有帮助。

保罗·艾迪生（Paul Addison）的作品令人耳目一新，他在《丘吉尔在大后方，1900—1955》(*Churchill on the Home Front 1900–1955*，1992年）中严肃地探讨了战时领袖在那个时代真正扮演的角色。诺曼·罗斯（Norman Rose）的《丘吉尔：动荡的一生》(*Churchill: an Unruly Life*，1994年）是一部最好的单卷本传记，他还为罗伯特·布莱克 和罗杰·路易斯（Roger Louis）编辑的《丘吉尔》(*Churchill*，牛津，1993年）贡献了关于犹太复国主义主题的好文章，艾迪生则贡献了一篇关于丘吉尔和社会改革的精辟文章，彼得·克拉克写的是丘吉尔的经济理念。在财政政策方面，学者们受益于玛丽·肖特（Mary Short）未发表的精彩论文《个人税收的政治：1917—1931年英国的预算制定》（“The Politics of Personal Taxation: Budget-making in Britain, 1917–1931”，剑桥，1985年）。W. R. 加赛德（W. R. Garside）的《英国的失业情况，1919—1939》（*British Unemployment, 1919–1939*，剑桥，1990年）*包含关于失业问题各个方面的实用的大范围调查结果。休·阿姆斯特朗·克莱格《英国工会的历史》（A *History of British Trade Unions* 牛津，1985年）*第2卷*1911—1933*年部分，以20世纪20年代的罢工活动为背景。巴里·萨普尔的《英国煤炭工业史》（*The History of the British Coal Industry*，牛津，1987年）的第4卷时间跨度为1913—1946年，其对煤炭工业中存在的棘手问题的论述堪称典范。

戴维·迪尔克斯（David Dilks）勤勉地将内维尔·张伯伦载入编年史《内维尔·张伯伦》的第1卷《先驱与改革，*1869—1929*》（*Pioneering and Reform, 1869–1929*，剑桥，1984年）。张伯伦在卫生部的工作在本特利·B. 吉尔伯特的《英国社会政策，1914—1939》（*British Social Policy 1914–1939*，1970年）中得到了充分的阐述。保罗·约翰逊（Paul Johnson）收录在《经济史评论》1994年第47期中的文章《1881—1961年英格兰和威尔士老年男性的就业和退休》（“The employment and retirement of older men in England and Wales, 1881–1961”）具有启发性。马丁·皮尤的《*1914—1959*年英国的女性和女性运动》（*Women and the Women's Movement in Britain, 1914–1959*，1992年）的主题是女性对政治体系产生的影响。约翰·坎贝尔（John Campbell）的《劳合·乔治：荒野中的山羊》（*Lloyd George: The Goat in the Wilderness*，1977年）充分讨

论了自由党在智能和选举方面的复兴。

第五章　经济暴风雪，1929—1937 年

约翰·史蒂文森（John Stevenson）的《1914—1945 年英国社会》(*British Society, 1914–1945*，1984 年）提供了一个战间期社会史研究的好的起点。关于住房问题，可参考 F. M. L. 汤普森编辑的《剑桥英国社会史，*1750—1950*》中收录的 M. J. 道顿的文章；关于宗教问题，可参考同一本书中收录的詹姆斯·奥别克维奇（James Obelkevich）的文章。西蒙·佩珀（Simon Pepper）在鲍里斯·福特（Boris Ford）编辑的《剑桥英国文化史》(*The Cambridge Cultural History of Britain*）第 8 卷《20 世纪初的不列颠》(*Early Twentieth Century Britain*，剑桥，1992 年）执笔的内容很好地对建筑进行了探讨；同一卷中还有雅克·贝尔托（Jacques Berthaud）和约翰·比尔（John Beer）所著关于文学的佳作。A. D. 吉尔伯特（A. D. Gilbert）的《工业革命时期英格兰的宗教和社会：教堂、礼拜堂与社会变革，1740—1914》(*Religion and Society in Industrial England: Church, Chapel and Social Change, 1740–1914*，1976 年）为评价宗教仪式随时间发生的变化建立了一套可靠的方法；随后吉尔伯特和罗伯特·柯里（Robert Currie）在阿尔伯特·亨利·哈尔西编辑的《1900 年以来的英国社会趋势》* 的相关章节中采用了这套方法。

近期的一系列出版物丰富了这一时期政治经济方面的文献。有两部关于凯恩斯本人的重要传记几乎同时出版：唐纳德·莫格里奇（Donald Moggridge）的《约翰·梅纳德·凯恩斯：一位经济学家的传记》(*John Maynard Keynes: an Economist's Biography*，1992

年）* 和罗伯特·斯基德尔斯基（Robert Skidelsky）的《约翰·梅纳德·凯恩斯》(*John Maynard Keynes*）的第 2 卷《作为救世主的经济学家，1910—1937》(*The Economist as Saviour 1910–1937*, 1992 年)。乔治·佩登（George Peden）和彼得·克拉克为玛丽·佛纳（Mary Furner）和巴里·萨普尔编辑的《国家与经济学知识》(*The State and Economic Knowledge*，1990 年）贡献了关于财政思想的文章。彼得·克拉克的《酝酿中的凯恩斯革命，1924—1936》(*The Keynesian Revolution in the Making, 1924–1936*，牛津，1988 年）讲述了一个就兼具理论和实践意义的经济政策展开辩论的故事，重点介绍了该政策在麦克米伦委员会中的发展过程。苏珊·豪森和唐纳德·温奇（Donald Winch）的《经济咨询委员会》(*The Economic Advisory Council*，剑桥，1977 年）是一部关于同期发生在经济咨询委员会内部的辩论的早期记录，其价值至今仍无可替代。

J. 汤姆林森的《英国经济政策中的问题，1870—1945》(*Problems in British Economic Policy, 1870–1945*，伦敦，1981 年)，以及艾伦·布斯（Alan Booth）和 M. 帕克（M. Pack）的《就业、资本和经济政策》(*Employment, Capital and Economic Policy*，牛津，1985 年）中的一些文章细数了凯恩斯计划实施过程中的障碍。乔治·佩登发表在《经济史评论》1983 年第 36 期上的文章《理查德·霍普金斯爵士和就业政策的“凯恩斯革命”》(“Sir Richard Hopkins and the ‘Keynesian revolution’ in employment policy”）以同情的口吻记述了这位著名公务人员的职业生涯。罗杰·米德尔顿（Roger Middleton）的《走向计划经济》(*Towards the Managed Economy*，伦敦，1985 年）有效地将当代政策模型纳入现代经济分析。

关于工党政府的经济政策，罗伯特·斯基德尔斯基的《政治家和大衰退》（*Politicians and the Slump*，1967 年）仍然非常值得一读，虽然传记《奥斯瓦尔德 · 莫斯利》（1975 年）做了大量的努力试图挽回已经受损的名誉，但如今已经不能很好地发挥作用了。斯基德尔斯基的观点早期受到了罗斯 · 麦克基宾发表于 1975 年《过去与现在》的文章《第二届工党政府的经济政策》（“The economic policy of the second Labour Government”）的挑战，这篇文章后来在麦克基宾的《阶级意识形态》中再次发表。关于这一时期的政治状况，现在的学生们可以满怀信心地参考斯图亚特 · 巴尔（Stuart Ball）的《鲍德温与保守党》（*Baldwin and the Conservative Party*，*1988* 年）、安德鲁 · 索普（Andrew Thorpe）的《1931 年英国大选》（*The British General Election of 1931*，1991 年），以及菲利普 · 威廉森的《国家危机与国民政府，1926—1932》（*National Crisis and National Government, 1926–1932*，1992 年）。应当承认，雷吉纳德 · 巴西特（Reginald Bassett）开创性的学术研究著作《1931：政治危机》（*1931: Political Crisis*，1958 年）对一些持修正史观的阅读材料做了概述。约翰 · 史蒂文森和克里斯 · 库克合著的《大衰退》（*The Slump*，1977 年）在对选举情况的分析方面可谓驾轻就熟，如果还想了解更多相关内容，可参考 D. H. 克洛斯（D. H. Close）发表于《历史》期刊 1982 年第 15 期上的文章《1931 年英国选民的重组》（“The realignment of the British electorate in 1931”）和汤姆 · 斯坦纳吉（Tom Stannage）的《鲍德温挫败反对党：1935 年大选》（*Baldwin Thwarts the Opposition: The General Election of 1935*，1980 年）。

斯特凡 · 科利尼在其杰作《公共道德家》（*Public Moralists* ，1992 年）中探索的一个主题是文学对在维多利亚时代的鉴赏力转变过程中所起的作用。诺埃尔·安南（Noel Annan）的《我们的时代》(*Our Age*，1990 年）提供了自第一次世界大战以来对英国的政治和文化的一种独特的、带有主观色彩的观点。塞缪尔·海因斯的《奥登一代：20 世纪 30 年代的文学和政治》(*The Auden Generation: Literature and Politics in the 1930s*，1976 年）很好地记录了年轻作家的响应情况，而加里·沃斯基（Gary Werskey）的《看得见的学院》(*The Visible College*，1978 年）聚焦于一些同时代的科学家，是一部颇有助益的作品。在海量的传记中，昆汀·贝尔（Quentin Bell）的两卷本《弗吉尼亚·伍尔夫》(*Virginia Woolf*，1972 年）和彼得·阿克罗伊德（Peter Ackroyd）的《托马斯·斯特尔那斯·艾略特》(*T S. Eliot*，1984 年）尤其具有启发性。我还借鉴了奈杰尔·尼科尔森（Nigel Nicolson）编辑的《弗吉尼亚·伍尔夫书信集》(*The Letters of Virginia Wool*，1979 年）第 5 卷 *1932—1935* 年部分。

第六章　罪人，1937—1945 年

关于丘吉尔和印度事务，罗伯特·罗德斯·詹姆斯（Robcrt Rhodes James）的《丘吉尔：一项失败的研究，1900—1939》(*Churchill: A Study in Failure, 1900–1939*，1970 年）洞见迭出；我还受益于格雷厄姆·斯图尔特（Graham Stewart）未发表但颇具价值的论文《1929—1937 年的丘吉尔和保守党》(“Churchill and the Conservative Party, 1929–1937”，剑桥大学博士论文，1995 年)。马克斯·贝洛夫（Max Beloff）在罗伯特·布莱克和威廉·罗杰·路易斯编辑的《丘吉尔》(*Churchill*，1993 年）中极好地例证了丘吉尔在印度事务上的先见之明，而克莱夫·庞廷（Clive Ponting）所

著的《丘吉尔》（*Churchill*，1993 年）意识到了丘吉尔有一种走老路的心态。

关于绥靖政策的文学作品向来以内容丰富、倾向性明显而著称。丘吉尔的辩解书在他自己的作品《第二次世界大战回忆录》（*The Second World War*）卷 1《风云紧急》（*The Gathering Storm*，1948 年）中得到了有力的解读，其观点后来又在他的官方传记作家 Martin Gilbert 的《温斯顿・斯宾塞・丘吉尔》（*Winston S. Churchill*），特别是 1976 年版的第 5 卷（1922—1939 年部分）及其配套纪录片中得到了强化。A. J. P. 泰勒的《第二次世界大战的起源》（*The Origins of the Second World War*，1961 年）在出版时引起一片哗然，并在接下来的几十年中引发了一场史学革命。戈登・马尔泰勒（Gordon Martel）编辑的《第二次世界大战的起源再思考》（*The Origins of the Second World War Reconsidered*，1986 年）以冷静的态度回顾了“二战”。奇怪的是，这些最好的持修正史观的早期作品中的一部，缓和了丘吉尔的反对者对他的强硬态度，那就是丘吉尔的官方传记作家马丁・吉尔伯特的《绥靖的根源》（*The Roots of Appeasement* ，1966 年）。基思・罗宾斯写作《慕尼黑 1938》（*Munich 1938*，1968 年）是一次非常成功的超越党派偏见的尝试，值得一读。约翰・查姆利（John Charmley）的《张伯伦和失去的和平》（*Chamberlain and the Lost Peace*，1989 年）以饱含同情的笔触描述了张伯伦的政策。在此之前，他的很多观点就已出现在莫里斯・考林风格犀利的研究著作《希特勒的影响：英国政治和英国政策》（*The Impact of Hitler: British Politics and British Policy, 1933–1940* ，1975 年）中。罗伯特・亚历山大・克拉克・帕克（R. A. C. Parker）的《张伯伦和绥靖政策》(*Chamberlain and Appeasement*，1993 年）基于作者深厚的学养，做出了公平的评价。理查德·科克特（Richard Cockett）的《朦胧的真相：张伯伦、绥靖政策和媒体操纵》(*Twilight of Truth: Chamberlain, Appeasement and the Manipulation of the Press*，1989 年）另辟蹊径，撷取舆论管理作为主题。

经济观念对英国政策的限制在乔治·佩登的《英国重整军备和财政部》(*British Rearmament and the Treasury*，1980 年）中得到了清晰的解释，而英国与美国的紧张关系在戴维·雷诺兹的《英美联盟的缔造，1937—1941》(*The Creation of the Anglo-American Alliance, 1937–1941*，1981 年）得到了深入的论述。唐纳德·卡梅隆·瓦特（Donald Cameron Watt）的《战争如何到来》(*How War Came*，1989 年）步步递进，巧妙地描述了危机的蔓延。亨利·佩林的《英国与第二次世界大战》(*Britain and the Second World War*，1970 年）是一部简明的调查报告，采用了一种反英雄的口吻，但克莱夫·庞廷的《1940：神话与现实》(*1940: Myth and Reality*，1990 年）中的一些批驳却毁掉了一项原本有益的研究。约翰·查姆利的《丘吉尔：荣耀的终结》(*Churchill: The End of Glory*，1993 年）暗示通过谈判达成和平可能更符合英国的利益，然而，戴维·雷诺兹收录于理查德·兰霍恩（Richard Langhorne）编辑的《第二次世界大战中的外交与情报工作》(*Diplomacy and Intelligence during the Second World War*，1985 年）中的，现在看来更具说服力的文章《丘吉尔和 1940 年继续战斗的决定：正确的政策，错误的理由》(“Churchill and the decision to fight on in 1940: right policy, wrong reasons”）则提出了相反的观点。基思·罗宾斯的《丘吉尔》(*Churchill*，1992 年）很好地捕捉到了在丘吉尔的立场上不可避免的悲剧维度。丘吉尔的私人秘书约翰·科尔维尔（John Colville）幸运地在《权力的边缘：唐宁街日记》（*The Fringes of Power: Downing Street Diaries, 1939–1951*，1985 年）中保留了许多当时的洞见。

迈克尔·贝尔福（Michael Balfour）的《战时宣传，1939—1945》（*Propaganda in War, 1939–1945*，1979 年）视野比标题所呈现的更广阔，令人钦佩地提供了一个关于战争进程的经得起时间考验的观点。弗朗西斯·哈里·欣斯利（F. H. Hinsley）在他与艾伦·斯特里普（Alan Stripp）共同编辑的《破译者》（*Codebreakers*，1993 年）中披露了一位内部人士对极端的情报重要性的描述。戴维·雷诺兹优秀的研究著作《相互交织：美国对英国的占领，1942—1945》（*Rich Relations: The American Occupation of Britain, 1942–1945*，1995 年）在大战略和社会史方面都能提供大量信息。安格斯·考尔德（Angus Calder）内容丰富的编年史《人民的战争》（*The People's War*，1969 年）将战争在国内产生的影响及受挫的革命潜力作为主题。此外，还有三篇关于文化问题的文章：F. M. 莱文塔尔（F. M. Leventhal）的《"对大多数人而言最好的"：经济互助委员会和战时艺术获得的国家资助，1939—1945》（"'The best for the most': CEMA and state sponsorship of the arts in wartime, 1939–1945"），收录于《20 世纪英国史》第 1 卷，1990 年；尼古拉斯·乔伊西（Nicholas Joicey）的《一本导向进步的平装指南：企鹅图书，1935—1951》（"A paperback guide to progress: Penguin books, 1935–1951"），收录于《20 世纪英国史》第 4 卷，1993 年；西恩·尼古拉斯（Sian Nicholas）的《"狡猾的煽动者"和战时广播：约翰·博因顿·普里斯特利和英国广播公司》(“‘Sly demagogues’ and wartime radio: J. B. Priestley and the BBC”),收录于《20 世纪英国史》第 6 卷,1996 年。

艾伦·特纳·皮考克(Alan T. Peacock)和杰克·怀斯曼(Jack Wiseman)合著的《大英帝国公共开支的增长》(*The Growth of Public Expenditure in the United Kingdom*,牛津和普林斯顿,1961 年)的主题是战争在推高政府支出承诺中发挥的长期作用。詹姆斯·克罗宁(James Cronin)的《国家扩张中的政治》(*The Politics of State Expansion*,1991 年)在一个更清晰的政治背景中分析了这个过程。有两项很出色的研究利用公共记录来跟踪凯恩斯主义经济管理方法的推进,分别是吉姆·汤姆林森的《就业政策:关键年份,1939—1951》(*Employment Policy: The Crucial Years, 1939–1951*,牛津,1987 年和艾伦·布斯的《1931—1949 年英国经济政策:是否发生了凯恩斯革命》(*British Economic Policy, 1931–1949: Was There a Keynesian Revolution?* 1989 年)。克瑞里·巴内特(Correlli Barnett)的《战争审计》(*The Audit of War*,1986 年)对英国的失败进行了严厉的控诉,直指对“新耶路撒冷”的错误期待。乔斯·哈里斯在《皇家历史学会学报》(*Transactions of the Royal Historical Society*)1990 年第 40 期上发表的文章《企业与福利国家:一种对比视角》(“Enterprise and welfare states: a comparative perspective”)就此观点提出了尖锐的批评。哈里斯所著传记《威廉·贝弗里奇》(*William Beveridge*,1977 年)是一部关于社会保障计划设计师威廉·贝弗里奇的权威著作。保罗·艾迪生的《通往 1945 之路》(*The Road to 1945*,1975 年)依然是对于达成新共识最具说服力的记述,虽然如今斯蒂芬·布鲁克(Stephen

Brooke）所著强调党派义务连续性的《工党的战争》（*Labour's War*，1992 年）能够对其进行有益的补充。罗德尼·洛韦（Rodney Lowe）收录在《20 世纪英国史》第 1 卷（1990 年）中的文章《第二次世界大战、共识和福利国家的建立》（“The Second World War, consensus, and the foundation of the welfare state”）对此处达成共识的程度做了批判性的评估。史蒂文·菲尔丁（Steven Fielding）、彼得·汤普森（Peter Thompson）和尼克·蒂拉特索（Nick Tiratsoo）的《“英格兰站起来！”20 世纪 40 年代的英国工党与大众政治》（*'England Arise!' The Labour Party and Popular Politics in 1940s Britain*，1995 年）通过评估社会与文化态度，对是否可能发生激进变革提出质疑。

第七章　让我们面对未来，1945—1955 年

彼得·亨内西（Peter Hennessy）和安东尼·塞尔顿（Anthony Seldon）编辑的《执政表现：从艾德礼到撒切尔的英国政府》（*Ruling Performance: British Governments from Attlee to Thatcher*，牛津，1987 年）中选取的文章很好地介绍了后战争时代的党派政治。肯尼思·哈里斯（Kenneth Harris）所著传记《艾德礼》（*Attlee*，1982 年）在表现这个主题上有一定优势，因为作者与艾德礼有私人接触，特雷弗·布里奇（Trevor Burridge）的《克莱门特·艾德礼》（*Clement Attlee*，1985 年）则更有距离感，可能也更客观。艾伦·布洛克（Alan Bullock）的《欧内斯特·贝文：外交大臣，1945—1951》（*Ernest Bevin, Foreign Secretary, 1945–1951*，1983 年）是一部关于一位重要人物的生平及其所在时代的优秀的三部曲，虽然贝文留下的个人档案并不多，但这部作品贯穿始终的

描述都是令人信服的。伯纳德·多诺赫（Bernard Donoughue）和 G. W. 琼斯（G. W. Jones）同样面对着档案稀少的问题，但他们的研究著作《赫伯特·莫里森》(*Herbert Morrison*，1973 年）却饱含同情，并且具有学术价值。本·皮姆洛特（Ben Pimlott）不仅仅担任了两部具有启发性的著作《休·道尔顿的政治日记，1918—1940，1945—1960》(*The Political Diary of Hugh Dalton, 1918–1940, 1945–1960*，1987 年）和《休·道尔顿的"二战"日记，1940—1945》(*The Second World War Diary of Hugh Dalton, 1940–1945*，1986 年）的编辑，还写了一部重要的传记《休·道尔顿》(*Hugh Dalton*，1985 年)。克里普斯现在也需要获得类似的关注。

西蒙·斯瑞特的《*1860—1940* 年英国的生育、阶级和性别》(*Fertility, Class and Gender in Britain, 1860–1940*，剑桥，1996 年）在出版前，其中的概念就对我关于人口的文本写作产生了影响。克瑞里·巴内特在《丢失的胜利：英国梦，英国现实，1945—1950》(*The Lost Victory: British Dreams, British Realities, 1945–1950*，1995 年）中坚持认为政府做出建立福利国家的承诺是一个方向性错误，吉姆·汤姆林森则在收录于《20 世纪英国史》第 6 卷（1995 年）中的《战争与经济：福利国家的经济影响》("Welfare and the economy: the economic impact of the welfare state"）一文中以中肯的分析对此观点做了有益的修正。在创建国民医疗服务体系方面，该体系的官方历史学家查尔斯·韦伯斯特（Charles Webster）写了一些中肯的文章，如收录于《20 世纪英国史》第 1 卷（1990 年）中的《冲突与共识：解读英国医疗服务》("Conflict and consensus: explaining the British Health Service")，以及收录于《皇家历史学会学报》1990 年第 90 期中的《医生、公共服务和利益：全科医生和国民医疗服务体系》（“Doctors, public service and profit: GPs and the NHS”）。迈克尔·富特的《安奈林·贝文，*1945—1960*》（*Aneurin Bevan, 1945–1960*，1973年）在描述贝文英雄般的职业生涯时，总是使用描述英雄的字眼，约翰·坎贝尔的《奈·贝文和英国社会主义的幻影》（*Nye Bevan and the Mirage of British Socialism*，1987年）则对富特著作的内容做了必要的纠正。

在经济政策方面，有两部令人叹服的研究著作相辅相成，分别是亚历克·凯恩克罗斯（Alec Cairncross）的《复苏的年月：1945—1951年经济政策》（*Years of Recovery: British Economic Policy, 1945–1951*，1985年）和苏珊·豪森的《1945—1951年英国货币政策》（*British Monetary Policy, 1945–1951*，1993年）。在核政策方面，我参考了玛格丽特·高英（Margaret Gowing）资料翔实的作品《英国和原子能，1939—1945》（*Britain and Atomic Energy, 1939–1945*，1964年）和《独立与威慑：英国和原子能，1945—1952》（*Independence and Deterrence: Britain and Atomic Energy, 1945–1952*，2卷本，1974年）。肯尼思·O. 摩根的《1945—1951年执政的工党》（*Labour in Power, 1945–1951*，1984年）开创性地在行文中介绍了艾德礼政府，亨利·佩林的《1945—1951年工党政府》（*The Labour Governments, 1945–1951*，1984年）在介绍工党官方政策立场时十分简练准确，乔纳森·施内尔（Jonathan Schneer）的《工党的良心：1945—1951年工党左翼》（*Labour's Conscience: The Labour Left, 1945–1951*，1988年）则更多地对批评工党的人表示了支持。彼得·亨内西在写作《到此为止：英国1945—1951》（*Never Again: Britain 1945–1951*，1992年）时的成功之处在于他意识到了要想重塑战后生活的结构，人们

需要的远不止一部政治史。有两篇文章颇有价值，如今证实了财政紧缩的经济和政治影响，分别是收录于《20 世纪英国史》第 4 卷（1993 年）的《1946—1948 年英国面包配给》（“Bread rationing in Britain, 1946–1948”）和收录于《历史》期刊 1994 年第 37 期的《配给、紧缩和 1945 年后保守党的复苏》（“Rationing, austerity and the Conservative party recovery after 1945”）。

安东尼·塞尔顿和斯图亚特·巴尔编辑的概括性的著作《保守党的世纪》（*Conservative Century*, 1994 年）*中包含了大量重要文章：斯图亚特·巴尔关于党派组织的文章、理查德·凯利（Richard Kelly）关于党派会议的文章，以及约翰·巴恩斯和理查德·科克特关于意识形态和政策的文章对于这个时代尤其意义非凡。J. D. 霍夫曼（J. D. Hoffman）的《*1945—1951* 年在野的保守党》（*The Conservative Party in Opposition, 1945–1951*, 1964 年）在其研究领域的地位仍然不可动摇。作为获得授权的传记作家，安东尼·霍华德（Anthony Howard）并没有把《理查德·奥斯丁·巴特勒的一生》（*RAB: A Life of R. A. Butler*, 1987 年）写成一部圣徒传，尽管巴特勒在战后保守党政治中的重要作用并未减弱。安东尼·塞尔顿的学术著作《丘吉尔的印度之夏，1951—1955》（*Churchill's Indian Summer, 1951–1955*, 1981 年）的主要内容是最后一任丘吉尔政府；类似地，保罗·艾迪生的《大后方的丘吉尔，1900—1955》（*Churchill on the Home Front 1900–1955*, 1992 年）也以引人入胜的笔法描绘了丘吉尔这名充当和事佬的老战士，给作品蒙上了一层秋日光辉。

第八章　美好时光，1955—1963 年

亚瑟·马威克的《1945 年以来的英国文化》（*Culture in Britain since 1945*，1991 年）是一部粗线条的入门读物，充满真知灼见。罗伯特·休伊森（Robert Hewison）极为有趣的综述《文化和共识：1940 年后的英格兰、艺术和政治》（*Culture and Consensus: England, Art and Politics since 1940*，1995 年）不能替代作者的早期图书，它巧妙地将那些作品中的主题集结在了一起。鲍里斯·福特编辑的《剑桥英国文化史》第 9 卷《现代英国》（*Modern Britain* ，剑桥，1992 年）收录了大量有益的文章：罗伊·肖（Roy Shaw）和格温·肖（Gwen Shaw）关于文化背景的文章、尼尔·辛亚尔德（Neil Sinyard）关于电影的文章和编辑本人关于英国广播公司第三套节目的文章。詹姆斯·柯伦（James Curran）和吉恩·锡顿（Jean Seaton）的《有权无责：英国的报刊与广播》（*Power without Responsibility: The Press and Broadcasting in Britain*，1991 年第 4 版）* 全面地探讨了媒体的角色。弗农·博格达诺（Vernon Bogdanor）和罗伯特·斯基德尔斯基编辑的《富足年代，1951—1964》（*The Age of Affluence 1951–1964*，1970 年）包含了数篇切中要害而又内容广泛的文章，对于帮读者了解这个时代是一次开拓性的尝试。

罗伯特·罗德斯·詹姆斯的《安东尼·艾登》（*Anthony Eden*，1986 年）对其介绍的人表现出同情，在一些情况下，这情有可原。关于苏伊士运河事件，虽然休·托马斯（Hugh Thomas）的《苏伊士运河事件》（*The Suez Affair*，1970 年修订版）在一些有争议的问题上成功地接近了真相，但基思·凯尔（Keith Kyle）的《苏伊士》（*Suez*，1991 年）现在被认为是最权威的，它以后续的档案研

究来检验当代在职记者的直觉。哈罗德·麦克米伦冗长的《回忆录》(*Memoirs*)，尤其是关于苏伊士运河事件的虚假记述，即第4卷《乘风破浪》(*Riding the Storm*，1971年）完全没有解开其作者身上的疑团。阿利斯泰尔·霍恩（Alistair Horne）的《麦克米伦》(*Macmillan*，2卷本，1987—1988年）虽然作者个人表现得非常坦率，但带有太多官方传记的痕迹。它给约翰·特纳尖锐的（虽然远远谈不上不友好）作品《麦克米伦》(*Macmillan*，1994年）留下了巨大的空间。安东尼·桑普森（Anthony Sampson）的《麦克米伦：一项模棱两可的研究》(*Macmillan: A Study in Ambiguity*，1967年）富含深刻的见解。D. R. 索普（D. R. Thorpe）学术性的传记《塞尔文·劳埃德》(*Selwyn Lloyd*，1989年）成功地将其主人公从屈尊俯就的形象中拯救了出来。关于桑迪斯的国防审查，档案披露了多少，没有披露什么，请参考西蒙·J. 巴尔（Simon J. Ball）收录在《20世纪英国史》第6卷（1995年）中的文章《哈罗德·麦克米伦和国防政治》(“Harold Macmillan and the politics of defense”)。选举动机在影响政策方面的突出作用在里奇·奥文代尔（Ritchie Ovendale）发表于《历史》期刊1995年第38期中的文章《麦克米伦和非洲的变革之风，1957—1960》(“Macmillan and the wind of change in Africa, 1957–1960”）和理查德·奥尔德斯（Richard Aldous）未发表的论文《哈罗德·麦克米伦以及与苏联举行首脑会议的探索》(“Harold Macmillan and the Search for a Summit with the USSR, 1958–1960”，剑桥大学博士论文，1992年）中得到了很好的呈现。

关于“超级麦克”和其他在这一时期被观察到的鲜明形象，拉塞尔·戴维斯（Russell Davies ）和丽兹·奥塔维（Liz Ottaway）

的《维基》(*Vicky*，1987 年）是一本很棒的指导。关于投票行为，理查德·罗斯（Richard Rose）和马克·艾布拉姆斯（Mark Abrams）的《工党必须输吗？》(*Must Labour Lose?* 1960 年）委托盖茨克尔派杂志《社会主义评论》(*Socialist Commentary*）所做的调查影响深远，有助于激发后续的学术实践和政治辩论。因此，戴维·洛克伍德（David Lockwood）和约翰·戈德索普（John Goldthorpe）的《富裕工人：政治态度和行为》(*The Affluent Worker: Political Attitudes and Behaviour*，1968 年）对“资产阶级化”这个命题做了更为复杂的检验。罗伯特·麦肯齐和艾伦·西尔弗（Allan Silver）的《大理石天使》(*Angels in Marble*，1968 年）则让人想起工人阶级保守主义的根源所在。戴维·巴特勒和唐纳德·斯托克斯（Donald Stokes）的重要著作《英国的政治变革》(*Political Change in Britain*）的 1969 年版和 1974 年版被认为在理解代际变化方面推动了概念上和实证上的进步。弗兰克·帕金（Frank Parkin）收录在《英国社会学杂志》(*British Journal of Sociology*）1967 年第 17 期中的文章《工人阶级保守党：一种关于政治偏差的理论》(“Working-class Conservatives: a theory of political deviance”）巧妙地将整个问题重新定义为保守主义价值观霸权渗透的拐点，其中的一系列分析在安德鲁·甘布尔（Andrew Gamble）的《保守国家》(*The Conservative Nation*，1974 年）里得到了有益的深化。

关于工党政治，V. L. 艾伦（V. L. Allen）关于亚瑟·迪金的书《工会领导》(*Trade Union Leadership*，1957 年）虽然作为机构研究被刘易斯·明金（Lewis Minkin）的《工党会议》(*The Labour Party Conference*，曼彻斯特，1978 年）所取代，但仍然能够提供很多信息。菲利普·威廉姆斯（Philip Williams）是一个坚定的盖茨克尔派，但他的《休・盖茨克尔》(*Hugh Gaitskell*，1979 年）还是公正的，并且具有很高的学术水准。威廉姆斯的良好品德使他成为《休・盖茨克尔日记，1945—1956》(*The Diary of Hugh Gaitskell, 1945–1956*，1983 年）的好编辑。珍妮特・摩根（Janet Morgan）的《理查德・克罗斯曼》(*Backbench Diaries of Richard Crossman*，1981 年）虽然颇具深度，但作为贝文阵营（实际上是通过威尔逊派的视角）的编年史而颇为引人入胜。

第九章　免于冲突，1963—1970 年

F. M. L. 汤普森编辑的《剑桥英国社会史 , 1750–1950》中有一个非常好的关于教育的部分：吉莉安・萨瑟兰（Gillian Sutherland）的专题文章《能力、优点和评估：心理测试和英语教育，1880—1940》(Ability, Merit and Measurement: Mental Testing and English Education 1880–1940，1984 年）在理解选拔问题时不可或缺。H. L. 史密斯（H. L. Smith）编辑的《战争与社会变革：第二次世界大战中的英国社会》(War and Social Change: British Society in the Second World War，1986 年）中收录的德博拉・索恩（Deborah Thorn）的文章《1944 年教育法案》(“The 1944 Education Act”）也很有帮助。约翰・卡斯韦尔（John Carswell）的《英国的政府和大学：1960—1980 年的计划与表现》(*Government and the Universities in Britain: Programme and Performance 1960–1980*，1985 年）是了解罗宾时代的最佳导读。考虑到阿尔伯特・亨利・哈尔西在这个领域的专业水平无与伦比，他的《1900 年以来英国社会的趋势》* 和《英国自 1900 年以来的社会趋势》* 包含关于教育，尤其是大学就读情况的宝贵资料，也就不足为奇了。拉尔夫・达伦多夫（Ralf Dahrendorf）的《伦敦政治

经济学院》(*LSE*，1995 年）不仅仅是一部机构史，还是一部该时期优秀的思想史。莫里斯·科根（Maurice Kogan）编辑的《教育政治：与爱德华·博伊尔和安东尼·克罗斯兰的对话》(*The Politics of Education: Conversations with Edward Boyle and Anthony Crosland*，1971 年）再现了当时两位支持变革的政治对手之间辩论的基调；另可参考苏珊·克罗斯兰（Susan Crosland）对她的丈夫做了生动的描写的《托尼·克罗斯兰》(*Tony Crosland*，1987 年)。罗伊·波特（Roy Porter）编辑的《人类主宰自然》(*Man Masters Nature*，BBC，1987 年）中爱德华·约森（Edward Yoxen）关于脱氧核糖核酸（DNA）被发现的轻松讨论可以作为詹姆斯·杜威·沃森（J. D. Watson）非常主观但极其引人入胜的《双螺旋》(*The Double Helix*，1970 年）的前言。亚瑟·马威克的《1945 年以来的英国社会》(*British Society since 1945*，1982 年）有一种令人着迷的率真，其中关于 20 世纪 60 年代的内容尤其优秀。

保罗·富特（Paul Foot）在《哈罗德·威尔逊的政治》(*The Politics of Harold Wilson*，1968 年）中，通过讲述时的引语，忠实地还原了威尔逊还活着并且身体很好时左翼对他的蔑视。本·平洛特（Ben Pimlott）在《哈罗德·威尔逊》(*Harold Wilson*，1992 年）中谨慎地重建了历史背景，这已经表明在威尔逊死后，出现了对他更宽容的看法，后来菲利普·齐格勒（Philip Ziegler）出版了带有同情色彩的传记《哈罗德·威尔逊》(*Harold Wilson*，1993 年)。戴维·豪厄尔（David Howell）的《英国社会民主主义：一项发展与衰落中的研究》(*British Social Democracy: A Study in Development and Decay*，1976 年）是一部广博的概览。克莱夫·庞廷的《违背承诺：工党掌权，1964—1970》(*Breach of Promise: Labour in Power, 1964–1970*，

1989 年）虽然做出了严苛的评价，但研究方式很符合学术规范，很好地运用了美国的文献资料。R. 库佩（R. Coopey）、史蒂文·菲尔丁和尼克·蒂拉特索编辑的《1964—1970 年威尔逊政府》（*The Wilson Governments, 1964–1970*，1993 年）收录了年轻历史学家写作的大量冷静客观，体现深挖细究精神的文章。

威尔弗雷德·贝克曼（Wilfred Beckerman）编辑的《1964—1970 年工党政府的经济记录》（*The Economic Record of the Labour Government, 1964–1970*，1972 年）对当时政府的战略，尤其是汇率政策持批判性看法，迈克尔·斯图尔特则在《双重价格角力的年月》（*The Jekyll and Hyde Years*，1977 年）中将这项分析置于对抗性政治的历史背景下，后者在《1964 年以来的英国政治经济政策》（*Politics and Economic Policy in the UK since 1964*，1978 年）中二次发表。保罗·约翰逊收录在罗德里克·弗洛德和唐纳德·麦克洛斯基编辑的《1700 年以后的英国经济史》（*The Economic History of Britain since 1700*，剑桥，1994 年）第 3 卷中的关于福利国家的建设性文章，其观点可以通过罗德尼·洛韦所著《1945 年以来的英国福利国家》（*The Welfare State in Britain since 1945*，1993 年）* 中更充分的论述来深化，洛韦的著作中有一个非常实用的附录，明确了公共开支的统计测度，与之形成互补的是，杰弗里·芬利森（Geoffrey Finlayson）的《1830—1990 年英国公民、国家和社会福利》（*Citizen, State, and Social Welfare in Britain, 1830–1990*，牛津，1994 年）* 提供了一个理解较长时期内福利问题的“非统计”框架。

威尔逊内阁的内部政治被一个独一无二的三人日记作者团队记录了下来。理查德·克罗斯曼的《内阁大臣日记，1961—1970》

（*The Diaries of a Cabinet Minister, 1961–1970*，3 卷本，1975—1977 年）开创了先例，传播范围极广，历史学家对这本日记的感激之情更甚于当权政治家。克罗斯曼的同僚芭芭拉·卡素尔随后及时出版了内容丰富的《卡素尔日记，1964—1970》（*The Castle Diaries, 1964–1970*，1984 年）。托尼·本（Tony Benn）的《日记》（*Diaries*，5 卷本，1987—1993 年）时间跨度为 1963—1972 年。不过，彼得·詹金斯（Peter Jenkins）的《唐宁街战役》（*The Battle of Downing Street*，1970 年）很好地记录了工党造成颇多麻烦的工会提案，显示了一个消息灵通的当代记者即使无法获取特权档案，也能弄清楚真相。

第十章　不满的冬天，1970—1979 年

在移民方面，朱丽叶·奇塔姆（Juliet Cheetham）在阿尔伯特·亨利·哈尔西编辑的《1900 年以来英国社会的趋势》中写作的章节在一个有趣的时刻汇聚了大量有用的证据。汤姆·奈恩（Tom Nairn）引人入胜的图书《不列颠的破裂》（*The Break-up of Britain* ，1977 年，1981 年新版）适时谈到了民族主义主题。威尔士人肯尼思·O. 摩根在《一个民族的重生：威尔士，1880—1980》（*Rebirth of a Nation: Wales, 1880–1980*，牛津，1982 年）中的研究成果具有权威性，但我还是参考了保罗·比尤（Paul Bew）、彼德·吉本（Peter Gibbon）和亨利·帕特森（Henry Patterson）合著的《北爱尔兰 1921—1994》（*Northern Ireland, 1921–1994*，1995 年）的新版本。帕特里克·科斯格雷夫（Patrick Cosgrave）的《以诺·鲍威尔的生活》（*The Lives of Enoch Powell*，1989 年）有助于理解鲍威尔对种族和国籍问题的思考。

约翰·坎贝尔写了一部非常全面的传记《爱德华·希思》(*Edward Heath*，1993 年)，这部作品对希思政府后半段存在的分歧做了令人信服的阐释。正如所料，玛格丽特·撒切尔关于这一时期的回忆录《权力之路》(*The Path to Power*，1995 年）中的观点就没有那么仁慈了，而威廉·怀特劳的《怀特劳回忆录》(*The Whitelaw Memoirs*，1989 年）以平和的笔触展现了新旧两位领袖身上最好的一面，并且有一章披露了爱尔兰问题。迈克尔·克里克（Michael Crick）属于“企鹅特约”系列（Penguin Specials）的《斯卡吉尔和矿工们》(*Scargill and the Miners*，1985 年）追述了全国矿工工会内部发生的转变。迈克尔·查尔顿（Michael Charlton）的《胜利的代价》(*The Price of Victory*，1983 年）最初是为英国广播公司拍摄的，用影像资料和采访资料充实了一项关于英国战后国际角色认知的研究，使之更具说服力。乌维·基钦格（Uwe Kitzinger）的《外交和说服：英国如何加入共同市场》(*Diplomacy and Persuasion: How Britain Joined the Common Market*，1973 年）叙述非常详细，由于极为贴近其所描述的事态的发展，利大于弊。相反，约翰·W. 杨（John W. Young）的《英国和欧洲统一，1945—1992》(*Britain and European Unity, 1945–1992*，1993 年）则从其对英国和欧洲其他国家关系发展轨迹的长远思考中获得。罗伊·詹金斯的《1977—1981 年欧洲日记》(*European Diary, 1977–1981*，1989 年）包含了对解决英国与欧洲经济共同体关系中存在的难题的最初感受。

戴维·科茨（David Coates）的《工党掌权？关于工党政府的研究，1974—1979》(*Labour in Power? Study of the Labour Governments, 1974–1979*，1980 年）中有一种连贯的、逐步产

生破坏作用的分析，而 M. 阿蒂斯（M. Artis）、戴维·科巴姆（D. Cobham）和马克·威克姆－琼斯（M. Wickham-Jones）收录于《20 世纪英国史》第 3 卷（1992 年）中的文章《艰难时世下的社会民主主义：1974—1979 年工党政府的经济记录》（“Social democracy in hard times: the economic record of the Labour Government, 1974–1979”）则对政府的难处更为同情，表示理解。休·黑克洛（Hugh Heclo）和亚伦·维尔达夫斯基（Aaron Wildavsky）的《公共资金的私人政府》（*The Private Government of Public Money*，1981 年第 2 版）以及彼得·亨内西的《白厅》（*Whitehall*，1989 年）是两部关于政府机器真实运作情况的重要研究著作，后者利用了对一位人脉深广的新闻工作者的采访及作者自己的学术议程。类似地，伯纳德·多诺赫的《首相：威尔逊和卡拉汉时期的政策实施》（*Prime Minister: The Conduct of Policy under Wilson and Callaghan*，1987 年）将一位学者对政策制定本质的关注，与一位唐宁街内部人士因在场而具有的真实性，完美地结合在了一起。内阁大臣埃德蒙·戴尔（Edmund Dell）充满智慧的记述《重击：1974—1976 年政治与经济危机》（*A Hard Pounding: Politics and Economic Crisis, 1974–1976*，1991 年）也具有类似的现场感。这本书应该与凯瑟琳·伯克（Kathleen Burk）和亚历克·凯恩克罗斯的《再见，大不列颠：1976 年国际货币基金组织危机》（*Goodbye, Great Britain: The 1976 IMF Crisis*，1991 年），以及基思·米德马斯的《权力、竞争和国家》（*Power, Competition and the State,* 1991 年）第 3 卷 1974—1991 年部分搭配阅读。

彼得·凯尔纳（Peter Kellner）和克里斯托弗·希钦斯（Christopher Hitchens）的《卡拉汉：前往唐宁街 10 号之路》

(*Callaghan: The Road to Number Ten*，1976 年）出版后，他们高度批判性的观点似乎在卡拉汉轻松当选首相的事实面前变得经不起推敲，不过这本书对过时的工党主义悲凉的前景表现出了一些先见之明。詹姆斯·卡拉汉的《时间与改变》(*Time and Chance*，1987 年）中的辩解并没有抓住他所面临的困境的本质。关于自由党－工党协议，可参考戴维·斯蒂尔（David Steel）的《对抗哥利亚》(*Against Goliath*，1989 年）（这个标题所指并非卡拉汉），以及当时由阿拉斯泰尔·米奇（Alastair Michie）和西蒙·霍加特（Simon Hoggart）写作的编年史《协议》(*The Pact*，1978 年）。这一时期创作的最好的回忆录是丹尼士·希利的《我生命中的时光》(*The Time of My Life*，1989 年），它放弃了狭隘的自我辩护，却娴熟地、有力地为工党权利进行了辩护。

第十一章　值得高兴？1979—1990 年

简·路易斯的《1945 年以来的英国女性》(*Women in Britain since 1945*，1992 年）令人钦佩地介绍了一些与性别有关的敏感问题，并得到了相关统计数据的充分支持。安东尼·塞尔顿和斯图亚特·巴尔编辑的《保守党的世纪》中乔尼·洛文杜斯基（Joni Lovenduski）、皮帕·诺里斯（Pippa Norris）和卡特里奥纳·伯吉斯（Catriona Burgess）撰写的关于女性的章节非常出色。这本书还包含弗农·博格达诺撰写的关于保守党领袖的选择，基思·米德马斯撰写的关于工业和城市，安德鲁·泰勒（Andrew Taylor）撰写的关于工会，以及罗伯特·沃勒（Robert Waller）撰写的关于选民支持的优秀章节。关于撒切尔本人，彼得·詹金斯的《撒切尔夫人的革命》(*Mrs Thatcher's Revolution*，1987 年）对她巅峰时期的政绩进行评估（令人惊讶地带有同情色彩）时，频频展现出作者作为一名传记作家对撒切尔生平的深入了解。肯尼思·哈里斯同样在他所著传记《撒切尔》(*Thatcher*，1988 年）中展示了他作为一名记者的技能。如今最好也是最全面的传记，当数雨果·杨（Hugo Young）的《我们中的一员：玛格丽特·撒切尔传》(*One of Us: A Biography of Margaret Thatcher*，1989 年，1991 年最终版)，其地位难以取代。

丹尼斯·卡瓦纳（Dennis Kavanagh）的《撒切尔主义和英国政治》(*Thatcherism and British Politics*，牛津，1987 年）巧妙地将这一时期的政治状况置于背景之中，丹尼斯·卡瓦纳和安东尼·塞尔顿编辑的《撒切尔效应》(*The Thatcher Effect*，牛津，1989 年）紧随其后发表了一系列有益的文章。斯图亚特·霍尔(Stuart Hall）的《艰难的复兴之路》(*The Hard Road to Renewal*，1988 年）重新发表了一些意义重大的文章，尤其是选自《今日马克思主义》(*Marxism Today*）的文章，给出了作者对马克思主义本质的解读。安德鲁·甘布尔的《自由经济和强大的国家》(*The Free Economy and the Strong State*，1988 年）很好地区分了自由主义经济议程和撒切尔主义集权政治倾向。理查德·科克特的《思考无法想象的事：智囊团与经济反革命》(*Thinking the Unthinkable: Think Tanks and the Economic Counter-revolution*，1994 年）包含一些关于经济事务研究所诞生的有用资料。威廉·基根（William Keegan）的两本书《撒切尔夫人的经济实验》(*Mrs Thatcher's Economic Experiment*，1984 年）和《劳森先生的赌博》(*Mr Lawson's Gamble*，1989 年）都是既透彻又有预见性。要想从一位经济记者那里获得令人信服的分析，可参见 David

Smith 的《从繁荣到萧条：英国经济政策的试错》(*From Boom to Bust: Trial and Error in British Economic Policy*，1993 年)。乔纳森·米奇（Jonathan Michie）编辑的《1979—1991 年经济遗产》(*The Economic Legacy, 1979–1991*，1992 年）中有一些颇具价值的文章，其中的批评大体令人信服。使我受益最多的是克里斯托弗·约翰逊的《撒切尔夫人治下的经济，1979—1990》(*The Economy under Mrs Thatcher, 1979–1990*，1991 年)，不仅在于极其宝贵的数据支持方面。

杰德·亚当斯（Jad Adams）的《托尼·本》(*Tony Benn*，1992 年）是一部笔法娴熟的传记，极大地利于本的日记，不乏对工党极端左翼崛起的洞察，如想了解更多信息，可参见迈克尔·克里克关于激进派的记述《激进派的前进》(*The March of Militant*，1986 年)。关于工党与工会的纽带，最权威的机构研究著作是刘易斯·明金的《有争议的联盟：工会与工党》(*The Contentious Alliance: Trade Unions and the Labour Party*，1991 年)。关于社会民主党事业有两部非常有用的当代记述，分别是伊恩·布拉德利（Ian Bradley）的《打破模式？社会民主党的诞生和前景》(*Breaking the Mould? The Birth and Prospects of the SDP*，牛津，1981 年）以及休·斯蒂芬森（Hugh Stephenson）的《红葡萄酒与薯条：社会民主党的崛起》(*Claret and Chips: The Rise of the SDP*，1982 年)，如今这方面的权威研究则是艾弗·克鲁（Ivor Crewe）和安东尼·金（Anthony King）的《SDP：社会民主党的前世今生》(*SDP: The Birth, Life and Death of the Social Democratic Party*，1995 年)。肯尼思·哈里斯的《戴维·欧文》(*David Owen*，1987 年）有助于解释一个粗人的起落。罗伊·詹金斯行文优雅的回忆录《焦点人物的一生》（*A Life at the Centre*，1991 年）对他职业生涯这一阶段的描述就如他早期在威尔逊内阁中的表现一样，透着一种精明的冷静。关于演讲因素，参见劳伦斯・弗里德曼（Lawrence Freedman）和赫尔穆特・诺尔波斯（Helmut Norpoth）在《当代记录》（*Contemporary Record*）（1987 年秋季和 1988 年冬季）中贡献的内容。至今对历史学者而言仍然价值不可估量的纳菲尔德系列民调研究，很好地保留在近期的书册中，可参考戴维・巴特勒和丹尼斯・卡瓦纳的《1979 年 / 1983 年 / 1987 年 / 1992 年英国大选》（*The British General Elections of 1979/ 1983/ 1987/ 1992* ，1980 年 / 1984 年 / 1988 年 / 1992 年）。戴维・巴特勒、安德鲁・阿多尼斯（Andrew Adonis）和托尼・特拉弗斯（Tony Travers）的《英国政府的失败：人头税背后的政治》（*Failure in British Government: The Politics of the Poll Tax*，1994 年）是对撒切尔垮台事件中一个重要插曲的多维度描述。艾弗・克鲁对调查证据所做的一次引人注目的审查表明，其对人们纷纷转向"支持撒切尔策划的"态度表示怀疑，该审查出现在了罗伯特・斯基德尔斯基编辑的《撒切尔主义》（*Thatcherism*，1988 年）中。《撒切尔主义》是一部内容广泛的作品集，也包括帕特里克・明福德（Patrick Minford）对撒切尔在经济方面表现的评价——明显是顽强地为她辩护。

然而，玛格丽特・撒切尔的《唐宁街岁月》（*The Downing Street Years*，1993 年）措辞更顽强。当然，这是一个独一无二的资料来源，凭借获得官方文件的特权完成的汇编，而这些文件又是为了证明撒切尔自己的立场而被不懈整理出来的。因此，它展开了一场有着固定套路的书籍之战，尤其是与尼格尔・劳森长达千页且颇具说服力的《唐宁街 11 号的观点》（*The View from No. 11*，1992

年）*展开论战。接下来，在杰弗里·豪（Geoffrey Howe）极具感染力的回忆录《忠诚的冲突》（*Conflict of Loyalty*，1994 年）中，撒切尔又成了一些有效的猛烈抨击中的冲锋陷阵者。伊恩·吉尔莫（Ian Gilmour）的《与教条共舞》（*Dancing with Dogma*，1992 年）尖锐地对整个撒切尔计划表明了批判态度。如果想要看一些发自内心的、没有事先安排的——通常以自嘲的方式表现诙谐——关于首相生活中的危险与诱惑的记录，艾伦·克拉克（Alan Clark）的《日记》（*Diaries*，1993 年）不容错过。

哈罗德·珀金的《专业社会的崛起：1880 年以来的英格兰》（*The Rise of Professional Society: England since 1880*，1989 年）在令人信服的背景下，对集体主义及其相关行业的职业人员进行激烈抵制，布莱恩·哈里森（Brian Harrison）收录于《20 世纪英国史》中的文章《撒切尔夫人与知识分子》（"Mrs Thatcher and the intellectuals"）第 5 卷（1994 年）阐明了这些年来形成的文化冲突。杰里米·帕克斯曼（Jeremy Paxman）的《身居高位的朋友：谁在操纵英国？》（*Friends in High Places: Who Runs Britain?* 1990 年）提供了大量新闻证据来证明新的撒切尔时代精英有着怎样根深蒂固的地位。在对过去的感知方面，马丁·维纳（Martin Wiener）振奋人心的研究著作《英国文化与工业精神的衰落》（*English Culture and the Decline of the Industrial Spirit*，1982 年）被广泛引用，尽管在引用过程中经常被无心或有意地曲解。两位具有广泛影响力的历史学家的观点分别在大卫·坎纳丁的《乔治·麦考莱·特里维》（*G. M. Trevelyan*，1992 年）和亚当·西斯曼（Adam Sisman）的揭露真相的传记《艾伦·约翰·珀西瓦尔·泰勒》（*A. J. P. Taylor*，1994 年）。

第十二章　年轻的国家，1990—2000 年

关于保守党的选举成功，从安东尼·塞尔顿和斯图亚特·巴尔编辑的《保守党的世纪：1900 年以来的保守党》* 中能学到很多东西，其中包含弗农·博格达诺所著关于党派领袖选拔的引起争论的章节，罗伯特·谢泼德（Robert Shepherd）在《权力掮客：保守党及其领袖》(*The Power Brokers: The Tory Party and Its Leaders*, 1991 年）中也采用了这个主题。约翰·梅杰异军突起成为首相激发了关于他职业生涯的持续不断的研究，关于这个话题，爱华德·皮尔斯（Edward Pearce）的《约翰·梅杰的悄然崛起》(*The Quiet Rise of John Major*，1991 年）和布鲁斯·安德森（Bruce Anderson）的《约翰·梅杰：成为首相》(*John Major: The Making of the Prime Minister*，1991 年）仍然值得一读。以上这些都有助于支持安东尼·塞尔顿和刘易斯·巴斯东（Lewis Baston）为写作《约翰·梅杰：一段个人生活》(*John Major: A Political Life*，1997 年）而做的艰巨研究。爱华德·皮尔斯的《竞选旅程》(*Election Rides*，1992 年）很好地描述了他短暂的胜利带来的假象，这本书是在大选期间匆忙写就的。梅杰本人后来出版了《自传》(*The Autobiography*，1999 年)，证明了他自己是一个出人意料的有趣的人，而且比他的前任更愿意为一些（尽管不是全部）错误负责。菲利普·斯蒂芬斯（Philip Stephens）在《政治和英镑：保守党与英镑的斗争》(*Politics and the Pound: The Conservatives' Struggle with Sterling*，1996 年）中将“黑色星期三”发生的事件置于令人信服的背景之中，而科林·塞恩（Colin Thain）和莫里斯·赖特（Maurice Wright）的《财政部与白厅：1976—1993 年公共支出的规划和控制》(*The Treasury and Whitehall: The Planning and Control *of Public Expenditure, 1976–1993*，1995 年）* 提供了对国内经济政策的冷静的评估。

记者安德鲁・玛尔（Andrew Marr）在《统治不列颠尼亚：英国民主的失败和未来》(*Ruling Britannia: The Failure and Future of British Democracy*，1995 年）中传递了一种强烈的意识：这个国家的治理方式需要更新，而《新的清算：资本主义、国家和公民》(*The New Reckoning: Capitalism, States and Citizens*，1997 年）的作者戴维・马昆德（则将这种意识转变成了更具学术性的风格。在《布莱尔革命：新工党会降生吗？》(*The Blair Revolution: Can New Labour Deliver?* 1996 年，2002 年新版）中，彼得・曼德尔森和罗杰・利德尔（Roger Liddle）在布莱尔主义计划后寻找的正是这种情绪。民调专家 Philip Gould 在胜利的风口浪尖上出版的《未完成的革命：现代化改造者如何拯救工党》(*The Unfinished Revolution: How the Modernizers Saved the Labour Party*，1998 年)，通篇都是这种鼓动性的言论。

这种对新工党不做批评的观点给更多关于这项计划的质疑留出了空间——这是一项与英国社会主义的长期轨迹背道而驰的计划。如果说埃德蒙・戴尔的最后一部作品《一段奇怪的多事之秋：英国的民主社会主义》(A *Strange Eventful History: Democratic Socialism in Britain*，2000 年）的语气太不友好了，那么两位年轻学者布莱恩・布里瓦蒂（Brian Brivati）和蒂姆・贝尔（Tim Bale）编辑的《新工党掌权：先驱与先知》(*New Labour in Power: Precedents and Prospects*，1997 年）中的评价则做了较好的平衡。如今，要想在阅读这部作品时获得更多信息，可以参考邓肯・坦纳、帕特・丹（Pat Than）和尼克・蒂拉特索编辑的《工党的第一个世纪》（*Labour's First Century*，2000 年）* 中几篇深刻的文章，以及史蒂文·菲尔丁在《工党》（*The Labour Party*，2002 年）中就新工党利用过去的做法所做的有理有据的评论。

托尼·布莱尔的《新英国：我对一个年轻国家的想象》（*New Britain: My Vision of a Young Country*，1996 年）提供了他当权时重要言论的文本。乔恩·索佩尔（Jon Sopel）的《托尼·布莱尔：现代化改造者》（*Tony Blair: The Modernize*，1995 年）是一部实用的早期传记，约翰·伦图尔（John Rentoul）作品的修订版《托尼·布莱尔：一位首相》（*Tony Blair: Prime Minister*，2001 年）现在也极具价值，它毫无疑问应该是得到称赞的，只不过是在它似乎应该被称赞的地方。另一名记者安德鲁·罗恩斯利（Andrew Rawnsley）在其《人民公仆：新工党的内部故事》（*Servants of the People: The Inside Story of New Labour*，2000 年）中揭露了新工党表象下的个人冲突。在两部权威研究著作中，历史视角与许多具有说服力的内幕信息完美融合：彼得·亨内西关于政府结构的《首相：1945 年以来的政府及其掌舵者》（*The Prime Minister: The Office and Its Holders since 1945*，2001 年）*，以及雨果·杨关于千变万化的欧洲问题的《神圣的阴谋：从丘吉尔到布莱尔时期的英国与欧洲》（*This Blessed Plot: Britain and Europe from Churchill to Blair*，1998 年）。从玛丽安娜·埃利奥特（Marianne Elliott）的好书《阿尔斯特天主教徒》（*The Catholics of Ulster*，2000 年）中，我们可以学到很多东西。我对布莱尔作为道德民粹主义者的解读最初是在《领导力问题：从格莱斯顿到布莱尔》（*Question of Leadership: Gladstone to Blair*，1999 年）的修订版中提出的。

在处理最近一段时期的文化发展时，我的参考资料的生命力并不强，这也是不可避免的，但是对我受到的一些恩惠我还是需要表示感谢的。一部对我产生明显影响的作品是娜欧米·克莱因（Naomi Klein）的《无标志：瞄准品牌霸凌》(*No Logo: Taking Aim at the Brand Bullies*, 2000 年)，它非常点题，立即确认了自身作为探索营销策略的品牌领导者的地位。如需音乐工业方面的有效调查，可参见西蒙·弗里思（Simon Frith）发表于《流行音乐》(*Popular Music*) 2000 年第 19 期的文章《音乐之桥乐队》(“Middle eight”)，以及伊丽莎白·伊娃·利奇（Elizabeth Eva Leach）发表于《流行音乐》2000 年第 20 期的文章《〈辣妹合唱团〉的代理人：真实的辣妹》(“Vicars of ‘Wannabe’: authenticity and the Spice Girls”) 中的案例研究。你能从埃利斯·卡什莫尔（Ellis Cashmore）具有创新性的研究作品《贝克汉姆》(*Beckham*, 2002 年) 中学到比它的标题所暗示的更多的东西。亚历克斯·施泰特尔（Alex Stetter）编辑的《首要地位》(*Pride of Place* , 2000 年) 中有一份关于国家彩票资金分配的有用摘要。如果想了解千禧穹顶，可能参见“文化，媒体和体育运动特别委员会”(Culture, Media and Sport Select Committee) 的第二次报告（HC 1997 8, 818–1）和第八次报告（HC 1999–2000, 818–1）。如往常一样，伦纳德·马丁（Leonard Maltin）的《电影和视频指南》(*Movie and Video Guide*, 2002 年) 是一本不可或缺的手册。在分析政治趋势方面，戴维·巴特勒和丹尼斯·卡瓦纳的纳菲尔德选举系列最新的《1997 年 /2001 年英国大选》(*The British General Elections of 1997/2001*, 1997 年 /2002 年) 必不可少。其他统计数据来自安东尼·金编辑、罗伯特·J. 维布罗（Robert J. Wybrow）汇编的《1937—2000 年英国政治舆论：盖洛普民意测验》(*British Political*

Opinion, 1937–2000: The Gallup Polls，2001 年），以及文具办公室（Stationery Office）的两个系列《统计数据年度摘要》（*Annual Abstract of Statistics*，2001 年）和《联合王国国民账户：蓝皮书》（*United Kingdom National Accounts: The Blue Book*，2002 年）。

*表示包含更完整的参考书目的作品。